모기

인류 역사를 결정지은
치명적인 살인자

모기

인류 역사를 결정지은 치명적인 살인자

—

2019년 10월 30일 초판 1쇄 발행
2023년 07월 15일 초판 8쇄 발행

—

지은이 티모시 C. 와인가드
옮긴이 서종민
펴낸이 강준규

—

책임편집 유형일
마케팅지원 배진경, 임혜솔, 송지유, 이원선

—

펴낸곳 (주)로크미디어
출판등록 2003년 3월 24일
주소 서울시 마포구 마포대로 45 일진빌딩 6층
전화 번호 02-3273-5135
팩스 번호 02-3273-5134
편집 02-6356-5188
홈페이지 http://rokmedia.com
이메일 rokmedia@empas.com

—

값 25,000원
ISBN 979-11-354-4769-3 (03900)

—

- 커넥팅(Connecting)은 로크미디어의 인문 도서 브랜드입니다.
- 잘못된 책은 구입하신 서점에서 교환해 드립니다.

The MOSQUITO

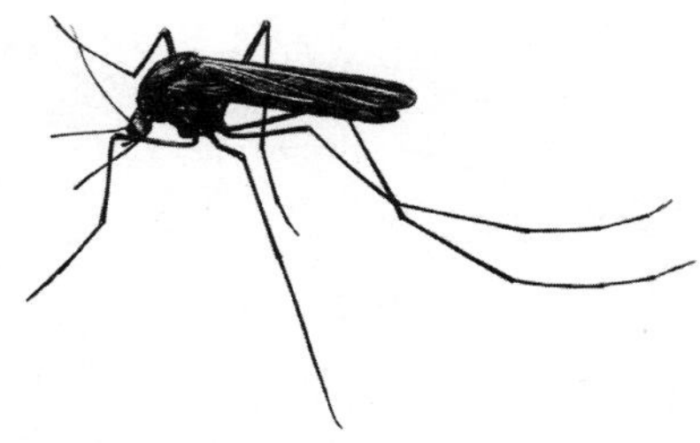

모기

인류의 역사를 결정지은 치명적인 살인자

티모시 C. 와인가드 지음 • 서종민 옮김

Connecting

서 론

우리는 모기와 전쟁을 벌이고 있다. 110조 마리의 게걸스러운 모기 군단이 남극 대륙, 아이슬란드, 세이셸, 프랑스령 폴리네시아의 일부를 제외한 전 지구를 샅샅이 훑고 있다. 이 윙윙거리는 곤충 집단 중 최소 열다섯 종류 이상의 생화학 무기로 무장한 암컷 공격자들은 그 효과가 의심스럽거나 오히려 해가 되는 방어책만을 동원하는 인간들의 건강을 위협한다.

우리가 모기들의 집요한 공습에 맞서 사용하는 퇴치제나 여타 기피제에 들이는 예산은 빠르게 증가해 연간 110억 달러(약 13조 1천억 원)에 달한다. 그러나 모기들의 치명적 공격과 만행은 계속되고 있다. 우리가 반격에 나서면서 모기로 인한 사망자 수가 줄어들고 있긴 하지만, 여전히 모기는 지구상에서 가장 많은 인간을 죽이는 존재다. 지난해 모기들이 살육한 인간의 수는 약 83만 명이었다. 그 뒤를 추격하는 2위는 분별 있고 현명한 호모 사피엔스로, 약 58만 명의 동종을 살육했다.

2000년 설립 이래 모기 연구에 약 40억 달러를 기부한 빌&멀린다 게이츠 재단은 매년 인간의 생명을 가장 많이 앗아간 동물을 밝히는 연례 보고서를 발표하는데, 헤비급 챔피언이자 영원한 우리의 정점 포식자는 바로 모기이다. 다른 동물들은 아예 경쟁상대조차 되지 않는다. 2000년 이후 매년 모기에 의해 발생하는 사망자 수는 평균 2백만 명을 웃돈다. 우리 인간이 47만 5천여 명의 사망자를 내어 2위에 올랐고, 그 뒤를 뱀(5만 명), 개와 모래파리(각각 2만 5천 명), 체체파리와 자객벌레 또는 흡혈성 침노린재(각각 1만 명) 등이 차지했다. 할리우드 영화에 나올 법한 사나운 살인마들은 순위가 한참 낮다. 악어는 연간 1천 명의 사망자를 내며 10위를 기록했고, 하마는 연간 500명, 코끼리와 사자는 연간 100명의 사망자를 냈다. 훨씬 더 높은 악명을 자랑하는 상어와 늑대는 각각 연평균 10명 정도의 사망자를 내면서 나란히 15위에 올랐다.[1]

모기는 인류 역사상 가장 많은 사망자를 낸 원인이다. 통계적 외삽법外挿法에 따르면 모기로 인한 사망자 수가 오늘날까지 살았던 모든 인류의 절반에 달할 것이라고 추정된다. 즉, 비교적 최근인 우리 인류의 출현 이래 20만 년 동안 존재했던 1,080억 명의 인류 중 약 520억 명의 목숨을 모기가 앗아간 것으로 추정된다.[2] 그러나 모기

1 이 당시 조사에서 모기가 유발한 질병으로 사망한 사람 수가 적게는 연간 100만 명에서 많게는 300만 명으로 추산됐다. 전문가들은 대개 평균 200만 명 정도일 것으로 본다.

2 이 수치는 다음의 요인 및 과학적 가설을 토대로 추정되었다.: 아프리카에서 기원한 호모 사피엔스 및 모기 매개 질병의 수명과 지속 기간, 인류와 모기 및 모기 매개 질병이 아프리카 바깥으로 이동한 기간과 패턴, 다양한 변종 말라리아 각각에 대한 수많은 면역 유전자의 최초 출현 및 진화, 모기 매개 질병으로 인한 사망률의 역사적 기록, 인구 증가와 인구 통계 변화, 자연적 기후 변화와 지구 온도 등락의 역사적 시기, 이외에 수치에 영향을 미친 다양한 고려 사항과 구성 요소들.

가 직접 인간을 해치는 것은 아니다. 사람들의 목숨을 앗아가는 건 모기가 아니라 그 모기가 옮기는 유해하고 고도로 진화된 질병들이다. 그러나 모기가 없다면 이 사악한 병원체들은 전염될 수도 없으며, 주기적으로 전염병이 확산될 수도 없다. 사실 모기들이 없다면 이러한 질병들은 아예 존재하지도 않을 것이다. 하나가 없으면 나머지 하나도 존재할 수 없다. 사악한 모기들이지만 크기로 보나 무게로 보나 대략 포도씨만 해서 병원체만 아니라면 모기도 평범한 개미나 집파리만큼 무해할 테고, 그렇다면 여러분이 이 책을 읽을 일도 없을 것이다. 모기들이 죽음을 지배했던 역사는 기록에서 지워질 테고, 내가 들려줄 거칠고 놀라운 이야기들도 없어질 것이다. 만일 치명적인 모기가, 병원체를 옮기는 모기가 아예 없었더라면? 아마 우리가 알고 있는, 아니 알고 있다고 생각하는 우리의 역사와 세계는 지금과는 완전히 다른 모습일 것이다. 저 멀리 떨어진 어느 은하계의 외계 행성에 사는 것이나 마찬가지였을 테다.

인간 몰살의 선봉대장인 모기는 늘 역사의 최전선에서 죽음의 신처럼 인간들을 거두어들이고 최후에는 역사를 바꾸어왔다. 모기는 우리가 함께 하는 다른 그 어떤 동물보다도 우리의 역사를 형성하는 데 지대한 역할을 해왔다. 여러분은 피와 질병으로 범벅된 이 책장을 넘기며 인류가 모기에게 받은 고문의 연대기를 마주하게 될 것이다. 1852년 칼 마르크스Karl Marx가 말했듯, "인간은 스스로 역사를 만들지만, 원하는 대로 만드는 것은 아니다." 우리의 운명을 좌지우지하고 결정지었던 것은 집요하고 만족할 줄 모르는 모기들이었다. 조지타운 대학교의 저명한 교수 J. R. 맥네일J. R. McNeill은 이렇게 말했다. "저급한 모기와 한낱 바이러스가 국제 정세를 형성할 수 있다는 가정은 인류의 자존심에 흠집을 낸다. 그런데 모기와 바이러스는 그렇게 할 수 있다." 우리는 역사가 필연으로 빚어진 인공물이 아니라는 사실을 잊곤 한다.

이 연대기 전반에 걸쳐 우리는 전쟁과 정치, 여행, 교역, 인간의 토지 사용 양상과 자연 기후의 변화가 어떻게 상호작용했는지를 살펴보게 될 것이다. 모기는 자연적으로 또 사회적으로 유발된 역사적 사건들에 상응하여 전 지구를 지배해왔다. 맥락 없이 존재하지 않았다. 아프리카 대륙에 첫 발을 내딛은 후 전 지구로 뻗어나가기까지의 인간의 여정은 사회와 자연이 공진화하고 융합하여 낳은 산물이다. 인간 또한 자의적 혹은 타의적 인구이동, 높은 인구밀도, 인구압을 통해 모기 매개 질병을 전염시키는 데 지대한 역할을 해왔다. (질병 보유고나 다름없는) 동식물의 가축화와 작물화, 농경기술의 발달, 삼림 벌채, 자연적 혹은 인위적으로 촉진된 기후 변화, 전 지구적 전쟁과 교역, 여행 역시 모기 매개 질병 확산에 이상적인 환경을 조성했다.

역사학자와 언론인 그리고 오늘날 대부분의 사람들은 전쟁이나 정복, 전설적인 군사 지도자 등에 비하면 전염병과 질병은 따분한 얘기라고 여긴다. 국가의 운명, 주요 전쟁, 역사적 사건의 굴곡 모두 지도자 개인이나 특정 장군 혹은 정치, 종교, 경제 등 인간의 권력에 의한 것으로 역사에 기록되었고, 진실은 가려졌다. 모기는 문명을 적극적으로 움직여온 동인이 아니라 장외 구경꾼 취급을 받아왔다. 또한 역사의 판로를 바꿔왔던 모기의 강력한 영향력이 중상모략처럼 배제되면서 모기의 위상은 그대로 부정당했다. 교역상과 여행자, 병사, 정착민들과 함께 전 세계 곳곳을 누벼온 모기와 그 매개 질병은 인간이 만든 그 어떤 무기나 발명품보다 치명적인 결과를 초래해왔다. 모기는 태곳적부터 달랠 수 없는 분노와 함께 인류 사이에 매복해왔으며 현대의 세계 질서에도 지울 수 없는 흔적들을 남겼다.

용병 모기들은 역병이라는 군대를 소집하여 세계 각지의 전장에서 상대를 덮쳤으며, 많은 경우 전쟁의 승패를 결정짓고 상황의 흐름을 뒤바꿨고, 몇 번이고 당대 가장 위대했던 군대들을 초토화시켰다. 세계적인 석학 재레드 다이아몬드Jared Diamond의 말을 빌리자면, 수많은 전쟁사 책과 할리우드 영화는 유명 장군들이나 추켜세우면서, 인간의 힘이나 물질 혹은 가장 훌륭한 장군의 정신보다 모기 매개 질병이 훨씬 더 치명적이라는 자존심 상하는 진실을 왜곡한다. 전쟁 중에는 사망자보다 환자가 군사조직에 더 부담이 된다는 사실을 기억해두길 바란다. 환자들은 다른 병사로 대체해야 하는 데다 귀중한 자원을 계속 소비하기 때문이다. 인류가 전쟁을 치르는 내내, 모기 매개 질병은 전장의 막중한 짐이자 수완 좋은 살인자였다.

우리의 면역계는 우리의 지역 환경에 섬세하게 맞추어져 있다. 인간의 호기심, 탐욕, 발명, 오만 그리고 노골적인 침략은 전 지구를 무대로 펼쳐지는 역사적 사건들의 소용돌이 속에 병균을 밀어 넣었다. 모기들은 장벽이 있건 없건 국경 따위 상관없다. 행진하는 군대와 호기심 많은 탐험가, 영토에 굶주린 식민지 개척자와 그들이 데리고 다니는 아프리카 노예들은 머나먼 이국땅에 새로운 질병을 가지고 들어가기도 했으나, 한편으로는 정복하려 들어선 이국땅의 미생물들에게 정복당하여 무릎을 꿇기도 했다. 만인을 물어 권력을 주입하는 모기가 문명의 전경을 바꾸어놓으면서 인류는 부지불식간에 모기의 권력을 따를 수밖에 없었다. 어쨌든 우리에게 가장 치명적인 포식자 모기가 인류의 역사적 사건들을 이끌어 현재와 같은 상태를 이루는 데 다른 어떤 외부 요인보다도 큰 영향을 미쳤다는 것만큼은 쓰라린 사실이다.

이 책을 읽는 사람들에게 공통점이 한 가지 있다고 단언해도 좋을 것 같다. 바로 모기를 진심으로 혐오한다는 것이다. 모기 후려치기는 만인의 취미이자 인류의 여명이 밝았을 때부터 이어져온 습관이다. 아프리카 대륙에서 원시인류가 출현한 때부터 오늘날에 이르기까지 모든 시대에 걸쳐 우리는 모기라는 녹록지 않은 상대와 목숨이 걸린 사투에 휘말려왔다. 한쪽으로 힘의 균형이 치우친 이 전투에서 우리는 역사적으로 단 한 차례도 승기를 잡아본 적이 없다. 우리의 끈질기고 치명적인 이 숙적들은 그들을 박멸하려는 우리의 시도를 몇 번이고 피해갔고, 계속해서 우리를 마음껏 열렬히 빨아먹으며 공포로 우리를 지배해왔다. 지금도 모기는 세계의 파괴자이자 독보적인 살인마로 남아 있다.

모기와의 전쟁이 곧 우리 세계의 전쟁이다.

차 례

CHAPTER

위험한 쌍둥이

모기와 질병

TOXIC TWINS:

THE MOSQUITO

AND HER DISEASES

귓가에 윙윙거리는 모기 소리. 이 소리는 지난 1억 9천만 년 동안 지구상에서 가장 많은 사람이 알아채는 소리이자 가장 짜증나는 소리 중 하나로 손꼽혀왔다. 어느 휴일, 가족들이나 친구들과 함께 종일 등산을 한 당신은 야영지에 자리를 잡은 뒤 간단하게 몸을 씻고 나와 접이식 간이의자에 앉아 기분 좋게 차가운 맥주 한 캔을 딴다. 그러나 첫 한 모금을 음미하기도 전에, 당신을 괴롭힐 어떤 존재가 야심차게 접근하는 소리를 듣는다. 해가 질 무렵이니 그녀가 가장 좋아하는 식사 시간이다. 그녀가 윙윙거리며 오는 소리는 분명 들리는데, 보이지는 않는다. 그녀는 당신 발목에 사뿐히 내려앉는다. 대개 그녀는 땅바닥 가까운 곳에서 식사를 하니 말이다. 구태여 말하자면 이들은 늘 암컷이다. 그녀는 10초간 부드럽고 철두철미하게 당신을 정찰하면서 최상의 혈관을 찾은 뒤, 꼬리를 공중에 치켜든 채 목표 지점에 초점을 맞추고 여섯 개의 정교한 침돌기를 조준한다. 이후 톱니 모양의 대악(아래턱)

한 쌍으로 (마치 양쪽 날이 각각 앞과 뒤로 움직이는 전동칼처럼) 피부를 뚫고, 동시에 침 모양의 소악(위턱) 한 쌍으로 길을 연 뒤 아랫입술에 잘 숨겨두었던 주사기 같은 하인두를 삽입한다. 그녀는 빨대처럼 생긴 하인두로 당신의 피 3~5밀리그램을 빨아들이는데, 흡혈 즉시 물은 배설하고 20퍼센트 가량의 단백질을 농축시킨다. 그동안 여섯 번째 침을 통해 항응혈제가 포함된 타액을 주입해 피가 응고되지 않게 한다.[3] 식사 시간이 짧아 당신이 눈치 채고 발목 부근을 찰싹 내리칠 가능성도 적다.[4] 침에 섞인 항응혈제는 알레르기 반응을 유발하며, 물린 곳을 부어오르고 가렵게 한다. 모기가 피를 빠는 행위는 번식에 필요한 정교하면서도 혁신적인 식사 의례다. 그녀가 알을 낳아 기르는 데 당신의 피가 필요한 것이다.[5]

그렇다고 해서 당신이 따로 뭔가 특별해서 선택받은 거라고는 생각하지 않길 바란다. 그녀는 누구든 문다. 그저 타고난 본능이다. 모기가 남자보다 여자를 선호한다, 어두운 색 머리보다는 금발과 빨간 머리를 선호한다, 혹은 피부색이 더 어둡거나 피부가 가죽처럼 딱딱할수록 모기에 물릴 가능성이 적다는 등의 얘기는 아무런 근거가 없다. 하지만 그녀가 더 선호하는 사람이 있다는 점만큼은 사실이다. 혈액형 O형이 A와 B 혹은 AB형보다 그녀들의 입맛에 맞

---

3 이러한 이유로 모기는 HIV 등 혈액 매개 바이러스는 옮길 수 없다. 모기는 피를 빨아들이는 침돌기와는 다른 돌기로 HIV 바이러스가 함유되지 않았고 함유될 수도 없는 침(타액)을 주입하기 때문에 이 과정에서 혈액은 전혀 옮겨지지 않는다.

4 PBS Deep Look가 찍은 놀라운 3분짜리 비디오는 모기의 흡혈 모습을 실제 근접 화면으로 보여주며 과정을 설명해준다. www.youtube.com/watch?v=rD8SmacBUcU.

5 최근 연구들은 흰줄숲모기(Aedes mosquitoes)가 생존 메커니즘의 일환으로 최대 24시간 회피를 익힐 수 있다는 가능성을 제시한다. 사람이 내리치는 경우 피하여 또다시 내리침 당할 가능성을 줄이는 것이다.

는 듯하다. O형인 사람이 A형보다 모기에 두 배 더 많이 물리며, B형인 사람들은 그 중간 수준이다. 1993년 애니메이션 〈벅스라이프A Bug's Life〉에서 술 취한 모기가 "블러디 메리, O형으로 한 잔!"이라고 주문한 걸 보면, 디즈니와 픽사가 제대로 연구를 한 모양이다. 피부 내 특정 화학물질, 특히 젖산 등의 자연적 분비량이 많은 사람들 또한 모기에게 인기가 많다. 모기들은 이러한 효소를 통해 당신의 혈액형을 분석한다. 이 화학물질은 당신의 피부 박테리아와 독특한 체취를 결정한다. 만약 시큼한 체취가 난다면 주변 사람들은 물론 본인도 괴롭겠지만 여기서만큼은 좋은 일이다. 모기에게도 매력이 없기 때문이다. 몸이 얼마나 깨끗한지는 사실 별로 중요하지 않지만, 냄새나는 발만큼은 예외다. 발 냄새를 유발하는 박테리아(몇몇 치즈를 숙성시키고 껍질을 분리시키는 박테리아와 같은 것이다)는 모기에게 최음제와 다름없다. 모기들은 또한 데오도란트, 향수, 비누 등 향 나는 제품들에도 끌린다. 또 이유는 아직 밝혀지진 않았는데, 맥주를 마시는 사람과도 어울리려고 한다.

밝은색 옷을 입는 것도 현명한 선택은 아니다. 모기들은 시각과 후각을 이용해 사냥하기 때문이다. 가장 중요한 요소는 목표물이 내뿜는 이산화탄소 양이다. 그러므로 당신이 아무리 손을 휘두르고 내리치는 시늉을 해보았자 오히려 모기들을 자석처럼 끌어 모아 스스로를 더 큰 위험에 빠뜨릴 뿐이다. 모기들은 60미터 바깥에서도 이산화탄소를 탐지한다. 운동할 때를 예로 들어보자. 운동을 하면 호흡수도 늘고, 호흡당 이산화탄소 배출량도 는다. 또한 땀을 흘리면서 모기의 식욕을 돋우는 화학물질, 특히 젖산을 배출한다. 체온도 상승하는데, 이는 모기들이 쉽게 감지하는 열 신호를 모기들에게 보내주는 꼴이다. 임신한 여성은 평균 두 배가량 모기에 더 많이 물리는데, 이는 호흡당 이산화탄소 배출량이 20퍼센트가량 많고 체온도 약간 더 높기 때문이다. 앞으로 살펴보겠지만, 이 점은 지카 바이러스나 말라리아와 같은 감염병 측면에서 산모와 태아 모두에게 나쁜 소식이다.

그런데 데오도란트나 사랑하는 맥주, 밝은색 티셔츠를 굳이 멀리할 필요는 없다. 불행히도 혈액형, 자연적 화학물질, 박테리아, 이산화탄소 양, 신진대사, 체취 등 모기에게 매력 어필이 되는 요인 중 85퍼센트는 이미 당신의 유전자 회로에 고정되어 있으니 말이다. 어찌 되었든, 모기들은 포착한 목표물에서 피를 뽑아낼 기회를 노릴 것이다.

수컷 모기들은 암컷 모기와 달리 물지 않는다. 수컷 모기들의 세상은 꿀과 교미 두 가지를 중심으로 돌아간다. 다른 비행 곤충과 마찬가지로 수컷 모기들도 교미할 때가 되면 눈에 잘 띄는 물체 주변으로 모여드는데, 그 범위에 굴뚝, 안테나와 나무, 심지어는 사람까지 포함된다. 길에서 갑자기 윙윙거리는 벌레 구름이 머리 위로 몰려든다면, 대부분 소름끼쳐 하며 몸을 마구 털어댈 것이다. 벌레 구름은 피해망상으로 인한 것도, 상상에서만 벌어지는 현상도 아니다. 오히려 칭찬으로 받아들이길 권한다. 수컷 모기들이 여러분을 '모임장소 표식'으로 선택한 영광스러운 순간이니 말이다. 모기들이 최고 300미터 높이의 공중에서 회오리 모양으로 모여 있는 모습이 사진으로 찍힌 적도 있다. 자신만만한 수컷들이 당신의 머리 위에 고집스럽게 모여 있는 동안, 암컷 모기는 이들의 무리 속으로 날아들어 적절한 짝짓기 상대를 찾는다. 수컷은 평생에 걸쳐 자주 짝짓기를 하지만, 암컷은 1회분의 정자로도 수차례 생식활동을 할 수 있다. 정자를 저장해두고 한 번에 조금씩 꺼내어 수정을 하는 것이다. 암컷이 찰나의 열정을 보여주어 번식에 필요한 두 가지 요소 중 하나가 충족되었다면, 이제 필요한 재료는 당신의 피뿐이다.

앞에서 예로 들었던 야영지 상황으로 돌아가보자. 당신은 힘겹게 등산을 마치고 방금 야영지로 돌아와 샤워를 시작했다. 비누와 샴푸로 거품을 듬뿍 내어 샤워를 하고 수건으로 물기를 닦은 뒤 바디스프레이와 데오도란트를 적당히 뿌리고는 쨍한 빨간색과 파란색 비치웨어를 입었다. 어느새 얼룩날개모기의 저녁 식사 시간인 해 질 무렵이다. 당신은 간이의자에 편안하게 앉아 오늘의 보상으로 차가운 맥주 한 캔을 막 땄다. 이것으로 굶주린 암컷 얼룩날개모기를 유혹하기 위해 당신이 할 수 있는 일은 다한 셈이다. 내가 당신의 친구였다면 가능한 한 당신과는 멀리 떨어져 앉았을 것이다. 열렬한 수컷 구애자들이 만든 광란의 벌레 구름 속에서 막 짝짓기를 마친 그녀는 당신이 던진 미끼를 마다하지 않고 다가와 피 몇 방울을 빨아먹은 뒤 달아난다.

자기 몸무게의 세 배 정도 되는 피로 배를 불린 그녀는 이제 가장 가까운 수직 평면에 내려앉은 뒤, 중력의 도움을 받아 계속해서 당신의 피에서 물을 걸러내 몸 밖으로 배출한다. 앞으로 며칠 동안 그녀는 이렇게 농축한 피로 뱃속에서 알들을 키울 것이다. 그런 다음 당신 일행이 버리고 간 찌그러진 맥주 캔 위에 고인 물 표면에 대략 200여 개의 알을 낳을 것이다. 암컷 모기는 언제나 수면 위에 알을 낳는데, 물이 많을 필요는 없다. 연못이나 개울부터 오래된 통의 바닥, 폐타이어 홈, 뒷마당 테이블에 고인 아주 적은 물로도 충분하다. 몇몇 종류의 모기들은 신선한 물, 염분이 있는 물, 해수와 담수가 섞인 물 등 특정 상태의 물에만 알을 낳지만, 대부분은 어떤 물이든 가리지 않는다.

평균적으로 1주에서 3주, 드물게는 최대 5개월까지 이어지는 짧은 생애 동안 그녀는 계속해서 인간을 물고 또 알을 낳을 것이다. 멀게는 약 3킬로미터까지 날 수 있긴 하지만, 대개는 자신이 태어난 지점에서 400미터 반경 바깥으로 나가지 않는다. 따뜻한 캠핑 시즌이라면 2~3일 내에(날씨가 쌀쌀하면 며칠씩 더 걸리기도 한다) 그녀가 낳은 알들에서 꼬물거리는 유충, 장구벌레들이 나올 것이다. 물속을 헤매며 먹을거리를 찾아다니던 장구벌레들은 금세 쉼표 모양의 번데기가 되어 거꾸로 떠다니면서 두 개의 호흡관이 있는 궁둥이를 수면 밖으로 내밀어 숨을 쉰다. 며칠이 지나면 번데기 껍질이 갈라지고 그 안에서 건강한 모기 성충이 날아오른다. 그렇게 새로운 한 세대의 서큐버스succubus(여자 악령을 뜻한다) 암컷 모기들이 탄생하는 것이다. 이 인상적인 성장 과정은 대략 일주일이면 모두 마무리된다.

이러한 생애주기는 모기가 지구상에 처음 출현했을 때부터 지금까지 한 번도 방해받지 않고 반복되어왔다. 연구에 의하면 오늘날과 동일한 겉모습을 가진 모기가 출현한 것은 약 1억 9천만 년 전이다. 나무의 수액 또는 수지가 화석화된 보석호박 속의 곤충은 곤충 화석 중에서도 으뜸으로 치는데, 거미줄이나 알, 심지어 곤충의 내

장까지 온전하게 보존되어 있다. 기록상 가장 오래된 모기 호박화석은 캐나다와 미얀마에서 발견된 것으로, 대략 8천만 년에서 더 오래는 1억 5백만 년 전에 생성되었다. 이 흡혈귀들이 생전에 돌아다녔을 지구의 자연환경은 완전히 달라졌지만, 모기의 모습만큼은 그대로 남아 있다.

먼 옛날 지구는 오늘날 우리가 살고 있는 곳과는 완전히 다른 곳이었고, 그곳에 서식하던 동물도 지금과 완전히 달랐다. 생물의 진화 과정을 살펴보면 곤충과 질병 간의 악랄한 동반자 관계가 놀라울 만큼 선명하게 드러난다. 약 45억 년 전 지구가 탄생한 지 얼마 지나지 않아 최초의 생물인 단세포 박테리아가 출현했다. 이 생명체는 가스로 가득 찬 푹푹 찌는 대기와 원시바다에서 밀려온 유기물들에 힘입어 빠르게 지구에 자리를 잡았고, 다른 모든 동식물을 합친 것보다 스물다섯 배나 더 많게 생물체량biomass을 늘렸으며, 오늘날 석유 및 여타 화석연료의 근간이 되었다.

박테리아는 하루에도 생식을 거듭하여 지구상의 다른 모든 생명체를 합한 것보다 많은 4섹스틸리언sextillion(10의 21제곱) 이상까지 늘어날 수 있다. 본질적으로는 이들이 다른 모든 생명체의 재료이자 구성 요소이다. 세포의 특성화가 시작되면서 무성생식 박테리아도 변화하기 시작했고, 보다 안전한 장소를 찾아 다른 생명체를 숙주로 삼고 기생하게 되었다. 인간의 몸에는 체세포보다 100배 많은 박테리아 세포가 있다. 대부분의 경우, 이 공생관계는 박테리아는 물론 숙주에게도 도움이 된다.

그러나 몇몇 조합은 문제를 일으킨다. 현재 알려진 미생물은 1

백만 종류가 넘는데, 그중 1,400여 가지 미생물은 잠재적으로 인간에게 해를 끼칠 수 있다.[6] 예컨대 식중독의 일종인 보툴리눔독소증을 유발하는 박테리아가 발생하는 독소는 일반적인 음료 캔 크기인 12온스(340그램) 정도만으로도 지구상의 모든 인간을 죽일 수 있다. 박테리아의 뒤를 이어 바이러스가 출현했고, 곧이어 기생물도 탄생했다. 두 가지 모두 부모인 박테리아를 따라 다른 생명체를 숙주로 삼았으며, 마찬가지로 질병과 죽음을 부를 수 있는 조합들을 만들어냈다. 미생물들에게 주어진 일은 생식하고 또 생식하는 일뿐이다.[7] 박테리아와 바이러스, 기생물들은 기생충 및 균류와 더불어 이루 다 말할 수 없는 비극을 일으켜왔고, 인류 역사를 좌지우지했다. 이 병원체들은 왜 숙주를 몰살시키는 방향으로 진화한 것일까?

잠시 편견을 내려놓고 생각해보자면, 이 미생물들 또한 우리와 마찬가지로 자연선택이라는 여정을 거쳐 진화해왔음을 알 수 있다. 미생물들이 오늘날에도 우리를 병들게 할 수 있고, 그럼에도 우리가 이들을 박멸하기 힘든 것 또한 같은 이유에서다. 여기서 의문을 품는 사람도 있을 것이다. 숙주를 죽이는 건 스스로에게 해가 되고 결국 자멸하는 일이 아닌가? 질병 그 자체는 우리를 죽일 수 있는데,

6 지구상에 존재하는 미생물의 종류는 약 1조 가지가 넘을 것으로 추정된다. 즉, 전체의 99.999퍼센트가 아직 밝혀지지 않았다는 뜻이다.

7 박테리아와 달리 바이러스는 세포가 아니라 분자와 유전자 배선의 집합체이다. 바이러스는 '생명체'로 간주되지 않는다. 생명체로서의 세 가지 기본 속성을 갖추지 못했기 때문이다. 바이러스는 숙주 세포의 도움 없이는 스스로 생식할 수 없다. 바이러스는 숙주 세포의 생식기능을 탈취하여 자신의 핵심 유전 부호를 '복제'하는 방식으로 생식한다. 또한 세포 분열을 통한 증식이 불가능하다. 마지막으로 그 어떤 종류의 물질대사도 수행하지 못하는데, 이는 곧 생존하는 데 에너지를 필요로 하지도 소비하지도 않는다는 뜻이다. 바이러스는 생식하기 위해 절대적으로 숙주를 필요로 하며, 이 때문에 지구상의 거의 모든 형태의 생물에 영향을 미친다.

사실 질병의 증상은 미생물이 우리의 몸을 이용하여 생식하고 외부로 옮겨가는 방식이다. 정말이지 영리한 방식이 아닐 수 없다. 즉, 균은 한 숙주를 죽이기 이전에 다른 숙주에게 전염되거나 복제된다.

살모넬라균 등 '식중독'을 일으키는 박테리아와 다양한 기생충은 먹히기만을 기다리다가 한 동물이 다른 동물을 먹는 과정에서 전염된다. 람블편모충, 콜레라, 장티푸스, 이질 및 간염처럼 물이나 분변을 통해 전염되는 병원체도 많다. 일반적인 감기와 신종플루, 독감 등의 병원체들은 기침과 재채기를 통해 전염된다. 천연두와 같은 몇몇 병원체는 병변, 아물지 않은 상처, 오염된 물체 혹은 기침 등을 통해 직·간접적으로 전염된다. 이들 중 우리 인간의 은밀한 생식행위에 슬며시 끼어들어 자기들의 생식을 도모하는 병원체들은 특히 흥미롭다(물론 철저하게 진화론적 관점에서 하는 이야기이다). 여기에는 성병을 유발하는 온갖 미생물들이 포함된다. 산모의 자궁 내에서 태아에게 전염되는 악랄한 병원체도 많다.

발진티푸스, 선페스트, 샤가스병, 아프리카 수면병 그리고 이 책에서 다룰 수많은 질병은 매개 생명체를 얻어 돌아다니는데, 그 매개로는 벼룩과 진드기, 파리 그리고 모기가 있다. 다수의 병균은 생존 가능성을 극대화하기 위해 전략을 한 가지 이상 조합하여 쓴다. 미생물이 이용하는 다양한 조합의 증상들 혹은 감염 경로들은 각기 효과적인 생식을 도모하고 종의 생존을 보장하기 위한 진화적 선택이다. 이 병균들은 우리만큼이나 살아남기 위해 치열하게 싸우고, 우리의 병균 박멸 시도를 피하기 위해 끊임없이 변모하면서 늘 우리보다 한 발짝 앞서 진화한다.

공룡은 지금으로부터 2억 3천만 년 전부터 6,500만 년 전까지 약 1억 6,500만 년이라는 놀라운 세월 동안 지구를 지배해왔다. 그러나 당시 지구상에는 그들만 있던 게 아니다. 곤충과 곤충이 옮기는 질병들은 공룡시대 이전에도 그 이후에도 존재했다. 3억 5천만 년 전 출현한 곤충은 금세 유해한 질병들의 군대와 접선하여 전례 없이 치명적인 동맹을 맺었다. 곧이어 쥐라기 모기와 모래파리들이 이 대량 살상 생물무기들로 무장하고 나섰다. 박테리아와 바이러스, 기생충들은 교활하고 능숙하게 진화하면서 생활 반경과 공략 지역을 넓혀나가, 노아의 방주만큼이나 다양한 동물을 입김 아래에 두었다. 다윈의 자연선택론에 따르면 숙주가 많아질수록 생존 가능성 및 생식 가능성도 높아진다.

호전적인 모기떼는 집채만 한 공룡들에 조금도 겁먹지 않았고, 오히려 그들을 먹이로 삼았다. "곤충 매개 감염병들은 그 이전부터 자리해온 기생충들과 더불어 공룡의 면역계가 감당할 수 있는 정도를 넘어서게 되었다." 이는 순고생물학자 조지 포이나르George Poinar와 로베르타 포이나르Roberta Poinar가 저서 『무엇이 공룡을 괴롭혔는가?What Bugged the Dinosaurs?』에서 제시한 가설이다. "치명적인 무기들로 무장한 곤충들은 먹이사슬의 최상위 포식자로 올라섰으며, 오늘날 우리의 세계를 좌지우지하듯 공룡의 운명 또한 좌지우지했다." 만족을 모르는 모기들은 수백만 년 전에도 피를 빨아먹을 거리를 확보하는 방법을 알고 있었던 것이다. 윙윙거리다 물고 떠나는 그들의 섭식 방법은 오늘날까지 변함없이 이어진다.

오늘날의 카멜레온이나 아메리카 독도마뱀(둘 다 수많은 모기 매개 질병을 데리고 다닌다)처럼 피부가 얇았던 공룡들은 모기들에게는 먹음직스러운 사냥감에 불과했다. 우리의 손톱과 같은 케라틴 비늘을 온몸에 두른 공룡들이건 깃털과 솜털을 두른 공룡들이건 그 사이사이로 드러나는 피부는 모기에게 너무나 쉬운 타깃이었기에, 방어구를 단단히 갖춘 공룡들도 속수무책 당할 수밖에 없었다. 말하자면 조류든 포유류든 파충류든 양서류든, 그 당시든 오늘날이든 모두 공평하게 당하는 꼴이다. 지난날 그 집요한 적군들과 벌였던 지긋지긋한 접전들을 떠올려보면 알 수 있을 것이다. 맨살을 모두 감추고, 퇴치제를 온몸에 흠뻑 뿌리고, 시트로넬라 향초와 모기향을 태우고, 연기 나는 불 주변에 모여 앉고, 사방을 찰싹찰싹 때려대고, 모기장과 스크린과 텐트로 요새를 만드는 등 갖은 노력을 다해도, 모기들은 용케 갑옷의 작은 틈새를 찾아내어 결국 우리의 아킬레스건을 물고 떠난다. 마찬가지로 공룡들 또한 당했는데, 다른 점이 있다면 공룡들은 방어책조차 갖추지 못했다는 것이다.[8]

공룡시대의 습한 열대 환경 덕분에 모기들은 일 년 내내 생식하고 활동했으며, 개체 수를 늘리고 생식 능력을 점점 더 키워나갔다. 전문가들은 이를 캐나다 북극해 제도의 모기떼와 비교한다. "북극에는 모기들이 섭식할 만한 동물이 많지 않기 때문에, 일단 먹잇감을 발견하기만 하면 흉포하게 달려든다." 다트머스 대학교 북극연구센터의 곤충학자 로렌 쿨러Lauren Culler 박사가 한 말이다. "모기들

---

8 공룡의 등 피부가 오늘날 코끼리의 주름진 피부처럼 수축되거나 접혔을 거라고 추측하는 전문가들도 있다. 코끼리는 부드러운 등 피부에 모기떼가 내려앉을 때면 순식간에 아코디언처럼 외피를 수축해 모기들을 압사시킨다. 꼬리나 코가 등까지 닿지 않아 피부가 독창적으로 적응하고 진화해 문제를 해결한 것이다.

은 가차 없이 달려들고, 멈추지도 않는다. 단 몇 초면 먹잇감을 새까맣게 뒤덮는다." 카리부(북아메리카 북쪽에 사는 순록)가 모기들의 맹공격을 피해 달아나는 데 더 많은 시간을 허비할수록, 먹이를 먹거나 이주하거나 무리 생활하는 데 쓸 시간이 줄어, 그 결과 개체 수 감소로 이어진다. 굶주린 모기떼는 카리부 새끼를 분당 9천 회씩 물어, 말 그대로 죽음으로 몰아갈 수 있으며, 비교하자면 성인 한 명의 혈액량 절반에 달하는 양을 단 두 시간 만에 빨아갈 수 있다.

호박 속 모기화석 표본에서 발견된 공룡의 피에는 황열과 말라리아가 발견되었으며, 오늘날 개에게 심장사상충 감염증 및 인간에게 상피병을 유발하는 기생충도 발견되었다. 마이클 크라이튼Michael Crichton의 소설『쥬라기 공원Jurassic Park』에서는 호박에 갇힌 모기의 내장에서 공룡의 피와 DNA를 추출하고, 유전자가위CRISPR와 유사한 기술을 이용해 살아 있는 공룡을 만들어낸다. 이를 바탕으로 아프리칸 라이온 사파리의 선사시대 버전 테마파크를 만들어 떼돈을 벌 궁리를 한다. 그런데 스티븐 스필버그Steven Spielberg 감독이 이 소설을 원작으로 만든 1993년작 동명의 블록버스터 영화에는 옥의 티가 하나 있다. 영화에 등장한 모기는 피 없이도 번식할 수 있어 흡혈하지 않는 몇 안 되는 모기 종류 중 하나였다!

오늘날 인간과 동물들에게 피해를 입히는 모기 매개 질병들 중 다수는 공룡시대에도 존재했으며, 상당한 치사율로 공룡들을 몰살시켰다. 발견된 티라노사우루스의 혈관에는 말라리아와 여러 기생충의 흔적이 명백하게 남아 있으며, 수많은 공룡종의 분석(석화된 배설물)에서도 같은 흔적이 발견된다. 현재 모기는 스물아홉 가지 형태의 말라리아를 파충류에게 전염시키지만 그 증상은 나타나지 않거나 미약한 수준에 그치는데, 이는 파충류들이 이 오래된 질병들에 선천면역을 형성했기 때문이다. 하지만 공룡들은 이러한 면역계가 없었을 것이다. 말라리아는 약 1억 3천만 년 전에야 모기 매개 질병 군단에 합류했으니 당시만 하더라도 신종 질병이었던 셈이다. 포이나르의 가설에 따르자면, "절지동물 매개 말라리아가 상대적으로 새로운 질병이었던 시절에는 공룡에게 매우 심각한 영향을 미쳤을 것이다. (중략) 말라리아 유기체(말라리아 기생충)는 이미 그 복잡한 생애주기를 진화시킨 후였다." 최근 한 실험에서는 모기 매개 질병들 중 몇몇을 카멜레온에게 주입했다가 모든 실험체가 사망하는 결과를 낳기도 했다. 다수의 모기 매개 질병은 일반적으로 파충류에게 치명적이지 않지만, 오늘날에도 그러한 것처럼 과거에도 감염 대상에게 심각한 해를 입혔을 것이다. 공룡은 신체기능을 잃거나, 병들거나, 기면 상태에 빠지면서 공격에 취약해지거나 다른 육식동물의 쉬운 표적이 되었을 것이다.

역사라는 창고는 라벨 붙은 박스별로 정리하는 게 불가능하다. 사건들이 각각 고립된 상태에서 일어나는 것이 아니기 때문이다. 역사적 사건들은 보다 넓은 스펙트럼상에서 서로에게 영향을 미친다. 역사적 에피소드가 한 가지 사실만을 토대로 만들어지는 경우는 드물며, 대부분은 그보다 거대한 역사적 내러티브 안에서 거미줄처럼 얽히고설킨 영향력과 폭포처럼 쏟아지는 인과관계의 결과물로 탄생한다. 모기와 모기 매개 질병 또한 마찬가지다.

예시로 공룡 멸종 가설들을 살펴보자. 공룡이 질병으로 멸종했다는 가설이 지난 10여 년간 점차 신빙성을 더하며 주목을 받아오긴 했으나, 오래전부터 일반적으로 정립된 운석 대멸종설을 대체하지는 못한다. 지금으로부터 6,550만 년 전, 오늘날 인기 많은 관광지인 멕시코 유카탄 반도 칸쿤의 서쪽 부근에 무언가 거대한 충격이 발생하여 미국 버몬트주 크기의 운석 충돌구가 생겼다는 사실은 다양한 과학적 증거와 데이터가 입증하고 있다. 그러나 충돌 당시, 공룡은 이미 급격하게 개체 수가 감소됐다는 게 정설이다. 각 지역의 공룡종 중 최대 70퍼센트가 이미 멸종했거나 멸종 위기에 처해 있었다. 소행성 충돌과 그에 따른 핵겨울 및 급격한 기후변화는 공룡의 필연적인 멸종을 가속화시킨 마지막 한 방이었다. 해수면과 수온이 곤두박질쳤고, 생명체들을 지탱하던 지구 환경은 가혹하리만치 불안정하게 변했다. 포이나르는 "격멸설激滅說에서든 점멸설漸滅說에서든 질병, 특히 매우 작은 곤충들을 매개로 한 질병들이 공룡 멸종에 지대한 역할을 했을 가능성을 무시할 수는 없다"고 결론지었다. 모기는 호모 사피엔스의 출현 훨씬 이전부터 대혼란을 초래하면서 지구 생명체의 판도를 크게 뒤흔들었다. 모기들의 도움으로 최상위 포식자인 공룡이 사라진 뒤에는, 우리의 직계 조상인 선행인류를 포함한 포유류들이 진화하고 번성했다.

비교적 갑작스럽게 발생한 공룡의 멸종 이후, 어리둥절한 와중에도 단단히 마음을 먹은 몇몇 생존자들은 들불과 지진, 화산, 산성비의 어둡고 가차 없는 황무지에서 폐허를 딛고 일어나 생명을 이어나가기 시작했다. 세상의 종말 같은 이 풍경 속에서 모기 군단들은 동물의 체온을 찾아 순찰하듯 날아다녔다. 소행성 충돌 이후에는 수많은 소동물이 번성했는데, 이들 중 다수는 야간 시력이 우수했으며, 많이 먹을 필요도 없었고, 입맛이 까다롭지도 않았으며, 불타오르는 아수라장 속 이곳저곳을 보금자리 삼았고, 더 이상 잡아먹힐 걱정도 없이 번성했다. 적응하고 생존하여 번성하면서 훗날 다양한 종으로 분화한 동물들로는 포유류와 곤충을 꼽을 수 있다. 한편 현생 동물 중 유일하게 공룡의 직계 후예로 여겨지는 동물은 조류이다. 가계도가 끊어지지 않은 탓에 조류는 수많은 모기 매개 질병을 품어오면서, 수없이 많은 종의 동물들에게 이를 옮겼다. 오늘날에도 조류는 웨스트나일 바이러스와 온갖 뇌염을 포함해 수많은 모기 매개 바이러스의 주요 병원소이다. 이처럼 부활과 재생, 진화와 발달이 뒤엉킨 소용돌이 속에서 오늘날의 인간 대 모기 싸움이 유래되었다.

공룡이 사라지는 와중에도 그들의 멸종에 일조한 벌레들은 살아남아 인류 역사 전반에 죽음과 질병을 불어넣고 있다. 이들이야말로 최종 생존자인 셈이다. 곤충은 지구상에서 가장 왕성하게 번식하고 다양하게 분화한 생물로, 전체 생명체의 57퍼센트, 동물계에서는 무려 76퍼센트를 차지한다. 포유류가 전체 생물종의 고작 0.35퍼센트 정도라는 사실을 감안하면 곤충의 영향력이 얼마나 넓고 전반적으로 작용했는지 알 수 있다.

곤충들은 금세 다양한 박테리아와 바이러스, 기생충의 망명지이자 최적의 숙주로 자리매김했으며, 그 어마어마한 개체 수와 종류는 이 미생물들이 생존할 가능성을 훨씬 높여주었다.

동물에게서 인간으로 전염되는 질병들을 가리켜 동물원성감염병zoonosis(그리스어로 '동물병') 혹은 인수공통전염병이라고 한다. 오늘날 인수공통전염병은 인간이 걸리는 질병의 75퍼센트에 달하며 점점 더 늘어나는 추세다. 지난 50년간 가장 가파른 증가세를 보인 질병군은 아르보바이러스이다. 아르보바이러스는 진드기, 각다귀, 모기 등의 절지동물을 매개로 전염되는 바이러스를 총칭한다. 1930년 당시 인간에게 질병을 유발한다고 알려진 아르보바이러스는 단 여섯 종에 불과했으며 그중 모기 매개 황열이 단연 치명적이었으나, 오늘날에는 무려 505종에 이른다. 오래전 공식적으로 밝혀진 것부터 모기를 매개로 하는 웨스트나일 바이러스와 지카 바이러스 등 비교적 새로운 것들까지 수많은 바이러스가 곤충을 매개로 동물에서 인간에게 전염되었다.

우리와 유전적으로 유사하고 조상도 같은 유인원 사촌들은 인간과 질병 중 약 20퍼센트를 공유하며 모기를 포함한 다양한 매개를 통해 서로에게 질병을 옮긴다. 모기와 모기 매개 질병들은 진화론을 꼼꼼히 공부하기라도 한 듯 인간의 진화가계도를 뒤쫓아 왔다. 화석자료들을 살펴보면 1억 3천만 년 전 조류에서 처음 발견된 말라리아 기생충의 한 종류가 이르게는 600만 년에서 800만 년 전부터 원시 인류를 괴롭혀왔다는 것을 알 수 있다. 이 시점은 인간과 DNA가 96퍼센트 일치하는 침팬지와 초기 호미니드hominid(인류 계통을 이르는 말)가 조상을 공유하다 마침내 대형 유인원과 인류로 갈라서기 시작한 시점과도 같다. 원시 말라리아 기생충은 두 갈래 길 모두에 그림자를 드리웠고, 오늘날까지도 모든 종의 대형 유인원과 인류와 함께하고 있다. 실제로 우리 인류가 점차 두꺼운 털을 벗고 진화한 것은 아프리카 사바나에서 체온을 낮게 유지하는 동시에 체외 기생충과 흡혈 곤충을 더욱 쉽게 찾아내고 처치하기 위해서라는 설이 있다. 역사학자 제임스 웹James Webb은 말라리아의 모든 것을 논한 저서 『인류의 짐Humanity's Burden』에서 "인간이 걸리는 감염병 중 가장 오래된 질병이자 지금까지 가장 많은 사람을 죽인 질병인 말라리아는 인류 역사의 첫 장부터 스며들어 있다"고 했다. "말리리아는 고대의 재앙이자 현대의 재앙이다. 그런데 대부분의 세월 동안 말라리아는 거의 아무런 흔적도 남기지 않았다. 말라리아는 먼 옛날 우리가 우리의 경험을 기록할 수 있게 되기 한참 전부터 우리를 병들게 했음에도 너무나 흔한 질병이라 이목을 끌지 못한 것인지, 최근 1,000년간 기록된 역사에서 대체로 존재가 드러나지 않는다. 그러나 기록되지 않은 역사에서 유행성 말라리아는 세계사의 풍광을 거칠게 짓밟고 다니면서 가는 곳마다 죽음과 고통을 남겼다." 월터리드 미 육군병원의 말라리아 학자였던 W. D. 티그렛W. D. Tiggert 박사는 "말라리아는 마치 날씨처럼 언제나 우리와 함께 해온 것처럼 보이며, 마크 트웨인Mark Twain이 날씨에 대해서 말했듯, 그에 대해서 취해진 조치는 거의 없는 것처럼 보인다." 모기와 말라리아에 비하면 호모 사피엔스는 진화론계의 꼬맹이일 뿐이다. 정설에 따르면 우리가 현생 호모 사피엔스('슬기로운 사람')로 급격히 진화한 것은 대략 20만 년 전에 시작된 일이다.[9] 어느 모로 보나 우리 인류는 비교적 새로

9 저명한 역사학자 알프레드 W. 크로스비의 패러다임에 따르면 여기에서 인용한 모든 데이터는 견해차와 논쟁의 여지가 있다. 본문에서는 절대적인 연도보다는 전반적인 연대기와 상대적인 기간에 주목하도록 하자.

운 종이다.

우리 인류와 인류의 역사에 모기가 미친 광범위하고 은밀한 영향들을 제대로 이해하려면, 우선 모기라는 동물 그 자체와 모기가 옮기는 질병들을 제대로 알아보아야 한다. 나는 곤충학자도 아니고, 말라리아 학자도 열대의학 전문의도 아니며, 모기와의 의학적·과학적 싸움에서 몸 바친 이름 없는 수많은 영웅 중 하나도 아니다. 나는 역사학자다. 그러므로 모기와 모기 매개 병원체들에 대한 복잡한 과학적 설명은 다른 전문가들의 힘을 빌리고자 한다. 곤충학자 앤드루 스필먼Andrew Spielman 박사의 조언을 옮기자면, "세계 곳곳에서 심화되고 있는 보건 위험을 직시하기 위해서는 우선 모기를 이해해야 하며 자연 속 모기의 위치를 정확히 파악해야 한다. 나아가 모기라는 조그맣고 흔한 곤충과 우리 인간의 관계를 다양한 측면에서 살펴보아야 하며, 역사적으로 우리가 이들과 이 행성을 나누어 가지려 어떻게 싸워왔는지를 제대로 알아야 한다." 즉, 우리가 무엇과 대치하고 있는지를 알아보아야만 한다. 중국의 손무 장군이 기원전 5세기에 펴낸 위대한 책 『손자병법』을 한 마디로 요약하자면, 우선 "적을 알아야知彼" 하기 때문이다.

"가장 강한 종이 살아남는 것도 아니고 가장 똑똑한 종이 살아남는 것도 아니다. 변화에 가장 잘 적응하는 동물이 살아남는다." 이 말은 찰스 다윈이 한 것으로 알려진 고전적 인용구다.[10] 실제로 어디에서 나온 말이든, 이 구절에 전형적으로 들어맞는 예시가 바

---

10 실제 찰스 다윈의 그 어떤 출판물이나 논문, 편지 등에도 이 말은 등장하지 않았다.

로 모기와 말라리아 기생충을 비롯한 모기 매개 질병이다. 그야말로 적응의 고수들이다. 모기들은 변화하는 환경에 발맞추어 몇 세대 만에 빠르게 진화하고 적응할 수 있다. 한 예시로 런던 시내에 독일제 폭탄이 비처럼 쏟아지던 1940~1941년 영국 대공습 당시, 공습 대피소였던 지하철 승강장에 강인한 런던 시민들과 일부 집모기Culex mosquitoes가 한동안 고립된 채 함께 생활했다. 이 모기들은 지하 환경에 빠르게 적응하여 새들 대신 생쥐와 들쥐, 인간을 흡혈하기 시작했고, 오늘날에 이르러서는 지상의 집모기들과 다른 특징을 가진 하나의 모기종으로 자리 잡았다.[11] 터널 속 공병 모기들이 일반적으로 수천 년에 걸쳐 이뤄낸 진화를 채 100년도 되지 않아 해낸 것이다. 영국 곤충학 및 자연사 학회의 전 회장 리처드 존스Richard Jones는 이를 두고 "또 다른 100년이 지나면 런던 지하철에 서클 라인, 메트로폴리탄 라인, 주빌리 라인 등 호선별로 새로운 종이 생길지도 모른다"고 우스갯소리를 했다.

모기는 기적적으로 적응하는 생물인 한편, 순전히 자기애로 가득 찬 생물이기도 하다. 다른 곤충들과 달리 식물의 수분이나 토양의 통기에 그 어떤 방식으로도 절대 관여하지 않으며 폐기물을 섭식하지도 않는다. 또한 널리 알려진 것과 달리 모기만을 먹고사는 동물도 없다. 모기는 자기들의 종을 번식시키고 아마도 인간을 죽이는 것 이외에 다른 목적은 전혀 없는 듯하다. 마치 무분별한 인구 증가를 막는 역할을 담당하고 있는 것처럼 보일 지경이다.

---

11 영국 본토 항공전 직후인 1941년 말, 영국군은 '모기'라는 별명의 전투 폭격기(de Havilland 98 Mosquito)를 전투에 투입했다.

1798년, 영국의 목사이자 학자였던 토머스 맬서스Thomas Malthus는 저서 『인구론An Essay on the Principle of Population』을 통해 정치경제학 및 인구학에 관한 획기적인 주장을 펼쳤다. 동물의 개체 수가 사용 가능한 자원을 넘어서는 순간이 올 때마다 가뭄과 기근, 전쟁, 질병과 같은 자연재해 혹은 억지력抑止力이 발생하여 지속 가능한 수준을 유지시키고 건강한 균형을 회복시킨다는 것이다. 맬서스는 이 음울한 논리를 다음과 같이 설명했다. "인류에게 찾아오는 해악은 인구 감소라는 임무를 적극적이고 유능하게 수행한다. 이들은 위대한 파괴군의 선봉장으로 때때로 끔찍한 일들을 직접 처리한다. 만약 이러한 해악이 인간을 멸종시키는 데 실패한다면, 뒤이어 역겨운 날씨와 유행병, 역병, 이상 번식 등이 대열을 갖추고 진격해 와서는 수천, 수만 명을 쓸어갈 것이다. 그래도 여전히 임무가 마무리되지 않는

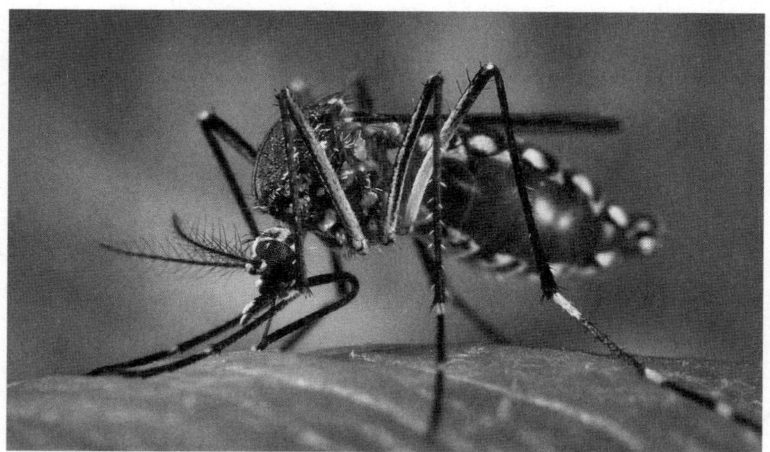

우리의 적군, 숲모기: 인간 숙주를 흡혈하고 있는 암컷 숲모기다. 숲모기속은 황열, 뎅기열, 치쿤구니야열, 웨스트나일열, 지카열, 그 외 다양한 종류의 뇌염을 유발하는 바이러스를 비롯해 다수의 모기 매개 질병을 전파한다. © James Gathany/Public Health Image Library-CDC

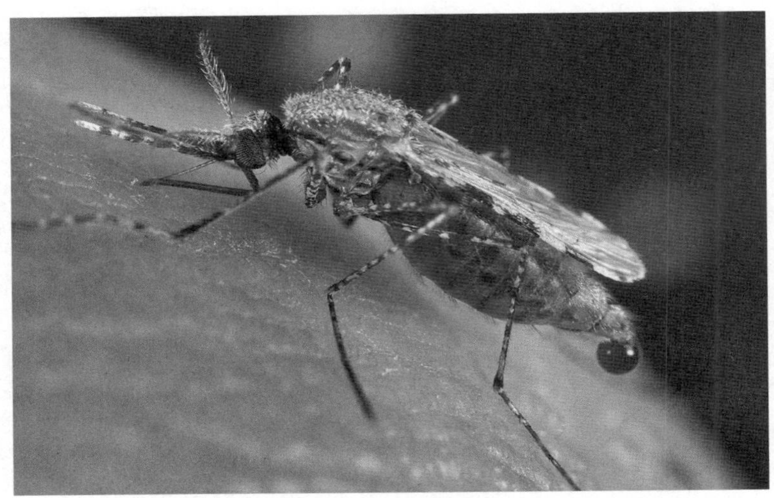

우리의 적군, 얼룩날개모기: 암컷 얼룩날개모기는 뾰족한 주둥이로 인간 숙주를 흡혈하는데, 이때 모기의 뱃속에서 피의 단백질을 농축시킨 분비물이 소량 배출된다. 얼룩날개모기속은 인간에게 전염될 수 있는 말라리아 원충 다섯 종류의 유일한 매개 동물이다. © James Gathany/Public Health Image Library-CDC

다면 그때는 피할 수 없는 대규모 기근이 뒤따라올 것이다."

이 음울한 종말론적 전망에서 인간에게 가해지는 맬서스식 주요 억지력 중 하나가 바로 모기이다. 모기들은 열다섯 종 이상의 질병을 매개하는 얼룩날개모기와 숲모기 두 종을 중심으로 악의도 없이 그 무엇보다 심각한 죽음의 거래를 실현한다.

인류가 존재하기 시작한 이래 모기의 위험한 쌍둥이, 말라리아와 황열은 인간에게 죽음과 역사적 변화를 가져다주었으며, 앞으로도 인간과 모기 간의 오랜 연대기적 전쟁에서 주요 적수로 날뛸 것이다. "황열과 말라리아의 역할이 쉽게 주목받은 것은 아니다. 모기들과 병원체들은 회고록이나 성명서를 남기지 않는다. 1900년 이전에는 이들의 역할을 인식하지 못했으며, 이들의 중요성을 완전히 이해하는 사람도 없었다." J. R. 맥네일의 말이다. "뒤이은 건강의 황금시대에 살았던 대부분의 역사학자도 이들의 중요성을 인식하지 못했다. (중략) 그러나 모기들과 병원체들은 존재했고 (중략) 인간사에 영향을 미쳤으며, 오늘날 우리는 기록과 회고에서 그 흔적을 볼 수 있다."

그러나 말라리아와 황열은 모기가 인류에게 선사한 열다섯 가지 이상의 질병들 중 두 가지일 뿐이다. 다른 질병들은 앞으로 살펴볼 이야기들에서 조·주연으로 등장할 것이다. 모기 매개 병원체는 크게 바이러스, 기생충, 원생동물(원충류)로 나눌 수 있다.

가장 수가 많은 것은 바이러스다. 황열, 뎅기, 치쿤구니야, 마야로, 웨스트나일, 지카 바이러스 등과 세인트루이스 뇌염, 이콰인 뇌염, 일본 뇌염을 비롯한 다양한 종류의 뇌염이 대표적이다. 이 중 황열을 제외한 다른 바이러스들은 신체를 쇠약하게 만들긴 해도 일반적으로 치사율이 아주 높지는 않다. 웨스트나일, 마야로, 지카 바이러스는 비교적 최근에야 모기 매개 질병 목록에 추가되었다. 황열을 제외한 이 바이러스들의 감염을 예방할 백신은 존재하지 않지만, 이 감염증에 걸렸다가 회복한 사람은 보통 평생 면역력이 생긴다. 이 바이러스들은 서로 밀접한 관계에 있는 만큼 주요 증상도 발열, 두통, 구토, 발진, 근육통, 관절통으로 유사하며, 대부분의 경우 모기에게 물려 감염된 지 사흘에서 열흘 사이에 증상이 나타난다. 감염자 대부분은 일주일 내로 회복하며, 매우 드물긴 하지만 심한 경우에는 바이러스성 출혈열이 발생하거나 뇌가 부으면서(뇌염의 경우) 죽음에 이를 수 있다. 노약자와 어린이, 임산부 그리고 여타 지병이 있는 사람들이 이러한 바이러스 감염증으로 사망한 이들 중 대다수를 차지한다. 숲모기가 주로 이 바이러스들을 퍼트리며, 전 세계적으로 나타나긴 하나 아프리카에서 감염률이 가장 높다.

바이러스 중에서도 상위 등급을 차지하는 바이러스가 바로 황열 바이러스로, 종종 심각한 상태로 악화되거나 유행성 말라리아를 동반한다. 3,000년 전 아프리카에서부터 인류를 쫓아온 황열 바이러스는 솜씨 좋은 살인마다. 황열 바이러스는 최근까지도 세계사의 판도를 바꾸어놓곤 했다. 삶의 전성기를 누리고 있는 젊고 건강한 성인들이 주요 타깃이다. 1937년 효과적인 백신이 발견되었으나, 여전히 매년 3만 명에서 5만 명가량이 황열로 목숨을 잃으며 그중 95퍼센트는 아프리카에 집중되어 있다. 황열에 감염된 환자 중 75퍼센트에게는 앞서 언급한 사촌지간 바이러스들과 유사한 증상이 나타나며 보통 사나흘 정도만 지속된다. 그러나 운 나쁜 25퍼센트가량의 환자들의 경우 하루 정도 소강상태에 접어들었다가 다시 2차 증상이 나타나는데, 이때 고열로 인한 섬망, 간 손상으로 인한 황달, 심한 복통, 설사 그리고 입과 코, 귀를 통한 출혈이 발생할 수 있다. 위장관과 신장 내면이 손상될 경우 그 색과 농도가 커피 찌꺼기와 비슷한 담즙이나 피를 토할 수 있는데, 이 때문에 스페인어로 황열을 '검은 토vóito negro'라고 부른다. 이후 혼수상태에 빠지고 죽음에도 이를 수 있다. 사망에 이르는 경우 대개 첫 증상이 나타난 지 2주 후에 사망하며, 그전까지 차라리 죽기를 바랄 정도의 고통을 겪는다.

이 묘사는 그 자체로도 끔찍한데, 전 세계를 오가는 수많은 사람, 특히 신대륙에 전초기지를 세우고 식민지 작업을 벌였던 유럽인들이 황열 바이러스를 데리고 다녔다는 게 얼마나 소름끼치는 일인지를 일깨워주기도 한다. 아메리카 대륙에서 최초로 황열이 발병한 건 아프리카 노예들과 그 모기들을 배에 싣고 오던 1647년의 일이다.[12] 당시 영국인들은 황열을 '옐로우 잭Yellow Jack'이라고 불렀는데, 옐로우 잭이 언제 어디를 또다시 공격해올지 몰라 전전긍긍하면서 지내기란 고통스러웠을 것이 분명하다. 황열의 치사율은 평균 25퍼센트 부근이지만, 유행병의 특질과 상황에 따라 50퍼센트에 육박하는 경우도 흔했다. 카리브해 지역에서 발병했던 몇몇 경우에는 치사율이 85퍼센트에 달했다. '플라잉 더치맨'(희망봉 근해에 출몰한다는 네덜란드의 유령선)과 같은 재미있는 유령선 이야기들도 사실은 실제 상황에 근거한 이야기이다. 승선한 선원 모두가 황열로 쓰러진 탓에 선박 혼자 바다 위를 몇 개월씩 떠돌아다녔을 수 있기 때문이다. 선박을 견인한 사람들을 맞이한 건 죽음의 악취와 해골들의 덜거덕거리는 소리뿐이고, 선원들을 죽인 범인은 단서조차 남기지 않고 사라져 있었을 것이다.

몇 주간 앓다가 운 좋게도 살아난 생존자들에게 황열은 두 번 다시 찾아오지 않는다. 그 끈덕진 바이러스를 이겨낸 이들에게는 평생 면역력이 생기기 때문이다. 황열 바이러스와 사촌지간이자 2천여 년 전 아프리카 혹은 아시아(혹은 두 곳 모두)의 원숭이로부터 처음 전염된 것으로 간주되는 뎅기 바이러스는 그 성질이 황열보다 훨씬 순하긴 하지만, 둘 중 하나에 걸렸다가 회복한 사람은 나머지 하나

12 학계에서는 미국 내 황열의 최초 발병 시기를 두고 여전히 논쟁이 벌어지고 있다. 이르게는 1616년부터 등장했다고 보는 이들도 있다.

에도 한정적이고 부분적으로나마 면역력을 가지게 된다.

기생충 중 숲모기, 얼룩무늬모기, 집모기 모두가 퍼트리는 유일한 기생충은 사상충이다. 사상충증은 흔히 상피병 혹은 코끼리피부병이라고도 한다. 사상충은 림프계에 침범한 뒤 흐름을 막아 림프가 쌓이게 만들어 하지와 생식기에 극심한 부종을 유발하며 많은 경우 시력 상실을 야기한다. 부종이 생겨 음낭이 농구공보다 커지는 경우도 드물지 않다. 여성의 경우도 음순이 기괴한 모양으로 변형될 수 있다. 겉보기에도 끔찍한 증상을 남기는 이 질병은 현대 의학 발달로 저렴한 비용에 치료할 수 있게 되었지만, 안타깝게도 여전히 아프리카와 동남아시아 열대 지역을 중심으로 연간 1억 2천만 명이 사상충증에 시달리고 있다.

성흔: 1614년 영국 의학 교과서에 실린 이 판화 속 여성에게는 상피병으로도 불리는 사상충증의 증상이 명백하게 나타난다. © iomedia/ Wellcome Library

원생동물 혹은 기생충 중에서는 말라리아가 독보적이다. 1883년, 스코틀랜드의 생물학자 헨리 드러먼드Henry Drummond는 기생충을 "진화 법칙의 위반이자 인류의 최대 해악"이라고 평했다. 인류에게 있어서 말라리아는 타의 추종을 불허하는 재앙이다. 현재 매년 3억 명에 가까운 이들이 얼룩날개모기에게 물려 말라리아 기생충과 접촉한다. 앞서 살펴본 캠핑장 예시에서 당신의 피를 빨아갔던 바로 그 모기다. 말라리아는 조금의 단서도 남기지 않은 채 당신의 혈관으로 침투한 뒤, 간을 향해 미친 듯이 달려가 그곳에 머물고, 기력을 회복하면서 앞으로 당신의 몸을 공격해 번식에 써먹을 계획을 세운다. 캠핑을 마치고 집에 돌아온 당신이 그저 모기 물린 곳이나 미친 듯이 긁어댈 동안, 말라리아는 당신의 간에서 몰래 겨울잠을 잔다. 이후 당신이 얼마나 아프게 될지, 목숨을 잃을 확률이 얼마나 될지는 당신이 어떤 종류의 말라리아에 접촉했는지에 따라 달라진다.

한 가지 이상의 종에게 감염될 가능성도 있지만, 대개 이 싸움에서는 가장 치명적인 병원체가 다른 병원체들을 압도한다. 얼룩날개모기속 480종 중 70종이 말라리아를 옮기며, 전 세계적으로 동물을 매개로 삼는 말라리아 기생충은 450종 이상이 존재하고, 그중 인간에게 전염될 수 있는 기생충은 다섯 종류이다. 그중 세 가지인 원숭이열원충, 난형열원충, 사일열원충은 극히 드물 뿐만 아니라 치사율도 상대적으로 낮다. 원숭이열말라리아는 최근 남아시아에서 마카크원숭이를 매개로 하여 인수공통전염병으로 올라선 한편, 흔치 않은 난형말라리아와 사일열말라리아는 거의 모든 경우가 서아프리카에서 발견되었다. 당신이 이 세 가지 원충에 접촉했을 가능성은 배제해도 좋으니, 이제 가능한 선택지는 당신의 건강과 생명을 놓고 쟁탈전을 벌이는 가장 위험하고 널리 퍼진 두 종의 적수, 삼일열원충과 열대열원충만이 남았다.

당신의 간에서 쉬고 있는 말라리아 기생충은 일곱 단계의 인상적인 생활사(life cycle)를 거친다. 기생충이 생존하고 번식하려면 다수의 숙주가 있어야 한다. 모기와 모기가 무는 2차 매개들, 이를테면 인간, 유인원, 쥐, 박쥐, 토끼, 호저, 다람쥐, 다양한 조류 및 양서류와 파충류 그리고 여타 다양한 동물이 기생충의 숙주가 될 수 있다. 안타깝지만 이번에는 당신이다.

운명적인 물림 이후, 이 악한은 당신의 간에서 1~2주가량 머물며 변태하고 증식한다. 그동안 당신에게는 어떠한 증상도 나타나지 않는다. 이렇게 증식한 해로운 기생충 군대는 간 바깥으로 터져나가 혈관에 침투한다. 적혈구에 딱 달라붙어 빠르게 적혈구의 외벽을 뚫고 들어가 헤모글로빈을 들이켠 뒤 혈구 내부에서 또 한 번의 변태와 증식 주기를 거친다. 불어난 적혈구는 결국 파괴되면서 두 가지 형태로 분열한 기생충들을 뿜어내는데, 한 형태는 곧장 다른 건강한 적혈구들을 공격하고, 다른 하나인 '무성' 기생충들은 혈관을 따라 유유히 떠다니면서 다음 모기가 자신들을 데려가주기를 기다린다. 말라리아 기생충은 얼마든지 모습을 바꿀 수 있다. 약물이나 백신으로 다스리거나 근절하기가 그토록 어려운 것도 바로 이 유전적 유연성 때문이다.

이제 오한과 41도가 넘는 고열이 주기를 따라 차례대로 닥치면서 당신을 위중한 상태로 몰고 간다. 말라리아 증상 주기가 반복되기 시작하면 꼼짝없이 앓아누울 수밖에 없으며, 당신의 운명은 기생충의 수중에 놓인다. 당신은 고통에 차 무력해진 채 땀에 푹 젖은 침상 위에 엎드려 경련을 일으키고, 헛손질하고, 저주하고, 신음한다. 비장과 간이 비대해진 게 뱃가죽 위로도 드러나고, 피부는 누런 황달로 얼룩지고, 발작적으로 구토를 한다. 뇌를 녹여버릴 것 같은 고열이 일정한 간격을 두고 반복해서 치솟고, 그때마다 당신의 적혈구들은 증식된 기생충들을 뿜어내고 또 그 기생충들에게 잠식당한다. 이렇게 나온 기생충들이 새로이 자리 잡은 혈구를 파먹고 그 안에서 또 증식하는 동안 열은 잠시간 떨어진다.

말라리아 기생충은 정교한 신호체계를 이용해 순서와 타이밍을 맞추며, 모든 증상은 일정한 주기에 딱 맞추어 발생한다. 무성無性형으로 새롭게 증식한 이 기생충들은 우리의 혈액 속에 모기를 유도하는 신호 화학물질을 흘려보내 모기에 물릴 확률을 극적으로 높인다. 감염된 인간이 모기에 물리면 기생충의 생활사가 마무리 단계에 들어간다. 기생충 세포들은 모기의 뱃속에서 암수 구별이 있는 생식 세포로 분열한 뒤 빠르게 유성생식에 돌입하여 실 형태의 새로운 개체를 만들어내고, 이렇게 탄생한 다음 세대 기생충들은 모기의 소화기 밖으로 나가 침샘으로 들어가서 모기의 흡혈 횟수를 교묘히 늘리기도 한다. 모기의 항응혈제 분비를 억제시켜서 한 번 물었을 때 흡혈하는 양을 최소화시키는 것이다. 이렇게 하면 모기가 필요한 만큼의 피를 얻기 위해서 더 자주 흡혈할 수밖에 없다. 그 과정에서 말라리아 기생충들은 전염과 생식, 생존의 확률과 범위를 극대화할 수 있다. 말라리아는 정말이지 놀라운 진화적 적응 사례다.

이것이 바로 당신이 2주도 더 전에 다녀온 캠핑에서 망할 모기에게 물렸다가 감염된 기생충의 침 묻은 일대기이다. 그런데 아직 한 가지 질문이 남아 있다. 신체를 무력하게 만드는 증상들을 반복적으로 유발하여 당신을 꼼짝 못 하게 만들었던 말라리아는 과연 어떤 종류의 말라리아인가? 만일 열대열말라리아였다면 회복할 가능성이야 있겠지만 회복하지 못한다면 다음 단계인 뇌성 혹은 악성 말라리아로 진행될 수 있다. 이 경우에는 하루 이틀 내 발작이 일어나고 혼수상태에 빠진 뒤 사망한다. 열대열말라리아의 치사율은 기생충 종류와 위치를 비롯한 수많은 요인에 따라 달라지긴 하나, 대략 감염자의 25퍼센트에서 50퍼센트가량이 목숨을 잃는다. 뇌성 말라리아에서 살아남은 환자들 중에서도 약 25퍼센트는 시력이나 언어 능력을 잃거나, 학습능력이 심각하게 저하되거나, 사지가 마비되는 등 영구적인 신경 손상이 나타난다. 말라리아는 지금 이 순간에도 30초에 한 명씩 목숨을 앗아가고 있으며, 슬프게도 사망자의 75퍼센트가 5세 이하의 어린이다. 흡혈귀 같은 연쇄 살인마 열대열말라리아는 말라리아 사망 사례의 90퍼센트를 차지하며, 현재 전 세계 말라리아 사망 사례 중 85퍼센트가 아프리카에서 발생한다. 황열과 달리 말라리아는 어리고 면역력이 약한 이들을 타깃으로 하며, 임산부도 주요 타깃이다.

당신에게 찾아온 말라리아가 불행 중 다행으로 삼일열말라리아라면 아마 당신은 목숨을 부지할 수 있을 것이다. 삼일열말라리아는 말라리아 중 가장 흔한 형태로, 특히 아프리카 이외의 지역에서 큰 비중을 차지한다. 모든 말라리아 감염 사례 중 80퍼센트를 차지하지만 일반적으로 사망에 이르지는 않는다. 치사율은 아프리카 내에서 5퍼센트 내외이며, 나머지 지역에서는 그보다 낮은 1~2퍼센트 정도다.

말라리아 매개 얼룩날개모기가 얼마나 큰 규모의 재앙을 초래할 수 있는지를 정확히 설명하기란 거의 불가능하다. 오늘날에도 말라리아의 공포는 이해하기 어려운 수준이다. 그러므로 원인도 규명되지 않았고 치료법도 밝혀지지 않았던 지난날, 말라리아가 어떠한 존재였을지는 상상하기조차 어렵다. 20세기 초의 말라리아 학자 J. A. 신턴J. A. Sinton은 말라리아가 "가난을 낳고, 공급되는 식량의 양과 질을 떨어뜨리고, 국민의 신체적·지적 수준을 떨어뜨리며, 번영 증대와 경제적 발전을 모든 면에서 방해하면서 경제적 불행을 유발하는 주요 원인 중 하나로 자리매김했다"고 말했다. 수많은 사망자 발생으로 국가가 받은 물질적, 감정적, 정신적 충격은 말할 필요도 없다. 오늘날 풍토성 말라리아는 아프리카에서 매년 300억~400억 달러의 상업적 손실을 야기한다. 말라리아 발생 국가의 경제성장률은 보정된 전 세계 평균치에 비해 1.3퍼센트에서 2.5퍼센트가량 낮다. 제2차 세계 대전 종전 이후의 현대 시대만 보더라도 말라리아 발생국가의 국내총생산GDP은 말라리아가 없었다고 가정한 경우보다 35퍼센트가량 낮아졌다는 계산이 나온다. 말라리아는 경제를 병들게 한다.

다행히도 승기는 당신에게 기울어져 있었으며, 당신은 아마 한 달 이내로 삼일열말라리아를 털어냈을 것이다. 그러나 유감스럽게도 당신의 고통은 끝나지 않았다. 열대열말라리아나 원숭이열말라리아는 재발하지 않고, 재감염되는 경우는 또 다른 말라리아 매개 모기에 물려 감염되는 경우이지만, 삼일열말라리아를 포함한 나머지 세 종류의 말라리아는 간에 매복하여 20여 년 동안 수차례 재발될 수 있다. 1942년 제2차 세계 대전 도중 버마(미얀마) 전역에서 말라리아에 감염되었던 한 영국 참전용사가 45년이 지나서 재발한 경우도 있었다. 당신이 걸린 삼일열말라리아는 대개 1년에서 3년 사이 재발할 수 있다. 다만 그 이후라도 또 다른 모기에 물려 재감염될 가능성을 결코 배제할 수 없다.

기온은 모기의 생식과 말라리아의 생활사에 영향을 미치는 중요한 요소다. 모기와 말라리아는 공생관계이니만큼 둘 다 날씨에 지대한 영향을 받는다. 기온이 낮으면 모기 알이 부화하는 데 더 오랜 시간이 걸린다. 또한 모기는 냉혈동물로, 포유류와는 달리 스스로 체온을 조절할 수 없다. 그래서 섭씨 10도 이하로 떨어지는 추운 환경에서는 살아남지 못하며, 일반적으로 섭씨 24도 이상에서 최상의 건강 상태와 활동성을 보여준다. 40도 이상의 고열에 직접 노출될 경우 열을 견디지 못하고 죽는다. 그렇기 때문에 열대지역 이외의 온화한 기후에서는 봄에서 가을 사이에만 알을 낳고, 부화하고, 문다. 바깥에서 보면 결코 드러나지 않지만, 말라리아 기생충은 스스로의 생식을 보장하기 위해 모기의 짧은 생활사 및 주변의 기온과 씨름해야 한다. 말라리아 생식에 걸리는 기간은 모기의 체온에 따라 달라지며, 모기가 냉혈동물이므로 체온은 주변 기온에 따라 달라진다. 모기의 체온이 낮을수록 말라리아의 생식도 더뎌지다가 결국에는 한계점에 이른다. 말라리아의 종류에 따라 달라지긴 하지만 섭씨 15도에서 21도 사이라면 대개 말라리아 기생충의 생활사가 최대 한 달까지 늘어나는데, 이는 모기의 평균 수명보다 더 길다. 때가 되기도 전에 모기는 기생충과 함께 죽어버린다.

만일 당신이 엄청나게 춥거나 지독히 더운 휴양지를 선택했더라면 말라리아로 인한 그 모든 시련을 피했을 수 있을 것이다. 혹은 늦

봄부터 초가을까지 모기가 가장 활동하기 좋은 계절에 용감무쌍하게 자연을 즐기지만 않았어도, 아예 캠핑을 떠나는 선택지를 없앴어도 좋았을 것이다.

따뜻한 기후에서라면 모기는 일 년 내내 활동하면서 모기 매개 질병을 고질적이고 상존하는 풍토병으로 만들어버릴 수 있다. 라니냐 혹은 엘니뇨 현상으로 기온이 비정상적으로 올라가면, 모기 매개 질병이 없거나 드문 지역에서도 계절성 유행병이 되어 갑자기 출현한 뒤 잦아들기 전까지 수많은 피해자를 남길 수 있다. 자연적 혹은 인위적 이유로 야기된 지구온난화 또한 모기와 모기 매개 질병의 활동 지역을 넓혀준다. 기온이 높아지면 대개 남부 지역 및 저지대에 한정되어 있던 질병 매개종들이 북부와 고지대로 기어 올라온다.

공룡은 운석 충돌로 인한 기후변화를 견디지도 못했고, 모기 매개 질병의 학살에서 벗어날 수 있을 만큼 빠르게 진화하지도 못했다. 조그마한 모기들은 공룡이 멸종으로 나아가는 길을 닦았으며, 포유류와 호미니드 그리고 마침내 현생 호모 사피엔스가 시대를 거쳐 진화하는 데 일조했다. 모기 또한 생존자로서 각 시대마다 전 지구적 지배력을 행사하기 위해 상을 차렸다. 그러나 공룡과 달리 인간은 모기에 반격할 수 있는 방식으로 진화했다. 재빠른 자연선택을 거친 덕에 모기에 대한 면역 유전자 갑옷이 우리 호모 사피엔스의 가계도를 타고 내려왔다. 초기 인류가 자비 없는 모기 적군들을 상대로 오랫동안 목숨을 걸고 벌였던 전쟁을 기억하라는 듯, 그들이 남긴 유물은 우리 DNA에 유전적으로 부호화되어 남아 있다.

CHAPTER

02

적자생존

열병의 악마와 미식축구
그리고 겸상적혈구 안전장치

SURVIVAL OF THE FITTEST:

FEVER DEMONS, FOOTBALLS,

AND SICKLE CELL SAFETIES

라이언 클라크 주니어Ryan Clark Jr.는 건강 그 자체였던 데다가 당시 인생의 최전성기를 누리고 있었다. 미국 프로미식축구리그NFL의 주전 선수였던 클라크는 키 180센티미터에 몸무게 93킬로그램에 군살 없이 잘 단련된 근육질 몸매를 가진 유명 프로 운동선수였다. 고등학교 시절부터 사귄 사람과 결혼해 슬하에 세 명의 자녀를 두었다. 2007년 미식축구 시즌에는 피츠버그 스틸러스 팀과 높은 연봉에 계약을 맺기도 했다. 삶은 순탄하게 흘러가고 있었다.

시즌 한가운데, 그를 비롯한 스틸러스 팀은 덴버로 원정경기를 가 브롱코스 팀과 겨루었다가 마지막 순간에 필드볼을 내어주면서 뼈아픈 패배를 겪었다. 클라크는 상심한 채 집으로 향하는 비행길에 올랐다. 그런데 이륙 직전, 왼쪽 갈비뼈 아래에서 찌르는 듯한 날카로운 통증이 느껴졌다. 거칠고 육체적인 미식축구 선수로서 온몸 구석구석이 부딪히고 멍들고 쑤시는 것쯤은 일상이라고 할 만큼 익숙해진 그였지만, 이번에는 무언가 달랐다. 찔리고 뒤틀리는 듯한 이 격렬한 통증은 이전에 겪어본 적 없는 것이었다. "아내한테 전화를 걸어서 집에 돌아가지 못할 것 같다고 말했어요." 그가 회고했다. "그 정도의 고통은 느껴본 적이 없었습니다." 스틸러스 팀원들과 의료진들은 재빠르게 조치를 취했다. 곧바로 비행기가 활주로에 멈춰 섰고, 클라크는 바로 덴버 병원으로 이송됐다. 며칠 후 상태가 안정된 클라크는 피츠버그로 돌아가 팀 부상자 명단에 이름을 올리고 병가를 냈는데, 의료진들은 여전히 통증의 원인을 밝혀내지 못하고 있었다. 다음 한 달 동안 그는 밤마다 이가 딱딱 부딪힐 만큼의 오한과 40도가 넘는 고열에 시달렸고, 18킬로그램이 빠지면서 건장한 체격에서 뼈만 남은 환자로 변했다. 어느 날 밤에는 통증이 너무 심했던 탓에 죽을 거라는 확신까지 들 정도였다. 클라크는 마음속으로 기도를 올렸다고 했다. "신이시여, 이번이 제 차례라면, 부디 제 아내가 좋은 남편을 만날 수 있도록 해 주십시오. 저보다 잘생기진 않았지만 그래도 좋은 사람을 만나게 해주십시오. 제 가족을 부탁드립니다. 제 죄를 사하여 주십시오. 저는 준비되었습니다." 그러나 그는 그 끔찍했던 밤을 이겨냈다. 그다음 한 달 동안 무수히 많은 검사를 실시한 끝에 의료진들은 드디어 그의 고통과 고뇌의 원인을 찾아냈다. 클라크의 진단명은 비장경색, 즉 비장의 조직이 괴사하는 증상이었다. 클라크는 곧바로 수술에 들어가 썩어가던 비장과 담낭을 제거했다. 하지만 그토록 건강하던 젊은이의 장기가 부전을 일으킨 기저 원인은 여전히 밝혀내지 못한 채였다. 당시 그는 31세였다.

사실 덴버에서 원정경기를 치르는 건 꽤 힘들고 까다로운 일이었다. 덴버는 해발고도 약 1,610미터에 위치해 산소가 희박하다. 그곳에서 생활하는 홈팀 선수들이야 이런 조건에 적응이 되어 있지만, 원정팀 선수들은 그렇지 않다. 게다가 그 와중에 격렬하게 경기를 치러야 하니 선수들은 제대로 호흡하고 근육에 산소를 충분히 공급하기 위해 평소보다 애를 써야 한다. 하지만 숨이 약간 가쁠 거란 건 예상하지만, 덴버로 원정경기를 간다고 해서 죽을 각오를 하는 사람은 없을 것이다.

클라크는 미식축구 필드에 돌아왔으며, 1년 후인 2009년 그를 비롯한 피츠버그 스틸러스는 슈퍼볼에서 우승컵을 거머쥐었다. 그러나 승리를 자축하는 분위기는 오래가지 못했다. 2주 후 27세이던 클라크의 처제가 선천성 혈액질환으로 세상을 떠났기 때문이다. 2014년, 클라크는 13년간의 NFL 선수 생활을 마무리하고 자의로 은퇴했다. 덴버에서 라이언 클라크에게 무슨 일이 있었는지를 이해하려면 우선 수천 년 전 선사시대로 거슬러 올라가야 한다.

클라크에게 죽을 고비를 선사했던 것은 그전까지 클라크의 DNA에 숨어 모습을 감추고 있던 유전성 겸상적혈구체질이었다. 흔히 겸상적혈구빈혈이라고도 부르는 증후군이다. 적혈구 세포에 유전성 돌연변이가 발생하여 탄생하는 겸상적혈구는 근육과 장기에 산소가 운반되는 것을 방해한다. 산소가 상대적으로 희박한 덴버에서 격렬한 신체 활동을 하는 바람에 클라크의 인체 조직은 산소에 굶주린 상태가 되었고, 결국 비장과 담낭이 기능을 멈춰 괴사하기 시작한 것이었다.

겸상적혈구는 자연선택으로 전해 내려온 유전성 유전자 돌연변이로, 본래는 보인자保因者들에게 도움이 되었다. 그렇다, 제대로 읽은 게 맞다. 라이언 클라크를 거의 죽음으로 몰고 갔던 이 진화적 장치는 본래 인간의 목숨을 살리고자 발생한 유전적 적응이었다. 7,300년 전, 인류학자들이 '겸상적혈구 이브Sickle Cell Eve'라고 부르는 아프리카의 한 여성에게서 겸상적혈구가 최초로 출현했는데, 이는 열대열말라리아에 맞서 유전자 변이가 나타난 가장 최근의 사례이자 가장 잘 알려진 사례다.

겸상적혈구의 출현은 농경지역을 넓히는 과정에서 발생했다. 대략 8천여 년 전, 개척자 정신을 가진 반투족 농부들은 얌과 플랜틴(바나나의 일종) 경작에 집중했는데, 중앙아프리카 서부의 나이저강 삼각주를 지나 콩고강 남쪽 유역을 가로질러 농경을 확장해가다가 외떨어져 곤히 잠자고 있던 모기들을 깨워버렸고, 흡혈귀 같은 열대열말라리아가 새로운 인간 숙주를 사냥하는 참담한 재앙을 불러일으킨 것이다.

인간의 유전자도 이로부터 단 700여 년 만에 곧장 진화적 맞대응에 나서 기생충들을 어리둥절하게 만들었다. 헤모글로빈에 무작위로 돌연변이가 나타나 적혈구가 둥근 낫 혹은 초승달 모양을 띠게 된 것이다. 정상적인 적혈구는 도넛 모양 혹은 타원형인데, 비정상적인 낫 형태의 적혈구에는 말라리아 기생충이 달라붙지 못한다.

라이언 클라크와 마찬가지로 부모 중 한쪽에서 겸상적혈구 유전자를 물려받고 나머지 한쪽에서 정상적인 유전자를 물려받아 겸상적혈구체질로 태어난 아이들은 열대열말라리아에 90퍼센트의 면역력을 가진다. 그러나 한편으로 현대 의학이 출현하기 이전, 겸상적혈구체질인 사람들의 평균 수명은 23세에 불과했다. 면역력과 수명을 맞바꾸는 건 인류학자들이 '조상 환경ancestral environment'이라 부르는 평균 수명이 상대적으로 짧았던 시대에는 상당히 좋은 거래였을 수 있다. 게다가 23세면 다음 세대에 50퍼센트의 확률로 겸상적혈구 유전자를 전해주기 충분했다. 그러나 NFL 선수를 비롯한 수많은 보인자가 좀 더 어른스러운 나이, 이를테면 24세 이상까지 살고자 하는 현대에 이르러서는 열대열말라리아에 대항하는 유전자 요격기이자 안전장치인 이 돌연변이가 오히려 건강에 심각한 장애가 되었다.

그런데 생식세포 유전자를 X, Y축에 배열한 퍼넷 사각형으로 유전자 조합의 경우의 수를 보면 자손의 25퍼센트는 겸상적혈구 유전자와 면역력을 물려받지 못하는 한편, 나머지 25퍼센트는 두 개의 겸상적혈구 유전자를 물려받는다. 양쪽 부모 모두에게 겸상적혈구 유전자 혹은 겸상적혈구질환을 물려받은 이들은 엄마 뱃속에서 이미 사형선고를 받은 것이나 다름없으며, 대부분 영아기에 사망한다. 클라크가 NFL 빈스 롬바르디 트로피를 들어 올린 지 2주 만에 세상을 떠난 처제도 겸상적혈구질환으로 사망한 경우였다. 오늘에선 상상도 하기 힘들지만 열대열말라리아가 끝도 없이 휩쓸고 다니던 아프리카 등지에서는 겸상적혈구로 인한 사망은 생존에 유리한 이점 혹은 감내할 수 있는 희생 정도로 치부되었다. 겸상적혈구마저 없었더라면 말라리아로 인해 대재앙이 펼쳐졌을 게 분명했으니 말이다. 하지만 겸상적혈구의 유입에도 1,500년 이전 사하라 이남

아프리카의 성인기 이전 사망률은 55퍼센트를 웃돌았다.

인간의 목숨을 구하는 한편 앗아가기도 하는 것을 보면, 겸상적혈구는 모기 매개 말라리아에 대한 성급하고 불완전한 진화적 반응이라 할 수 있다. 이는 열대열말라리아가 초기 인류와 그 연장선상에 있는 우리에게 얼마나 심각한 위협이었는지를 보여준다. 열대열말라리아가 지금까지 인류의 생존 여부에 가해진 가장 중요한 진화압evolutionary pressure이었다고 보는 이들도 있다. 마치 우리의 유전자 서열을 엄선해 만들던 생명공학자가 "연구하거나 임상실험을 할 시간이 없다. 우리 종의 생존을 보장하려면 서둘러 수정할 부분만 보완해야 한다. 나머지는 나중에 손보면 된다"고 생각한 것만 같다. 절박한 시기는 늘 자포자기식 조치를 취하게 한다.

겸상적혈구유전자의 분포는 아프리카 내외의 인간, 모기 그리고 말라리아의 확산에 그림자를 드리웠다. 오늘날 전 세계에는 대략 5천만 명에서 6천만 명의 겸상적혈구 보인자가 있으며, 그중 80퍼센트가 유전자 기원지인 사하라 이남 아프리카에 살고 있다. 지엽적으로는 아프리카와 중동, 남아시아 곳곳에 주민의 40퍼센트 이상이 겸상적혈구유전자를 가진 촌락들도 존재한다. 오늘날 전 세계에 퍼져 있는 겸상적혈구유전자는 우리가 목숨을 걸고 오랜 동안 벌여온 모기와의 전쟁을 되새기게 해준다.

현재 아프리카계 미국인 12명 중 1명, 도합 420만 명이 겸상적혈구체질을 가지고 있다. 이는 겸상적혈구 보인자일 가능성이 있는 아프리카계 미국인 선수가 전체의 70퍼센트를 차지하는 미국 미식축구 리그에 있어서 안전 문제로 다가왔다. 클라크가 목숨을 잃을 뻔했던 끔찍한 사건 이후, NFL은 그제야 심각성을 인지하고 겸상적혈구에 관한 조사를 벌였다. 얼마 지나지 않아 다른 몇몇 선수도 열대열말라리아로부터 조상들을 지켜주었던 고대 방패의 후예임이 밝혀졌다. 라이언 클라크와 같은 소수의 겸상적혈구 보인자 선수들은 매년 높은 고도에서 펼쳐지는 덴버 브론코스 팀과의 경기에 참여할 수 없다. 2015년 클라크는 한 인터뷰에서 "좋은 점은 사람들이 이전보다 오래 살고 자녀도 더 많이 둔다는 겁니다. 사람들이 겸상적혈구에 대해 조금씩 더 알아가기 시작했습니다. 스스로를 어떻게 돌보아야 하는지 좀 더 알게 된 거죠"라고 말했다.

2012년, 클라크는 겸상적혈구에 대한 인식을 제고하고 연구를 촉진하기 위해 라이언 클라크 큐어 리그Ryan Clark's Cure League라는 이름의 재단을 만들었다. 전직 프로 운동선수이자 슈퍼볼 챔피언이었던 그는 지금 세상을 돌아다니며 강연을 하고 겸상적혈구질환에 관한 토론에 패널로 참가하면서 모기로 연을 맺은 겸상적혈구와 인간의 뿌리 깊은 역사를 알리고 있다. 클라크가 거주하는 피츠버그는 말라리아 유행 지역은 아니지만, 그의 세 아이들 중 하나는 모기를 상대로 한 아프리카 선조들의 격렬한 생존 싸움과 먼 옛날부터 우리의 유전자에 영향을 미쳐온 모기의 기나긴 행보가 깃든 유산인 겸상적혈구체질을 물려받았다. 적어도 1억 6,500만 년 전 출현한 모기와 모기가 옮기는 병원체들은 우리의 등에 올라탄 채 진화를 향한 여정을 함께하고 있다. 이들과의 전투는 늘 불공평했다. 모기와 모기 매개 말라리아 기생충이 압도적인 우위를 점해왔다. 모기는 우리보다 수백만 년은 일찍 진화와 자연선택의 여정을 시작했다. 예컨대 말라리아 기생충은 6억만 년에서 8억만 년 전 수생 조류의 형태로 출현했으며, 오늘날까지도 광합성 기제의 흔적을 간직하고 있다. 새로운 배출 수단을 찾아 헤매던 바이러스들과 기생충들은 우리가 진화할수록 이에 대응하여 생존을 도모했다. 다행히 인류의 조상 루시Lucy와 그 뒤를 이은 호미니드 후손들은 모기 매개 질병의 학살로부터 어떻게든 살아남았다.[13] 우리 또한 우리 종의 생존을 위해 자연선택을 통해 겸상적혈구 등 말라리아에 대항할 수 있는 일련의 유전암호 갑옷들을 만들었다. 이러한 면역방어체계는 모두 해로운 말라리아에 끔찍없이 노출된 데 대한 인간의 진화적 생존 대책이다.

인류와 모기 사이의 끝없는 전쟁에서, 인류는 말라리아를 차단하는 유전적 적혈구 돌연변이를 일으키는 방식으로 대응했다. 전 인구 중 약 10퍼센트가 인간에게 감염되는 가장 흔하고 치명적인 삼일열말라리아와 열대열말라리아에 대해 일정 수준의 유전적 방어기제를 물려받았다. 그러나 라이언 클라크의 사례에서 알 수 있듯, 이러한 말라리아 차단막들은 인간의 건강에도 심각한 위협을 끼치며, 때로는 생명을 위협하기도 한다.

대략 9만 7천여 년 전 아프리카에 출현한 적혈구 내 더피 항원 음성자Duffy negativity는 삼일열말라리아에 대항하는 인류 최초의 유전자 반응이다. 삼일열말라리아 기생충은 우리 적혈구에 침투하기 위해 헤모글로빈 분자의 항원 수용체를 입구로 삼는다. 마치 우주선

13 루시는 320만 년 된 호미닌(hominin) 화석으로, 1974년 도널드 조핸슨(Donald Johanson)이 에티오피아 아와시강 유역에서 발견했다. 루시라는 이름은 조핸슨이 이 화석을 발견하던 당시 계속 틀어놓았던 비틀즈의 노래 '루시 인 더 스카이 위드 다이아몬드(Lucy in the Sky with Diamonds)'에서 따왔다.

이 우주정거장에 도킹하거나, 정자가 난자에 들어가는 것과 같은 모양새다. 더피 항원 음성자는 이러한 항원이 존재하지 않는 경우로, 입구를 막아 기생충이 적혈구에 들어오지 못하게 한다. 오늘날 서아프리카와 중앙아프리카의 인구 중 무려 97퍼센트가 더피 항원 음성자 돌연변이를 가지고 있으며, 이로써 삼일열말라리아와 원숭이열말라리아에 감염될 위험을 차단한다. 피그미족과 같은 몇몇 공동체는 사실상 100퍼센트가 더피 항원 음성자를 보유한다. 더피 항원 음성자는 말라리아에 대한 인류의 유전자 반응 네 가지 중 가장 먼저 출현했으나 과학적 발견은 가장 늦게 이뤄졌다. 그러나 연구된 지 얼마 되지 않았음에도 더피 항원 음성자와 건강 간의 몇 가지 부정적 상관관계가 감지되고 있다. 최근 연구에 따르면 더피 항원 음성자는 천식, 폐렴 및 다양한 암에 걸릴 확률을 높이며, HIV 감염 감수성을 40퍼센트까지 증가시킨다.

인류와 말라리아 양측 모두가 아프리카 대륙 바깥으로 진출하기 시작하면서 각지에 지엽적으로 모여 살았던 사람들은 저마다 말라리아에 대한 유전적 해답을 모색했다. 그중 하나인 탈라세미아 Thalassemia(정상적인 헤모글로빈을 생성하지 못해 생기는 빈혈로 지중해빈혈이라고도 한다)는 비정상적 헤모글로빈 혹은 헤모글로빈 돌연변이에 의한 것으로, 이 유전자 변이는 삼일열말라리아 감염 위험을 50퍼센트까지 감소시킨다. 오늘날 전 세계 인구 중 대략 3퍼센트가 탈라세미아 증후군을 일으키며, 특히 남유럽과 중동, 북아프리카에서 흔하다. 지중해 연안은 역사적으로 말라리아가 창궐하는 지역이었는데, 이로 인해 더 치명적인 변종 열대열말라리아에 대항하기 위한 또 다른 놀라운 유전자 돌연변이가 나타났다.

1950년대 초 발견된 포도당-6-인산탈수소효소 결핍증, 축약하여 G6PDD라 불리는 이 증상은 유전자 변이로 세포에 산소를 쏟아 붓는 산화성 물질들로부터 세포를 보호하는 효소가 결핍되어 나타난다. G6PDD를 일으키는 유전자 변이는 탈라세미아와 마찬가지로 말라리아에 대한 부분적 면역력을 수반하지만, 더피 항원 음성자나 겸상적혈구와 같이 거의 완전한 면역력을 수반하지는 않는다. G6PDD 보인자는 증상을 유발하는 몇몇 특정 요인만 피한다면 부정적 증상을 겪지 않지만, 만일 특정 요인에 접촉하여 지난 수세기 동안 '바그다드 열Baghdad Fever'이라 불린 증상이 유발된다면, 무기력, 발열, 구역질이 나타나며 드물게는 사망에도 이를 수 있다.

안타깝지만 그 특정 요인에는 퀴닌, 클로로퀸, 프리마퀸 등 항말라리아제가 포함된다. 한국전쟁을 배경으로 한 메디컬 드라마 〈매쉬MASH〉의 팬이라면 극중 클링거Klinger 상등병이 프리마퀸을 처방받고 증세가 심각하게 악화된 에피소드를 기억할 것이다. 클링거는 레바논 혈통이므로 극이 사실관계에 충실하다고 할 수 있는데, G6PDD는 주로 지중해 연안 및 북아프리카 출신 사람들에게 영향을 미치기 때문이다. 가장 흔한 요인은 잠두콩(누에콩이라고도 한다)이며, 이 때문에 흔히 잠두중독증이라고도 불린다. 지중해 연안 지역에서는 이를 예방하기 위해 잠두콩을 요리할 때 로즈마리, 시나몬, 육두구, 마늘, 양파, 바질, 클로브 등의 향신료를 사용한다. 사실 그리스의 철학자이자 수학자였던 피타고라스Pythagoras도 기원전 6세기부터 잠두콩 섭취의 위험성을 경고한 바 있다.

우리의 방어 무기고에서 더피 항원 음성자, 탈라세미아, G6PDD, 겸상적혈구와 함께 최후의 저항 수단으로 꼽히는 것이 바로 반복적 감염, 이른바 '길들이기seasoning'이다. 만성적으로 말라리아 감염에 시달릴 경우 기생충에 대한 내성이 조금씩 생겨나며, 한 차례 감염될 때마다 증상이 점점 약화되는 한편 사망 가능성도 낮아진다. 결코 긍정적이라거나 쾌적한 접종 전략이라고는 할 수 없지만, 말라리아 감염률이 걷잡을 수 없이 높은 지역에서라면 더 시달릴수록 덜 시달리게 될 거라고 말할 수는 있겠다. '길들이기'는 앞으로 살펴볼 이야기에서 중요한 역할을 담당한다. 지역별 모기 매개 질병에 대한 길듦 여부는 아메리카 대륙의 식민지화와 탈식민지화 전쟁에 중대한 영향을 미쳤다. 말라리아와 그에 대한 인간의 진화적 방어체계는 모두 아프리카에 기원을 두고 있다. 아프리카인이 모기 매개 질병에 더 오래 노출되었고, 자연선택을 통해 완전하거나 부분적인 면역체계를 형성한 지도 그만큼 더 오래되었다는 사실은 노예제의 암흑기 동안 중대한 영향을 미친다.

말라리아에 대한 인간의 유전적 완충장치가 그렇듯, 모든 자연선택은 시행과 착오를 거듭하는 과정이다. 찰스 다윈이 추정했던 대로, 종의 생존에 일조했던 유전자 돌연변이는 가계도를 따라 전수된다. 이 과정에서 도움이 되는 돌연변이를 물려받지 못했거나 바람직하지 않은 여타 변이를 물려받은 개체는 결국 하나둘 사라져갔다. 이를 두고 다윈은 '생존경쟁에서 유리한 종의 존속'이라고 선언했다. 겸상적혈구와 같이 도움이 되는 돌연변이를 가진 개체들은 조금이라도 더 오래 살 수 있고, 자식을 낳아 유전자를 물려줄 수 있으며 무엇보다도 종을 존속시킬 수 있다. 적응해 살아남은 개체들은 일반적으로 그처럼 유리한 특질을 타고나지 못한 개체들과 '이종교배'를 한다. 이것이 바로 단순하고 간단한 적자생존이다.[14]

천연 및 합성 의약품의 약효 또한 자연선택과 마찬가지로 시행착오를 거쳐 발견된다. 우리의 굶주린 호미니드 선조들이 맛있지만 독이 든 열매를 먹다가 죽어갈 때, 옆에서 이를 지켜보던 관찰자들이나 똑똑한 동료들은 장보기 목록에서 그 금단의 열매를 재빨리 지워버렸다. 호미니드 선조와 수렵채집민은 오랜 세월에 거쳐 먹어도 되는 것과 먹지 말아야 할 것을 구분한 기나긴 리스트를 정리해왔으며, 그 과정에서 특정 식물에 약효가 있다는 점 또한 알아차렸다. 녹록지 않고 소박한 삶을 영위했던 그들은 고통스러운 질환을 달래고 굶주린 모기떼를 쫓아내기 위해 주변의 자연 세계를 가지고 실험을 진행했다.

말라리아 기생충에 대처하는 민간요법도 유인원부터 현생인류까지 이어져 내려왔다. 침팬지는 우리의 선조가 그러했듯 말라리아를 완화하기 위해 베르노니아 아미그달린 잎을 씹는다. 아미그달린 잎은 말라리아 확산의 진원지인 적도 부근 아프리카에서 여전히 수프나 스튜에 흔히 사용된다. 흥미로운 사실은 최초의 상업적 살충제로 사용된 국화속 및 피레트룸속이 베르노니아 아미그달린과 같은 과에 속하는 식물이라는 점이다. 이 꽃들을 말린 뒤 분쇄해 만든

---

14 '적자생존'이라는 말은 대개 다윈이 만든 말로 알려져 있지만 사실은 그렇지 않다. 1864년 영국의 생물학자이자 인류학자인 허버트 스펜서(Herbert Spencer)가 1859년 초판된 다윈의 『종의 기원』을 읽은 뒤 저술한 『생물학의 원리(Principles of Biology)』에서 처음 사용한 말이다. 이후 다윈은 1869년 출판한 『종의 기원』 제5판에 이 용어를 빌려 사용하였다.

가루는 기원전 1000년경 중국에서부터 살충 목적으로 사용되다가 기원전 400년경 중동으로 전해져 '페르시안 파우더Persian Powder'라는 별칭을 얻었다. 가루를 물이나 기름에 개어 살포하거나 가루 그대로 바르면 피레드린이라는 유효성분이 모기를 비롯한 곤충들의 신경계를 공격한다. 이로 인해 전 세계 문화에서 국화가 가지는 상징성이 편향되고 말았다. 모기 매개 질병 감염률이 높았던 국가에서는 죽음 및 슬픔과 관련된 의미를 가지거나 장례식 혹은 무덤에 놓는 꽃으로만 취급된 반면, 대체로 모기 매개 질병을 겪지 않았던 지역에서는 사랑과 즐거움, 활력을 의미한다. 예시로 미국 북부에서는 국화가 긍정적인 이미지인 반면, 남부에서는 저승사자 같은 의미를 가지며, 특히 20세기 초반까지 미국 내 황열 및 말라리아 유행의 진원지였던 뉴올리언스에서는 더더욱 그러하다. 뉴올리언스의 광대한 공동묘지 단지들은 통칭 '죽은 자들의 도시Cities of the Dead'와 '남부의 네크로폴리스Necropolis of the South'라고 알려져 있으며, 오늘날 뱀파이어가 등장하는 소설 및 영화의 배경으로 자주 등장한다.

국화가 모기를 정면으로 겨냥한 민간요법이라면, 모기 매개 질병에 맞서고자 한 민간요법도 꽤 다양하다. 그 결과 우리 입맛까지 모기에게 길들여지는 꼴이 되었다. 양파, 육두구, 계피, 바질은 모두 말라리아 증상을 완화한다. 수천 년 동안 사람들이 영양가라곤 없는 이 향신료를 음식에 더한 건 이 때문일 것이다. 아프리카에서는 커피가 말라리아열을 누그러뜨리는 데 조용히 도움을 주었던 한편, 중국에서는 같은 원리로 차가 말라리아를 달래주었다는 설이 있다.

중국에서는 대략 기원전 2700년경 농경과 함께 유행성 말라리아와 차 재배가 싹트기 시작했다. 전해 내려오는 바에 따르면, 중국 전설상의 두 번째 황제 신농Shen Nung은 농기구 및 농산업 발달과 수많은 약용식물 발견과 더불어 등장했다. 풍토병과 말라리아열을 달래기 위해 민간요법으로 차를 마시기 시작한 것도 이때의 일이다. 그러나 차가 음료로 자리 잡기 이전에도 찻잎을 끓인 뒤 마늘, 건어물, 소금, 동물성 지방과 섞어 아플 때 죽처럼 먹었다고 한다. 또한 베르노니아 아미그달린과 같이 잎을 씹는 경우도 있었으며, 남아메리카에서는 각성제로 암페타민이 함유된 코카나무 잎을, 아프리카의 뿔(아프리카 대륙 동북부를 통칭하는 말)에서는 카트Khat를 씹었다. 잘게 씹은 찻잎을 상처에 반창고처럼 붙이기도 했다. 차는 말라리아 기생충에는 아무런 약효가 없지만, 차에 함유된 타닌산이 콜레라와 장티푸스, 이질을 유발하는 박테리아를 죽일 수 있다는 사실이 최근 연구를 통해 밝혀졌다. 명상을 위해 막대한 양의 차를 소비했던 불교 및 도교 신자들 덕분에, 기원전 1세기에 이르자 차는 모호한 약용 음료에서 중국인들이 가장 사랑하는 음료로 자리매김했다.

차의 인기가 날로 높아지면서 다른 나라로 수출되기 시작했고, 차 경작과 말라리아까지 더불어 전파되었다. 그러나 이는 13세기 몽골 제국의 정벌과 함께 중단되었다. 몽골인들은 차를 마시지 않았고, 차 대신 마유를 발효시켜 만든 술인 쿠미스를 마셨다. 이 시기에 몽골 궁에서 수년을 보냈던 베네치아 상인이자 여행가 마르코 폴로Marco Polo는 차에 대해서는 전혀 언급하지 않았던 반면, 쿠미스는 "화이트 와인과 비슷하며 매우 맛좋은 음료"라고 칭찬했다. 광대한 몽골 제국을 표현하고자 했는지 몽골 제국의 수도 카라코람에 네 가지 음료가 나오는 은제 식수대가 있었다고 하는데, 네 가지 음료란 중국의 미주, 페르시아의 포도주, 슬라브족의 벌꿀주 그리고 몽골의 쿠미스이다. 차는 포함되지 않는다.

차에 관해 이야기하는 김에 한 가지 더 말하자면, 2,200년 전 저술된 중국의 의약서 『오십이병방五十二病方』에는 '개똥쑥'이라고도 불리는 작고 보잘것없는 청호菁蒿(학명은 아르테미시아 아누아이다)로 끓인 씁싸래한 차에 열을 떨어뜨리는 약효가 있다는 간단한 설명이 등장한다. 청호에 함유된 아르테미시닌 성분은 실제로 말라리아에 특효를 보인다. 그러나 잡초처럼 아무데서나 무성하게 자랄 수 있는 개똥쑥의 뛰어난 효능은 안타깝게도 거의 잊혔다가, 1972년 마오쩌둥 당시 국가주석의 비밀 신약 개발 씽크탱크, 코드네임 '프로젝트 523'을 통해 재발견되었다. 뒤에서 더 자세히 살펴보겠지만, 이 씽크탱크는 당시 미국을 상대로 비대칭적 전쟁을 벌이던 북베트남과 그 동맹인 베트콩(남베트남 민족해방전선)이 말라리아로 인해 수많은 병력을 잃자 해결책을 찾기 위해 비밀리에 조직되었다. 아르테미시닌은 가장 오래전에 발견되었고 또 가장 최근에 재발견된 항말라리아 의약품 중 하나로, 지금은 그 비싼 가격을 감당할 수 있는 서양의 부유한 여행자들의 말라리아 치료제가 되어버렸다. 이 또한 뒤에서 더 자세히 살펴보도록 하자.

차에 결코 뒤지지 않는 또 다른 카페인 음료, 커피 또한 그 기원에서 말라리아와 깊은 연관을 맺고 있다. 전설에 따르면 8세기경 에티오피아의 염소치기 칼디Kaldi는 병들고 무기력한 염소들이 특정 덤불에서 카페인이 함유된 붉은 열매를 먹은 뒤 기운을 차리는 걸

발견했다. 염소들이 갑자기 활력을 얻은 이유가 궁금했던 데다 그 열매가 자신의 말라리아열도 다스려줄 것이라고 믿었던 칼디는 직접 열매를 먹어보고선 희열에 빠졌다. 그는 곧장 한 움큼의 열매를 들고 가까운 이슬람 수피 수도원으로 향했다. 하지만 이맘(이슬람교 교단 조직의 지도자)은 칼디를 어리석은 염소치기로 치부하고는 열매를 몽땅 난롯불에 던져 넣었는데, 곧이어 그윽한 향기가 방 안을 가득 메웠다. 오늘날에도 많은 이의 아침을 행복하게 해주는 커피 한 잔의 향기였다. 칼디는 난롯불 속에서 로스트된 커피콩을 꺼내어 분쇄한 뒤 끓는 물을 부었다. 750년, 이렇게 최초의 커피 한 잔이 탄생했다.

칼디와 염소들 그리고 그의 커피 이야기는 대개 출처를 알 수 없는 설화로 여겨지지만, 연기처럼 피어오른 전설들에는 그 근원인 진실의 불씨가 존재하기 마련이다. 커피나무는 대개 꼭두서니, 커피, 갈퀴덩굴과로 불리는 꼭두서니과 식물에 속한다. 곤충들은 작정하고 커피나무를 피해 다니는데, 아마 카페인을 함유한 관목을 기피하는 성향이 있는 듯하다. 나름의 시행착오를 거치며 나무열매를 먹던 우리 호미니드 선조들과 마찬가지로, 곤충들 또한 커피에 대한 강렬한 기피 성향을 가지게 되었다. 카페인은 피레트린과 함께 천연 해충제로 손꼽히며, 모기를 포함한 곤충들의 신경계에 교란을 일으킨다. 최초의 효과적인 항말라리아 치료제 퀴닌의 원료인 키나나무 또한 커피와 함께 꼭두서니과에 속한다. 뒤에서 더 자세히 살펴보겠지만, 퀴닌은 17세기 중반 페루에 살던 스페인인 예수회 수사가 (토착 케추아족을 관찰하여) 발견한 이래 유럽인들의 치료제로 사용되었다.

칼디의 커피 모험기는 커피 그 자체와 마찬가지로 우리 곳곳에 남아 있다. 에티오피아인 염소치기 칼디와 그 염소들은 칼디스 커피 로스팅 컴퍼니Kaldi's Coffee Roasting Company, 칼디 홀세일 구르메 커피 로스터스Kaldi Wholesale Gourmet Coffee Roasters, 원더링 고트 커피 컴퍼니Wandering Goat Coffee Company, 댄싱 고트 커피 컴퍼니Dancing Goat Coffee Company, 클라츠 크레이지 고트 커피Klatch Crazy Goat Coffee 등 수많은 커피숍이나 로스팅 업체의 이름에 등장한다. 커피는 전 세계에서 석유 다음으로 가장 귀중하게 다루어지는 (합법적) 상품이자 가장 널리 사용되는 향정신성 약물이다. 미국의 커피 소비량은 전 세계 소비량의 25퍼센트를 차지한다. 또한 전 세계 1억 2,500만 개의 일자리가 커피와 관련되어 있으며, 이와는 별개로 커피 무역에 직·간접적으로 관련된 이들만 5억 명에 달한다. 스타벅스만 하더라도 2018년 기준 전 세계 75개국 2만 9,000여 개 매장에서 무려 연간 250억 달러의 수익을 기록했다. 전 세계에 퍼진 열렬한 커피 소비문화는 모기 덕분이라고도 할 수 있다. 카페인 함유 커피의 특성과 효과로 미루어보자면 분명 커피는 믿을 수 있는 항말라리아 치료제로 여겨져 왔을 것이니 말이다.

커피가 처음으로 등장한 문헌은 10세기 페르시아 출신의 저명한 의사 라제스Rhazes가 저술한 아라비아 의학서다. '아라비아의 와인'이라고도 불렸던 커피는 빠르게 이집트와 예멘으로 확산되었고, 오래지 않아 무슬림 제국을 점령했다. 이슬람의 창시자인 예언자 무함마드Muhammad는 커피가 주는 자극과 약효만 있으면 "40명의 남자를 말에서 떨어뜨리고 40명의 여자를 차지할 수 있다"고 고백했다. 칼디의 발견 이래 커피는 입소문을 타고 중동 전역에 퍼졌으며, 16세기에 이르러서는 유럽인들의 눈에도 띄어 아프리카 노예무역과 함께 콜럼버스의 교환(콜럼버스의 신대륙 발견 이래 신대륙과 구대륙 사이에서 일어난 생물과 인구의 급격한 이동)의 바람을 타고 전 세계로 뻗어나갔다.

커피와 말라리아 그리고 모기 간의 관계는 앞으로 살펴볼 이야기 전반에 스며들어 있다. 커피는 아메리카와 프랑스에 혁명의 향기를 소량 더해주었고, 과학 혁명 당시 유럽의 지식인들이 가장 사랑하는 음료가 되기도 했다. 1650년 영국 옥스퍼드 그리고 1689년 식민지 보스턴에서 최초로 출현한 커피하우스들은 아방가르드한 대화의 본거지로 거듭나면서 유럽 전역에 전례 없는 학문 발전을 그리고 아메리카 식민지에 혁명의 사상을 흠뻑 끼얹어주었다. 즉, 커피하우스들은 정보와 생각에 관한 대화를 나누는 매개가 되어주었다.

그러나 모기와 커피 사이에는 훨씬 악랄하고 지속적인 유대관계가 존재했다. 커피는 콜럼버스의 신대륙 발견 이후 세계인이 애용하는 음료가 되었고, 세계 각지에서 경작되면서 아프리카 노예무역 및 모기 매개 질병의 확산과 떼려야 뗄 수 없는 존재가 되었다. 앞으로 살펴보겠지만, 대서양 횡단 노예무역은 아프리카인들과 치명적인 모기 및 모기 매개 질병을 아메리카 대륙에 유입시켰다. 겸상적혈구를 비롯하여 말라리아에 대한 유전적 면역방어체계로 무장한 아프리카 노예들은 방어체계도 없고 취약했던 유럽인 육체노동자 및 이민노동자들에 비해 모기가 초래한 혼란을 상대적으로 잘 견뎌냈고, 모기 매개 질병에서 살아남아 이익을 창출했기에 아메리카 대륙의 식민지 전초기지와 농장에서 귀중한 상품으로 취급되었다.

라이언 클라크와 겸상적혈구의 사투는 모기가 전 지구적 단상에 오르며 일으킨 지진과 그 끈질긴 질병 폭격에서 유전자 설계를 통해 스스로를 보전하려는 인간의 시도에 의한 아주 작은 여진일 뿐이다. 클라크 개인이 겪은 일들은 아프리카 내외에서 벌어졌던 거대한 역사적 사건들에 맥락을 둔다. 15세기 중반 유럽의 중상주의적 제국주의 확장 이전까지만 하더라도 아프리카인들은 아프리카 대륙에서만 살아갔다. 콜럼버스의 교환 당시, 아프리카 노예와 말라리아에 대한 아프리카인들의 유전적 방어체계는 먼 바다를 건너 아메리카 대륙에 당도했다. 라이언 클라크와 마찬가지로 오늘날에도 겸상적혈구와 함께 살아가거나 사투를 벌이는 수많은 미국인에게 이 이야기는 역사가 아니라 일상이자 현실이다. 모기의 영향력과 충격은 지난 역사에만 국한되는 것이 아니라 모든 시대와 세대에 걸쳐 인류와 함께하고 있다. 예컨대 반투족 농부들에게서 처음으로 출현한 겸상적혈구는 일련의 전면적인 사건들을 일으켜 라이언 클라크를 비롯한 수많은 사람을 휩쓸었으며, 그 영향력 짙은 메아리는 오늘날까지도 울려 퍼지고 있다.

기원전 8000년경 서부 중앙아프리카에서 반투어를 사용하는 농부(반투족)들이 플랜틴과 얌을 경작하기 시작하면서 모기 개체군이 폭발적으로 증가했고, 일 년 내내 창궐하는 치명적인 열대열말라리아가 빠르게 뿌리를 내렸다. 여기에 맞선 인간의 자연선택으로 반투족은 겸상적혈구 유전자를 받아 보호책을 마련할 수 있었다. 말라리아가 확산되면서 면역체계가 없는 사람들까지 공격하기 시작할 때, 면역방어체계와 강철 같은 무기들로 무장한 반투족은 아프리카 대륙을 가로질러 남부와 동부에까지 진출했다. 이들이 경작하던 얌 또한 말라리아 기생충에 대한 반투족의 유전적 방어체계를 강화해주었다. 얌이 방출하는 화학물질이 혈액 속 열대열말라리아의 생식을 방해하기 때문이다.

반투족은 기원전 5000년과 기원전 1000년경 두 번의 대규모 이주를 감행하면서 코이산족, 산족, 피그미족, 만데족 등 면역체계가 없거나 한정적인 면역체계를 가진 수렵채집 부족들에게 말라리아를 전파했고, 생존자들을 아프리카 대륙의 변두리 지역으로 몰아냈다. 이들이 쫓겨난 곳은 농경은 물론, 소 방목에도, 심지어 생활을 유지하는 데에도 적합하지 않은 땅뿐이었다. 쫓겨난 코이산족 생존자들은 아프리카 대륙 끄트머리의 희망봉을 피난처로 삼았다. "반투족 주변을 둘러쌌던 열대열말라리아에 대한 면역체계는 상비군만큼이나 효과적인 울타리가 되어 외부인의 공격을 막았다." 말라리아 학자 소니아 샤Sonia Shah의 해석이다. "반투족 정착민들은 유목민들에게 대항하기 위해 몸집을 불리거나 강해질 필요가 없었다. 반투족의 모기들이 공격을 대신해 주었기 때문이다." 모기와 모기가 옮기는 말라리아에 대한 반투족의 유전적 적응은 나아가 코사족, 쇼나족, 줄루족이 남부 아프리카에서 강력한 제국들을 세우는 밑천이 되었다. 하지만 반투족이 보여주었던 행보는 판도라의 상자를 여는 열쇠가 되어 모기의 치명적인 질병이 세상에 나와 인간의 목숨을 거두어들이도록 만들었다.

모기와의 전쟁이 점점 더 심해지기 시작한 것은 비교적 최근으로, 인류가 소규모 부족 단위 수렵채집 생활에서 동식물의 가축화와 작물화를 기반으로 한 인구밀도 높은 정착 생활로 전이하면서이다. 유발 노아 하라리Yuval Noah Harari는 베스트셀러 『사피엔스Sapiens: A Brief History of Humankind』에서 "점점 더 많은 사피엔스가 도시노동자와 사무직 노동자로서 일용할 빵을 얻어왔던 지난 200년 그리고 그에 앞서 대부분의 사피엔스가 농부와 목동으로 살았던 1만 년은 우리 선조들이 수렵하고 채집하며 살았던 수만 년의 세월에 비하면 눈 깜빡할 새에 지나지 않는다"고 설명했다.

농경사회가 시작되면서 인간은 지역 환경을 간섭하고 조작했으며, 산림을 벌채하고 토지를 개간하면서 본의 아니게 모기들의 생활공간을 침범했다. 그 결과 초기 농부들은 목숨을 위협하는 모기들과 마주해야만 했다. 또한 관개수로를 건설하고 기존 물길을 인위적으로 바꾸면서 의도치 않게 모기가 번식할 최적의 환경을 만든 탓에 모기 매개 질병을 확산시키고 말았다. 농경은 문자언어를 비롯한 인류의 여러 사회문화적 체계에 상당한 진보를 이끌어냈으나, 한편으로는 자연의 대량살상 생물무기인 모기를 건드려 깨우기도 했다. 시체를 끌며 밭을 가는 꼴이었다.

기원전 4000년에 이르러서는 중동, 중국, 인도, 아프리카, 이집트에서 고도의 농경문화가 전개되면서 문명의 온갖 함정들이 출현하기 시작했다. 소설가 허버트 조지 웰스H. G. Wells가 말했듯, "문명은 곧 농업의 잉여였다." 우리가 모기와의 전쟁에 휘말리게 된 주요 원인도 바로 이것이었다. 지금으로부터 1만 2,000년 전부터 6,000년 전 사이만 하더라도 독립적인 농경 발상지가 최소 일곱 곳에 달했다. 농경의 발달과 함께 모기 서식지와 번식지가 확장되었고, 농작물을 실어 나를 짐승들 또한 기르게 되었으며, 오래지 않아 양과 염소, 돼지, 가금류, 소 등의 여타 가축들까지 사육하게 되었는데, 병원체가 득시글거리는 질병 보유고를 기른 셈이었다. 알프레드 W. 크로스비Alfred W. Crosby의 말대로, "인류는 동물을 가축화하고 가슴으로 품으면서(때로는 문자 그대로 어미 잃은 가축들에게 젖을 먹이면서) 수렵·채집을 하던 선조들은 알지도 못했던 여러 병폐들을 만들어냈다." 당나귀나 야크, 물소 같은 인간이 친밀하게 돌보지 않아도 괜찮은 가축들은 별다른 동물원성감염병을 옮기지 않았지만, 인간의 생활환경 내에서 먹이고 길렀던 동물들은 심각한 질병을 초래했다. 몇 가지 사례만 나열해보자면 말들은 일반적인 감기 바이러스를 옮겼고, 닭은 조류독감과 수두, 대상포진을, 돼지와 오리는 인플루엔자를, 소는 홍역과 결핵, 천연두를 인간에게 옮겼다.

앞으로 살펴보겠지만, 남아메리카와 중앙아메리카에서는 이르게는 1만 년 전부터 농업이 번성했음에도 광범위한 가축화가 이루어지지 않았고 질병이 걷잡을 수 없이 창궐하지도 않았다. 즉, 아메리카 대륙에서는 농경과 사육이 한꺼번에 이루어지지 않았던 것이다. 그 덕분에 모기 매개 질병을 비롯한 동물원성감염병은 이들의 생활에 끼어들지 않았다. 서반구는 지구상에서 가장 많은 모기가 서식하는 곳이었지만, 그럼에도 신대륙의 모기종은 지난 9,500만 년 동안 고수해온 자신들만의 경로를 따라 진화했고 이때까지만 해도 질병의 매개가 되는 짐을 짊어지지는 않았다. 콜럼버스 이전에 아프리카 대륙을 벗어난 모기 매개 질병은 말라리아가 유일했다.

아프리카의 반투족 이야기에서 알 수 있듯, 지금까지 유물을 통해 드러난 증거들은 농경 및 동물 가축화와 모기 매개 질병의 확산 간에 교차지점이 있음을 확인시켜준다. 일례로 일본은 기원전 400년경 중국으로부터 쌀농사와 말라리아를 동시에 수입했다. 역사학자 제임스 웹은 "열대열말라리아와 삼일열말라리아 모두 인류가 아열대 및 열대의 강 유역, 즉 나일강, 티그리스-유프라테스강, 인더스강, 황하강 기슭을 따라 정착하여 초기 사회 기반을 닦기 시작할 때에서야 광범위한 문화적·경제적 결과를 초래하는 진정한 만성 감염병으로 거듭났을 것"이라고 설명했다. 인류의 동물 가축화와 식물 작물화는 모기가 전 세계의 지배자로 군림하고, 때 묻지 않은 변두리 지역과 손 타지 않은 기회의 수평선에까지 질병을 퍼뜨리는 데 박차를 가했다.

메소포타미아를 중심으로 하는 고대 세계의 심장부에서는 기원전 8500년경 농경사회가 동틀 때부터 일종의 제국주의가 존재해왔다. 티그리스강과 유프라테스강이 만나는 부근 에덴 정원으로 여겨지는 지역과 바그다드로부터 북동쪽으로 300마일 떨어진 고대 도시 알 쿠르나Al-Qurna 이야기이다. 농경사회 추구는 기원전 4000년경 최초의 수메르인 도시국가를 출현시켰고, 나일강 기슭에서 상대적으로 고립된 이집트가 번성하는 계기도 되었다. 역사를 통틀어 위대한 제국들은 제국주의와 정복, 정치적·역사적 영향력을 이용해 세력을 넓혔고, 그 과정에서 패배하고 교체당하면서 고대 왕국의 주기적인 출현과 패망이 이어졌다.

농업혁명이 도시국가의 출현으로 이어지면서 인구가 급격하게 증가했고, 인구밀도 또한 상승하면서 감염 확산 가능성도 높아졌다. 기원전 2500년경 중동의 몇몇 도시국가는 인구가 무려 2만 명에 달했다. 잉여농작물이 발생하면서 부의 축적도 이뤄졌다. 탐욕은 인간에게 강력한 동기를 부여한다. 인간의 타고난 재물욕과 권력욕은 복잡한 사회 계층화와 지역별 경제 특화, 정교하고 차등화된 영적 · 법적 · 정치적 구조 그리고 무엇보다도 무역을 이끌어냈다. 역사를 통틀어 통계적으로 보면 무역이 발달한 사회일수록 전쟁을 벌이는 성향 또한 강했다. 정치권력과 군사력은 부의 축적을 바탕으로 행사되었고, 그 부의 축적은 상업과 주요 항구, 교역로, 해상 요충지에 대한 지배력과 긴밀히 연결되어 있었다. 현실의 경제는 꽤 단순하다. 침략하면 되니 교역할 이유가 없다.

초기 제국들이 영토 확장과 부의 증대를 추구하며 일구어낸 성공 혹은 실패의 근간에는 대개 모기가 있었다. 말라리아-모기 연합군이 우리의 DNA에 변이를 일으켰던 것과 마찬가지로, 고대 지중해 지역에서는 모기가 문명 그 자체의 역사적 염색체에 영향을 미쳤다. '얼룩날개 장군'은 군대들을 마구잡이로 공격했으며, 역사의 판도를 바꾼 수많은 전쟁의 승패를 판가름했다. 나폴레옹Napoleon의 원정과 제2차 세계 대전에서 큰 역할을 한 러시아의 '동장군'처럼, 얼룩날개 장군은 탐욕스러운 게릴라로서 전쟁사와 국가 및 제국 형성에 지대한 영향을 미쳤다. 모기는 적군과 아군을 오가며 용병처럼 활동했다. 앞으로 살펴보겠지만, 모기는 어느 한편에 서는 대신 눈앞에 있는 타깃을 무차별 공격하면서 어느 한편에는 고통을, 그 상대편에게는 이득을 가져다주었다. 전 지구적 풍광을 가로지르면서 제국들의 출현에 일조한 농·축산업과 함께, 모기는 세계의 파괴자로 군림하기 시작했다. 메소포타미아, 이집트, 중국, 인도의 초기 농경사회에서 쓰인 고문서에는 질병의 임상증상 묘사를 통해 모기가 고대에 휘두른 권력이 기록되어 있다.

고대는 정체를 알 수 없는 질병들과 죽음에 뒤쫓기는 세계였다. 우리 선조들이 헤쳐 나갔던 물리적, 심리적 세계에서 질병과 고통은 기이하고 초자연적이며 무시무시한 유령이나 다름없었다. 영국의 철학자 토머스 홉스Thomas Hobbes가 1651년 저서 『리바이어던Leviathan』에서 선언했듯, 인류는 "당연하게도 질병, 경솔함과 불운, 불의와 적들의 폭력, 오만과 파멸, 비겁함과 압제, 폭동과 학살을 통해 벌을 받는다. (중략) 그중에서도 최악의 벌은 계속되는 두려움, 폭력적인 죽음의 위험 그리고 고독하고 가난하며 더럽고 야만적이며 짧은 인간의 생이다." 잠시 상상해보자. 만일 홉스가 음울하게 그렸던 이 어둡고 불길하며 무시무시하고 종말론적인 유령이 당신이 일상적으로 마주하는 현실이라면? 우리의 선조들은 질병을 미신적 개념으로만 해석했다. 신비주의와 기적 그리고 신의 분노가 지배하는 세계관을 갖고 해도에 없는 바다를 표류하듯 살았다.

고대인들은 흙, 물, 공기, 불이라는 원소를 탐구하며 해답을 구했고, 분노한 신들이 질병과 고통, 죽음을 내린 것이라고 믿었다. 그 지엄한 영적 존재들에게 자신들의 고통과 끔찍한 증상들을 거두어들이고 죄를 사하여 달라며 기도하고 제물을 바쳤다. 과학적 이성도 없었고 탄탄한 인과관계도 부족했으며 대부분의 질병을 예방하거나 치료할 수단도 없었던 당시 사람들에게 우리가 훈수를 둔다는 것은 아마 말도 안 되는 일일 것이다. J. R. 맥네일의 말대로, "우선 우리는 인간의 건강에 있어서 그리고 나머지 생물권(지구상의 모든 기권, 수권, 암권을 포함한 생태계를 총괄하는 말)을 인간의 의지대로 바꾸는 능력에 있어서 지난 한 세기가 얼마나 유별난 시기였는지를 반드시 알아야 하며, 언제나 그러했던 것은 아니라는 점도 기억해야 한다."

사실 고대의 선조들도 우리가 앞서 살펴봤던 대로 자연요법들을 실험했고, 겉핥기식이긴 해도 종종 모기 매개 질병의 진정한 원인을 꽤 예리하게 건드리기까지 했다. 한때 의학계에서 정설로 받아들여졌던 미아스마 이론은 유해한 연기와 공기 중 입자, 즉 고인 물과 습지, 늪에서 뿜어져 나오는 '나쁜 공기'가 모든 질병을 유발한다는 것이었다. 그 고인 물과 습지와 늪에 살며 번식하는 모기가 진짜 범인이니, 바로 코앞까지 추리해낸 셈이다. 그러나 '거의 다 맞췄다'는 말은 '못 맞췄다'는 말과 같다.

질병과 생물학적 세계의 작용들을 보다 잘 이해하고자 했던 선조들은 모기가 배달한 질병들을 비롯하여 수많은 질병의 증상을 기록으로 남겨두었다. 그러나 이 문서들로 질병을 해독하기란 상당히 어렵다. 주로 발열 증세가 있었음을 언급하지만, 루이 파스퇴르Louis Pasteur가 혁신적인 배종설germ theory을 내놓았던 1850년대보다 한참 전이던 당시에는 의학적 지식이 미진한 수준이었기 때문에 증상을 애매모호하게 설명하는 데 그쳤으며, 자세히 기록하지도 못했고, 물론 원인을 규명하지도 못했다. 사실 콜레라와 장티푸스를 비롯한 대부분의 질병이 발열 증세를 동반했다.

그래도 역사 속 역병에 관한 기록들을 해석하는 데에는 질병 그 자체가 어느 정도 도움이 되었다. 독특한 증상을 동반하는 사상충증과 황열은 대체로 가장 오래된 기록들에서도 명백하게 구분할 수 있다. 반면 발열 증상을 동반하는 말라리아는 다른 질병들과 구분하기가 더 까다롭지만, 이 또한 스스로 역사적 행방과 결과들에 관한 단서들을 남겼다. 인간에게 감염되는 다섯 가지 말라리아 기생충들 중 가장 치명적인 열대열말라리아와 후발 주자이자 드물게 발병하는 원숭이열말라리아는 24시간 주기로 오한과 고열, 극심한 발한이 나타난다. 하루에 한 번씩 고열이 최고조에 이르렀다가 해열되기를 반복하는데, 예로부터 이 증세를 가리켜 '매일열'이라고 불렀다. 여기에 더해 난형말라리아와 삼일열말라리아는 삼일열quotidian fever이라고 불리는 48시간 주기의 발열 증세를 보인다. 사일열말라리아는 사일열quartan fever이라고 불리는 72시간 주기의 스케줄을 지킨다.[15] 또한 모든 종류의 말라리아에 감염될 경우 비장이 겉으로도 확인할 수 있을 만큼 팽창한다. 이 증상을 눈여겨보아야 하는데, 만일 저명한 그리스 의사 히포크라테스Hippocrates나 그의 후계자인 로마의 갈레노스Galen와 같이 증세를 기록했던 이들이 발열 증세 자체를 상세히 기록할 수 있을 만큼 실력이 있었다고 한다면 유골을 비롯한 고고학적 증거들을 통해 미스터리의 장막을 걷고 당시 모기의 활동을 밝혀낼 수 있기 때문이다.

모기 매개 질병이 드러난 최초의 기록물은 기원전 3200년경의

---

15 삼일열과 사일열이라는 명칭은 로마식으로 0일이 아니라 1일을 기준으로 세는 데서 비롯되었다. 예컨대 삼일(tertain)이라는 명칭은 숫자 3을 지칭하긴 하나 실제로는 이틀을 의미하고, 사일(quartan)은 숫자 4를 지칭하지만 실제로는 사흘을 의미한다.

것이다. 티그리스강과 유프라테스강 사이의 '문명의 요람' 고대 메소포타미아에서 출토된 수메르 점토판들에는 말라리아에 의한 것이 분명한 발열 증세가 기록되어 있다. 그 벌을 내린 바빌로니아의 지하신 네르갈Nergal은 모기와 유사한 곤충의 형상으로 묘사되었다. 가나안과 필리스틴(블레셋이라고도 한다)의 신 베엘제붑Beelzebub('파리 대왕' 혹은 '곤충 대왕')은 초기 히브리어 성경 및 기독교 성경에 마귀로 등장한다. 페르시아와 코카서스 3국에서 성행했던 불을 숭배하는 고대 종교 조로아스터교의 사악한 마귀들도 칼데아의 질병의 신 바알Baal과 더불어 파리 혹은 모기의 형상으로 묘사되었다. 토머스 홉스의 저서에 등장하는 불길한 화신, 리바이어던Leviathan 또한 히브리어(및 기독교) 구약성경에서 혼돈의 파도를 일으키면서 악폐와 혼란을 일으키던 바다괴물 레비아탄Leviathan(성서 번역판에 따라 '리워야단'으로도 표기한다)에서 차용한 것이다. 이 괴물은 역사를 통틀어 아수라장과 대혼란 속에서 유유히 배를 채웠던 우리의 팔팔한 모기들과 아주 비슷한 존재로 느껴진다. 오늘날에도 기독교에서 묘사하는 사탄의 핏빛 날개와 더듬이 같은 뿔, 끝이 뾰족하고 채찍 같은 꼬리 등은 여전히 곤충과 유사한 형상을 떠올리게 한다.

구약성서에서 신의 심판은 대개 곤충 떼와 그 곤충이 옮기는 치명적인 역병으로 그려진다. 지엄한 신은 불복종하는 이들, 혹은 이집트인이나 필리스티아인을 비롯한 적들을 역병으로 벌했다. 예를 들어 기원전 1130년경 에반에셀 전투에서 이스라엘 민족을 패배시킨 필리스티아인이 전리품 중 하나로 계약의 궤를 가져갔으나, 결국 궤가 정당한 주인에게 돌아갈 때까지 끔찍한 질병에 시달리는 것

말라리아, "창백한 말을 탄 자. 그의 이름은 죽음이었고, 지옥이 그의 뒤를 따랐다": 중국의 말라리아 퇴치운동 포스터다. 요한계시록에 등장하는 창백한 말을 탄 죽음을 차용하면서 국민들에게 "예방은 곧 모기를 잡는 일. 끔찍하게 병든 모기는 이 세상에 지옥을 몰고 오며 전염병을 퍼트린다"고 경고한다. © U.S. National Library of Medicine

으로 응징을 받았다. 이를 설명하다 보니 1981년 개봉한 영화 〈레이더스Indiana Jones and the Raiders of the Lost Ark〉의 마지막 장면에서 성궤를 강탈하려는 나치 일당에게 죽음의 천사들이 신의 말씀을 받들어 돌격했던 것이 생각난다. 요한계시록에 등장하는 네 명의 말 탄 자들 중 창백한 말을 탄 자는 '검과 기근과 질병과 지상의 야생 짐승들'로 사람들을 죽일 권한을 가지고 있었다.

성경은 전 세계에서 가장 많은 연구와 검토 대상이 된 글 중 하나이지만, 전염병학과 신학, 언어학, 고고학, 사학을 비롯한 다양한 분야의 전문가들은 구약을 좀먹은 원인이나 병명을 명확하게 밝혀내지 못했다. 학계가 일반적으로 동의하는 바에 따르면, 말라리아 혹은 모기 매개 역병은 적어도 네 번 이상 언급되는데, 그중 하나는 예루살렘을 포위 공격하던 센나케리브Sennacherib 왕의 아시리아 군대를 몰락시킨 사건이다. 이 사건은 훗날 바이런 경Lord Byron이 1815년에 쓴 열렬한 시에서 영원히 살아 숨 쉬게 되었다.[16] 낭만파 정치인이자 시인이었던 바이런 경 또한 1824년 오스만 제국에 맞서 그리스 독립전쟁에 참전해 싸우다가 말라리아열로 세상을 떠났다. 36세의 나이로 생을 마감하기 직전, 그는 본인 스스로도 "말라리아의 계절에 너무 늦게까지 바깥에 나와 있었다"고 인정한 바 있다.

말라리아 그리고 아마도 사상충증은 기원전 1225년경 즈음으로 여겨지는 출애굽 전후로 이미 이집트와 중동 전역에 강력한 발판을 마련했던 것으로 보인다. 테베에 위치한 이집트인 장례식장에서 발견된 부조와 그 이후 고대 페르시아인 및 인도인 관찰자들이 남긴 기록들에서 사상충증이 이르게는 기원전 1500년경부터 인류의 사지를 부풀어 오르게 했음을 암시하는 증거를 찾을 수 있다. 말라리아의 흔적은 최근 터키 남부의 신석기 시대 정착촌 차탈회위크에서 발견된 9,000년 된 유골에서도 확인되었으며, 투탕카멘을 비롯하여 최고 5,200년 된 이집트와 누비아의 유골 및 미라에서도 찾을 수 있

16 바이런의 유명한 시 「센나케리브의 파멸(The Destruction of Sennacherib)」은 이 전투에 대한 성서 속 설명에 근거를 두고 있다.

이집트 왕가의 계곡에서: 이집트 룩소르에 위치한 람세스 3세 장제전의 상형문자판에서 발견된 모기의 모습이다. 본 장제전이 건설되었던 기원전 1175년경은 '바다 민족'이 침략해왔던 한편, 메소포타미아 및 이집트의 초기 소규모 제국들이 몰락했던 시기다. © Shutterstock Images

다. 기원전 1323년 투탕카멘이 18세에 열대열말라리아로 세상을 떠나면서 이집트 제국은 정치적, 문화적으로 쇠락하기 시작했다.[17] 이후 이집트는 다시는 열강으로 존중받지 못했다.

이집트가 도시국가들을 통일하고 나일강 삼각주에서부터 농경을 확장하기 시작한 것은 기원전 3100년경의 일이다. 지리적으로 고립된 데다 황량한 사막에 둘러싸여 있던 이집트는 지정학적 측면에서는 약소국에 불과했다. 이집트인들은 지중해 동부 연안 지역을 침략하고, 그곳 사람들을 이스라엘 민족을 비롯한 다른 민족들과의 분쟁 속으로 밀어 넣었던 반면, 자신들의 입지를 굳건하게 유지

17 투탕카멘은 형제자매 간 근친상간으로 태어나 만곡족을 비롯한 다수의 선천성 기형을 타고났던 것으로 알려져 있다. 이집트 왕족에서는 형제자매 및 자녀들과 결혼하는 일이 흔했다. 일례로 클레오파트라(Cleopatra)는 사춘기 남동생들인 프톨레마이오스 13세(Ptolemy XIII) 및 프톨레마이오스 14세(Ptolemy XIV)의 아내이자 누나이며 공동 통치자였다. 이집트 프톨레마이오스 왕조의 결혼 열다섯 번 중 열 번이 형제자매 간 결혼이었으며, 두 번이 조카 혹은 사촌 간의 결혼이었다.

하지는 못했다. 초기 이집트 문명은 발전 과정에서 대체로 동방에 대한 정치적, 군사적, 제국주의적 야욕을 드러내지 않았다. 본질적으로 이집트는 그 자체로도 제국이었으며, 기원전 1550년부터 기원전 1070년까지 이어진 신왕국 시대에 영토적으로나 문화적으로 정점을 찍었다. 아크나톤Akhenaten과 그의 아내 네페르티티Nefertiti, 람세스 2세Ramesses II, 투탕카멘 등 가장 유명한 파라오들이 바로 신왕국 시대 통치자들이다. 그러나 그 이후 200여 년 동안 이집트의 영토와 부, 영향력은 현저하게 줄어들었고, 결국 기원전 1000년경 리비아를 시작으로 페르시아 대제국의 키루스Cyrus 대제, 그리스의 알렉산드로스Alexander 대왕, 로마의 아우구스투스Augustus Caesar에게 차례로 정복당하면서 속국으로 전락하였다.

말라리아를 품은 투탕카멘의 미라보다 1,000년 앞선 기원전 2200년경의 파피루스 의학서에도 말라리아 혹은 '늪지대 열'이 등장한다. 기원전 5세기 그리스의 저명한 역사가 헤로도토스Herodotus는 이집트인들이 "모기에 맞서 전투를 벌이니 그 수가 어마어마하다"고 전했다. 이집트인들은 이를 위해 "여러 수단을 발명했다. 고지대에 사는 이들은 탑을 세우고 그 위에 올라가 잠을 자는데, 모기들은 바람 때문에 그만큼 높이 날지 못한다. 습지 주변에 사는 이들은 탑 대신 다른 수단을 발명했다. 이들은 모두 그물망을 가지고 다녔는데, 낮에는 이를 물고기를 잡는 데 사용했고 밤에는 잠자리 주변에 둥글게 두르고는 그 밑에 기어들어가 잠을 잤다. 모기는 모직 혹은 리넨 옷도 뚫었지만, 그물망은 뚫으려는 시도조차 하지 못했다." 그는 또한 이집트에서 말라리아열을 치료하기 위해 인간의 신선한 소변으로 목욕하는 풍습이 있었다고 전했다. 말라리아를 겪어보지 않은 나로서는, 하인들이 배출한 거품 일고 김 나는 소변에 몸을 담글 만큼 말라리아 증세가 견디기 힘들고 고통스러웠을 거라 추측할 따름이다.

기원전 400년에서 300년 사이에 저술된『황제내경』을 비롯한 고대 중국의 기록들에는 다양한 종류의 말라리아가 유발하는 밀물과 썰물 같은 발열 패턴이 명확하게 구분되어 적혀 있으며, 비장이 팽창했다는 점도 분명히 적혀 있다. 고대 중국인은 '모든 열병의 모체'라고 일컬었던 말라리아 증세를 기의 흐름이 방해받고 음양의 조화가 깨져서 나타나는 것이라고 보았는데, 〈스타워즈Star Wars〉 제작자이자 권위자인 조지 루카스George Lucas도 이 개념을 빌려 영화에 사용했던 것으로 보인다. 중국의 민속학 및 의약서에서 말라리아는 세 마귀로 그려졌는데, 각 마귀마다 발열 주기의 한 단계를 상징했다. 얼음물을 이고 다니는 오한 마귀가 먼저 찾아오고, 그다음에 발열 마귀가 찾아와 맹렬하게 불을 뿜으며, 그다음에 발한과 머리가 깨질 듯한 두통의 마귀가 거대한 망치를 들고 찾아오는 식이다.

말라리아 마귀들의 손길은 중국의 전설 속에도 등장한다. 한 중국 황제가 가장 신뢰하던 신하에게 남부의 외진 지방으로 가 그곳을 평화롭게 다스릴 것을 명했다. 신하는 황제에게 예를 표하고 새로운 근무지로 떠날 채비를 했다. 그러나 막상 떠날 때가 되자 신하는 해당 지역에 말라리아가 창궐하고 있으니 죽으러 가는 것이나 마찬가지라면서 발령을 거부했다. 격노한 황제는 즉각 신하의 목을 베었다.

『사기』(기원전 94년)의 저자이자 중국 역사의 아버지라 불리는 사마천도 "양쯔강 이남 지역은 지대가 낮고 기후가 습하다. 성인 남성들도 젊어서 생을 마감한다"고 전했다. 이러한 이유로 고대 중국에서는 남성이 말라리아가 창궐하는 남부 지역으로 갈 일이 있으면 출발하기 전 아내의 재혼처를 마련해두었다. 수상 경력에 빛나는 역사가 윌리엄 H. 맥네일William H. McNeill의 말에 따르면, "황열과 밀접한 관계가 있으나 그만큼 치명적이지는 않은 또 다른 모기 매개 질병, 뎅기열은 (중략) 또한 중국 남부 지방에 영향을 미쳤다. 말라리아와 마찬가지로 뎅기열도 아득한 옛날부터 존재해오면서 북부 기후에 살던 사람들이 이주해 내려오기만을 기다렸을 수 있다. (중략) 이러한 환난은 초창기 중국 영토 확장에 상당한 영향을 미쳤으며, (중략) 중국이 남부로 진입하는 데 가장 큰 장애물들 중 하나였을 것이다." 질병이라는 불공평한 짐은 중국 남부의 경제적 발전을 수세기 동안 방해했다. 남부는 북부에 비해 한참 뒤처진 채 정체하게 되었다.

유행성 말라리아가 유발한 북부와 남부 간의 상업적 격차와 그것이 미래에 미칠 불길한 파문은 이탈리아와 스페인, 미국을 포함한 여러 국가에서도 그대로 나타났는데, 종종 이를 가리켜 '남부 문제'라고 일컫는다. 20세기 초 이탈리아의 한 정치인의 말에 따르면, 말라리아는 "사회에 무엇보다도 중대한 영향을 미친다. 열병은 일할 능력을 앗아가고, 에너지를 고갈시키며, 사람들에게 부진하고 무관심한 태도를 심어버린다. 그에 따라 말라리아는 필연적으로 생산성과 부, 행복을 저해한다." 미국의 경우에는 모기가 지역별 경제에 미치는 불균등한 영향이 노예제와 남북전쟁이라는 중대한 문제들과 맞물리면서 결국 나라 전체를 에워쌌다.

인도의 의약서에도 기원전 1500년경부터 각기 다른 말라리아 열병이 언급되었다. 인도인들은 '질병의 왕' 말라리아를 우기 중 번개와 함께 태어난 맹렬한 열병 마귀 타크만Takman으로 의인화했다. 이들은 물이 어떤 식으로든 모기와 연관이 있음을 인지했을 뿐만 아니라, 모기가 말라리아의 원천이라는 사실 또한 누구보다도 먼저 밝혀낸 듯하다. 인도의 의사 수슈루타Sushruta는 기원전 6세기경 서술한 의학전서에 인더스 계곡 북부에 사는 모기 다섯 종을 언급했다. "이들에게 물리면 뱀에게 물리는 것만큼이나 고통스럽고, 병이 생긴다. (중략) 발열, 사지의 통증, 소름, 고통, 구토, 설사, 갈증, 열기, 현기증, 하품, 떨림, 딸꾹질, 작열감, 극도의 한기 등이 동반된다." 또한 몸통의 "왼쪽이 부풀어 올랐고 돌처럼 딱딱하며 거북이 등딱지처럼 굽었다"고 적어 비대해진 비장을 설명했다. 수슈루타가 모기가 질병의 매개체일 거라고 의심하긴 했으나, 의사와 과학자, 관찰자 들이 과학적 증거를 얻게 된 건 최근에서야 일어난 일이므로 당시로서는 그저 이론으로 남겨졌고, 그의 명석한 추론과 예리한 관찰은 수천 년 동안 수면 아래에 가라앉아 있게 되었다.

모기의 영향력과 충격은 아무런 제약도 받지 않고 자유로이 역사적 시공간을 누볐다. 8,000년 전 일어난 아프리카 반투족 얌 농부들의 농경지 확장은 아프리카 노예제도와도 연결되어 있으며, 2007년 라이언 클라크가 NFL 미식축구 경기를 위해 덴버를 다녀오다 죽을 뻔했던 사건과도 직접적으로 연결되어 있다. "우리가 역사를 만드는 것이 아니라, 역사가 우리를 만든다." 존경받는 마틴 루터 킹

주니어Martin Luther King Jr.의 말이다. 모기는 우리 인류의 여정을 미지의 길로 몰아넣으며, 우리가 시간을 달리는 도중 종종 미스터리하고 으스스한 길에 들어서도록 자극한다. 모기는 공간, 거리, 시대 측면에서 당시로서는 서로 관계없어 보이던 역사적 사건들을 연결한다. 모기는 저 멀리에까지 뒤틀린 마수를 뻗칠 수 있다.

반투족 얌 농부들의 흔적을 따라가다 보면 우리는 모기가 수천 년에 걸쳐 꾸준히 역사를 조작하는 모습을 볼 수 있다. 앞서 살펴보았던 대로, 겸상적혈구와 철기 무기로 무장한 반투족은 지금으로부터 3,000여 년 전 말라리아로 허약해진 코이산족, 마데족, 산족을 아프리카 남부 해안가로 몰아냈다. "이는 보다 중대한 결과로 이어졌다." 인류학자이자 저명한 작가 재레드 다이아몬드의 말이다. "1652년 이곳을 찾아온 네덜란드 정착민들은 인구밀도가 높고 철기를 갖춘 반투족 농부들이 아니라 인구밀도가 낮은 코이산족 목동들하고만 겨루면 되었다." 모기의 영향력하에 그려진 아프리카 대륙의 민족 분포도는 네덜란드와 그 뒤를 바짝 좇은 영국을 필두로 시작된 유럽 열강의 남부 아프리카 식민지화 시기 동안 아파르트헤이트를 만드는 데 일조한 한편, 남아프리카공화국과 나미비아, 보츠와나, 짐바브웨를 비롯한 현대 국가들에도 지대한 영향을 미쳤다.

1652년 네덜란드 동인도회사와 함께 아프리카 희망봉에 당도한 네덜란드 아프리카너(케이프 식민지를 형성한 네덜란드 이민자를 중심으로 오늘날 남아공에 정착한 백인들을 이르는 말)들은 소규모로 파편화된 코이산족과 마주했으며, 군사 정복과 유럽산 질병들로 그들을 가뿐히 때려눕혔다. 이로써 유럽은 희망봉에 상륙 거점을 확보했고, 아프리카너들은 남부 아프리카까지 진출하였다. 아프리카너와 후발주자 영국인들은 케이프 콜로니를 거점으로 북쪽과 동쪽으로 뻗어나가면서 코사족과 줄루족 등 보다 밀집된 반투족 사람들과 마주쳤다. 이들 사회는 이미 철기 무기를 바탕으로 강력한 군사력과 농업적 생산력을 확보한 상태였기에, 네덜란드와 영국은 175년 동안 아홉 번의 전쟁을 벌인 끝에 1879년에 이르러서야 코사족을 정복할 수 있었다. 단순히 군사적, 지형적 단위로만 따져보자면 네덜란드와 영국은 1년에 채 1마일씩도 진군하지 못한 셈이다.

줄루족의 경우에는 부족민 대다수가 지지하는 비교적 무혈의 쿠데타가 일어난 끝에 1816년 샤카Shaka가 지도력을 장악했다. 그는 무자비한 군사 공격과 교묘한 외교술로 이웃 부족들을 하나로 통합했으며, 문화, 정치, 군사 측면에서 포괄적인 개혁을 일으켰다. 샤카의 전면적인 사회적, 군사적, 산업적 혁명에 힘입어 줄루족은 영국의 급습에 격렬하게 저항했으나, 결국 1879년 영국-줄루 전쟁에서 패배하면서 정복당했다.

1879년 1월부터 7월까지 이어졌던 영국-줄루 전쟁 당시 영국군의 말라리아 감염률은 또 다른 줄거리가 있었을 수도 있음을 암시한다. 7개월간 참전한 영국군 1만 2,615명 중 질병으로 의료적 치료를 받은 병사의 수는 9,510명이며, 그중 45퍼센트인 4,311명이 말라리아로 치료를 받았다. 모기가 말라리아의 매개라는 점은 영국-줄루 전쟁 당시까지도 아직 의학계에 알려지지 않았던 사실이었으나, 영국군은 새로운 배종설과 다량의 말라리아 치료제 퀴닌 비축분으로 무장하고 있었다. 감히 추측해보건대 만일 네덜란드인들과 영국인들이 17세기 중반 식민주의의 태동 때 희망봉에서 코이산족이 아닌 줄루족과 코사족을 만났더라면 이야기가 달라졌을지도 모른다. "네덜란드 함선들이 격렬한 저항에 부딪혔더라면 애초에 어떻게 백인들이 희망봉에 자리를 잡을 수 있었겠는가?" 재레드 다이아몬드의 말이다. "그러므로 오늘날 남아프리카 공화국의 문제들은 적어도 부분적으로는 지리적 우연에서 비롯되었다. (중략) 아프리카의 과거는 아프리카의 현재에 깊은 낙인을 남겼다." 아파르트헤이트와 그 잔존하는 유산들을 비롯한 기나긴 역사적 포물선은 우연이든 필연이든 본래는 반투족의 농경지 확대가 낳은 모기와 말라리아 및 겸상적혈구 유전반응으로 인해 모양을 달리하게 되었다.

모기의 침은 역사를 층층이 뚫고 더 깊은 곳까지 파고든다. 겸상적혈구 이브의 출현을 시작으로 아프리카에서 일어난 모기 관련 사건들은 아프리카 노예무역과 함께 아메리카 대륙의 역사에 파고들어 오늘날 라이언 클라크를 비롯한 NFL 선수들을 물기에 이르렀다. 모기는 시대를 건너 우리 인류와 인류의 역사를 고문하고 일그러트렸다. 잘 몰랐더라면 나는 모기가 우리를 이용하여 자신들의 사디스트적이고 나르시시스트적인 충동을 채우고 있다고 생각했을 것이다.

수슈루타가 인더스 계곡의 치명적인 모기들을 밝혀낸 지 두 세기 반 이후에는 많은 이와 함께 마케도니아의 용맹하고 젊은 국왕도 모기의 따끔한 맛을 보게 된다. 모기들은 전 지구적 패권을 향한 그의 욕망에 도전하고, 권력에 대한 끝없는 갈증을 해소시키고, 정복이라는 꿈을 산산조각낼 터였다.

CHAPTER

03

얼룩날개 장군

아테네부터 알렉산드로스까지

GENERAL ANOPHELES:

FROM ATHENS TO ALEXANDER

아테네의 철학자 플라톤Plato은 "생각은 만물의 근원"이라고 말했다. 플라톤은 물론, 그와 함께 그리스의 '황금기'를 살았던 학문의 선구자들, 예컨대 소크라테스Socrates, 아리스토텔레스Aristotle, 히포크라테스, 소포클레스Sophocles, 아리스토파네스Aristophanes, 투키디데스Thucydides, 헤로도토스를 비롯한 전설적인 인물들은 서구 문화와 근대 학계의 영원불멸한 기반을 닦았다는 점에서 진정으로 만물의 근원이다. 그들의 이름은 인류 역사에 영원히 아로새겨져 있다. '아테네의 잔소리꾼' 소크라테스가 사용했던 변증법, 즉 더 많은 질문을 이끌어내어 마침내 해답에 이르게 하는 이른바 산파법에 따라 이야기해 보자면, 이들은 어떻게 그러한 위상을 가지게 된 것일까?[18] 아테네인들을 중심으로 한 소수의 그리스인들

18 소크라테스의 끈질긴 질문 세례가 짜증났던 아테네의 귀족들과 엘리트들은 그에게 아테네의 잔소리꾼(Athenian gadfly)이라는 별명을 붙였다. 잔소리꾼이라는 뜻의 gadfly는 윙윙거리며 날아다니는 흡혈곤충을 총칭하는 말이기도 하다.

이 역사적 영역에 비하면 매우 한정적인 시공간 내에서 선보였던 생각들이, 서구 문명 혹은 전 세계 문명과 사상을 지배하게 된 이유는 무엇일까? 2,500여 년이 지난 지금도 이들의 사상과 개념은 우리의 세계관을 지배하고 있으며, 그들의 가르침은 오늘날 전 세계 책장을 가득 메우는 한편, 고등교육의 강의실과 연구실에서 수업과 연구의 대상이 되고 있다.

"지식이 완전하다는 증거는 전적으로 가르치는 능력에서 나타난다"는 아리스토텔레스의 말이 우리에게 그 해답을 제시한다. 소크라테스는 플라톤을 가르쳤으며, 플라톤은 최초의 진정한 고등교육 기관인 아테네 아카데메이아를 설립했다. 플라톤은 서양 철학과 과학의 발전에 있어서 가장 핵심적인 인물로 여겨진다. 플라톤의 가장 유명한 제자이자 그의 밑에서 12년을 수학한 아리스토텔레스는 곤충학을 비롯한 동물학, 생물학, 물리학, 음악, 연극, 정치과학 그리고 인간의 집단적·개별적 정신분석에 이르기까지 수많은 학문 분야에 족적을 남겼다. 아리스토텔레스는 상세한 조사와 과학적 방법론을 생물학적 사고와 실증주의, 자연의 질서와 연결했다. 플라톤이 스승 소크라테스와 제자 아리스토텔레스 그리고 여러 그리스 황금기의 학자들과 함께 오늘날까지 유명세를 떨치며 널리 연구되고 인용되는 데에는 그럴 만한 이유가 있는 것이다. 진보의 횃불은 소크라테스에게서 플라톤의 손을 거쳐 아리스토텔레스에게 전달되었으며, 마침내는 북쪽의 미개척지 마케도니아의 젊고 야심찬 왕자에게까지 이르렀다. 이윽고 그는 그리스의 문화와 책, 사상을 융성하게 하는 한편, 당대 알려진 세계에 전파했다. 그 지식들은 장엄한 도서관에 소장된 채 후대 학자들의 정신과 문헌 그리고 혁신들을 통해 한층 풍성해질 터였다. "책은 우주에 영혼을, 정신에 날개를, 상상력에 비상을, 만물에 생명을 불어넣는다"는 플라톤의 말은 『국가The Republic』를 포함한 플라톤 본인의 고전 명저는 물론, 제자 아리스토텔레스를 비롯한 그 세대 그리스인 동료들의 방대한 글에 바로 적용된다.

플라톤이 생을 마감한 직후, 아리스토텔레스는 아테네를 떠났다. 마케도니아의 국왕 필리포스 2세King Philip II에게서 자신의 후계자이자 13세 된 아들을 가르쳐달라는 청탁을 받았기 때문이다. 아리스토텔레스를 마케도니아 왕궁으로 불러오기에 앞서 필리포스 2세는 아들이 지성과 호기심, 용맹함을 타고났다는 점을 알아보았다. 왕자가 10세 되던 해, 혼비백산한 한 상인이 거대하고 사나운 말 한 마리를 놓치는 바람에 말이 마케도니아 수도의 길거리를 마음대로 활보하고 다닌 일이 있었다. 근육질에 까마귀같이 검은 털을 가진 이 말은 눈썹 위에 위협적인 흰색 별 무늬가 있었고, 한쪽 눈은 꿰뚫어보는 듯한 벽안이었다. 사람들이 올라타거나 울타리 안으로 몰아넣으려 할 때마다 말은 격렬하게 저항했다. 필리포스 2세는 이 위엄 있는 말을 사들이고자 했으나, 그 짐승의 사나움을 목격하고서는 곧장 사들일 마음을 접었다. 애꾸눈 필리포스 2세에게 거세고 제멋대로인 말은 쓸모가 없었기 때문이다. 이 사나운 말을 보기 위해 호기심에 가득 찬 구경꾼들이 몰려들었다. 사람들이 웅성거리며 모여 있는 장면을 본 어린 왕자는 아버지에게 그 말을 사 달라고 간청했으나 필리포스 2세는 흔들리지 않았다.

안 된다는 말을 곧이곧대로 듣지 않았던 마케도니아의 이 어린 왕위 계승자는 펄럭이는 망토를 벗어던지고선 패닉에 빠져 히스테릭해진 말에게 조용히 다가갔다. 신경이 곤두선 말에게 접근하면서, 이 용맹한 왕자는 소란스러운 관중을 잠재웠다. 말이 자기 자신의 그림자를 두려워한다는 점을 눈치 챈 왕자는 달랑거리는 고삐를 붙잡고 말의 몸을 태양을 향하게 돌려 그림자를 뒤로 감췄고, 이를 숨 죽여 지켜보던 관중들은 크게 놀랐다. 왕자가 그 흉포한 짐승을 길들인 것이다. "아들아!" 자부심과 기쁨에 찬 필리포스가 뿌듯한 목소리로 선언했다. "네게 맞는 왕국은 너 스스로 찾거라. 마케도니아는 네게 너무 작은 것 같구나." 왕자는 이 말에게 '소의 머리'라는 뜻의 부케팔로스Bucephalus라는 이름을 붙여주었다. 왕자의 군마이자 충성스러운 동반자가 된 부케팔로스는 마침내 그를 등에 태운 채 알려진 세계와 미지의 세계를 누비면서, 그가 동쪽으로 인도에 이르는 광활한 왕국이자 역사상 가장 거대한 왕국 중 하나를 건설하는 데 동행했다.

모기가 휩쓸고 간 그리스-페르시아 전쟁과 펠로폰네소스 전쟁의 잿더미에서 새로운 권력이 피어났다. 말을 길들였던 어린 천재는 곧 패권과 명성, 전설의 절정을 넘어 그리스 도시국가들의 몰락 후에 남은 권력 공백을 메우게 될 터였다. 이어 그는 지상의 신이자 인류 역사상 가장 위대한 지도자들 중 하나로 자리매김하면서 그리스 동맹에서 헤게몬, 페르시아에서 샤, 이집트에서 파라오, 아시아의 군주 그리고 마케도니아에서 바실레우스(군왕)로 불리게 된다. 역사는 그를 알렉산드로스 대왕이라 부른다.

그가 가졌던 동기나 성격에 대한 부질없는 학문적 논쟁이 있지만, 이를 차치하고서라도 알렉산드로스 대왕이 날것의 순수한 천재였다는 데에는 의문의 여지가 없다. 그가 페르시아의 황제 다리우스 3세Darius III에게 도전하여 제국을 장악하고 역사상 가장 넓은 영토를 다스리는 자들 중 하나가 되었을 당시, 그가 얼마나 어렸는지 그리고 그의 군대가 상대적으로 얼마나 작았는지를 기억하는 게 좋다.

이처럼 문명 세계의 모든 것이 딱딱 맞아떨어져 한 개인이 단독으로 인류 역사에 그토록 깊고 강한 흔적을 남길 수 있는 환경이 조성된 경우는 역사상 거의 없다. 이러한 환경은 알렉산드로스 대왕이 혜성처럼 등장하여 정복 활동을 펼치기 전에 벌어진 그리스-페르시아 전쟁과 펠로폰네소스 전쟁으로 형성되었다. 세계는 모기 매개 질병으로 너덜너덜해진 전쟁 이후 쑥대밭이 되었고, 세계 정복의 문턱에 쌓인 전쟁의 잔해들은 알렉산드로스 대왕이 세계무대로 진입하는 문틈을 열어주었다. 플라톤의 가르침대로, "숙고하지 않는 삶은 살 가치가 없다." 알렉산드로스 대왕의 생애와 그가 남긴 유산을 살펴보려면, 우선 그가 현대에까지 이어지는 족적을 남길 수 있는 환경을 조성해준 사건들이자 모기로 얼룩진 사건들을 살펴보아야 한다.

마케도니아가 아직 황량한 산간벽지의 부족이던 시절, 서구 문명사의 흐름은 메소포타미아와 이집트에 모여들고 있었다. 기원전 1200년까지만 하더라도 대중동(넓은 의미의 중동으로 북아프리카와 중앙아시아 일부를 포함한다)을 가로지르는 정치적, 경제적 균형과 세력균형이 존재했다. 바빌로니아와 아시리아, 히타이트 등지의 소왕국들에서 경제적 집중과 분화가 발생했고, 무역과 평화, 번영이 이뤄졌다. 그러나 이는 오래가지 못했다. 불과 15년 만에 이 왕국들은 물론 이집트까지 전설적인 트로이 목마로 대표되는 지중해 섬 출신 떠돌이 용병들의 약탈 앞에 무릎을 꿇었다. 통틀어 '바다 민족'이라 일컬어지는 이들은 극심한 가뭄과 기근, 일련의 지진과 지진 해일이 발생한 상황에서 무역로를 차단하고 농작물과 마을을 약탈하면서 이 지역을 '그리스 암흑기'로 몰아갔다. 모기는 강력한 말라리아 유행병을 옮기고 다니면서 이들의 문화와 정치, 경제를 완전히 붕괴시키는 데 일조했다. 키프로스 점토판에 아로새겨진 글이 그 원인을 분명히 알려준다. "이제 네르갈(바빌로니아의 모기 마귀)의 마수가 우리나라에까지 뻗쳤으며, 우리나라의 모든 사람을 죽이고 있다." 어느 정도는 모기 때문에 초기 농경 중심의 인류 문명이 남긴 그을린 유물들과 허물어진 폐허들은 텅 빈 권력 공백 속으로 무너져 내렸다.

이 잿더미 속에서 두 라이벌, 그리스와 페르시아가 떠올랐다. 두 고대 강국은 서로 팽팽하게 맞서면서 오늘날의 문학과 예술, 공학, 정치와 민주주의적 통치방식, 병법, 철학, 의학 등 서구 문명의 모든 측면에 기틀을 마련했다. 약탈자 바다 민족이 만든 쑥대밭에서 중동 지역 대부분이 문화와 개발 측면에서 심연의 구렁텅이로 굴러떨어진 반면, 동쪽에서는 새로운 세력이 조용히 몸을 일으켰다. 키루스 대제의 페르시아 제국은 중동의 기존 왕국들을 점령하고, 중앙아시아와 남캅카스, 터키 서부의 그리스 이오니아 정착민들까지 포섭하면서 전에 없던 대제국을 건설했다.

기원전 550년, 키루스 대제는 능수능란한 외교술, 회유와 협박,

주기적인 군사 공격 그리고 무엇보다도 국제연합도 칭찬할 만한 인권정책을 통해 페르시아 제국을 건설했다.[19] 또한 급성장하고 번영하는 제국 전체에 걸쳐 문화와 기술, 종교의 전이 및 교환을 장려했으며, 예술, 공학, 과학에서 혁신을 도모했다. 키루스 대제와 그의 후계자 다리우스 1세Darius I 및 크세르크세스 1세Xerxes의 지휘하에 이집트와 수단, 동부 리비아까지 제국을 확장한 페르시아 세력은 또 다른 신진 세력인 그리스와 최후의 결전을 벌이게 되었다. '역사의 아버지'라 불리는 그리스인 헤로도토스는 기원전 440년 키루스 대제가 "예외 없이 모든 나라를 한데 모았다"고 기록했으나, 하나의 예외가 있었으니 바로 그리스였다.

이 시점에서 그리스는 우리가 흔히 상상하는 단 하나의 '그리스'가 아니었으며, 군사적, 경제적 우위를 점한 양대 세력인 스파르타 혹은 아테네와 연합하여 서로 경쟁하며 전쟁을 벌이는 도시국가들의 집합체였다. 사실 기원전 776년 그리스에서 시작된 고대 올림픽은 화평을 기념하는 의미에서 레슬링, 복싱, 창던지기, 원반던지기, 달리기, 승마, 판크라티온 등 전쟁터의 운동 및 군사기술을 모방하여 만든 것이다. 이 중 '모든 힘'이라는 뜻의 판크라티온은 깨물기와

---

19 키루스 원통(Cyrus Cylinder)에 새겨진 키루스 대제의 선언문은 신전 및 문화적 건축물들을 재건하고 유대인들을 비롯한 추방자들을 본국으로 송환하는 등의 내용을 담고 있다. 바빌로니아의 포로였던 유대인들을 키루스 대제가 해방시킨 일은 성경의 에즈라서에도 서술되어 있다. 그는 성경에 총 스물세 번 등장하며('고레스'라고 번역된다) 메시야로 일컬어진 인물들 중 유일한 비유대인이다. 전설적이고 인상적인 이력에 더해, 키루스 대제는 기원전 530년 카자흐스탄 스텝 지대에서 전사했다. 그의 시신은 그가 사랑했던 수도로 돌아가 수수한 석회암 무덤에 안치되었으며, 그 무덤은 오늘날까지 잘 보존되어 유네스코 세계문화유산으로 지정되었다. 키루스 대제는 기록된 역사를 통틀어 가장 중요하고 걸출한 지도자 중 한 명이자 '대제'라는 수식어가 진정으로 잘 어울리는 지도자로 여겨진다.

눈 찌르기만을 금지하는 종합격투기UFC의 전신이기도 하다. 평화를 증진할 목적으로 올림픽이 시작되었음에도 서로 적대적으로 경쟁하던 그리스 도시국가들은 페르시아의 통치에 저항하던 이오니아인들의 선동과 함께 페르시아를 상대로 목숨을 건 싸움에 휘말렸다.

기원전 499년, 민주정 도시국가 아테네의 지원을 받은 이오니아 그리스인들은 당시 세계 인구의 절반에 달하는 5천만 명 이상을 다스리던 페르시아 황제 다리우스 1세의 정권에 반기를 들었다. 반란은 빠르게 진압되었으나 다리우스 1세는 아테네의 오만함을 벌하겠다고 결심했다. 보복과 징벌의 의미도 있었지만, 그리스를 정복하면 지역 내 페르시아의 권력을 공고히 하고 지중해 상권을 완전히 장악할 수 있기 때문이었다. 7년 후, 다리우스 1세는 알려진 서구 세계에서 마지막까지 주권의 흔적을 간직했던 그리스를 총공격하여 그리스-페르시아 전쟁을 일으켰다.

페르시아 군대는 다르다넬스 해협을 건너 아시아에서 유럽으로 향했으며, 트라키아와 마케도니아로 행진하면서 지역 주민들에게 충성을 강요했다. 그러나 아테네를 향해 남하하던 다리우스의 복수전은 곧이어 재앙을 맞이했다. 아테네에 거의 근접한 페르시아 함대들은 사나운 폭풍우를 맞아 부서졌으며, 페르시아 육군들은 역사가들이 추정하기로 이질, 장티푸스, 말라리아의 총공격에 후퇴해야만 했다.

2년 후인 기원전 490년, 두 번째 원정을 일으킨 다리우스 1세는 험난한 북부 육로를 우회하고자 아테네로부터 북쪽으로 대략 26마일 떨어진 마라톤에 2만 6,000명의 병사들을 육·해로를 통해 상륙시키고자 했다. 아테네군은 그 수가 페르시아군의 절반밖에 되지 않는 아마추어였으나, 청동기 무기로 중무장한 채 페르시아군을 저지대로 몰아넣어 그들이 늪지대에서 야영하도록 만들었다. 그러자 불과 일주일 만에 앞서 언급했던 질병들이 페르시아 병사들을 쓰러뜨리기 시작했다. 페르시아 함대와 페르시아군 상륙 거점 및 아테네군의 위치로 미루어보자면 페르시아군이 늪지대에서 멀리 떨어진 곳에서 야영하거나 늪지대를 둘러가기가 불가능한 상황이었다. 결국 전투를 좌지우지한 건 지형과 아테네군의 위치 선점이었다. 아테네군이 결정적인 승리를 거둔 이후, 페르시아군은 질병에 시달리는 군대를 끌어 모아 배에 오른 뒤 아테네 본토로 진격했다. 헤로도토스의 기록에 의하면 전장에는 6,400구의 페르시아군 시체가 쌓여 있었으며, 주변 늪지대에서 목숨을 잃은 페르시아 병사들은 수를 가늠할 수도 없다. 아테네의 전령들은 마라톤에서 아테네까지 26마일(약 41.8킬로미터)을 빠르게 달려 페르시아의 공격이 임박했음을 아테네인들에게 알렸다.

근대 마라톤 경기는 아테네의 전령 페이디피데스Pheidippides가 마라톤에서 아테네까지 달렸다는 전설을 기념하고 있지만, 사실 이 전설은 실제와 다르다. 이 전설에는 두 가지 진실이 약간의 오인과 함께 뒤섞여 있다. 페이디피데스는 실제로 하루 반 만에 마라톤부터 스파르타까지 140마일(약 225킬로미터)을 달려 전투에 앞서 원군을 요청했다. 스파르타와 아테네의 관계는 결코 우호적이라고 할 수 없었지만, 헤로도토스의 말에 따르자면 스파르타인들은 "그의 호소에 감동받아 기꺼이 아테네를 돕기로 했다." 아테네가 페르시아에 패하고 굴복한다면 스파르타도 같은 운명을 겪게 될 게 뻔했다. 싸우더라도 잘 아는 적과 싸우는 편이 낫지 않은가? 그러나 2,000명의 스파르타 원군은 하루 늦게 전장에 도착한 탓에 페르시아군 시체 6,500구와 아테네군 시체 1,500구가 쌓인 모습을 구경만 하고 돌아갔다. 마라톤에서의 승리 직후, 아테네군은 아테네로 진군하여 페르시아군의 상륙을 성공적으로 저지했다. 기회가 사라졌음을 직감한 페르시아군은 말라리아 감염병과 패배로 사기가 저하된 병사들을 이끌고 본국으로 돌아갔다. 그러나 이후 페르시아군은 다리우스 1세의 아들이자 후계자인 신임 황제 크세르크세스 1세와 다시 한 번 아테네로 진격한다.

아버지의 복수를 끝마치겠다고 결심한 크세르크세스 1세는 기원전 480년 해군과 육군을 합쳐 40만 명이라는 전례 없이 놀라운 군대를 창설하고 직접 지휘했다. 강력한 페르시아군의 침공에 맞서, 라이벌 국가였던 아테네와 스파르타는 잠시 의견 차이를 내려놓고 다시 한 번 결집하여 약 12만 5,000여 명에 달하는 연합군을 꾸렸다. 페르시아군은 천재적으로 설계한 폰툰 부교(임시교량)를 이용해 헬레스폰트 해협(다르다넬스 해협)을 건너 유럽으로 진격했으며, 테르모필레를 지나는 병목 지역에서 병력이 현저히 적은 그리스군과 마주쳤다. 레오니다스Leonidas 왕이 이끄는 스파르타군 300명을 포함하여 이곳에 남아 있던 1,500명의 그리스 연합군은 죽음을 불사하고 싸우면서 페르시아군의 진격을 잠시간 저지했다. 테르모필레 전투의 군사적 의의는 다소 부풀려지고 과장된 게 사실이지만, 레오니다스 왕과 전우들이 이 길 위에서 페르시아군을 지연시킨 덕에 그리스군이 무사히 아테네로 후퇴할 수 있었던 것도 사실이다. 이들이 보여준 최후의 저항은 '300'의 전설로 거듭났으며, 그 이후로도 계속 과장되어 이제는 역사적으로 고증되지 않은 상업영화 〈300〉 시리즈에서처럼 본래 모습과 완전히 다르게 비춰지기에 이르렀다.

테르모필레 전투 소식이 들려올 당시, 그리스 해군은 페르시아 함대와 이틀간 싸운 끝에 후퇴했다. 페르시아군이 아무런 견제도 받지 않은 채 아테네로 진격하는 동안 아테네 함대는 살라미스 섬으로 철수하여 아테네 시민을 대피시키고 그리스 육군의 후퇴를 도왔다. 아테네에 입성한 크세르크세스는 그 귀한 도시가 텅 비어 있는 모습을 보고선 충동적으로 도시에 불을 질렀다. 그러나 곧바로 이 결정을 후회했는데, 이는 키루스 대제와 다리우스 1세가 고수했던 원칙이자 페르시아의 전통인 관용과 존중에 어긋나는 일이었기 때문이다. 자신의 실수를 깨달은 크세르크세스는 아테네를 재건하겠다고 제안했지만, 물은 이미 엎질러진 후였다. 아테네인들은 이미 도시를 빠져나간 뒤였으며, 협상과 화해의 기회는 연기와 함께 사라져버렸다. 이제는 정말 전면전이었다. 아테네인들의 오만에 분노한 크세르크세스는 기원전 480년 9월 페르시아 해군에게 살라미스 섬으로 가 연합 함대를 격파할 것을 명했다. 그러나 이곳에서 페르시아 해군은 아테네의 장군 테미스토클레스Themistocles가 고안한 훌륭한 함정에 빠지고 말았다.

그리스 연합군은 수적으로 우세하지만 다소 조잡했던 페르시아 함선들을 좁은 해협으로 유인한 뒤, 아군의 거대한 삼단노선(노가 3단으로 된 고대 전함)들로 해협의 양쪽 입구를 재빨리 막아섰다. 비좁은 구역 내에 몰린 페르시아 함선들은 통나무처럼 줄줄이 늘어선 채 항해하지도 대열을 가다듬지도 못했다. 이 상태에서 공성망치를 장착한 육중한 그리스 전함이 진입한 끝에 페르시아 해군을 상대로 결정적인 승리를 거두었다. 크세르크세스는 패배에 굴하지 않고, 더욱 분노하여 그리스를 정복하고 연합군을 굴복시키기 위한 전쟁을 이어갔다. 그러나 결국 무릎을 꿇은 것은 다름 아닌 페르시아였다. 그리스 연합군에 뒤늦게 합류한 새로운 항공부대, 모기들 때문이었다.

페르시아 지상군은 늪지대를 횡단하면서 습지로 둘러싸인 수많은 그리스 도시를 포위 공격했고, 모기들은 자신의 영역을 침범한 불운한 외국인 병사들인 페르시아군 앞에 모습을 드러냈다. 페르시아군을 덮친 말라리아와 이질은 무려 40퍼센트에 달하는 병사들을 집어삼켰다. 마구잡이로 흩어진 페르시아군은 기원전 479년 플라타이아이 전투에서 산산조각났으며, 이로써 페르시아는 사실상 다시는 그리스를 넘볼 수 없게 되었다. 살라미스 해전과 플라타이아이 전투는 그리스-페르시아 전쟁의 전환점이 되었다. 이들이 얼룩날개 장군과 함께 거둔 이 결정적인 승리는 세력균형과 문명의 중심을 서방의 그리스로 옮겨주었다. 주도권과 기세는 크세르크세스와 페르시아인들의 손을 떠나 이제 그리스인들의 손아귀에 완전히 안착했다. 오늘날 서구 사회의 기반이 된 그리스의 '황금기'가 도래한 것이다.

그러나 그리스 내부에서는 여전히 패권싸움이 이어지고 있었다. 페르시아의 위협이 아테네와 스파르타 사이의 계속되는 적대관계를 일시적으로 중단시켰을 뿐, 곪아 터진 이들 관계는 결국 기원전 460년부터 404년까지의 간헐적인 펠로폰네소스 전쟁으로 이어졌다. 펠로폰네소스 전쟁의 절정기이자 아테네군이 모기 때문에 시켈리아에서 처참한 패배를 겪은 지 2년 뒤인 기원전 411년에 상연된 아리스토파네스의 풍자적이고 성적 묘사로 가득한 희극 <여자의 평화Lysistrata>는 그리스와 그 너머를 휩쓸던 무익한 피바다를 잘 담고 있다. 극중 아테네의 재치 있는 주인공 리시스트라타Lysistrata는 적국의 여자들을 설득해 남편이나 연인과의 성관계와 전희 그리고 그들의 특권에 대한 파업을 선언함으로써 평화를 도모하고 잔인한 분쟁과 끔찍한 학살에 종지부를 찍는다. 그러나 <여자의 평화>처럼 오래도록 의의를 가지는 훌륭한 희극도 펠로폰네소스 전쟁의 대학살을 해결하거나 평화를 가져다주지는 못했다.

역설적이게도, 아리스토파네스의 희극에 잘 그려진 이 시기는 오늘날 어디에서나 들어볼 수 있고 전 세계 수많은 학생이 공부하는 인물들이 주도한 학문적 진보의 광풍이 일어난 시기이기도 하다. 끊임없이 이어지는 전쟁에도, 혹은 전쟁 중이었기 때문에 더더욱, 아테네인들을 필두로 한 그리스인들은 기원전 5세기경 건축, 과학, 철학, 연극 그리고 예술 분야에서 가장 잘 알려진 혁신을 일으켰다. 소크라테스와 플라톤 그리고 투키디데스는 모두 아테네군에 입대하여 필로폰네소스 전쟁에 참전한 바 있다.

그러나 황금기라 할지라도 모든 게 늘 금빛이었던 것은 아니다. 말라리아가 유행하여 그리스인들을 쓰러뜨리고 군사력과 경제적 영향력을 약화시켰으며 끝내는 서구 문명의 심장부라는 왕좌에서 그리스를 끌어내렸다. 그리스의 시인 호메로스Homer는 『일리아스

Iliad』(기원전 750년)에서 가을을 묘사하면서 말라리아를 언급했다. "불타는 숨결이 붉은 공기를 열과 역병 그리고 죽음으로 더럽힌다." 소포클레스와 아리스토파네스, 헤로도토스, 투키디데스, 플라톤, 아리스토텔레스를 비롯한 그리스 황금기의 유명 인사들이 남긴 글에도 말라리아에 관한 전형적인 묘사가 등장한다. "그리고 우리는 오수 구덩이에서 살아왔고, 의사들은 우리의 질병에 붙일 이름들을 고안하며 살아왔다." 플라톤의 말이다. 그리스의 저명한 의사 히포크라테스는 치명적인 말라리아가 유행하는 여름과 초가을을 밤하늘에 뜨는 '개의 별' 시리우스에 빗대어 열병 유행 시기를 '개의 여름날dog days of summer'이라고 불렀다(밤하늘에서 가장 밝은 별이자 큰개자리 알파성인 시리우스는 서구권에서 열기, 열병, 불운 등을 의미하며, dog days는 삼복더위 때를 가리킨다).

서양 의학의 아버지라고도 불리는 히포크라테스는 말라리아와 여타 열병들을 명확하게 구별했다. 그는 비장의 팽창과 '삼일열, 사일열, 매일열' 말라리아 감염병 각각의 발열 주기 및 기간, 발열 강도 차이를 매우 상세하게 기술했으며, 나아가 어느 종류의 말라리아가 재발하기 쉬운지도 기록했다. 히포크라테스는 말라리아가 당시 발생하던 질병들 중 "최악이자 가장 오래가며 가장 고통스러운 질병"이라고 인정하면서, "봄비가 땅을 적실 때 찾아오는 열병은 그중에서도 가장 격심하다"고 덧붙였다. 그는 세계 최초의 말라리아 학자이다. 그만큼 말라리아 증상을 체계적이고 끈질기게 진단하고 연구하며 기록했던 이는 그 이전에도 그 이후 몇 세기 동안에도 없었다.

히포크라테스는 종교라는 우산 아래 가려져 있던 의학을 바깥으로 꺼내오면서, 질병은 신이 내린 벌이 아니라 환경적 요인들과 인간 신체 내부의 불균형 때문에 발생하는 것이라고 논했다. 이는 초자연적 세계와 자연 세계 간의 균형에 있어서 전례 없이 기념비적인 움직임이었다. 또 그는 최고의 약은 치료가 아니라 예방이라고 주장했다. 훗날 벤저민 프랭클린Benjamin Franklin도 이 말을 인용해 “1온스의 예방은 1파운드의 치료와 같은 가치가 있다”고 말했다(다만 이 발언은 모기 매개 질병이나 여타 질병보다는 식민지 필라델피아의 화재 위험성에 관한 것이었다). 히포크라테스는 또한 임상 관찰과 문서화 작업이 매우 중요하다고 강조했으며, 본인 또한 말라리아를 비롯한 수많은 질병을 정확하게 진단하고 기록했다. “나는 나의 능력과 판단에 따라 환자를 돕기 위해 치료법을 사용할 것이며 절대로 해를 입히거나 악행을 저지를 목적으로 사용하지 않겠다”는 히포크라테스 선서는 의사-환자 간 비밀유지특권을 지켜야 한다는 그의 경고 및 맹세와 더불어 오늘날까지 의사들이 받드는 원칙이다.

히포크라테스 학파의 전통적인 미아스마 이론 때문에 19세기 말까지도 관찰자와 기록자 그리고 의학 전문가들은 말라리아를 비롯한 질병들이 고인 늪과 습지에서 뿜어져 나오는 유해한 가스와 썩어가는 쓰레기 때문에 발생하는 것이라고 믿었다. 이탈리아어로 ‘나쁜 공기’라는 뜻의 ‘말라리아’라는 이름도 이 때문에 탄생한 것이다. 다만 플라톤은 이를 두고 “그들은 확실히 질병들에 매우 이상한 이름들을 붙인다”고 사색하기도 했다. 히포크라테스와 그 전임자들은 비록 고인 물에서 자라는 모기와 말라리아를 연결시키지는 못했으나, 고인 물을 원인으로 지목했으므로 거의 근접한 셈이었다. 예를 들어 히포크라테스와 동시대인이자 물, 공기, 불, 흙의 4원소 패러다임을 주창한 엠페도클레스Empedocles는 시켈리아의 셀리누스 마을 부근을 흐르던 두 개의 강을 직접 다른 지역으로 우회시켜 그곳에 있던 "죽음을 유발하고 임산부들이 유산하게 만드는" "유해한 냄새가 나는" 늪지대를 제거하는 데 성공했다. 당시 사용되던 주화에는 그의 얼굴이 그려져 있는데, 이는 환경을 기적적으로 개선하고 목숨을 구했던 그의 인도주의적 노력을 주민들에게 계속 상기시키기 위함이었다.

히포크라테스는 질병이 네 가지 체액, 즉 흑색 담즙, 황색 담즙, 가래, 혈액 간의 불균형으로 인해 발생한다는 잘못된 견해를 가지고 있었으나, 어쨌든 그가 말라리아에 관해서 남긴 생생한 기록들은 펠로폰네소스 전쟁 동안 말라리아가 걷잡을 수 없이 창궐했다는 점과 말라리아가 전쟁의 결과에 어떤 영향을 미쳤는지를 우리에게 알려준다. 생물학자 R. S. 브레이R. S. Bray 박사의 말에 따르면, 모기 매개 말라리아는 "의심할 여지 없이 펠로폰네소스 전쟁에 짐을 더 얹어 주었다." 사실 짐 그 자체였다고 보아도 좋다. 동물학 교수 클라우드슬레이-톰슨Cloudsley-Thompson 박사는 한 발 더 나아가 "히포크라테스는 말라리아를 잘 알고 있었다. 잠행하는 이 질병은 훗날 고대 그리스와 로마 문명까지 약화시키고 좀먹었다"고 인정했다. 두 강대국에게 모기는 지상의 그 어떤 병사도 죽일 수 있을 만큼 능수능란하고 유능한 모습을 보여주었다. 모기는 그리스와 로마의 흥망성쇠에 걸쳐 그들의 전투와 원정에 악영향을 미쳤다.

히포크라테스가 말라리아의 여러 측면을 세심하게 기록하고 자연 세계, 질병, 신체 간의 상호작용을 면밀히 관찰하는 동안, 스파르타와 그의 새로운 고향 아테네 간의 관계는 점점 더 악화되고 있었다. 적대감이 극에 달했음을 감지한 스파르타는 기원전 431년 당시 우세했던 아테네가 연합국들을 끌어 모으기 이전에 재빨리 승기를 잡을 요량으로 선제공격을 해 펠로폰네소스 전쟁을 촉발시켰다. 아테네의 전략가 페리클레스Pericles는 스파르타를 상대하기 위해 두 가지 방안을 제시했다. 하나는 결정적인 보병 전투를 피하고 되도록 싸움을 길게 끌면서 후위 부대가 적군의 진격을 지연시키는 동안, 요새화된 아테네로 의도적으로 퇴각하는 방안이었다. 아테네의 우세한 물자 공급 및 자원 그리고 포위공격에 대한 방어능력이라면 소모전에서 이길 수 있으리라고 확신한 것이다. 또 다른 방안은 스파르타와 그 동맹국들의 항구 및 해안가 상업도시들을 공격해 자원을 고갈시키고 항복을 이끌어내는 것이었다. 아테네가 별 무리 없이 바다를 지배할 수 있을 만큼 우세한 해상 패권을 보유하고 있었기 때문이다. 아마 질병이 개입하지만 않았더라도 페리클레스의 이 천재적인 방안들은 아테네에 승리를 가져다주었을 것이다.

아테네가 승리를 거머쥘 듯할 무렵인 기원전 430년, '아테네 역병Plague of Athens'이라 불리는 파괴적인 전염병이 아테네에 들이닥치면서 가장 먼저 페리클레스를 포함한 많은 희생자의 목숨을 앗아갔다. 역병은 아테네군뿐만 아니라 아테네 사회의 응집력과 기반까지 무너뜨렸다. 역병이 너무도 거세게 들이닥친 탓에 사회적, 종교적, 문화적인 그 어떤 것도 전쟁 이전의 상태로 복구하는 게 당장은 불가능했다. 이 전염병은 에티오피아에서 발생하여 리비아와 이집트 항구를 통해 전이된 뒤, 감염된 선원들을 통해 지중해를 건너 아테네의 피레에프스 항구를 통해 그리스에 들어왔다. 원래도 인구 과잉이던 아테네 도시는 피난처가 되면서 20만 명이 넘는 피난민들과 그들이 데려온 가축들까지 더해져 발 디딜 틈이 없게 됐다. 요새화된 도시 성벽 내부에 너무 많은 인원이 들어온 데다 형편없는 위생 상태와 자원 · 깨끗한 물 · 물자공급 부족까지 더해지면서 아테네는 죽음을 자초하는 꼴이 되었다.

불과 3년 만에 정체를 알 수 없는 질병이 아테네 인구의 약 35퍼센트에 달하는 10만 명의 목숨을 앗아갔다. 사회적, 군사적 무정부 상태에 빠진 아테네인들은 스파르타인들이 가볍게 이길 수 있는 상대가 되었다. 그러나 정체 모를 역병의 공포가 전혀 사그라지지 않았던 탓에 스파르타인들은 아테네 도시 포위 공격을 포기했다. 스파르타인들이 상대적으로 별 탈 없이 빠져나가면서 아테네 역병은 드물게도 한쪽에게만 극심한 피해를 입혔다. 군사적 측면에서 보면 아테네 역병은 공평한 경쟁의 장을 만들어주기는 했으나 그 어느 편에게도 승리를 가져다주지는 않았다. 불가사의하고 재앙 같았던 이 역병에, 양측 모두 탈진시킨 수년간의 소모전이 더해지면서 결국 기원전 421년 그리스에 미약한 평화가 도래했다.

펠로폰네소스 전쟁 동안 쏟은 피보다 더 많은 잉크와 땀이 아테네 역병의 본질을 다루는 문헌 위에 쏟아졌다. 저명한 아테네인 역사가 투키디데스가 상황을 직접 목격하고 남긴 기록이 매우 철두철미하고 빈틈없다는 점으로 미루어본다면, 인과관계에 대한 임상적 논쟁이 끝없이 이어진다는 것이 놀라울 따름이다. 투키디데스가 본인 또한 걸렸다가 살아남은 아테네 역병과 펠로폰네소스 전쟁에 관하여 직접 저술한 글들은 과학적 관찰에 기반을 둔 공명정대한 역사학과 국제관계 이론에서 분수령으로 여겨지고 있다. 투키디데스의 편향되지 않은 연구방법과 인과관계 분석, 전략과 개인의 진취성 영향에 대한 인식 등은 매우 혁신적이고 획기적인 요소들이다. 오늘날에도 전 세계 대학과 군사학교에서 그의 글을 연구하고 또 검토하고 있다. 나 또한 캐나다 왕립사관학교에서 육군 장교를 지냈던 젊은 시절 투키디데스의 책들을 필독서 삼았다.

아테네 역병의 증상에 대한 투키디데스의 묘사는 여기에 다 옮겨 적을 수 없을 정도인데, 너무 포괄적인 탓에 오히려 문제가 되었다. 그가 묘사한 증상들은 유명세 있는 질병들일 가능성을 담고 있으면서도, 여타 가능성을 완전히 배제할 수 있을 정도로 특징적이지는 않다. 역사가들과 의학 전문가들은 수세기 동안 그 원인에 대하여 농담하고 토론하면서 서른 가지가 넘는 병원체들을 역병의 설계자로 지목했다. 가장 먼저 고려되었던 선페스트와 선홍열, 탄저병, 홍역, 천연두 등은 일반적으로 제외되었다. 장티푸스일 가능성도 있지만, 이 대학살의 주인공으로 가장 많이 지목되는 질병들은 티푸스와 말라리아 그리고 황열병과 유사한 모기 매개 바이러스성 출혈열 등이다.

투키디데스가 무수히 많은 증상을 기록한 것으로 미루어보자면 이 세 가지 질병 모두가 당시 포위 상태였던 아테네 시의 비좁고 비위생적인 환경에서 뒤섞여 치명적인 결과를 초래했을 가능성도 있다. 의사이자 생물학자 한스 진서Hans Zinsser 박사는 역사 속 대부분의 전염병들은 다른 보충적인 질병들로 인해 한층 더 악화되었다고 강조했다. "병사들이 전쟁에서 이기는 경우는 거의 없었다. 전염병의 일제 사격 이후에 나서서 상황을 마무리 짓는 경우가 더 많았다. (중략) 순수하게 단일 질병으로 역병이 돌았던 경우는 매우 드물다. 투키디데스의 묘사를 이해하기 어려운 이유가 대역병의 시기 동안 아테네에서 다수의 질병이 유행했다는 사실 때문일 가능성도 없지 않다. 그럴 만도 한 환경이었다. (중략) 그게 무엇이었든, 아테네 역병은 역사적 사건들에 중대한 영향을 미쳤다."

역병이 잦아들고 활기를 되찾은 아테네는 기원전 415년 그리스 역사상 가장 규모가 크고 많은 비용이 들어간 군사 원정을 시작했다. 격분한 아리스토파네스가 반전反戰 저항 연극인 〈여자의 평화〉를 쓴 것도 이때의 일이다. 동맹국 시켈리아를 도와야 한다고 여긴 아테네인들은 스파르타에게 장악당한 시라쿠사로 해군을 출격했다. 그러나 상륙하는 과정에서 아테네군은 사령부의 어설픈 진두지휘 때문에 시간을 허비했으며, 시라쿠사 주변 모기가 들끓는 늪지대 야영지에 머물면서 점점 더 약해져만 갔다. 역사가들은 상대방이 아테네군을 의도적으로 늪지대로 유인하여 세균전으로 끌어들였다고 여겨왔다. 고인 물과 습지가 질병을 일으킨다는 당시의 미아스마 이론으로 미루어보면 고대 세계 전반에 걸쳐 이러한 전략이 사용되었을 가능성이 높다.

아테네군은 말라리아 때문에 망가졌다. 포위 작전이 2년 가까이 이어지면서 전군의 70퍼센트 이상이 말라리아로 목숨을 잃거나 불구가 되었다. 아테네인들은 허둥대다가 기원전 413년 처참하게 패배했다. 시켈리아 원정은 그야말로 참사 그 자체였다. 4만 명의 아테네군 전원이 질병으로 목숨을 잃거나, 전사했거나, 포로가 되었거나, 노예로 팔렸다. 아테네 해군도 넝마가 되었으며, 아테네 재정은 파산에 이르렀다. 시라쿠사의 모기와 아테네의 어설픈 사령부가 낳은 역사상 가장 커다란 군사적 실수는 그 이후로도 전 세계에 파장을 일으켰다.

아테네에서는 민주정이 전복되고 과두정이 들어섰으며, 기원전 404년에는 스파르타에게 항복한 뒤 '삼십인 정권Thirty Tyrants'으로 알려진 괴뢰 정부의 가혹한 통치를 받았다. 아테네인들의 꿈과 민주주의는 기원전 399년 태연히 처형을 받아들였던 저명한 사상가 소크라테스와 함께 사라졌다. 그러나 아테네와 마찬가지로 스파르타 또한 경제적, 군사적 혼란에 빠져 있었다. 56년간 간헐적으로 이어진 펠로폰네소스 전쟁은 아테네와 스파르타 그리고 약소 동맹국인 코린트, 엘리스, 델피, 테베를 가난하고 피로하며 쇠약하게 만들었다. 또한 전쟁은 종교적, 문화적, 사회적 금기를 산산조각냈고, 대부분의 교외 지역과 온 도시가 공격을 받아 폐허로 변했으며, 사람들은 전쟁과 질병으로 비탄에 빠졌다.

여기에 그리스 남부 전역에 말라리아가 유행하면서 붕괴와 몰락이 한층 더 심화되었다. 말라리아는 그리스의 건강과 활력, 노동력을 끝없이 좀먹었고, 그 결과 농경지와 헛간, 광산, 항구 들이 아무런 손길도 받지 못하고 버려졌다. 말라리아는 임산부와 영·유아를 타깃으로 하기 때문에 출산율에도 직격탄을 날렸으며, 이로써 인구가 소용돌이처럼 감소하기 시작했다. 유행성 말라리아는 사산과 유산을 동반했다. 면역 체계가 완전히 발달되지 않은 어린아이들은 말라리아 기생충에겐 쉬운 먹잇감이었다. 또한 41도가 넘어가는 말라리아 열은 정자를 뜨겁게 끓이고 익혔으므로 남성의 생식력이 저하되었다. 플라톤은 "지금 남아 있는 것들을 이전에 존재했던 것들과 비교해보면 마치 병자의 해골 같다"며 개탄했다. 펠로폰네소스 전쟁과 얼룩날개 장군은 그리스 황금기를 가차 없이 갑작스럽게 종식시켰다. 그러나 모든 실에는 득이 따르는 법이다. 여기서의 최종 승리자는 상대적으로 오염되지 않고 고립되어 있던 마케도니아 왕국이었다.

아직 10대였던 알렉산드로스가 아리스토텔레스 밑에서 수학하는 데 열중하는 동안, 아버지 필리포스는 막강한 마케도니아 육군을 훈련시키고 체계화하기 시작했다. 현존하던 무기를 개조하는 동시에 중기병대와 경기병대 및 보병대를 모두 동원하는 필리포스의 혁신적인 기동 전술 덕분에 마케도니아 육군은 빠른 공격이 가능한 군대로 거듭났다. 군사적 개선과 제식 및 전술은 이후 알렉산드로스 치하에서 한층 더 다듬어지고 재편된다. 스스로를 그리스인이라 여겼던 마케도니아인들은 남부 그리스인들을 외설적인 야만인이자 문명화되지 못한 주정뱅이로 간주했다. 사학 및 고고학적 증거들은 마케도니아 귀족들 또한 건전한 의미에서 술을 즐겼으며 꽤 많이 마셨다는 설을 뒷받침한다. 고대 세계에서 마케도니아가 강대국의 지위를 점하게 된 것은 고대의 가장 놀라운 사건들 중 하나로 손꼽힌다. 그러나 전쟁의 상흔에 더하여 모기에게까지 시달리던 남부 이웃들의 경제적, 사회적 곤경으로 미루어보자면 마케도니아의 급부상은 결코 우연이 아니다.

그리스 도시국가들이 기원전 340년대 내내 펠로폰네소스 전쟁이 남긴 폐허로 휘청거리고 있을 때, 필리포스 2세는 공세를 취하기에 앞서 북부 및 중앙 그리스의 도시국가 대다수를 설득하여 동맹을 맺었다.

아버지 필리포스가 원정을 떠나자 당시 16세였던 알렉산드로스가 마케도니아에 남아 왕위 계승자로서 섭정을 시작했다. 이때 트라키아에서 마케도니아의 지배에 반발하는 반란이 일어났는데, 알렉산드로스는 지역 병력 여분과 잔챙이들로 소규모 부대를 꾸려 반란을 빠르게 진압했다. 이 사건은 귀족들과 주민들에게도 널리 알려졌다. 이후 트라키아 남부와 그리스 북부에서도 반란을 진압하면서 알렉산드로스의 군사적 기량과 명성은 날로 높아졌다. 기원전 338년에는 마케도니아의 남하를 저지하기 위해 아테네와 테베가 방위동맹을 결성했으나, 필리포스와 알렉산드로스는 선제공격을 취하여 카이로네이아 전투에서 방위동맹을 간단하게 격파했다. 이후로 그리스 도시국가가 세계정세에서 독립적인 주체로 활동하는 일은 다시는 없었다.

알렉산드로스는 선두에서 싸우면서 충성심과 사기, 헌신을 고무시키는 맹렬하고 존경스러운 지도자로서의 지위를 빠르게 확립했다. 그가 선보인 전략적·전술적 사상 및 실행과 전투 지휘 능력 그리고 부대원들과 직접 유대를 쌓는 능력 등 모든 측면으로 미루어보았을 때 그는 전형적인 근대적 군사령관이었다. 그는 병사들과 함께 먹고 잤으며, 부상자들과 그들의 가족을 돌보는 일을 최우선 과제로 삼았다. 또한 아버지와 함께 싸우면서 가치를 가늠할 수 없는 훈련과 자신감, 추동력을 얻었다. 이 젊은 왕자는 전쟁을 치를 욕구와 지성, 능력이 있었으며, 머지않아 갑작스럽고 충격적인 사건으로 인해 마케도니아의 왕위를 물려받았다.

알렉산드로스가 '쥐'라고 부를 만큼 극렬하게 저항하지만 쇠약했던 스파르타를 제외하고, 마케도니아는 필리포스의 통치하에 그리스를 통일했다. 그러나 걱정이 많았던 필리포스는 군사 활동이 없다면 마케도니아군이 따분해하다 반란을 일으키거나 불안정해질지도 모른다고 생각했다. 결국 그리스인 모두를 결집할 수 있는 공동의 목적을 떠올린 그는 그리스의 오랜 숙적을 다시 한 번 꺼내들었다. 통일 그리스가 페르시아로 진격할 것을 명할 때가 온 것이다. 그러나 필리포스는 이 원정을 직접 진두지휘하지 못했다. 기원전 336년, 필리포스는 그의 개인 호위병 중 한 명에게 살해당했다. 전설과 설화에서는 알렉산드로스와 그의 어머니 올림피아스Olympias가 교활하게도 암살 음모를 꾸몄다는 소문이 소용돌이쳤다. 이러한 소문들로 인해 이야기가 다채로워지기는 했으나, 필리포스 암살은 불만을 품은 외톨이 늑대의 소행일 가능성이 가장 크다.

알렉산드로스는 돌연 20세에 왕위를 계승했으며, 정복을 향한 아버지의 꿈을 상상 그 이상으로 실현할 준비에 돌입했다. 알렉산드로스는 망설임 없이 곧장 정복 계획에 착수했고, 그 과정에서 수많은 전설을 만들어냈다. 신임 지도자들이 대개 그러하듯, 그 또한 가장 먼저 라이벌과 반대파를 숙청했다. 예컨대 테베가 반란을 일으키자 이 불충한 도시를 완전히 파괴시킨 것이다. 국내에서의 지배력과 발칸 반도 내의 국경을 공고히 한 그는 다리우스 3세의 페르시아를 치기 위해 아버지가 준비했던 합동 원정을 다시금 꺼내들었다. 기원전 334년, 알렉산드로스는 도합 4만 명에 이르는 마케도니아군과 그리스군을 집결시킨 뒤, 헬레스폰투스를 건너 페르시아로 진격했다.

병력 면에서 세 배 정도 열세였던 알렉산드로스의 군대는 그라니코스 전투와 이소스 전투에서 페르시아의 황제 다리우스 3세의 군대를 상대로 승리를 거두었다. 한바탕 말라리아가 유행하는 바람에 잠시 주춤했던 알렉산드로스는 뒤이어 오늘날의 시리아와 요르단, 레바논, 이스라엘/팔레스타인 지역을 빠르게 점령했다. 이집트인들은 알렉산드로스가 자신들을 페르시아의 지배하에서 해방시켜 주었다면서 그를 신으로 추앙했다. 이후 알렉산드로스는 군대를 이끌고 페르시아의 심장부로 향했다. 평소와 마찬가지로 병력은 열세했지만 알렉산드로스는 기원전 331년 가우가멜라 전투에서 다리우스를 상대로 결정적인 승리를 거두면서 페르시아 제국 대부분에 대한 지배권을 확립했다.

더 이상 싸울 동기가 남아 있지 않았으므로 페르시아군은 다리우스를 상대로 반란을 일으켰고, 결국 다리우스는 가우가멜라 전투에서 패배한 지 얼마 되지 않아 암살당했다. 정복 활동을 펼치는 동안, 알렉산드로스는 그의 우상이었던 키루스 대제를 본받아 문화와 기술, 종교의 전이 및 교환을 장려하고, 예술과 공학, 과학적 호기심을 북돋웠으며, 마침내는 우상과 함께 '대왕'이라는 칭호를 공유하기에 이르렀다. 키루스 대제와 마찬가지로 알렉산드로스 또한 정복한 지역을 권위주의적으로 지배하지 않았다. 그는 지역의 행정체계와 문화를 그대로 보존했으며, 알렉산드리아와 칸다하르, 헤라트, 이스켄데룬을 비롯한 도시 스물네 곳과 기반시설을 건설했고, 토지를 수여하고, 각 지역과 혼인관계를 맺어 자신의 군사적, 정치적 지배력이 지역에 스며들도록 했다. 알렉산드로스는 암살당한 다리우스의 딸과도 결혼했다.

알렉산드로스가 마케도니아를 떠난 지 불과 3년밖에 되지 않던 시점이었으나, 이미 그는 11전 11승의 기록을 달성했다. 이제 그는 당시까지 미지의 영토였던 투르크메니스탄, 우즈베키스탄, 타지키스탄, 아프가니스탄으로 진격했으며, 험준한 힌두쿠시산맥의 카이베르 고개를 넘어 파키스탄과 인도에까지 진출했다. 이때가 원정 8년 차였는데, 군대는 17전 17승 무패의 전적으로 싸움을 이어나가고 있었다. 그러나 알렉산드로스는 잠시도 쉬지 않았다. 광적인 자아에 휘둘려 '세상의 끝과 거대한 외해the ends of the world and the Great Outer Sea'를 좇아 정복하는 데 미친 듯 열중했다.

알렉산드로스의 아시아 원정은 기원전 326년 봄에 시작되었다. 병사들은 비 내리는 몬순 기후 속에서 인더스강을 따라 70일간 행군했다. 지치고 병든 병사들은 그해 5월 히다스페스강 전투에서 포루스Porus 왕이 이끄는 파우라바 왕국의 군대와 전투코끼리를 상대로 승리를 거두면서 펀자브 지역을 정복했다. 알렉산드로스는 오랜 친구이자 신실한 군마였던 부케팔로스가 자연사하자 베아스강 유역에서 진격을 멈추고 파키스탄에 말의 이름을 딴 도시를 건설했다. 곧 알렉산드로스가 가장 의지하고 신뢰했던 코이노스Coenus 장군이 찾아와 병사들이 "부모님과 아내, 자식들 그리고 고향을 보길 원하며 더 이상의 진군을 거부하고 있다"고 보고했다. 그렇게 알렉산드로스의 인도 원정이 베아스 강둑에서 멈추면서 이곳이 알렉산드로스의 정복 활동 및 제국의 동쪽 경계가 되었다.

이 사건을 '반란'으로 보는 경우도 있지만, 실제로 반란이 벌어지지는 않았다. 코이노스가 알렉산드로스를 찾아가 병사들이 서쪽으로 돌아가고자 한다는 메시지를 전했을 당시, 알렉산드로스 또한 열성적으로 반대하지는 않았던 것으로 보인다. 당시의 소위 반란은 보다 정확하게 말하자면 병사들이 지휘 계통 상부에 대하여 불평과 불만을 늘어놓는 관습적이고 전형적인 사태였으며, 알렉산드로스를 저지했던 다수의 복합적인 요인들 중 하나일 뿐이었다. 알렉산드로스의 군대는 그저 지쳐 있었고, 물자 보급도 한계에 다다라 있었으며, 더 이상의 승리를 이어나가기도 점점 어려워지고 있었다. 또한 마케도니아인과 그리스인보다는 외국의 징집병 및 용병들에 대한 의존도가 점점 높아지고 있었다. 이들의 다음 타깃은 강력한 난다 왕국과 강가리다이 제국이었는데, 승리를 장담할 수 없는 상황이었다. 보병 4만 명과 기마병 7,000명으로 이루어진 알렉산드로스의 군대를 기다리고 있었던 것은 보병 및 기마병 28만 명과 전차 8,000대 그리고 그리스 말들을 겁먹게 했던 전투코끼리 6,000마리로 구성된 난다 왕국의 군대였다.

알렉산드로스의 앞길에 도사린 적군은 이들뿐만이 아니었다. 인더스 계곡을 따라 행군하던 알렉산드로스의 군대는 치명적인 모기와 '발열을 수반하는 (중략) 질병'과 정면으로 맞닥뜨렸다. 두 세기 앞서 인도의 의사 수슈루타가 밝혀냈던 바로 그 질병이었다. 봄철 우기와 모기의 계절인 여름 동안 늪지대와 강가에서 행군하고 야영했던 알렉산드로스의 군대는 말라리아로 인해 쇠약해지고 죽어나갔다. 끔찍한 날씨와 기력을 앗아가는 질병들은 독사들과 함께 알렉산드로스의 인도 원정에 대한 역사적 기록들을 뒤덮었다. 그리스의 역사가 아리아노스Arrian는 "그리스와 마케도니아의 군대는 전투에서 상당수의 병력을 잃었으며, 나머지도 부상을 입고 불구가 되어 아시아 각지에 버려졌다. 그러나 무엇보다도 질병으로 죽은 이들이 가장 많았으며, 모든 병자 중 살아남은 이가 많지 않았고, 그들에게도 더 이상 육체적 기운이 남아 있지 않았다"고 했다. 한때 활기가 넘쳤던 알렉산드로스의 군대는 이제 걸어 다니는 해골이나 다름없었다. 프랭크 L. 홀트Frank L. Holt가 연구서 『뼈의 땅으로: 아프가니스탄의 알렉산드로스 대왕Into the Land of Bones: Alexander the Great in Afghanistan』에서 "군대의 전반적인 건강이 악화되어 있었으며, 이런저런 질병이 다수의 피해자를 발생시켰다"고 했다. 알렉산드로스의 군대가 회군을 시작한 직후, 코이노스 장군은 후대의 해설가들이 말라리아 혹은 장티푸스라 상정하는 질병으로 목숨을 잃었다. 이처럼 병사들이 아프고 약화되어 있던 데다 서쪽으로 돌아가기를 원했으며 사기도 저하된 상태에서 눈앞의 위협적이고 벅찬 적군을 비롯한 여러 군사적 문제 및 장애물이 기다리고 있었으므로, 알렉산드로스의 인도 원정은 실패로 막을 내릴 수밖에 없었다. 아무리 알렉산드로스 대왕이라 하더라도 이처럼 복합적인 문제를 피해갈 수는 없었던 것이다.

한편 유아독존 알렉산드로스가 굴욕을 피하고 20전 20승의 기록과 명예를 보전하기 위해 사건 전체를 조작했다는 설도 존재한다. 전술적 · 전략적 상황을 모두 파악한 뒤 이길 수 없는 상대에 직면해 있음을 깨달은 알렉산드로스는 인도 공격을 밀어붙일 생각이 전혀 없었다. 본인의 명성과 전설적인 기량을 보호하기로 결심한 그는 의도적으로 헛소문을 내어 병사들이 계획된 원정을 싫어하게끔 만들었으며, 퇴각을 항명하는 병사들의 탓으로 돌리기 위해 '반란'을 연출했다는 것이다. 어느 설이 사실이든 결과는 같았다. 알렉산드로스는 더 이상 진격이 불가능하다는 점을 알고 있었다. 고향으로 돌아가고자 하는 병사들의 소망은 그보다 큰 불길하고 까다로운 전략적 상황을 구성하는 작은 요소 중 하나였을 뿐이다.

당시 예견된 건 아니었으나, 알렉산드로스가 회군한 지 얼마 되지 않아 마우리아 왕조가 등장하여 인도 아대륙을 통일하고 인도 역사상 가장 거대한 제국을 건설했다. 마우리아 왕국은 근대적인 통일 인도로 나아가는 길을 닦았으며 불교의 전파를 도모했다. 전후 사정을 모두 생각해본다면 알렉산드로스가 결코 이길 수 없는 입장이었으므로 인도 원정을 포기한 것은 현명하고 신중한 선택이었다.

알렉산드로스는 비록 마케도니아로 회군하기는 했으나 결코 그 정도의 공적으로 만족하지 않았으며, 그대로 멈추거나 사라질 생각도 전혀 없었다. 그는 페르시아에 다시 입성했을 때 의장대가 그의 영웅인 키루스 대제의 무덤을 훼손했다는 사실을 알자마자 곧바로 그들을 처형했다. 계속해서 서진하여 바빌론에 당도한 그는 아라비아와 북아프리카 원정 준비를 명하는 한편, 지중해 서부에도 눈독을 들였다. 지브롤터 바위산과 스페인 너머의 유럽 또한 그의 시야에 들었을 것이다. 역사는 얼마든지 바뀔 수 있었다. 그는 카스피해와 흑해 연안에도 부차적인 정찰 임무를 보내어 언젠가는 아시아 정복에 재도전할 기반을 닦고자 했다. 또한 지도에도 없고 이름도 없는 미지의 세계 속 여러 지역들에 동시다발적으로 점령 작전을 진행하고자 행군을 명령할 준비를 하고 있었다. 그러나 알렉산드로스는 적어도 그가 살아 있는 동안에는 '세상의 끝'에 이르지 못했다.

기원전 323년 봄, 알렉산드로스는 다음 원정을 계획하고 리비아와 카르타고의 사신들을 접견하기 위해 바빌론에 멈추어 섰다. 이 무렵까지 그는 최소 여덟 차례 심각한 부상을 입었으며, 절친한 친우이자 연인이었을 가능성도 있는 헤파이스티온Hephaestion을 말라리아 혹은 장티푸스로 잃었고, 늘 그래왔듯 술을 많이 마시고 있었지만 그럼에도 전혀 망가진 사람이라 볼 수 없었다. 알렉산드로스가 티그리스강을 건넌 직후, 칼데아 주민들은 바알신으로부터 들은 예언을 그에게 전했다. 도시에 입성할 때 지금 경로대로 동쪽으로 들어오게 된다면 죽음이 함께할 것이라는 경고였다. 주민들은 반대편인 서쪽 성문을 통해 입성할 것을 제안했고, 알렉산드로스는 이들의 경고를 받아들여 경로를 바꾸었다. 이로써 알렉산드로스와 그의 수행단은 도시 성벽으로 접근하는 과정에서 우글거리는 습지와 동심원 형태의 운하들을 지그재그 모양으로 지나게 되었다. 그곳에는 잠에서 깨어난 모기떼가 잔뜩 윙윙거리고 있었다.

알렉산드로스는 바빌론에 당도한 처음 며칠 동안 군사작전을 계획하고, 연회를 벌이고, 고위 관리들과 친목을 다지고, 영적 의식을 거행했으며 물론 술도 잔뜩 마셨다. 그러나 비정상적인 피로가 그를 덮쳤고, 곧 몸을 가누지 못할 만큼의 간헐적 발열이 이어졌다. 알렉산드로스의 최측근들은 그가 보인 질병의 양상을 순서대로 상세히 기록했고, 왕실 일지(Royal Diaries 혹은 Royal Journal)에도 관련 기록이 남아 있다. 이 기록들을 보면 알렉산드로스가 첫 증상을 보였을 때부터 죽음에 이르기까지 12일이 걸렸다는 점이 일관적이고 명확하게 기술되어 있다. 알렉산드로스가 유해한 늪지대를 건너 바빌로니아에 입성한 시점, 증상을 보인 시점과 발열 주기 그리고 죽음에 이른 시점까지 모든 것이 열대열말라리아를 가리킨다. 전설적인 알렉산드로스 대왕은 그렇게 기원전 323년 6월 11일, 눈에도 잘 띄지 않는 작은 모기 때문에 32세의 나이로 단명했다.

말라리아 매개 모기가 알렉산드로스에게서 생명을 빨아가지만 않았더라도 그가 극동으로 진격하여 최초로 동방과 서방을 진정으로 통일시켰으리라는 점은 어느 모로 보나 분명하다. 만일 그러한 일이 일어났다면 역사와 인류의 길은 완전히 뒤집혔을 것이며, 근대사회도 지금과는 전혀 다른 모습이 되었을 것이다. 사상과 지식, 질병, 화약을 포함한 기술 등의 전례 없는 교환이 일어났다면 어떻게 되었을지 미처 헤아릴 수도 없다. 그러나 그러한 일이 일어나기까지 세상은 이 이후로 1,500년을 더 기다려야 했다. 13세기에 이르자 마르코 폴로와 같은 무역상들이 동방을 활보했던 한편, 칭기즈 칸Genghis Khan이 이끄는 몽골족이 서방을 휩쓸면서 이와 같은 통일을 공고히 했으며, 다채로운 문화 교류와 함께 흑사병 또한 전이되었다. 그러나 만일 알렉산드로스가 단명하지 않았더라면 어떻게 되었을까. 어쨌든 그는 세상을 떠났고, 그의 앞에 놓였던 기회와 영광은 모기로 인해 사라져버렸다.

오랜 세월 동안 그의 사망 원인을 두고 다양한 추측이 제기되었으나 그를 뒷받침할 신빙성과 근거는 충분치 않다. 암살설은 음모론자들에게야 너무나 유혹적이겠지만 지배적인 설은 아니다. 그 주장을 뒷받침할 기록상의 증거나 과학적 신빙성은 없다. 매혹적인 살인 미스터리는 알렉산드로스가 세상을 떠난 지 대략 5년 후부터 사람들 입에 오르내리기 시작했던 것으로 보인다. 그를 암살한 사람이 그의 오랜 스승이었던 아리스토텔레스라거나 알렉산드로스에게 버림받은 아내 혹은 연인들 중 하나라는 소문은 음모론을 한층 더 풍성하고 완전하게 꾸며주었다. 그러나 알렉산드로스는 날이 갈수록 편집증적이고 예측할 수 없는 면모를 보이던 와중에도 암살 모의가 두렵다는 말은 한 번도 한 적이 없었다.[20] 이외에도 급성 알코올 중독설, 알코올 의존증으로 인한 간 질환이라는 설, 백혈병, 장티푸스, 심지어는 너무나 이상한 진단인 웨스트나일 바이러스(이 바이러스는 알렉산드로스 사후 대략 1,300여 년이 지나서야 하나의 바이러스종으로 자리 잡았다) 등 다양한 자연적 원인설이 대체로 후보군에서 제외되었다. 알렉산드로스의 시신을 부검한다면 대다수가 동의하는 바와 같이 말라리아가 사인이라는 점이 확실히 밝혀지겠지만, 이는 불가능한 일이다. 인류 역사상 가장 위대했던 인물 중 한 명인 알렉산드로

20 확실하게 입증할 수는 없으나, 알렉산드로스가 말년에 보였던 변덕스러운 행동들로 미루어보면 그가 전투에서 반복적으로 두부 외상을 입은 탓에 만성외상성뇌질환(CTE)을 앓았을 가능성이 제기된다. 오늘날 미국 프로미식축구리그(NFL)와 프로아이스하키리그를 비롯한 프로페셔널스포츠에서 진행 중인 뇌진탕 관련 정밀조사를 보면 알렉산드로스의 행동거지는 CTE를 겪는 전직 선수들의 행동과 유사했던 것으로 보인다.

스 대왕의 유해를 찾을 수 없기 때문이다.

알렉산드로스의 유해는 마케도니아로 옮겨지던 도중 이집트로 우회하여 멤피스에 안치되었으며, 기원전 4세기 말에 이르러 그의 이름을 딴 도시 알렉산드리아의 영묘에 재안치되었다. 로마의 장군 폼페이우스Pompey와 율리우스 카이사르Julius Caesar 모두 그의 영묘를 찾아 경의를 표했다. 클레오파트라는 옥타비아누스Octavian(아우구스투스 카이사르Augustus Caesar)를 상대로 전쟁을 치를 비용을 마련하기 위해 알렉산드로스 영묘에서 금과 보석을 도굴해 갔으며, 이후 옥타비아누스는 불운한 연인 클레오파트라와 마르쿠스 안토니우스Mark Antony에게 승리를 거둔 뒤 기원전 30년 알렉산드리아에 입성하여 영묘에 방문했다. 1세기 중반에는 가학적인 폭군이었던 로마의 황제 칼리굴라Caligula가 영묘를 도굴하고 알렉산드로스의 흉갑을 훔쳐갔다는 설도 있다.

4세기에 이르자 알렉산드로스의 안식처는 역사적 기록 속에서 홀연히 모습을 감추었으며, 이로써 자만심 강했던 알렉산드로스라면 결코 마다하지 않았을 신화가 영원히 자리하게 되었다. 지금까지 그의 유해를 찾기 위해 150건 이상의 대규모 고고학 발굴 작업이 진행되었다. 알렉산드로스는 핸드폰과 가상현실, 유전공학 그리고 핵무기의 시대에도 여전히 우리에게 울림을 주며 전 시대를 걸쳐 숭배자들에게 상상과 호기심, 경배와 존경을 불러일으키는 몇 안 되는 역사적 인물 중 하나이다.

전설에 따르면 알렉산드로스는 누가 제국을 물려받아야 하냐는 물음에 “가장 강한 자” 혹은 “최고의 사람”이라 중얼거리며 유언을 남겼다고 한다. 그러나 모기는 사실상 그와 더불어 광대한 제국과 성취까지 앗아갔다. 그가 세상을 떠나자마자 장군들 사이에 광란의 내분이 일어났으며, 화합이나 제국다운 통치방식은 그 비슷한 것조차 찾아볼 수 없는 지경이 되었다. 알렉산드로스의 직계 혈통 또한 끊겼다. 어머니 올림피아스와 아내 록사네Roxana 그리고 후계자였던 알렉산드로스 4세Alexander IV 모두 암투에 휘말려 살해당했다. 결국 알렉산드로스의 제국은 세 개의 주요하지만 약한 영토로 분열되어 서로 경쟁했다. 두 영토는 곧이어 약소하고 무력하며 기억에도 안 남을 만한 영토들로 분열되었으나, 나머지 하나인 이집트에서는 클레오파트라가 옥타비아누스에게 결정적으로 패배했던 기원전 31년의 악티움 전투 이전까지 마케도니아 왕조가 유지되었다.[21] 알렉산드로스가 정복했던 영토들은 내분과 중앙권력의 부재로 뿔뿔이 해체되었으나, 그가 건설한 헬레니즘 제국의 계몽적인 유산은 오늘날까지도 이어지고 있다. 알렉산드로스 사후 그리스가 사회문화에 미친 영향은 유럽과 북아프리카, 중동, 서아시아에서 정점을 찍었다. 각지에 전파된 그리스의 문학, 건축, 과학, 수학, 철학, 군사전략과 설계들은 학문이 융성하고 진보하는 시대에 들어서 더욱 각광받았다. 아랍 세계 전역에 걸쳐 거대한 도서관들이 세워졌으며, 학자들은 소크라테스와 플라톤, 아리스토텔레스, 히포크라테스, 아리스토

---

21 안토니우스와 클레오파트라의 자살은 윌리엄 셰익스피어(William Shakespeare)의 비극 「안토니우스와 클레오파트라(Antony and Cleopatra)」를 통해 영원히 살아 숨 쉬게 되었다. 기원전 30년 8월, 연인이던 클레오파트라가 이미 자살한 줄 알았던 마르쿠스 안토니우스는 검으로 스스로를 찔렀다. 그러나 클레오파트라가 아직 살아 있음을 전해 듣자 곧바로 그녀를 불러들인 뒤, 그녀의 품 안에서 숨을 거두었다. 비탄에 잠긴 클레오파트라 또한 이집트 코브라에게 몇 번이고 물려 자살했다.

파네스, 헤로도토스 및 여타 그리스 황금기의 위인들이 남긴 원칙과 사상 그리고 그들이 쓴 산더미 같은 책들을 곱씹고 연구했다.

유럽이 암흑시대를 거치면서 400여 년간 문화적·지적 심연에 빠져 있을 때, 학계는 새로이 등장한 광활한 무슬림 세계에서 융성을 이어나갔다. 십자군을 통해 문화교환이 이루어지던 당시, 이슬람 학자들은 심연에 빠진 유럽에 학문의 사다리를 놓아주었고, 무슬림 르네상스를 거치며 꽃피운 이슬람만의 교양과 학문적 발달은 물론 그리스·로마의 문헌과 문화까지 유럽에 재전파하면서 유럽인들이 무지의 동굴에서 벗어날 수 있도록 도와주었다.

모기가 알렉산드로스를 앗아간 이후, 헬레니즘 제국의 분열과 붕괴가 이어지면서 지중해 세계는 권력 공백 상태가 되었다. 이 공백이 채워진 것은 아테네로부터 서쪽으로 650마일 떨어진 곳, 모기에 시달리던 반도에 위치한 한 후미진 도시가 성장하면서부터다. 한때 페르시아와 그리스에 위치했던 권력 맨틀과 서구 문명의 중심은 계속해서 서쪽으로 이동하여 마침내 로마에 안착했다. 카일 하퍼Kyle Harper는 저명한 저서 『로마의 운명: 기후와 질병 그리고 제국의 몰락The Fate of Rome: Climate, Disease, and the End of an Empire』에서 "로마의 운명을 좌지우지했던 것은 황제와 야만족, 원로와 장군, 병사와 노예들"이었지만, "한편 박테리아와 바이러스에 의해서도 좌지우지되었다"고 강조했다. 또한 그는 "로마의 운명은 자연이 교활하고 변덕스럽다는 점을 상기시켜주는 사례"일 것이라고 덧붙였다. 모기들은 페르시아 맹공 당시 그리스에 힘을 실어주었고, 펠로폰네소스 전쟁 동안 호전적인 그리스 도시국가들을 산산조각내는 데 일조했으며, 마케도니아의 부상에 박차를 가해주었고, 한때 난공불락이던 알렉산드로스의 군대를 좀먹고선, 알렉산드로스도 불사신이 아니었음을 증명해보인 뒤 마침내 주둥이를 들어 서쪽을 바라보기 시작했다. 모기들은 채울 수 없는 갈증을 로마에서 마음껏 풀면서 위대한 로마 제국의 건설과 몰락을 도왔다.

로마 제국의 패권은 당연하게 찾아온 수순이 아니었다. 로마인들은 제1차 포에니 전쟁 당시 카르타고인을 상대로 너무 많은 희생을 치른 끝에 놀랍지만 납득하기 어려운 승리를 거두었다. 그러나 제2차 포에니 전쟁이 발발했을 때 약소하고 활기 없는 로마인들 앞에는 천하무적처럼 보이는 무시무시한 적군이 기다리고 있었으며, 그 선두에는 알렉산드로스에 견줄 만한 천재이자 오늘날까지도 두려움을 자아내는 지략 있고 뛰어난 장군, 한니발 바르카Hannibal Barca가 서 있었다.

CHAPTER

04

모기 군단

로마 제국의 흥망성쇠

크세르크세스나 알렉산드로스와 마찬가지로 한니발 또한 아버지로부터 전쟁을 물려받았다. 카르타고의 패배한 지도자 하밀카르 바르카스Hamilcar Barcas의 아들은 29세가 되던 해, 제1차 포에니 전쟁에서 로마에 패배한 아버지의 설움을 갚고 소년 시절 그가 직접 목격했던 항복의 굴욕으로부터 아버지를 해방시켜드리겠다고 결심했다. 한니발은 강력한 로마군과 동맹 수비대를 우회하고 로마의 해상 패권을 무력화시키고자 세심하게 계획한 경로를 따라 로마에 침입하여 제2차 포에니 전쟁을 일으켰다. 기원전 264년부터 기원전 146년까지 이어진 포에니 전쟁의 결과는 이후 700여 년 동안 역사의 행로를 좌지우지했다.

한니발과 병사 6만 명, 군마 1만 2,000필, 전투코끼리 37마리로 구성된 카르타고군은 알프스 산맥의 협곡과 산길을 건너 로마의 심장부를 꿰뚫고 들어갔다. 로마가 미처 몰랐던 사실이 있었다면, 수도를 둘러싸고 보호해주던 310평방마일 넓이의 폰티노 습지에 강력한 동맹군이 주둔하고 있다는 것이었다. 캄파냐라고도 불렸던 로마 시 주변의 이 습지는 치명적인 모기 부대의 주둔지로, 인간으로 구성된 수비대와 어깨를 나란히 할 만큼의 방어력을 갖추고 있었다. 고대 로마의 한 학자가 남긴 생생한 묘사에 따르면, 폰티노 습지는 "두려움과 공포를 자아냈다. 거대한 흡혈곤충 떼가 여름의 무더위 속에서 나뭇잎의 그림자 뒤에 숨어 먹잇감에 골몰하는 짐승들처럼 기다리고 있으니, 그곳에 들어가기에 전 목과 얼굴을 잘 가려야 한다. (중략) 이곳에는 수천 마리의 벌레들이 사방으로 날아다니고 끔찍한 늪지식물들이 숨 막히는 태양 아래에서 자라나는 악취 나고 역겨운 녹지가 있다." 포에니 전쟁부터 제2차 세계 대전에 이르기까지 로마를 둘러싼 폰티노 습지에 침입한 군대들은 말 그대로 떼죽음을 향해 몰려든 셈이었다.

농부이자 상인의 작고 고립된 땅에서 시작된 로마와 카르타고는 결국 폰티노 습지의 모기가 심판을 보는 가운데 지중해 패권을 놓고 숙명의 대결을 펼치게 되었다. 카르타고와 로마 모두 본래 변변찮은 태생이었던 데다 고립되어 있어 페르시아와 그리스의 제국주의 전쟁에서 비켜날 수 있었다. 알렉산드로스가 알려지지 않은 지평선인 '세상의 끝'을 좇느라 급성장하던 도시국가 카르타고와 로마를 간과해버린 덕분이기도 했다.

전설에 따르면 로마는 기원전 753년 갓난아기 때 버려진 뒤 암컷 늑대에게 길러진 로물루스Romulus와 레무스Remus가 건립했다. 두 사람이 사춘기에 접어들 무렵, 타고난 지도력 덕분에 이들을 따르는 지역 추종자들이 모여 공동체가 형성되었다. 누가 단일 지도자가 되어야 하는지를 놓고 다툰 끝에 로물루스는 쌍둥이 형제 레무스를 살해하고 로마의 초대 왕이 되었다. 로마는 그리스 도시국가와는 다르게 외부자를 통일된 법체계 안으로 끌어들이는 방식으로 세력을 확장해나갔다. 시민권을 외국인에게까지 확대했던 로마의 열의는 매우 독특한 것이었으며, 제국의 성장과 통치에 있어서도 핵심적 역할을 담당했다. 본래 전제군주정이었던 로마는 기원전 506년 시민들을 모으고 봉기를 일으켜 민주주의 공화국이 되었다. 원로원의 귀족들이 이끄는 로마 공화국은 기원전 220년 포강 이남에 있는 이탈리아 지협에 이르기까지 영토를 확장해나갔다.

드문드문 세워진 막사에서부터 시작한 로마인들은 점진적으로 국가를 형성해나갔다. 이들은 유럽 대부분과 잉글랜드, 이집트, 북아프리카, 터키, 남캅카스 그리고 지중해 지역을 아우르는 제국을 세우기 위해 수많은 전쟁을 치르는 한편, 방대한 수의 시민과 노예, 상인들을 이동시켰으며, 기원전 117년에 이르러 동쪽으로 티그리스강과 페르시아만이 맞닿는 곳까지 영토를 확장했다. 여러 지역을 옮겨 다니는 대상caravan과 구불구불 늘어선 수송대와 수많은 상인과 이민자가 로마 상권을 누비며 그 영역을 확장하는 동안 모기들도 그 틈바구니에 끼어 함께 이동했다. 로마 제국의 광활하고 다양한 지리적·민족적 구성과 사방을 가로지르는 상품 및 노예 교역로 덕분에 모기의 사냥 범위와 말라리아의 전이 범위는 더욱 넓어졌고, 스코틀랜드에 이르기까지 전 유럽으로 확산되었다.

한편 로물루스와 레무스가 로마를 건국하기 직전, 오늘날의 레바논과 요르단(당시 가나안) 지역인 페니키아의 해상 무역 상인들은 기원전 800년까지 지중해 연안과 서쪽으로 멀게는 스페인의 대서양 연안에 다수의 전초기지를 건설했다. 이 기항지들 중 하나가 튀니지의 항구도시 카르타고였다. 카르타고는 요지에 위치한 데다 시켈리아와도 가까워 금세 교역과 문화의 주요 중심지로 떠올랐고, 곧 지중해 지배권을 놓고 그리스 도시국가들과 다투게 된다.

시라쿠사에서 모기가 빚어낸 아테네의 비극이 일어나고(기원전 413년), 아리스토파네스의 신랄한 연극 〈여자의 평화〉가 발표된 이후, 기원전 397년에 카르타고는 최초로 제국주의적 시도를 하기에 이른다. 시켈리아 원정에 나선 것이다. 카르타고인들은 시라쿠사를 고립시키는 데 성공했고, 기원전 396년 봄 도시를 둘러싼 습지와 늪지대를 따라 참호를 파고 포위해 공격했다. 하지만 여름의 초입에서 이들은 아테네군이 그러했듯 말라리아에 시달렸고, 이들의 원정은 결국 모기 매개 재앙으로 막을 내렸다. 저명한 로마 역사가 리비우스Livy는 카르타고인들이 "그들의 장군들과 함께 한 사람도 남기지 않고 전사했다"고 기록했다. 그럼에도 카르타고 제국은 북아프리카 지중해 연안 지역 대부분, 지브롤터와 발레아레스 제도를 포함한 스페인 남부, 시라쿠사를 제외한 시켈리아, 몰타 그리고 해안의 은신처인 사르디니아 섬과 코르시카 섬을 비롯한 다른 모든 식민지 사업에서는 진전을 보였다.

이렇게 사방으로 뻗어나가던 로마와 카르타고의 영토적, 경제적 영향력은 결국 지중해의 해상 무역을 놓고 서로 얽히게 되었다. 제1차 포에니 전쟁(기원전 264~241년)은 시켈리아에서 발발했다. 이곳에서 카르타고는 자국의 상업적 영향력을 지키고자 했고, 긴장한 로마는 카르타고 세력을 이탈리아의 문턱에서 저지하고자 했다. 이들은 시켈리아와 북아프리카를 무대로 어느 정도 지상전을 벌이기도 했으나 대개는 해전이 주를 이뤘다. 해전을 치러본 적 없던 로마인들은 나포한 카르타고 전함 한 척을 토대로 강력한 해군을 창설하기 위해 막대한 자금과 노동력을 쏟아 부었다. 그 덕분인지 로마는 500척 이상의 배와 25만 명 이상의 병사를 잃었음에도 결국 첫 번째 해외 원정에서 완고한 승리를 거두었다. 로마인들은 시켈리아와 사르디니아, 코르시카를 점거하고 발칸 반도의 섬이 점점이 박힌 달마시안 해안을 점령했다. 승리의 결과 새로운 식민지에서 들어오는 경제적 이득이 영토 확장과 정복에 대한 로마의 입맛을 돋웠다.

전쟁으로 카르타고의 해군은 심각한 타격을 입고 로마에 해상 지배권을 넘겨주기는 했지만, 카르타고의 육군은 별다른 영향을 입지 않았다. 활력을 되찾은 카르타고 제국은 복수심을 불태우며 반격을 결심했다. 한니발은 곧장 로마로 진격해 들어갈 생각이었다.

기원전 218년 봄, 한니발은 스페인 남부 해안의 뉴 카르타고(카르타헤나)에서 출발하여 이탈리아로 진격했다. 그는 6만 명의 병사와 이제는 전설이 된 전투코끼리 37마리를 이끌고 피레네 산맥을 넘고, 스페인 동부를 거쳐 갈리아(프랑스)를 지나 알프스 서쪽 구릉에 다다랐다. 한니발이 알프스 산맥을 넘었던 일은 군사 역사상 가장 위대한 기량의 병참으로 여겨진다. 한니발의 군대는 겨울의 초입에 의지할 만한 물자 보급로도 없이 호전적인 갈리아인의 영토와 험준한 지형을 건너갔다. 바위투성이 알프스를 넘는 위험천만한 여정에서 2만 명의 병사와 대부분의 전투코끼리가 목숨을 잃긴 했으나, 쇠약해지고 밥도 제대로 먹지 못한 채 너덜너덜해진 카르타고군 4만 명은 가파른 길을 따라 하산하는 데 성공하여 11월 말 이탈리아 북부에 다다랐다.

동짓날이던 12월 18일, 한니발의 군대는 켈트족 갈리아인 및 스페인인과 동맹을 맺어 병력을 보강한 뒤 트레비아 전투에서 로마군 4만 2,000명과 맞붙었다. 한니발은 세심한 계획과 혁신적인 전술로 로마군이 정면승부에 몰두하도록 도발하여 그들을 방어 불가능한 위치까지 나오도록 유인한 뒤, 로마군 대열의 중심부를 측면에서 공격하여 허를 찔렀다. 한니발의 군대는 혼란에 빠진 로마군 병사들을 휩쓸어 최소 2만 8,000여 명의 전사자를 발생시켰으며, 생존자들도 전장에서 뿔뿔이 흩어지게 했다.

트레비아 전투에서 결정적 승리를 거둔 이후, 쇠약해진 카르타고군의 전투코끼리와 군마 그리고 해골 같은 병사들은 야영과 방목을 위해 '포강 부근의 평야'로 비틀거리며 걸어갔다.[22] 한니발은 그곳이 "군대의 사기를 진작시키고 병사들과 군마들이 예전의 활력과 건강을 회복하는 데 가장 좋은 곳"이라고 여겼다. 기원전 217년 3월, 한니발은 평야로 향하면서 술책으로 적군의 허를 찌르고자 교묘하게 계산된 진군 작전을 명령했다. 이 작전의 성공은 적군을 놀라게 하는 데 달려 있었다. 이를 위해 의외의 경로를 택한 카르타고군은 아펜니노 산맥을 넘은 뒤 나흘간 말라리아가 들끓는 습지를 행군했다. 역겨운 늪지를 건너는 데는 성공했지만 막대한 대가를 치

22 험준한 알프스 산맥을 무사히 건넌 코끼리가 몇 마리였는지, 혹은 살아남은 코끼리가 있기는 했는지에 관해서는 논쟁이 있다.

러야 했다. 모기가 카르타고 병사들은 물론 천재적인 사령관의 건강과 사기까지 빨아먹은 것이다. 말라리아에 감염된 한니발은 심한 고열을 앓은 끝에 오른쪽 눈의 시력을 상실했으며, 그에 앞서 스페인인 아내와 아들까지 같은 질병으로 떠나보냈다. 카르타고의 장군 한니발은 사면초가에 몰렸으나 아직 패배하지는 않았으므로 앞서 결정하고 계획했던 경로를 계속해서 따라갔다.

말라리아로 젖어 있긴 했으나 천재적인 계획이었던 의외의 경로와 더불어, 한니발은 기록된 군사 역사상 최초의 '우회기동turning movement' 전술을 펼쳤다. 로마군 야영지의 왼쪽 가장자리를 스치듯 둘러간 것이다. 로마군의 경계를 따라 옆걸음질하여 전장의 실제 전면 혹은 방향을 뒤집어버림으로써, 로마군이 선점했던 유리한 위치를 사실상 불리한 위치로 전락시켰다. 로마인들은 호숫가 늪지대 혹은 살상 구역 안에서 스스로의 방어선에 갇히게 되었다. 이처럼 한니발의 혁신적인 전략 덕분에 카르타고는 기원전 217년 6월 21일 트라시메노 호수 전투에서 확실한 승리를 거두었다. 한니발은 은폐와 매복, 기병대, 측면 전술을 능수능란하고 시기적절하게 사용하여 3만 명에 이르는 로마군 전원을 죽이거나 생포했다. 트레비아 전투와 트라시메노 호수 전투에서 크게 패한 로마인들은 이후 한니발과의 전면전을 피하는 대신, 이들의 보급로와 물자를 끊는 방식을 택했다. 그러나 한니발은 다시 한 번 로마인들의 허를 찌르고 승리를 거둔다.

로마를 공격하기에 앞서 한니발은 기원전 216년 8월 미리 로마인들에게 무엇보다도 필요했던 칸나이 평원의 물자를 확보하여 로마군의 결정적 생명선을 끊어버렸다. 로마군이 8만 6,000으로 카르타고군보다 두 배가량 많았음에도 한니발은 로마군을 정면에서 돌격한 뒤 놀랍고도 아름다운 양익 포위 전술을 시기적절하게 사용해 로마 군단을 포위하였다. 카르타고군은 로마군을 둘러싼 채 격멸했고, 이로써 로마군은 실질적인 전투 부대라고 할 수 없을 정도의 수만 남게 되었다.[23] 칸나이 전투에서 한니발이 거둔 승리는 군사 역사상 가장 눈부신 전술적 위업 중 하나로 여겨진다. 오늘날 전 세계 군사학교에서 그가 사용했던 술책들을 가르치고 있으며, 후대의 전투 계획이나 전략가 및 장군들 또한 이를 이용했다.

독일의 전략가이자 참모총장이었던 알프레트 폰 슐리펜Alfred von Schlieffen은 제1차 세계 대전의 초입에서 프랑스를 침공하는 데 있어 '오래전 한니발이 고안했던 계획과 같은' 전설적인 군사계획을 펼쳤다. 독일의 육군 원수 에르빈 롬멜Erwin Rommel은 그가 이끄는 아프리카 군단Afrika Korps이 영국군을 포위해 리비아에서 몰아낼 당시 그의 일지에 "새로운 칸나이 전투가 준비되었다"고 적었다. 1942년 스탈린그라드에서는 독일군 제6군 사령관이었던 프리드리히 파울루스Friedrich Paulus 장군이 오만하게도 '자신의 칸나이 전투'를 마무리할 때가 가까워졌다고 논했는데, 그 결과를 보면 사실 이는 틀린 말이었다. 제2차 세계 대전 당시 연합군 최고사령관 드와이트 D. 아이젠하워Dwight D. Eisenhower 또한 유럽에서 히틀러Adolf Hitler와 나치 독일 군대

---

23 칸나이 전투에서 로마군이 입은 피해 규모는 역사가들 사이에서 뜨거운 논쟁을 일으키고 있다. 총 8만 6,000명이었던 로마군 중 칸나이 전투로 사망한 병사의 수는 1만 8,000명에서 7만 5,000명으로 다양하게 추정된다. 가장 많은 이가 추정하고 상대적으로 합의하는 바에 따르면 사망자 수는 4만 5,000명에서 5만 5,000명이다.

를 상대로 '고전적인 칸나이 전투의 모범을 따라' 섬멸전을 펼치고자 했다. 제1차 걸프전에서 다국적군을 이끌었던 노먼 슈워츠코프Norman Schwarzkopf 장군은 1990년 쿠웨이트를 해방시키는 데 한니발의 '칸나이 모델'을 본보기로 삼았다.

한니발이 칸나이 전투에서 로마 군단을 집어삼킨 뒤로 카르타고군의 기세를 꺾기란 불가능해 보였다. 로마군이 산산조각나 로마로 향하는 길을 막아서는 이도 없었다. '영원한 도시' 로마가 곧 손아귀에 들어오는 듯했다. 한니발로서는 드디어 로마에 대한 복수를 완수하고, 제1차 포에니 전투에서 패배한 아버지의 설욕을 갚아드릴 기회였다. 하지만 예상치 못했던 또 다른 로마의 수호자가 날개를 달고 기다리고 있었다. 바로 폰티노 습지를 순찰하는 충성스럽고 굶주린 모기 군단이었다. 이때부터 모기는 불행과 죽음의 전령으로서 폰티노 습지를 지배하기 시작했으며, 그들의 치세는 역사를 관통하여 2,000년간 이어진다. 모기는 적대적인 외국군과 침략해오는 고관대작들을 집어삼키라는 임무를 받은 비공식 로마 대사처럼 활동했다.

한니발이 기원전 216년 칸나이 전투에서 확실한 승리를 거두었지만, 결국 두 가지 사건으로 제2차 포에니 전쟁의 흐름이 바뀌고, 모기의 영향과 더불어 역사의 판도도 바뀐다. 하나는 한니발이 로마를 공격하기를 꺼렸다는 것이다. 지난 15년간 이탈리아 반도를 정복하고자 원정을 펼쳐왔지만 카르타고군은 한 번도 수도를 점령해본 적은 없었다. 역사가들은 한니발이 여러 이유로 로마 정복을 거부했다고 기록했다. 우선 로마시에는 요새를 충분히 방어해낼 만큼 강력하고 기운 넘치는 군대가 지키고 있었으므로 정면으로 공격할 경우 카르타고군의 승산이 매우 적었다. 그러므로 포위 공격을 할 수밖에 없었는데, 이는 가능한 선택지가 아니었다. 한니발의 군대는 기습공격과 술책 위주의 전투를 벌여왔기에, 포위 전술을 위한 훈련 경험도 장비도 물자도 없었다. 그러나 이보다 더 결정적인 이유는 포위 작전을 펼칠 만한 자리와 접근로가 한정되어 있어서 카르타고군이 연중 내내 말라리아가 창궐하는 모기투성이 폰티노 습지에 자리를 잡을 수밖에 없는 상황이었다는 것이다. 로버트 살라레스Robert Sallares는 그의 철두철미한 연구서 『말라리아와 로마: 고대 이탈리아 내 말라리아의 역사Malaria and Rome: A History of Malaria in Ancient Italy』에서 캄파냐의 악명 높은 폰티노 습지를 비롯한 이탈리아 전역의 습지가 "말라리아에 휩싸여 있었다"고 확언했다. 이탈리아 원정 내내 말라리아 매개 모기는 카르타고의 병사들을 조금씩 좀먹었다. 전설적인 얼룩날개모기들은 한니발이 침략해오기 훨씬 전부터 이탈리아에 영구적이고 편안하게 자리를 잡았으며 이후 무시무시한 명성과 성공적인 이력을 쌓아갔다. 거의 두 세기 전인 기원전 390년에는 갈리아의 왕 브렌누스Brennus가 로마를 점령하는 데 성공했음에도 말라리아로 너무나 많은 병사를 잃은 탓에 금화로 배상금을 받고선 부랑자 행색으로 퇴각했던 적도 있었다. 짧은 기간 동안 말라리아로 너무나 많은 사람이 죽었기 때문에 갈리아족은 관습적 장례 절차를 버리고 단체 화장火葬으로 장례를 치를 수밖에 없었다. 살라레스가 강조한 바에 따르자면, "한니발은 군이 말라리아가 극심한 지역에서 여름을 보내기에는 너무 똑똑한 사람이었다." 모기는 인간 병사들로 구성된 로마 군단만큼이나 로마를 지켜내는 데 일조했다.

전쟁의 판도를 바꾼 또 다른 사건은 군사 훈련을 제대로 받지도 않았고 정치적 동기에 의해서 움직이는 로마의 장군들을 대신하여 역사 속 군인들 중 최상위에 손꼽히는 푸블리우스 스키피오Publius Scipio가 지휘권을 잡은 것이다. 스키피오는 전문 군인이자 칸나이 전투의 생존자였으며 훌륭한 명성과 이력을 가진 덕에 빠르게 수뇌부에 오를 수 있었다. 스키피오 휘하에서 전면적인 변화를 맞이한 로마군은 전문적이고 강력한 군사기구로 거듭났다. 그는 말라리아가 없는 산간 지역에서 병사를 모집해야 한다고 주장했다. 카르타고군의 주요 부대가 여전히 이탈리아 지역에 머물고 있었으므로, 스키피오는 곧장 카르타고로 진격하기로 결정했다.

기원전 203년, 스키피오의 군대는 유티카에 상륙한 뒤 카르타고의 영토로 진격했으며, 이에 한니발은 이탈리아 원정을 그만두고 본국을 방위하기 위해 돌아올 수밖에 없었다. 두 장군은 서로를 존경하기는 했으나 협상에 성공하지는 못했다. 로마 기병대는 기원전 202년 10월 자마 전투에서 카르타고를 기습하면서 결정적인 한 방을 날렸다. 한니발을 상대로 전쟁을 끝낼 정도의 승리를 거둔 로마는 일약 초강대국으로 떠올랐다. 역사가 에이드리언 골즈워디Adrian Goldsworthy에 따르면, "한니발에게는 나폴레옹Napoleon이나 로버트 E. 리Robert E. Lee처럼 수많은 전투에서 놀라운 승리를 거두고서도 결국 전쟁에서 패한 천재적 군인들에게서만 찾아볼 수 있는 종류의 매력이 있다. 군대를 이끌고 스페인에서 알프스를 넘어 이탈리아까지 행군한 일과 그가 승리했던 전투들은 그 자체로 서사시와 같다."

마침내 한니발은 자마 전투에서 스키피오에게 패배했으며, 이로써 17년간의 전쟁도 끝을 맺었다. 그러나 카르타고의 쇠락은 이보다 훨씬 이전, 이탈리아의 말라리아가 창궐하는 습지에서부터 시작되었다. 모기는 한니발과 그의 군대로부터 로마를 지켜내는 데 일조했으며, 로마가 지중해 세계와 그 너머를 지휘하는 초석을 놓아주었다. 다이애나 스펜서Diana Spencer는 저서 『로마의 풍경: 문화와 정체성Roman Landscape: Culture and Identity』에서 "겉보기와는 달리 위험천만했던 캄파냐의 환락가는 한니발을 로마 앞에서 그리고 승리 앞에서 발걸음을 돌리게 만들었다"고 했다. 포에니 전투에서 로마가 승리를 거두면서 한니발과 카르타고의 문화는 끝내 사라지고 말았다.

모기가 뒷받침한 로마의 승리는 공간과 시간 모두에 걸쳐 헤아릴 수 없고 광범위한 영향을 미쳤다. 이때부터 융성하기 시작한 그리스·로마 문화는 이후 700년 동안 유럽과 북아프리카, 중동 지역을 뒤덮었으며, 인류 문명과 서양 문화의 발전에 막대한 영향을 끼쳤다. 오늘날에도 세계는 여전히 모기가 드리운 로마 제국의 그림자 아래에 살고 있다. 현재 수많은 국가가 라틴어 기반이거나 라틴어의 영향을 크게 받은 언어를 사용하고 있으며, 다수의 법체계 및 정치체제가 로마법과 민주주의 공화정을 따르고 있다. 또한 초기에는 박해했으나 이후 유럽 전역에 기독교를 전파한 것도 로마 제국이다.

포에니 전쟁에서 로마가 승리하면서 생겨난 부산물 중 매우 중요한 것이 한 가지 더 있다. 바로 라틴 문학의 출현이다. 기원전 240년 이전에는 글이 거의 없었다. 그러나 전쟁 상태가 끊임없이 지속되고 외부 세계와 접촉한 데다 알렉산드로스의 헬레니즘 그리스 문화가 유입되면서 로마 학계는 신선한 자극을 받게 되었다. 널리 알려진 저자들이 일련의 저작물을 통해 로마시대 전체에 걸친 모기의 역사적 무게와 힘을 생생하게 전해준다. 기원전 1세기, 로마에서 가장 유명한 학자 중 하나인 바로Varro는 "늪지대 부근의 주민들은 반드시 경계해야 한다"고 경고했다. 늪지대는 "작디작은 생물들을 낳는데, 이들은 육안으로 볼 수 없지만 공기 중에 떠돌아다니다가 입과 코를 통해 몸속으로 들어와 심각한 질병을 유발"하기 때문이다. 그는 비용을 감당할 수 있다면 늪지대 공기가 닿지 않고 바람이 그 보이지 않는 생물들을 날려버리는 고지대나 언덕 위에 집을 지을 것을 권했다. 언덕 위의 집은 곧 로마의 엘리트 사이에서 유행했다. 이 현상은 유럽 식민지 시대에도 전 세계적으로 나타났으며 오늘날까지도 이어지고 있다. 언덕 꼭대기의 주택은 미국에서 지위의 상징처럼 여겨지면서 부유층에게 인기를 끌고 있고, 일반적으로 15퍼센트에서 20퍼센트가량 비싸다. 모기의 영향력 포트폴리오에 부동산 시장도 추가할 수 있겠다.

바로를 비롯한 로마의 호기심 많은 지식인과 의사 들은 히포크라테스에 이어 나쁜 공기가 질병을 유발한다는 미아스마 이론, 즉 '말-라리아mal aria(이탈리아어로 '나쁜 공기'이다)'라는 개념을 심화했다. 일례로 로마 달력의 9월면에는 개의 별 시리우스에 관한 언급과 '나쁜 공기' 병에 관한 경고가 실려 있는데, 이는 히포크라테스가 말라리아 유행 시기를 가리켜 '개의 여름날'이라고 부른 데서 비롯된 것이다. 달력에는 "공기 중에 상당한 이상이 있다. 환자는 물론 건강한 사람의 몸도 공기의 상태에 따라 변한다"는 경고문이 적혀 있다.

아직 모기는 그 정체를 들키지 않았던 때지만, 모기가 옮기던 질병은 로마 학자들과 필사자들의 깃펜을 피해가지 못했다.

플리니우스Pliny, 세네카Seneca, 키케로Cicero, 호라티우스Horace, 오비디우스Ovid, 켈수스Celsus 등 고대 로마의 고전적 저술가 모두 모기 질병을 언급했다. 이 중 가장 철저한 설명을 남긴 사람은 기원후 2세기경 저명한 의사이자 열렬한 저술가이며 글래디에이터들의 외과 의사였던 갈레노스다. 그는 히포크라테스의 사상을 따르기는 했으나 현상을 보다 뉘앙스 있고 정교하게 해석했다. 그는 히포크라테스의 관찰과 추론보다 한 발 나아가 다양한 종류의 말라리아 열병을 상세하게 묘사했다. 또한 말라리아가 먼 옛날 머나먼 곳에서 기원했다는 점을 눈치챘고, 이 질병에 관하여 이전에 쓰인 글만 하더라도 세 권을 채울 수 있다는 말을 남겼다. "그러한 열병의 존재를 증명하는 데는 더 이상 히포크라테스 혹은 다른 누구의 증언도 필요하지 않다." 갈레노스의 글이다. "왜냐하면 그 병은 바로 이곳 우리 눈앞에 매일같이, 특히 로마에 존재하기 때문이다." 갈레노스는 또 다른 모기 매개 질병 한 가지에 대해서도 가감 없는 기록을 남겼는데, 이 기록이 사상충증 혹은 상피병의 신체적 증상을 적은 최초의 기록이라는 데는 의심의 여지가 없다. 갈레노스는 건강이 식습관과 운동, 자연환경 및 생활환경을 비롯한 습관들과 관련된다고 강조했다. 또한 심장이 동맥과 정맥을 통해 혈액을 펌핑한다는 사실을 이해했으며, 말라리아를 비롯한 대부분의 질병에 대하여 피를 뽑는 요법을 사용했다. 로마에서 말라리아를 치료하기 위해 흔히 사용했던 요법 중에는 강력한 마법의 주문 '아브라카다브라'가 적힌 파피루스 혹은 부적 조각을 몸에 붙이는 방식도 있었다. 아람어aramaic에서 차용된 것으로 보이는 이 주문은 '말하는 대로 되리라'라는 뜻으로, 본질적으로는 치료를 구하는 말이었다.[24] 또한 로마인들은 도시를 둘러싼 언덕 지대에 열병의 여신 페브리스Febris를 위한 매우 장식적인 사원 세 곳을 짓고 말라리아를 멈추어 달라고 기도를 올렸다. 페브리스를 숭배하는 이들이 상당히 많았던 점으로 미루어 말라리아가 로마와 그 광활한 제국에 얼마나 널리 퍼졌는지, 또 얼마나 큰 영향을 미쳤는지 짐작할 수 있다.

로마 군단과 상인들이 유럽 전역에 몰려들면서 말라리아도 함께 유입되었다. 아프리카와 북유럽을 잇는 광활한 제국은 사상과 혁신, 학계 그리고 질병에 있어서 전례 없이 활발한 교환을 촉발했다. 로마 확장의 직접적인 결과로 말라리아는 이제 덴마크와 스코틀랜드에 이르는 광활한 범위를 지배하게 되었다. 말라리아는 로마와 언제든 함께했던 만성적인 동반자였다. 모기는 로마인들이 카르타고를 제압하는 데도 일조했지만, 이로부터 한 세기 반이 지난 뒤에는 민주적인 로마 공화정을 무너뜨리고 율리우스 카이사르와 함께 제정시대가 시작되는 데도 상당한 역할을 한다.

기원전 50년 갈리아에서 일련의 승리를 거둔 율리우스 카이사르는 원로원과 맞서기 위해 남쪽으로 회군했다. 당시 원로원은 카이사르의 군사적·정치적 라이벌인 폼페이우스를 비상 집정관으로 임

---

24 1665년부터 1666년까지 선페스트가 유행하여 고작 18개월 만에 도시 인구의 25퍼센트를 앗아갔던 런던 대역병 당시에도 주민들은 이 마법의 주문을 신봉했으며, 병마를 쫓아내기 위해 현관문 위에 이를 적은 부적을 붙여두었다.

명하고 그에게 독재적 권력을 부여했으며, 카이사르의 지휘권을 빼앗고 그가 이끄는 충성스러운 군대를 해산하도록 의결한 상태였다. 이에 불복해 카이사르는 루비콘강에서 이탈리아 국경을 건넜으며, 이때 "주사위는 던져졌다"라는 명언을 남긴 것으로 알려져 있다. 이제는 돌이킬 수도 없었다. 그러나 카이사르 본인은 물론 카이사르의 군대도 말라리아로 쇠약해져 있었고, 전투를 치를 만한 상태가 아니었다. 카이사르는 평생 말라리아와 싸웠다. "그는 스페인에 있을 때 열병에 걸렸는데, 발작이 일어나면 얼마나 떠는지를 내가 보았소. 사실이오. 그 신 같은 사람이 떨더란 말이오." 셰익스피어의 말이다. 만일 카이사르보다 훨씬 더 많은 병력을 보유했던 폼페이우스가 달아나는 대신 전장에서 카이사르와 맞섰더라면, 루비콘강에서 주사위를 굴렸던 카이사르의 도박은 말라리아와 군사적 패배로 뒤덮인 참사로 끝났을지도 모른다.

그러나 폼페이우스는 달아났고, 로마군은 건강과 힘을 회복한 카이사르 군단과 일련의 전투를 치른 끝에 결국 패배했다. 폼페이우스는 이집트로 피신하고자 했으나 이집트의 파라오 프톨레마이오스 13세Ptolemy XIII가 보낸 자객에게 암살당한다. 프톨레마이오스 13세는 폼페이우스의 머리를 잘라 카이사르에게 선물했으나, 카이사르와 그의 연인이자 프톨레마이오스 13세의 누나이기도 했던 클레오파트라는 이를 역겨워하면서 프톨레마이오스 13세를 파라오의 자리에서 끌어내렸고, 클레오파트라가 왕위에 올랐다. 기원전 44년 3월 15일 율리우스 카이사르가 암살당한 이후 로마 제국을 다스렸던 다수의 독재관 모두가 말라리아를 앓은 바 있으며, 그중 베스파시아누스Vespasian와 티투스Titus, 하드리아누스Hadrian를 비롯한 일부는 말라리아에 굴복하고 말았다. 카이사르의 후계자인 옥타비아누스(아우구스투스)와 그 뒤를 이은 티베리우스Tiberius 또한 폰티노 습지의 모기들 덕분에 반복적으로 말라리아를 앓았다.

역설적이게도 스물세 차례의 자상을 입고 숨을 거두기 전, 카이사르는 캄파냐의 폰티노 습지를 매립하여 농업 생산성을 증진시키려는 야심찬 계획을 세우고 있었다. 2세기 초 그리스·로마의 전기작가 플루타르코스Plutarch의 말에 따르면, 카이사르는 "물을 모두 길어내어 (중략) 습지를 굳은 땅으로 만들 계획이었는데, 그렇게 되었더라면 수천 명의 사람이 농사를 지을 수 있을 터였다." 만일 이 계획이 성공했더라면 우연찮게도 모기의 수 또한 격감했을 것이며, 그 이후 사건들이 달라져 로마시대 역사의 포물선 또한 바뀌었을 것이다. 그러나 이 가능성은 율리우스 카이사르와 함께 사라졌다. 한때 나폴레옹도 고려했던 야심찬 폰티노 습지 매립 계획은 결국 이로부터 2,000년이 흐른 뒤에야 이탈리아의 또 다른 독재자, 베니토 무솔리니Benito Mussolini에 의해 실현된다.

말라리아가 창궐하는 캄파냐가 로마를 적군으로부터 지켜줬다면, 다른 나라를 약탈하던 로마의 군대 또한 말라리아로 인해 타격을 입었다. 박테리아나 바이러스와 마찬가지로 말라리아도 지역별로 종류가 다르다. 로마 군단의 병사와 지휘관 그리고 이들과 동행했던 상인들은 로마와 멀리 떨어진 곳의 낯선 말라리아 기생충에 익숙지 않았으며, 신체적으로 적응되거나 길들여 있지 않았다. 1세기 초 수차례 벌어진 게르만족 원정 당시, 게르만족은 그들보다 우세했던 로마 군대를 끊임없이 늪지대와 습지로 몰아넣어 그곳에서 싸우고 야영하게 만들었으며, 로마군의 전투력은 그곳의 말라리아와 오염된 식수 때문에 급격하게 저하되었다. 늪지대가 뿜어내는 나쁜 공기가 질병을 유발한다고 믿었던 것으로 미루어보자면 게르만족의 이 전술은 의도적인 생물전으로 볼 수 있다. 게르마니쿠스 카이사르Germanicus Caesar 장군은 토이토부르크 숲을 지나가다가 그곳에 로마인과 말들의 해골과 훼손된 시체들이 산더미처럼 쌓여 "축축한 습지와 배수로"에서 썩고 있는 것을 발견했다고 보고했다. 에이드리언 메이어Adrienne Mayor는 고대의 화생전에 관한 글에서 "게르만족이 로마 군단을 조종했던 사건은 (중략) 생물전술일 가능성이 매우 높다"고 확언했다. 미아스마 이론을 믿었던 이들은 늪지를 무기로 삼은 것이지, 그곳의 진정한 암살자였으나 사람들에게는 하찮은 존재로 여겨지고 무시당했던 모기들 자체를 생물학적으로 이용할 요량은 아니었다. 기원후 9년, 로마군의 3개 군단과 보조군 모두 전멸한 토이토부르크 숲의 전투는 로마 역사상 가장 큰 참패로 여겨진다. 지칠 줄 모르는 말라리아가 일조한 이 참사는 라인강 동쪽에 대한 로마의 야심을 꺾어버렸다. 이곳 중부 및 동부 유럽의 독립적인 전투 민족들은 5세기에 이르러 결국 로마 제국의 몰락에 일조했다.

로마는 당시 칼레도니아라고 불렸던 스코틀랜드 지역을 정복하려 했으나 그 시도는 그 지역의 말라리아 변종이 제국군 8만 명 중 절반을 쓰러뜨리면서 좌절되었다. 퇴각한 로마인들은 기원후 122년부터 하드리아누스 방벽을 건설하고 그 뒤에 머물렀으며, 이로써 스코틀랜드 민족은 독립성을 유지할 수 있었다. 말라리아는 중동에서도 로마가 견고한 발판을 확보하지 못하게 했다. 이국적 형태의 말라리아 기생충들은 북유럽과 중동에 침입한 로마인들이 모두 길들거나 죽을 때까지 마음껏 잔치를 벌였다.

모기들은 제국의 머나먼 경계 최전방과 전장에서 싸우던 로마군을 좌절시킨 한편, 점차 그 독화살을 로마 내부로 돌렸다. 로마에 있어 모기는 구원자이자 살인마였으며, 밤하늘을 날아다니며 변덕을 부리는 동맹군이었다. 충직한 방위군 모기는 계속해서 폰티노 습지를 정찰하며 침입자로부터 로마를 지켜냈고, 한편으로 자신이 보호하고 재워주던 이들을 조금씩 빨아먹었다. 말라리아 매개 모기들은 로마 제국의 기반을 서서히 갉아먹었으며 주민들의 생명을 앗아갔다. 로마인들이 공학과 농업으로 일구어낸 발전은 모기를 친구에서 적으로 돌리는 데 일조했으며, 이로써 로마인들은 몰락의 대단원을 스스로 연출한 꼴이 되었다.

역설적이게도 로마인들의 정원, 수조, 분수, 목욕, 연못 사랑이 복잡한 송수로 체계와 잦은 홍수 그리고 우연찮게 찾아온 지구온난화와 맞물려 모기에게 번식을 위한 안식처를 마련해준 셈이었다. 도시 미관을 위해 설치한 요소들이 죽음의 덫이 된 것이다.[25] 기원전 마지막 두 세기 동안 로마시 인구가 20만 명에서 1백만 명으로 증가하면서 산림 벌채와 경작 또한 급격하게 증가했는데, 이로 인해 폰티노 습지를 포함한 변두리 시골 지역에서 모기의 생태계는 한층 더

25 카일 하퍼(Kyle Harper)가 정리한 4세기경 로마시의 시설 목록에는 도서관 28채, 송수로 19개, 촌락 423개, 인술라(주상복합 아파트) 4만 6,602채, 주택 1,790채, 곡물 저장고 290개, 베이커리 254개, 공중목욕탕 856개, 수조 및 분수 1,352개, 사창가 46곳이 있다. 144개의 공중화장실에는 일간 10만 파운드(약 45톤)의 인간 배설물이 쌓였다.

활성화되었다. "로마인들은 풍광을 조금 손보는 데 그치지 않고 마음대로 바꿔놓았다. (중략) 인간이 새로운 환경에 발을 들인다는 것은 그 자체로 위험한 도박이다." 카일 하퍼가 강조했다. "자연은 로마 제국에 엄숙한 보복을 가했다. 말라리아가 주된 역할을 맡았다. 모기에 물려 감염되는 말라리아는 로마 문명에게 내려진 저주였으며 (중략) 영원한 도시를 말라리아가 창궐하는 늪지대로 전락시켰다. 도심이든 시골이든, 얼룩날개모기가 자랄 수 있는 곳이라면 어디든 나타나는 말라리아는 포악한 살인마였다." 이탈리아의 말라리아에 관한 명성은 기록으로 잘 남아 있으며, 여기에서 외부인들은 이 병을 가리켜 '로마열Roman Fever'이라고 불렀다. 도시를 폄하하는 이름이었으나 그럼에도 그렇게 불릴 가치와 이유는 충분했다.

말라리아가 감당하기 어려울 만큼 유행하면서 로마시는 계속해서 위태로워지고 쇠약해졌다. 네로Nero 황제 치하에서 '로마 대화재'가 발생한 데 이어, 기원후 65년 허리케인이 캄파냐를 훑고 지나가면서 고인 물을 휘젓고 모기떼를 깨우는 바람에 말라리아 역병이 돌기 시작했으며, 이로 인해 최대 3만 명이 목숨을 잃었다. 이제 모기는 로마 본토를 공격하고 있었다. 로마의 원로이자 역사가였던 타키투스Tacitus는 "집 안에는 시체들이, 길거리에는 장례 행렬이 가득했다"고 말했다. 기원후 79년에는 폼페이시를 돌덩이로 만들어버렸던 베수비오 화산 폭발 이후 말라리아가 다시 한 번 창궐하여 로마와 이탈리아 시골 지역을 휩쓸었다. 이에 캄파냐를 비롯한 지역 농부들은 경작지와 마을을 버리고 떠날 수밖에 없었다. 타키투스는 "피난민과 평민 중 대다수가 유해한 바티칸 지역에서 야영한 탓에 다수의 사망자가 발생"하는 광경을 목도했다. 로마의 문턱으로 캄파냐와 폰티노 습지를 아우르는 이 광활하고 비옥한 농경지는 베니토 무솔리니가 제2차 세계 대전 발발에 앞서 습지를 개간하고 인구를 재배치할 때까지 텅 빈 채 그대로 버려졌다.

자연재해의 여파로 로마 인근 지역에서 농경이 거의 자취를 감추면서 습지가 더욱 확장되는 한편, 급증하는 도시 인구가 먹을 식량을 생산하는 데도 차질이 빚어졌다. 만성적인 말라리아가 낳은 눈덩이 효과는 로마 제국의 쇠락과 멸망을 부추겼던 직접적 촉매였다. 말라리아가 상습적으로 발생하여 끊임없이 노동력을 앗아간다면 사회와 그 부속물인 경제, 농업, 정치는 번영은커녕 현상을 유지하기도 어렵다. 로마 사회는 모든 측면에서 저해되고 있었다. 영·유아기에 세상을 떠나는 아이가 절반 이상이었고, 역경을 딛고 살아남는다 하더라도 기대 수명은 20년에서 25년에 불과했다. 한 로마군 대장의 아내였던 베투리아Veturia의 묘비에 새겨진 말은 당대 로마인들의 평균적인 삶을 잘 보여준다. "나 스물일곱 해를 살고 이곳에 잠들다. 한 남자와 결혼해 열여섯 해를 살며 여섯 아이들을 낳았고, 그 중 다섯 아이들을 먼저 떠나보냈다." 말라리아의 음험한 존재에 더해 일련의 끔찍한 역병까지 돌면서 로마 제국은 마비되었다.

새천년에 접어들 무렵 활동했던 로마의 역사가 리비우스는 로마 공화정 기간 동안 유행했던 역병을 최소 열한 가지 이상 기록했다. 이제는 악명 높아진 역병 두 가지가 제국의 심장부를 강타했다. 기원후 165년부터 180년까지 유행했던 첫 번째 역병은 그 광경을 직접 목격하고 기록한 이들의 이름을 따 안토니우스 역병 또는 갈레노스 역병이라 부른다. 메소포타미아 원정에서 모기에 시달리다 패배한 로마군과 함께 유입된 이 역병은 우선 로마시를 강타한 뒤 이탈리아 전역에 들불처럼 번졌다. 역병의 발발과 관련 있는 안토니누스Antoninus 왕조의 두 황제 루키우스 베루스Lucius Verus와 마르쿠스 아우렐리우스Marcus Aurelius도 이 병으로 세상을 떠났다. 역병은 계속해서 퍼져나가 북쪽으로 라인강, 서쪽으로 대서양 해안, 동쪽으로 인도와 중국에까지 이르렀다. 당대 기록을 보면 역병이 절정일 때 로마에서만 하루에 2,000명의 사망자가 발생했음을 알 수 있다. 로마의 기록들과 갈레노스의 글에는 치사율이 25퍼센트에 달했다고 쓰여 있는데, 이를 바탕으로 로마 제국 전역에 걸친 사망자 수를 최대 500만 명으로 추산할 수 있다. 피해 정도가 매우 극심한 것으로 보아 이전까지 유럽에 알려지지 않았던 병원체였던 듯하다. 갈레노스는 증상에 관한 글을 남기기는 했으나 그 묘사가 별다른 특징이 없고 모호하다. 역병의 정체가 무엇이었는지는 여전히 미스터리로 남아 있으나 가장 유력한 후보는 천연두이며, 홍역이 그다음 유력 후보로 꼽힌다.

키프리아누스 역병으로 알려진 두 번째 역병은 기원후 249년부터 266년까지 유행했으며, 에티오피아에서 발생한 뒤 북아프리카를 건너 로마 제국 동부를 거쳐 북쪽으로 스코틀랜드에 이르기까지 유럽 전역에 퍼졌다. 역병의 이름은 카르타고의 가톨릭 주교이자 이 비극을 목격하고 해석하여 기록으로 남긴 성 키프리아누스Saint Cyprian에서 따왔다. 그의 기록에 따르면 치사율은 25퍼센트에서 30퍼센트 정도였으며, 로마에서 발생한 사망자만 매일 5,000명에 달했다. 사망자 중에는 호스틸리아누스Hostilian 황제와 클라우디우스 고티쿠스Claudius Gothicus 황제도 있었다. 총 사망자 수는 알려지지 않았으나 대략 500~600만 명, 혹은 제국 총 인구의 3분에 1에 달했던 것으로 추정된다. 전염병학자들은 안토니우스 역병과 키프리아누스 역병 모두 천연두와 홍역이 동물 숙주에서 인간에게 전염된 최초의 인수공통전염병 발병 사례였을 것으로 본다. 안토니우스 역병이 천연두 혹은 홍역이었거나 둘 다였을 것으로 보는 이도 있고, 키프리아누스 전염병이 황열과 유사한 모기 매개 출혈열 혹은 무시무시한 에볼라 바이러스(이 바이러스는 모기를 매개로 전염되지 않는다)와 유사한 출혈열 바이러스였을 것으로 추정하는 이도 있다.

말라리아와 더불어 역병들이 남긴 상처는 돌이킬 수 없을 만큼 깊었다. 로마 제국이라는 초강대국은 안에서부터 무너지고 있었으며 구원받을 수도 없었다. 광활한 제국이 허물어지는 가운데 살아남은 주민들은 몸을 웅숭그렸으며, 농업에서는 물론 로마 군단에서도 인력이 부족했던 탓에 주민들에 대한 로마의 통제력은 급격하게 약화되었다. 대규모 사망자가 발생한 데 더하여, 혹은 바로 그렇기 때문에, 이 '위기의 3세기Crisis of the Third Century'는 광범위한 폭동과 내전, 악한 군사령관이 사주한 황제 및 정치인 암살 그리고 기독교인 희생양에 대한 걷잡을 수 없고 가학적인 박해로 물들었다. 이처럼 아무도 말리지 않던 쾌락 본위의 폭력은 경제 침체, 지진과 자연재해 그리고 350년경 시작된 '이주 시대Era of Migrations'에 제국 내 재배치된 민족들과 국경 너머 교전 집단 사이에 계속되는 긴장감 등이 더해지면서 한층 더 복잡해졌다. 얼룩날개 장군은 미봉책으로나마 사태에 개입하여 로마인들의 목숨을 구해주었으나, 불가피한 결말을 조금 미뤄주었을 뿐이었다. 얼룩날개 장군마저 연출에 가담한 뒤, 결국 로마 제국은 몰락을 맞이한다.

대격변의 이주 시대 가운데, 일련의 외국 침략자들은 이전의 갈리아인이나 카르타고인들과 마찬가지로 약화된 로마를 정조준했다. 이즈음에 이르자 로마는 더 이상 단일 로마 제국의 수도가 아니었다. 군사 및 상업에서 전략적 위치를 점하기 위해, 330년 콘스탄티누스Constantine 황제는 제국의 수도를 로마에서 현재의 이스탄불인 콘스탄티노폴리스로 옮겼다. 제국의 재편성과 불안정화는 테오도시우스Theodosius 황제 치하에서도 계속되었다. 테오도시우스 황제는 380년 니케아 기독교를 국교로 삼았으며, 395년 제국을 양분하여 두 아들에게 나누어 주면서 동로마와 서로마 간의 오랜 분열을 촉발했다. 제국의 양분은 양편 모두의 군사적 · 경제적 세력 약화를 야기했다. 콘스탄티노폴리스는 1453년 비잔틴 제국이 이슬람의 오스만 제국에 의하여 멸망할 때까지 동로마의 수도로 남았다. 반면 서로마 제국은 끊임없이 창궐하는 말라리아 때문에 여러 차례 수도를 이전했으나, 도시 로마는 계속해서 제국의 영적, 문화적, 경제적 중심지로 최고의 지위를 유지했다. 서로마에 침입하는 약탈자들 또한 로마를 전리품으로 여겼다.

로마를 가장 먼저 공격한 이들은 게르만족 일파이자 알라리크Alaric 왕이 이끄는 서고트족이었다. 408년, 알라리크 왕과 그의 '야만족'은 남하하여 이탈리아를 휩쓸면서 대략 1백만 명이 살던 로마시를 세 차례나 포위했다. 굶주리고 병든 로마인들은 싸울 의지를 조금씩 잃어갔다. 로마 사절이 알라리크를 찾아가 로마 시민들을 포위하면 무엇이 남느냐고 묻자, 알라리크는 비웃으면서 "그들의 목숨"이라고 답했다. 당시의 사건을 기록했던 로마의 필경사 조시무스Zosimus는 "남아 있던 로마인의 용맹과 대담함이 완전히 사라졌다"는 비통한 글을 남겼다. 410년, 알라리크는 세 번째이자 마지막으로 로마시를 포위했다. 협상도 자비도 면책도 없었다. 성문 안으로 들어간 그의 군대는 3일간 무아지경으로 도시를 파괴하고 사람들을 살해했다. 로마 시민들은 약탈당하고 강간당했으며 살해되거나 노예로 팔렸다. 만족스러운 약탈을 마친 서고트족은 로마시를 벗어나 남진하면서 캄파냐와 칼라브리아, 카푸아에도 같은 운명을 선사했고, 가는 곳마다 줄줄이 쑥대밭으로 만들었다.

알라리크의 군대는 본래 또 한 번 로마를 약탈할 계획이었으나, 말라리아 때문에 차질을 빚고 말았다. 거의 800년 만에 처음으로 로마를 약탈했던 강력한 알라리크 왕 또한 410년 가을 말라리아 앞에서 무릎을 꿇은 것이다. 모기들이 로마를 다시 한 번 수호했다.

모기에게 쫓기던 서고트족은 알라리크 왕이 세상을 떠난 뒤 전리품들을 챙기고 북쪽으로 돌아가 418년 갈리아 남서부에 왕국을 건설했다. 지역 주민들은 새로이 지배자로 군림한 서고트족에게 아첨했다. 추방당한 켈트족 귀족이 서고트 지도자들의 호감을 얻기 위해 주사위 놀이에서 일부러 져주었다는 전설도 전해 내려온다. 영화 〈스타워즈Star Wars〉에서도 늘 "우키족이 이기게 해줘Let the Wookiee win"라는 현명한 대사가 등장하지 않는가.

갈리아의 새로운 세입자 서고트족은 서로마 제국의 다음 도전자인 아틸라Attila 왕과 그가 이끄는 훈족으로부터 제국을 방어하는 데 일조한다. 노련하고 날쌨던 훈족은 유럽인들을 두려움에 떨게 만든 숙련된 기마 민족이었다. 그들의 팔은 무시무시한 문신으로 뒤덮여 있었으며, 얼굴에는 문양 같은 흉터들이 가득했고, 두개골은 갓난아기 때부터 묶어놓은 탓에 길쭉하게 변형되었다. 우크라이나 동부와 남캅카스에 기원을 둔 훈족은 370년경 동부 유럽을 장기적으로 침략하기 시작해 헝가리 도나우강에 이르렀다. 4세기 말 위기를 느낀 콘스탄티노폴리스는 훈족에게 동로마 제국을 건드리지 말아 달라며 공납금을 바쳤다. 동로마 제국으로부터 공물을 받는 동안, 아틸라 왕은 오스트리아 알프스를 넘어 서쪽으로 세력을 펼칠 궁리를 했다. 그가 이끄는 숙련된 기병대가 로마를 공격하는 것은 시간문제였다.

그러나 영원한 도시 로마를 탐내던 약탈자는 훈족뿐만이 아니었다. 서로마 제국의 심장이자 꽃이었던 로마시는 한편으로는 훈족의, 다른 한편에서는 반달족의 위협을 받았다. 훈족이 동유럽에서 입지를 다지는 동안, 폴란드와 보헤미아 출신의 게르만족 거대 일파인 반달족은 갈리아와 스페인을 지나 단번에 북유럽까지 치고 올라갔고, 429년에는 지브롤터 해협을 건너 북아프리카에 진출했다. 이들은 계속 진격하여 서로마 제국까지 올라갔고, 북아프리카 주민들이 세금으로 바쳤던 곡물과 야채, 올리브 오일, 노예들을 약탈해 로마의 식량 부족 현상을 더욱 심화시켰다. 로마의 항구도시 히포(오늘날 알제리아 북동부 끝자락에 위치한 안나바시)를 포위했을 당시, 히포의 주교였던 아우구스티누스Augustine가 자비를 구하며 애원한 덕분에 그의 저서를 포함한 그리스 로마 시대의 놀라운 장서들이 소장된 방대한 도서관이 잿더미가 되는 일만은 막을 수 있었다. 아우구스티누스의 어머니이자 독실한 기독교인으로 존경받는 성 모니카Saint Monica가 387년 폰티노 습지에서 말라리아에 감염되어 세상을 떠났던 사건은 아우구스티누스의 자서전『고백록Confessions』열세 권 중에서도 가장 훌륭한 단락들로 남겨졌다.

서구 기독교를 형성하는 데 타르수스의 사도 파울로스Paul에 견줄 만큼 막대한 영향을 미쳤으며 훗날 성 아우구스티누스Saint Augustine라 불리게 되는 아우구스티누스 또한 반달족의 히포 포위 공격이 시작된 직후인 430년 8월, 사랑하는 어머니와 마찬가지로 말라리아로 세상을 떠났다. 그가 세상을 떠나자마자 반달족은 도시를 폐허로 만들어버렸다. 이들의 악명이 흔적을 남긴 듯, 현대 영어에서 '반달vandal'과 '반달리즘vandalism'은 '기물을 고의로 파괴 혹은 훼손'하는 사람 및 행위를 가리킨다. 하지만 반달족은 히포를 파괴하는 동안만큼은, 아우구스티누스의 청으로 대성당과 도서관을 파괴하지 않는 등 반달리즘의 사전적 정의에 어울리지 않는 행동들도 보여주었다.

반달족은 시켈리아와 코르시카, 사르디니아, 몰타, 발레아레스 제도를 빠르게 점령했다. 로마 또한 반달족의 왕 가이세리크Geiseric의 시야에 있었으나, 로마를 먼저 공격한 것은 그가 아닌 훈족을 이끈 아틸라였다. 갈리아를 정복하고자 했던 아틸라는 451년 6월 오늘날의 프랑스와 벨기에 지역인 아르덴 숲에서 서고트족과 로마 연합군에게 패하였다. 그는 곧장 말머리를 남쪽으로 돌려 이탈리아 북부를 침략했고, 발 닿는 도시와 지역을 모두 쑥대밭으로 만들었다. 로마군은 스파르타군이 테르모필레 전투에서 꾸렸던 것과 유사한 소규모 그림자 부대로 포강 가까이에서 훈족의 진격을 멈춰 세웠고, 곧바로 모기 군단이 대열에 합류하여 교착 상태를 만들어냈다. 얼룩날개 장군의 시기적절한 중재가 또다시 로마를 구한 것이다.

한니발의 군사 비망록을 참고한 듯, 아틸라 또한 쇠약해진 군대를 포강에서 멈추어 세우고 교황 레오 1세Leo I가 보낸 사절단을 맞이했다. 경건한 기독교 교황이 야만족 아틸라를 개종시켜 이탈리아에서 물러가게 했다고 한다면 자기 전 아이에게 읽어주기 좋은 낭만적인 이야기가 되겠지만, 이는 시적 허용의 범위를 넘어서는 각색이다. 앞서 브렌누스와 갈리아족, 한니발과 카르타고, 알라리크와 서고트족과 마찬가지로, 아틸라와 사나운 훈족은 모기들에 시달리다 결국 파멸에 이르렀다. 로마의 주교 히다티우스Hydatius의 기록에 따르면, "훈족은 신의 벌을 받아 하늘이 내린 재앙을 맞이하였다. 기근과 모종의 병이 그들을 찾았다. (중략) 그렇게 무너진 그들은 로마와 화평을 맺고 모두 고향으로 돌아갔다." 말라리아는 훈족의 군사력을 떨어뜨렸다. 아틸라 또한 40년 전 말라리아에게 공격당한 알라리크와 서고트족의 운명을 잘 알고 있었다. 엎친 데 덮친 격으로 훈족은 물자와 식량이 부족했고, 자급자족하기도 어려운 상황이었다. 북부 이탈리아 농경지는 훈족의 공격으로 쑥대밭이 되어 있었고, 북아프리카에서 들어오는 작물은 반달족이 가로채갔으며, 캄파냐는 진흙탕이 되어 있었고, 로마는 가뭄이 들어 기근에 빠져 있었다.

아틸라가 교황의 간청을 받아들인 것은 그저 체면을 차리기 위한 책략에 불과했다. 모기와 말라리아 때문에 어차피 다른 수는 없었다. "제국의 심장부는 세균의 집결지였다." 카일 하퍼의 설명이다. "이 사건에서 이탈리아를 구했던 이름 없는 영웅은 말라리아일지도 모른다. 모기가 번식하고 치명적인 원충을 옮기는 저지대 습지에서 말에게 풀을 먹였던 훈족은 말라리아의 먹잇감이 되기 쉬웠다. 대체로 보자면 훈족의 왕이 기마대의 말머리를 돌려 다뉴브강 너머의 스텝 지대steppe로, 얼룩날개 장군이 쫓아갈 수 없는 고지대로 돌아간 것은 현명한 일이었다." 모기는 다시 한 번 로마를 지켜내는 데 성공했다. 아틸라는 알렉산드로스나 알라리크처럼 말라리아로 목숨을 잃지는 않았으나, 이로부터 2년 후인 453년 불명예스러운 죽음을 맞이한다. 급성 알코올중독으로 인한 합병증으로 세상을 떠난 것이다. 기질적으로 부족 생활을 선호했던 훈족은 그의 죽음 이래 빠르게 분열되고 내분에 휘말렸으며 한때의 결속력을 벗어던지면서 역사에서 사라져갔다.

아틸라의 이탈리아 원정이 로마 군단의 발을 묶어놓았던 한편, 반달족은 지중해 전역을 배회하면서 항구를 습격하고 무역상들을 노략질했다. 지중해에서 반달족이 너무나 왕성하고 맹렬하게 활동한 탓에 고대 영어로 지중해는 '반달족의 바다'라는 뜻의 웬델새Wendelsae라 불렸다. 훈족과 반달족이 이중으로 위협을 가하자 로마는 브리튼 섬에 있던 주둔군을 불러들였다. 이에 기회를 포착한 덴마크의 앵글족과 독일 남서부의 색슨족은 손을 맞잡고 앵글로색슨족이 되어 440년대에 브리튼을 침공하여 영토를 점령한 뒤, 토착 켈트족의 문화와 로마 점령기의 자취에 자신들의 문화를 덮어씌웠다.

아틸라가 모기에 시달리다가 이탈리아에서 퇴각하자 이제 로마인들은 반달족의 위협에만 집중할 수 있게 되었다. 당시 반달족은 본토와 너무도 가까운 지중해 섬들 및 북아프리카에 모여 있었다. 로마 지도층은 정치적 실수와 질서 문란을 거듭하면서 가이세리크에게 기회를 내어주었다. 아틸라가 세상을 떠난 지 2년 후인 455년 5월, 가이세리크는 반달족 병사들과 함께 이탈리아에 상륙하여 로마로 진격했다. 교황 레오 1세는 앞서 아틸라에게 그러했던 것처럼 가이세리크에게도 고대 도시를 파괴하거나 주민들을 학살하지 말아 달라고 간청하면서 공물을 바치겠다고 회유했다. 그러나 가이세리크와 그 병사들은 로마의 성문을 활짝 열어젖혔다.

반달족은 다음 2주 동안 이름에 걸맞은 행태를 보였다. 이들은 시야에 들어오는 모든 노예와 보물을 약탈해갔으며, 건축물이나 조각상을 장식한 귀금속들도 모두 훑어갔다. 그러나 이번에도 모기가 반달족 병사들을 먹어치우기 시작하자, 이들은 재빨리 로마에 작별을 고하고 카르타고로 돌아갔다. 반달족의 로마 약탈은 결코 전설로 전해지는 것만큼 가학적이지 않았는데, 그들이 말라리아의 환영인사를 견디지 못하고 돌아갔기 때문이다. 아틸라가 죽은 후 훈족이 빠르게 해체되고 흩어졌던 것과 마찬가지로, 477년 가이세리크가 세상을 떠나자 지중해 지역에 대한 반달족의 지배력도 빠르게 약화되었다. 군데군데 남아 있던 반달족 세력은 이후 얼기설기 얽힌 지역 주민들 속으로 녹아들었다.

서로마 제국은 갑자기 몰락한 것이 아니라 3세기부터 서서히 쇠락의 길을 밟았다. 그러다 마지막 수십 년 동안 이어진 고질적인 말라리아와 역병, 기근, 인구 감소, 전쟁 그리고 연이은 침략의 충격이 남긴 사회적 압력을 견디지 못하고 무너졌다. 동물학 교수 클라우드슬레이-톰슨에 따르면, "로마가 역병으로 몰락했다는 설을 지나치게 강조하는 것은 옳지 않지만, 분명 선페스트와 말라리아가 중요한 역할을 담당했으며, 앞서 밝힌 이유들로 미루어본다면 말라리아의 역할이 보다 중요했을 것으로 보인다." 뉴사우스웨일스 대학교 의과대학 부교수 필립 노리Philip Norrie의 말을 빌리자면, 로마 제국은 "열대열말라리아 역병에 휘말린 채 476년 멸망했다." 모기와의 지속적인 소모전이 로마의 점진적 쇠락과 최후의 몰락을 함께했다는 데에는 의문의 여지가 없다.

이후 490년대 들어 동고트족이 이탈리아를 침략하고 왕국을 세울 때까지 20여 년 가까이 서로마는 황제 없이 보냈으며, 그 이후로도 여러 사건이 일어나면서 다시 서로마 황제가 등장할 가능성은 사라졌다. 동고트족은 546년 로마를 약탈했는데, 이때가 고트 전쟁이 한창일 때였다. 535년부터 554년까지 이어진 고트 전쟁은 동고트족 및 그 동맹국들과 동로마 제국 혹은 비잔틴 제국 사이에서 벌어진 전쟁으로, 당시 동로마 제국은 훌륭한 지도자 유스티니아누스 황제Justinian가 이끌고 있었다. 고트 전쟁은 서로마 제국의 잃어버린 영토를 수복하고 통일 로마 제국을 재건하려는 최후의 시도였으나 뜻대로 되지는 않았다. 질병이 썰물처럼 들이닥치면서 유스티니아누스의 꿈을 좌절시켰다.

541년, 유스티니아누스 역병으로 알려진 전대미문의 선페스트가 비잔틴 제국을 휩쓸었다. 인도에서 처음 발병한 것으로 알려진

이 역병은 지중해의 모든 주요 항구도시에 족적을 남기며 북상하여 유럽으로 돌진했고, 고작 3년 만에 브리튼 섬에까지 이르렀다. 역사상 가장 많은 사망자를 낸 역병 중 하나로, 3천만에서 5천만 명, 즉 전 세계 인구의 대략 15퍼센트가량을 죽음으로 몰아넣었다. 콘스탄티노폴리스에서는 2년도 채 되지 않아 인구의 절반이 죽었다. 당대의 해설자들도 이를 파악하고 있었으며, 역병이 본질에서나 범위에서나 전 세계적인 수준이라고 묘사했다. 비잔틴 제국의 장군이자 말라리아와 싸웠던 벨리사리우스Belisarius의 고문관이었던 프로코피우스Procopius는 "이 시기에 역병이 돌았는데, 이로 인해 인류 전체가 멸종할 뻔했으며 (중략) 전 세계를 뒤덮었고, 모든 사람의 삶을 망쳤다"는 점을 예리하게 포착했다. 인류 역사상 기록된 모든 역병 중 이 정도의 재앙을 초래했던 또 다른 경우는 14세기 중반 다시금 유행했던 선페스트, 흑사병이 유일하다.

유스티니아누스 황제의 문화적 업적은 장엄한 하기아 소피아 성당을 비롯하여 그가 건설한 콘스탄티노폴리스의 찬란한 건축물을 통해 오늘날까지 여운을 남긴다. 그가 집대성하여 재편찬한 로마법 또한 오늘날 대부분의 서방 국가에서 성문화된 민법의 기초로서 살아 숨 쉬고 있다. 당대에는 그의 통치 방식이 오늘날 칭송받는 것만큼 큰 인기를 끌지는 않았으나, 예술과 신학, 학계에 대한 그의 헌신은 비잔틴 문화를 꽃피우는 양분이 되었다. 그는 고대 후기의 가장 선견지명 있는 지도자 중 하나로 꼽히며, 종종 '마지막 로마인'으로 칭송받는다. 이른바 고전 고대Classical World라 불리는 그리스·로마 문명은 갑작스럽게 종말을 맞이했다. 윌리엄 H. 맥네일이 말한 바와 같이, 유스티니아누스 역병은 "유럽 문명의 중심이 지중해에서 확연히 이탈하는 현상 그리고 보다 북방 세계의 중요도가 증대되는 현상"을 낳았다. 엄밀히 말하자면, 서구 문명의 중심은 점점 서쪽으로 이동하여 프랑스, 스페인을 거친 뒤 마침내 브리튼에 오래도록 자리를 잡게 된다.

로마에 있어 모기는 결국 양날의 검 같은 존재였다. 초반에는 천재적인 군인 한니발과 그가 이끄는 카르타고군으로부터 로마를 지켜냈고, 제국의 건설과 문화, 과학, 정치체제의 전파 및 학계 발전을 도모하도록 힘을 실어주었으며, 오래도록 남을 로마 시대의 유산을 수호해주었다. 그러나 모기는 서고트족과 훈족, 반달족을 비롯한 침략자로부터 계속해서 로마를 수호하는 한편, 본거지인 폰티노 습지에서부터 로마의 심장부를 정신없이 파고들고 있었다. 모기와의 파우스트식 거래는 예측할 수 없는 동맹 체결이자 가장 위험한 거래였음이 판명된 것이다.

2부작 비극 『파우스트Faust』의 작가 괴테Goethe는 1787년 폰티노 습지를 두고 "로마에서 흔히 묘사하는 대로 그렇게 끔찍한 광경은 본 적이 없다"고 말했다. 괴테는 『파우스트』에서 폰티노 습지의 유해한 오염물질과 앞으로의 가능성을 모두 언급했다. "산맥을 따라 습지가 뻗어 있으니 / 지금까지 내가 이뤄온 것들을 독으로 물들인다. / 그 유해한 웅덩이를 말릴 수만 있다면 / 가장 위대한 마지막 성취가 되리라. / 수백만 명에게 공간을 줄 수 있을 터이니 / 그들도 그곳이라면 안전하지는 않아도 자유롭고 활발하게 살 수 있으리라." 『파우스트』 책장 바깥에서, 모기들은 폰티노 습지에서 번성하면서 로마에 아군과 적군을 넘나드는 변덕스러운 동맹군이 되었다. 모기는 로마 사회의 힘을 앗아갔고, 역사상 가장 강력하고 광대했으며 가장 영향력 있었던 제국들 중 하나의 몰락에 일조했다. 그리고 그 과정에서 인간의 영성과 전 세계의 종교 질서에 영원불멸의 흔적을 남기기도 했다.

로마 제국의 흥망성쇠는 기독교의 출현 및 확산과 때를 같이했다. 1세기 유대교 내 '예수 운동'과 함께 시작된 이 신흥 종교는 여러 이유로 모체 신앙에서 독립해 나왔다. 어느 정도는 오늘날 모기 매개 질병이라 알려진 질병들에 대한 치료와 의례 그리고 치료자의 역할 및 신성에 관한 논쟁 때문이기도 했다. 고난과 폭력 속에서 시작된 기독교는 이윽고 유럽과 근동에 걸쳐 수많은 사람과 성직자에게 문제를 해결해줄 종교로, 이 세계의 세력균형을 영원히 조정해줄 종교로 떠받들어졌다. 그러나 대체적으로 보자면 로마 제국 멸망 이후 유럽은 안으로 옥죄어들기 시작했다. 군주와 영주, 교황의 독재적 봉건주의가 대권을 장악했다. 기독교는 더 이상 치유의 종교가 아니었으며, 운명론과 숨은 뜻, 불과 유황 그리고 전면적인 영적 · 경제적 부패를 짊어진 종교가 되었다. 암흑시대 동안 유럽인들은 몸을 움츠리고 숨어들었으며, 고대에 이루었던 진보는 사람들의 기억에서 사라져갔다.

유럽이 질병과 종교적 · 문화적 불안정 때문에 한 치 앞도 보지 못하던 때, 중동에서는 또 다른 영적 · 정치적 질서가 꽃피고 번영했다. 7세기 초 메카와 메디나에서 출현한 이슬람은 중동 전역에 걸쳐 문화적 · 지적 르네상스를 일으켰다. 유럽이 지적 심연으로 떨어지는 동안, 무슬림 지역 전역에서는 교육과 진보가 이루어졌다. 강성해진 두 종교 세력은 영토와 경제를 두고 패권싸움을 벌이지 않을 수 없었다. 세속적인 모기떼의 그림자 속에서 두 세력은 문명의 충돌, 십자군을 일으킨다.

CHAPTER

05

완고한 모기들

신앙의 위기와 십자군

UNREPENTANT MOSQUITOES: A CRISIS OF FAITHS AND THE CRUSADES

기독교 신앙의 출현은 점진적으로 이루어졌다. 예수가 십자가에 못 박혀 죽은 지 두 세기 이후, 예수를 따라 개종한 이들은 여전히 박해받고 뿔뿔이 흩어진 소수자들이었으며, 로마 제국에 불충하는 위협 세력으로 여겨졌다. 로마인들은 다채롭고 유연한 집단으로, 폭넓은 범위의 민족과 관습을 자신들의 신앙과 문화 체계 안으로 받아들이려는 의지가 강했으나, 기독교만큼은 소화하기 힘들어했고, 기독교 신자들을 온갖 창의적인 방법으로 학살했다. 동물의 가죽을 뒤집어씌운 채 개들을 풀어 찢어 죽였고, 기둥에 묶어 태워 죽이는 경우에는 맹렬한 불길을 연출하기 위해 해가 진 후 단체로 화형했으며, 평범하게 십자가에 못 박아 죽이는 경우도 있었다. 그러나 박해는 실패로 끝났고, 오히려 사람들의 호기심을 자극해 개종하게 만들었으며, 나아가 질병에 쫓기고 끊임없는 침략에 포위당한 로마 전역의 사회적 안정성마저 약화시켰다.

'위기의 3세기' 동안 기독교는 로마 전 지역에서 힘을 얻으며 발전해나갔다. 앞서 살펴본 안토니우스 역병과 키프리아누스 역병 및 로마와 로마 제국 전역에 퍼진 폭넓은 말라리아 유행으로 인하여 제국이 황폐화되었던 것과 같은 시기의 일이다. 기독교인들은 로마의 다신교를 거부하고 유일신 야훼 혹은 여호와를 믿었다는 이유로 희생양이 되었다. 그러나 두 차례의 맹렬한 역병은 다수의 사람이 기독교로 개종하는 계기가 되었다. 예수가 기적적인 치료를 행했고, 절름발이를 걷게 했고, 눈 먼 자의 눈을 뜨게 했고, 나병을 치유했고, 라자로Lazarus를 부활시켰다고 전해져 기독교가 '치유의' 종교로 여겨진 것이었다.

문화적 격변기였던 위기의 3세기와 끊임없이 침략해오는 외세를 폰티노 습지의 모기들이 막아내던 이주 시대 동안, 고질적으로 유행했던 말라리아는 종교와 사회의 현상現狀을 뒤흔든 요소들 중 하나였으며, 소니아 샤의 말대로 "기존의 확실성들을 모두 산산조각냈다." 골칫거리 말라리아는 로마의 전통적인 영성, 의학, 신화가 부족하다는 인식을 키웠을 것이다. 병을 쫓아내는 부적과 아브라카다브라 그리고 페브리스 신에게 바쳤던 공물들은 기독교의 치료적 의례와 박애주의적 간호 행위가 보여주는 새로운 희망 앞에서 의미를 잃어갔다.

모기가 단독으로 수많은 사람을 기독교로 개종시켰다고 말할 수는 없지만, 말라리아가 기독교가 마침내 유럽 전역을 지배하는 데 일조한 요소들 중 하나임은 확실하다. "기독교는 토속 신앙과는 달리 아픈 자들을 돌보는 것이 기독교의 공인된 의무라고 설교했다.

교인들의 보살핌을 받고 건강을 회복한 이들은 감사함과 함께 기독교에 헌신해야겠다고 생각했고, 이로써 기독교 교회는 다른 기관들이 무너지던 시대에 오히려 굳건해질 수 있었다." 캘리포니아 대학교 생물학 및 전염병학과의 명예교수 어윈 W. 셔먼Irwin W. Sherman의 설명이다. "유행병이 준 초자연적인 충격에 대한 기독교 교리의 대처 능력에 로마 시민들이 매력을 느꼈다. 반면 토착 신앙은 마구잡이식 죽음에 대처하는 데 별 도움이 되지 못했다. 이윽고 로마인들은 기독교 관점을 받아들이기에 이르렀다." 모기는 로마 제국 전역에 '초자연적 충격'을 가져다준 주요 매개자 중 하나였으며, 기독교는 개종자들에게 위안과 보살핌 그리고 어쩌면 구원의 손길을 내밀어주었다.

초기 기독교 공동체는 아픈 이들을 보살피는 일을 신앙의 의무라고 간주했고, 최초의 진정한 병원을 설립했다. 기독교의 자선 행위들은 도움이 필요한 이들에게 강력한 공동체의식 및 소속감 그리고 더 넓은 관계망을 선사했다. 기독교인들이 무역이나 사업 때문에 다른 지역에 갈 때면 그 지역 신도들이 그들을 따뜻하게 맞아주었다. 300년 즈음의 로마 시내 기독교 디아스포라는 1,500명이 넘는 미망인과 고아들을 돌보고 있었다. 폭력과 기근, 역병 그리고 만성적 말라리아가 만연했던 3세기부터 5세기 사이, 기독교는 치유의 종교로서 추종자들을 끌어 모았다.

미생물학 교수 데이비드 클라크David Clark는 말라리아와 기독교 확산 간의 관계를 다음과 같이 요약했다. "현대의 기독교에서 인정하지 않으려 하지만, 사실 초기 기독교인들은 마술이라고 설명할 수밖에 없는 형태의 일들을 했다. 파피루스에 주문을 적어 길게 접은 뒤 부적처럼 지니고 다녔다. (중략) 11세기까지 유사한 주문들이 발견되었는데, 대개 중세 유대교 카발라의 마술 공식들이 정통 기독교 용어들과 뒤섞여 있다. 이 주문들은 기독교인들 사이에서 말라리아와 마술이 얼마나 중요했는지를 잘 보여준다. (중략) 또한 초기 기독교가 여러 면에서 치유의 신앙이었음을 알려준다."

일례로 5세기경 로마 기독교 부적 하나에는 요아니아Joannia라는 여인의 말라리아를 치료하기 위한 주문이 쓰여 있다. "물렀거라, 악귀야! 예수께서 너를 쫓으시니, 성자와 성령이 너를 덮쳤노라. 오, 양못sheep-pool의 신이시여, 당신의 종 요아니아를 악에서 구원해주소서. (중략) 오, 주여, 그리스도여, 살아 있는 신의 아들이자 말씀이시여, 모든 질병을 치유하시니 당신의 종 요아니아도 치유하시고 굽어 살피소서. (중략) 그리고 그녀의 모든 열과 모든 종류의 오한(매일열, 삼일열, 사일열) 그리고 모든 악을 쫓아내고 추방해 주소서." 프린스턴 대학교 종교학과 교수 앤 마리 라이엔딕AnneMarie Luijendijk은 『헤카테의 딸들: 고대 세계의 여자들과 마법Daughters of Hecate: Women and Magic in the Ancient World』 중 「요아니아를 위한 복음 부적A Gospel Amulet for Joannia」 장에서 "이리나 완드레이Irina Wandrey는 고대 후기에 작성된 다수의 열병 부적과 당시 말라리아의 확산 간의 관계성을 상정한다"고 말문을 연 뒤, 말라리아 부적이 "사소하고 일상적인 물체들처럼 보이지만 치유와 종교 그리고 권력이라는 더 큰 담화의 일부분이며 (중략) 정당하고 사회적으로 용인되는 기독교 관습을 구성했다"고 설명했다. 역사가이자 고대 종교 및 파피루스학 전문가인 로이 코탄

스키Roy Kotansky 박사는 "로마 제국 당시, 질병 치료용 부적을 쓰기 위해서는 질병을 적절히 진단하고 식별하는 일이 필요했던 것으로 보이며, 부적에 쓰인 글 대부분이 어떤 질병을 치료하기 위한 부적인지를 밝히고 있음을 발견했다"고 밝혔다. 요아니아의 부적에 쓰인 말라리아 퇴치 기도는 무시하기 어려울 만큼 간절하지만, 그녀가 부르짖던 신이 정말로 그녀를 악에서 구원하고 모기가 매개하는 죽음을 쫓아내주었는지는 알 수 없다.

요아니아의 간절한 글귀에서도 분명 드러나듯, 초기 기독교인들이 필요에 따라 여러 종교를 혼합한 것은 놀랄 일이 아니다. 유행성 말라리아와 종교적 불확실성이 만연하던 시대에는 이교와 기독교를 비롯한 다수의 신에게 다양한 기도를 드리고 부적을 쓰다 보면 그중 하나, 아마도 그중 진짜 신이자 진실한 구원자가 간청을 듣고 치유해줄 가능성이 높다고 생각했을 것이다. 기독교는 사시나무처럼 몸을 떠는 대규모 말라리아 환자들을 비롯하여 아픈 이들을 성찬식을 통해 돌보았으므로 곧 기독교의 신은 병마를 물리치고 사람들을 구원해주는 동시에 열병과 고통과 괴로움으로부터 자유로운 내세를 선사해줄 가장 유력한 후보로 꼽히기 시작했다. 모기가 기독교의 등을 열심히 찔러 앞으로 나아가게 만들었던 한편, 잘 알려진 황제 두 명 또한 모기와 함께 기독교 발전에 박차를 가했다. 콘스탄티누스와 테오도시우스 황제가 그 주인공이다.

격동의 4세기 동안 기독교는 기울어가는 로마 제국 안에서 탄력을 받기 시작했으며, 312년 콘스탄티누스 황제가 기독교로 개종한 뒤 이듬해 밀라노 칙령을 발표하면서 한층 더 힘을 얻는다. 전임 황제 디오클레티아누스Diocletian가 펼친 기독교 '대탄압Great Persecution'의 여파가 있었으므로, 콘스탄티누스의 법적 칙령은 일반적으로 알려진 것과는 달리 기독교를 로마 제국의 국교로 삼은 것은 아니다. 그러나 이 칙령은 모든 로마 주민이 본인의 종교를 자유롭게 선택하고 행할 수 있음을 공언한 것으로, 다신교도들과 기독교도 모두를 만족시켰다. 325년, 콘스탄티누스 황제는 니케아 공의회를 통해 밀라노 칙령에서 한 발짝 더 나아갔다. 그는 다양하고 갖은 다신교 및 기독교 분파의 지지자들을 회유하고 종교적 숙청을 끝내기 위해 여러 신념을 하나의 신앙으로 혼합했다. 니케아신경Nicaenum과 삼위일체라는 개념을 채택하였는데, 이로 인해 오늘날의 성경과 근대 기독교 교리의 편찬을 위한 문이 활짝 열리게 되었다.

콘스탄티누스의 계율 집대성에 뒤이어 동로마와 서로마를 모두 통치한 마지막 황제, 테오도시우스는 381년부터 392년에 걸쳐 기독교와 유럽을 영원히 하나로 결합시켰다. 그는 밀라노 칙령이 공언했던 종교적 관용을 철회했다. 다신교 사원의 문을 닫았고, 페브리스 신을 숭배하거나 아브라카다브라 마술 부적을 지닌 자들을 처형했으며, 로마 가톨릭을 제국의 유일한 국교로 공식 천명했다. 이로써 로마시는 기독교의 활기찬 중심지이자 신을 위한 지상의 본거지, 바티칸을 품게 되었다.

4세기경 로마에 기독교가 본격적으로 자리를 잡고 바티칸을 비롯하여 기독교의 기념비적 건축물들이 세워지는 동안, 말라리아 또한 로마에 단단히 자리를 잡았다. 클라우드슬레이-톰슨의 말대로, "도시의 거대한 초기 기독교 바실리카들, 이를테면 산 조반니 대성당, 성 베드로 대성당, 산 파올로 대성당, 산 세바스티아노 대성당, 성 아그네스 성당, 산 로렌초 성당 등은 훗날 감염의 중심지가 되는 계곡에 지어졌다.” 기독교인들이 옛 성 베드로 대성당을 건설하기 이전에도 바티칸 지역에 말라리아 매개 모기가 존재했는지는 알 수 없다. 앞선 장에서도 살펴보았던 대로, 타키투스는 기원후 79년 베수비오 화산이 폭발한 뒤 대규모 난민과 이재민이 “유해한 바티칸 지역에서 야영한 탓에 다수가 사망”했으며 “티베르강이 근처에 있었기 때문에 (중략) 신체적으로 쇠약해져 있었으므로 질병에 걸리기 쉬웠다”고 전했다.

바티칸의 초기 역사는 잘 알려지지 않았지만, 바티칸이라는 이름 자체는 기원전 로마 공화정 시대에도 로마시 맞은편 티베르강 서안의 늪지대를 부르는 말로 쓰였다. 이곳 주변 지역은 신성한 땅으로 여겨졌으며, 다신교 사당과 영묘, 무덤, 페브리스 신을 비롯한 다양한 신을 모시는 제단 등 여러 고고학적 증거가 이곳에서 출토되었다. 기원후 40년, 가학적이었던 칼리굴라 황제는 이 신성한 땅을 둘러싸고 키르쿠스 전차 경주장을 건설한 뒤(훗날 네로 황제가 이 경주장을 확장하기도 한다) 이집트에서 알렉산드로스의 흉갑과 함께 훔쳐온 바티칸 오벨리스크로 이곳을 장식했다. 우뚝 선 첨탑 오벨리스크는 칼리굴라의 방탕한 놀이터가 남긴 유물들 중 유일하게 현존하는 것이다. 기원후 64년 로마 대화재가 일어나고 기독교인들이 범인으로 지목되면서, 84피트(약 25.6미터) 높이의 붉은 화강암 기둥인 이 오벨리스크는 국가가 후원하는 순교의 장소가 되었고, 성 베드로를 비롯한 수많은 기독교인이 이곳에서 목숨을 잃었다. 알려진 바에 따르면 성 베드로는 오벨리스크의 그림자 아래에서 십자가에 거꾸로 매달려 죽었다.

콘스탄티누스 황제의 명으로, 한때 키르쿠스 경기장이 있었고 성 베드로가 잠든 곳이라 알려진 땅 위에 옛 성 베드로 성당이 건설되기 시작해 기원후 360년 완공되었다. 콘스탄티누스의 바실리카는 금세 순례자들의 주요 순례지가 되었으며, 나아가 이곳을 중심으로 바티칸시가 동심원 형태로 건설되었다. 여기에는 병원이 하나 포함되었는데, 로마와 캄파냐 폰티노 습지에서 말라리아 환자들이 밀려들어와 수용 가능 인원의 세 배를 넘기는 일이 잦았다.

폰티노 습지에 살던 모기 군단은 가톨릭교회의 본부를 외세의 침략으로부터 보호해주는 한편, 그곳에 사는 이들을 죽이기도 했다. 대부분의 기간 동안 교황은 바티칸에 거주하지 않았다. 말라리아가 두려웠던 탓에 1,000년 동안 로마의 반대편에 위치한 라테라노 궁전에서 살았다. 말라리아가 로마를 지배하는 동안 가톨릭 교인들이 자신들의 영적 본부에 대하여 존경보다는 공포를, 혹은 존경스러운 공포를 느꼈다는 점은 놀랄 일이 아니다.

미켈란젤로와 베르니니를 비롯한 건축가들이 설계한 새로운 성 베드로 대성당이 완공된 1626년 이전까지 적어도 7명의 교황과 5명의 신성 로마 제국 통치자가 '로마열'로 세상을 떠났다. 그중에는 15세기 말 영향력 있는 난봉꾼이자 드라마 〈더 보르지아The Borgia〉에 로드리고 보르자Rodrigo Borgia라는 이름으로 등장하는 교황 알렉산데르 6세Alexander VI도 포함된다. 저명한 시인 단테Dante 또한 132년 "사일열의 오한을 느끼는 사람처럼" 지옥 같은 말라리아 열병으로 세상을 떠났다.

외부인과 방문객, 역사가 들도 로마가 죽음의 덫이라는 점을 알고 있었다. 6세기 비잔틴 제국의 행정가이자 역사가였던 요한 리더스John Lydus는 로마에서 4원소의 정령들과 강력한 열병 악마가 오래도록 전투를 벌이고 있다고 추측했다. 불 뿜는 용이 지하 동굴에 사는 탓에 용의 유해한 숨결이 자욱하게 온 도시를 감싸고 있다거나, 페브리스 신이 자신을 괄시하고 기독교를 택한 로마시에 벌을 내리고 있다고 믿는 이들도 있었다. 로마에서 근무했던 중세의 한 주교는 "오리온자리의 소름끼치는 발치에서 반짝이는 개의 별이 손에 잡힐 듯 보일 때" 말라리아 유행병이 도시를 덮쳤으며 "펄펄 끓는 열기와 나쁜 공기로 쇠약해지지 않은 사람이 거의 없다"고 했다. 미아스마 이론에 근거한 히포크라테스의 '개의 여름날'은 여전히 의미를 잃지 않았고, 그가 만든 이 유행어는 고대 내내 계속 사용되었다.

로마 가톨릭의 중심지는 치유의 도시로 이름을 알렸지만, 유럽 내 말라리아의 중심지라는 악명을 떨쳐버리지 못했다. 심지어 1740년에도 마찬가지였다. 영국의 정치인이자 예술사학자였던 호레이스 월폴Horace Walpole이 로마에서 쓴 편지에는 "말라리아라 불리는 끔찍한 것이 매해 여름 로마에 찾아와 사람들을 죽인다"는 말이 있는데, 이는 '말라리아'라는 병명이 영어권에서 사용된 최초의 사례다. 그러나 영국인들은 대개 이 질병을 가리켜 '학질ague'이라 불렀다. 한 세기 후, 영국의 예술 비평가였던 존 러스킨John Ruskin은 선배의 말을 되풀이하듯 "온 도시에 기이한 공포가 드리워 있다"고 고했다. "죽음의 그림자가 만물을 뒤덮었다. (중략) 모두 열병의 공포와 뒤섞여 있었다." 『인어공주The Little Mermaid』를 쓴 덴마크 작가 한스 크리스티안 안데르센Hans Christian Andersen도 19세기 중반 로마시를 방문했다가 주민들의 '창백하고, 누렇고, 병든' 모습에 기겁했다. 영국의 저명한 간호사 플로렌스 나이팅게일Florence Nightingale은 로마의 고요하고 생기 없는 모습을 보고 '죽음의 그림자가 드리운 계곡'이라고 묘사했다. 낭만주의 시인 퍼시 셸리Percy Shelley는 그의 절친한 친구 바이런 경(소문과 달리 이들은 연인이 아니었다)을 죽음으로 몰고 간 질병에 대해 논하면서 자신 또한 '폰티노 습지에서 걸린 말라리아 열병'에 시달리고 있다며 한탄했다. 20세기 초에 이르기까지 이 지역을 찾은 여행객들은 말라리아가 뒤덮은 캄파냐 지역에서 어떻게든 살아가고

라 말 라리아(La Mal'aria): 적막하고 침울한 이 그림은 1850년 프랑스 화가 어니스트 에베르(Ernest Hèbert)의 작품으로, 말라리아에 시달리는 이탈리아인 소작농들이 죽음의 덫 캄파냐 폰티노 습지를 떠나는 모습을 담고 있다. 에베르가 개인적으로 이탈리아를 직접 여행하며 관찰한 뒤 그린 그림이다.
© Diomedia/Wellcome Library

자 애썼던 몇 안 되는 가련한 주민들의 누추하고 허약하며 해골 같은 몰골에 충격을 받곤 했다. 앞서도 살펴보았고 앞으로도 계속 살펴보겠지만, 로마와 바티칸 그리고 모기 사이에는 오래되었고 상호의존적이며 변덕스럽고 치명적인 관계가 존재했다.

로마가 말라리아의 강한 압박에 시달리는 동안, 유럽의 나머지 지역도 무사하지 못했다. 말라리아는 꾸준히 북쪽으로 진격했다. 로마인들은 새로운 지역에 진출할 때마다 여러 종류의 말라리아를 옮기면서 앞서 살펴보았던 대로 스코틀랜드와 독일을 비롯한 여러 지역에서 말라리아가 산발적으로 발병하도록 만들었는데, 북유럽에서 말라리아가 고질적으로 자리 잡은 것은 7세기부터다. 치명적인 열대열말라리아는 몹시 추운 북유럽 지역의 기후를 견디지 못했으나, 마찬가지로 치명적일 수 있는 사일열말라리아와 삼일열말라리아는 북유럽 지역에 안착해 북쪽으로 멀게는 잉글랜드와 덴마크, 러시아의 북극해 항구도시 아르한겔스크까지 세력을 넓혔다.

모기들의 걸음을 재촉한 것은 다름 아닌 인간이었다. 모기 매개 역병은 쟁기를 따라, 이리저리 뻗어나가는 인간의 이동과 정착과 교역을 따라 이동했다. 로마 제국과 그 자손인 기독교의 확장 및 확산은 모기 매개 질병이 전에 닿은 적 없던 곳까지 확산되는 발판을 마련해주었다. 계속되는 정복 활동, 이를테면 농경을 위해 환경을 건드리거나 생태계를 부자연스럽게 해치는 활동들은 본래대로라면 불가능했을 곳까지 모기의 서식지로 만드는 결과를 초래했다. 뿌리는 대로 거두거나, 그게 아니라면 뿌린 곳에 거두는 자가 나타나기 마련이다.

6세기에는 황소의 등에 매달아 비옥하고 무거운 양토를 갈아엎을 수 있는 쟁기가 유럽에 도입되었는데, 이로써 농부들은 중유럽 및 북유럽 하천 유역의 단단한 땅을 활용할 수 있게 되었다. 새로운 농경지에 발맞춰 촌락과 도시들이 생겨나면서 인구밀도와 가축 밀집도가 상승했고, 자연스레 수상 교통이 발달하면서 수로와 항구에 사람들이 바글거리게 되었다. 농경 발달과 인구밀도 상승 그리고 교역의 발달은 말라리아 매개 모기의 번식으로 이어졌다.

잉여농산물이 발생할 만큼 경제가 발달한 북부 유럽은 곧 세계 무역시장에 동참했으며, 상인들은 유망한 자본주의적 기회를 찾아 모험의 범위를 넓혀나갔다. 제임스 웹이 설명한 대로, "인간의 이주는 오래전부터 감염병을 싣고 다니는 수레나 마찬가지였다." 암흑시대의 불행은 새로운 질병들로 완성되었고, 신앙에 대한 접근법이 다양해지면서 한층 더 복잡해졌다. 모기와 동행했던 또 다른 이방의 움직임은 곧 새로운 전 지구적 철학, 이슬람의 등장으로 이어진다.

기독교가 모기의 관리하에 느리고 부자연스럽게 확산되었던 것과 달리, 이슬람은 예언자 무함마드Muhammad가 계시를 받은 데서 시작해 빠르게 전 세계를 휩쓸었다. 610년, 무함마드가 휴식을 취하며 사색하던 도중 대천사 가브리엘이 나타나 알라(아랍어로 '신')를 섬기라고 설교했다. 유대교와 기독교에서 섬기는 바로 그 유일신이었다. 무함마드는 계속해서 신성한 계시를 받다가 마침내 다른 이들에게 신의 말씀을 전하기 시작했고, 이로써 메카와 메디나를 중심으로 무슬림('이슬람에 복종하는 이')이 생겨나 점점 그 수가 늘어났다. 그의 설교와 전언은 마침내 쿠란('암송')의 일부가 되었다. 오래지 않아

이슬람('신에게 복종')은 아라비아 반도를 지배하기 시작했다.

7세기, 유럽에서 모기와 말라리아가 은밀하게 북쪽으로 기어오르고 있던 한편, 이슬람은 중동 전역에 걸쳐 영토를 빠르게 확장했다. 기독교 신의 모습을 본뜬 이 유일신 신앙은 북아프리카를 거쳐 비잔틴 제국과 페르시아 등지에 폭포처럼 쏟아졌다. 이슬람계 무어인들은 711년 지브롤터 해협을 건너 스페인을 침공하면서 또 다른 말라리아 폭풍을 선사했으며, 지중해 연안 유럽 전역에 해당 말라리아 기생충을 심어놓았다. 750년까지 이슬람 제국은 동쪽으로 인더스강에서 중동 전역을 거쳐 북쪽으로 터키 동부와 코카서스 산맥까지 그리고 서쪽으로 북아프리카를 거쳐 스페인과 포르투갈, 남부 프랑스에 이르는 영토를 확보했다. 이제 이슬람과 기독교는 두 전선에서 맞붙을 준비를 했는데, 한곳은 서쪽의 스페인이었고 다른 한곳은 동쪽의 터키와 발칸 반도였다. 유럽은 모기와 무슬림 둘 다에게 포위되었다.

유럽에 어둠과 질병과 죽음이 내려앉던 때, 이슬람의 비범한 장군 압둘라만 알 가비키Abdul Rahman al-Ghafiqi가 이끄는 무어인이 프랑스를 통해 서유럽에 침략하려 들자 프랑크 왕국의 군주였던 '망치왕' 카롤루스 마르텔루스Charles Martel와 그의 비현실적인 소작농 부대가 무어인을 저지하고 돌려보냈다(732년 투르푸아티에 전투). 카롤루스 마르텔루스의 손자이자 기독교를 강경하게 전파했으며 새로운 신성 로마 제국의 초대 황제를 지냈던 카롤루스Charlemagne 대제는 프랑스와 스페인에서 무어인을 다시 한 번 막아낸 뒤, 전 유럽의 기독교를 핏빛으로 물들여나갔다. 카롤루스는 고대 로마 제국 이래 최초로 서유럽 대부분 지역을 하나의 통치 체제 아래 통일시켰다. 선구적이지만 잔혹했던 그의 통치하에 유럽은 고대의 그림자에서 벗어나 부상하기 시작했으며, 이에 역사가들은 그를 가리켜 '유럽의 아버지'라 부른다.

카롤루스는 768년 프랑크 왕국의 왕위에 올랐으며, 곧이어 제국을 확장하고 사람들의 영혼을 구원하기 위해 50차례의 군사 원정을 펼쳤다. 완고한 기독교 수호자이자 옹호자였던 그는 곧 스페인에서 이슬람의 확산을 둔화시킨 뒤, 북쪽의 색슨족과 데인족, 동쪽 헝가리의 마자르족을 상대로 전쟁을 벌이는 한편, 이탈리아 북부에서도 지배력을 공고히 했다. 카롤루스의 군사 활동으로 프랑크 왕국 주변에서 완충 역할을 하던 국가들이 파괴되면서 일련의 침략과 새로운 위협이 왕국에 들이닥쳤다.

십자군의 일환으로 공식적으로 간주되지는 않지만, 카롤루스는 정복한 지역을 기독교로 개종하는 데 '종교적 제노사이드'라고도 할 만큼 광적이고 극단적 행보를 보였다. 한때 치유와 위안으로 사람들의 개종을 이끌어냈던 기독교는 카롤루스 휘하에서 이전과는 상반된 방식으로 사람들에게 구원의 길을 제시했다. 피정복민은 기독교의 신을 받아들일지, 당장 칼날 아래에서 신과 조우할지를 택할 수밖에 없었다. 일례로 카롤루스는 782년 베르됭에서 자기 자신과 기독교 신의 권위에 복종하길 거부한 4,500명 이상의 색슨족을 모두 학살하라고 명령했다. 카롤루스가 군사적, 정치적, 영적 입지를 공고히 하자, 당시 입지가 약했던 교황 레오 3세Leo III는 카롤루스를 자신의 권위와 지배력을 보호하고 강화하는 수단으로 삼았다.

교황 레오 3세는 돈으로 입막음한 간통과 복잡한 사생활, 정치적 공모, 경제적 음모 등으로 이탈리아 엘리트 사이에서 신임을 잃고 있었다. 이에 레오 3세는 카롤루스의 비호를 받아 교황의 정당성을 유지하고 찬탈자들을 저지하고자 했다. 레오 3세는 보루의 사방에서 위협에 시달리던 800년 크리스마스, 카롤루스의 신성 로마 제국(혹은 카롤루스 제국)의 황제 대관식을 주재하였다. 카롤루스 대제는 3세기 이전 서로마 제국이 몰락한 이래 최초로 서로마 전역을 지배한 황제였으나, 그가 사방으로 펼친 기독교화 및 군사적 공격은 세력균형을 깨뜨렸으며 보복 공격을 불러일으켰다. 814년 카롤루스가 71세의 나이로 자연사한 뒤, 그의 후계자들에게는 그가 건설한 섬세하고 허술한 기독교 제국을 지키는 임무가 주어졌다.

과도하게 확장된 신성 로마 제국은 곧 러시아 동부 볼가강과 우랄산맥 출신 유목민족인 마자르족의 침략을 받았고, 금세 불안정해지고 약화되었다. 마자르족은 900년에 이르기까지 오늘날의 헝가리 지역인 다뉴브강을 따라 정착하면서 기존 질서에 쐐기를 박았으며, 이후 50년 동안 서쪽으로 독일과 이탈리아, 멀게는 프랑스 남부까지 공격을 이어갔다. 한편 이슬람은 서쪽으로 천천히 퇴각하고 있기는 했으나 여전히 스페인에 머물러 있었으며, 동쪽으로 나아가 비잔틴 제국의 동문을 두드리고 있었다.

서유럽에 대한 마자르족의 야망은 955년 레히펠트 전투에서 독일 왕 오토Otto에게 저지당했다. 여기서 기독교 세계의 구원자라는 명성을 얻은 오토는 이를 발판 삼아 962년 쇠락하는 신성 로마 제국의 황제에 등극한다. 오토를 시작으로 독일의 왕이 사실상 신성 로마 제국의 군주를 겸하여 이중으로 대관했으나, 교황청이 모든 군주에게 축복을 보낸 것은 아니었다. 참패한 마자르족은 국왕 이슈트반Stephen(훗날의 성 이슈트반) 치하에서 기독교를 수용한 뒤 헝가리 평원에 정착하여 농경문화를 일구었다. 마자르족의 농경 활동은 생태계를 교란시켰고, 다시 한 번 모기들이 말라리아 순회공연을 펼칠 새로운 무대를 마련해주는 셈이 되었다. 나중에 알게 된 사실이지만, 마자르족이 다뉴브강을 따라 만들어둔 이 말라리아투성이 환경은 유럽에게 축복과도 같다. 13세기에 무자비한 몽골군이 침략할 당시, 마자르족 농부들이 길러놓은 말라리아모기들이 방어선을 효과적으로 지켜내며 범유럽을 구하는 데 일조하기 때문이다.

무슬림과 마자르족의 침략은 유럽 영토의 심장부에 주요 외세가 침입해온 마지막 사례였다. 곧이어 신성 로마 제국은 민족 단위의 다양한 왕국들로 분열된다. 많은 측면에서 이들의 침략은 이주시대 모기 때문에 좌절되었던 서고트족, 훈족, 반달족의 침략과 4세기에서 5세기 서로마 제국의 기반을 흔들었던 전쟁들의 연장선상에 놓여 있다. 앞서 찾아왔던 약탈자 유목민들과 마찬가지로 이 침략자들 또한 유럽 바깥에 자리를 잡고 지역사회에 흡수되거나 헝가리 마자르, 프랑스, 독일, 크로아티아, 폴란드, 체코, 슬라브(루스와 우크라이나) 등 새로운 민족 영토를 확보했다. 근대 유럽의 민족 구성과 지도가 형태를 갖추기 시작한 것이다.

이로써 유럽의 상대적 평화와 단일한 기독교의 시대가 시작되었다. 이 표면적 통일은 상업적 분화와 길드 전문화, 교역 발달, 부의 증대를 낳았다. 이어 농경학과 시장자본주의, 상업교통과 교역이 발달하면서 모기를 더욱 먼 곳까지 퍼트렸다. 경제 부흥으로 인해 지역의 통치세력이 성장하고 지배력을 유지하는 게 가능해졌으며, 농노를 바탕으로 하는 봉건제 국가 또는 번왕국이 출현하였다. 전제군주들과 그들이 다스리는 봉토는 사적으로 고용한 용병 기사단과 유사시 징집하는 농노 병사들이 지켰다.

왕들은 교황에게 승인받은 신권으로 새로운 지역들을 다스렸다. 늘 감시와 판단과 경계의 눈초리를 거두지 않았던 교황들은 점점 영혼을 구하는 일보다는 부와 권력을 축적하는 데 관심을 기울였다. 치유의 종교이자 말라리아를 퇴치하고 치료하던 종교였던 기독교 교회는 온데간데없었다. 구원은 이제 뇌물을 바치지 않으면 얻을 수 없는 무시무시한 무기가 되어 무지한 소작농 백성들로부터 부를 거두어들이는 데 사용되었다. 유럽과 그 너머를 휘감았던 상업혁명에서 교황 또한 한자리를 차지하고 수익을 거두어들이는 데 혈안이 되었다.

오토 1세를 시작으로 이어진 신성 로마 제국의 역대 황제들은 탐욕스러운 로마를 비롯하여 반란을 일으키는 이탈리아 도시국가들을 진압하고자 애를 썼으며, 권력과 독립성을 점점 키워나가는 교황에게도 신성 로마 제국의 우위에 정당성을 부여하라고 압박했으나 뜻대로 되지는 않았다. 과거 카르타고인과 서고트족, 훈족, 반달족이 몰려들었을 때에도 그러했듯, 폰티노 습지의 모기들은 이 시대에도 여전히 로마와 바티칸을 외세의 침략으로부터 지켜주었다. 한니발과 알라리크, 아틸라, 가이세리크를 비롯해 로마의 환심을 사려 주변을 맴돌았던 정복의 구혼자들과 마찬가지로, 오토 1세와 오토

2세Otto II, 하인리히 2세Henry II(후대 영국의 왕 헨리 2세Henry II와 헷갈리지 않도록 유의할 것) 및 하인리히 4세Henry IV 또한 말라리아 매개 모기 앞에 무릎을 꿇었다.

오토 1세의 게르만군은 이탈리아에서 일어난 반란을 진압하던 도중 말라리아에 휘말렸다. 당시 이탈리아를 물려받았던 오토 2세Otto II는 승리를 거두지도 못한 채 983년 말라리아로 사망했다. 오토 2세가 28세의 나이에 갑작스레 세상을 떠나자 많은 게르만인과 외국 귀족이 빈 왕좌를 차지하기 위해 소란을 피웠다. 내분이 일어나던 한편에서 하인리히 2세는 점차 작아지던 신성 로마 제국을 느슨하게나마 하나로 단결시켰다. 이즈음에 신성 로마 제국은 이름만 남은 상태였다. 민족 국가들이 사방에 생겨나면서 신성 로마 제국은 중앙 유럽의 독일 왕국과 약간의 여타 영토로 그 범위가 줄어들었다.

하인리히 2세는 1022년 이탈리아를 진압하고자 했으나 파괴적 질병이 돌았던 탓에 원정을 그만둘 수밖에 없었다. 당시 로마에서 활동했던 베네딕트회 수사이자 추기경이었던 베드로 다미아노Peter Damian(1828년 시성)는 생명을 앗아가는 듯한 도시 분위기를 다음과 같이 묘사했다. "인간을 탐하는 로마가 가장 강한 인간 본성을 무너뜨린다. 열병의 온상 로마가 죽음의 과일을 가져다준다. 로마 열병은 누구든 떨쳐버릴 수 없다는 절대적인 권리를 충실히 따른다." 국내외에서 반란이 일어나는 한편 세 명의 교황으로부터 다섯 차례 파문을 당했던 탓에 입지가 약해져 있던 하인리히 4세는 1081년부터 1084년까지 로마를 네 차례 포위 공격했다. 그러나 여름마다 하인리히의 병사들이 모기떼에 시달리다 못해 캄파냐에서 퇴각할 수밖에 없었던 탓에 로마와 교황 세력은 매번 고비를 넘길 수 있었다. 하인리히는 그림자 부대를 남겨두었으나 폰티노 습지를 열정적으로 순찰하던 로마 동맹군인 얼룩날개 장군에게 예외 없이 격파당했다.

특별할 것 없는 일련의 지도자들을 거친 끝에, 1155년 마침내 희망 없어 보이던 신성 로마 제국에 인상적인 군주가 등장했다. 프리드리히 1세Frederick I는 당대 시민들에게 큰 사랑을 받았으며, '붉은 수염'이라는 뜻의 바르바로사Barbarossa라는 애정 어린 별칭으로 불리기까지 했다. 그는 강한 군주로서 가져야 할 모든 재능과 덕목을 갖춘 인물이었다. 그는 매우 존경스러운 행보를 보이며 후대에 널리 이름을 떨쳤으나, 그보다 더 악랄한 데에 엮여 이름을 남기기도 했다. 그 유명한 아돌프 히틀러가 중세의 게르만 군주이자 선지자를 기리기 위해 1941년 6월 소련 침공 작전을 바르바로사 작전이라 명명했기 때문이다.[26]

바르바로사는 카롤루스 휘하에서 누렸던 제국의 옛 영광을 회복하고자 했다. 그러나 모기는 바르바로사가 집결시킨 군대를 위해 영광보다 못한 것들을 준비해놓고 있었다. 바르바로사는 이탈리아와 교황 세력을 상대로 다섯 차례 군사 공격을 감행했으나, 말라리아 매개 모기떼로 인해 모두 실패하였다. 바르바로사의 병사들 중 하나는 "이탈리아가 주변 습지에서 뿜어져 나오는 유독한 안개로 더럽혀져 있으며, 안개를 들이마신 이들 모두에게 고통과 죽음이 뒤따랐다"고 했다. 당시 교황청의 일원이었던 추기경 보소Boso는 바르

---

26 침공을 계획할 당시 본래 작전명은 오토 1세의 이름을 딴 오토 작전이었다. 이후 1940년 12월 바르바로사 작전으로 변경되었다.

바로사의 침략에 관하여 다음과 같이 썼다. "(바르바로사의) 군대 내에서 갑자기 치명적인 열병이 발생하여 7일 만에 거의 모든 병사가 (중략) 예기치 못하게 비참한 죽음을 맞이했으며 (중략) 8월이 되자 쇠약해진 군대를 이끌고 퇴각하기 시작했다. 그러나 치명적인 질병이 그의 뒤를 쫓았던 탓에 한 걸음 내딛으려 할 때마다 수없이 많은 사망자를 뒤로 할 수밖에 없었다." 로마를 방위하는 충실한 모기들에게 저지당한 바르바로사는 독일로 퇴각해 독일 백성들 및 점점 자주성을 키워나가던 남작들의 사회적 요구를 받아들였으며, 동쪽으로 슬라브 민족을 점령하여 '더 위대한 독일a greater Germany'을 건설하고 레벤스라움('생활권')을 확보했다. 이 강령은 750년이 지난 후, 히틀러의 제3제국(나치 독일)에서 다시 부활한다.

교황 우르바노 3세Urban III가 말라리아로 세상을 떠난 뒤 그 뒤를 이은 교황 그레고리오 8세Gregory VIII는 오랜 친구였던 바르바로사의 파문을 취소하고 화약을 맺었으며, 이로써 바르바로사는 다시 한 번 교황 세력과 우호 관계가 되었다. 제3차 십자군 원정 당시, 그레고리오 8세가 유럽에게 성지(이스라엘 팔레스타인 땅)를 되찾을 것을 촉구하자 바르바로사가 기독교적 열의를 보이며 이에 화답했다. 그레고리오 8세는 살라딘Saladin이 이끄는 무슬림이 이집트와 레반트 그리고 신성한 도시 예루살렘을 점령할까 우려하는 한편 성지에 대한 기독교의 권한이 약화될까 우려했으며, 이에 1187년 십자군을 모집하는 교황 교서를 선포하였다.

교황 그레고리오 8세는 지휘권을 잡은 지 고작 57일 만에 말라리아로 세상을 떠났으나, 그의 호소에 전 세계의 기독교인이 화답해

"회개하고 선을 행할 기회"라는 명목하에 장애물을 제거해줄 군대가 소집됐다. 바르바로사가 이끄는 기독교 병사들은 프랑스의 필리프 2세Philip II, 오스트리아의 레오폴트 5세Leopold V, 잉글랜드의 갓 즉위한 '사자심왕Lionheart' 리처드 1세Richard I가 이끄는 군대들과 함께 앞으로 나아갔다. 유럽의 위대한 지도자들이 이끄는 저돌적인 십자군 병사들은 고향을 지키려는 무슬림들과 모기들이 만들어낸 죽음의 소용돌이 속으로 진격했다.

로마와 교황 세력을 지켜냈던 폰티노 습지의 위압적인 모기 순찰대는 소규모 치유 종교로 불안정하게 출발했던 기독교를 부패한 영적·경제적·군사적 권력 사업으로 변모시키는 데 일조했다. 그러나 성지의 모기들은 기독교인들이 치료자에서 탐욕스러운 십자군으로 변모한 것이 마음에 들지 않았던 듯하다. 이들은 레반트에 침입한 기독교인들에게 보복을 가하여 이슬람 땅에서의 세력 확장을 저지하는 한편, 기독교인들이 중동에 건설한 십자군 국가들의 토대를 조금씩 갉아먹었다.

'십자군Crusades'이라는 용어는 정작 당시에는 사용되지 않았다. 1750년대에 이르러 사용되기 시작한 이 용어는 기독교인들이 무슬림 세력에게서 성지를 탈취해오고자 1096년부터 1291년까지 총 아홉 차례에 걸쳐 벌인 중동 원정을 총칭한다. 콜럼버스가 의도치 않게 세상을 바꿨던 해인 1492년에 한꺼번에 종식된 스페인 레콩키스타(이베리아 반도에서의 이슬람 축출 과정) 및 유럽 내 전쟁들 또한 성지 탈환 원정의 일환으로 보거나 적어도 연관이 있다고 간주된다. 1096년 제1차 십자군 원정이 시작된 이래 약 200년에 걸쳐 성지를 향한 일련의 모험이 이어졌다. 이 모험을 가능케 했던 원동력은 탐욕과 이념이라는 흥미로운 조합 그리고 교역 확대라는 침략 의도를 숨기지 못한 종교적 교리문답이었다.

선교사들의 설교나 『로빈 후드Robin Hood』와 같은 동화에서 십자군은 신앙심 없는 이슬람 세력으로부터 성지를 지켜내기 위해 맞서 싸운 이들로 그려지지만, 실제는 그보다 훨씬 광범위한 목적이 얽혀 있었다. 기독교 이외의 모든 신앙을 진압하고 종결시키려는 목적도 그중 하나였다. 십자군은 빛나는 철갑을 두른 유럽인 기사들이 이슬람의 레반트 지배를 저지하고자 충성스러운 군마를 타고 무슬림의 성으로 돌격하는 단순한 원정이 아니었다. 동화 속 상징적 이미지보다 훨씬 더 복잡했다. 십자군의 선두에 섰던 누군가가 말했듯, 다른 수많은 이교도가 바로 옆에 있는데 굳이 무슬림을 공격하기 위해 여정을 떠난다는 것은 무모한 일이자 '우리의 임무에 역행하는 일'이었다.

십자가가 그려진 방패를 들고 영주 혹은 교회 지도자들의 호사스러운 염원을 대신 충족시켜주었던 신실한 십자군 기사들은 사실 아서 왕King Arthur 신화 속에서 곤경에 빠진 여인들을 구원하고 위대한 기독교 세계를 수호했던 기사들보다는 알 카포네Al Capone나 파블로 에스코바르Pablo Escobar를 따랐던 조직폭력배들에 더 가깝다. 이들은 유럽에서 성지로 향하는 도중 유대인 및 이교도 거주 지역을 지나도록 경로를 의도적으로 설정해, 무자비한 타민족 및 이교도 청소를 벌였다. 관례대로 지역 내 모든 민가를 마구잡이식으로 약탈하기도 했으며, 같은 기독교인 주민이라도 예외는 아니었다. 십자군을 일으킨 이유 중에는 가톨릭 분파들 간 갈등을 해소하려는 목적도 있었다. '신의 뜻대로God wills it'라는 선전 아래 라이벌 군주들과 성직자들은 이를 눈감아주었다. 교황은 군대를 일으키기 위해 용병들에게 절대적인 사면을 약속했고, 십자군이라는 고난과 시험은 다른 그 어떤 것보다 확실한 속죄로 여겨졌다.

소작농부터 귀족까지 유럽의 다양한 남녀가 신을 위한 전쟁에 참여했다. 군대의 호위를 받으며 순례하는 게 목적인 이들도 있었고, 자원병 혹은 징집병도 있었으며, 극동의 타락한 환락가나 강간과 약탈이 목적인 이들도 있었다. 개인적 동기를 가진 이들도 있었다. 십자군에 참여한 개개인의 동기는 한 마디로 설명할 수 없다. 역사학자 알프레드 W. 크로스비는 십자군을 다음과 같이 설명했다. "무슬림으로부터 성묘를 구출하려는 교인 집단이 펼친 일종의 자살돌격banzai charge으로, (중략) 종교적 이상주의와 모험에 대한 욕망, 어마어마한 탐욕이 뒤섞여 있었다. 십자군을 기획한 이들에게 종교적 동기는 수많은 요소 중 하나에 지나지 않았으며, 대개는 정치적·경제적 이익과 영토 확장을 중심으로 한 진짜 의도를 숨기기 위해 종교적 요소를 장막으로 활용했다."

십자군은 잇따라 횟수를 늘려가면서 점차 수익성 좋은 사업이 되어갔다. 유럽에서 지중해 동부 연안까지 대규모 군대와 신실한 순례자 집단을 이동시키고 원상을 유지하며 물자를 공급한다는 것은 웬만한 일도 아니었고 적은 돈이 들어가는 일도 아니었다. 레반트가 기독교 손에 들어온다면 지중해 권역의 경제 전체가 유럽의 정치 군주들과 종교적 지도자들의 관할로 들어오게 될 터였다. 이때부터 수세기에 걸쳐, 탐욕스러운 지도자들은 흥분한 민중에게 "사악한 인종으로부터 저 땅을 탈취하여 우리 것으로 삼자"는 메시지를 은밀하게 속삭였다.

기독교적 열의를 동력 삼아 각계각층에서 모인 대략 8만 명이 제1차 십자군 원정(1096~1099년)에 동행했다. 이들은 예루살렘을 향한 기만적 여정에 용감하게 발을 내딛으면서 비기독교인들을 유린했다. 뒤죽박죽 섞인 십자군 무리는 성지에 다가갈수록 점차 그 수가 줄어들었고, 콘스탄티노폴리스를 통해 아시아로 건너갈 때는 말라리아가 덮쳐 일반 사병의 수가 한층 더 줄어들었다. 1098년 봄, 우기가 시작되면서 뒤이어 모기와 말라리아가 창궐하는 여름이 찾아왔고, 초가을에 이르기까지 독일 지원군 1,500명 전원을 비롯한 수천 명의 십자군이 치명적인 말라리아 기생충 때문에 세상을 떠났다. 남은 자들은 예루살렘을 향해 계속 나아갔고, 가는 길에 햇병아리 십자군 국가들을 건설했다. 이들은 결국 1099년 6월 무슬림으로부터 예루살렘을 탈취했다. "이제 우리 병사들이 성벽과 탑을 사로잡았으니 멋진 광경이 펼쳐졌다." 프랑스의 사제이자 전사였던 레옹 다길레르Raymond d'Aguilers의 말이다. "우리 병사 몇몇은 적군의 머리를 베었고, 다른 이들은 화살을 쏘아 적들을 탑에서 떨어뜨렸으며, 나머지 병사들도 적들을 불길에 던져 넣어 오래도록 고문했다." 실현 방식이 얼마나 야만적이었든, 이제 예루살렘은 기독교인들의 손 안에 있었다.

1110년에 이르자 안티오크와 예루살렘 및 예루살렘의 항구도시 아크레를 비롯한 수많은 소규모 십자군 국가가 레반트 해안가에 자리를 잡았다. 이 지역은 상업의 요충지였으므로 오래전부터 다양한 문화와 민족이 모여 용광로를 이루고 있었다. 십자군 대부분은 전리품을 가지고 유럽으로 돌아갔고, 이곳에 남은 영주들과 얼마 안 되는 유럽인 주민들은 무슬림과 유대인, 칼데아인, 페르시아인, 그리스인을 비롯한 지역 주민들과 공생하고 협력하는 법을 배워나갔다. 곧이어 세계 전역을 오가는 무역상들이 이곳의 복잡하고 활기찬 항구를 오가면서 다양한 민족이 뒤섞인 풍경을 만들어냈으며, 지중해 동부 연안은 세계 무역의 중심지로 거듭났다. 십자군은 폭력적인 전쟁으로 유명하기도 하지만, 한편으로는 어마어마한 규모의 무역을 이끌어냈으며 지식과 혁신이 폭넓게 교환되는 계기가 되기도 했다. 이렇게 형성된 세계 무역 시장에서의 독점적 지위는 전쟁을 불사할 만큼 탐나는 것이었기 때문에, 레반트 진출이 목표였던 최초의 십자군 원정은 이후 여러 차례 십자군 원정으로 연장되었다.

제1차 십자군 원정의 성공과 레반트 지역의 기독교 국가 건설은 신기루에 불과했다. 1139년 무장 수도자가 되겠다는 맹세하에 성전기사단이 창단되었지만, 중동 지역에서 기독교의 견인력은 서서히 약화되었다. 그러나 탐욕과 결탁한 종교적 광신주의와 신에 대한 맹목적 숭배는 무시하기 힘든 자극이었고, 기독교 세력은 이후 200년에 걸쳐 지중해 무역을 사수하고 이슬람을 성소에서 끌어내리고자 수차례 원정을 일으켰다.

제2차 십자군 원정(1147~1149년)은 프랑스 국왕 루이 7세Louis VII의 주도하에 엘레오노르 다키텐Eleanor d'Aquitaine 여공 및 독일의 황제 콘라트 3세Conrad III가 함께 했다. 엘레오노르 여공은 루이 7세의 아내이자 훌륭하고 활기차며 강인한 전사로, 원정에 루이 7세보다 더 많은 병력을 보탰다. 이들은 성급하게도 다마스쿠스를 공략할 계획을 세웠다. 이에 다마스쿠스 방위군은 미아스마식 생물전을 개시해 도시 주변의 모든 수원水原을 의도적으로 파괴하였으며, 말라리아가 창궐하기 좋은 환경으로 십자군을 장엄하게 맞이하였다. 말라리아가 한창이던 1148년 7월의 여름, 결국 다마스쿠스 포위 공격이라는 형편없는 계획은 닷새간 실행된 끝에 기생충으로 뒤덮이는 재앙을 낳았다.

패배 이후, 루이 7세가 참패의 원인을 아내 엘레오노르의 탓으로 돌린 것이 이후의 상황을 크게 바꾸었다. 엘레오노르는 아직 아들을 낳지도 못했으며, 그녀의 숙부이자 십자군 국가 안티오크의 군주였던 레몽Raymond과 간통하고 있다는 의심을 받고 있었다. 루이 7세와 엘레오노르는 프랑스로 돌아온 뒤 교황에게 혼인 '무효화'를 받아내며 애정 없던 결혼생활에 종지부를 찍었다. 엘레오노르는 곧 사촌 헨리 2세Henry II와 혼인했으며, 불과 2년 뒤인 1154년 헨리 2세는 잉글랜드 왕위에 오른다. 헨리와 엘레오노르(그리고 그녀가 가진 프랑스 영토)가 결합하면서 이후의 역사에 중대한 영향을 미치게 되는데, 이들이 슬하에 둔 8명의 자식들 중 두 사람인 리처드 왕과 존John 왕이 마그나카르타 인준과 직접 연관되기 때문이다.

제2차 십자군 원정이 실패로 돌아간 후, 1187년 교황 그레고리오 8세는 유럽인들에게 살라딘과 무슬림 군대로부터 무슬림을 되찾자고 호소했다. 갓 즉위한 잉글랜드의 사자왕 리처드는 오스트리아의 레오폴트 5세, 프랑스의 필리프 2세, 독일의 바르바로사와 함께 기독교 세계의 군대를 모아 제3차 십자군 원정을 일으켰다. 그러나 바르바로사는 성소로 향하던 중 사고로 세상을 떠났다. 살라딘은 예루살렘으로부터 북쪽으로 100마일(약 160킬로미터) 떨어진 해안가의 요새 도시 아크레에서 십자군을 가로막았다. 1189년 8월, 예루살렘 왕국의 전 국왕이자 포로생활에서 풀려난 지 얼마 되지 않았던 기 드 뤼지냥Guy de Lusignan이 이끄는 조악한 지역 십자군과 필리프 2세 및 레오폴트 5세의 정규 파견부대가 아크레를 포위했다. 하지만 말라리아가 이들을 무너뜨리기 시작하자 살라딘은 누구도 예상치 못했던 훌륭한 전술로 십자군을 오도 가도 못 하게 만들어 모기들이 십자군을 마음껏 빨아먹도록 했다.

1191년 6월 리처드 왕이 군대를 이끌고 아크레에 당도했을 즈음, 십자군은 이미 2년 가까이 끈덕진 말라리아에 시달리고 있었다. 말라리아가 수차례 유행한 탓에 유럽인 십자군의 약 35퍼센트가 목숨을 잃었으며, 살아남은 이들은 이미 기독교 이념과 열의를 잃어버린 뒤였다. 리처드 또한 이곳에 당도하자마자 말라리아에 감염되었으며, 신하들은 왕이 '민중이 아르놀디아Arnoldia라 이름 붙인, 기후 변화로 유발되어 체질에 악영향을 미치는 심각한 병'에 걸렸다고 말했다. 말라리아와 괴혈병 그리고 무슬림과 싸우던 리처드는 한 달 만에 포위 공격을 끝내고 아크레를 함락했다. 그러나 유럽인 십자군에게는 예루살렘으로 진격을 계속할 만한 병력도 열의도 남아 있지 않았다. 모기가 사실상 군대를 무력화시킨 셈이었다. 한편 말라리아와 괴혈병 때문에 무력해진 필리프 2세와 레오폴트 5세는 아크레 함락 이후 변변찮은 전리품만 나누어 받았던 터라 리처드 왕에게 큰 배신감을 느끼고 있었다. 열등한 군사적 · 경제적 입지를 깨닫고 의욕을 잃은 두 왕은 8월경 성소 탈환을 포기한 채 끔찍한 몰골의 생존자들을 데리고 돌아갔다. 그리고 훗날 리처드 왕에게 이때의 설욕을 갚는 데 성공한다.

리처드는 동지들의 탈영에도 개의치 않고 예루살렘으로 진격하겠다고 맹세했다. 살라딘과의 협상이 결렬되자 리처드는 무슬림 군대가 지켜보는 가운데 포로 2,700명을 참수했고, 살라딘도 이에 친히 화답했다. 남쪽으로 진격한 리처드는 무슬림의 맹공을 뚫고 자파시를 점령할 수 있었다. 리처드 왕이 용맹함과 군사적 기술, 기량, 사자의 심장coeur de lion을 가지고 있다는 명성은 여기에서 비롯되었다. (리처드 왕은 영어가 아니라 불어를 사용했다.) 11월, 리처드는 최초로 예루살렘 함락을 시도했으나 폭우와 진흙탕 속에서 비틀거리고 휘청거리다 끝났다. 11월은 레반트 지역에서 말라리아가 가장 창궐하는 때이기도 했다. 이들을 지켜본 누군가는 "질병과 결핍이 병사들을 약화시킨 탓에 감당하기 어려운 지경이었다"고 기록했다. 두 번째로 예루살렘을 공략했을 때도 말라리아 때문에 퇴각할 수밖에 없었다. 리처드 또한 다시 한 번 병상에 들었으며 주치의들은 이를 '급성 반-삼일열semitartin(매일 발열 발작이 일어나지만 강도는 하루걸러 한 번씩 심해지는 열)'이라 판단했는데, 아마도 삼일열말라리아와 열대열말라리아가 한꺼번에 발병한 듯하다.

낙오된 십자군 병사들의 상태도 사령관만큼이나 좋지 않았다. 거룩한 성 예루살렘을 향한 리처드의 꿈은 너무나 뚜렷했지만 결국 실현되지 못했다. 모기들은 예루살렘을 무슬림의 것으로 명했다.

이어 사실상 기독교 세계와 무슬림 세계 각각의 지도자이자 서로를 존중했던 사자왕과 살라딘 사이에 조약이 체결되었다. 이로써 예루살렘은 무슬림의 통치를 받으면서도 '국제' 도시로서 기독교인과 유대인 순례자 및 무역상에 개방되었다.[27] 1291년 말라리아로 쇠약해진 십자군 국가들의 마지막 흔적인 아크레시를 무슬림이 재탈환하면서, 기독교인이 유럽 바깥 세계에 최초로 시도한 대규모 식민지 원정은 사막의 모래 아래로 가라앉았다.

이슬람의 예루살렘 지배는 제1차 세계 대전 전까지 이어지다가 1917년 크리스마스 당일 영국의 에드문드 알렌비Sir Edmund Allenby 장군이 예루살렘에 입성하면서 막을 내렸다. 군사 및 정계의 상관들이 '아마겟돈의 알렌비'라 불렀던 알렌비 장군은 예루살렘을 정복한 서른네 번째 인물이자 십자군 이래 최초의 '기독교인' 정복자였다(다만 그 개인은 무신론자였다). 영국군 의료부대는 알렌비를 "수많은 군대가 무너졌던 말라리아 유행 지역에서 위험성을 이해하고 필요한 조치를 취한 최초의 사령관"이라고 칭송했다. 같은 해, 대영 제국의 외무성 장관이자 전 총리였던 아서 밸푸어Arthur Balfour는 이제는 악명 높아진 「밸푸어 선언」을 통해 "본 정부는 유대인의 민족적 고향을 팔레스타인에 수립하는 데 찬성하며 이 목적을 실현하기 위해 최선의 노력을 기울이겠다"고 선언했다. 제1차 세계 대전 당시 기독교인들이 레반트를 점령한 데 이어 밸푸어의 이상주의 선언이 실현되면서 성지는 다시금 적대적 분위기에 휘말렸으며, 오늘날까지도 중동

---

27 일례로 1865년에 예루살렘의 인구 구성은 총 약 1만 6,500명 중 유대인이 7,200명, 무슬림이 5,800명, 기독교인이 3,400명 그리고 '기타'가 100명이었다.

을 에워싼 적대관계와 악감정들이 생겨났다.

1917년의 알렌비는 1192년의 리처드가 하지 못했던 일을 해냈다. 모기를 따돌리는 데 성공한 것이다. 제3차 십자군 원정에서 리처드가 실패한 이유는 말라리아와 자만심이었다. 1192년 10월, 끈질긴 말라리아 열병에 시달렸던 리처드는 레반트를 떠나 잉글랜드로 돌아갔다. 그의 여정은 기만과 속임수로 가득했으며 끝내는 그를 죽음으로 몰고 갔다. 리처드가 성지에서 십자군 원정을 계속하던 당시, 그의 등 뒤에서는 그에게 악감정을 품은 프랑스의 필리프와 리처드의 동생 존이 음모를 꾸미고 있었다.

프랑스에 돌아온 필리프는 자리를 비운 형 리처드에게 반역을 꾀하던 존 왕자를 비밀리에 도왔고, 헨리와 엘레오노르의 결혼으로 잉글랜드에 이전된 프랑스 내 잉글랜드 왕국령에 포위전을 펼쳤다. 마지막으로 필리프는 리처드가 프랑스 항구에 정박하지 못하도록 했는데, 이로써 리처드는 중앙유럽을 통하는 위험한 육로를 택할 수밖에 없었다. 크리스마스 직전, 리처드는 그를 기다리던 레오폴트에게 붙잡혔다. 레오폴트는 은화 10만 파운드라는 어마어마한 몸값을 요구했다. 잉글랜드 왕실이 1년간 거두어들이는 세금의 세 배에 달하는 금액이었다. 결국 리처드의 어머니 엘레오노르가 지불했는데, 엘레오노르는 막대한 금액을 충당하기 위해 소작농·남작·성직자 들의 소유물, 가축, 축적 재산 등에 대해 임의로 세금을 추가 징수했으며, 그렇게 엄청난 금액을 지불하고서야 리처드는 풀려날 수 있었다. 이에 필리프는 황급히 존에게 전갈을 보냈다. "조심하시오, 악마가 풀려났소."

석방되어 잉글랜드로 돌아온 리처드는 다시 한 번 프랑스 내 잉글랜드령 점령 작전을 펼치면서 추가적으로 물자와 자금을 소모했다. 1199년, 리처드는 특별할 것 없던 아키텐 성을 포위했는데, 이때 방위군 병사 하나가 성벽 위에서 한 손에는 석궁을, 몬티 파이튼(1900년대 중반의 서커스 극단)처럼 다른 한 손에는 방패로 쓰는 프라이팬을 들고 우스꽝스럽게 서서 리처드의 시선을 끌었다. 깜빡 정신이 팔린 리처드는 날아오는 화살에 맞았고, 이후 상처에서 괴저가 일어나 사망했다. 잉글랜드의 왕위는 존이 계승했다. 이후 10년 동안 존은 잉글랜드의 영토를 조금씩 빼앗기는 당시의 상황을 뒤집기 위해 계속 프랑스를 공격했으나 성과를 얻지는 못했으며, 이 과정에서 군사 자금을 대기 위해 상속세와 혼인세를 부과하는 등 조세를 늘리고 추가 편성했고, 뇌물을 노골적으로 갈취했다.

나도 만화영화를 좋아하기는 하지만, 슬프게도 로빈 후드Robin Hood는 실존 인물이 아니다. 로빈 후드는 소설 속 인물이자 존 왕이 다스리던 잉글랜드의 가난과 압제로 뒤덮인 어둡고 음울한 시기에 희망과 변화를 상징하는 인물이었다. 로빈 후드 설화가 보다 오래전부터 구전되었다는 설도 있는데, 처음 글로 기록된 것은 윌리엄 랭런드William Langland의 우화적인 설화시 「농부 피아즈Piers Plowman」(1370년 경)에서다. 이 시는 「가윈 경과 녹색 기사Sir Gawain and the Green Knight」와 더불어 초기 영문학 최고의 작품으로 손꼽힌다. 같은 시기 제프리 초서Geoffrey Chaucer가 집필한 스물네 편의 대작 『켄터베리 이야기The Canterbury Tales』에서는 '당신의 골칫거리가 될지도 모르는 학질'이 등장하여 말라리아가 당시 잉글랜드 동부의 저지대 펜렌드 습지에 단단히 자리를 잡고 있었으며 셰익스피어가 여덟 편의 희곡에서 말라리아를 언급하기 훨씬 이전부터 영문학에 등장했음을 확인해준다.

초기 로빈 후드 이야기는 숀 코네리Sean Connery, 케빈 코스트너Kevin Costner, 케리 엘위스Cary Elwes, 러셀 크로우Russell Crowe(2010년 영화 <로빈 후드Robin Hood> 출연진)가 그린 이야기와는 다소 거리가 있다. 모든 캐릭터와 추가적인 줄거리가 완성된 것은 1938년 에롤 플린Errol Flynn과 올리비아 드 하빌랜드Olivia de Havilland 주연의 액션 영화 <로빈 훗의 모험The Adventures of Robin Hood> 때다. 테크니컬러technicolor로 만들어진 최초의 영화들 중 하나였던 이 영화는 속세를 떠나 셔우드 숲에 사는 유쾌한 이들이 노팅엄의 탐욕스러운 군주와 맞서 싸우는 이야기로, 전 세계 수많은 관객(그리고 이야기를 설명해주는 부모들)의 심금을 울렸다. 오늘날까지 살아 숨 쉬는 로빈 후드 이야기는 1973년 디즈니 애니메이션에서 완성된 것으로, 여기에서 존 왕은 엄지손가락이나 빨아대는 비겁한 사자로 그려진다.

1214년 부빈 전투에서 존 왕이 프랑스에 참패하자, 그간 가중된 부담으로 불만을 품고 있던 남작들이 연합하여 반란을 일으켰다. 1215년 6월 15일 러니미드에서 존 왕은 반란을 일으킨 남작들의 요구에 따라 강제로 '자유의 대헌장' 마그나카르타에 서명했다. 이 혁명적인 문서는 (당시 매우 소수에 불과했던) 잉글랜드 모든 자유민의 권리와 사적 자유를 개괄했다. 마그나카르타는 근대에 대해 신화적 함의를 가지고 있다. 이후 역사를 거치며 의미가 훼손된 부분도 많지만, 여기에서는 이 중 한 가지만 살펴보고 넘어가겠다. "법 위에 아무도 없다"는 유명한 격언이 마그나카르타에 등장한다는 생각은 오해다. 이 표현은 총 63절로 이루어진 획기적인 헌장 그 어디에도 등장하지 않는다. 아마 현대에 들어 다음의 두 절을 느슨하게 엮어 해석한 데서 이 표현이 생겨난 것으로 보인다. "39. 자유민은 그와 동등한 자의 적법한 판정에 의하거나 국법에 의하지 아니하고는 체포·구금되거나, 재산이 박탈되거나, 법적 보호가 박탈되거나, 추방되거나 다른 방법으로 침해당하지 않으며 우리가 그를 공격하거나 사람을 보내어 공격하지 아니한다. 40. 분쟁 해결이나 사법권을 다른 자에게 매도하거나, 그 혜택을 부인하거나 지연하지 않는다."

1215년 당시 어떤 의미였든, 이 개념들은 근대 민주주의와 관습법의 시대를 열었으며 개인의 보편적이고 이양할 수 없는 생명권, 자유권, 재산권 보호가 확립되는 바탕이 되었다. 마그나카르타는 정치철학 및 법철학 역사상 가장 중대한 변화들 중 하나를 일으킨 문서였으며, 그 영향력은 미국의 권리장전, 캐나다의 권리자유헌장 등 근대 민주주의 국가의 헌법과 국제연합의 1948년 세계인권선언을 비롯한 국제적 헌장 속에 살아 숨 쉬고 있다. 시대를 거슬러 올라가 생각해본다면 마그나카르타와 초기 민주주의의 무대가 생겨난 맥락과 배경이 제3차 십자군 원정의 실패였음을 알 수 있다.

마그나카르타가 훌륭한 위안이 되어주기는 했으나, 성소를 탈환하려던 유럽 십자군의 시도는 처참하고 완전한 대실패였다. 모기는 기독교를 신앙의 위기에 빠뜨렸다. 위기의 3세기 동안 기독교가 치유의 종교로서 발전하는 데 일조한 것도 모기였고, 십자군의 상업적 원정을 냉정하고 갑작스럽게 끝내버린 것도 모기였다.

십자군은 유럽 대륙 바깥 영토에 대한 영구 식민지화와 세력 확장을 꾀한 유럽 최초의 대규모 시도였다. 모기는 이러한 초기 제국주의 사업이 파멸로 막을 내리는 데 일조했다. 알프레드 W. 크로스비가 그의 저서 『생태제국주의Ecological Imperialism』에서 십자군에 대한 모기의 치명적인 개입을 논한 부분은 그대로 옮겨올 가치가 있다.

> 거의 예외 없이, 역사를 통틀어 전쟁을 위해 지중해 동부로 향했던 서양인들은 자신들이 직면할 문제가 주로 군사, 수송, 외교 혹은 신학에 관한 문제일 것이라고 예측했지만, 이들이 실제로 마주했던 가장 주요하고 시급한 문제는 대개 의학적인 것이었다. 서양인들은 많은 경우 상륙한 직후 목숨을 잃었으며, 동양에서 아이를 낳아 성인이 될 때까지 기르는 경우는 더더욱 없었다. (중략) 레반트 지역에 당도한 십자군은 수세기 후 북아메리카 식민지에 정착한 영국인들이 '길들이기'라 이름 붙인 과정을 거쳐야만 했다. (중략) 이들은 감염병에서 살아남아 동양의 미생물 및 기생충들과 협정을 맺어야만 했다. 이후에야 사라센인과 싸울 수 있었다. 길들이기 기간은 시간과 체력, 효율성을 앗아갔으며 그 과정에서 수만 명이 목숨을 잃었다. 십자군이 감염되었을 가능성이 가장 높은 질병은 말라리아로, 상당한 인구의 십자군 국가들이 집중되어 있던 레반트의 저지대 습지와 해안가에서 유행했던 질병이다. (중략) 레반트와 성지의 일부 지역은 오늘날까지도 말라리아 감염 지역이다. (중략) 프랑스, 독일, 잉글랜드에서 새로운 십자군 부대가 도착할 때마다 말라리아가 들끓는 동양의 용광로에 연료를 던져 넣는 식이었을 게 분명했다. 금세기 초 팔레스타인으로 이주한 시오니스트들이 겪은

일도 아마 이와 관련 있을 것이다. 1921년, 이들 중 42퍼센트가 도착한 지 6개월 이내에 말라리아 증상을 보였으며, 1년 내에 증상을 보인 이는 64.7퍼센트에 달했다. (중략) 십자군 국가들은 마치 꽃바구니 속 꽃처럼 죽어갔다.

십자군과는 반대로 무슬림 방위군은 홈그라운드에서 전투를 펼쳤다. 이들은 이 지역의 말라리아종에 길들여져 있었으며 면역체계도 갖추고 있었다. 앞서 설명했던 더피 항원 음성자와 탈라세미아, 잠두중독증, 혹은 심지어 겸상적혈구를 가진 이도 많았을 것이다. 잉글랜드 수도사이자 리처드 왕의 개인 비서였던 드비즈의 리처드Richard of Devizes는 제3차 십자군 원정 당시 "그들에겐 이 날씨가 자연스러운 날씨였고, 이곳이 그들의 고국이었으며, 그들의 노동과 건강, 절약, 의술도 마찬가지"라며 부러운 듯 기록했다. 전투 시 방위군 측이 유리한 이유는 대개 어디서 무엇을 어떻게 할지 방위군 마음대로 정할 수 있어서인데, 이 경우에는 말라리아에 대한 무슬림만의 저항력이 가장 도움이 되는 방어벽이었다. 나아가 이는 승리를 결정짓는 무기가 되기도 했다.

십자군은 비참하게 끝난 자본주의 경제 사업이었지만, 훗날 제국주의 사업이 성공하는 초석이 되었으며, 유럽의 발견 시대Age of Discovery와 뒤이은 콜럼버스의 교환에도 직접적 영향을 미쳤다. 앞서 설명했듯 십자군의 목적은 침략이었으며, 그보다 더 중요한 목적은 교역이었다. 무슬림과 기독교 세계 간 문화 교환이 이루어지면서 학문 면에서 심연에 빠져 있던 유럽에 고대 그리스와 로마의 문헌들이 역수입되었다. 또한 무슬림이 전 학문 분야에 걸쳐 일구어놓은 혁신이 십자군과 상인들의 봇짐을 타고 유럽에 전파되었다. 십자군 전쟁이 한창이던 수세기 동안에도 계속된 이슬람의 황금시대, 무슬림 르네상스는 어둡고 위축된 유럽 각지에 계몽적 사상과 문화를 되찾아주었다.

십자군은 무슬림이 발달시킨 항해 기술이 빠르게 확산되는 데 일조했다. 여기에는 근대적인 자기 나침반, 선미재船尾材 방향키와 3본 마스트 삼각돛을 장착하여 바람을 거슬러 항해할 수 있도록 설계된 선박 등이 포함되었다. 1218년 아크레시의 프랑스인 주교는 프랑스로 보내는 서신에서 놀라움에 들뜬 말투로 나침반의 존재를 전했다. "철제 바늘을 자석에 문지르고 나면 바늘이 늘 북극성을 향하는데, 나머지를 회전시켜도 바늘만은 움직이지 않고 마치 하늘의 축이라도 된 듯 그대로 고정되어 있다. 그러니 바다를 여행하는 이들이 반드시 소지해야 할 물품이다." 편지를 받은 사람은 아마 주교가 완전히 정신이 나갔다고 생각했을 것이다. 이처럼 무슬림이 내려준 학문의 사다리는 유럽이 지식의 발전을 이루어 암흑시대의 황량한 동굴에서 빠져나올 수 있도록 도와주었다. <몬티 파이톤과 성배Holy Grail by Monty Python>(아서 왕이 성배를 찾아 떠나는 내용의 영화)나 인디아나 존스Indiana Jones와 로버트 랭던Robert Langdon(<다빈치 코드The Da Vinci Code> 시리즈의 주인공)의 용맹한 모험담을 비롯하여 십자군과 관련된 허구적 인물이 등장하는 동화와 영화, 드라마 등을 제외한다면, 십자군이 남긴 진정한 유산은 아마도 무슬림과 기독교 세계 사이의 지식 교환일 것이다.

그리고 이러한 문화 교류와 이로써 형성된 지구촌은 13세기 십자군 원정의 여진 속에서 왕좌를 놓고 벌어지는 싸움에 또 다른 경쟁자가 참여하면서 그 폭을 한층 더 넓힌다. 유럽이 무슬림 지식의 도움을 받아 암흑세계에서 벗어나는 동안, 목숨을 위협하는 세력이 동쪽 끄트머리에서 레반트뿐만 아니라 유럽 전체를 향해 다가오고 있었다. 아시아 스텝 지대의 노련한 기마병들은 곧 최초로 동양과 서양을 하나로 통일하고, 인류 역사상 가장 치명적인 유행병을 촉발시키며, 유럽 그 자체의 존속을 위협하기에 이른다. 훌륭하고 기민한 전략가이자 전사였던 칭기즈 칸은 말을 탄 몽골인 무리와 함께 유럽의 문턱을 넘어 마침내 인류 역사상 가장 드넓은 영토를 확보하고 가장 거대한 제국 중 하나를 세운다.

CHAPTER

06

모기떼

칭기즈 칸과 몽골 제국

MOSQUITO HORDES:

GENGHIS KHAN

AND THE MONGOL EMPIRE

사람이 살기 어렵고 고도가 높은 외딴 스텝 지대와 바람이 몰아치는 수수한 북아시아 고원은 씨족과 파벌 단위로 전투를 벌이는 부족민들이 지배하고 있었다. 거센 바람이 변덕을 부려 방향을 바꾸듯 이들의 속임수 섞인 동맹관계도 시시각각 변화를 거듭했다. 1162년, 이 황량한 지역에서 테무진Temujin이 태어났다. 그는 부족 간 싸움과 약탈, 복수, 부패 그리고 물론 말들을 중심으로 돌아가는 씨족 사회에서 자라났다. 아버지가 라이벌 씨족에게 포로로 잡혀간 뒤, 테무진과 가족들은 곤궁에 처했으며, 노지의 과일과 풀 혹은 죽은 동물의 사체로 연명하면서 작은 마멋이나 쥐를 잡아먹었다. 아버지가 세상을 떠나면서 몽골 부족 사회 내의 동맹관계 및 정치적 세력 다툼에서 테무진의 씨족이 가졌던 위신과 영향력은 모두 바닥에 떨어졌다. 이때의 테무진은 훗날 자신이 이토록 초라한 곳에서 출발하여 명성과 부를 손에 넣은 뒤 적들의 가슴속에 두려움을 불어넣는 이름을 날리며 세계 정복에 나설 줄은 꿈에도 몰랐을 것이다.

가족의 명예를 회복하기 위해 싸우던 테무진은 15세의 나이에 아버지의 옛 동맹이었던 부족을 공습하다 포로로 잡혀갔다. 노예로 팔려갈 뻔했으나 탈출하는 데 성공한 뒤, 이제 오래된 적들과 한때의 친우를 모두 포함한 수많은 적에게 복수를 맹세했다. 테무진은 권력을 나누길 꺼렸으나, 어릴 적 어머니의 가르침대로 궁극적인 힘과 위신은 다수의 강력하고 안정적인 동맹에서 비롯된다는 점을 알고 있었다.

싸움을 일삼는 파벌을 통일하는 과정에서 테무진은 몽골의 전통을 탈피했다. 정복한 이들을 죽이거나 노예로 삼는 대신, 그들에게 신변 보호와 장래 정복 전쟁에서 얻을 전리품을 약속했다. 군사와 정계의 고위직은 소속 씨족이나 족벌주의가 아니라 실력과 충성심 그리고 수완에 근거하여 임명했다. 이 독창적인 사회구조는 그가 건설한 연맹의 결집력을 강화하는 한편 피정복민들의 충성심을 이끌어냈다. 점점 더 강력해지는 그의 연맹에 더 많은 몽골 씨족이 계속 합류하면서 그는 막강한 군사력을 확보할 수 있었다. 1206년에 이르자 테무진은 아시아 스텝 지대의 전투 부족들을 자신의 휘하에 통일시켜 강력하고 결집력 있는 군사적·정치적 세력을 만들었으며, 이를 토대로 역사상 가장 거대한 제국들 중 하나를 건설했다. 아시아부터 유럽까지 '세상의 끝'을 잇고자 했으나 모기에게 저지당했던 알렉산드로스의 꿈을 마침내 칭기즈 칸이 실현한 것이다. 그러나 모기는 1,500년 전 알렉산드로스를 덮쳤던 때와 마찬가지로 칭기즈 칸이 그린 위엄과 영광의 꿈도 덮쳤다.

이때 테무진을 따르던 이들은 그를 '세계의 군주'라는 뜻의 '칭기즈 칸'이라 부르고 있었다. 서로 경쟁하고 싸우던 몽골족을 하나로 통일한 칭기즈 칸과 그의 능수능란한 기마궁수 부대는 살아갈 공간과 그 이상의 무언가를 확보하기 위해 바람처럼 빠르게 군사 원정을 개시했다. 칭기즈 칸의 군사 원정은 당시 소빙하기였기 때문에 일어난 일이기도 했다. 기후변화로 기온이 급감하자 말들을 먹이고 유목생활을 유지할 초원이 급격하게 줄어들었다. 몽골족은 확장 혹은 멸망의 기로에 놓였다. 이에 몽골은 놀라운 속도로 진격해 나갔는데, 이는 칭기즈 칸과 그 휘하 장군들의 군사적 능력, 인상적일 만큼 결집력 높았던 군사 지휘 및 명령 체계, 폭넓은 측방 전술, 특수한 컴파운드 활 그리고 무엇보다도 몽골인들의 비할 데 없는 기마솜씨 덕분이었다. 1220년에 이르자 몽골 제국은 태평양 연안의 한국과 중국, 남쪽으로 양쯔강과 히말라야 산맥, 서쪽으로 유프라테스강에 이르는 광활한 영토를 확보했다. 몽골인들은 훗날 나치가 블리츠크리그Blitzkrieg 혹은 '전격전'이라 명명한 전술의 진정한 대가였다. 이들은 적들을 비할 데 없이 놀라운 속도와 맹렬함으로 에워싸고 공격했다.

1220년, 칭기즈는 몽골군을 두 갈래로 나눈 뒤 알렉산드로스가 해내지 못했던 일, 즉 알려진 세계의 양끝을 하나로 잇는 위업을 달성했다. 비록 그 과정이 잔인하고 적대적이긴 했으나, 동양과 서양이 공식적으로 이어진 것은 이때가 사상 최초였다. 칭기즈는 주력군의 말머리를 동쪽으로 돌려 아프가니스탄과 인도 북부를 지나 몽골로 돌아왔다. 약 3만 명의 기마병으로 구성된 두 번째 군대는 코카서스 산맥을 넘어 러시아로 북진한 뒤 크림 반도 우크라이나에 위치한 이탈리아인들의 항구도시 카파(페오도시야)를 탈취했다. 몽골군은 유럽, 러시아와 발트해 국가(오늘날의 에스토니아, 라트비아, 리투아니아)를 지나면서 루스인과 키예프인, 불가르인을 궤멸시켰다. 지역 주민들은 유린당하고 살해당하거나 노예로 팔렸으며, 적군의 병사들에게도 자비는 없었다. 뿌연 먼지가 가라앉고 몽골군의 말발굽 소리가 저 멀리 사라져갈 때면 지역 주민의 80퍼센트 이상이 이미 죽임을 당하거나 노예로 팔린 뒤였다. 몽골군은 정보를 모으기 위해 폴란드와 헝가리를 탐색한 뒤 1223년 여름 몽골을 향해 동쪽으로 빠르게 퇴각하여 칭기즈 칸의 국내 대열에 합류했다.

몽골군이 유럽을 침략하지 않은 이유는 논쟁의 대상이다. 이번 원정의 마지막 공격은 진정한 공격이 아니라 추후 유럽을 본격적으로 침략하기에 앞서 주변 지역을 정찰했을 뿐이라는 게 정설이다. 한편 몽골군이 코카서스 산맥과 흑해의 강가를 따라 이동하며 말라리아에 감염된 데다 20여 년간 쉬지 않고 이어진 전쟁으로 약화된 탓에 침략을 미루기로 결정했다고 보는 역사학자들도 있다. 칭기즈 칸 또한 이 당시 말라리아에 상습적으로 시달렸다고 알려졌다. 일반적인 통설에 따르면 칭기즈 칸은 만성적인 말라리아 감염으로 면역계가 심각하게 손상되어 65세의 나이로 세상을 떠났다.

위대한 전사 칭기즈 칸은 1227년 8월 세상을 떠났으며, 그의 시신은 문화적 관습에 따라 화려한 장례나 표식 없이 매장되었다. 전설에 따르면 소수의 병사가 마주친 모든 이를 죽여가며 시신을 운반하였고, 무덤 위로 강물이 흐르게 물길을 바꾸었거나 혹은 말 발자국으로 무덤의 흔적을 지워 그 위치가 역사 속에서 잊히도록 만들었다. 알렉산드로스와 마찬가지로 칭기즈 칸의 시신도 무수히 많은 전설과 설화 속으로 자취를 감추었다. 그의 무덤을 찾아내려는 탐사와 발굴 작업이 수차례 벌어졌으나 모두 실패로 돌아갔다. 그러나 몽골인에 대한 모기의 갈증은 아직 해소되기 전이었다. 이제 모기는 그가 세운 장대한 왕국에 살포시 올라앉았다. 칭기즈 칸의 아들이자 후계자 우구데이Ogedei 휘하에서 몽골군은 1236년에서 1242년 사이에 유럽을 반시계 방향으로 휘감으며 무차별 공격을 퍼부었다. 몽골군은 동부 러시아와 발트해 국가, 우크라이나, 루마니아, 체코와 슬로바키아, 폴란드, 헝가리를 빠르게 짓밟으며 나아갔고, 1241년 크리스마스 당일 부다페스트와 다뉴브강에 당도하였다. 이들은 부다페스트에서 오스트리아를 가로질러 계속 서진하다가 남쪽으로 말머리를 돌린 뒤, 끝내 동쪽으로 돌아오면서 발칸 반도와 불가리아를 쑥대밭으로 만들었다. 계속 동쪽으로 향한 몽골군은 1242년 유럽 정벌을 포기했으며 다시는 유럽으로 돌아오지 않았다. 천하무적처럼 보였던 몽골군도 사실은 유럽을 완강하게 방어하던 모기를 이겨내지 못했던 것이다.

얼핏 충동적인 결정처럼 보이는 이들의 갑작스러운 격퇴를 두고 윈스턴 처칠Winston Churchill은 이렇게 말했다. "어느 순간에는 전 유럽이 동쪽에서 나타난 끔찍한 위협에 굴복할 것처럼 보였다. 아시아의 심장부에서 온 이교도 몽골 무리는 활로 무장한 강력한 기마병으로 러시아와 폴란드, 헝가리를 빠르게 휩쓸었으며, 1241년에는 브레슬라우 부근에서 독일군에게 처참한 패배를, 부다페스트 부근에서 유럽 기병대에게 또 다른 패배를 동시에 안겨주었다. 적어도 독일과 오스트리아는 꼼짝없이 그들의 손바닥 위에 놓여 있었다. 그러나 신의 뜻으로 (중략) 몽골군의 지도자는 황급히 수천 마일 떨어진 몽골의 수도 카라코룸으로 돌아갔으며, (중략) 그리하여 서유럽은 탈출하였다." 대부분의 몽골군은 1241년 여름과 가을에 걸쳐 헝가리 평원에서 휴식을 취했다. 앞서 몇 해 동안 계절에 맞지 않을 만큼 따뜻하고 건조한 날씨가 이어졌으나 1241년의 봄과 여름은 이례적으로 습했고 강수량도 평소보다 많았던 탓에 동부 유럽의 건조했던 마자르 초원은 말라리아 매개 모기가 들끓는 축축한 늪지대로 변해 버렸다.

몽골군에게 악영향을 미쳤던 이 기후변화는 유럽이 몸을 숨기기에 완벽한 폭풍을 일으켰다. 진창이 생기고 지하수 수위가 높아지면서 몽골군의 핵심 병력인 군마들이 먹고 쉴 목초지나 방목지가 사라졌다.[28] 습도가 이례적으로 높아지면서 몽골군의 활시위도 흔들렸다. 단단하게 굳어야 할 풀이 습기 때문에 굳지도 마르지도 않았으며, 팽팽하던 활시위도 늘어졌다. 몽골군의 강점이던 놀라운 공격 속도와 정확성, 거리 공격이 쓸모없어진 셈이었다. 이러한 군사적 애로 사항에 더하여 목마른 모기떼도 문제가 되었다. 말라리아 기생충이 몽골인들의 순결한 정맥을 교묘히 파고들기 시작했다. 저명한 역사학자 존 키건John Keegan의 말대로, 몽골군은 "너무나 흉포했지만 결국 강우량 높은 서유럽 지역에서는 그들이 번성했던 온화한

---

28 몽골군 전사들은 계속해서 새로운 말을 공급받았으며, 병사 1명당 서너 필의 말을 소유했다.

사막 지역에서만큼 기량을 펼치지 못했다. (중략) 그들은 패배를 인정할 수밖에 없었다." 몽골군 그리고 마르코 폴로를 비롯하여 몽골군과 동행했던 상인들이 마침내 동양과 서양을 통일하는 동안 모기들은 서양이 완전히 점령당하지 않도록 하는 데 일조했다. 모기는 몽골 정벌군에게 말라리아라는 마구를 씌운 뒤 이들을 유럽에서 몰아냈다.

유럽 정복에 대한 몽골인들의 꿈은 모기에 의해 막을 내렸지만, 1260년 몽골인들은 칭기즈 칸의 손자 쿠빌라이 칸Kublai Khan 휘하에서 성지를 향하여 처음으로 군사를 일으키면서 당시 미약하게나마 계속되던 십자군 원정의 경쟁 대열에 합류했다. 맥을 잃은 십자군 원정 경쟁에 몽골이 진입한 건 제7차(1248~1254년)와 제8차(1270년) 십자군 원정 사이의 휴식기였다. 후기 십자군 원정의 혼란을 드러내 보이듯, 몽골인들은 이후 50여 년 동안 네 차례에 걸쳐 성지를 침략했으며 그 과정에서 각 파벌과 무슬림 및 기독교인들이 이리저리 동맹을 맺고 관계를 재편했다. 모기가 그러했듯 이들 사이에서도 어제의 동지가 오늘의 적이고, 오늘의 동지가 내일의 적이었다. 실제로 몽골인과 무슬림, 기독교인 세 집단 모두에서 내부 혼란이 가중되고 결속력이 와해되면서 각 세력의 분파들이 반대 세력에 줄을 서는 경우도 상당히 많았다.

몽골인들은 알레포와 다마스쿠스를 잠시간 정복하는 등 어느 정도 성공을 거두기는 했으나, 말라리아를 비롯한 질병들과 강력한 동맹군의 방어에 부딪혀 여러 차례 퇴각을 거듭할 수밖에 없었다. 한때 기독교 로마를 수호했던 얼룩날개 장군이 이제 이슬람 편에 서서 성지에 주둔하고 있었던 것이다. 사자왕 리처드 1세의 제3차 십자군 원정을 비롯한 초기 기독교 원정들이 모기 앞에서 무릎을 꿇었던 것과 마찬가지로, 레반트에 대한 몽골인들의 위협 또한 모기의 도움으로 진압되었다. 이로써 성지와 신성한 도시 예루살렘은 계속해서 무슬림이 지배하게 되었다.

유럽은 물론 레반트에서도 모기에게 저지당한 쿠빌라이 칸은 실패를 만회하기 위해 히말라야 산맥 동쪽에 있는 아시아 대륙의 마지막 남은 독립 영토를 정복하고자 했으며, 이윽고 중국 남부와 동남아시아에서 맹위를 떨치기 시작했다. 여기에는 강력한 앙코르 제국 또한 포함되었다. 800년경 태동한 앙코르 문화는 캄보디아, 라오스, 태국 전역으로 빠르게 확산되어 13세기 초 절정에 달했다. 그러나 농경지 확장과 열악한 수자원 관리 체계 그리고 기후변화로 인하여 모기가 문명의 멸망을 촉발하기에 완벽한 환경이 조성되었다. R. S. 브레이 박사는 "(주민들이) 저유된 고인 물에 의존했으며 얼룩날개모기가 번식했던 것으로 보아 메콩강 일곱 삼각주 일대는 크메르 문명에게 번영의 원천이자 말라리아의 원천"이었다고 주장했다. 무역과 쌀농사, 어류 양식을 위해 건설된 정교한 운하 및 저수지 시스템, 인구가 증가하면서 쌀 생산을 늘리고자 진행된 확장적 개벌皆伐과 산림 황폐화, 잦은 우기와 홍수 등은 그곳을 모기 매개 질병인 뎅기열과 말라리아가 확산되기에 완벽한 환경으로 만들어버렸다. 1285년 남진 원정을 시작한 쿠빌라이는 여름 동안 말라리아 청정 지역인 북부로 군사를 퇴각시키는 통상적인 전술을 무시했으며, 그 결과 약 9만 명에 이르던 원정군은 견고하게 방어진을 구축한 모기와 맞닥뜨렸다. 몽골군은 중국 남부와 베트남 전역에서 말라리아에게 유린당했고, 인명 피해도 심각한 수준이었다. 결국 1288년에 쿠빌라이 칸은 이 지역에 대한 정복 계획을 완전히 폐기할 수밖에 없었다. 흐트러지고 병든 약 2만 명의 생존 병사들은 비틀거리며 몽골로 돌아갔다. 쿠빌라이 칸의 동남아시아 포기 그리고 힌두교와 불교가 뒤섞여 한때 번성을 이루었던 크메르 문명의 몰락은 모두 모기들이 촉발한 사태였다. 1400년에 이르자 크메르 문명은 한창 때의 정교하고 화려했던 모습을 추억하라는 듯 앙코르 와트와 바이욘을 비롯한 경이롭고 웅장한 유적들만을 남긴 채 막을 내렸다.

크메르 문명과 마찬가지로 몽골 제국 또한 쿠빌라이 칸이 중국 남부와 동남아시아에서 실패하고 돌아온 뒤 한 세기 동안 점차 약화되고 분열된 끝에 서서히 몰락했으며, 1400년에 이르러서는 정치적으로나 군사적으로나 무의미한 세력으로 전락했다. 정치적 내분과 군사력 감소 그리고 말라리아가 한때 무적 같았던 광활한 몽골 제국을 무너뜨린 것이다. 이후 몽골 각 주에서 잔존 세력이 1500년대까지 세력을 유지하다 스러져갔으며, 크리미아 반도와 남캅카스 벽지의 한 세력은 18세기 후반까지 미약하게나마 맥을 유지했다. 그러나 역사상 가장 광대한 연속 영토를 다스렸던 몽골 제국의 유산은 오늘날까지도 세계인의 DNA에 살아 숨 쉬고 있다. 유전학자들은 한때 몽골 제국에 속했던 지역의 현재 주민 중 8~10퍼센트가량이 칭기즈 칸의 직계 혈통일 것이라고 추정한다.[29] 달리 말하면 오

29 칭기즈 칸이 원정에 데리고 다녔던 궁녀만 수천 명이 넘었다. 칭기즈 칸은 새로운 지역을 정복하면 기존의 궁녀를 버리고 새로운 궁녀를 들이면서 드넓은 지역에 자신의 DNA를 뿌렸다.

늘날 지구상에 사는 전 인구 중 약 4천만~4천 5백만 명이 칭기즈 칸의 직계 후손이라는 말이다. 칭기즈 칸의 모든 후손을 모아 나라를 건국한다면 오늘날 캐나다와 이라크, 폴란드, 사우디아라비아, 호주 등의 국가들을 제치고 전 세계에서 열세 번째로 인구가 많은 국가가 될 정도로 그 수가 많다.

몽골인들의 유럽 정복은 모기들의 난공불락 방어선을 비롯한 여러 이유로 실패로 돌아갔지만, 몽골인들이 중국 땅에서 얻은 질병들은 유럽 정복에 성공했다. 1346년, 몽골인들은 항구도시 카파를 포위 공격하던 도중 선페스트에 감염된 시체를 성안으로 투척하여 주민들을 감염시킨 끝에 성을 함락했다. 게다가 이탈리아 무역의 중심지였던 번잡한 카파시를 드나들던 선박들이 감염된 벼룩과 쥐, 혹은 병에 걸린 선원들을 싣고 각지로 운항했기 때문에 결국 1347년 10월 시칠리아의 항구에, 1348년 1월에는 제노바와 베네치아 그리고 프랑스 마르세유에 선페스트가 상륙하였다. 선페스트는 또한 몽골군의 말에 타고 실크로드를 따라 번지기도 했다. 설치류에 기생하는 벼룩을 매개로 하는 페스트균 예르시니아 페스티스는 들쥐의 등을 타고 급속도로 확산되어 전역을 흑사병으로 물들였다. 흑사병은 1347년과 1351년 유럽에서 정점을 찍었고, 19세기에 이르기까지 여러 차례 다시금 유행했다. 특히 1666년 런던 대화재와도 시기가 맞물린 1665~1666년에 발발한 런던 대역병은 런던시 전 인구의 25퍼센트인 10만 명을 죽음으로 몰아갔다. 선페스트도 자주 유행했으나 흑사병 시기 때만큼 많은 사망자를 낸 적은 없었다. 오늘날 몇몇 학자들은 흑사병으로 유럽의 인구 60퍼센트가 사망했다고 주장하기도 하지만, 대부분은 50퍼센트 정도로 추정한다. 윌리엄메리 대학교 중세역사학 교수 필립 데일리더Philip Daileader는 "지역별로 차이가 컸다"고 조심스럽게 지적했다. "이탈리아, 프랑스 남부, 스페인과 같이 역병이 대략 4년간 지속적으로 유행했던 지역에서는 아마 전 인구의 75~80퍼센트 가까이가 사망했을 것이다. 독일과 잉글랜드에서는 (중략) 20퍼센트에 가까웠다." 중동 전역의 사망률은 대략 40퍼센트였으며, 아시아에서는 55퍼센트에 달했다.

엎친 데 덮친 격으로 뉴질랜드 타라웨라 화산이 5년간 분출하면서 촉발한 것으로 추정되는 대기근까지 발생하면서 상황이 더욱 악화되었다. 뒤이어 북유럽에서는 기후변화로 모기 개체 수와 말라리아 발병률이 급격하게 증가했다. 각 사건으로 인한 사망자를 정확하게 계산하기는 어려우나 대략적으로 보자면 영향을 받은 지역 인구의 약 10~15퍼센트가 사망했던 것으로 추정된다. 익명의 목격자가 전한 바에 따르면 "폭우로 홍수가 발생하면서 거의 모든 씨앗이 썩었으며 (중략) 많은 지역에서 건초들이 물속에 너무 오래 잠겨 있는 바람에 더는 벨 수도 모을 수도 없었다. 대다수의 양이 폐사했으며 다른 동물들도 갑작스러운 유행병으로 죽었다." 그야말로 죽음이 유럽을 지배하고 있었다.

단순히 수치로만 보자면, 유럽에서 4천만 명이 흑사병으로 목숨을 잃었으며, 전 세계 사망자 수는 보수적으로 추정했을 때 1억 5천만 명, 많게는 2억 명에 이를 것으로 추정된다. 세계 인구가 흑사병 이전의 수준을 회복하는 데 무려 200여 년이 걸렸다. 실로 믿기 어려울 정도로 놀랍고, 이성적으로 계산하기도 어려운 수치다. 흑사병은 역사상 인류에게 가해진 맬서스식 억지력 중에서 독보적으로 참혹한 결과를 낳았다. 앞서 살펴보았듯 흑사병 다음으로 참혹했던 6세기 유스티니아누스 역병의 사망자 수는 3천만~5천만 명에 불과했다.[30] 1880년대 항생제가 발명되고, 1928년 알렉산더 플레밍 Alexander Fleming이 혁신적인 페니실린을 개발하면서 선페스트는 대체로 박멸되었다. 세계보건기구WHO에 따르면 오늘날 선페스트로 인한 사망자는 연간 120명 정도이다.

한편 흑사병으로 인한 재앙과도 같은 인구 손실은 살아남은 유럽인들에게는 놀라울 만큼 긍정적으로 작용했다. 주인을 잃고 버려진 대규모의 땅을 나누어 가지면서 부가 증대한 것이다. 더 많은 땅이 주어졌으나 인구가 준 탓에 주식 곡물인 밀의 수요가 줄어 다양한 작물을 경작할 수 있었고, 이에 보다 건강하고 완성된 식습관이 가능해졌다. 식량이 풍족하고 가격이 낮으며 영양 균형도 개선되어 주민들의 삶은 윤택해졌다. 한때 경작지로 사용되었으나 흑사병으로 불모지가 된 땅들이 다시금 자연 상태의 목초지나 숲으로 돌아가면서 주민들의 단백질 소비량도 증가했고, 모기가 산란할 만한 장소도 급격하게 줄어들었다. 일자리 경쟁이 완화됨에 따라 숙련된 장인과 비숙련 노동자 모두 임금이 늘었다. 연인들이 더 어린 나이에 결혼할 여유가 생기면서 출생률도 지속적으로 증가하였다. 부가 증대된 한편, 학업 경쟁은 완화되면서 대학과 고등교육이 느리지만 서

30 전 시대에 걸쳐 약 520억 명의 목숨을 앗아간 모기 매개 질병들이나 콜럼버스 이후 아메리카 원주민 9,500만 명의 목숨을 앗아간 유럽산 질병들은 여기에 포함하지 않았다. 두 경우는 단일 사건이나 실제 유행병이 아니라 오히려 장기간 산발적으로 유행한 고질적인 감염병이었다.

서히 성장하였고, 학계도 전반적으로 발전하였다. 이는 마침내 계몽 시대이자 유럽 세력이 전 지구적으로 확산된 시대, 르네상스로 이어졌다.

약 3백여 년간 이어진 몽골 정벌은 전 세계 인구와 상업, 문화, 종교, 민족의 배치도에 변화를 일으켰다. 몽골 제국은 교역상과 선교사, 여행자 들이 제국 전체를 여행하도록 기꺼이 허가하였으며, 유럽인과 아랍인, 페르시아인을 비롯한 수많은 이에게 처음으로 중국을 비롯한 동양을 소개해주었다. 소수 공동체에 불과했던 기독교인과 무슬림은 알려지지 않았고 손 타지 않았던 동쪽 땅에 발을 들이면서 동양의 주요 종교인 불교, 유교, 힌두교 사이에서 굳건히 입지를 다지기 시작했다. 몽골의 군사정벌이 열어준 이 새로운 육로는 본래 지리적으로 분리되어 있던 거대한 두 세계를 작은 지구촌 세계로 한데 묶어주었다.

향신료와 비단을 비롯하여 상상을 뛰어넘는 이국적인 수입품들이 유럽 각지의 시장을 가득 메웠다. 몽골 제국은 여러 나라와의 교환을 도모하는 유연하고 다채로운 초고속 쌍방향 고속도로 같았다. 1254년에는 플라망어를 쓰던 사제가 (아마도 따뜻한 환영 같은 건 바라지도 않은 채) 몽골의 수도 카라코룸을 찾았다가 본토 바로 옆 마을 출신인 한 여인이 플라망어로 반겨주어 놀랐던 경우도 있었다. 이 여인은 어릴 적이던 14년 전 몽골 정벌 때 포로로 잡혀와 그곳에서 살고 있었다. 당대의 문헌과 기록물들을 보면 유라시아 땅은 여행자들에게나 무굴인에게나 상인들에게나 놀랄 만큼 안전하고 접근하기 쉬운 곳이었음을 알 수 있다. 마르코 폴로를 비롯한 여행자들의 기행문들은 교역 열풍을 더더욱 부추겼다.

마르코 폴로의 기행문은 너무나 유명하긴 하지만 사실은 우연의 일치로 운 좋게 출판된 책이다. 1298년부터 1299년까지 제노바의 감옥에 수감된 마르코 폴로는 따분하고 단조로운 수감 생활을 달래기 위해 동료 수감자들에게 자신이 1271년부터 1295년까지 아시아 전역을 여행한 이야기와 쿠빌라이 칸의 궁정에서 차 한 잔 마시지 못하고 지냈던 기간의 이야기를 들려주었다. 호기심 많던 한 동료 수감자가 이를 기록해 두었다가 1300년에 『세계 불가사의의 책Book of the Marvels of the World』이라는 제목으로 출판하였는데, 이 책이 바로 오늘날 흔히 『동방견문록The Travels of Marco Polo』이라 불리는 기행문이다. 몇몇 전문가들은 마르코 폴로가 실제로 중국을 여행하긴 했는지, 혹은 다른 여행자들에게 전해들은 이야기를 자기 것처럼 말한 것인지 의문을 품기도 한다. 그러나 본인의 경험담이든 각색된 이야기이든 당대 사건을 정확하게 묘사하고 있다는 데에는 대부분의 연구자가 동의한다. 크리스토퍼 콜럼버스Christopher Columbus 또한 이 책을 소중히 간직하고 다니면서 밑줄을 긋고 해질 때까지 읽었다.

마르코 폴로의 이야기에 묘사된 한없이 윤택한 동양에 이끌린 콜럼버스는 서쪽으로 향하는 해로를 통해 아시아의 부국을 찾아가고자 했다. 1492년 콜럼버스의 배는 동양을 향해 서쪽으로 출항했다. 시카고 로욜라 대학교의 역사학자 바바라 로젠바인Barbara Rosenwein의 말에 따르면, "어떤 면에서 보자면 이국적인 상품과 선교 활동 기회에 대한 탐색은 몽골인들에게서 시작되어, 유럽인들의 신세계, 즉 아메리카 대륙의 '발견'으로 이어졌다." 유럽인들이 의도치 않게 신세계를 '발견'하면서, 이때까지 고립된 채 살아왔던 면역체계 없는 아메리카 대륙 토착 원주민들에게 모기와 질병 그리고 죽음이 전례 없이 들이닥쳤다.

콜럼버스의 교환 이전까지만 하더라도 치명적인 얼룩날개모기와 숲모기들은 아직 아메리카 대륙에 발을 들인 적이 없었다. 아메리카 대륙에도 모기떼가 왕성한 개체군을 이루고 있었지만 질병의 매개가 아니라 그저 귀찮고 가려운 벌레에 불과했다. 서반구는 오랜 동안 홀로 격리된 채 외국 점령군의 침략도 받지 않았다. 최소 2만 년 전 아메리카 대륙에 당도했을 때부터 1492년 이래 영원히 유럽인들의 손을 타게 될 때까지, 약 1억 명의 토착 원주민들은 모기의 희생물이 된 적도, 그 재앙을 목도해본 적도 없었으며, 당연히 모기 매개 질병에 길들지도 않았고 방어체계도 없었다. 아메리카 모기들이 적어도 아직까지는 인간을 공격하지 않았던 것이다.

콜럼버스가 열어준 길을 따라 제국주의와 생물학적 교환의 시대가 열리면서 유럽인과 아프리카인 노예들 그리고 배에 몰래 탄 모기들이 파도가 치는 미지의 땅 '신세계'의 해안가에 우르르 쏟아져 내렸다. 이들이 낯선 잠행성 감염병을 통해 의도치 않게 생물전을 전개하자 아메리카 대륙 전역에 걸쳐 원주민들이 기록적인 속도로 죽어 나갔다. 스페인, 프랑스, 잉글랜드 그리고 포르투갈과 네덜란드를 비롯한 유럽의 중상주의 세력들은 제국주의적 부를 창출하기 위해 소란을 피웠으며, 유럽과 아프리카를 넘어 전 세계 토착 원주민들에게 식민지화라는 짐과 더불어 집단학살에 가까운 사망자를 발생시키는 질병, 이를테면 말라리아와 황열을 지웠다. 생존한 마야인 한 명은 "죽음이 지독한 악취를 풍겼다"며 애통해했다. "우리 아버지들과 할아버지들이 쓰러진 이후에는 절반가량의 사람들이 들판으로 도망쳤다. 개들과 독수리들이 시체들을 유린했다. 사망률이 끔찍한 수준이었다. (중략) 우리 모두가 그러했다. 우리는 죽을 운명이었다!" 콜럼버스의 교환이 우연히 중개상 역할을 하면서 모기들은 아메리카 대륙을 활보하는 최초이자 가장 치명적인 연쇄살인마들 중 하나가 되었다.

CHAPTER

07

콜럼버스의 교환

모기와 지구촌

콜럼버스의 제4회 항해이자 마지막 항해가 마무리된 이후인 1502년, 스페인 태생의 신부 바르톨로메 데 라스 카사스Bartolome de las Casas가 콜럼버스의 길을 따라 오늘날 도미니카 공화국과 아이티에 걸친 히스파니올라섬에 당도하였다. 그는 이곳에서 직접 목격한 실태를 글로 기록하여 『인디아스 파괴에 관한 간략한 보고서A Brief Account of the Destruction of the Indies』로 엮었다. 군주 페르난도 2세와 왕비 이사벨 1세는 스페인인들의 잔혹성을 기록한 이 보고서에 충격을 받았으며, 얼마 후인 1516년 그를 인디오들의 보호자로 공식 임명하였다. 라스 카사스는 식민지화가 이루어진 첫 10년을 연대기로 기록했으며, 그중에서도 동료 스페인 시민들이 타이노족을 상대로 자행한 수많은 잔혹 행위를 다듬지도 거르지도 않고 강렬하게 조명하였다. 이 목격담은 스페인 식민지화에 대한 기나긴 고발이자 말라리아와 천연두를 비롯한 질병들 앞에 고개 숙인 사람들의 목숨을 즉각 거두어갔던 만행에 대한 고발이었다.

라스 카사스는 스페인인들이 히스파니올라섬의 토착민들을 다루는 방식이 "불의와 폭력과 압제의 절정"이라고 보고했다. "인디언들은 완전히 자유를 빼앗겼으며 가장 가혹하고 맹렬하며 끔찍한 노예 상태로 억류되어 있는데, 직접 광경을 보지 않으면 결코 이해할 수 없을 정도로 끔찍했다. (중략) 인디언들은 자주 병이 들었는데, 스페인인들은 그들의 말을 믿지 않았고 게으른 개라고 부르며 인정사정없이 걷어차고 때렸다. (중략) 본래 이 섬에 살았던 사람들 수가 급속도로 줄어들었으며 지난 8년간 90퍼센트가 세상을 떠났다. 이곳에서 시작된 대대적인 역병이 산후안, 자메이카, 쿠바와 내륙에까지 확산되며 반구 전체를 파괴하였다." 그가 말한 '대대적인 역병'에 말라리아 매개 모기떼가 큰 몫을 했음은 물론이다.

1534년 파나마의 다리엔Darien 정착촌을 방문한 라스 카사스는 모기에게 물려 죽은 스페인인들의 시체가 구덩이 속에 흙도 덮이지 않은 채 쌓여 있는 걸 보고 충격을 받았다. "매일 너무나 많은 이가 목숨을 잃었다. 이곳 사람들은 구덩이에 흙을 덮으려 하지도 않았는데, 몇 시간 내로 또 다른 누군가가 죽을 걸 알았기 때문이었다." 그는 "다리엔 정착촌의 스페인 주민들이 많은 수의 모기들에게 공격당하여 가차 없이 유린당했으며 병들기 시작하더니 죽었다"고 결론지었다. 콜럼버스와 선원들도 마지막 항해에서 중앙아메리카 남부 해안을 따라 항해하던 도중 모기와 말라리아에 시달려 막대한 피해를 입은 나머지 이 지역에 '모기 해안'이라는 이름을 붙였다. 콜럼버스의 마지막 항해가 시작될 무렵인 1510년, 악명 높은 모기 해안이 된 파나마 지협에 건설된 다리엔 스페인인 정착촌은 아메리카 대륙 본토에 건설된 최초의 유럽인 식민지였다. 앞으로 살펴보겠으나, 다리엔의 모기들은 스코틀랜드 왕국의 몰락에도 일조하게 된다.

다리엔은 피에 목마른 모기들이 지배하는 지상 지옥이었다. 한 초기 연대기 작가의 주장에 따르면 모기 해안은 "뿜어져 나오는 유해한 공기로 오염"되어 있었으며, 오래지 않아 '죽음의 문'이라는 평판을 얻었다. 저지대에 건설된 다리엔 정착촌 주변은 늪지대가 둘러싸고 있었다. 이주민들에게 이곳은 '유해한 수증기가 짙게 올라오는' 오물 구덩이였다. "사람들이 죽어나가기 시작했으며 이곳에서 3분의 2가 목숨을 잃었다." 또 다른 기록자는 가장 먼저 이곳에 이주해온 스페인인 1,200명이 "너무나 빠른 속도로 병들어서 서로를 돌볼 수 없을 지경"이었으며 "한 달 만에 700명이 죽었다"고 기록했다. 라스 카사스를 비롯한 당대 기록자들은 1510~1540년에 모기 해안의 정글에서만 스페인인 4만 명 이상이 목숨을 잃은 것으로 추정했다. 이 또한 놀라운 수치이지만, 토착 원주민들이 겪은 고통과 사망률은 여기에 견주어도 훨씬 심각했다. 다리엔 정착촌이 건설된 이후 15년 동안 말라리아일 가능성이 가장 높은 모종의 질병이 유행하여 파나마에서만 원주민 약 200만 명이 목숨을 잃었다.

1545년, 라스 카사스는 멕시코 유카탄 반도의 캄페체에 당도했다. 스페인인들이 이곳에 노예제도를 바탕으로 사탕수수 농장을 만든 직후였으며. 토착 원주민인 마야족은 이미 오래전에 목숨을 잃거나 달아나거나 노예로 붙잡혀 자취를 감춘 뒤였다. 라스 카사스는 오래지 않아 동료들이 "건강하지 못한 마을 환경 때문에 병에 걸리기 시작"했으며 곧이어 "열이 나고 앓아누웠다"고 개탄했다. 말라리아에 시달렸던 동료들 중 한 명은 이곳에 "침이 긴 모기들이 많다"면서 "매우 유해한 모기종이어서 이를 보는 이들에게는 가여운 일이 생긴다"고 전했다. 라스 카사스는 급성장하던 스페인 제국 전역을 여행하면서 스페인인들과 원주민들이 너나 할 것 없이 죽음을 맞이하는 모습에 경악하고 이를 애도했다.

라스 카사스는 미처 모르고 있었으나, 사실 이곳에 그 질병과 매개 모기를 옮겨온 것은 다름 아닌 스페인인이었다. 스페인에서 직접 옮겨온 것도 있었고, 카리브해로 오던 도중 아프리카에 정박했을 때 옮아온 것도 있었다.

아프리카와 유럽을 탈출한 모기들은 대서양 중간 항로the middle passages를 따라 2~3개월간의 '풀 옵션 크루즈 여행'에 올랐다. 배 안에는 무제한 뷔페와 언제든지 광란의 번식 파티를 벌일 수 있는 물탱크와 음용수 캐스크들이 널려 있었다. 모기들은 역사상 가장 유명한 인물 중 하나이자 가장 많은 비방을 받은 인물이기도 한 크리스토퍼 콜럼버스와 함께 초창기 유럽 선박들에 올라 이때까지 개척된 적 없는 순결한 아메리카 대륙에 당도하였다.

터키를 중심으로 성장한 이슬람 오스만 제국은 14세기와 15세기에 걸쳐 중동과 발칸 반도 그리고 동유럽까지 세력을 확장하면서 기독교인 무역상들의 실크로드 출입을 막았으며, 유럽인들이 아시아 시장에 접근하지 못하도록 차단했다. 경기 침체 위기가 눈앞에 닥쳐오자 유럽 열강은 공격적으로 성장하는 오스만 제국을 우회하여 생명선과 같은 교역로를 확보할 방법을 강구했다. 스페인의 군주 페르난도 2세와 여왕 이사벨 1세는 6년간 유럽 각지의 군주들에게 자금 후원을 요구한 끝에 마침내 괴짜 크리스토발 콜론Cristóobal Colon(1492년 당시 콜럼버스가 사용했던 이름)의 극동 무역 재개를 위한 첫 번째 항해를 후원하기로 뜻을 모았다. 콜럼버스는 스스로 이 항해를 '위대한 칸의 땅에 이르는' 사업이라 일컬으면서 기꺼이 항해의 선봉에 서고자 했다. 그는 아시아 군주들에게 제출할 스페인 왕실의 소개서와 빈 칸을 채워 넣을 무역협정 서류더미를 잔뜩 짊어진 채 아시아를 향해 출항했다.

항해에 엄청난 비용이 들었던 만큼, 유럽 군주들이 대담하고 위험한 원정에 투자하기 마뜩치 않아 했던 것도 당연했다. 사실 스페인 왕실은 콜럼버스에게 이름뿐인 투자를 했다. 투자 금액이 스페인 공주의 결혼식에 소요된 비용의 13분의 1밖에 되지 않았던 것이다. 왕실이 재정난을 우려한 데다 콜럼버스의 능력을 신뢰하지 않았다는 점을 알 수 있다. 콜럼버스는 총 90명의 선원과 함께 단 세 척의 소형 범선을 이끌고 출항했다. 콜럼버스 본인 또한 예산의 25퍼센트를 직접 투자해야 했으며, 이를 충당하기 위해 동료 이탈리아 상인들에게 돈을 빌려야만 했다. 논리적으로 따지자면 어느 모로 보나 재정 파탄을 불러올 무모한 사업이었다.

동양의 아시아 부국들과 교류를 재개하겠다고 결심한 콜럼버스는 1492년 8월 서쪽으로 향하는 항로를 시작했다. 콜럼버스는 세계가 매우 작으며 지구 대부분이(정확히 말하자면 7분의 6이) 육지로 이루어져 있다고 믿었다. "콜럼버스가 세상을 바꿀 수 있었던 이유는 그가 옳았기 때문이 아니라 너무나 고집스럽게 틀렸기 때문이다." 작가이자 퓰리처상 수상자인 저널리스트 토니 호르위츠Tony Horwitz의 평이다. "지구가 작다고 확신했던 그는 신세계를 구세계의 궤도 안으로 들여와 지구를 작게 만드는 작업에 착수했다." 비록 콜럼버스는 목적지로부터 8,000마일(약 12.8만 킬로미터) 가까이 벗어났으며 동인도(알렉산드로스의 한계선이었던 인더스강 동쪽의 모든 아시아 지역을 이르는 말)에 도달했다고 잘못 믿고 있었지만, 그럼에도 그가 같은 해 12월 히스파니올라섬에 내딛은 자그마한 첫 발자국은 인류에게 실로 큰 도약이었다.

콜럼버스의 제1차 항해는 새로운 세계 질서의 시작을 알렸다. 치명적인 모기들과 모기 매개 질병들이 아메리카 대륙에 발을 들이고 단단히 자리를 잡았던 것도 콜럼버스의 교환 덕분이었다. 콜럼버스의 교환이라는 용어는 역사가 알프레드 W. 크로스비가 1972년 펴낸 역작 『콜럼버스의 교환: 1492년의 생물학적·문화적 결과 The Columbian Exchange: Biological and Cultural Consequences of 1492』에서 처음 사용된 것으로, 이 저서에서 크로스비는 콜럼버스의 항해를 시작으로 자연사와 인간사를 통틀어 가장 거대한 상호 교환이 발생하면서 우연에 의해서든 계획에 의해서든 전 지구의 생태계가 영구적으로 재배열되었다고 설명했다.

본래 시베리아에 살던 수렵채집민이 약 2만 년 전(또는 그보다 더 이른 시기) 소수의 무리를 지어 아메리카 대륙으로 이동할 당시 택했던 경로는 기생충 생활사의 모든 단계를 얼려버리기에 충분했다.[31] 이들은 베링 해협의 좁다란 육교를 걸어서 이동했거나 아메리카 대

31 전 세계 모든 문화가 그러하듯 최초의 아메리카 원주민들에게도 고유의 민족 신화와 구술사가 있으며 이를 폄하하거나 비방할 의도는 없다.

륙 북서부 해안을 따라 항해했을 것으로 추정되는데, 두 경로 모두 너무 추워 동물이나 곤충이 병원체를 옮기는 데 필요한 단계를 모두 완수할 수 없을 정도다. 게다가 초기 이주자들은 인구밀도도 낮았으며, 인수공통전염병의 생활사를 완성시킬 만큼 크게 이동하지도 않았다. 감염 고리가 끊어진 셈이었다. 기원후 1000년경 노르드인이 뉴펀들랜드를 잠시 방문했을 때 원주민들에게 질병이 전염되지 않았거나 전염되었더라도 금세 자취를 감추었던 것 또한 같은 이유로 설명된다. 아메리카 대륙의 얼룩날개모기들은 말라리아 기생충의 숙주가 될 조건을 갖추고 있었지만, 최초의 아메리카 원주민들과 스칸디나비아에서 찾아온 방문객들이 혹독한 기후환경을 가진 경로를 택한 덕에 한동안 이 시나리오는 동결되었다. 그러나 유럽인들이 온대 기후를 거쳐 신세계의 해안으로 물밀듯 들어왔을 때에는 사정이 달라졌다.

콜럼버스의 교환이 시작된 시점부터 신세계의 얼룩날개모기와 아프리카와 유럽에서 건너온 얼룩날개모기 및 숲모기 종들은 모두 아메리카 대륙의 모기 매개 질병 생활사의 일부가 되었다. 본래 양성이었던 아메리카 대륙 토종 얼룩날개모기종은 오래지 않아 말라리아 매개 모기가 되었다. 이들이 지난 9,500만 년간 고유의 진화 계보를 따라왔고 지금까지 기생충의 숙주가 된 적이 없었음을 감안하면, 모기와 말라리아의 적응력이 얼마나 대단한지 알 수 있다. 하버드 대학교의 곤충학자 앤드루 스필먼이 인용한 저명한 기자 찰스 만Charles Mann의 말대로, "이론적으로 보자면 단 한 사람의 숙주가 전 대륙에 기생충을 전염시킬 수 있다. 다트 던지기와 비슷하다. 적절한 환경에서 충분히 많은 환자를 모기와 충분히 접촉하게만 한다면 오래지 않아 과녁 한복판을 명중시킬 수 있다. 한 지역을 말라리아 감염 지역으로 만들 수 있다는 말이다." 스필먼의 주장은 남아메리카부터 카리브해와 북아메리카를 거쳐 캐나다 남부의 오타와까지 서반구 전체에 걸쳐 현실로 드러났다. 숙주 제0호, 즉 말라리아를 아메리카 대륙에 들여온 단 한 명의 사람은 콜럼버스의 제1차 항해에 동행한 사람들 중 하나였다.

1492년 크리스마스 당일, 콜럼버스의 기함이었던 산타마리아호가 히스파니올라섬 남쪽 모래톱에 좌초되면서 제1차 항해가 갑작스럽게 막을 내렸다. 남은 니나호와 핀타호에 모든 선원을 태울 수 없었기 때문에 콜럼버스는 어쩔 수 없이 말뚝으로 울타리를 친 주둔지에 39명의 개척자를 남겨두고 스페인으로 돌아갔다. 11개월 후인 1493년 11월, 콜럼버스는 영구적인 스페인 식민기지를 (이들의 생각으로는 아시아에) 건설하여 경제적으로 침투하려는 목적으로 제2차 항해를 시작했으나, 도착한 히스파니올라섬은 쑥대밭이 되어 있었다. 섬에 남겨진 스페인인 모두 사망했으며, 타이노족 원주민 또한 말라리아와 인플루엔자에 휩쓸렸다. 콜럼버스가 "수백만 명에 수백만 명이 더 있다고 생각"할 만큼 무수히 많았던 타이노족 원주민들의 깨끗한 피는 굶주린 기생충들에게 레드카펫이나 다름없었다. 콜럼버스 또한 히스파니올라섬을 두 번째로 방문했을 때 다음과 같은 증언을 남겼다. "모든 선원이 하선하여 정착했으며, 비가 많이 온다는 사실을 모두가 깨달았다. 선원들이 삼일열을 심하게 앓았다." 병들었던 선원 중 하나도 "이 나라들에는 극도로 성가신 모기가 잔뜩 있었다"는 기록을 남겼으며, 또 다른 이도 "모기가 많았으며, 매우 성가셨고, 종류도 다양했다"고 전했다. 면역되지 않은 이들에게 아무런 장애 없이 접근할 수 있었던 모기들과 말라리아는 스페인인과 타이노족 모두에게 심각한 인명 피해를 입혔다. 신대륙이 외래 모기와 질병을 곧장 품어버린 것이다.

콜럼버스 또한 1502년부터 1504년까지 네 번째이자 마지막으로 항해하는 동안, 자신이 "병에 걸렸었으며, 고열 때문에 수차례 죽을 고비에 이르렀고, 너무나 지쳐 죽어야지만 여기서 벗어날 수 있다고 생각했다"고 밝혔다. 콜럼버스와 선원들이 대서양을 가로질러 모기 해안과 카리브해를 따라 항해하면서 말라리아로 인한 '섬망과 광란'에 빠져 있을 때, 스페인에서는 에르난 코르테스Hernan Cortes가 보물과 명성을 얻을 모험의 기회를 놓쳤다며 억울해하고 있었다. 콜럼버스의 예비 함대에 동행할 예정이었으나 지독한 스페인 말라리아에 걸리는 바람에 제외되었기 때문이다. 그러나 훗날 코르테스는 한때 광대하고 강성했던 제국을 몰락시키고 약탈함으로써 명성과 상상 이상의 부를 얻게 된다.

아메리카 대륙을 파고들었던 인수공통전염병 병원체는 유럽 또는 아프리카에서 발생한 것들이었다. 1492년 콜럼버스의 항해로 시작된 대항해 시대 또는 제국주의 시대에는 천연두와 결핵, 홍역, 인플루엔자 및 모기 매개 질병들이 지배적인 권력을 휘둘렀다. 유럽인은 모두가 그렇지는 않았으나 대부분 이 질병들에 면역력을 가지고 있었기에, 질병들은 이들이 아메리카 대륙을 비롯한 세계 각지를 정복하고 식민지화하는 데 든든한 조력자가 되어주었다.

코르테스를 비롯한 유럽인들은 감염병의 뒤꽁무니를 잘 좇아다닌 끝에 수많은 승리를 거두었다. 유럽의 승리를 계기로 감염병이 확산된 게 아니라, 감염병 확산을 계기로 유럽이 승리를 거둔 셈이었다. 콩키스타도르(15~17세기 아메리카 대륙에 침입한 스페인 정복자들을 이르는 말)와 식민지 개척자들은 질병이 이미 정복해둔 지역을 착취했을 뿐이었다. 이것이 바로 유럽인들이 세계를 정복할 수 있었던 유일한 이유이다. 재레드 다이아몬드가 저서의 제목에서 언급한 '총, 균, 쇠' 중 '균'은 식민지를 건설하고 원주민을 예속하며 몰살시키는 데 무엇보다도 효과적인 도구로 사용되었다. 유럽인들이 식민지 전초기지를 건설한 거의 모든 곳에서 원주민들은 균에게 학살당했다.

오늘날 유럽 혈통 민족들은 대부분 온화한 기후의 '중간 세계 Middle Earth'에 거주한다. 미국과 캐나다부터 뉴질랜드와 호주에 이르기까지 이들이 거주하는 지역은 유럽 본토와 생물학적으로 비슷한 환경을 갖추고 있으며, 덕분에 이주자들은 새로운 주변 환경에 보다 쉽게 적응할 수 있었다. 오늘날에도 우리는 주변 환경 및 세균들에 스스로를 길들이고 적응시킴으로써 보호한다. 우리의 고향, 우리가 오래도록 살아온 곳이 자연스레 우리의 안전지대가 된다. 각 지역의 생태 영역 내에는 각기 다른 박테리아와 바이러스들이 서로 세력균형을 이루어 공생하며, 우리의 면역방어체계는 이를 바탕으로 맞춤 제작된다. 균들과 우리가 평형상태를 유지한다면 대부분의 경우 서로에게 과도한 해를 입히는 일 없이 각자 번식하며 살아갈 수 있다. 한 마디로 정교한 공존관계인 셈이다. 그러나 새로운 외래 균이 우리의 작고 안전한 세계에 침투하여 섬세한 균형을 깨뜨리는 순간, 우리는 병들기 시작한다. 낯선 균들이 가득한 외국에 여행을 갈 때도 마찬가지다. 이러한 상태는 그곳에서 충분히 오랜 기간 살아가며 현지 생태계의 일부가 되어 녹아들 때까지 그리고 그 생태계를 자신의 생태계로 받아들일 때까지 계속된다.

박사학위를 위해 옥스퍼드 대학교로 이사를 갔을 당시, 나는 한 달을 내리 앓았는데, 대학 하키 팀 동료들은 모든 '신참'이 겪는 일이라고 무심하게 말했다. 알고 보니 내가 겪었던 생물학적 '길들이기 기간'은 '옥스퍼드 플루'라고 불릴 만큼 그곳에서 늘 있는 일이었다. 이와 같은 과도기에 수반되는 위험성은 접종이나 약물로 완화할 수 있다. 유럽인들은 일생 동안 유럽 감염병에 노출된 채 살아오면서 면역력을 얻었고, 콜럼버스의 교환이 일어나는 동안 그 병원체를 데리고 다니며 본인들만 면역된 덕을 톡톡히 보았다.

콜럼버스와 그 뒤를 이은 식민지 개척자 무리가 데려온 질병들, 이를테면 말라리아와 황열 등은 면역력도 없이 멸망의 벼랑 끝에 아슬아슬하게 서 있던 원주민들을 초토화시켰다. 스페인인 식민지 개척자들은 원주민들을 상대로 야만적인 잔학 행위를 벌이고 그들을 성적으로 유린했으며, 콜럼버스도 여기에 동참했다. 콜럼버스는 본래 계획했던 목적지에서 8,000마일이나 벗어났으며, 네버랜드의 악몽과도 같은 행위들로 이력서를 가득 채웠고, 실제 미국 땅 근처에도 가지 못했지만 오늘날 미국은 콜럼버스가 아메리카 대륙에 당도한 날인 1492년 10월 12일을 기념하기 위해 매년 10월 둘째 주 월요일을 국가 공휴일인 콜럼버스 기념일로 지정하였다. 1992

년 콜럼버스 기념일에는 수Sioux족 원주민 운동가 러셀 민즈Russell Means가 콜럼버스 동상에 핏물을 쏟아 부으면서, 신세계를 '발견'했다는 콜럼버스는 "히틀러도 비행청소년 정도로 보이게 만든다"고 선언한 일도 있었다. 실제로는 노르드인들이 콜럼버스보다 500년 일찍 아메리카 대륙을 찾아와 캐나다 뉴펀들랜드섬의 란세오메도스에 식민지 전초기지를 세웠지만, 콜럼버스의 이름은 여전히 신세계의 '발견'과 동의어로 여겨진다. 그러나 이처럼 불쾌한 사실들을 차치하고서라도 콜럼버스가 아메리카 대륙에 미친 영향력 그리고 그가 의도치 않게 데려온 모기 매개 질병들의 영향력은 실로 막대했다.

저명한 역사가 대니얼 부어스틴Daniel Boorstin은 콜럼버스와는 달리 노르드인의 "아메리카 대륙 방문은 그들은 물론 다른 누구의 세계관도 변화시키지 못했다"고 논했다. "그토록 먼 거리의 여행이 베르겐에서 란세오메도스까지는 직선 거리로 4,500마일(약 7,240킬로미터)은 족히 되었다! 그토록 아무런 차이도 만들어내지 못했던 적이 또 있었을까? (중략) 주목해야 할 점은 바이킹족이 실제로 아메리카 대륙에 당도했다는 사실이 아니라, 그들이 아메리카 대륙에 당도했으며 심지어 한동안 그곳에 정착하여 생활했음에도 아메리카 대륙을 '발견'하지 못했다는 점이다." 콜럼버스가 실수로 그곳에 도착하기 수세기 전부터 그곳에서 살아온 원주민들이 있으므로 아메리카 대륙을 발견한 사람은 분명 콜럼버스가 아니다. 아메리카 대륙을 처음으로 발견한 외국인조차도 콜럼버스가 아니다. 그러나 최초로 유럽인과 아프리카 노예 그리고 그들의 질병들이 신세계에 진입하는 문을 열어젖힌 건 콜럼버스였다.

콜럼버스 이전의 아메리카 대륙에 인수공통전염병이 없었던 이유는 여러 가지로 밝혀졌다. 우선 원주민들이 그다지 많은 가축을 기르지 않았기 때문에 질병이 동물에서 인간으로 전염될 가능성이 극히 낮거나 없었다. 이 점은 앞서도 언급했지만 매우 중요한 부분이므로 다시 한 번 설명하겠다. 지금으로부터 1만 3,000년 전 마지막 대빙하기가 끝날 무렵, 아메리카 대륙의 대형 포유류 80퍼센트가 멸종했다. 여기서 살아남아 가축화된 극소수의 동물들, 이를테면 칠면조와 이구아나, 오리 등은 대규모로 무리 생활을 하는 동물들이 아니었으며, 극성 부모처럼 계속 보살펴야 하는 동물도 아니었고, 대부분 장비만 갖춰놓으면 알아서 잘 사는 동물이었다. 게다가 개인 취향 차이야 있겠지만, 대체로 인간은 깃털이나 비늘보다는 털에 끌린다. 갓 태어난 칠면조 새끼나 이구아나 새끼를 품에 안는 것보다는 갓 태어난 양이나 망아지 혹은 송아지를 끌어안는 편이 더 매력적으로 느껴지기 마련이다.

인수공통전염병을 옮길 만한 동물이 많지 않았던 데 더하여, 원주민들은 구세계 대부분의 지역에서 그러했던 것과는 달리 생태계 균형을 뒤집을 정도로 농경을 확대하지 않았다. 부족한 자원과 기후적 한계 때문에 생존을 위한 농경만이 가능했다. 유럽인들과 달리 아메리카 대륙의 원주민들은 짐을 끌 만한 가축들이 없어 작물 규모를 제한해야만 했으며, 상업이나 교역을 위해 막대한 규모의 잉여생산물을 생산하지도 않았다. 사실 아메리카 대륙에서 노동에 동원했던 동물은 개가 유일했으며, 이마저도 미국과 캐나다 북부의 평야에 한했다. 남아메리카와 중앙아메리카에서는 개를 제대로 사육하지 않았고, 대개 남은 음식물 찌꺼기로 유인하여 길들이거나 잡아먹었다. 토착 원주민들은 동물 떼의 이주를 통제하고, 옥수수, 콩, 호박 삼형제와 여타 작물을 재배하기 위해 의도적으로 불을 지르는 등 토지를 개간했으나, 지역 생태계의 상대적 평형은 여전히 깨지지 않고 유지되었다.

그러나 고결하고 친환경적인 '인디언 환경주의자'들이 허리에만 천을 두르고 나무를 껴안으며 살았다고 이상화하거나 태고의 아메리카 대륙이 에덴동산처럼 이상적인 환경이었다고 오해하면 안 될 것이다. 원주민들은 완벽한 조화와는 거리가 먼 방식으로 지역 환경을 조작하며 살았다. 완벽한 조화란 애초에 현실적이지도 않으며, 인간의 본성과 생존본능 때문에라도 불가능하다. 원주민들은 토지를 이용할 때 자연의 리듬과 현상現像에 변화를 일으키지 않을 정도로만 개입했다.

제임스 E. 맥윌리엄스James E. McWilliams의 말에 따르면, "원주민들은 멀리 떨어진 시장이 아니라 그들 자신과 공동체를 위해 상품을 생산했다. 대외 교역이나 자본주의적 교역보다는 지역적 교역이 이루어졌으며, 이 차이에서 비롯된 효과가 생태계에 반영되었다. (중략) 지역생산과 시장생산 간의 차이가 핵심이었다." 콜럼버스의 교환과 유럽의 맹공격이 닥치기 직전, 미국과 캐나다의 미시시피강 동쪽에서는 토지의 단 0.5퍼센트만이 농경지로 사용되고 있었다. 반면 유럽 국가에서 이 비율은 무려 10퍼센트에서 50퍼센트에 달했다. 17세기 초 미국 동부 연안에 당도한 유럽인들은 그곳의 처녀림을 매해 0.5퍼센트씩 개간했다.

유럽인 정착민들은 상업적 농경과 댐 건설을 시작하면서 자신도 모르게 스스로에게 유해한 환경을 조성했다. 모기들이 번식하기에 딱 좋은 이상적인 서식지가 마련된 것이다. 곤충학자들은 식민지화가 시작된 지 한 세기 만에 토종 및 외래 모기 개체 수가 열다섯 배 증가했다고 보았다. 이 음울한 상황에 토머스 제퍼슨Thomas Jefferson은 모기의 침탈을 막을 수가 없으며 "인간의 힘으로 어찌할 도리가 없다"고 선언하기까지 했다. 곧 남아메리카 대서양 연안 지역을 따라 말라리아와 황열병이 창궐하기 시작했다.

유럽이 탐했던 이 식민지들에는 본래 모기가 들끓긴 했어도 질병을 몰고 다니는 얼룩날개모기 및 숲모기는 존재하지 않았다. 죽음의 사신과도 같았던 두 종의 모기들은 유럽인 선박에 몰래 올라타 아메리카 대륙으로 건너갔다. 외래 모기 개체군은 새로운 정착지의 호의적인 기후에 힘입어 번성했고, 몇몇 토종 모기종을 쫓아내거나 멸종시켰다. 마찬가지로 유럽인들도 토착 원주민들을 쫓아내거나 말살했다. 정착민들의 핏속에는 모기 매개 질병이 흐르고 있었다. 유럽인 식민지 개척자들은 남아메리카의 스페인인 및 포르투갈인 전초기지부터 카리브해의 다국적 기지를 거쳐 북쪽 버지니아의 제임스타운 영국인 정착촌과 매사추세츠 플리머스 청교도 정착촌에 이르기까지 각지에 말라리아를 전파했다.

질병 대열은 콜럼버스의 제1차 항해 직후부터 아메리카 대륙을 휩쓸었으며, 여기에 더해 1513년 후안 폰세 데 레온Juan Ponce de Leon이 탐사와 노예 갈취를 목적으로 플로리다 원정을 오면서 한층 더 힘을 얻었다.[32] 연구자들은 1520년대와 1530년대에 이르자 천연두와 말라리아를 비롯한 역병들이 캐나다 대서양 연안 지역부터 칠레의 혼곶까지 넓은 지역을 휩쓸며 원주민들에게 큰 타격을 입혔다고 밝혔다.

서반구 전체에는 이리저리 교차하는 토착민들의 교역로가 확고하게 정립되어 있었다. 내륙 평야의 주민들은 한 번도 짭짤한 바닷바람을 맛본 적은 없어도 조개껍질로 만든 의복을 즐겨 입었고, 바닷가 주민들은 들소라는 장엄한 동물을 본 적은 없어도 그 가죽으로 만든 옷을 입고 파도 속을 뛰놀았다. 원주민들은 가공되지 않은 담배 작물의 모습을 상상으로만 그리면서 의례용으로 담배를 피웠다. 캐나다 오대호에서 나는 구리는 남아메리카에서 제련되어 장신구로 거듭났다. 말라리아와 천연두를 비롯한 질병들 또한 유럽인들이 이곳에 눈독을 들이기 오래전부터 원주민들을 괴롭혀왔다. 과거든 현재든 상업은 가장 효율적인 전염병 매개체 중 하나다. 윌리엄 H. 맥네일은 "말라리아가 아메리카 원주민들을 완전히 파괴시켰던 것으로 보이며 (중략) 본래 많은 인구가 살았던 지역이 거의 텅 빌 정도였다"고 말했다.

1540년대 에르난도 데 소토Hernando de Soto와 프란시스코 바스케스 데 코로나도Francisco Vazquez de Coronado가 위대한 황금도시를 찾기 위해 유럽인 최초로 미국 남부 지역을 탐험했을 당시, 연대기 작가들의 말에 따르면, 이들은 주민 하나 없이 들소만이 풀을 뜯고 있는 촌

32 폰세 데 레온이 젊음의 샘을 찾아 플로리다에 갔다는 설은 생동감 있고 진짜처럼 들리지만 신빙성은 없다.

락 유적들을 수도 없이 발견했다. 코로나도는 멕시코시티에서 애리조나의 그랜드캐니언과 남동부 캔자스까지 이동하면서 한때 번성했으나 이제는 소수의 주민들만이 살아남은 촌락들을 지나쳤다. 드소토 역시 플로리다에서 멕시코만 연안 주와 아칸소를 거쳐 미시시피강을 타고 올라가 애팔래치아산맥까지 탐험하는 동안 이미 떼죽음을 당한 수많은 원주민의 무덤과 망령들을 지나갔다. 이로부터 10여 년 전 상황을 직접 겪은 이가 남긴 기록을 보면 왜 원주민 촌락들이 몰락했으며 버려진 유령마을들만이 스페인 콩키스타도르들을 맞이했는지에 관한 단서를 찾을 수 있다.

남겨진 4명의 스페인인 선원들은 플로리다에서 서쪽으로 멕시코만을 가로질러 1536년 멕시코시티에 힘없이 입성하면서 두 탐험가들의 경로를 답사하였다(판필로 데 나르바에스Pánfilo de Narváez의 플로리다 식민지 건설이 실패로 끝난 뒤의 일이다). 이들은 지난 8년간 겪었던 여정과 사건을 누에바 에스파냐('새로운 스페인') 부왕에게 보고했는데, 그 이야기가 믿을 수 없을 정도로 놀라워 곧 대중의 관심을 사로잡았다. 이 이야기에서 주목할 만한 부분은 당시 원주민들이 이미 말라리아에 걸려 있었다는 사실이다. 스페인 선원들은 다음과 같이 증언했다. "그 땅에서 우리는 각기 다른 세 종류의 무수히 많은 모기와 마주쳤는데, 매우 불쾌하고 성가셨으며 여름 내내 우리를 상당히 괴롭혔다." 또한 "인디언들은 모기에게 너무나 많이 물렸던 탓에 나병환자 성 라자로와 같은 병을 앓고 있는 것처럼 생각될 지경이었으며 (중략) 다른 많은 이도 혼수상태로 누워 있었다. 심각하게 아파했고 말랐으며 배가 부풀어 오른 모습을 볼 수 있었는데 그 상태가 충격적일 만큼 심각했다. (중략) 세상에 이만큼 고통스러운 일은 또 없을 것이라 단언할 수 있다. 한때 이 땅이 비옥하고 아름답던 모습을, 샘과 강이 있어 풍요롭던 모습을 보았던 우리로서는 모든 곳이 황폐화되고 마을들이 불탔으며 사람들이 마르고 아픈 모습을 보노라니 매우 슬펐다."

말라리아는 유럽인들보다 먼저 미국 남부에 들어와 원주민들을 몰살하고 유럽 정착민들의 앞길을 닦아놓았다. 17세기, 데 소토의 발자취를 따라 미시시피강 하류에서 뼈대만 남은 나체즈족 촌락을 가로질렀던 한 프랑스인 탐험가는 "하나님이 그곳을 그 야만인들 대신 다른 이들에게 주시고자 하셨다는 게 겉으로도 보였음을 결코 무시할 수 없다"고 말했다. 이처럼 말라리아를 비롯한 유럽의 질병들은 유럽인들이 도착하기 훨씬 이전부터 이미 남아메리카 내륙 지방을 관통한 상태였다.

카리브해의 아라와크족, 메소아메리카의 잉카족과 아즈텍족, 뉴펀들랜드의 베오투크족 그리고 전 세계 너무나도 많은 토착 문화가 타이노족과 마찬가지로 멸망의 운명을 맞이했다. 600만 명의 아즈텍족을 점령한 것은 에르난 코르테스가 아니었으며, 1천만 명의 잉카족을 예속시킨 것도 프란시스코 피사로Francisco Pizarro가 아니었다. 이 두 명의 콩키스타도르는 천연두와 말라리아열 유행병으로 무너진 아즈텍족과 잉카족을 찾아가 소수의 병든 생존자들을 긁어모은 뒤 노예로 팔아넘겼을 뿐이었다. 1531년 피사로가 페루 해안에 당도했을 때는 그보다 5년 앞서 찾아온 천연두가 그곳을 대대적으로 파괴해둔 이후였으므로, 피사로와 168명의 개척자들은 10년 전만 하더라도 수백만 명의 인구를 자랑했던 잉카 문명을 정복할 수 있었다. 크로스비는 "이 콩키스타도르가 거둔 기적적인 승리와 그를 성공적으로 모방한 코르테스의 승리는 대체로 천연두 바이러스의 승리였다"고 했다. 질병 덕분에 유럽인들이 원주민들을 상대로 여유롭고 손쉽게 '승리'를 거두는 일은 이후로도 아메리카 대륙 전역에서 계속되었다. 원주민들로서는 자신들을 무너뜨렸던 질병들이 유럽인에게는 별다른 피해를 입히지 않는 모습에 절망했을 것이 분명하다.

몇 안 되는 아스테카인 생존자 중 한 명은 스페인인들이 오기 전까지만 하더라도 "이곳에는 (중략) 병이 없었고, 뼈가 아플 일도 없었고, 고열도 없었고, 복통도 없었고, 두통도 없었다. (중략) 외국인들이 이곳에 오면서 모든 것이 바뀌었다"고 슬퍼했다. 코르테스는 1521년 고작 600여 명의 개척자들 및 수백여 명의 지역 동맹군과 함께 75일간 테노치티틀란(오늘날의 멕시코시티)을 포위 공격하여 함락했다. 아스테카의 수도였던 테노치티틀란은 한때 유럽의 어느 도시보다도 많은 25만 명의 인구를 거느린 도시였다. 이 장엄한 도시는 다른 놀라운 공학 건조물들에 더하여 호수와 운하, 수도교들을 서로 연결하는 정교한 체계를 갖추고 있었는데, 바로 이 때문에 스페인인 포위 공격 당시 모기와 말라리아가 창궐했다. 아스테카 문명이 전멸한 이후, 말라리아 역병은 1550년대에 걸쳐 멕시코 전역을 황폐화시켰다. 1620년에 이르자 한때 2천만 명에 달하던 멕시코 토착 원주민 인구는 약 7.5퍼센트인 150만여 명으로 줄어들었다.

코르테스와 피사로를 비롯한 유럽군이 거둔 군사적 성취는 겉보기에는 쉽게 설명할 수 있는 현상처럼 보인다. 대부분의 역사책에는 석기나 나무로 만든 무기에 맞서 철제 무기와 총포를 사용한 것이 유럽인들의 승리 요인이라고 설명되어 있다. 그러나 대부분의 경우 유럽의 식민지 개척자들이 원주민들을 쫓아내거나 파괴할 수 있었던 진짜 이유는 유럽인들이 데려온 질병과 그들이 가졌던 서로 다른 면역체계 덕분이었다. 유럽에서 들어온 낯선 균들 그리고 모기들과 모기 매개 질병이 아무도 모르는 새 생물학 무기 역할을 담당하면서 원주민들의 종말을 알린 것이다.

질병과 모기들이 죽음의 낚싯줄을 드리운 상태에서 유럽 정착민들과 식민지 정부 및 본국 정부는 원주민들을 예속하기 위해 다양한 전략을 사용했다. 이들은 결정적인 군사 활동을 개시하기도 했고, 원주민들의 정치 체제를 흔들었으며, 정체성과 관련된 문화적 특성을 말살시켰다. 또 경제 의존도를 높였고, 모기와 모기 매개 질병의 도움으로 원주민들의 인구구성을 유럽의 입맛에 맞게 극적으로 재편했으며, 토지를 몰수하고 영토를 제한했다. 문화적 격변과 더불어 말라리아와 황열병을 비롯한 유럽산 역병들이 원주민들을 몰살시키는 가운데 원주민들은 이에 맞서 자신들의 이익과 의제를 수호하려 애썼다.

콜럼버스가 일으킨 변화의 해일이 몰려오고 유럽인들의 식민지 개척이 본격화될 무렵인 1516년, 토머스 모어Thomas More 경이 쓴 정치풍자소설 『유토피아Utopia』는 전 세계 유럽인-원주민 관계에서 만연해질 현상을 예언하듯 보여주었다.

만일 원주민이 유토피아인과 함께 살길 원한다면 받아들여준다. 이들은 식민지에 기꺼이 가담하길 원했으니 빠르게 제도와 관습을 받아들인다. 이편이 양측 모두에게 도움이 된다. 유토피아인은 예전에는 원주민들만도 먹이지 못할 만큼 작고 척박해 보였던 토지를 정책과 관례에 따라 일구어 모든 사람에게 풍족함을 선사한다. 만일 원주민이 유토피아 법에 순응하지 않으려 한다면 유토피아로 선포한 지역 바깥으로 그들을 쫓아내고, 저항한다면 전쟁을 일으킨다. 실제로 이들은 어느 민족이 소유한 토지를 경작하지 않고 놀리면서도 자연의 법칙에 따라 마땅히 그 토지를 받아야 할 다른 이들의 사용이나 점유도 거부한다면 응당 이에 대하여 전쟁을 일으켜야 한다고 여겼다.

찰스 만은 2011년 저서 『1493년: 콜럼버스가 창조한 신세계 파헤치기1493: Uncovering the New World Columbus Created』에서 지구상에 발을 내딛었던 모든 사람 중 오직 콜럼버스만이 "생명의 역사에서 새로운 시대를 열었다"고 평했다. 이는 다소 과장된 평일 수 있지만, 콜럼버스의 항해가 일련의 획기적인 사건들을 촉발시켜 토머스 모어[33]가 예언했던 대로 오늘날의 강대국 체제가 생겨났다는 데에는 의문의 여지가 없다.

콜럼버스 이래 수세기에 걸쳐 감염병이 원주민들을 마구잡이로 파괴하였다. 유럽산 질병들에 면역되어 있지 않던 지역 토착 원

33 토머스 모어 경(1478-1535)은 르네상스 시대 영국의 철학자이자 인도주의자, 작가, 정치인, 공무원이다. 가톨릭교도였던 그는 종교개혁에 반대했다. 잉글랜드의 대법관을 지냈으며 국왕 헨리 8세의 최고위 참모이자 조언자였음에도, 헨리 8세가 잉글랜드 신교(성공회)의 수장이 되려는 데 지지를 표하지 않았으며 1534년 수장령(Act of Supremacy)을 지지하지도 않았다. 모어는 헨리 8세에 대한 충성 서약이 마그나카르타에 위배된다고 생각해 서약을 거부했다가 반역죄를 선고받고 1535년 런던타워에서 참수되었다. 400년이 지난 후인 1935년에는 가톨릭 성인으로 시성되었다.

주민들은 거의 멸절에 가까운 수준으로 몰살당했다. 1846년 찰스 다윈이 말했듯, "유럽인들이 발을 디디는 곳은 어디든 죽음이 원주민들을 쫓는 듯하다. 아메리카 대륙, 폴리네시아, 희망봉과 호주까지 폭넓은 사례를 살펴보아도 같은 결과가 발견된다."[34] 1492년 1억 명으로 추정되었던 서반구 토착 원주민들은 1700년 약 500만 명으로 줄어들었다. 전 세계 인구의 20퍼센트 이상이 목숨을 잃은 셈이었다. 모기들은 천연두를 비롯한 다른 질병들과 함께 집단 학살의 주범이라 비난받을 만했다.[35] 살아남은 소수의 원주민들도 당혹감을 추스를 새도 없이 가차 없는 전쟁과 대학살, 강제 이주, 노예제의 소용돌이에 휘말렸다.

최근까지만 하더라도 다양한 분야의 학자들이 아메리카 대륙 토착 원주민들의 인구 감소에 대한 질병의 잠재적 영향력을 과소평가한 탓에 콜럼버스 이전의 실제 원주민 인구를 잘못 계산하였다. 추

34 호주와 뉴질랜드의 원주민 마오리족도 콜럼버스의 교환 동안 유럽산 질병의 유입으로 고통을 겪었다. 이 시기 이전, 호주의 원주민 인구는 약 50만 명으로 추정되었으나, 1920년대에는 약 7만 5,000여 명만이 남았다. 마찬가지로 제임스 쿡(James Cook)이 1769년 뉴질랜드에 상륙했을 당시 마오리족 인구는 약 10만 명에서 12만 명으로 추정되었으나, 1891년 4만 4,000명이라는 최저치를 기록하였다. 1840년대에는 말레이시아 교역상들을 통해 말라리아와 뎅기열이 호주에 유입되었다. 호주는 1962년 노던주에서의 발병 사례 이래 현재까지 말라리아 청정 국가이다. 그러나 전 세계에서 매년 4억 명이 감염되는 뎅기열이 지난 10년간 호주에서 다시 유행하면서 골칫거리가 되었다. 호주와 파푸아뉴기니에는 발병이 드물고 대개 치명적이지는 않으나 이곳만의 고유한 모기 매개 바이러스인 메레이 밸리 뇌염(MVEV) 바이러스와 로스 리버 바이러스(RRV)도 존재한다.

35 질병은 대개 일방적으로, 즉 구세계에서 신세계로 전이되었으나 여기에도 예외가 있다. 매독은 본래 아메리카 대륙에서 요오스와 핀타를 유발하는 비성매개성 박테리아였으며 콜럼버스를 통해 유럽에 유입된 것으로 여겨진다. 유럽에서 매독이 최초로 발병한 건 콜럼버스가 제1차 항해를 마치고 돌아온 직후인 1494년 이탈리아 나폴리에서였다. 매독과 콜럼버스 간에 연결고리가 존재하는지 혹은 단순한 우연이었는지는 여전히 뜨거운 논쟁과 학계 연구의 대상이 되고 있다. 매독은 최초 발병 이후 5년 만에 전 유럽으로 확산되었으며 발병 국가들은 서로 이웃나라를 탓하였다. 1826년 교황 레오 8세는 매독이 부도덕과 간통에 대하여 하늘이 내리는 벌이라 보고 이를 예방하는 콘돔의 사용을 금지하였다.

정치가 터무니없이 낮았던 덕에 유럽인 식민지 개척자들의 후손들은 식민지화에 대한 부담과 죄책감을 덜어낼 수 있었다. 1970년대까지 학교에서는 미국 영토 대부분이 비어 있었으며 유럽인 정착민들을 환영했다고 가르쳤다. 100만 명 남짓의 인디언들에게는 그토록 넓은 영토가 필요하지 않았으며, 아메리카 대륙은 명백한 운명manifest destiny을 기다리고 있었다고도 했다. 명백한 운명이란 미합중국의 확장이 불가피하고 정당하며 신이 명하신 일이었다는 주장이다. 그러나 오늘날에는 거의 100만 명에 달하던 토착 원주민 모두가 오직 플로리다에서만 거주하지는 않았으리라는 게 통설이다. 현재 콜럼버스 이전 미국의 토착 원주민 인구수는 1,200만에서 1,500만 명으로 추정되며, 들소도 6천만여 마리 존재했던 것으로 추정된다.[36]

재레드 다이아몬드가 설명했듯, 낮은 추정치는 "백인이 거의 텅 빈 것처럼 보였던 대륙을 정복한 것이라 정당화하는 데 유용"했다. "신세계 전체를 통틀어 보았을 때 콜럼버스의 도착 이래 한두 세기 동안 인디언 인구의 감소율은 최대 95퍼센트였던 것으로 추정된다."

보수적으로 수치만 따져보자면 아메리카 대륙 전역에서 9,500만 명이 사망했다는 말이다. 이는 인류 역사상 기록된 단일 인구 재앙 중 가장 큰 규모로 거의 멸절에 가까운 사건이었다. 흑사병으로 인한 사망자보다도 훨씬 많다.

동일한 시기에 아메리카 대륙으로 유럽인들과 그들이 데려온 아

---

36 1890년에 이르자 북아메리카에서 들소 개체 수는 1,100마리로 감소했는데, 이는 의도에 따른 일이었다. 아메리카 정부가 수족을 비롯한 평원 인디언들을 굶기고 인디언 보호구역으로 몰아넣기 위해 들소를 체계적으로 박멸하는 정책을 펼쳤다.

프리카 노예들이 이주한 것은 인류 역사상 가장 큰 규모의 인구이동이었다. 언제나와 마찬가지로, 콜럼버스 교환이라는 이 호러 쇼 투어에서 모기는 핵심 등장인물 중 하나로 등장했다. 콜럼버스의 교환은 실로 전면적인 사건이었으며, 전 세계 각지의 민족과 상품, 작물 그리고 질병들이 연관되었다. 콜럼버스는 1494년 제2차 항해 당시 모기 이외에도 동물원성감염병의 매개체인 말과 소, 돼지, 닭, 염소, 양을 신세계에 소개했다. 담배와 옥수수, 토마토, 목화, 코코아, 감자를 아메리카 대륙에서 뿌리째 뽑아 지구 반대편의 비옥한 땅에 옮겨 심었던 한편, 사과와 밀, 사탕수수, 커피 그 외에 다양한 채소를 아메리카 대륙에서 재배하기 시작했다. 특히 감자는 원산지로부터 지구 반 바퀴 떨어진 유럽 전역의 목초지에서 재배되며 큰 인기를 끌었다. 감자는 아일랜드 대기근 당시 다시 한 번 콜럼버스의 교환 물결을 타기도 했다. 1845년부터 1850년까지 감자역병이 유행하여 감자 농장이 쑥대밭이 되었고, 100만 명이 넘는 아일랜드인이 집단 아사하였다. 5년 동안 아일랜드의 총 인구는 무려 30퍼센트나 감소하였으며, 추가로 150만 명의 아일랜드인이 기근을 피해 미국과 캐나다, 잉글랜드, 호주로 이주하였다.

콜럼버스의 교환 동안 지구의 인구분포와 문화, 경제, 생물학적 요소가 영구적으로 재배열되었다. 대자연의 섭리와 힘의 균형은 완전히 뒤집혀진 채 모래성처럼 무너졌다. 어떤 면에서는 완전히 통일된 단일한 지구촌이 최초로 형성되었으며, 그 거리는 이전보다 훨씬 짧아졌다. 모기 매개 질병을 포함한 세계화가 새로운 현실이 되었다.

일례로 아메리카산 담배는 가정용 상비약이 되었고, 벌레를 쫓아내는 데에도 자주 사용되었다. 추정컨대 전 세계적으로 인류는 불을 처음 길들이고 사용하기 시작했을 때부터 곤충을 퇴치하는 데 연기를 사용해왔다. "몇몇 인간종은 이르게는 80만 년 전부터 때때로 불을 사용했을 수 있다." 유발 노아 하라리의 설명이다. "약 30만 년 전의 호모 에렉투스, 네안데르탈인 그리고 호모 사피엔스 선조들은 일상적으로 불을 사용했다." 아마 담배가 인기를 끌었던 데에는 모기 퇴치 효능도 한몫했을 것이다. 어느 쪽이든 담배 중독은 매우 빠르게 확산되어 17세기 초에 이르러서는 바티칸에서 사제들이 한 손에는 성경을, 다른 한 손에는 시가를 들고 미사를 지낸다는 불만이 대두되기도 했다. 같은 시기 중국 황제 또한 담배를 피우며 신하들로부터 병사들이 무기를 팔아 담배를 사왔다는 보고를 들었다. 그러나 담배가 중독을 유발하는 '초기 약물'에 불과하며, 곧 담배와 아편을 섞어 피우는 게 일반화되리라는 것은 당시 황제도 예견하지 못했던 사실이었다.

19세기까지 성행한 영국의 아편 무역은 콜럼버스 교환의 후발 주자이자 영국이 비밀스럽게 준비한 제국주의의 도구였다. 말라리아가 풍토병으로 자리 잡자 창의력을 발휘한 영국 정부는 인디언들과 아시아인들에게 아편이 말라리아 특효약이라고 주장했다. 말라리아와 영국의 아편 무역에 관해 연구한 폴 윈서Paul Winther는 1895년 왕립아편위원회가 보고서에 말라리아의 심각한 공포와 고통을 논하며 "아편이 말라리아를 예방하고 치료할 수 있는 것처럼 썼다"고 밝혔다. "1890년에 이르자 아편과 '말라리아'의 상관관계가 주기적으로 언급되었다. 이는 (중략) 1892년에 이르자 통설이 되었다. 남아시아에 말라리아가 창궐해 있었으므로 위원회는 인간의 고통을 가중시킬 수 없다는 이유로 (중략) 아편의 생산량 삭감을 반대했다. 대영 제국이 아편의 경작, 가공, 분배에 계속 관여하기를 바랐던 이들은 위원회의 발견을 도덕적 명령으로 해석했다." 모기는 그럴듯한 정치적 희생양이 된 것도 모자라 이제 마약성 진통제를 거래하고 중개하는 역할까지 도맡게 되었다. 아편과 담배 모두 아시아, 특히 중국에 그늘을 드리웠다. 1900년에 이르자 중국 인구 4억 명 중 무려 34퍼센트에 달하는 1억 3,500만 명이 하루에 한 번 이상 아편을 피웠다. 처음에는 말라리아 억제제로서, 중독된 이후에는 중독성을 충족하기 위해서였다.

존 롤프John Rolfe가 버지니아주에서 경작한 담배를 잉글랜드로 처음 들여왔던 1612년, 런던에는 이미 7,000여 곳의 '타바코 하우스tobacco houses'가 성행하고 있었다. 이 카페들은 니코틴 중독자들이 앉아서 대화를 나누며 담배를 마실 수 있는(본래 담배는 피운다고 하지 않고 마신다고 했다) 자리였다. 콜럼버스의 교환에 뒤늦게 합류한 커피 또한 곧 연기 자욱한 대화의 장에 동참했다. 지적 만남의 장이었던 커피하우스는 옥스퍼드에 최초로 등장한 이후 빠르게 영국 전역 골목 어귀에 자리를 잡았다. 당시 커피하우스는 오늘날 수많은 사람이 6달러짜리 라떼를 시켜놓고 노트북을 보며 골몰하는 스타벅스만큼이나 흔히 찾아볼 수 있었다. 실제로 1700년에 이르자 런던에서는 커피하우스가 다른 어떤 소매상점보다 더 많은 건물을 차지했으며 건물세도 가장 많이 지불했다. '페니 대학교penny university'라고도 불렸던 커피하우스에서 '커피 한 그릇'을 주문하면 같은 테이블에 지인과 앉든 모르는 이들과 앉든 상관없이 언제까지고 그곳에 앉아 식자층과 학문적 대담을 나누고 교류할 수 있었다. "그 결과물들은 커피하우스를 바탕으로 마음 맞는 사람들끼리 형성한 사회에서 공유하고, 토론하고, 정제되었다." 『커피의 어두운 역사Coffee: A Dark History』의 저자 앤서니 와일드Antony Wild의 설명이다. "잉글랜드의 계몽주의는 그곳에서 태어나고 자랐다." 물론 커피는 잉글랜드와 유럽 전역에서 큰 사랑을 받을 때에도 여전히 8세기 중반 에티오피아의 염소치기 칼디가 말라리아 치료제라 여겼던 명맥을 잃지 않고 있었다.

커피는 당시 영국인들이 '학질'이라 부르던 말라리아 이외에도 역병, 천연두, 홍역, 통풍, 괴혈병, 변비, 숙취, 발기부전 그리고 일반적인 우울을 치료하는 만병통치약으로 여겨졌다. 새롭게 유행하는 것들이 으레 그렇듯 커피 또한 곧 비판에 부딪혔다. 1674년, 런던의 한 여성사회단체가 『여성의 커피 반대 탄원The Women's Petition Against Coffee』이라는 제목의 책자를 출판했다. 남자들이 하루 종일 커피하우스에서 시간을 보낸 뒤에는 "가장의 책임을 더 하는 것도 없고, 기운도 원체 시들해진다. (중략) 그곳에 다녀온 뒤라면 촉촉해지는 것이라곤 남자들의 콧물 묻은 코뿐이고, 빳빳해지는 건 그들의 관절뿐이며, 곧추서는 건 그들의 귀뿐"이라는 내용이었다. 이에 남성들은 마찬가지로 『여성의 커피 반대 청원에 대한 남성의 항변The Men's Answer to the Women's Petition Against Coffee』이라는 제목의 마찬가지로 노골적이고 성적인 책자를 통해 커피가 "보다 기운찬 발기와 그득한 사정을 만들어주며 정자에 영적 정수를 더해준다"고 응수했다. 연인들의 말싸움을 중재하는 일은 현대 의학에 맡기도록 하겠다.

20세기 초까지도 칼디의 "커피는 다양한 종류의 말라리아 열병이 (중략) 유행할 때의 귀중한 치료약, 나아가 예방약"이라는 주장이 돌았다. 윌리엄 우커스William Ukers가 1922년의 저서 『커피에 관한 모든 것All about Coffee』에서 설명했듯, 커피는 "소개되는 곳마다 혁명을 일으켰다. 커피는 세계에서 가장 급진적인 음료가 되었다. 커피가 언제든 사람들의 생각을 부추기는 효능이 있기 때문이다. 사람들이 생각하기 시작하면 폭군에게는 위협이 되기 마련이다." 차로 드릴까요, 커피로 드릴까요? 이 질문은 미국 독립 혁명 이전 정당들 사이에 오갔던 유일한 질문이었다. 그러나 콜럼버스의 교환으로 메뉴에 오른 또 다른 두 가지 품목, 설탕과 꿀 덕분에 차든 커피든 음료는 달게 마실 수 있었다.

아메리카 대륙에 정착한 영국인들은 모기와 함께 꿀벌 또한 데리고 왔다. 치명적인 벌 떼는 곧 아메리카 대륙의 토착 식물들을 대량으로 수분했으며, 유럽인이 경영하는 농장과 과수원이 성행하는 데 일조했다.[37] 곤충이 수분 과정을 일으킨다는 과학적 사실은 18세기 중반에야 발견되었으나, 벌이 유럽인의 농경 확대에 일조하는 바

---

37 오늘날 미국에서 소비되는 모든 식품의 35퍼센트가 꿀벌의 수분 과정을 거친다. 최근 원인을 알 수 없는 봉군붕괴증후군(CCD)이 나타나 지역에 따라 일벌 수가 30퍼센트에서 70퍼센트가량 감소하면서 벌의 생존이 위태로워지고 있다. 이에 꿀벌을 보호하고 벌 친화적인 지역 환경을 조성하기 위한 마케팅 캠페인도 등장했다. 내가 얼마 전 구매한 '허니 너트 치리오스'라는 시리얼에는 "벌들이 돌아올 수 있도록 동봉된 씨앗 주머니를 땅에 뿌려주세요!"라는 홍보 문구와 함께 씨앗 주머니가 담겨 있었다. 곤충을 사랑하는 내 아들이 아내와 나를 설득한 끝에 우리 집 정원은 이제 벌 친화적 정원이 되었다.

가 상당했으므로 토착 원주민들은 외래종 '잉글랜드 파리English flies'의 유입에 뒤이어 공격적인 유럽 세력의 확장이 따라오리라는 것을 금세 알아챌 수 있었다. 지난날 몽골족이 아시아와 유럽을 영구적으로 한데 묶어놓았으므로 콜럼버스의 교환은 흑사병 시기 당시 증명되었듯 전 세계를 대상으로 시장을 세운 것이나 다름없었다. 여기에서 거래된 물건들 중에는 유독한 모기뿐만 아니라 그 해독제도 있었다.

최초의 말라리아 예방약이자 치료제인 퀴닌은 뒤늦게야 식민지화의 물결을 타고, 콜럼버스의 교환이 닿은 전 세계 해안가를 씻어냈다. 17세기 중반 구세계에서는 페루라는 이름의 신비스러운 지역에서 있었던 기적적인 이야기가 풍문처럼 돌았으며, 이후 수십 년 동안 '예수회의 나무껍질', '백작부인의 가루', 혹은 '키나나무'의 마법 같은 효능을 극찬하는 광고들이 유럽 전역의 벽에 나붙었다. 풍문인즉슨 1638년 스페인령 페루 친촌Chinchon의 네 번째 백작부인, 도나 프란체스카 엔리케스 데 리베라Dona Francisca Henriquez de Ribera가 말라리아 열병에서 기적처럼 회복했다는 이야기였다. 이야기에 따르면 백작부인은 악성 변종 말라리아에 감염되었다. 의사들이 두 차례에 걸쳐 피를 뽑아내는 요법을 시도했으나 백작부인의 상태는 점점 악화되어 죽음이 임박한 듯했다. 사랑하는 남편, 친촌의 백작은 아내를 살리려 수소문하다가 몇 해 전 들었던 미신을 기억해냈다. 스페인 예수교회 선교사가 아야크 카라ayac cara 또는 퀸퀴나quinquina라는 토착 인디언 흑마술로 에콰도르 총독의 말라리아 열병을 치료했다는 미신이었다. 퀸키나는 마법사의 돌도 아니었고, '익스펙토 페트로눔' 같은 주문도 아니었으며, '아브라카다브라' 같은 암송곡도 아니었다. 그 정체는 안데스 고산지대에서 자라는 희귀하고 재배하기 까다로운 나무의 '쌉싸래한 나무껍질' 혹은 '나무껍질들의 나무껍질'이었다. 민간 설화로 치부하고 넘길 수도 있었지만, 백작은 병든 아내를 위해 무엇이든 해보려 했다. 서둘러 그는 한때 번성했던 토착민 케추아족의 잔존세력으로부터 이 신비스러운 나무껍질 약간을 얻어냈다.

백작부인은 고비를 넘기고 살아나 위풍당당하게 귀향길에 올랐으며, 이후 기적적인 '열병 나무껍질' 이야기는 널리 알려졌다. 오늘날 누군가 암이나 에이즈의 치료제를 한순간에 발견하는 것만큼이나 혁신적인 사건이었다. 말라리아는 열대 식민지 지대에서 제국주의의 발전을 방해하는 거대한 장애물이었을 뿐만 아니라 17세기 중반 들어 아메리카에서 절정에 달해 있었으므로, 말라리아 기생충의 헤모글로빈 물질대사를 차단하는 퀴닌의 발견은 그야말로 목숨을 살리는 위대한 발견이었다.

콜럼버스의 교환과 함께 작물 옮겨심기 및 전이가 성행하는 한편, 전 지구적 농업과 상업, 인구이동이 가속화되던 1600년에서 1750년 사이, 유럽에서는 말라리아로 인한 비극이 정점에 달했다. 말라리아 기생충이 사람들을 집단으로 감염시키고 무자비하게 학살했다. 같은 시기 다수의 유럽인이 말라리아 기생충을 데리고 아메리카 대륙으로 건너가면서 이미 병원체로 넘실대던 식민지에 또 다른 병명을 더해주었다는 사실도 잊어서는 안 되겠다. 유럽의 몇몇 지역은 말라리아가 창궐하는 지역으로 널리 이름을 떨쳤는데, 벨기에와 네덜란드에 걸친 스헬더강 저지대 연안 지역, 프랑스의 루아르강 계곡과 지중해 연안 지역, 잉글랜드 런던 동부 펜렌드의 연안 습지, 우크라이나의 돈강 삼각주, 동부 유럽 다뉴브강을 따라 늘어선 지역들 그리고 언제나와 같이 모기들의 놀이터였던 이탈리아 폰티노 습지와 포강 등이었다. 이들을 괴롭히던 로마열, 잉글랜드 학질, 단테의 지옥 그리고 유럽에 팽배했던 불지옥 같은 열병에 대한 치료제가 드디어 발견된 것이었다.

백작부인은 실제로 말라리아를 앓긴 했으나 결국에는 황열병으로 세상을 떠났으며 스페인으로 귀향하지도 못했다. 백작부인과 퀴닌을 연관시킨 이 이야기는 사실을 각색한 설화로 보인다. 그럼에도 '열병을 치료하는 기적의 나무'는 친촌Chinchón 백작과 백작부인의 로맨스를 기리는 듯 '친초나Cinchona 나무'로도 알려지게 되었다. 곧이어 '예수회의 나무껍질' 퀴닌은 스페인이 식민지에서 경작하는 돈벌이 작물로 거듭나면서 콜럼버스의 교환 동안 바다를 이리저리 건너다녔던 상품과 식량, 인구, 질병들의 기나긴 목록에 뒤늦게나마 이름을 올렸다. 퀴닌과 말라리아는 서로 완전히 다르고 본래 구분되어 있었으며 진화론 측면에서도 뚜렷이 구별되는 두 세계가 콜럼버스의 항해로 교잡수분을 일으키면서 낳은 전례 없는 조합의 대표주자로 꼽힌다. 퀴닌은 구세계 질병에 대한 신세계의 치료제였고, 말라리아와 말라리아 매개 모기는 아프리카와 구세계에서 태어나 신세계로 전이되어 그곳에서 창궐했으니 말이다.

19세기 중반에 이르자 퀴닌으로 무장한 유럽 강대국들은 인도와 동인도, 아프리카와 같은 열대 지방에 허술하게나마 전초기지를 건

AEGROTAT LIMA. CONIUX CHINCONIA FEBRIM
CORTICE MIRANDO POCULA TINCTA FUGANT

친촌 백작부인을 퀴닌으로 치료하는 모습: 약 1850년경 그려진 이 작품은 스페인령 페루 친촌의 네 번째 백작부인, 도나 프란체스카 엔리케스 데 리베라가 토착 케추아족의 아야크 카라 또는 퀸퀴나라는 '인디언 흑마술'을 통해 기적적으로 말라리아 열병을 치료했다는 이야기를 담고 있다. 키나나무에서 추출한 퀴닌은 최초의 효과적인 항말라리아제가 되었다. 콜럼버스 교환의 일부였던 퀴닌은 구세계 질병에 대한 신세계의 치료제였다. © Diomedia/Wellcome Library

설했다. 자연선택과 진화사 측면에서 말하자면, 북회귀선과 남회귀선 사이 대부분의 지역에 거주하는 유럽계 민족은 오늘날에도 단기 체류 배낭여행자 신세이다. 일부 아프리카 혹은 지중해 민족에게서 발견되는 유전적 면역방어체계가 없기 때문이다. 비록 말라리아의 정체는 17세기 중반 당시까지도 여전히 미스터리로 남아 있었지만, 퀴닌은 그 발견과 함께 계속해서 말라리아 억제제로 사용되었다.

콜럼버스의 교환이 낳은 파급효과를 설명할 때 예시로 좋은 이야기가 바로 인도에 대한 영국의 제국주의적 원정이다. 유럽의 아프리카 혹은 동인도 식민지에서도 이와 비슷한 이야기가 전개되었기 때문이다. 영국이 인도를 통제하기 위해서는 말라리아에 대한 대항력이 필요했다. 이에 인도의 영국인들은 '인도 토닉 워터'에 섞은 퀴닌 분말을 배급받아 섭취했다. 1840년대 인도의 영국인 시민 및 병사들은 예방을 목적으로 퀴닌을 섭취하면서 연간 700톤의 키나나무 껍질을 소비하였다. 쓴맛을 없애고 취기를 더하기 위해 여기에 진을 섞어 마시기도 했는데, 여기에서 진 토닉 칵테일이 탄생하였다. 오래지 않아 영국계 인도인의 기호음료가 된 진 토닉은 오늘날에도 전 세계 바에서 즐겨 마시는 음료가 되었다.

퀴닌 분말은 영국인 병사들의 목숨을 부지해주었으며, 관리들이 인도의 저지대와 습지 지역에서 살아남는 데 일조했고, 결국에는 (놀라울 정도로 소수의) 영국인들이 여러 열대기후 식민지에서 안정적으로 자리를 잡도록 해주었다. 1914년을 기준으로 약 1,200명의 영국 인도행정청 관리들과 영국인 주둔군 단 7만 7,000명이 무려 3억 명이 넘는 인도 국민을 지배했다. 이처럼 제국 건설을 위해서는 전염병학과 손을 맞잡아야만 했다. 퀴닌의 발견을 비롯해 과학적 지식을 쌓기 위해 열강들이 벌였던 경쟁은 콜럼버스의 교환을 구성했던 작지만 역사적으로 무게 있는 벽돌 한 장이었다. 유럽의 식민지 개척과 질병 전파, 토착 원주민 파괴 그리고 해외 식민지를 기반으로 하는 제국주의적 부의 창출까지 콜럼버스의 교환을 구성했던 모든 재료는 서로 엮인 채 모기의 피로 단단히 엉겨 붙어 있었다.

콜럼버스는 55세의 나이로 세상을 떠날 때까지 자신의 영향력을 자각하지 못했으며, 자신이 발견했던 지역이 아시아의 어느 외진 곳이라 믿었다. '반응성 관절염'에 걸린 그는 1506년 대개 매독의 합병증으로 나타나는 심부전으로 인하여 사망했다. 콜럼버스의 지리적 오판과 개인적 결점들이 드러나면서 사회 고위층 인사들이 그를 비방했고, 결국 그는 특권과 명예를 빼앗기고 스페인 왕정에게도 버려졌다. 콜럼버스는 부유했으나, 저서 『예언의 책The Book of Prophecies』에서 볼 수 있듯 전능한 메시아 콤플렉스로 점철된 말년을 보냈다. 심각한 고독과 우울 때문이었는지 혹은 매독의 말기 증상인 정신이상 때문이었는지는 몰라도, 콜럼버스는 스스로를 '주님께서 묵시록에서 성 요한을 통해 말씀하신 새로운 천국과 지상'을 세상에 알릴 예언자라 믿었다. 세상을 떠나기 직전에는 그를 달갑게 여기지 않았던 스페인 국왕에게 편지를 써 충직한 콜럼버스 자신만이 중국 황제와 국민들을 가톨릭으로 개종시킬 수 있다고 주장하기도 했다. 마지막 수십 년 동안에도 그에 대한 평이 더 좋아지지는 않았다. 콜럼버스는 유럽의 경제적 확장과 사업에 신세계를 열어주기는 했으나, 원주민들을 멸절하다시피 몰살한 데 이어 아프리카 노예무역이 자리 잡도록 했다.

아프리카 노예무역은 콜럼버스의 교환과 플랜테이션 경제 부흥의 핵심 요소였다. 아메리카 대륙에서 데려온 원주민 노예들이 감염병으로 죽어나갈 때, 아프리카 노예들과 그들에게 별다른 부담이 아니었던 질병들은 바로 그 이유 때문에 아메리카 대륙과 전 세계 곳곳으로 수송되었다. 모기들은 점점 감소하는 원주민 노예들을 대체하기 위해 아메리카 대륙 해안 지역에 수송된 수백만 명의 아프리카인들에게 모기 매개 질병에 대한 유전적 면역력을 선별적으로 보장함으로써 자신의 본분을 다했다. 도덕성에 대한 의문들은 내팽개쳐졌고, "침략하면 되니 교역할 이유가 없다"는 태도는 "노예로 삼을 수 있는데 임금을 지불할 이유가 없다"는 태도로 이어졌다. 콜럼버스의 교환은 본질적으로 아메리카 대륙 식민지의 농장과 광산에서 아프리카 노예의 노동력으로 일구어내고 축적한 유럽인들의 부를 바탕으로 했다. 광활하고 생물학적으로 다양했던 대륙, 신세계는 그곳에 침략한 콜럼버스와 스페인 콩키스타도르 그리고 모기 정복자들의 사업 기반이 되었다.

CHAPTER

08

우연한 정복자

아프리카 노예와 모기의 아메리카 대륙 합병

ACCIDENTAL CONQUERORS: AFRICAN SLAVERY AND THE MOSQUITO'S ANNEXATION OF THE AMERICAS

콜럼버스가 히스파니올라섬에 운명적인 첫 발을 내딛었던 때로부터 22년이 지난 1514년, 스페인 정부는 타이노족 생존자들을 식민지 개척자들에게 노예로 나누어줄 목적으로 인구 조사를 실시했다. 그러나 한때 약 500만~800만 명까지 번성했던 타이노족이 고작 2만 6,000여 명밖에 남아 있지 않았으므로 스페인 정부는 실망감을 느꼈을지도 모르겠다. 1518년 신세계에 처음으로 등장한 말라리아와 인플루엔자, 천연두와 더불어 스페인인들의 잔혹 행위가 이어진 끝에 타이노족은 1535년에 이르러 거의 멸족하였다. 만일 같은 수준의 학살이 유럽에서 자행되었더라면 브리튼 제도 전 인구를 몰살시키고도 남았을 수준이었다. 흑색전설로 불리며 비난받았던 스페인인들의 잔혹성이 심각하지 않다는 말은 아니지만, 그럼에도 원주민 수가 격감한 주된 이유는 따로 있다. 바로 스페인 통치령 전역에 확산된 말라리아와 천연두, 결핵 그리고 황열병이다. 상당한 수에 달했으며 계속 증가할 수도 있었던 타이노족 노동자들의 앞날은 모기 때문에 그리고 그보다는 훨씬 덜했던 식민지 개척자들 때문에 흔적도 없이 사라졌다. 유럽인들과 토착 원주민 모두가 말라리아를 비롯한 질병에 시달리고 있었기 때문에 담배와 설탕, 커피, 코코아 등 수익성 좋은 농업 생산을 담당할 대체 노동력이 필요했고, 이로써 아프리카 노예무역은 콜럼버스 교환의 소용돌이 속으로 들어오게 되었다.

아메리카 대륙 최초의 아프리카 노예들은 1502년 스페인 사제 바르톨로메 데 라스 카사스와 함께 콜럼버스의 제4차 항해를 따라 히스파니올라섬에 당도했다. 아프리카 노예들은 점차 줄어드는 타이노족 노예들과 함께 상상 속 금광을 찾아다니거나 당시 막 시작된 히스파니올라섬의 담배 및 설탕 농장에서 일했다. 그런데 라스 카사스는 모든 노예가 평등하다고는 생각하지 않았다. 1502년 아메리카 대륙에 당도한 직후, 라스 카사스는 타이노족을 비롯한 인디언들이 '진정으로 인간'이므로 "짐승처럼 다루어져서는 안 된다"고 주장하면서 스페인 왕실에 이들을 인도적으로 대우해달라고 청원했다. 그는 "모든 인간종은 하나"라고 선포하면서 "인간사에서 자유보다 더 소중한 것이 없으며 더 귀한 것도 없으므로" 인디언들에게 "모든 자유와 정의를 보장"해줄 것을 간청했다. 라스 카사스는 1776년이 되기 훨씬 이전부터 미국 독립 혁명과 프랑스 대혁명의 가치를, 존 로크John Locke와 장 자크 루소Jean-Jacques Rousseau, 볼테르Voltaire, 토머스 제퍼슨 그리고 벤저민 프랭클린이 품었던 철학적 이상을 옹호한 셈이었다. "모든 인간은 평등하며, 창조주로부터 양도 불가능한 권리를 부여받았다. 여기에는 생명권, 자유권, 행복추구권이 포함된다."

마지막 권리는 로크의 표현에 따르자면 '재산권 보호'를 의미했다.

그런데 미국 건국의 아버지들과 마찬가지로 라스 카사스 또한 여기에 작은 글씨로 인간의 정의에 관한 단서 조항을 달았다. 알고 보니 라스 카사스와 독립선언문이 노래한 원칙과 도덕적 조항에는 모든 인간이 평등하지는 않다는 전제가 숨어 있었다. 아프리카 노예는 인간이 아니라 소유물이자 재산으로 취급한 것이었다. 스페인 사제 라스 카사스는 아메리카 대륙의 토착민 노예들에 대해 미덕을 보여야 한다고 열정적으로 설파하면서도 아프리카 노예들은 재산으로 간주했다.

라스 카사스는 타이노족을 조심스럽게 다루어야 한다고 말하는 동시에 아프리카 노예들의 중요성을 강조하면서 그들이 '두꺼운 피부'와 '불쾌한 체취'를 비롯한 여러 이유로 열대 노동에 더 적합한 체질을 가지고 있다고 주장했다. 그는 카리브해를 수놓은 스페인 식민지들에서 "흑인이 죽는 유일한 방법은 교수형에 처해지는 경우뿐"이라고 으스대기도 했다. 그는 스페인이 아메리카 대륙에서 창출할 부의 정도가 전적으로 아프리카 노예 수입에 달려 있다고 믿었다.

경제학자이자 철학가였던 애덤 스미스Adam Smith는 1776년 명저 『국부론The Wealth of Nations』에서 "아메리카 대륙의 발견과 희망봉을 거쳐 동인도로 가는 항로의 발견은 인류 역사에 기록된 가장 위대하고 중요한 두 사건이다. (중략) 그러나 동인도와 서인도의 원주민들에게 있어서 이 사건이 창출할 수도 있었던 상업적 이익은 그 사건들이 초래한 끔찍한 불행들 속으로 가라앉아 사라졌다. (중략) 두 발견 덕분에 중상주의 체계는 다른 방식이었다면 결코 이를 수 없었을 영예와 영광을 얻을 수 있었다"고 했다. 유럽의 제국주의는 식민지에서 얻은 풍부한 자원과 함께했다. 스미스가 말한 바와 같이, 자본 수탈과 중상주의 경제 체제의 중추는 아프리카 노예무역이었으며, 여기에는 아프리카 태생의 숲모기와 얼룩날개모기 그리고 그 매개 질병들을 아메리카에 유입시키는 일도 포함되었다.[38]

아프리카에서 수송해온 노예들은 지역 원주민 하인들을 더는 쓸 수 없게 된 이후에야 수익성 있는 대체제로 간주되었다. 초창기의 한 관찰자는 "인디언들은 스페인인을 보거나 그 냄새만 맡아도 죽음에 이를 정도로 쉽게 죽었다"고 했다. 말라리아와 황열병은 모기가 들끓는 스페인 제국 및 여타 유럽 제국의 기후에서 토착 노예들의 노동력을 고집할 이유를 없애는 데 일조했으며, 이로써 대서양 횡단 아프리카 노예무역이 성행하기 시작했다. 더피 항원 음성자와 탈라세미아, 겸상적혈구체질 덕분에 아프리카인들은 말라리아에 대한 유전적 면역방어체계를 가지고 있었다. 또한 다수의 아프리카인이 이미 아프리카 현지에서 황열병에 길들여졌으므로 재감염될 가능성도 적었다. 이러한 요인이 당시 밝혀졌던 것은 아니지만, 광산과 플랜테이션 농장을 소유했던 유럽인들은 아프리카 노예

38 중상주의 또는 대서양 삼각 무역은 16세기부터 18세기 사이 근대화된 유럽 국가들이 시행했던 경제 구조로, 유럽 제국주의 식민국에 돌아갈 경제적 이익을 극대화하기 위해 설계되었다. 해외 식민지들은 아프리카 노예의 노동을 통해 설탕과 담배, 금과 은 등의 천연자원을 수탈당했다. 식민국은 이러한 원자재를 들여와 상품으로 제조한 뒤 더 많은 아프리카 노예를 사들이는 데 사용하거나 식민지 주민들에게 부풀린 가격으로 되팔았다. 유럽 열강이 다수의 식민지를 정복하면서 아메리카 대륙에 보다 풍부하고 다양한 자원이 유입되었으나, 한편으로는 수출입을 열강이 독점한 탓에 가내수공업에 의존할 수밖에 없는 경우도 함께 증가했다. 중상주의로 인한 국가 간, 식민지 간 불균형은 18세기 후부터 19세기까지 미국을 비롯한 아메리카 대륙 전역에서 다수의 혁명 및 독립운동을 일으킨 원인이 되었다.

들이 말라리아와 황열병에 상대적으로 영향을 덜 받으며 다른 노예들만큼 쉽게 죽지는 않는다는 점을 간파하였다. 아프리카 노예들은 유전적 면역력과 과거의 길들임 때문에 콜럼버스 교환의 중요한 재료이자 신세계 중상주의 경제 시장 발전에 없어서는 안 될 요인이 되었다.

아메리카 대륙에 찾아온 것은 유럽인이 맞지만, 그들이 직접 원주민과 아메리카 대륙을 점령한 것은 아니다. 진정한 정복자는 이곳에 함께 찾아온 얼룩날개모기와 숲모기들이었다.

재레드 다이아몬드는 콜럼버스의 교환 당시 모기들이 진화사를 거꾸로 거슬러 신세계에 침입한 '우연한 정복자들'이었다고 선언했다. 콜럼버스 이후 수세기 동안 한쪽으로 기울어진 채 계속되었던 전 지구적 이동과 거래는 대체로 유럽인들에게 득이 되었다.[39] 찰스 만은 "4세기 전 발생한 사건들이 오늘날 이 세상에서 벌어지는 사건의 기틀이 되었다. 이 같은 생태계가 형성되면서 유럽은 이후 수세기의 중차대한 시기 동안 정치적 주도권을 장악하고 오늘날 전 세계에 걸친 경제 체제의 윤곽을 형성했다"고 설명했다. 또한 "볼티모어부터 부에노스아이레스까지 다수의 사회에 다른 무엇보다 지대한 영향을 미친 생물종은 단연 말라리아와 황열병을 유발하는 미세한 생물들"이었다고 지적했다. 말라리아와 황열병을 비롯한 모기 매개

---

39 유럽인들과 유럽산 질병이 식민지 정착민 사회를 통해 아메리카 대륙과 뉴질랜드, 호주, 아프리카 토착 원주민들에게 입혔던 피해를 생각한다면 콜럼버스의 교환이 토착 원주민에게 조금이라도 유리했다고 말하기는 힘들다. 별다른 위안은 되지 못하겠지만 그럼에도 원주민들에게 도움이 되었던 사례를 꼽자면 아메리카 북부 평야의 민족들이 기마 문화를 수용하면서 완전히 변화한 사례를 들 수 있다. 캐나다와 미국의 퍼스트 네이션(북극 아래 지역에 사는 원주민들)은 스페인이 아메리카 대륙에 말을 소개한 지 오래지 않아 기마 생활양식과 사회구조를 받아들였다.

질병들은 감염된 유럽인과 아프리카 노예들 그리고 몰래 배에 따라 오른 모기들을 통해 아메리카 대륙에 들어오면서 역사의 판도를 바꾸었다. J. R. 맥네일은 "황열병과 말라리아가 노예무역을 통해 아메리카 대륙에 들어오지 않았더라면 지금 논하는 사건들 모두가 애초에 일어나지 않았을 것"이라고 설명했다. 그중에서도 황열병은 서반구의 정치와 지리, 인구분포에 영향을 미친 가장 중요한 요인 중 하나였다.

치명적인 황열 바이러스는 아프리카 노예 및 숲모기와 함께 아메리카 대륙에 상륙했다. 숲모기들은 노예선에 구비된 다량의 식수통과 물웅덩이에서 번식하면서 항해를 거뜬히 이겨냈다. 승선한 유럽인 노예 무역상들과 그들이 실은 인간 화물은 항해 동안 바이러스 감염의 연속적인 생활사가 완성될 기회를 잔뜩 제공했으며, 그렇게 살아남은 모기들은 외국의 항구에 내려 신선한 피를 빨기 시작했다. 쾌적한 기후의 신세계에서 숲모기는 빠르게 자리를 잡고 근거지를 마련했으며, 아메리카 대륙 토종 모기들을 압도하는 동시에 사람들에게 고통과 죽음을 전달하는 임무도 완수하였다.

1647년, 서아프리카에서 출항하여 바베이도스에 닻을 내린 네덜란드 노예무역선이 아메리카 대륙에 처음으로 황열병을 들여왔다. 이로부터 채 2년도 되지 않아 첫 번째 황열병 유행이 시작되어 바베이도스 주민 6,000여 명의 목숨을 앗아갔다. 이듬해 또다시 유행한 황열병은 고작 6개월 만에 쿠바와 세인트키츠섬, 과들루프섬 인구의 35퍼센트를 몰살한 뒤, 스페인령 플로리다로 진격했다. 멕시코 유카탄 반도의 스페인 주둔 요새 캄페체에서는 고통에 시달리던 한 소작농이 지역이 "완전히 초토화되었다"면서 황열병이 분명한 현상들을 기록으로 남겼다. 뿔뿔이 흩어져 살던 마야족 생존자들은 황열병을 "그 땅의 사람들이 맞이할 그리고 우리의 죄로 인한 위대한 죽음의 운명"이라 여겼다. '흑토병', '옐로우 잭', '사프란 재앙'이라고도 불렸던 무시무시한 황열병은 아메리카 대륙에 상륙한 지 50년 만에 카리브해 일대와 아메리카 대륙 해안가 지역을 갉아먹으면서 북쪽으로 멀리는 캐나다 핼리팩스와 퀘벡까지 뻗어나갔다.

영국령 북아메리카에서 황열 바이러스가 가시화된 것은 퀘벡을 함락하고자 카리브해에서 올라온 영국 왕립해군 덕분이었다. 1693년 소함대와 함께 보스턴 항에 정박한 황열병은 마치 봐준다는 듯한 기세로 보스턴 주민 7,000여 명 중 10퍼센트 정도의 목숨을 앗아갔다. 같은 해에는 필라델피아와 찰스턴 또한 덮쳤으며, 1702년에는 뉴욕을 굴복시켰다. 황열병은 미국 독립 혁명 발발 이전까지 영국령 북아메리카 식민지에서 적어도 서른 번 유행했으며, 노바스코샤부터 조지아까지 총 1,000마일에 달하는 해안 지역의 모든 도시 거점과 항구를 덮쳤다.

황열병은 아메리카 대륙 전역에 걸쳐 두려움과 혐오 그리고 소문의 주인공이 되었다. 노예무역선과 상업무역선이 오가는 항구도시에서는 더더욱 그러했다. 죽음을 실은 무역선들은 서반구 전체와 그 너머에 모기 매개 질병을 실어 날랐다. 뉴올리언스, 찰스턴, 필라델피아, 보스턴, 뉴욕, 멤피스 등을 비롯한 수많은 도시에서 치명적인 황열병이 유행했다. 당시 유행성 황열병은 모든 질병을 통틀어 미국 역사상 가장 치명적인 유행병이었다. 황열병은 만성 말라리아와 함께 오늘날 미합중국의 형태를 만드는 데 일조했다. 3,000년 된 태곳적 고향인 서아프리카와 중앙아프리카에서 3,000마일이나 이동해온 황열병은 아메리카 대륙의 운명에 지대한 영향을 미쳤다. 그러나 아메리카 대륙의 판도를 뒤집어놓은 이 치명적인 바이러스도 아프리카 노예무역이 아니었더라면 완전히 다른 역사적 시나리오를 따랐을 터였다.

노예제는 그 기원에서부터 경제적 제국주의 및 영토적 세력 투사와 묶여 있다. 이 사슬은 그리스, 로마, 몽골 등 앞서 살펴보았던 이야기에서도 공통적으로 등장하는 주제다. 고대 노예제는 인종이나 종교, 혹은 피부색과 관계없었다. 예컨대 로마 제국의 노예들은 다양한 지역 및 계층 출신이었으며, 그 수가 전 인구의 약 35퍼센트에 달했다. 범죄자와 채무자, 전쟁 포로를 노예로 삼는 경우도 많았다. 아메리카 대륙의 토착 원주민부터 뉴질랜드 마오리족과 아프리카 반투족에 이르기까지 세계 곳곳에서 노예는 전투를 일으키는 주된 원인 중 하나이자 손꼽히는 전리품이었다. 이 같은 형태의 노예제는 소규모 전투를 끊임없이 유발했으나 한편으로는 각 지역에 국한되었으며, 이와 관련된 전투 수칙과 사회적 관행 또한 엄격하게 준수되었다. 노예가 된 이들은 일정 기간 노예로 생활한 뒤 죽임을 당하기도 했으나, 그보다는 부족의 일원으로 완전히 흡수되는 경우가 많았다. 서아시아에서는 가난한 부모가 아이를 노예로 팔아넘기는 일도 잦았다. 14세기 말 오스만 제국이 발칸 반도를 침략하고 아시아에 이르는 교역로 실크로드를 차단하자 수많은 지역 주민이 노예로 전락하여 한때 자신이 소유했던 땅에서 구슬땀을 흘리며 일했다. 그러나 오스만 제국군 내의 노예들은 계급과 특권, 권위가 존재하는 엘리트 부대를 창설하기도 했다.

대다수의 노예들이 대부분 넓은 의미에서 가족 대우를 받았다. 노예가 해방되는 일도 자주 있었으며, 노예를 체벌할 수 없었고, 노예의 자식이라고 해서 노예로 삼거나 팔 수 없었다. 아메리카 플랜테이션 농장의 노예와는 달리 사회적으로나 육체적으로 노예제도에 속박되지도 않았다. 노예와 관련된 고대의 법과 사회적 관습 및 전통에는 대부분 연민과 동정이 깃들어 있었고, 노예의 안녕과 평등한 대우가 놀라울 정도로 중시되었다. 다른 문화권에서도 노예제는 각 지역에 국한되었으며, 상대적으로 소규모였고, 노예를 재산으로 여겼던 아프리카 노예제와는 달리 고통스럽거나 잔인한 요소들이 없었다.

12세기에 이르자 대부분의 북유럽 국가들이 노예제를 폐지하는 대신, 농노제라는 보다 정교하고 복잡한 제도를 채택했다. 기후가 비교적 추웠기 때문에 농작물이 자라고 농노들이 일하는 기간도 보다 짧았으며, 농노 개인이 각자의 생활을 책임졌으므로 지주가 들여야 할 간접비용이나 노동력이 비교적 적었다. 짧게 말하자면 콜럼버스 이전의 노예제는 아메리카 대륙의 식민지화 이후 나타난 야만적인 제도와 전혀 달랐다. 아프리카에서 아메리카로 이어진 대서양 횡단 노예무역로는 기존에 존재하던 아프리카의 노예 시장을 활용하고 확대하여 아메리카 대륙 특유의 산업성 수송 노예제transport stock slavery를 탄생시켰다.

서아프리카가 육로 노예무역에 개방된 건 8세기경 이슬람이 북아프리카를 점령하면서이다. 무슬림 카라반이 사하라 사막을 수놓은 무역로를 따라 유럽 남부와 중동 그리고 그 너머의 지역에 서아프리카 노예를 수송했다. 중국 황실에서는 아프리카인 환관을 최고의 전리품으로 여겼다. 많은 경우 무슬림과 기독교인 인신매매단이 함께 사업을 벌였으며, 1300년에 이르자 연간 최대 2만 명의 서아프리카인이 이들의 손을 거쳐 북방으로 수송되었다. 1418년에서 1452년 사이 포르투갈의 엔리케 항해 왕자 휘하에서 진정한 유럽 식민주의가 서아프리카에 상륙한 이래, 이곳은 대서양 횡단 노예무역의 원천이자 중심지가 되었다. 엔리케 왕자는 아조레스 제도와 마데이라 제도, 카나리아 제도 등 다수의 열도를 항해하고 아프리카 북서부의 대서양 연안 지역을 따라 사업을 벌이면서 대항해 시대의 문을 열었다. 포르투갈인들은 연안 지역을 따라 계속 남하했으며, 1488년에는 바르톨로뮤 디아스Bartolomeu Dias가 아프리카 최남단의 희망봉을 돌아 인도양에 이르렀다.

바스쿠 다 가마Vasco da Gama가 마침내 인도에 상륙했던 1498년 무렵, 포르투갈의 아프리카 노예무역은 날로 번성했으며 그에 따라 모기와 말라리아 또한 널리 확산되었다. 모기와 모기 매개 질병은 노예무역선에 올라타거나 아프리카 노예들의 핏줄 속에 직접 몸을 숨긴 채 최종 목적지까지 항해했다. 콜럼버스가 알려진 세계의 서쪽 한계를 뛰어넘던 무렵, 고향에서 붙잡혀 노예로 팔려온 아프리카인의 수는 포르투갈 전 인구의 3퍼센트인 10만 명에 이르렀다.

1442년 무렵부터 서아프리카 최초의 포르투갈 노예무역 항구에 활기가 돌기 시작했다. 설탕과 노예가 마데이라 제도의 플랜테이션 농장으로 수출되었는데, 이는 신세계의 전형적인 식민지 노예 경제 및 플랜테이션 체제의 전조이자 본보기였다. 콜럼버스 또한 이 시기에 마데이라 제도에 거주했으며, 새로운 플랜테이션 체제의 수혜자인 식민지 총독의 딸과 결혼하였다. 콜럼버스 또한 이탈리아계 수송 회사에 설탕을 밀매했으며, 서아프리카의 노예 요새를 자주 방문했다. 콜럼버스는 아프리카 노예를 탄광 및 농장에 활용하는 유럽식 노예제의 가능성을 알아보고 이 체제를 아메리카 대륙에 수출함으로써 콜럼버스의 교환에 한층 더 살을 붙였다. 콜럼버스의 제1차 항해로 자극을 받은 스페인은 1501년 서아프리카에 공식 노예 요새를 건설했다. 1593년에 이르자 영국인 또한 이 끔찍한 노예 무역 경쟁에 참여했다. 앤서니 와일드가 커피의 역사를 다룬 저서에서 밝혔듯, 콜럼버스는 "흑인 노예 물결의 정점에 서 있었으며, 그 물결은 곧 신세계 해안가에 닿아 설탕과 커피를 전해주었다." 음울한 포식자 모기 또한 아프리카 출신 모기로 위장한 채 그 물결을 타고 말라리아와 뎅기열, 황열병을 확산시켰다.

1850년대 네덜란드가 공들인 끝에 인도네시아에서 퀴닌을 대량으로 생산하여 수출하기 시작하기 전까지, 유럽인들은 모기 때문에 아프리카 내륙에 발을 들이지 못하고 있었다. 키나나무는 고도와 기온, 토양에 민감해 특정 조건을 갖춘 환경에서만 자란다. 공급 물량이 한정적이고 값이 비싸짐에 따라 유사 퀴닌을 판매하는 사기꾼들이 막대한 수요가 존재하는 시장에 몰려들었다. 윌리엄 H. 맥네일은 "19세기 말 유럽 세력 확장의 특징이라고도 할 수 있는 아프리카 내륙 진출은 네덜란드의 퀴닌 플랜테이션 없이는 불가능했을

1900년경 네덜란드령 동인도에서 키나나무를 접목하는 모습: 키나나무는 고도와 기온, 토양에 민감해 특정 조건을 갖춘 환경에서만 자란다. 이 때문에 퀴닌의 원재료인 키나나무 껍질은 극히 희귀하고 비싼 재료가 되었다. 1850년대 네덜란드가 인도네시아 식민지에서 키나나무 재배에 성공했다. 키나나무의 원산지인 남아메리카 안데스 산맥의 외딴 국소지역 이외에서는 최초였다. 오래지 않아 영국과 아메리카 식민지는 네덜란드령 동인도 제도 전역에서 재배한 귀중한 키나나무 퀴닌을 가장 많이 수입하는 곳이 되었다. © Diomedia/Wellcome Library

것"이라고 강조했다. 이식 재배한 퀴닌으로 무장한 유럽 제국주의자들은 1880년을 기점으로 아프리카에 몰려든 이후 제1차 세계 대전이 벌어지기 전 수십 년 동안 아프리카를 수탈했다. 그러나 퀴닌은 만병통치약이 아니었으며, 아프리카 정글에 감히 발을 들였던 유럽인들은 계속 황열병에 쫓겨 다녔다.

1885년부터 1908년까지 콩고 수탈에 집착했던 벨기에 국왕 레오폴 2세Leopold II 또한 같은 운명을 맞이했다. 레오폴 2세는 본인은 인도주의와 박애주의를 최우선으로 고려한다며 국제사회를 설득한 끝에 콩고 민주 공화국에 대한 절대적 권리와 지배력을 얻어냈다.

그러나 그는 상아와 고무, 금 거래를 통해 사적으로 부를 축적하는 한편, 지역 주민들을 대상으로 차마 입에 올릴 수도 없는 잔혹 행위를 벌였다. 콩고강을 따라 값진 화물을 수송하는 벨기에 증기선의 선장이었던 폴란드계 영국인 조셉 콘라드Joseph Conrad는 말라리아와 황열병에 걸려 죽을 고비를 넘겼던 일을 포함해 그가 실제로 겪었던 일들을 각색하여 1899년 중편소설 『어둠의 심장Heart of Darkness』을 펴냈다.[40] 이 책은 제국주의적 인종차별에 대하여 의문을 제기한 동시에, 벨기에의 잔혹성과 대학살에 대한 국제사회의 규탄을 이끌어냈다. 레오폴의 지배와 정책으로 사망한 아프리카인만 약 1천만 명에 달했다. 유럽인 상인들과 용병들 또한 나은 대우를 받지 못한 탓에 "3년 임기를 채울 수 있는 사람은 7퍼센트밖에 되지 않는다"는 보고가 빗발쳤다.

1880년대 네덜란드가 인도네시아에서 키나나무 재배에 성공해 '아프리카 쟁탈전'을 촉발하기 이전까지만 하더라도, 유럽인들은 모기 매개 질병 때문에 아프리카에 제대로 개입하지도 침입하지도 못했다. 유럽인들은 노예 포획과 금광 개발, 자원 수탈, 혹은 선교 등을 목적으로 아프리카 내륙 진출을 시도하였으나 매번 모기 방어벽에 부딪혀 물러서야 했고, 탐험에 도전한 유럽인 중 80~90퍼센트가 사망했다. 유럽인들에게 아프리카는 그야말로 사형 선고나 다름없었다. 말라리아 연구의 선구자이자 '열대 의학의 아버지'라고 불리

40 영화감독 프랜시스 포드 코폴라(Francis Ford Coppola)의 1979년작 <지옥의 묵시록(Apocalypse Now)> 대본은 콘라드의 책을 각색한 것이다. 레오폴이 지배하던 콩고는 극중에서 베트남전 당시의 베트남과 캄보디아로 대체되었다.

는 패트릭 맨슨Patrick Manson 경은 1907년 모기의 역할을 간파한 듯, "아프리카 대륙과 그곳의 비밀, 신비 그리고 보물을 지켜주었던 케르베로스Cerberus(그리스 신화에서 지옥의 문을 지키는 개)는 바로 질병이었는데, 여기에는 곤충 하나가 관련되어 있다"고 말했다. 모기 매개 질병은 아메리카 대륙 원주민들에게는 유럽인이 공격에 사용한 생물학 무기였으나, 아프리카인들에게는 유럽인을 방어하는 데 사용된 생물학 퇴치제였다.

유럽이 전 세계로 세력을 확대한 지 첫 300여 년 동안, 아프리카는 '어둠의 대륙'으로 남아 있었다. 영국인들은 모기의 공포정치에 놀라 아프리카 대륙에 '백인의 무덤'이라는 별칭을 달아주었다. 유럽인들은 '바라쿤barracoons'이라 불리던 허술한 노예 요새를 군데군데 건설하는 것 이외에는 별다른 성과를 거두지 못했다. 그렇게 건설한 노예 요새마저도 공동묘지나 다름없었다.[41] 서아프리카 해안의 노예무역 요충지들에서 매년 유럽인이 50퍼센트 이상 사망했다. "문명화된 민족이 야만인과 접촉할 때면 투쟁은 짧게 끝나지만, 치명적인 기후가 토착 인종에게 도움을 주는 경우만큼은 예외다." 1871년 찰스 다윈이 한 말이다. 여기서 '기후'를 '모기 매개 질병'으로 바꾸어도 마찬가지다. 모기는 아프리카를 수호하는 살인마인 동시에 구원자였다. 초창기 마다가스카르 국왕은 그 어떤 외세도 마다가스카르의 우거진 숲과 치명적인 말라리아 열병을 이겨낼 수 없으며 모기가 조국뿐만 아니라 아프리카 전체를 구원했다고 말했다.

---

41 '흑인'를 비하하는 단어 쿤(coon)은 바라쿤에서 유래되었다.

실로 그가 옳았다. 이 상황은 유럽인들과 결탁한 아프리카인들만 아니었더라도 계속 유지되었을 터였다.

아프리카 노예무역은 아프리카인들의 참여 의지 덕분에 성행했다. 수많은 아프리카인이 모기에 손발이 묶인 유럽인을 대신하여 동료들을 유럽의 노예제로 몰아넣었다. 이들이 아니었더라면 모기는 유럽인들이 아프리카인을 데려가도록 놔두지 않았을 터였다. 아프리카 노예들이 없었더라면 신세계의 중상주의 플랜테이션 경제는 실패했을 것이고, 퀴닌도 발견되지 않았을 것이며, 아프리카는 아프리카로 남았을 터였다. 콜럼버스의 교환 전체가 완전히 달라졌거나 아예 일어나지 않았을 수도 있었다.

그러나 현실은 그렇지 않았다. 포르투갈을 시작으로 스페인과 영국, 프랑스, 네덜란드 그리고 여타 유럽 국가들은 이들의 도움을 통해 아프리카 내 노예 문화에 접근할 수 있었다. 이전에도 아프리카에는 전쟁 포로를 중심으로 한 노예 문화가 형성되어 있었는데, 포로들을 포르투갈에 팔면서 국소적으로 노예무역이 발생했다. 당시 노예무역은 아프리카 노예제의 관습과 전통 내에서 이루어졌다. 그러나 유럽은 아프리카 부족들 간의 관계와 경쟁구도를 교묘히 이용해 이전과는 완전히 다른 포로 노예제를 탄생시켰고, 이를 바탕으로 노예를 대규모 수출품으로 만들었다. 이제 아프리카 부족장들과 군주들은 오로지 노예를 포획할 목적으로 동맹 부족과 적대 부족을 가리지 않고 서로를 공격하기 시작했으며, 그렇게 사로잡은 노예들을 점점 더 수가 늘고 국적도 다양해진 해안가의 수많은 노예 요새에 팔아넘겼다. 주요 수출품의 이름을 따 훗날 노예 해안, 골드 코스트, 혹은 상아 해안이라 불리게 되는 이 해안에서 아프리카인들이 노예 포획을 위해 벌였던 폭력과 공격의 굴레는 결국 아프리카 내륙을 꿰뚫기에 이르렀다.

아프리카 대서양 횡단 노예무역은 유럽이 아메리카 대륙을 발견하고, 질병이 아메리카 대륙 원주민 대부분을 몰살하고, 식민지 개척자들이 무역에 흥미를 두고 포르투갈의 마데이라 제도 사탕수수 농장에서 나아가 여타 돈벌이 작물로 플랜테이션 농업을 확대하고자 하면서 점차 그 체제를 완성해갔다. 이제 수문이 열리고 역사의 물살이 흐르기 시작했으며, 아프리카에서 아메리카 대륙으로 불어가는 무역풍에 등을 떠밀린 모기들도 그 물살을 따라 흘러갔다. 콜럼버스 덕분에 스페인은 아프리카 노예와 외래 모기, 말라리아를 처음으로 신세계에 운반한 국가라는 영예를 안았다. 처음에는 시냇물처럼 흘러들어오던 아프리카 노예들은 원주민 노동력이 가치를 잃어감에 따라 꾸준히 불어나 종래에는 인신매매의 강을 이루었다.

스페인의 식민지 수탈이 점점 수익성을 높여가던 상황에서 노동력 확충은 곧 원자재 생산량 증가와 수익 증가를 의미했다. 아프리카인은 말라리아와 황열병, 뎅기열을 비롯한 다양한 모기 매개 질병에 대하여 유전자 면역체계를 가지고 있거나 길들임을 통한 저항력을 가지고 있었기에 더욱 생산성이 좋았다. 모기가 들끓는 플랜테이션 농장에서 다른 노예들이 죽어나갈 때도 아프리카 노예만큼은 살아남았다. 아프리카 노예들은 수익을 창출하기 위해 살아갔던 동시에 본인 스스로도 수익성 있는 상품으로 거듭났다.

그러나 초기 유럽인 정착민 입장에서 신세계 플랜테이션 농업은 말라리아와 황열을 장전한 모기들을 데리고 러시안 룰렛을 벌이는 꼴이나 마찬가지였다. 목숨 부지는 개인의 몫이었다. 유럽인 농장주와 관리자들이 모기 매개 질병으로 위험에 처하거나 목숨을 잃을 확률이 상당히 높았음에도 아메리카 대륙의 노예제 기반 플랜테이션 경제는 그 달콤한 이윤 덕분에 비범한 속도로 성장해나갔다. 노예무역이 정점에 달했던 18세기 중반에는 프랑스와 영국만 하더라도 매년 4만 명의 노예를 신세계에 수송했다. 이는 17세기 말과 18세기 초에 비해 다소 빨라진 속도였는데, 그 이유 또한 모기와 직접 연관되어 있다.

아프리카 노예들은 모기 매개 질병에 대한 유전적 방어체계 덕분에 모기의 분노를 이겨내면서 인기 절정의 상품으로 거듭났다. 아프리카인의 유전적 방어체계가 이토록 포괄적으로 진화한 것은 아프리카 대륙의 자연환경 덕분이다. 대자연 입장에서는 아프리카인과 모기와 모기 매개 질병 간의 콜럼버스 교환은 안중에도 없던 일이므로, 아프리카 자연환경의 영향과 아프리카인을 하나로 단단히 묶어버렸고, 아프리카 노예들은 그렇게 아메리카 대륙에 수입되었다. 전례 없는 유전적 변이이자 모기가 초래한 잔인하고 비통한 이 아이러니 속에서, 아프리카인들이 자연선택을 통해 얻은 모기 매개 질병 대항력은 그들을 살려주는 동시에 노예로 전락시켰다.

콜럼버스의 교환 시기 동안 아프리카인은 아프리카 대륙에서 형성한 복잡하고 정교한 '인간-모기-질병' 삼자관계를 아메리카 대륙에 가져와 전보다 훨씬 더 치명적인 규모로 키워냈다. 그렇게 아프리카의 생태계가 아메리카 대륙에 수입된 데 더하여 설탕과 코코아,

커피 등 아프리카 원산의 주요 플랜테이션 돈벌이 작물까지 아메리카로 들어오면서 생태계 순환 고리가 완성되었다. "아프리카 노예무역이 본격적으로 자리를 잡은 지 얼마 지나지 않아, 영국령 아메리카 대륙 신세계의 질병 관련 여건이 열대기후 서아프리카의 여건과 유사해지기 시작했다." 질병경제학자 로버트 맥과이어Robert McGuire와 필립 코엘료Philip Coelho의 주장이다. "변화한 환경은 남아메리카를 격리 병원으로, 신세계의 회귀선을 유럽인들의 무덤으로 만들었다." 아프리카 모기들은 새로운 둥지인 아메리카 대륙이 고향과 지구 반 바퀴나 떨어져 있는데도 큰 차이를 느끼지 못하는 듯했으며, 아메리카 대륙 토종 모기들도 아프리카 모기들과 함께하는 새로운 환경에 빠르게 적응해갔다. 이로써 아메리카 대륙에 아프리카 생태계가 이식되었고, 그 부산물인 말라리아와 뎅기열, 황열병이 화룡점정을 찍었다.

1848년 칼 마르크스는 이와 같은 초기 식민지 자본주의를 비판하면서 "여러분들은 서인도 제도가 커피와 설탕을 생산하는 게 자연이 결정한 운명이라고 생각할지도 모르지만, 오늘날 상업 때문에 몸살을 앓는 대자연께서는 두 세기 전까지만 하더라도 서인도 제도에 사탕수수도 커피나무도 심으신 적이 없다"고 경고했다. 그러나 자연의 질서를 날카롭게 관찰했던 한편 부르주아를 혐오했던 마르크스의 경고에도 아랑곳하지 않는 듯, 신세계 무역은 아프리카 노예들을 바탕으로 계속 성행하면서 인구 재배치와 자본주의 체제 강화를 가속화했다. 커피와 설탕(그리고 설탕 생산의 부산물이자 럼 증류에 사용되는 당밀) 수요가 늘면서 아프리카 노예의 유입 규모도 증가했다. 커피와 설탕은 서로를 대체하는 대신 나란히 생산량을 늘려갔다.

1820년 무렵 포르투갈령 식민지 브라질은 매년 4만 5,000명의 노예를 수입했다. 브라질의 커피 및 설탕 플랜테이션은 초기 투자 대비 400퍼센트에서 500퍼센트를 웃도는 수익을 창출하고 있었으며, 같은 시기 브라질 경제규모의 70퍼센트를 차지하였다. 브라질이 아프리카 노예무역의 주요 종착지로 자리매김한 것도 이상한 일이 아니다. 브라질에 수입된 노예는 총 500만 명에서 600만 명으로 대서양 노예무역 전체의 무려 40퍼센트에 이르는 규모이다. 18세기 말 이곳 포르투갈령 브라질부터 영국령 자메이카와 스페인령 쿠바, 코스타리카, 베네수엘라, 프랑스령 마르티니크와 아이티에 이르기까지 서반구 각지에서 커피가 재배되기 시작했다.

유럽인들이 아메리카 대륙의 커피, 설탕, 담배, 코코아 플랜테이션을 바탕으로 중상주의 경제를 일구어낼 당시, 1,500만 명의 아프리카인들이 대서양 중간항로를 거쳐 서반구의 농장과 광산에 발을 디뎠다. 여기에 더해 1천만 명이 납치 후 신세계 항구에 도달하기 전까지 항로 위에서 죽었으며, 또 다른 500만 명이 도보로 사하라 사막을 건너 카이로와 다마스쿠스, 바그다드, 이스탄불의 노예 시장에 팔려갔다. 즉 노예무역 시기 동안 이윤 창출을 목적으로 서아프리카와 중앙아프리카에서 납치된 아프리카인들은 도합 3천만 명에 달했다. 아메리카 대륙 전역의 식민지들이 제국주의 권력을 보전하고 플랜테이션으로 부를 축적하는 데에는 아프리카 노예들이 절대적으로 필요했다. 아메리카 대륙에 자본주의 기회가 싹틀 때, 스페인은 콜럼버스 및 다수의 콩키스타도르 덕분에 누구보다도 먼저 그 과정에 참여할 수 있었다.

스페인은 아메리카에 당도한 이래, 질병의 도움을 받아 강성한 식민 제국을 빠르게 확립해 나갔다. 1600년 무렵 스페인은 남아메리카와 중앙아메리카, 카리브 제도, 미국 남부에 이르는 넓은 지역에 광산 정착촌과 플랜테이션 농장을 건설했다. 스페인 제국주의자들은 다른 유럽인 경쟁자들에 비해 두 가지 측면에서 유리했다. 첫째, 몇몇 스페인인, 특히 남부 해안가 출신의 스페인인들은 G6PDD(잠두중독증) 및 탈라세미아를 통해 삼일열말라리아에 대한 유전적 면역력을 가지고 있었다. 둘째, 가장 먼저 아메리카 대륙에 정착한 스페인인들은 자연스럽게 신세계의 말라리아와 황열병에 가장 먼저 길들여졌다.

말라리아에 반복적으로 감염되면 부분적이나마 면역력을 얻는다. 그러나 저주이자 축복인 이 과정에는 상당한 시간이 소요되며, 많은 이가 그 사이에 사망한다. 콜럼버스와 함께 식민지 개척길에 올랐던 스페인인 2,100여 명 중 마지막 제4차 항해까지 살아남았던 이는 고작 300여 명뿐이다. 목마른 모기들과 말라리아 기생충들에게 갓 아메리카에 발을 들인 초기 스페인 탐험가들과 개척자들은 차려진 밥상이나 다름없었다. 초창기 스페인 콩키스타도르들이 한 손에 검을 쥐고 다른 한 손으로 모기들을 쫓아내며 지도도 없는 정글 사이로 길을 트는 동안, 모기들은 신세계 열대 지방과 미국 남부의 유럽인들이 과녁이라도 된 듯 조준하며 쫓아다녔다.

1600년 이전까지 신세계는 스페인 손아귀에 있었다. 스페인은 설탕 및 담배 플랜테이션 농장에서 경제적 이득을 거두어들이는 한편, 아프리카 노예무역에서 나오는 수익도 싹쓸이했다. 아메리카 대륙에 자리를 잡은 스페인 정착민과 교역상, 군인 그리고 그들의 노예들은 말라리아와 황열병에 대한 후천성 면역력을 획득했다. 스페인이 식민지 무역에서 공고한 지위를 확립하자 잉글랜드와 프랑스가 이에 질세라 도전했다. 두 국가는 어렵사리 출발하여 수많은 시행착오를 거치며 끈질기게 도전한 끝에 17세기 무렵 신세계에 각각의 경제적 식민 제국을 건설하는 데 성공했다. 카리브해 등지에서 유럽인들이 말라리아와 황열병으로 죽어가는 모습을 관찰한 한 프랑스 선교사는 "(각 국가에서) 10명씩 (카리브) 제도에 왔다고 한다면 영국인은 3명이 죽고, 프랑스인, 네덜란드인과 덴마크인도 3명 그리고 스페인인은 1명이 죽는다"고 결론지었다. 비교적 뒤늦게 신세계에 온 여타 유럽인 정착민들과 비교했을 때 스페인이 보다 오랫동안 식민지를 지배하면서 질병에 길들여진 한편, 본래도 유전적 면역 체계를 가지고 있었음을 다시 한 번 확인할 수 있는 대목이다. 이렇게 모기의 영향하에 형성된 아메리카 대륙의 초기 민족 분포는 오늘날에도 그 잔재를 찾아볼 수 있다.

맥과이어와 코엘료의 말에 따르면 모기 매개 질병이 유입되면서 "신세계 열대지방의 사탕수수 산지에서 상당수의 유럽인이 목숨을 잃었으며, 이로써 한때 영국과 프랑스, 네덜란드의 지배를 받았던 지역의 오늘날 인구는 주로 아프리카계가 차지하게 되었다. 그러나 예외적으로 스페인 식민지였던 쿠바와 푸에르토리코, 산토도밍고에는 상당수의 유럽인 정착민들이 오래도록 자리를 잡고 살았다."

17세기와 18세기에 걸쳐 카리브해를 탐험했던 유럽인 중 거의 절반 가까이가 모기 매개 질병으로 세상을 떠났으며, 이에 따라 아프리카 노예의 필요성과 수요가 놀라울 만큼 뚜렷하게 드러났다. 아메리카 대륙에서 상업 노예제가 시작된 이래 첫 200년 동안 아프리카 직수입 노예들은 상당한 고가에 거래되었는데, 유럽인 연한 계약 노동자의 세 배, 아메리카 대륙 원주민 노예의 두 배 값이었다. 그중에서도 한동안 신세계에 거주하면서 지역적 모기 매개 질병에 대한 길들임과 면역력 여부를 증명해 보인 아프리카 노예들은 직수입되어 아직 검증되지 않은 아프리카 노예들보다 두 배 비싼 값에 거래되었다. 그러나 시간이 흘러 각지의 노예들이 자체적으로 수를 불려가는 한편, 노예무역이 금지되면서 아메리카 대륙 태생의 아프리카계 노예들은 더는 예전만큼의 유전적 면역체계를 가지지 못하게 된다.

1807년, 영국이 노예무역을 금지했다. 이듬해 미국 또한 여기에 따랐으며, 1811년에는 스페인도 이들의 뒤를 이었다. 본국은 물론 식민지로 노예를 직수입하는 행위가 모두 범법이 되었다. 그럼에도 노예 인구는 지속적으로 증가했는데, 이는 노예제의 역겨운 특징 중 하나인 주인의 여성 노예 성폭행 때문이었다. 당시 법은 노예의 자식 또한 자연히 노예가 된다고 정의하고 있었다. 어마어마한 비용을 지불하고서야 새로운 노예를 들일 수 있었던 상황에서 강간은 노예를 무료로 획득할 수 있는 확실한 수단인 동시에 가학성을 충족시킬 수 있는 방법이었다. 이러한 성범죄는 피해자들에게 감정적으로나 육체적으로나 상당한 고통을 초래한 데 더하여 생물학적으로도 심각한 결과를 초래했다. 인종 간 성관계와 유전자 교환으로 미국 남부를 중심으로 더피 항원 음성자와 겸상적혈구체질을 통한 면역력이 점점 자취를 감추었고, 아메리카 태생 아프리카계 노예 중 면역력 없는 이들의 비율이 상당수를 차지하고도 모자라 점점 늘어났다. 이제 말라리아는 다수의 아메리카 태생 아프리카계 노예들을 공격했고, 아프리카인의 지위를 사회다윈주의(생존경쟁과 자연도태가 사회진화의 기본 동력이라고 보는 학설)라는 엉터리 인구학 개념에 밀어 넣었다. 말라리아가 그들에게 얼마나 파괴적인지도 몰랐던 아메리카 정착민들은 이제 아프리카인이 태생적으로 무기력하고 게으르다고 여겼다.

유전적 면역체계의 소멸은 전례 없는 결과를 초래했다. 앞으로 미국 독립 전쟁과 함께 살펴보겠지만, 모기 매개 질병에 대해 취약해졌다는 건 곧 사망률이 높아진다는 뜻이었다. 이로써 노예 수요가 한층 더 늘면서 값도 더더욱 비싸졌다. 영국왕립해군이 불법 노예무역을 단속하기 위해 서아프리카 해안을 부지런히 순찰하던 상황에서 플랜테이션 농장 내 강간과 강제 출산은 수지타산에 맞는 일이자 너무도 흔한 일이 되어버렸다.

노예들의 처참한 생활과 자체 증가 그리고 그 증가에 사용된 끔찍한 수단은 결국 노예 반란을 불러일으켰다. 노예 반란과 아메리카 내 인종 갈등이 일어나기에 앞서 손을 쓰고자 했던 미국과 영국은 19세기 중반부터 노예를 해방한 뒤, 이들을 서아프리카의 시에라리온과 라이베리아로 수송했다. 그러나 이들은 유전적 면역체계가 결여된 아프리카 이외 지역 태생이었기에 이중 40퍼센트가 수송된 지 1년 내에 모기 매개 질병으로 사망했다. 아프리카 이외 지역 태생 관리자들도 절반 이상이 같은 운명을 맞이했다. 그렇게 모기는 노예무역의 보험 역할을 자처하면서 역사를 불가사의하고 섬뜩한 방향으로 이끌었다. 콜럼버스의 무역 시기를 통틀어 모기가 역사에 미친 영향들 중 가장 사악하고 잔인한 일이었다고 해도 과언이 아니다.

모기 매개 질병 다수에 대한 아프리카인만의 저항력은 인종 간 위계질서 형성에 일조했으며 노예제와 그 유산인 인종차별을 공고히 했다. 미국 남부는 이들이 가진 면역력을 명분으로 아프리카 노예제를 '과학적으로' 그리고 법적으로 정당화했고, 여기에 여러 이유가 더해지면서 미국 남북전쟁이 발발하였다. 남북전쟁 도중에도 모기는 광란의 섭식 파티를 벌였다. 역사가 앤드루 맥웨인 벨Andrew McIlwaine Bell의 말에 따르면 남북전쟁 발발 이전, 남부에서 황열병이 유행하자 노예제 폐지론자들은 이를 두고 "노예제라는 죄에 노하신 하늘의 벌"이자 "노예무역 때문에 생겨난 병"이라고 정확하게 주장했다. 노예무역이 아메리카 대륙 내 황열병 발병과 그 여파를 초래한 직접적인 원인임은 결코 부정할 수 없다.

아시아와 환태평양 지역에도 황열병을 옮길 수 있는 모기종이 서식했지만 한 번도 제대로 황열병이 발생한 적이 없다. 살인마 황열병은 콜럼버스의 교환이 이루어진 전 지역에 걸쳐 상당한 피해를 입히며 악명을 쌓아갔지만, 아프리카 노예무역에 참여한 적 없던 극동에는 한 번도 기세를 떨치지 않았다. 아시아 환태평양 지역에 말라리아와 뎅기열, 사상충증 등 여타 모기 매개 질병이 고질적으로 존재했지만, 황열병의 부재 덕분에 모기의 역사적인 영향력을 비교적 덜 받은 셈이다.

그러나 아메리카 대륙에서는 동일한 질병들이 역사를 주도했다. 원주민들이 말라리아와 황열병에 쫓겨난 탓에 드넓은 땅이 텅 빈 채 남겨졌고, 모기가 들끓는 위험한 이 지역에 유럽인 정착민들이 몰려들었다. 찰스 만에 따르면, "기존에 살기 좋았던 이 지역들도 말라리아와 황열병 발생 이후 살기 힘든 곳이 되었다. 기존 주민들은 보다 안전한 땅을 찾아 떠났으며, 빈 땅에 이주해온 유럽인들은 채 1년을 넘기지 못하고 죽는 경우가 많았다. (중략) 오늘날에도 당시 유럽인 식민지 개척자들이 살아남지 못했던 지역들은 유럽인들이 더 쾌적하다고 판단했던 지역들보다 훨씬 가난하다."

피터 맥캔들리스Peter McCandless는 아메리카 저지대의 질병을 연구한 저서에서 영국령 미국 남부의 식민지를 예로 들어 설명했다. "(그곳은) 노인들을 위한 나라가 아니었으며, 노인이 되기까지 살고 싶은 이들을 위한 나라도 아니었다. 사람들이 빠르게 노쇠하고 사망한다고 기록한 관찰자들이 다수 있었다. (중략) 인간 이주자들과 함께 수많은 미생물이 좁다란 찰스턴 반도를 주삿바늘 삼아 대륙으로 흘러들어왔다." 한 주민의 말에 따르면 남부의 식민지 개척자들은 "매해 여름과 가을마다 수많은 열병이 너무나도 흔하게 유행하는 바람에" 몰락하였다. 투자자들에게는 안타까운 일이었지만, 미국 남부 식민지는 오래지 않아 모기 매개 질병 왕국이라는 달갑지 않은 명성을 얻었다. 수많은 사람의 일지와 편지 그리고 일기 곳곳에 이곳이 "봄에는 천국이요 여름에는 지옥이며 가을에는 병원"이라는 어느 독일인 선교사의 말과 비슷한 맥락의 말이 등장한다. 아메리카 식민지는 초기 유럽인 정착민에게 새로운 인생을 살 기회와 경제적 기회를 주었던 한편, 모기를 통해 세상과 이르게 작별할 기회를 주기도 했다.

황열병과 말라리아 때문에 쑥대밭이 된 식민지 중 한 예가 바로 영국령 사우스캐롤라이나이다. 가장 피해가 심각했던 쌀 플랜테이션 농장과 쪽 플랜테이션 농장에서는 1750년이 되기 이전까지 이곳에서 태어난 모든 유럽인 중 무려 86퍼센트가 20세 이전에 세상을 떠났으며, 5세가 채 되기도 전에 세상을 떠나는 비율 또한 35퍼센트에 달했다. 1750년 사우스캐롤라이나에서 결혼한 전형적인 젊은 부부 하나가 16명의 자녀를 두었으나 그중 살아남아 성인이 된 아이들은 고작 6명뿐이었다는 사례가 당시의 상황을 잘 보여준다. 미국 남부 식민지의 정착민들은 호화로운 생활을 영위하면서 부를 빠르게 탕진했다. 아무리 많이 벌어도 무덤까지 가져가지는 못하므로 "짧고 굵게 살다 가자"는 분위기가 만연했다. 경제적 여유가 되는 이들은 유행병의 계절이 오면 북부의 별장으로 피신했다. 찰스턴으로 향하던 어느 선박에서는 선장이 지난 1684년에도 '열렬한 청교도' 32명을 찰스턴에 데려다 주었지만 그중 1년 넘게 살아남은 이들은 2명뿐이었다는 이야기를 했다가 놀란 승객들에게 배를 돌리라는 요구를 받았던 일도 있었다. 앤 여왕 전쟁Queen Anne's War 도중인 1706년 늦여름에는 프랑스와 스페인 함대 또한 유행성 황열병에 부딪혀 배를 돌릴 수밖에 없었다. 수많은 노예가 모기 매개 질병과 함께 찰스턴 항을 통해 아메리카 대륙에 수입되었으므로 찰스턴이 말라리아와 황열병의 중심지가 된 것은 어찌 보면 당연한 수순이었다. 오늘날에도 아프리카계 미국인 중 약 40퍼센트가 찰스턴을 통해 들어온

노예의 후손으로 추정된다.[42]

한때는 사략선 선장이었던 영국계 해적 '검은 수염' 에드워드 티치Edward Teach는 1718년 찰스턴 항을 봉쇄하고서도 '옐로우 잭'을 두려워하여 항구에서 한참 멀리 떨어진 곳에 함대를 정박했다. 티치는 찰스턴 항을 출입하는 모든 선박을 나포하고 승객들을 납치하여 몸값을 요구했는데, 이중에는 찰스턴의 저명한 인사들도 한 무리 포함되어 있었다. 그러나 무시무시한 검은 수염이 요구한 것은 돈이나 보물이 아니었다. 요구는 간단했다. 해적선 '앤 여왕의 복수호'에 의약품을 제공해주기만 한다면 모든 인질을 풀어주고 평화롭게 출항하겠다는 조건이었다. 허세 넘치던 악랄한 해적들 또한 모기 매개 질병에 시달리고 있었던 것이다. 겁에 질린 찰스턴 주민들은 수일 내로 그의 요구를 들어주었다. 의약품 한 궤짝을 무사히 배에 실은 검은 수염 티치는 나포 선박들과 인질들을 (귀중품과 장신구만 뺏은 뒤) 안전하게 돌려보냈다.

찰스턴이 노예무역 등을 거치며 모기 매개 질병의 중심지라는 명성을 얻기는 했지만, 콜럼버스의 교환 동안 영국령 아메리카 식민지에서 이름을 날린 것은 찰스턴만이 아니었다. 찰스턴이 노예 항구이자 말라리아와 황열병의 소굴이 된 것도 그리고 죽음의 구렁텅이가 된 것도 멀찍이 떨어져서 생각해본다면 모두 제임스타운에서 시작된 일이었다. 영국인 개척자들은 최초의 영국 식민지 제임스타운에서부터 플랜테이션 농업과 노예제를 발달시키기 시작하여 대

42 찰스턴은 원주민 노예를 수출하는 항구로도 유명했다. 1670년부터 1720년 사이 5만 명이 넘는 원주민 노예가 찰스턴 항을 통해 카리브 제도의 플랜테이션 농장으로 팔려갔다.

서양 해안 전체에 이를 마구잡이로 퍼트렸다. 앞으로 살펴보겠지만, 1607년 버지니아주 제임스타운에 건설된 영국인 정착촌은 곧 모기와 질병, 고통 그리고 죽음으로 뒤덮였으며, 1620년 청교도가 플리머스에 건설한 자매 식민지 또한 마찬가지의 길을 걸었다.[43]

뒤이어 초창기 영국인 정찰대를 본보기 삼은 이들이 일련의 역사적 사건들을 벌인 끝에 마침내 13개 식민지와 미국이 탄생했다. 아메리카 대륙 내 영국인 정착민 사회 또한 모기와 말라리아 및 황열병에게 지배당했다. 겁 없는 정착민들과 힘없는 노예들 그리고 본능에 따라 움직이는 모기들 모두가 하나씩 역할을 맡아 비극적인 시나리오를 써내려갔다. 모기와 노예제 사이의 관계는 아메리카 대륙에 깊고 어두운 토끼 굴을 파내려갔다. 콜럼버스의 교환 동안 우연하게도 지배자로 군림하게 된 모기들과 노예제는 포카혼타스Pocahontas와 제임스타운부터 오늘날의 정치와 편견에 이르기까지 미국을 모든 면에서 변화시켰다.

---

43 플리머스는 뉴잉글랜드 최초의 영국인 정착촌이 아니다. 그 영예는 1607년 제임스타운보다 몇 달 앞서 건설된 폽햄의 세인트조지스 항구가 가져갔다. 이보다 전에는 1602년 매사추세츠 커티헝크 제도에 사사프라스 경작을 위한 소규모 영국인 전초기지가 건설된 바 있다. 사사프라스 나무는 전통적인 루트비어의 주재료이기도 하지만 당시 임질과 매독의 치료제로 여겨졌다. 콜럼버스의 항해 이후 유럽 내에서 사사프라스 수요가 늘면서 높은 가격을 형성하기도 했다. 그러나 이 식민지들 모두 채 1년도 되지 않아 버려졌다.

CHAPTER

09

길들임

모기가 만든 풍경과 신화 그리고 아메리카의 씨앗

THE SEASONING:

MOSQUITO LANDSCAPES, MYTHOLOGY,

AND THE SEEDS OF AMERICA

불쌍한 마토아카Matoaka(포카혼타스의 본명). 포우하탄족 추장(와훈수나콕Wahunsunakok. 추장 개인을 '포우하탄'이라고도 부른다)의 딸이었던 11세의 마토아카는 1995년 월트 디즈니 애니메이션 영화에서 존 스미스John Smith와 비극적 사랑을 나누는 포카혼타스를 본다고 해도 자신인 줄 모를 터였다. 영화에서 포카혼타스는 사춘기도 지나지 않은 원주민 소녀라기보다는 킴 카다시안Kim Kardashian같은 육감적인 몸매를 지닌 여성으로 등장한다. 이 허구적 이야기는 역사가들과 할리우드가 영국인 정착촌 제임스타운과 존 스미스 그리고 어린 마토아카를 둘러싼 신화를 다루어오면서 오늘날까지 전해 내려왔다.

존 스미스라는 이름은 제임스타운 건립 설화와 허구적이고 화려한 아메리카 개척 일대기의 대명사이다. 그러나 사실 그는 그저 수치심을 모르는 허풍쟁이였다. 그는 너무나 많은 허위 정보를 만들어내고 개인을 선전했으며, 노골적으로 거짓말을 하기도 했다. 그러니 장장 18년에 걸쳐 출판된 다섯 권에 이르는 그의 자서전 속 이야기를 진지하게 받아들이기는 어렵다. 그가 직접 논한 꿈결 같은 이야기에 따르면, 스미스의 상상 속 모험은 그가 13세 때 부모님을 여의면서 시작되었다. 이후 26세 이전까지 그는 네덜란드에서 스페인을 상대로 싸웠고, 수개월 동안 허름한 별채에서 지내며 마키아벨리와 플라톤 등 고전을 탐독했으며, 해적이 되어 지중해와 아드리아해를 누볐다. 또한 그는 헝가리에서 스파이로 활동했고, 산꼭대기에 봉화를 올려 오스만 제국의 침입을 알렸고, 루마니아 트란실바니아에서 투르크족을 상대로 전투를 벌이다 포로로 붙잡혀 노예로 팔렸다. 자신을 괴롭히던 주인의 '머리를 깨 부서' 죽인 뒤, 주인의 옷을 훔쳐 입고 탈출해 러시아와 프랑스, 모로코 전역을 떠돌다가 다시금 해적이 되어 서아프리카로 출항하는 스페인 선박들을 공격했다. 마침내 1604년 그는 고향 잉글랜드로 돌아왔다. 2년 후, 그는 제임스타운 탐험대에 이름을 올리고선 1606년 12월 버지니아로 출항했다. 정말이지 '폭풍 같은 어린 시절'이자 참으로 알차게 보낸 13년이 아닐 수 없다. 대부분의 전문가는 존 스미스가 사기꾼이라는 데 동의한다. 그러나 그가 비참하고 모기가 들끓던 제임스타운 식민지에서 2년간 머물며 포카혼타스와 가까워졌다는 사실만큼은 의심의 여지가 없다.

1607년 5월 제임스타운 건립 당시 스미스가 포우하탄 추장과 화친을 맺은 것은 사실이었다. 원주민에 비해 수가 훨씬 적었던 터라 일방적으로 공격당하는 사태를 막고 필수 물자를 확보하기 위해서였다. 그해 12월, 스미스는 식량을 구하러 돌아다니다 붙잡혀 추장 앞에 끌려갔다. 그곳에서 무슨 일이 일어났는지는 전설로만 남아 있다. 스미스의 주장에 따르면 그는 곤봉을 든 원주민 전사들에게 매를 맞은 뒤 중앙 가옥에서 처형당할 신세였는데, 그의 처형을 앞두고 이를 기념하기 위해 열린 성대한 만찬에서 11세의 포카혼타스를 만나게 되었다. "처형이 임박했을 때, 그녀는 본인이 맞아 죽을 각오로 나의 목숨을 구해주었다. 이뿐만 아니라 아버지인 추장을 설득해 내가 무사히 제임스타운으로 돌아갈 수 있게 해주었다. 그곳에는 38명의 비참하고 가난하며 병든 사람들이 기다리고 있었다." 존 스미스에게 완전히 반했다는 포카혼타스는 이제 "많은 식량을 가져다주어 수많은 이의 목숨을 구했다. 그녀가 아니었더라면 모두 굶어죽었을지도 몰랐다." 스미스의 이야기는 1624년 처음으로 출판된 이래 학자들에게 거센 뭇매를 맞아왔고, 묵직한 연구들 앞에 굴복하면서 조금씩 그 진실을 드러내 보였다.

이 이야기에는 많은 문제가 숨어 있다. 우선, 시기가 맞지 않다. 1608년 스미스가 포로로 붙잡힌 지 수개월 만에 직접 작성했던 최초의 보고서에는 사랑에 빠진 인디언 공주가 자신을 구해주었다는 이야기가 전혀 등장하지 않는다. 사실 그는 자신이 붙잡힌 지 수개월 이후에야 포카혼타스와 알게 되었다고 밝혔다. 그러나 그가 포우하탄 추장과 오랜 대화를 나눈 끝에 성대한 만찬을 가졌다는 이야기만큼은 실제로 보고서에 등장한다. 그의 말을 빌리자면 두 사람은 "좋은 말들과 갖가지 훌륭한 음식들"을 나누었다. 이 대목은 자부심을 드높이고 돈을 벌기 위해 꾸미거나 과장해서 쓴 자서전이 아닌 개인적인 기록에서 발견된 것인 만큼 실제로 있었던 일이라 볼 수 있다. 훗날 연구자들은 몸집이 왜소하고 못생겼던 스미스가 사랑에 푹 빠진 여인에게 구원받는 스토리를 좋아했다는 점을 밝혀냈다. 그가 말하는 인생사에서 비슷한 구조의 이야기가 각기 다른 상황에서 네 번이나 더 등장했던 것이다.

이야기의 또 다른 오류는 문화적으로 불가능한 상황이라는 것이다. 포우하탄족은 전쟁 포로를 처형하기 전에 만찬을 열지도 않았고, 만찬에 포카혼타스 같은 어린아이는 참석할 수도 없었다. 스미스는 본인의 거짓말에 갇혀 포우하탄족의 전통적 관례를 정반대로 기술하는 우를 범했다. 이 주제에 관해서 열 권이 넘는 책을 집필한 문화인류학자 헬렌 라운트리Helen Rountree는 "이 이야기에서 포우하탄족 문화와 맞는 부분은 아예 없다. 성대한 만찬은 특별한 손님을 위한 것이지 처형 직전의 범죄자를 위한 게 아니다. 게다가 그들이 스미스 같은 정보 자산을 죽이는 경우도 보기 힘들다"고 말했다. 스미스가 매를 맞고 성대한 만찬에 있었던 건 처형될 제물로서가 아니라, 영국인 정착민들과의 교역 및 평화를 이루어줄 중개자로서 선택되었기 때문이다. 포카혼타스는 물론 그 자리에 없었고 아무런 관계도 없었다. 포카혼타스가 유명인사가 된 이후에 스미스는 자기 역사에 포카혼타스를 끼워 넣은 것으로 보인다. 포카혼타스가 새로이 얻은 평판을 창의적으로 이용하여 본인의 평판을 드높인 셈이다.

디즈니는 제임스타운을 서툴긴 했지만 평화롭고 전도유망한 정착촌으로 그렸다. 영화에서 포카혼타스와 스미스는 신세계의 아름답고 이상적인 대자연 속을 맨발로 뛰놀며 폭포에서 즐거운 시간을 보낸다. 그러나 사실 제임스타운은 모기가 들끓고 식인 행위까지 일어나는 끔찍한 곳이었다. '기근 시기'로 알려진 1609년과 1610년 사이의 겨울에 이곳을 찾아온 정착민 중 한 남성이 임신한 아내를 잡아먹어 화형에 처해졌다는 기록도 있다. 제임스타운은 벼랑 끝에 위태롭게 서 있기는 했으나, 전설적인 로어노크섬을 비롯해 이때까지 영국인이 건설하려다 실패했던 식민지들과는 달리 결국 살아남아 자리를 잡는 데 성공했다. 제임스타운의 성공은 담배 덕분이었고, 결국에는 아프리카 노예제 덕분이었다. 1610년, 미국을 싹틔울 씨앗, 즉 담배 씨앗은 존 스미스가 아니라 존 롤프의 손을 거쳐 처음 땅에 심어졌다.

영국은 훗날 북아메리카 대륙을 지배하기는 하나 본래는 콜럼버스의 교환과 중상주의 사업에 뒤늦게 합류한 후발주자였다. 존 스미스가 제임스타운에서 순진하고 장난기 많은 포카혼타스를 만났다던 1607년 무렵, 다른 유럽인들은 오늘날 48개 주로 구성된 북아메리카 대륙 미국 본토 전역에 이미 족적을 남겼다. 17세기 초에 이르러 영국과 프랑스가 치열한 경쟁을 벌이며 마침내 아메리카 대륙에 진입하던 무렵, 스페인은 이미 한 세기 가까이 독주하면서 융성한 토착 문명들을 초토화시키고 미국 남부에 강력한 식민 제국을 건설한 터였다. 영국과 프랑스로서는 선택지가 한정적이었고, 그 상황에서 건설한 캐나다 및 미국 북동부 변두리 식민지, 뉴펀들랜드와 퀘벡은 경제적 잠재력이라곤 거의 없는 땅이었다. 영국 및 프랑스 최초의 식민지 정착촌과 전초기지는 굶주린 모기떼가 들끓긴 했으나 위도가 높아 질병 매개 모기종이 없었으며, 담배나 사탕수수, 커피, 코코아 등 스페인의 금고를 채워주었던 돈벌이 작물을 기르기에 적합하지 않았다. 이곳에 허술하게나마 기틀을 마련한 영국과 프랑스는 아메리카 대륙이 가진 풍부한 자원과 기회에서 이득을 갈취하기 위해 영토 확장과 착취적 식민지 개척에 나섰다. 경제적 중상주의 체제가 손짓하는 상황에서 수익성 좋은 노예 기반 플랜테이션을 확보하려면 식민지화 또는 정복 활동을 통해 서반구의 저지대 열대 지방에 침투할 필요가 있었다. 프랑스와 영국은 꾸준히 식민지 전쟁을 일으켜 아메리카 대륙의 식민지 배치도를 조금씩 바꾸어나갔고, 카리브해를 독점한 스페인에 도전했다. 이들은 무르익은 콜럼버스의 교환을 배경 삼아 제국주의적 전투를 벌였는데, 승패를 결정한 건 모기와 말라리아 그리고 황열병이었다. 수많은 정착민이 원주민들의 공격과 부족한 자원 그리고 자비 없는 죽음의 행진 앞에서 사라지거나 버려졌다. 모기는 아메리카 대륙의 유럽 제국주의 구성 및 정착에 적극적으로 개입했다.

프랑스는 북동부 해안에서 시간을 허비하다가 1534년부터 1542년까지 자크 카르티에Jacques Cartier가 이끄는 세 차례의 탐험을 시작으로 세인트루이스강 유역의 '카나타' 지역에 침투했다. 이들은 자리를 잡지 못하다가, 1608년 사뮈엘 드 샹플랭Samuel de Champlain이 퀘벡을 모피 무역의 거점으로 삼으며 영구 정착촌을 형성하기 시작했다. 정착촌 누벨프랑스는 정착민에게 썩 매력적인 곳은 아니었다. 북아메리카 진출을 주도했던 소수의 젊은 프랑스 탐험가들은 모피 거래를 위해 토착 원주민 알곤킨족 및 휴런족과 우호 관계를 유지하고자 애썼다. 프랑스 모피 무역은 빠르게 확대되어 곧 세인트로렌스강 유역과 오대호 지역에서 독점적 지위를 구축했으나, 여전히 현지에 자리를 잡은 프랑스 상인들은 소수에 불과했다. 이후 프랑스는 18세기까지 캐나다와 미국의 대서양 연안 지역부터 서쪽으로 세인트로렌스강을 따라 오대호를 지나 남쪽으로 미시시피강 삼각주와 뉴올리언스의 멕시코만에 이르는 드넓은 범위에 모피 무역 전초기지들을 건설했다. 이들은 각기 외떨어져 있으나 서로 긴밀히 연결되었다.

말발굽 모양의 광활한 누벨프랑스에는 이민자와 원주민 그리고 프랑스 남성과 원주민 여성 사이에 태어난 메이스Méis가 살았다. 인구수는 얼마 되지 않아 1700년에도 약 2만 명에 불과했다. 이곳에 온 프랑스인 이민자는 대부분 젊은 남성, 특히 프랑스 사회의 낙오자들이었다. 프랑스 여성은 별로 없었으므로 식민지 인구는 거의 늘지 않았다. 프랑스 모피 무역상들이 원주민 아내를 맞이하면서 토착 원주민 사회에 융화되는 일이 관습으로 자리 잡았다. 프랑스 식민지 인구는 소수였기에, 왕성한 영국 및 스페인 식민지 인구와 경쟁하는 데 있어 경제적으로나 군사적으로 불리했다. 이를 보완하기 위해 프랑스 왕실은 15세에서 30세 사이의 미혼 여성 800명을 징집해 '왕의 딸들'이라는 이름을 붙여준 뒤 퀘벡과 뉴올리언스로 보냈다. 왕실에서 이들의 수송비를 지급했으며 물자와 지참금으로 사용할 돈도 주었다. 누벨프랑스에는 여성이 심각하게 부족한 상황이었으므로 이들을 맞이할 남자들에게 지참금은 그저 뜻밖의 덤에 불과했을 터였다.

초창기 프랑스 식민국은 북아메리카에 한정되었다. 모피 무역에는 프랑스인이 많이 필요하지 않았고, 마찬가지로 아프리카 노예도 필요 없었다. 육체노동은 원주민들의 몫이었다. 이들은 비버를 비롯한 동물들을 포획하거나 사육한 뒤 모피를 만들어 프랑스인들의 총과 철제 상품, 유리구슬 등과 교환했다. 프랑스인들은 모피를 사랑했던 동시에 그 수가 적었고, 그마저도 원주민 사회에 융화되었으므로 세력균형은 지역 토착 원주민에게 기울어져 있었다.

남쪽 프랑스령 루이지애나는 모기가 들끓었던 한편, 프랑스 이민자 유입도 적어 비교적 드문드문 흩어진 소규모 정착촌 이상으로 발전하지 못했다. 뉴올리언스가 시로 정식 지명된 1718년 이전에 황열병과 말라리아는 이미 자리를 잡고 있었다. 당시 루이지애나의 전체 인구는 고작 700명에 불과했다. 황열병과 말라리아는 뉴올리언스의 프랑스령 식민지를 본거지로 삼고 멕시코만 연안과 미시시피강을 따라 확산하면서 이를 피해 달아나던 수많은 프랑스인 정착민을 몰살했다. 고질적인 말라리아와 흡혈귀 같은 유행성 황열병에 시달렸던 뉴올리언스는 모기에게도 위협을 받았다. 뉴올리언스는 프랑스의 경제 구상에 반드시 필요한 핵심 항구였으나, 허리케인이 시도 때도 없이 찾아오는 해안가 늪지대이자 모기 매개 질병에 잠겨 있어 거주지로서는 최악의 조건이었다.

뉴올리언스에 굳건한 프랑스인 정착촌을 설립하고자 했던 미시시피 회사Mississippi Company는 프랑스의 남성 수감자들을 석방한 뒤, 매춘부와 결혼시켜 뉴올리언스로 보냈다. 이 신혼부부들은 배가 대양으로 나갈 때까지 함께 쇠사슬로 묶여 있었다. 1719년부터 1721년까지 세 차례에 걸쳐 이 부부들은 뉴올리언스로 옮겨졌고, 이들이 뉴올리언스에서 질병에 길들여진 현지 태생 아이들을 출산하는 것은 예정된 수순이었다. 모기들은 최선을 다했지만 질병에 길들여진 소수의 뉴올리언스 정착민들은 끝내 살아남았으며, 이로써 뉴올리언스 항은 프랑스인들의 진입 거점이자 재앙 같은 수많은 모기 매개 유행병의 진원지가 되었다. 그중에서도 미시시피강을 따라 확산되던 황열병은 역사적인 결과들을 초래하기도 했다.

모기 매개 질병 때문에 뉴올리언스에서는 자급자족을 위한 농업 정도만 가능했다. 대규모 사탕수수 및 담배 플랜테이션 농장은 개발하기 어려웠다. 1706년 소규모 원주민 노예제가 시작되었고, 오래지 않아 아프리카 노예제로 대체되었다. 처음에는 스페인 선박을 공격하여 노예를 포획했으며, 이후에는 아프리카에서 직접 수입했다. 뉴올리언스의 아프리카 노예는 소수에 불과했는데, 이는 노예들을 통제하기가 어려웠기 때문이다. 노예들이 탈출하거나, 반란을 일으키거나, 늪지대로 도망가거나, 지역 원주민 부족에게 입양되는 일이 자주 있었다. 1720년 기준, 루이지애나에는 2,000명의 아프리카 노예가 있었으며, 아프리카계 자유민은 그 두 배였다. 1791년 전 세계에서 가장 큰 사탕수수 생산지였던 프랑스령 식민지 아이티에서 투생 루베르튀르Toussaint Louverture가 노예 반란 및 독립운동을 일으킨 이후, 루이지애나에서도 사탕수수가 재배되기 시작했다. 1795년 아이티의 농경을 본떠 최초의 사탕수수 플랜테이션 농장을 세웠는데, 이로부터 오래지 않은 1803년 토머스 제퍼슨 대통령이 이끄는 미국 정부가 루이지애나를 매입했다.

프랑스가 남부의 스페인 식민지를 의도적으로 피하며 북부에서 식민지 개발에 집중하는 전략을 취한 반면, 잉글랜드는 다른 전략적 구상을 가졌다. 1558년부터 1603년까지 재위한 여왕 엘리자베스 1세Elizabeth I 주변의 핵심 인사 및 자본가들은 당시 스페인이 움켜쥐고 있던 해외 식민지의 부를 맛보고 싶어 안달이 나 있었다. 여기에 더해 엘리자베스 1세의 아버지 헨리 8세Henry VIII가 1534년 발표한 수장령Act of Supremacy에 의거해 "아메리카 사람들이 우리가 몰고 갈 복음의 기쁜 물결을 기다리고 있다"면서 자신들에게 "그 비참한 사람들을 구할 신실한 박애주의적 의무가 있다"고 믿었다.[44]

개신교도들은 스페인의 가톨릭교도들이 이미 '수백만 명의 이교도'를 개종했으며 하나님께서 이들에게 상으로 '무한한 부의 보물상자'를 주셨다고 주장했다. 스페인이 아메리카 연안을 누비며 부를 쓸어가는 동안, 잉글랜드는 '충격적이고 저속한 해적질에 매일같이' 시달리느라 제대로 식민지 개척에 나서지 못하고 있었다. 세력과 이익의 불균형을 해소하기로 결심한 엘리자베스 1세는 당대 가장 유명했던 해적이자 공포의 무역상이던 프랜시스 드레이크Francis Drake 경과 월터 롤리Walter Raleigh 경에게 왕실의 이름으로 합법적인 '사략선'을 허가해 주었다. 두 사람이 이끄는 해적들과 용병들은 아메리카 전역을 배경으로 박진감 넘치는 모험을 벌였고, 세계에 알려

---

44 헨리 8세는 대부분의 초상화에서 뚱뚱하고 지저분한 미치광이 군주처럼 그려졌으나, 여기에는 사실과 다른 부분도 있다. 젊었을 적의 헨리는 매우 매력적이었으며, 키가 크고 체격이 좋았으며, 똑똑한 데다가 여러 언어를 구사했고, 너무나도 로맨틱한 사람이었다. 그는 또한 실력 좋은 운동선수이자 음악가였으며, 진정한 르네상스식 교양인이기도 했다. 1536년 이후 들어 외모와 정신건강을 급격하게 잃었던 이유가 창 시합에 매진하다가 여러 차례 외상을 입은 끝에 알렉산드로스 대왕과 마찬가지로 만성외상성뇌질환(CTE)을 앓았기 때문으로 추정된다. 그는 1547년 55세의 나이에 비만증으로 사망했다.

진 가장 위대하고 재능 있는 위협적 존재, 모기를 상대로 몇 번이고 싸우고 또 패배했다.

1519년부터 1522까지 페르디난드 마젤란Ferdinand Magellan이 세계 일주를 한 데 이어, 드레이크 또한 1577년부터 1580년까지 세계일주에 나섰다. 잉글랜드에서 출항한 그는 가는 길마다 스페인 보물선과 식민지들을 약탈하면서 오늘날의 1억 1,500만 달러에 상당하는 전리품을 쓸어 모았다. 이로써 드레이크는 그보다 약 500만 달러어치를 더 약탈했던 '블랙 샘Black Sam' 새뮤얼 벨라미Samuel Bellamy에 이어 전 시대를 통틀어 두 번째로 부유한 해적이 되었다. 그는 남아메리카를 둘러 북쪽으로 방향을 튼 뒤 아메리카 대륙의 태평양 연안을 따라 올라갔다. 오늘날 샌프란시스코 금문교에서 북쪽으로 30마일 떨어져 있는 드레이크스만 포인트 레이즈 해안에서 잠시 휴식을 취한 드레이크는 서쪽으로 틀어 태평양을 횡단했다. 스페인 왕실에 타격을 입혀가면서 엄청난 부를 획득한 그는 마침내 고향 잉글랜드 플리머스에 안전하게 돌아왔다.

한편 스페인은 대서양 양측 연안의 공해에서 잉글랜드와 네덜란드 해적이 판을 치고, 잉글랜드 개신교도들이 스페인령 네덜란드에 개입하는 상황에 점차 불만을 쌓아갔다. 마침내 1585년 가톨릭 스페인과 개신교 잉글랜드(그리고 동맹국인 개혁교회 네덜란드) 사이에 전쟁이 일어났다. 막 기사 작위를 받았던 드레이크 경으로서는 전리품을 마다할 이유가 없었다. 늘 기민하고 교활한 기회주의자였던 드레이크 경은 엘리자베스 여왕을 설득한 끝에 수익성 높은 카리브해의 스페인령 식민지에 선제공격을 취할 원정군 수장으로 임명되었다. 스페인인들 사이에서 엘 드라케El Draque라고 불렸던 드레이크 경은 '처녀 여왕' 엘리자베스에게 법적으로 허가를 받은 대규모 해적 함대를 이끌고 명예와 영광 그리고 부가 기다리는 카리브해로 향했다. '동인도와 서인도의 스페인 왕을 폐위'시키고자 대서양을 횡단하기에 앞서 드레이크 경은 잠시 서아프리카 해안가의 포르투갈령 카보베르데 제도에 들러 약탈을 자행했다. 하지만 여기서 초대받지 않은 치명적인 탈주자가 승선할 줄은 꿈에도 몰랐을 것이다.

카리브해를 향해 출항한 지 얼마 되지 않아 열대열말라리아가 선원들을 쓰러뜨리기 시작했다. "바다에 나온 지 며칠이 되지 않았지만, 선원들이 엄청나게 죽어나가기 시작했으며, 수일 만에 200~300명 넘게 죽었다." 드레이크가 남긴 항해일지의 일부이다. 또한 치명적인 열병이 "성 이아고(카보베르데 산티아고)에서 출발한 지 7~8일 후부터 발병하기 시작했으며, 극심한 고열과 지속적인 학질이 선원들을 덮쳤다. 회복한 사람은 거의 없었다"고도 기록했다. 드레이크가 이끌었던 함대는 카리브해에 도착하기 이전 말라리아 앞에 무릎을 꿇었으며, 그렇게 모기에게 지휘권을 빼앗긴 6주간의 탐험은 아무런 결실 없이 막을 내렸다. 영국의 교역상 헨리 호크스Henry Hawks는 카리브해에서 "많은 종류의 질병에 걸리기 쉬운데, 무더위 때문이기도 하지만 모기라는 각다귀 혹은 파리가 남녀 가리지 않고 물며 (중략) 악랄한 벌레를 동반하기 때문이다. 모기 혹은 각다귀는 대부분의 사람, 이를테면 이 지역에 새로이 찾아온 이들을 쫓아다닌다. 이 골칫거리 때문에 수많은 사람이 사망한다"고 썼다. 호크스의 글에 등장한 '모기'와 말라리아 '벌레'는 실제로 카리브해에 발을 들이려던 드레이크와 선원들을 잉글랜드로 돌려보냈다.

모기는 카리브해에 찾아온 드레이크와 해적선 선원들이 임무를 포기하도록 종용했다. 오래지 않아 드레이크는 "당시 공중에 떠다니던 무언가가 죽음을 감염시킨 게 분명"하다는 점을 깨달았다. 빈손으로 고향에 돌아가기가 꺼려져 만회할 기회를 찾던 드레이크는 1586년 봄 플로리다 세인트오거스틴의 취약한 스페인령 식민지를 약탈하면서 지역 토착 원주민 티무쿠아족에게 유행성 말라리아를 전파했다. 드레이크는 티무쿠아족이 "처음에는 우리 선원들에게 접근했다가 매우 빠른 속도로 죽어나갔으며, 그들 사이에서는 잉글랜드의 신이 그들을 그토록 빠르게 죽이고 있다는 말이 돌았다"고 전했다. 1565년 건설된 세인트오거스틴은 유럽인 정착민들이 꾸준히 거주했던 미국 내 가장 오래된 식민지로, 드레이크가 도착한 건 21년밖에 되지 않은 때였으나, 이곳 원주민 티무쿠아족은 유럽인 이주 이전에 비해 단 20퍼센트밖에 남아 있지 않았다. 세인트오거스틴을 약탈한 드레이크는 북쪽으로 방향을 돌려 로어노크섬으로 향했다. 로어노크는 해적 출신의 또 다른 사략선 선장, 월터 롤리 경의 자금으로 건설되었으나 이후 고전을 면치 못했다. 드레이크의 해적선에는 최초의 로어노크 식민지 개척자 일행을 모두 태우고 잉글랜드로 돌아갈 정도의 빈자리가 있었다. 드레이크의 해적 일당 2,300명 중 정상적으로 활동할 수 있었던 선원은 800여 명에 불과했으며, 950명이 학질로 사망한 한편 550명은 병상에서 죽어가고 있었다. 이렇게 아메리카 땅에 잉글랜드의 깃발을 꽂으려던 드레이크의 첫 번째 시도는 모기에게 가로막혀 실패했다. 엘리자베스 여왕으로서는 카리브해 식민지를 개척하거나 스페인인 정착촌을 점령하기까지 한동안 더 기다려야 한다는 뜻이었다.

고향으로 돌아가 환대를 받은 드레이크는 잉글랜드 해군 중장으로 진급했으며, 능력을 증명이라도 하듯 1588년 침략해온 스페인 무적함대를 격파했다. 인상적인 승전보 덕분에 드레이크는 국민 영웅으로 추앙받게 되었다. 드레이크는 모기 앞에 쓰러졌던 자신의 해적선을 부활시키고, 10여 년 전 시작한 카리브해 스페인령 식민지 침략을 마무리하기로 마음먹었다. 잉글랜드와 스페인 간의 전쟁이 아직 끝나지 않은 때였는데, 무적함대를 무찌른 이후 전세는 잉글랜드에 기울어 있었다. 스페인이 약화되었다면 스페인의 귀중한 카리브해 식민지들도 취약해졌을 터였다. 무시무시한 해적 엘 드레이크보다 이 약탈 임무를 잘 해낼 사람이 또 누가 있었겠는가?

1595년, 드레이크는 카리브해 최초의 영구적 영국인 정착촌을 건설할 지역으로 푸에르토리코 산후안을 선택했다. 그러나 오래지 않아 얼룩날개 장군과 스페인 동맹군이 드레이크의 제국주의적 야망은 물론 목숨까지 앗아가 버렸다. 푸에르토리코에 도착한 지 불과 몇 주 만에 말라리아가 유행한 데다가 끔찍한 이질까지 겹치면서 선원 수가 25퍼센트가량으로 급감했다. 두 가지 유행병에 시달리다 결국 산후안 포위공격에 실패한 드레이크와 선원들은 오늘날 파나마 운하의 북쪽 입구와 가까우며 1502년 10월 콜럼버스가 마지막 항해 당시 적절하게 이름을 붙여준 모기만Mosquito Gulf에 정박했다.[45]

---

45 콜럼버스가 네 번째 항해 당시 이름을 붙인 또 다른 곳인 모기 해안은 모기만보다 훨씬 북쪽에서 시작하여 니카라과와 온두라스의 해안선을 지나 파나마 남부까지 이어지는 해안을 가리킨다. 모

그러다 1596년 1월 드레이크마저 말라리아와 이질에 걸려 세상을 떠났으며, 그의 시신은 바다에 수장되었다. 드레이크를 패배와 죽음으로 내몰았던 모기들은 카리브해 식민지에 대한 잉글랜드의 꿈을 다시 한 번 깨뜨렸고, 이로써 잉글랜드 제국주의자들은 다른 곳으로 눈을 돌릴 수밖에 없었다.

드레이크가 모기에 부딪혀 패배하던 그때, 잉글랜드는 태양과 럼주와 모기 순찰병들이 가득한 온난한 카리브해에서 북쪽으로 2,200마일 떨어진 곳에 최초의 잉글랜드령 해외 식민지를 건설하고 있었다. 1583년, 뉴펀들랜드섬에 최초의 잉글랜드령 식민지가 자리를 잡은 것이다. 이곳 토착 원주민 베오투크족은 공중에 가득한 모기떼와 흑파리를 쫓기 위해 붉은 황토와 동물의 지방을 살에 발랐으며, 이 때문에 피부가 암적색으로 물들어 있었다. 2,000명이 채 되지 않았던 베오투크족은 오래지 않아 유럽인들에게 '붉은 피부Red Skin'로 알려졌다.[46]

이후 일련의 잇따른 불운한 사건들로 베오투크족은 멸족했다. 몇몇 역사가들은 종족 학살의 가능성을 제시하지만 그와 같은 일은 발생하지 않았다. 가장 큰 원인은 천연두와 결핵이었으며, 정착민들이 '사냥 스포츠'를 즐겼던 탓에 원주민들이 더는 이전만큼 전통적인 해안 낚시를 할 수 없게 되면서 식량이 부족해진 원인도 컸다. 원래도 인구수가 적었던 베오투크족은 더는 대를 잇거나 부족을 유

기만은 파나마 해안이 감싸고 있는 만을 일컫는다.

46 토착 원주민들은 연기 이외에도 동물의 지방을 벌레 퇴치제로 사용했으며, 그중에서도 곰고기 기름을 최고로 쳤다. 황토에는 자외선 차단 기능도 있었다.

지할 수 없는 지경에 이르렀고, 결국 1829년 마지막 생존자였던 샤나디티트Shanawdithit라는 이름의 소녀가 결핵으로 세상을 떠나면서 멸족했다.

뉴펀들랜드섬에는 세계에서 가장 잘 형성된 항만 중 하나인 세인트존스와 가장 풍족한 수역 중 하나인 그랜드뱅크스 대륙붕이 존재하지만, 너무 북쪽에 위치했던 탓에 식민지를 건설한 이후에도 플랜테이션 농업으로 이익을 창출하기 어려웠다.[47] 또한 너무 멀리 외떨어져 있던 탓에 스페인령 식민지 광산에서 자원과 부를 가득 싣고 나오는 스페인 갈레온 범선들을 공격하는 전초기지로도 사용할 수 없었다. 뉴펀들랜드에서는 경제적 기회가 보이지 않고, 카리브해로 가는 길은 질병에 길들여진 스페인 방어자들과 강경한 모기 매개 열병들이 막아서자, 드레이크 경과 동시대를 살았던 월터 롤리 경은 로어노크에 식민지를 건설해 판도를 뒤집고 잉글랜드의 지위를 격상하고자 했다.

로어노크 탐험은 본래 험프리 길버트Humphrey Gilbert 경이 기획하고 후원한 프로젝트였다. 마찬가지로 사략선 선장이었던 길버트는 뉴펀들랜드 식민지를 건설하고 돌아오던 도중 익사했다. (마지막 유언으로 토머스 무어의 『유토피아』를 인용했다고 한다.) 이후 그의 이복동생 월터 롤리 경이 로어노크 식민지 개발을 이어받았다. '해적 여왕' 엘리자베스 1세가 해적들 중에서도 가장 아꼈던 롤리 경은 7년 기한의 왕실 헌장과 백지 수표와 함께 "기독교인 군주의 소유가 아니며

47 뉴펀들랜드는 1907년 영국으로부터 독립했으며, 1949년 맨 마지막으로 캐나다 연방 영토로 편입되었다.

기독교인 주민들이 거주하지도 않는, 이교도와 야만인의 외진 땅, 국가 혹은 영토"에 식민지를 건설하라는 임무를 물려받았다. 스페인이 아직까지 점령하지 않은 곳이라면 어디든 점령하라는 뜻이었다. 왕실은 그 대가로 식민지를 통해 취득한 이익의 20퍼센트를 제시했다. 엘리자베스 여왕은 롤리 경을 사적으로 불러, 잉글랜드의 사략선이 유럽으로 돌아오는 스페인 보물선을 공격할 수 있도록 카리브해 북부에 전초기지를 건설할 것을 따로 주문하기도 했다. 그렇게 건설된 해적 기지는 역사에 '잃어버린 로어노크 식민지'로 알려져 있다. 그러나 롤리 경은 '골드 피버gold fever'에 걸려 황금 도시 엘도라도를 찾아 남아메리카를 헤매고 다니느라 북아메리카 땅은 한 번도 밟지 않았으며, 그저 초기 로어노크 식민지 개척자들에게 자금을 지원하며 그 임무를 맡겼을 뿐이었다.

1585년 8월, 최초의 로어노크 식민지 개척자 108명이 로어노크 섬에 당도했다. 뉴펀들랜드에서 출항할 당시 이듬해 4월까지 재보급선을 보내겠다는 약속을 받아놓은 상태였다. 그러나 1586년 6월까지도 구호물자가 도착할 기미는 보이지 않았고, 굶주린 로어노크 개척자들은 토착 크로아톤족 및 세코탄족의 보복 공격까지 막아내야 했다. 앞에서도 살펴보았지만, 이 즈음인 6월 중순 드레이크 경이 카리브해에서 말라리아로 점철된 모험을 끝마치고 돌아가는 길에 공교롭게도 로어노크 식민지에 들렀다. 드레이크의 선원 3분의 2가 말라리아로 앓아눕거나 죽으면서 일손이 모자란 상태였으므로, 로어노크에 낙오된 생존자들은 모두 드레이크의 배에 승선할 수 있었다. 그렇게 제1차 로어노크 탐험은 실패로 끝났다. 뒤늦게 도착한 재보급선은 섬이 텅 비어 있는 걸 발견하고는 잉글랜드의 식민지임을 표시하기 위해 15명의 선원들로 구성된 소규모 수비대를 섬에 남겨두고 떠났다.

1587년, 롤리의 기획에 따라 115명의 개척자로 이루어진 두 번째 탐험대가 로어노크섬 북부 체서피크만에 식민지를 건설하기 위해 출항했다. 당시 잉글랜드에서는 모기 공습의 중심지인 켄트와 에식스에서부터 남동부 카운티들까지 이어지는 펜랜드 습지를 중심으로 말라리아가 창궐하고 있었으나, 이번 탐험에 참여한 개척자들은 이 지역들과 반대편에 위치한 데번 출신이었으므로 말라리아에 감염되어 본 적이 없을 가능성이 컸다. 개척자들은 남겨두고 온 소규모 수비대를 데려가기 위해 로어노크 식민지에 정박했다. 하지만 그곳에는 해골 하나를 제외하고는 아무것도 없었다. 탐험선 선장은 체서피크만 대신 이곳에 식민지를 건설하기로 계획을 변경한 뒤, 식민지 개척자들에게 하선을 명령했다. 탐험대 지도자이자 롤리의 친구였으며 제1차 탐험에서 드레이크가 구출했던 초기 개척자들 중 하나였던 존 화이트John White 홀로 로어노크에 재보급선을 보내기 위해 잉글랜드로 돌아갔으나, 이번에도 재보급선은 오지 않았다.

스페인과의 전쟁이 발발하자, 잉글랜드는 선박을 모두 징발하여 강력한 스페인 무적함대의 위협에 대처했다. 로어노크 주민들의 필요와 화이트의 우려는 뒷전으로 밀려났다. 로어노크는 잊힌 지 오래였다. 3년 후, 화이트는 마침내 로어노크로 돌아갔으나 그곳에는 '크로아토안croatoan'이라는 단어가 새겨진 울타리 하나만 덩그러니 남아 있었다. 근처 나무기둥에도 '크로c-r-o'라는 글자가 새겨져 있었다. 싸움이나 화재의 흔적은 전혀 없었으며, 누군가 이곳에 있던 모든 것을 체계적으로 해체하고 제거한 것처럼 보였다. 곧바로 잉글랜드 전역에 소문이 퍼졌는데, 이중에는 중상주의 제국주의자 자본가들을 음해하려는 자들이 몰래 퍼트린 소문도 있었다. 식민지 개척이 곧 확실한 죽음을 의미한다면 그 누구도 훗날 정착촌을 개척하려 들지 않을 터였다. 하지만 잉글랜드 왕실과 상업 은행가들은 절대로 식민지 개척 사업이 굶주림이나 질병 혹은 원주민들의 고문으로 확실하게 자살하게 되어 있다는 오명을 씌울 수 없었다. 진실은 사업에 방해가 될 뿐이었다.

잃어버린 식민지 개척자들에게 실제로 어떤 일이 일어났는지를 두고 지금까지도 많은 설이 난립한다. TV와 넷플릭스에서 온갖 이색적인 다큐멘터리를 내보내고 있지만, 고고학적 증거를 통해 '고대 외계인' 수준의 허구를 벗어난 설은 한 가지에 불과하다. 로어노크에 남겨진 개척자 대부분은 굶주림과 질병으로 세상을 떠났으며, 여성과 어린아이들이 대부분이었던 생존자들은 지역 원주민인 크로아탄족과 세코탄족에게 입양되고 흡수되었다. 앞서 프랑스 모피 무역상들과 메이스 자녀들의 경우에서도 살펴보았듯, 북아메리카 동부의 원주민들 사이에서는 통합과 융화가 일반적인 관습이었다. 그러나 2007년 시작된 '잃어버린 로어노크 식민지 DNA 프로젝트'가 가계도와 관련된 과학적 증거를 밝혀낼 때까지, 음모론자들은 앞으로도 계속해서 근거 없는 데어스톤dare stones(개척자들의 메시지가 새겨진 돌)과 외계인 납치설 그리고 날조된 지도로 역사적 기록을 오염시킬 게 뻔하다.

롤리는 북아메리카는 한 번도 방문한 적이 없었지만 1595년부터 1617년까지 탐험을 계속했다. 잉글랜드-스페인 전쟁 도중에는 스페인 식민지를 상대로 군사 원정을 떠나기도 했고, 여기에 더해 해적으로 노략질도 계속했다. 황금 신전이 있다는 엘도라도를 찾아 오늘날의 베네수엘라와 가이아나를 탐험하기도 했다. 하지만 그가 벌인 모든 신세계 탐험은 모기 매개 질병에 부딪히며 실패로 막을 내렸다. 1603년 엘리자베스 여왕이 세상을 떠나고 제임스 1세가 왕좌를 물려받은 이후, 롤리는 국왕을 상대로 쿠데타를 벌였다가 붙잡혀 사형을 선고받았으나 간신히 감형을 받았다. 이후 롤리는 런던타워에 투옥되었다가 1616년 사면되었다. 자유의 몸이 된 그는 곧바로 엘도라도를 찾기 위한 두 번째 탐험 허가를 받아냈다. 이 탐험이 곧 그의 마지막 탐험이 되었다.

가이아나에서 보물찾기를 하던 도중 말라리아에 감염된 롤리가 잠시 자리를 비우자 그의 부하 몇몇이 롤리의 명령을 거스르고 스페인인 정착촌을 공격했다. 롤리의 아들이 교전 과정에서 사망했는데, 이로써 잉글랜드 개척자들은 롤리가 맺은 구두계약뿐만 아니라 나아가 19년간의 잉글랜드-스페인 전쟁을 종식시킨 1604년 런던 조약까지 정면으로 침해한 꼴이 되었다. 격노한 스페인이 롤리의 머리를 요구했으므로, 제임스 1세로서는 롤리에게 다시 한 번 사형을 선고하는 것 외에는 별다른 수가 없었다. 1618년 런던에서 참수형에 처해진 롤리가 남긴 마지막 말은 공적에 대한 자부심도 죽음에 대한 원통함도 아니었다. 모기와 끊임없는 말라리아 열병에 대한 두려움에서 비롯된 말이었다. “빨리 죽여주시오. 지금 시각이면 곧 학질이 나를 덮칠 것이오. 적들이 내가 두려움에 떤다고 생각하게 만들 수 없소. 치시오, 어서!"

다채로운 삶을 살았던 월터 롤리 경의 '업적' 중 가장 인상적인 것을 꼽는다면 아마 스페인을 상대로 벌였던 수많은 공격 중 하나를 통해 담배를 잉글랜드에 들여와 대중화시킨 일일 것이다. 로어노크에서 구출된 식민지 개척자들 또한 "그 쿰쿰한 연기를 빨아들이고 싶은 충동과 욕심을 억누르지 못하고" 주머니 가득 담배를 담아 잉글랜드에 돌아왔다. 로어노크 생존자이자 저명한 수학자이자 천문학자였던 토머스 해리엇Thomas Harriot은 로어노크에서 잉글랜드로 돌아와 흡연의 의학적 효능을 극찬하면서, 담배가 "온몸의 구멍과 통로를 열어주어 (중략) 몸이 눈에 띄게 건강해지고, 우리가 잉글랜드에서 종종 걸리곤 하는 다수의 극심한 질병을 모른 채 살 수 있다"고 주장했다. 연초를 피우고, 잎담배를 씹고, 코담배를 들이마시며 살았던 해리엇은 역설적이게도 구강암 및 비강암으로 사망하면서 본인이 완전히 틀렸음을 증명해 보였다. 한편 스페인은 담배 독점 무역을 통해 막대한 수익을 올렸으며, 담배 씨앗을 해외에 판매할 경우 사형에 처할 정도로 유출을 경계했다.

그러나 스페인의 담배 카르텔은 모험심과 아메리카의 기업가 정신까지 겸비한 성실한 영국인 한 명 때문에 점차 약화되었다. 로어노크 식민지 건설이 실패로 돌아갔을 무렵, 존 롤프라는 젊은 담배 농부와 포우하탄족 출신의 신부 포카혼타스가 제임스타운을 존속시키고 영국령 아메리카와 훗날의 미국을 탄생시킬 씨앗을 심은 것이었다. 수익성 높은 돈벌이 작물이자 화폐 대신 사용되기도 했던 담배는 제임스타운을 필터 삼아 영국령 아메리카에 생명을 불어넣어주었다. 그러나 담배 경작은 영국 식민지에 모기 매개의 죽음 또한 불러들이는 결과를 낳았다.

로어노크 실패에 관한 충격과 소문이 어느 정도 가라앉자 또 다른 식민지 개척 계획이 수면 위로 떠올랐다. 런던회사와 플리머스회사, 총칭 버지니아 회사의 금전적 지원을 받아 존 스미스를 포함한 남성 104명은 배 세 척에 얼마 안 되는 장비와 물자를 싣고 출항하여 카나리아 제도와 푸에르토리코에 잠시 정박한 끝에, 1607년 5월 14일 간신히 체사피크만에 당도했다. 런던회사는 오랜 동안 모기 매개 질병을 설명하는 데 사용되었던 미아스마 이론에 근거하여 정착촌 부지를 고를 때의 기준을 식민지 개척자들에게 간명하게 써보냈다. '저지대 혹은 습한 지역'에는 영국인 전초기지를 세우지 말라는 내용이 포함되었는데, "그러한 장소들은 건강에 해가 된다. 공기의 질은 그곳의 주민들로 알아볼 수 있다. 눈빛이 흐리고 배와 다리가 부어오른 사람들이 산다면 그곳은 공기가 나쁜 곳이다"고 그 이유를 설명했다. 개척선은 빽빽한 옥수수 사이로 드문드문 나무들이 서 있는 강둑을 스쳐 지나며 제임스강을 따라 조심스럽게 올라갔다.

개척선의 승객 명단이나 화물 목록에서 알 수 있듯, 이들의 목적은 탐험이나 경작이 아니었으며 심지어 영구 정착촌 건설도 아니었다. 승객 중에는 여성이 없었고, 물자도 부족했으며, 가축도 거의 없었다. 종자와 농기구, 건설자재 등은 아예 없었다. 대부분 상류층 출신으로 육체노동이 익숙지 않은 오만한 남자들이 채금 장비로 무장한 채 버지니아의 광물 자원을 수탈하기 위해 승선해 있었다. 아무도 살지 않는 제임스강 한편의 늪지대 반도에 이른 100여 명의 무모한 잉글랜드 남자들은 다소 우연하게도 영국령 아메리카를 탄생시켰다.

초기 잉글랜드 식민지 터전인 이 반도는 토착 포우하탄족도 살지 않던 곳이었는데, 그 이유는 금세 알 수 있었다. 당시 북아메리카 동부 대부분은 오늘날보다 무려 마흔 배나 많았던 비버들 덕분에 대부분이 늪지대로 뒤덮여 있었으며, 그 면적은 오늘날 늪지대의 두 배에 이르렀다. 모기들에게 이 습지들은 황홀한 놀이터나 다름없었을 게 분명했다.[48]

17세기와 18세기에 걸쳐 그 이름도 적절한 비버 전쟁이 벌어지면서 비버가 거의 멸종했으며, 이에 따라 습지와 범람원은 잉글랜드인의 쟁기를 부르는 비옥한 땅으로 변모했다. 이로쿼이 연맹과 영국인 지원군 대 알곤킨 부족과 프랑스 지원군이 모피를 두고 벌였던 비버 전쟁은 오랫동안 유지되어온 토착 원주민들의 관계를 산산조각냈다. 북아메리카에서 간헐적으로 전투가 이어졌고, 아메리카에서는 프랑스-인디언 전쟁으로도 알려졌던 7년 전쟁(1756~1763년)으로 그 정점을 찍었다. 7년 전쟁은 훗날 세계에 중대한 영향을 미친

48 몸무게가 최대 90파운드(약 40킬로그램)에 이르는 대형 설치류 비버는 나뭇가지와 진흙, 돌을 모아 댐을 지어 수로를 막고 그 아래에 돔 형태의 집을 짓는다. 시내 혹은 강 1마일(약 1.6킬로미터)당 최대 스무 개 정도 댐을 짓는데, 이 때문에 비버가 집을 짓는 지역에는 작은 수로와 습지가 바둑판 모양으로 생겨난다. 사상 가장 큰 비버 댐은 캐나다 알베르타 북부의 댐으로 그 길이가 무려 1킬로미터에 달한다. 잉글랜드인 식민지 개척자들이 제임스타운에 도착했을 당시 미국에는 2억 2천만 에이커 이상의 습지가 있었다. 오늘날 알래스카를 포함한 미국 전역의 습지가 약 1억 1천만 에이커에 달하므로 지금보다 두 배 이상 넓었던 셈이다.

최초의 진정한 세계전쟁이기도 했다. 이후 살펴보겠지만 영국과 프랑스는 북아메리카의 패권을 놓고 본격적으로 다투기 시작했으며, 모기들 또한 야영지와 전장을 끈질기게 좇아다니며 막심한 피해를 초래했다. 그러나 잉글랜드가 누벨프랑스를 탐낸 것은 보다 나중의 일이며, 이때는 제임스타운과 플리머스 식민지의 성공 여부조차 확실치 않았다.

성실한 비버들 덕분에, 제임스타운은 가게를 차리기에 적합하지 않았다. 개척자들은 런던회사가 일러준 부지 선정 기준을 가볍게 무시했다가 치명적인 결과를 초래했다. "이 반도에 인디언이 살지 않았던 이유는 이곳이 살기 좋은 곳이 아니기 때문이었다." 찰스 만이 비꼬는 투로 설명했다. "잉글랜드는 아메리카 분양에 마지막으로 참여한 국가였으며, 결국 가장 매력 없는 부지를 차지하였다. 땅이 질척거렸고, 모기들이 들끓었다." 물에 염분이 섞여 있었으며 "점액과 오물이 가득"했으므로 마실 수 없었고, 이 물이 토양을 오염시켰기 때문에 농사도 지을 수 없었다.[49] 조수간만으로 생기는 늪지에는 계절에 따라 일시적으로 어류가 서식하는 것을 제외한다면, 야생동물도 살지 않았으므로 사냥으로 식량을 구할 수도 없었다.

반면 말라리아 매개 모기는 이러한 환경에서 크게 번성했다. 이들이 들여온 외래종 모기와 이들에 적응한 이곳 토종 얼룩날개모기들은 막 상륙한 식민지 개척자들에게 말라리아를 전염시켰다. 게다가 식민지 개척자 중 대부분은 도착하기 이전부터 그 핏줄과 간에

---

49 우물을 판다는 확실한 해결책이 존재했으나, 초기 식민지 개척자들이 이를 실행에 옮기는 데까지 무려 2년이 걸렸다는 사실은 이들이 얼마나 타성에 젖어 있었는지를 보여준다.

말라리아 기생충을 키우고 있었다. 초기 제임스타운 정착민 중 하나였던 너대니얼 파월Nathaniel Powell은 편지에서 "아직 사일열 학질이 낫지 않았다. 어제 겪었으니 다음은 목요일일 것으로 예상된다"고 적었다. 제임스타운은 농경과 사냥 그리고 건강에 최악인 부지들 중 한 곳에 터를 잡은 셈이었다. 엎친 데 덮친 격으로, 점점 병들어가던 개척자들이 그토록 찾아 헤매던 금은보화는 어디에서도 찾을 수 없었다.

굶주림과 질병, 원주민의 습격만이 개척자들을 덮쳤다. 잉글랜드 개척자들은 원주민들의 몸집과 기량에 놀라움을 감추지 못했다. 원주민들은 활과 화살을 사용했는데, 그 속도가 잉글랜드 소총을 발포하고 재장전하는 것보다 아홉 배나 빨랐다. 앞서 모피 무역을 위해 찾아왔던 소수의 프랑스인 단기 체류자들은 원주민 사회에 융화되기도 했으나, 잉글랜드인은 해안가 지역부터 시작해 내륙까지 들어가며 영토를 획득하고 팽창주의 식민지를 건설할 요량으로 찾아온 것이었기에 원주민과의 분쟁이 불가피했다. 그러나 병들어가던 잉글랜드 정착민들은 원주민들에 비해 화력도 머릿수도 부족했다. 30개 이상의 부족이 연합하여 탄생한 포우하탄 연방이 제임스타운을 둘러싸고 거침없이 성장하고 있었으며, 인구는 도합 2만 명에 달했다. 불과 8개월 만에 제임스타운에 남은 잉글랜드인은 38명으로 줄어들었고, 그마저도 그들만의 지상 지옥인 말라리아 불구덩이에서 익어갔다.

1608년 두 차례에 걸쳐 재보급선이 소수의 여성을 포함한 새로운 정착민들을 데리고 왔으나, 개척자들은 대체할 수도 없이 빠른 속도로 죽어갔다. "부기와 발한, 고열을 동반하는 잔인한 질병으로 사람들이 죽어나갔다." 사기가 저하된 개척자 조지 퍼시George Percy가 남긴 글이다. "아침마다 사람들의 시체가 마치 죽은 개처럼 오두막에서 끌려나왔다." 초기 탐험대에는 여성이 없었기에 자체적 인구 증가도 더뎠다. 이들은 "새로 이주해 올 이들은 이 나라의 전염병인 열병과 학질에 대비"하라는 전갈을 잉글랜드 본국에 보내어 "도착한 지 어느 정도 지나면 대부분 길들임seasoning이라는 심각한 발작을 일으킨다"고 전했다. 제임스타운 식민지는 모기에게 사방으로 포위된 채 썩어 들어갔고, 1609년에서 1610년으로 넘어가던 겨울의 '기근 시기'에 이르러서는 500명이었던 개척자들 중 59명밖에 남지 않았다. "아메리카 다른 지역들과 마찬가지로 이곳에서도 신참들은 기후와 식습관이 변화에 길들여지는 과정으로 열병 혹은 학질을 앓았다." 제임스타운에 서툴게 첫 발을 내딛고 질퍽질퍽한 기반을 닦았던 개척자들의 운명은 말라리아 매개 모기들과 고통스러운 기근으로 요동치기 시작했다.

데이비드 페트리엘로David Petriello는 질병이 아메리카 전쟁사에 미친 영향을 추적한 저서 『박테리아와 총검Bacteria and Bayonets』에서 다음과 같이 조심스럽게 지적했다. "이 자그마한 정착촌을 뒤흔들었던 문제는 자칫 제임스타운에 로어노크와 같은 운명을 선사했을 수도 있을 만큼, 또 잉글랜드가 또 다른 탐험을 미루거나 취소했을 수도 있을 만큼 심각했다. 이곳 식민지의 이야기는 잘 알려져 있다. 원주민은 물론, 식량 부족과 탐욕 그리고 서로서로와 맞서 싸우며 제임스타운은 결국 지속 가능한 정착촌으로 거듭났다. 인구 대부분이 사망한 처음 몇 년 동안 제임스타운 식민지를 괴롭힌 문제들을 역사에서는 기근 시대라 부른다. 그러나 다시 한 번 말하자면, 기근 시대라는 용어는 과도한 단순화이자 어떤 면에서 보면 틀린 용어이다. 제임스타운과 버지니아가 불행한 운명을 맞이할 뻔했던 이유는 식량이 아니라 질병이었다." 여러 문헌에는 제임스타운 초기 정착민들이 게으르고 무기력했다는 단편적인 모습들만이 기록되어 있다. 아마 사실이었을 텐데, 그들이 만성 말라리아에 시달렸기 때문이다. 제임스타운이 굶주렸던 이유는 정착민들이 너무 병들었던 탓에 농사를 짓거나 식량을 구하고 약탈할 기운도 의지도 없었기 때문이다. 기근 시대는 모기 시대로 고쳐 불러야 한다. 무엇보다도 먼저 찾아온 말라리아와 장티푸스 그리고 이질이 뒤이어 찾아온 굶주린 나날들에 그림자를 드리웠다.

초기 개척자들은 식량을 직접 기르지 않고 포우하탄족 원주민들과 거래하여 얻을 생각이었다. 생활에 필요한 모든 것을 식량과 바꾼 탓에 더 이상 물물교환도 할 수 없었던 정착민들은 포우하탄족의 농작물을 약탈하기 시작했다. 1609년은 가뭄이 닥친 해였으므로 포우하탄족 또한 식량과 사냥감이 부족한 상태였다. 이들의 약탈에 분노한 원주민들은 정착촌을 대대적으로 공격했기 때문에, 뼈와 가죽만 남은 채 말라리아열에 떨던 생존자들은 나무 방책을 두른 정착촌 분뇨 구덩이 안에 몸을 숨길 수밖에 없었다. 본격적인 기근이 시작되자 이들은 나무껍질과 생쥐, 가죽 부츠와 벨트, 병든 들쥐를 먹다 결국 서로를 잡아먹기까지 했다. 훗날 보고된 바에 따르자면 굶어 죽기 직전의 개척자들은 "무덤에서 시체를 꺼내 먹기 위해" 맨손으로 땅을 팠다. 앞서도 살펴보았지만, 한 굶주린 개척자가 임신한 아내를 죽인 뒤 "본인이 먹기 위해 아내를 소금에 절였다." 여기에 더해 포우하탄족과 미약하나마 평화 관계를 수립하고 상호 교역을 중개했던 노련한 잉글랜드인 지도자 존 스미스가 기근 시기 직전인 1609년 10년에 잉글랜드로 돌아가면서 상황은 더욱 악화되었으며, 곧이어 포우하탄족과의 갈등이 시작되었다. 당시 스미스는 꽤나 부주의하게도 약실의 화약 주머니에 불을 붙이는 실수를 저지르는 바람에 심각한 화상을 입었다. 이를 치료하기 위해 잉글랜드로 돌아간 그는 다시는 버지니아로 돌아오지 않았다.

스미스가 떠난 직후, 또 다른 존John이 담배 씨앗 한 움큼을 가지고 제임스타운을 찾아왔다. 버지니아에서 새로운 삶을 살 생각이었던 그는 그 꿈을 실현하는 과정에서 자신도 모르게 미합중국이라는 새로운 나라의 앞길을 닦았다. 할리우드 영화와 역사 속에 화려하게 등장하는 인물은 존 스미스였지만, 제임스타운의 진정한 스타는 우리 디즈니 공주 포카혼타스의 진짜 영국인 남편, 존 롤프였다.

1609년 6월, 롤프는 아내 사라Sarah를 비롯한 500~600명의 승객들과 함께 선박 아홉 척으로 구성된 세 번째 제임스타운행 함대에 몸을 실었다. 그해 여름 아홉 척의 선박 중 일곱 척이 무사히 제임스타운에 도착해 물자와 정착민들을 내려놓고, 10월경 기근 시기에 관한 소식과 제임스타운에서 쫓겨난 범죄자들 그리고 존 스미스를 비롯한 부상자들을 태우고 잉글랜드로 돌아갔다. 존 스미스와 존 롤프는 적어도 버지니아에서는 서로 마주친 적이 없었다.

존 롤프가 탑승했던 씨벤처Sea Venture호는 제임스타운에 오던 도중 허리케인을 만나 함대에서 낙오된 끝에 결국 버뮤다 제도의 북부 해안에서 침몰했다. 섬에 고립된 9개월 동안 존 롤프의 아내와 갓 태어난 딸 버뮤다Bermuda는 세상을 떠나 그곳에 묻혔다. 살아남은 이들은 씨벤처호의 잔해와 섬의 통나무를 이용해 작은 배 두 척을 만들었다. 두 손으로 직접 만든 이 선박들은 존 스미스와 호송대가 떠난 지 7개월 후인 1610년 5월 마침내 제임스타운에 도착했다.

문학을 사랑하는 이들이라면 셰익스피어의 희곡 「템페스트The Tempest」가 씨벤처호의 비현실적이고 대담했던 여정을 토대로 한 작품이라는 사실을 알고 있을 수도 있겠다. 1610년에서 1611년 사이 집필한 이 희곡에는 노예제와 학질이 여러 번 언급된다. 셰익스피어가 살던 시기에도 잉글랜드 동부 펜랜드 습지에 창백한 학질 환자가 가득하다는 소문이 자자했으므로 셰익스피어 또한 말라리아에 대해 익히 알고 있었다. 예컨대 극중에서 노예 캘리반Caliban은 주인 프로스페로Prospero에게 말라리아에 걸리라며 저주를 퍼붓는다. "늪과 습지가 자아낸 모든 병이 프로스페로를 조금씩 감염시켜 결국에는 병 그 자체가 되기를!" 또한 막의 후반부에 술에 취한 스테파노Stephano가 캘리반과 트란큘로Trinculo가 폭풍을 피해 망토를 뒤집어쓰고 몸을 떠는 모습을 보고는 오해하여 "네 발 달린 괴물이 있으니 내 눈에는 학질ague로 보인다"고 말하는 장면도 있다. 씨벤처호의 비현실적인 여정에서 비롯된 파생물은 다수의 비평가와 역사가가 셰익스피어 홀로 완성한 마지막 작품으로 추정하는 「템페스트」 외에 또 있다.

씨벤처호의 불행은 훗날 잉글랜드에 도움이 되었다. 버뮤다 제도에 남았던 이들은 모두 죽음을 면치 못했지만, 오늘날 대서양 북부의 전략적 요충지로 거듭난 이 아열대 제도에는 잉글랜드의 국기가 꽂혀 있다. 쿠바에서 북쪽으로 1,000마일, 캐롤라이나에서 동쪽으로 650마일 떨어진 버뮤다 제도는 1612년 공식적으로 버지니아 회사 헌장에 포함되었으며, 영국의 전함이나 제국주의 상선이 최종 목적지로 향하는 도중 잠시 머물다 가는 정박지 역할을 했다. 당대의 한 평론가가 말했듯, 버뮤다는 잉글랜드가 더 넓은 식민지를 확보하는 도약대이자 "현재로서는 심지어 버지니아의 새 생명이자 신학교"이기도 했다. 그러므로 "이곳에 우리 '동포'들이 이주한다면 필시 왕국의 세력과 번영과 영광이 더해질 테고, 버지니아 원주민들에게도 크게 도움이 될 터이며, 이주하는 동포들에게도 마찬가지일 것이다." 청교도가 매사추세츠에 기독교를 전파하던 1625년에 이르자 버뮤다 식민지 인구가 버지니아 식민지 인구를 크게 상회했다. 설탕이나 커피 등의 플랜테이션 작물은 아직 그림 속의 떡이었지만, 담배 플랜테이션이 성행하여 버뮤다와 버지니아의 잉글랜드인 경제에 활력을 불어넣어주었다. 한편 버뮤다를 일군 식민지 개척자들은 1630년까지 바하마와 바르바도스까지 탐험한 끝에 잉글랜드 사탕수수 플랜테이션의 근거지를 찾아냈다. 바르바도스는 잉글랜드-카리브해 설탕 무역의 선봉으로 거듭났으며, 인구 또한 급격하게 증가해 1700년에는 노예 4만 5,000명을 포함해 총 인구가 7만 명에 이르렀다.

홍미롭게도 바르바도스는 1647년 숲모기 매개 황열병이 아메리카 대륙 최초로 발병한 지역인 동시에 얼룩날개모기 매개 말라리아는 발병한 적이 없는 지역이었다. 황열병을 비롯한 여타 질병이 유행했지만, 말라리아가 존재하지 않는다는 사실만으로 바르바도스는 '살기 좋고' 깨끗한 식민지라는 명성을 얻었으며, 말라리아 환자들을 위한 요양지로 선정되기까지 했다. '바르바도스로 오셔서 즐거움과 럼주 그리고 태양 아래 모든 것을 만끽해 보세요. 말라리아만 빼고요!' 또는 '바르바도스, 살기 좋은 말라리아 청정 지역!' 등의 광고로 정착민들에게 바르바도스에서의 여름휴가를 권했을지도 모르겠다. 바르바도스 제도에는 건강한 공기와 풍성한 경제적 기회가 있었기에 수많은 이민자가 배를 타고 그곳으로 이주했다. 실제로 1680년 이전까지 신세계에 있는 잉글랜드령 식민지를 통틀어 바르바도스 제도에 가장 많은 이가 이주했다. 존 롤프와 씨벤처호의 험난했던 여정 덕분에 잉글랜드는 그토록 바라던 카리브해의 설탕 및 담배 시장에 진출할 수 있었고, 이로써 카리브해의 경제뿐만 아니라 그곳의 모기굴과 소용돌이치는 모기 매개 질병 및 죽음 속으로 깊숙이 걸어 들어갔다.

롤프와 지략 있는 140명의 동료 (그리고 강인하고 충성스러운 개 한 마리)는 9개월 동안 버뮤다에 표류한 끝에, 마침내 1610년 5월 제임스타운에 당도했다. 하지만 그곳에는 폐허만이 남아 있었다. 말라리아로 쇠약해진 주민 60여 명은 잉글랜드로의 귀환을 간청했다. 물자는 바닥난 지 오래였는데, 존 롤프 일당이 합류하면서 먹일 입만 늘어난 꼴이었다. 식민지 개척자들에게 다른 뾰족한 수가 없었다. 여기에 더해 포우하탄 추장이 개척자들의 등을 떠밀었다. 포우하탄은 그저 총과 도끼, 거울, 유리구슬 등의 상품 무역을 대가로 개척자들이 그 쓸모없는 땅에서 살아가도록 내버려두었을 뿐이었다. 그들이 괜찮은 물건을 수중에 쥐고 있었으므로 포우하탄족은 그들에게 식량을 공급하고 목숨을 부지시켜주었다. 어차피 잉글랜드인은 수도 적고 병들어 있었기에 별다른 위협이 되지 않았고, 유사시에 포우하탄족이 순식간에 쓸어버릴 수 있는 정도였다. 월등한 인구수와 식량은 포우하탄족이 가진 가장 강력한 무기였다.

1609년 10월 존 스미스가 떠난 뒤 개척자들은 식량을 약탈하고 상스러운 짓을 일삼은 탓에 포우하탄족의 환심을 잃었으며, 더는 교역할 만한 상품도 없었기 때문에 존재 가치를 잃고 말았다. 개척자들의 쓸모는 존 스미스와 함께 떠나버린 것이었다. 제임스타운에서 말라가던 초기 개척자들과 롤프를 비롯한 조난자들로서는 그만 퇴각할 때였다. 제임스타운은 말라리아가 창궐하는 오수 구덩이 속으로 가라앉고 있었다. 1610년 6월 롤프 일행이 제작한 선박 두 척이 출항했으며, 제임스타운에 남아 있던 또 다른 배 두 척 또한 뒤이어 뉴펀들랜드로 출항할 준비를 했다. 앞으로 그랜드뱅크의 어선들에게 길을 터 달라고 애원하며 귀향할 일만 남아 있었다. 제임스타운은 로어노크와 마찬가지로 버려지기 일보직전이었다.

이들이 엄숙하게 닻을 올리고 막 강을 따라 후퇴할 때, 델라웨어 De La Warr 경의 구호 함대가 250명의 개척자들과 의사 한 명, 군사 장비 그리고 1년치 물자를 싣고 행운처럼 제임스타운에 도착했다. 이로써 대서양 동부 연안에 영구 정착촌을 건설하려던 잉글랜드의 야심찬 경제 계획은 말라리아로 인해 폐기되기 직전에 재기되었다. 제임스타운은 감사의 의미로 델라웨어 경에게 '뜨겁고 폭력적인 학질'을 선사하였으며, 이에 델러웨어 경은 "오래전 앓았던 병이 재발하여 한 달이나 앓아누웠고 몸이 크게 쇠약해졌다." 델러웨어 경 덕분에 제임스타운 농경 식민지에 다시금 정착민들이 흘러들어오기 시작했으므로 이곳의 모기들은 존 롤프 및 식민지 주민들과는 달리 굶주릴 일이 없었다.

롤프는 죽음 늪의 내륙에서 소규모로 담배 농사를 시작해 1612년에는 대잉글랜드 수출 기준 오늘날 150만 달러 규모로 키워냈다. 롤프는 자신이 재배하던 트리니다드 담배에 '오리노코Orinoco'라는 이름을 붙였는데, 잉글랜드에 담배를 들여왔던 월터 롤리 경이 엘도라도를 찾아 가이아나의 오리노코강을 따라 도보로 탐험했던 일을 기념하기 위해서였다. 제임스타운과 그 후손인 잉글랜드령 아메리카에서 엘도라도는 보석으로 치장한 채 우뚝 선 황금도시 따위가 아니라 가지과 초본식물 니코티아나 타바쿰이었다. 버지니아의 상업적 담배 산업이 얼마나 급격하게 발달했으며 얼마나 중요했는지에 관해서는 찰스 만의 간결한 설명을 빌리는 것으로 대신하겠다. "크랙 코카인(태워서 흡연하는 코카인)이 가루 코카인의 저렴한 하위 상품이라면, 버지니아 담배 역시 카리브해 담배보다 다소 질이 낮았으나 그만큼 저렴한 상품이었다. 크랙과 마찬가지로 버지니아 담배도 상업적으로 큰 성공을 거두었다. 제임스타운 개척자들은 도착한 지 채 1년도 되지 않아 작은 담배 주머니를 가지고 런던의 빚을 청산하고 다녔다. (중략) 제임스타운의 연간 담배 출하량은 1620년 5만 파운드(약 22.7톤)에 이르렀으며, 3년 후에는 그 세 배가 되었다. 훗날 담배 해안으로 알려지는 체서피크만은 40년 만에 연간 2,500만 파운드를 출하하게 되었다." 담배 사업이 번창하면서, 농경 정착민과 계약 노동자 그리고 농장 노예들 또한 크게 증가했다. 제임스타운은 파멸에서 벗어나 호황으로 접어들었다.

그러나 길들지 않은 식민지에는 여전히 자금 투자와 자체적으로 증가하는 인구 및 노동력 그리고 무엇보다도 토지가 필요했다. 담배의 수익성을 알아본 버지니아 회사는 제임스타운에 자원과 물자를 쏟아 붓는 한편, 남녀 범죄자들을 계약 노동자로 보냈다. 이들은 제임스타운의 담배 밭을 일구는 한편 현지 질병에 길들여진 자녀를 출산하게 될 터였다. 7년 동안의 의무 고용 기간이 지나면 그리고 바라건대 현지 태생 자녀들을 다수 출산했다면, 범죄자 출신 계약 노동자들은 버지니아의 토지 50에이커(약 6만 1천 평)를 받을 수 있었다. 제임스타운은 호주처럼 애초에 범죄자 식민지로 건설된 곳은 아니었지만, 아메리카 식민지로 수송된 영국 범죄자는 6만 명이 넘었다. 여기에 더해 버지니아 회사는 연한 계약이 없는 '담배 신부'를 식민지에 보내어 독신 남성 식민지 주민과의 결혼을 주선했다. 그 결과 5대 1이었던 버지니아 식민지의 남녀 성비가 서서히 대등해졌다. 투자가 예정되어 있었으며, 노동력도 조금씩 늘어났고, 질병에 길들여진 식민지 태생 인구도 증가했다. 제임스타운 주변 염분과 모기로 뒤덮인 습지에서 멀리 떨어진 곳에 땅을 얻을 수만 있다면 이제 필요한 것은 모두 갖춘 셈이었다. 포우하탄족과의 갈등은, 어쩌면 오래전부터, 피할 수 없는 수순이었다.

막대한 부를 획득한 존 롤프는 사실상 제임스타운의 지도자였다. 세력균형이 외국인 정착민에게 기울고 있었으므로 포우하탄은 그들과의 평화를 재건하고 교역을 재개할 기회임을 감지했다. 포우하탄 추장의 어리고 호기심 많은 딸 마토아카는 제임스타운을 자주 드나들면서 정착민 아이들과 함께 놀고 영어와 기독교를 배웠다. 정착민들을 따라다니면서 무엇을 좋아하는지 꼬치꼬치 캐묻기도 했고, 귀여운 말썽을 부리고 다녔다. 왜 그녀에게 '귀찮은 녀석' 혹은 '작은 말썽쟁이'라는 뜻의 포카혼타스라는 별명이 붙었는지도 알 만하다. 두 진영 간에 충돌이 거셌던 1613년에는 포카혼타스가 납치되어 인질이 된 적도 있었다. 롤프가 협상에 참여한 가운데 정착민들은 포우하탄족 부족장과 합의에 이르렀다. 당시 17세였던 포카혼타스가 잉글랜드 진영에 머무를 것 그리고 무엇보다도 존 롤프와 결혼할 것이 이 협상에서 합의되었다. 확실히 두 사람의 결혼은 유럽 왕정 간의 혼인처럼 평화를 증진하는 실질적인 정치적 도구가 될 수 있을 터였다. 그러나 다른 이들의 기록에 따르면 두 사람은 3년간 가까이 지내면서 진심으로 서로 사랑에 빠졌던 것으로 보인다.

롤프는 자신과 포카혼타스의 관계가 경제적, 외교적 계약에 의한 것임을 알고 있었음에도 사적인 편지에서 두 사람 사이의 감정을 숨기지 않았다. 그가 총독에게 결혼 허가를 구하기 위해 쓴 서한에서 "이 결혼은 무절제한 육욕이 아니라 우리 플랜테이션의 부흥과 조국의 영광을 위한 것"이라면서도 포카혼타스를 가리켜 "내가 마음을 다해 생각하는 사람, 너무 오래도록 얽혀 있었고 너무나 복잡하여 나로서는 벗어날 수도 없는 미로"라고 했다. 존 롤프가 답도 없이 로맨틱한 사람이었다는 점만큼은 분명해 보인다. 두 사람은 1614년 4월 결혼했으며, 10개월 후 아들 토머스Thomas를 낳았다. 존 롤프는 이 결혼을 두고 "(포우하탄과) 예전부터 우호적인 상거래와 교역을 이어왔으므로 (중략) 이제 식민지가 빠르게 번성하지 아니할 이유가 없다"고도 말했다. 포카혼타스의 영국식 이름인 레베카Rebecca와 존 롤프의 결혼으로 '포카혼타스의 평화'라고도 불리는 8년간의 평화로운 시기가 시작되었다.

롤프 부부는 1616년 6월 아들과 함께 잉글랜드로 갔다. 잉글랜드 시민들은 화려한 퍼레이드로 '포우하탄족의 공주' 포카혼타스를 맞이했으나, 이는 존경심보다는 호기심에서 비롯된 것이었다. 환대에 놀란 포카혼타스와 남편 롤프는 심지어 죽은 줄로만 알고 있었던 존 스미스를 저녁만찬 자리에서 만나기도 했다. 추측컨대 두 명의 존은 서로 어색하게 예의를 차렸을 터였다. 포카혼타스의 초상을 담은 판화가 그림엽서로 제작되어 잉글랜드 전역에서 기념품처럼 팔렸다. 버지니아 담배 플랜테이션 농장으로 돌아갈 채비를 하던 1617년 3월, 포카혼타스가 지독한 병에 걸려 수일 만에 21세의 나이로 세상을 떠났다. 정확한 사인은 밝혀지지 않았으나 결핵일 가능성이 가장 자주 언급된다. 롤프는 포카혼타스가 "누구나 반드시 죽지만, 내 아이가 살아 있으니 되었다"는 말을 남기고 죽었다고 전했다.[50] 채 1년도 되지 않아 포우하탄 추장 또한 세상을 떠나면서 포우하탄족과의 평화가 깨졌다. 세력균형은 다시 잉글랜드로 기울어졌다. 순풍이 대서양 너머에서부터 배 한 가득 정착민과 모험가, 투자

---

50 마토아카의 시신은 그레이브젠드 세인트조지 교구에 매장되었는데, 1727년 교회가 화재로 소실되고 재건되면서 마토아카의 정확한 매장지를 찾을 수 없게 되었다. 그녀를 기리기 위해 교회 정원에 실물 크기의 조각상이 세워졌다. 오늘날에도 포카혼타스와 그녀의 아들 토머스의 직계 후손 수백여 명이 혈통을 이어가고 있다.

자 그리고 아프리카 노예들을 데려다주고 있었다.

정착민들이 제임스강과 요크강 유역의 비옥한 땅에 담배 농장을 일구기 시작하면서 원주민들 사이에서 여러 질병이 크게 확산되었으며, 이에 따른 보복성 공격 또한 극적으로 늘어났다. 1614년에는 포우하탄족 소유의 영토를 표시하는 경계선이 설정되었는데, 이것이 바로 아메리카 최초의 원주민 보호구역이다. 베이컨의 반란 이후인 1677년 '미들 플랜테이션 조약Treaty of Middle Plantation'으로 원주민 보호구역이 공식적으로 확립되었다.[51] 사냥과 어획을 비롯하여 고향 땅에 대한 원주민의 권리를 보호하는 조약이었으나, 식민지 주민들이 이를 가볍게 무시하면서 조약 체결과 침해가 동시에 이루어지는 아메리카식 체계의 시작을 알렸다.

결국 포우하탄 연방은 질병과 전쟁, 굶주림으로 멸망했다. 남은 이들은 서쪽으로 떠나거나, 다른 부족에 흡수되거나, 붙잡혀 노예로 팔렸다. 데이비드 페트리엘로의 말에 따르면, 말라리아를 비롯한 질병들은 "잉글랜드인과 원주민들 간 최후의 분쟁을 초래했으며, 이 분쟁으로 버지니아가 발전할 길이 열렸다. 해안가의 체서피크 부족들을 무찌른 잉글랜드인들은 다음 수세기 동안 서진하면서 신세계에 점점 더 깊숙이 침투했다." 원조 '아메리칸 드림'은 곧 토지 소유에 대한 꿈이었다. 토지 자산이 곧 기회이자 번영을 의미했기 때문이었다.

51 이 조약으로 원주민들은 보호구역을 벗어날 경우 원주민 식별 표식을 착용해야 했다. 이는 19세기 후반 미국과 캐나다 그리고 아파르트헤이트 남아프리카공화국에서 자행되었던 통행법(Pass Laws)과 매우 유사하다.

1676년 너대니얼 베이컨Nathaniel Bacon이 과도한 세금에 시달리던 영세 담배 농장주들과 신규 정착민들 그리고 연한 계약 노동자들과 함께 일으킨 '베이컨의 반란'은 토지, 다시 말하면 토지에서 담배를 경작하여 축적한 부를 둘러싼 반란이었다. 반란자들은 부패한 식민지 정부의 포우하탄 영토 보호정책을 비웃었고, 토지를 갈구하는 정착민들을 무시하고 서부 개척을 제한하는 데에도 항의했다. 이 문제는 해결되지 않고 한 세기를 지속한 끝에 결국 혁명의 불씨를 지피기도 한다.

소수의 대규모 플랜테이션 농장주들은 연한 계약 노동자들을 싹쓸이하는 한편, 식민지 총독 윌리엄 버클리William Berkeley에게 뇌물을 주고 새로운 토지 허가를 제한해 담배 생산과 수송을 독점했다. 비옥한 저지대 지역을 바탕으로 담배 플랜테이션이 급속도로 확대되면서 카르텔 농장주들과 버클리 총독 주변 인물들에게 부와 정치권력이 집중되었다. 이들 때문에 충격적으로 많은 수의 연한 계약 노동자들이 말라리아로 목숨을 잃기도 했다. 반란은 결국 실패로 끝났으며, 베이컨 또한 비를 맞아가며 싸운 지 불과 몇 주 만에 말라리아와 이질에 걸려 세상을 떠났다.

이 반란으로 중대한 두 가지 결과가 초래되었다. 첫째, 앞서 살펴보았듯, 원주민 보호구역이 설정되고 포우하탄 연방이 몰락하면서 담배 플랜테이션이 거침없이 토지를 차지하기 시작했다. 둘째, 버지니아에 유입되는 아프리카 노예가 극적으로 증가했다. 제임스타운에 처음으로 아프리카인을 데려온 것은 1619년 네덜란드 깃발을 단 잉글랜드계 해적선 화이트라이언호였다. 해적선에는 멕시코로 향하던 포르투갈 국적의 노예 무역선에서 약탈한 아프리카 노예들이 타고 있었다. 존 롤프의 보고에 따르자면, 한때 드레이크의 해적선 함대 중 한 척이었던 낡은 화이트라이언호에 '20명과 이상한 깜둥이들Negroes'이 타고 있었고, 며칠 후에는 파손된 또 다른 배 한 척이 찾아와 당장 시급한 선박 보수와 복구를 요청하면서 그 대가로 30명의 아프리카 노예들을 주었다. 아프리카와 잉글랜드령 식민지 간 노예무역이 확립되기 이전이었으며, 초기 식민지에는 노예를 재산으로 여기는 제도도 없었다. 이들 아프리카인들의 당시 지위는 아직까지 정확히 밝혀지지 않았으나 아마 식민지 정착민들에게 판매된 뒤 처음에는 연한 계약 노동자로서, 나중에는 노예로서 담배 농장에서 일했을 가능성이 크다.

1676년 베이컨의 반란이 발발할 당시, 버지니아에는 약 2,000명의 아프리카 노예가 살고 있었다. 베이컨의 반란은 연한 계약 노동자만으로 노동력을 확충하기에는 여러 가지 한계가 따른다는 사실을 여실히 드러냈다. 우선 연한 계약 노동자들은 모기가 들끓는 드넓은 농장에서 너무나 쉽게 말라리아에 걸려 세상을 떠났다. 또한 반란을 계기로 이들을 통제하고 예속시키기 어렵다는 점도 명확해졌다. 계약 노동자들의 수가 늘어날수록 대규모 반란의 위험성도 커질 뿐이었다. 게다가 이들은 농장을 탈주하거나, 사용하지 않는 땅을 무단으로 점유하거나, 직접 담배를 재배하기도 했다. 여기에 더해 잉글랜드 경제가 중상주의와 함께 호황을 맞이하면서 일자리가 늘었던 탓에 식민지의 연한 계약 노동자가 되려는 이들도 적었다. 베이컨의 반란이 끝난 지 30년 만에 버지니아의 아프리카 노예 인구수는 2만 명에 이르렀다. 연한 계약 노동자들이 줄고 그 빈자리를 아프리카 노예들이 채운 셈이었다. 이로써 노예를 사유재산으로 여기는 아프리카 노예제의 탄생이 예고되었고, 모기 매개 질병 또한 아메리카의 경제와 정치 그리고 문화적 풍경 속에서 한층 더 활개를 치게 되었다. 잉글랜드령 아메리카는 정착민과 담배, 노예 그리고 모기를 품에 안은 채 번성했으며, 존 롤프가 실험 삼아 시작한 담배 재배의 성공으로 중상주의적 상업 및 영토 확장, 모기 매개 질병의 확산, 질병에 길들여진 현지 태생의 식민지 인구 증가가 이어졌다.

콜럼버스의 교환이 낳은 혼돈과 식민지화의 소란 속에서 드레이크와 롤리, 스미스, 포카혼타스와 롤프는 모두 잉글랜드가 신세계에 자리를 잡는 데 각자의 몫을 다했으며, 훗날 강력한 잉글랜드 중상주의 제국이 탄생하는 데에도 길잡이 역할을 했다. 잉글랜드령 아메리카의 성립에 있어서 기억할 만한 인물인 동시에 잘못 알려지거나 자주 신화화된 이 역사적 인물들 뒤에는 모기와 정착민 그리고 아프리카 노예들이 있었다. 플리머스부터 필라델피아까지, 끊임없이 변화하는 아메리카 대륙 지도에 잉글랜드가 족적을 남길 때마다 모기 매개 질병들도 함께 흔적을 남겼다. 모기와 모기 매개 질병은 콜럼버스의 교환이 일으킨 변화의 바람을 타고 유럽에서 아프리카를 거쳐 아메리카로 날아갔다.

잉글랜드가 전 지구를 장악하고 팍스 브리타니카Pax Britannica(영국에 의한 평화) 시대를 열 때, 모기는 경우에 따라 잉글랜드에 도움이 되기도 했고 방해가 되기도 했다. 잉글랜드의 북아일랜드 및 스코틀랜드의 합병을 이끌어내어 대영 제국의 기초를 닦은 것도 모기들이었다. 잉글랜드의 펜랜드 습지에 살던 모기들은 잉글랜드가 북아일랜드를 차지하도록 도운 한편, 파나마의 울창한 정글 숲을 누비며 살던 모기들은 독립과 민족자결을 향한 스코틀랜드의 꿈을 짓밟았다. 또한 영국이 프랑스령 캐나다를 점령하는 데에도 일조하는 동시에, 역설적이게도 영국령 아메리카 식민지에서 영국을 쫓아내는 한편 미국의 독립을 부추겼다.

디즈니 영화 속 포카혼타스처럼, 아메리카 또한 포카혼타스가 세상을 떠난 지 한 세기 만에 그녀가 알아볼 수도 없을 정도로 변모했다. “제임스타운은 콜럼버스 교환의 잉글랜드령 아메리카 건설을 알리는 개시 사격이었다.” 찰스 만이 다시금 강조했다. “생물학적 용어를 빌려 말하자면 한 단계에서 다음 단계로 변태하는 순간이었다.” 그렇게 포카혼타스는 남편 존 롤프, 만화영화 속 연인 존 스미스 그리고 말라리아 매개 모기가 들끓는 잉글랜드 펜랜드 출신을 비롯한 수많은 콩키스타도르와 범죄자, 해적, 식민지 개척자들과 함께 제임스타운 이후의 세계와 그 미래를 싹틔울 씨앗을 심었다.

CHAPTER

10

나라의 악당

모기와 대영 제국의 탄생

ROGUES IN A NATION: THE MOSQUITO AND THE CREATION OF GREATER BRITAIN

잉글랜드의 말라리아 중심지는 동해안을 따라 북쪽의 킹스턴어폰헐부터 남쪽으로 헤이스팅스까지 300마일 뻗어 있는 펜랜드 습지이다. 말라리아 매개 모기들이 그득한 이 습지는 에식스와 켄트를 중심으로 잉글랜드 동남부 일곱 개 카운티를 뒤덮고 있다. 흑사병으로 초토화되었던 잉글랜드는 16세기 말부터 17세기 들어 회복하기 시작했다. 잉글랜드의 인구수는 17세기를 거치며 두 배로 증가하여 세기말에는 570만 명에 이르렀으며, 런던의 인구수 또한 1550년 7만 5,000명에서 한 세기를 지나며 40만 명까지 증가했다. 이주자들과 밀수업자 그리고 토지를 찾아다니던 빈민층은 인간 대신 모기들이 살고 있던 펜랜드 습지에 몰려들었다.

말라리아로 인한 황달과 핼쑥한 몰골 때문에 '습지인marsh dwellers' 혹은 '구경거리lookers'라고 불리던 펜랜드 주민들은 말라리아로 인한 사망률이 20퍼센트에 이르는 곳에서 근근이 목숨을 부지하면서 말라리아로 점철된 고통스러운 생활을 이어나갔다. 난파선 표류기 『로빈슨 크루소Robinson Crusoe』로 유명한 소설가 대니얼 디포Daniel Defoe는 1722년 다수의 습지 주민들과 비공식적으로 이야기를 나눈 뒤 『잉글랜드 동부 카운티 여행Tour through the Eastern Counties of England』을 펴내어 충격적인 사실들을 폭로했다. 디포는 그곳에서 "대여섯 명에서 열네다섯 명의 아내를 둔 남자들을 매우 흔하게 만나볼 수 있었다. (중략) 농부 한 명은 그 당시 스물다섯 번째 아내와 살고 있었고, 그의 아들은 35세밖에 되지 않았는데도 이미 열네 번째 아내와 살고 있었다." 임신한 여성은 모기와 말라리아 기생충을 끌어당기는 자석이나 마찬가지였기 때문이다. 어느 '명랑한 친구'가 디포에

학질과 열병: 광분한 열병 괴물이 방 한가운데 떡하니 서 있는 모습. 난롯가의 희생자를 휘감고 있는 푸른색 괴물은 학질(말라리아)을 상징한다. 오른편에서 의사가 퀴닌 처방제를 쓰고 있다. 에칭 판화, 토머스 롤런드슨(Thomas Rowlandson), 런던, 1788년. © Wellcome Images/Science Source

게 무심한 어조로 설명한 바에 따르면, "젊은 여자가 고향의 공기를 벗어나 습지의 안개로 들어오면 머지않아 안색이 변하고 한두 차례 학질을 앓았으며, 반 년 혹은 최대 일 년 이상 살아남는 경우가 거의 없었다. 여자가 사망하면 남자는 다시 고지대로 가 다른 여자를 데려왔다." 아이들 또한 비슷한 비율로 사망했다.

찰스 디킨스Charles Dickens의 『위대한 유산Great Expectations』에서 일곱 살 난 주인공 핍Pip은 "고통 속에서 살아남고자 노력하기를 너무 일찍 포기해버린 나의 어린 다섯 형제"와 부모가 펜랜드에서 말라리아로 세상을 떠나면서 고아가 된다. 소설의 첫 장면에서 핍은 동네 묘지에 서서 죽은 친척을 애도하면서 독백을 통해 고향의 대략적인 지형을 알려준다. "우리 동네는 습지대였는데 (중략) 도랑과 둔덕과 수문이 가로지르는 한편 드문드문 소들이 풀을 뜯는 곳이 습지였고, 그 너머 납빛 선처럼 보이는 것이 강이요, 거센 바람이 불어오는 먼 곳의 사나운 진창은 바다요, 그 모든 것이 무서워 몸을 작게 웅크리고 떨면서 울기 시작하는 것은 바로 나, 핍이었다." 이후 핍은 템스강에 계류하던 범죄자 선박에서 탈출한 어느 남자가 몸을 떠는 모습을 보고 이렇게 말하기도 한다. "학질에 걸리셨나 봐요. 이 근처에서 꽤 독하거든요. 계속 습지에 누워 계셨는데, 거긴 학질이 지독해요."

습지대의 공기가 나쁘고 유해하다는 악평을 몸소 깨달은 수많은 '구경거리'가 17세기 후반에 걸쳐 고향을 떠나 아메리카 식민지로 이주했다. 실제로 선박 탑승자와 화물 목록을 보면 가장 먼저 아메리카로 이주한 정착민들과 연한 계약 노동자 중 60퍼센트가 잉글랜드의 말라리아 지역 출신임을 알 수 있다. 이들은 말라리아에서 벗어나기 위해 잉글랜드를 떠났으며, 그 과정에서 콜럼버스 교환의 말라리아 매개자 역할을 도맡았다. 그들은 도착한 신세계에서 (구세계에서 데려온 말라리아에 더해져) 보다 치명적인 열대열말라리아를 비롯한 수많은 변종에 시달렸다. 앞으로 살펴보겠지만, 비극적이게도 이들은 말라리아를 피해 고향을 떠나 그보다 말라리아의 피해가 더욱 심각한 곳으로 찾아간 셈이었다.

습지에 살던 잉글랜드인들이 말라리아 청정 지역을 찾아 아메리카 식민지 외에 아일랜드로도 도망치듯 이주했다. 여기서 '농장에서 펜(펜랜드)으로, 펜에서 아일랜드로'라는 유명 속담이 탄생하기도 했다. 아일랜드 공화국(남아일랜드)과 북아일랜드의 분할은 17세기 말라리아를 피해 도망친 잉글랜드 펜랜드 농부들의 정착 패턴과 직접 연관되어 있다. 모기는 '더 트러블스The Troubles'라고도 불리는 20세기 민족국민주의ethnonationalist 분쟁의 기반을 마련하고 뒷받침했다. 아일랜드 공화국 국군과 얼스터 의용군 및 영국 육군이 북아일랜드를 무대로 벌였던 이 분쟁은 북부 영국 전역을 뒤흔들었으며 최근에서야 비로소 진정되었다.

모기는 18만 명이 넘는 잉글랜드 개신교도 농부들을 가톨릭 아일랜드로 밀어 넣었다. 모기를 피해 이주한 이들은 1642년부터 1651년까지의 잉글랜드 내전을 피해 도망쳐온 잉글랜드 대지주 계층과 스코틀랜드 개신교도와 함께 그곳에 정착했다. 각계각층의 개신교도가 모인 이 집단은 이후 16세기와 17세기를 거치며 얼리Early, 먼스터Munster, 울스터Ulster, 후기 플랜테이션Later Plantations으로 알려진다. 이들의 이민과 정착 그리고 영토 확장은 잉글랜드 개신교도와 아일랜드 가톨릭교도 사이의 민족주의 인종·종교 전쟁과 '더 트러블스The Troubles'를 촉발했다. 이 플랜테이션들은 이후 아일랜드 역사에 명백하고 심각한 상처들을 입혔다. 모기는 '에메랄드 섬(아일랜드의 별칭)'을 일으켜 세우느라 바쁜 와중에도 아일랜드와 스코틀랜드의 영토 문제에 직접 관여했다.

격양된 종교 간 갈등이었던 잉글랜드 내전 당시, 광적인 개신교도 올리버 크롬웰Oliver Cromwell이 의회파를 이끌어 국왕 찰스 1세Charles I를 폐위하고 왕정을 폐지했다. 평가가 엇갈리는 인물, 크롬웰은 잉글랜드·스코틀랜드·아일랜드 연방 호국경으로서 10년 가까이 연방을 통치하면서 스코틀랜드인과 아일랜드인 가톨릭교도들을 집단 학살 수준으로 축출했다.

짧았던 통치 기간 동안 크롬웰은 자메이카를 점령하여 식민지에 포함시켰다. 거대한 잉글랜드 육군과 해군은 네덜란드와 막 전쟁을 마무리 짓고 쉬던 참이었는데, 크롬웰은 이 상황을 몹시 우려했다. 잉글랜드와 아일랜드, 스코틀랜드 모두 종교적 대소동에 휘말린 상황에서 달리 할 일이 없는 군대가 자신의 열성적인 개신교 통치에 맞서 반란을 일으킬 수도 있기 때문이었다. 제국주의를 명분으로 멀리 원정을 보낸다면 적대적인 파벌을 하나로 통합할 수 있을 터였다. 육해군 공동 작전과 스페인에 대한 약탈을 지시하는 동시에 혁명의 가능성을 낮추는 방안이었다. 수차례 말라리아에 걸렸으나 퀴닌 치료를 거부했던 크롬웰에게는 어쩌면 구식 전쟁이 처방약이었을지도 모르겠다.

1655년, 크롬웰의 '서부 원정Western Campaign'이 시작되었다. 총 서

큰여덟 척의 함선으로 이루어진 연합함대는 당시 아메리카로 파견된 연합함대 중 가장 큰 규모였다. 9,000명의 병력 중 절반 이상이 잉글랜드 출신이었으며, 그중 대부분이 "칼을 든 기사와 평범한 사기꾼, 도둑, 소매치기 그리고 오랫동안 교묘한 손기술과 위트 있는 말재주로 살아오다 마침내 뉴게이트(런던의 악명 높은 감옥)까지 진출한 천박한 사람들"이었다. 나머지 3,000~4,000명의 병력은 말라리아에 길들지 않은 바르바도스에서 징집한 부랑자와 해적, 고용 계약이 끝난 노동자였다. 원정을 이끌었던 선임 장교 중 하나는 이들을 두고 "지금까지 본 사람들 중 가장 불경한 난봉꾼들" 같았다고 평했다. 이렇게 모인 오합지졸 함대는 시범 삼아 1655년 4월 히스파니올라섬 산토도밍고의 스페인 요새를 공격했으나, 모기 매개 질병으로 사망한 700명을 포함해 1,000명의 병사를 잃은 뒤 빠르게 물러났다.

하지만 이에 굴하지 않고 한 달 뒤, 주요 목표였던 자메이카 공격을 개시했다. 그곳에는 2,500명의 스페인인과 노예들이 살고 있었는데, 잉글랜드 함대보다 훨씬 적은 인원이었다. 함대는 1주일 만에 별다른 피해 없이 자메이카섬을 장악했고, 스페인인들은 쿠바로 달아났다. 그러나 모기만큼은 그곳을 떠나지 않았다. 마침 엘니뇨로 평년보다 날이 따뜻하고 습해져, 자메이카에서 번성하고 있던 모기들에게 9,000여 명의 길들지 않은 매혹적인 병사들을 쫓아다니기에 완벽한 환경이 조성되었다. 한 목격자는 "이러한 때에 그 곤충들이 늪지대에 모여서는 감히 이곳을 침범한 이들을 상대로 전쟁을 벌였다"고 설명했다. 3주가 지나자 매주 140여 명의 병사들이 말라리아와 황열병으로 세상을 떠났고, 자메이카에 도착한 지 6개월이 지났을 무렵에는 기존 9,000여 명 중 3분의 1만이 땅에 두 발을 딛고 서 있었다. 모기들의 대학살을 두 눈으로 직접 목격한 로버트 세드윅Robert Sedgwick은 "멀쩡해 보이던 젊고 건장한 남자들이 열병과 학질에 사로잡혀 사나흘 만에 무덤에 누워 있는 모습이 보기 기괴하다"고 말했다. 세드윅 또한 자메이카에 당도한 지 7개월 만에 황열병으로 세상을 떠났다.

1750년 즈음까지 수많은 병사와 정착민이 모기 매개 질병의 제단에서 희생 당한 끝에, 마침내 질병에 길들여진 13만 5,000명의 아프리카 노예와 1만 5,000명의 잉글랜드 농장주가 자메이카섬을 장악하고 설탕을 생산하기에 이르렀다. 노예 플랜테이션 기반의 영국 중상주의 경제가 급성장하기 시작했다. 잉글랜드가 스페인의 손아귀에서 자메이카를 빼앗은 사건은 카리브 제도에서 유럽 제국주의자들이 군사력을 동원해 지배권을 영구적으로 뺏고 빼앗긴 마지막 사건으로 남았다.[52]

자메이카는 버뮤다, 바르바도스, 바하마, 소앤틸리스 제도의 작은 섬 여섯 개와 함께 잉글랜드령 카리브 제도 목록에 이름을 올렸다. 성장하는 잉글랜드 제국으로부터 자신의 경제적 이득도 취하고 나라의 번영도 북돋우고자 했던 크롬웰은 잉글랜드의 중상주의 경제를 강화하기 위해 '항해법Navigation Acts'을 의회에 통과시켰다. 식민

52 1651년에서 1814년 사이 영국과 프랑스는 세인트루시아 정복 경쟁을 벌이며 지배권을 열네 차례 넘겨주고 또 넘겨받았다. 세인트루시아나 세인트키츠와 같이 비교적 작고 덜 중요하며 방어력이 약했던 섬들은 제국주의 열강들 간 땅따먹기 타깃이 되었다.

지에서 들여오는 원자재부터 잉글랜드에서 나가는 제조품까지 잉글랜드의 무역을 거치는 모든 화물이 오직 잉글랜드 항구에만 출입하도록 규정한 것이었다. 스코틀랜드는 이 계약에서 제외되었고 잉글랜드 식민지와의 교역도 금지되었는데, 이는 잉글랜드 무역상들을 달래고 해외 사업에 대한 투자를 확보하기 위해서였다. 그러나 크롬웰은 본인이 만든 이 구조를 통해 개인적 이득을 긁어모을 만큼 오래 살지 못했다.

역사가의 관점에 따라 압제 정치 혹은 자유의 정치를 펼쳤다고 평가받는 크롬웰은 말라리아 매개 모기로 인해 생을 마감했다. 주치의들은 키나나무 퀴닌 분말을 복용하라고 애원했으나 크롬웰은 이를 단호하게 거부했다. 퀴닌을 발견한 이들이 가톨릭 예수회 사람들이었으므로, 크롬웰은 "교황 같은 치료"와 "예수회로 인한 죽음" 혹은 "예수회의 분말"로 인한 독살을 원치 않는다고 주장했다. 퀴닌이 콜럼버스 교환 후기의 바람을 타고 유럽으로 건너간 지 20년이 지난 1658년, 결국 크롬웰은 말라리아로 세상을 떠났으며, 이로부터 2년 만에 찰스 2세Charles II가 이끄는 왕정이 복고되었다. 크롬웰과는 달리 찰스 2세는 신성한 키나나무 껍질 덕분에 목숨을 구했다.

크롬웰이 잉글랜드 내전 동안 배타적 경제 정책과 가학적인 군사 활동을 펼친 탓에 스코틀랜드는 쑥대밭이 되었다. 엎친 데 덮친 격으로 가뭄이 10년이나 이어지면서 시골 지역을 말려버리고 농사를 망쳐놓았으며 재앙 수준의 기근을 촉발하여 이미 취약했던 스코틀랜드의 경제를 완전히 망가뜨렸다. 1693년부터 1700년까지

스코틀랜드와 스칸디나비아를 뒤덮었던 끔찍한 대기근 시기 동안 스코틀랜드는 딱 한 해를 빼고 귀리를 전혀 수확하지 못했다. 당시 기근으로 사망한 스코틀랜드인은 총 인구의 25퍼센트에 달하는 125만 명으로 추정된다. 식량 부족과 굶주림이 온 나라에서 계속되면서 수천 명의 스코틀랜드 개신교도가 북아일랜드로 건너가 자리를 잡았다. 앞서도 언급했지만, 이들은 불쏘시개가 되어 오늘날까지 그 여운을 남기는 문화와 종교의 폭력적인 불길을 일으켰다. 또 다른 스코틀랜드인들은 용병이 되어 유럽 군주국들을 위해 일했다. 잉글랜드에는 일자리와 돈, 먹을 것을 구걸하는 스코틀랜드 난민들이 넘쳐났다. 잉글랜드인들은 스코틀랜드에는 도둑질하거나 탐낼 것이 없으므로 십계명 중 여덟 계명만 있으면 되겠다고 비웃었다.

아메리카 식민지에서는 연한 계약 노동자들에 대한 수요가 점점 늘고 있었다. 스코틀랜드 떠돌이들은 분명 연한 계약 노동자가 되고자 했을 것이다. 그 수도 넉넉했다. “잉글랜드 농부들은 수세기 동안 궁핍한 스코틀랜드인들을 고용했다.” 찰스 만의 설명이다. “그러나 절박한 스코틀랜드인들이 늘어남과 동시에 식민지 개척자들은 포획한 아프리카 노예로 눈을 돌렸다. (중략) 왜일까?” 그 답은 지구 반대편 파나마의 울창한 정글 숲 속 모기들이 쥐고 있다.

1698년, 스코틀랜드의 투자자들은 경제적 불황을 완화하고 재정 전망을 부양하기 위해 대담한 식민지 사업에 착수했다. 스코틀랜드의 재정 문제는 잉글랜드 중상주의 체제에 대한 접근이 제한되면서 한층 더 악화된 터였다. 스코틀랜드의 민족주의자이자 사업가이며 잉글랜드 은행의 설립자인 윌리엄 패터슨William Paterson은 스코틀랜드가 강구할 수 있는 유일한 해결책은 제국주의의 검을 빼들고 자국만의 중상주의 제국을 건설하는 일뿐이라 생각했다. 패터슨이 보기에 파나마라면 돈이 샘솟는 스코틀랜드 제국의 상업 중심지이자 "만물의 열쇠 (중략) 상업 세계의 중재자"가 될 수 있을 듯했다. 젊었을 적 파나마를 방문한 적이 있던 패터슨은 프랜시스 드레이크와 월터 롤리, 헨리 모건Henry Morgan 선장의 럼에 절여진 짜릿한 해적 모험담에 사로잡혀 있었다.

다리엔을 기반으로 파나마 지협의 정글을 뚫고 교역로를 개척하려는 시도는 이번이 처음이 아니었다. 앞서도 살펴보았지만 1510년에는 스페인이 다리엔에 정착촌을 건설한 바 있었다. 이곳을 방문한 바르톨로메 데 라스 카사스 신부가 말라리아 매개 모기 때문에 사람들이 가차 없이 죽어나가는 통에 공동묘지에 흙을 덮을 새도 없다는 기록을 남기기도 했다. 스페인은 1534년 처음으로 파나마를 헤치고 길을 내려고 애를 썼으나 모기에게 가로막혔으며, 이후 수차례 다시 시도했으나 역시 모기 때문에 실패를 거듭했다. 교역로를 확보하기 위한 시도를 헛되이 반복하는 동안 약 4만 명의 스페인인이 주로 말라리아와 황열병으로 세상을 떠났다. 그러나 이처럼 스페인이 실패한 곳에서도 패터슨은 고지대 출신의 강인한 스코틀랜드인들이라면 성공할 수 있으리라 확신했다.

패터슨은 다리엔의 파나마 지협을 가로지르는 길을 구상했으며, 훗날 이는 '세상의 두 대양 사이에 위치한' 운하 계획으로 발전했다. "중국과 일본, 향신료 섬(말루쿠 제도와 반다 제도) 그리고 대부분의 동인도 제도로 항해하는 시간과 비용이 절반 이하로 줄어들 것이다. (중략) 무역은 무역을 증진시킬 것이며, 돈은 돈을 낳을 것이다." 패터슨은 이러한 말로 잉글랜드인 투자자들을 설득했지만, 투자자들은 잉글랜드가 무역을 완전히 독점하고 있음을 우려하면서 패터슨의 투자 요청을 거절했다. 거절당한 패터슨은 런던을 떠나 고향 스코틀랜드 왕국으로 돌아간 뒤 그곳의 축축한 바람에 자신의 사업 계획을 띄우기 시작했다. 스코틀랜드 의회를 포함한 1,400명의 스코틀랜드인 투자자들이 그의 계획에 동조하여 총 40만 파운드를 약속했는데, 이 금액은 당시 이미 재정난에 허덕이던 스코틀랜드 전체 유동 자본의 25퍼센트에서 50퍼센트에 달했던 것으로 추정된다. 절박한 시기에는 절박한 조치가 필요한 법이다. 에든버러의 상류층부터 빈곤층과 토지 무소유자까지 벤처 자본가가 되어 이 모험에 뛰어들었다.

1698년 7월, 패터슨의 구상대로 그를 비롯한 1,200명의 스코틀랜드인 정착민들이 뉴칼레도니아 식민지와 상업 중심지 뉴 에든버러 건설을 위해 다섯 척의 선박을 타고 파나마 다리엔으로 출항했다. 전 지구적 상업의 길목에 무역 정착촌을 건설하고자 했던 이들은 스코틀랜드의 자리라 믿어 의심치 않았던 다리엔으로 향하면서 배 한 가득 교역할 상품을 실었는데, 여기에는 고급 가발과 백랍 단추, 레이스 드레스, 자개로 장식된 빗, 따뜻한 양모 담요와 양말, 바느질용 바늘 1만 4,000개, 세련된 가죽신발 2만 5,000켤레 그리고 성경 수천 권이 포함되었다. 마지막으로 육중한 활판 인쇄 기계도 배에 실었는데, 이는 원주민들과 맺을 조약을 인쇄하는 한편 토착 종교가 존재하는 무더운 열대지방에서 성경과 양모로 된 양말을 팔아 올릴 막대한 수익과 교역량을 장부로 기록하기 위함이었다. 터무니없는 이 물품들을 싣느라 식량 선적량은 절반으로 줄어들었다.

패터슨의 스코틀랜드 함대는 출항 이후, 마데이라 제도에 들렀다가 덴마크령 카리브 제도인 세인트토머스섬에서 몇 주를 정박한 뒤 모기 해안을 따라 다리엔에 이르렀다. 앞서 살펴보았던 대로, 황열병은 1647년 바르바도스행 노예선을 통해 아메리카 대륙에 처음으로 상륙한 이래 카리브 제도 전역을 뒤덮고 있었으며, 역병들이 찰스턴과 뉴욕, 필라델피아, 보스턴, 멀게는 퀘벡에 이르기까지 주요 항구 도시들을 거치며 북아메리카에서 파문을 일으키고 있었다. 그럼에도 패터슨의 함대 중 앞서 기항했던 두 항구도시에서 몰래 승선한 말라리아와 황열병 때문에 목숨을 잃은 이들은 3개월간의 항해를 통틀어 단지 44명에 불과했다. '단지'라고 표현하는 이유는 앞서 살펴본 드레이크 함대에서처럼 사망자 수가 이보다 훨씬 많을 수 있었기 때문이다. 실제로 패터슨 함대의 사망률은 17세기 대서양 횡단 항해의 평균 사망률인 15~20퍼센트에 훨씬 못 미쳤다. 그러나 이들의 행운은 오래가지 않았다.

다리엔에 도착한 때부터 이들에게 종말론적 공포영화의 줄거리나 다름없는 일들이 펼쳐졌다. 스코틀랜드인 정착민들의 일기와 편지, 기록들에는 모기와 열병, 학질 그리고 죽음에 관한 이야기가 거의 욕지기처럼 반복된다. 다리엔에 도착한 지 6개월 만에 식민지 개척자 1,200명 중 절반 가까이가 말라리아와 황열병 그리고 아마도 이 즈음 아메리카 대륙에 처음 출현한 뎅기열로 인해 세상을 떠나는 바람에 시체를 하루에 많게는 열 구도 넘게 치워야 했다.[53] 이러한 소식이 잉글랜드에 닿자 국왕 윌리엄 3세William III는 스페인과 프랑스 그리고 부유한 잉글랜드 주민들의 심기를 거스를까 두려워 다리엔에 어떤 구호의 손길도 내밀지 말 것을 명했다. 이에 따라 다리엔의 스코틀랜드인들은 계속해서 모기 매개 질병으로 죽어갔으며, 잔뜩 쌓인 양모 담요와 가발, 양말, 성경 그리고 쓸 일 없는 활판 인쇄 기계에 둘러싸인 채 썩어갔다. 스페인이 공격해 온다는 소문이 퍼지자, 6개월을 지옥에서 버텨낸 700여 명의 생존자들은 배 세 척에 나누어 올라탔다. 승선용 판자 위를 걸을 수도 없을 만큼 병든 이들은 해변에 남겨져 죽었다. 세 척 중 한 척은 짧은 항해 동안 140명의 승객을 잃어가며 자메이카에 도착했다. 나머지 선박은 '그야말로 모두에게' 열병이 유행하여 선장이 "시체 105구를 바다에 내던져야 했을 만큼 높은 사망률"을 겪은 끝에 힘없이 매사추세츠에 도착했다.

카리브해와 북아메리카의 잉글랜드 식민지 당국은 국왕의 명령을 지키고자 했으며 '스코틀랜드 열병의 확산'을 두려워했기 때문에 병든 스코틀랜드인이 죽도록 내버려두었다. 결국 마지막 한 척만이 패터슨을 포함한 300여 명 이하의 생존자를 데리고 망가질 대로 망가진 스코틀랜드로 돌아왔다. 그렇게 다리엔은 버려졌다.

역설적이고 비극적이게도, 패터슨과 초라한 일행이 스코틀랜드에 도착하기 불과 며칠 전 두 번째 스코틀랜드 함대가 네 척의 배에

53 뎅기열이 아프리카 노예 및 마르티니크와 과들루프의 모기들과 함께 1635년 아메리카에 최초로 상륙했음을 암시하는 증거들이 있다. 이는 기록으로 남아 있는 아메리카 대륙 최초의 황열병 발생 시기보다 12년 이르다. 또한 1699년 유행성 뎅기열이 파나마를 휩쓸었음을 암시하는 증거도 존재한다.

100명의 여성을 포함한 1,300명의 보강 인력을 태우고 다리엔으로 출항했다. 다리엔의 모기들에게 바쳐지는 두 번째 스코틀랜드 함대는 바다 위에서 160명을 잃은 끝에 패터슨 일행이 떠난 지 정확히 1년 후 즈음 다리엔에 도착했다. 로어노크를 찾았던 두 번째 정착민들과 마찬가지로 이들 앞에도 아무것도 남아 있지 않았다. 스페인인과 토착 원주민 구나족이 오두막에 불을 지르고 모든 것을 약탈해 갔기 때문이었다. 활판 인쇄 기계만이 기념비처럼 해변에 버려져 있었으며, 그 주변에는 바닷물에 닳은 묘비들이 세워져 있었다. 이제 지난번 패터슨 일행에게 펼쳐졌던 공포영화와 똑같은 줄거리의 속편이 상영되기 시작했다.

두 번째 함대가 상륙한 지 4개월 후인 1700년 3월에 이르자 말라리아와 황열병으로 스코틀랜드인이 매주 100명씩 세상을 떠났으며, 스페인인들의 공격으로 남은 못자리도 채워졌다. 생존한 스코틀랜드인은 4월 중순 스페인에 항복했다. 모기가 본국으로 돌아가는 스코틀랜드인들에게 작별의 선물로 질병 쌍둥이를 준 바람에 대서양을 건너는 도중에도 450명이 더 사망했다. 제2차 다리엔 식민지 개척선에 승선한 1,300명 중 스코틀랜드로 귀환한 이들은 채 100명도 되지 않았다. 다리엔은 이번에도 버림받았다. 이번에는 영원히였다. 질병에 길들지 않은 유럽인들에게 다리엔의 모기들은 여전히 난공불락의 상대였다.

모든 수치를 합쳐본다면 모기들은 다리엔에 찾아온 스코틀랜드인 정착민 2,500명 중 80퍼센트에게 사형수의 마지막 식사를 대접

했다.[54] 찰스 만이 지적했듯, "사업에 투자된 모든 돈도 죽은 이들과 함께 사라졌다." 파나마의 모기들은 윌리엄 윌리스William Wallace의 자유를 향한 부르짖음을 비웃으면서 스코틀랜드 독립의 심장을 물어뜯었다.

이미 재정난에 시달리던 스코틀랜드는 모기가 청산시킨 다리엔 사업 때문에 파산에 이르렀다. 파나마의 정글 숲 속 모기들은 스코틀랜드의 재정을 말 그대로 좀먹었다. 수천 명의 스코틀랜드인이 원금을 잃었고, 거리마다 폭동이 일어났으며, 실업률은 하늘을 찔렀다. 국가는 재정적 혼돈에 빠졌다. 당시 잉글랜드와 스코틀랜드는 같은 군주의 지배를 받기는 했으나 각자 의회 입법부가 존재하는 두 개의 독립국이었다. 잉글랜드는 스코틀랜드보다 부유했고, 인구가 많았다. 여러 측면에서 형편이 더 나았던 잉글랜드는 수세기 전부터 북쪽의 가난한 이웃나라를 통일할 기회를 노리고 있었다.

13세기 말 소란의 중심이던 윌리엄 윌리스를 비롯한 스코틀랜드인들은 잉글랜드의 모든 요청에 이제껏 격렬하게 저항했었다. 그러나 J. R. 맥네일의 설명에 따르면, "잉글랜드가 스코틀랜드 의회의 모든 채무를 탕감하고 주주들에게 변제하겠다고 제안하자 수많은 스코틀랜드인이 이를 거부할 수 없다고 판단했다. 패터슨 같은 헌신적인 스코틀랜드 애국자들도 1707년의 '연합법Act of Union'을 지지했다. 이로써 대영 제국이 탄생했다. 스코틀랜드의 국민 시인으로 불리던 로버트 번즈Robert Burns는 스코틀랜드의 독립성 상실을 개

54 터무니없는 소리처럼 들리지만, 패터슨은 파나마에서 본국으로 돌아오자마자 투자자들을 설득하여 1701년 세 번째 다리엔 원정 자금을 모으려 했다.

탄하면서, 부패한 정치인들과 부유한 상인들이 '연합법'을 지지하며 스코틀랜드 국민들을 팔아넘겼다고 비난했다. "우리는 잉글랜드의 금괴에 팔렸다. 나라에 악당이 한 가득이다." 연합법 시행과 스코틀랜드의 독립성 상실은 스코틀랜드 대중들에게 널리 알려지지는 않았으나, 스코틀랜드의 경제는 잉글랜드의 급성장하는 중상주의 아메리카 식민지 덕분에 회복하기 시작했다.

다리엔에서 벌어진 재앙은 잉글랜드의 식민지 플랜테이션 농장주들에게 스코틀랜드인들을 연한 계약 노동자로 고용할 경우 위험이 따른다는 점을 보여주기도 했다. 스코틀랜드 노동자들이 고용된 지 6개월 만에 5명 중 4명꼴로 죽어버린다면 이들을 고용할 의미도 이익도 없었다. 스코틀랜드인을 비롯한 유럽인들이 모기 매개 질병으로 너무나 빨리 사망하는 탓에 다리엔은 아무 쓸모도 없음이 명확하게 드러났다. "영국인 개개인과 그 가족들은 계속해서 아메리카 대륙으로 이주했다." 찰스 만의 설명이다. "그러나 사업가들은 아메리카에 다수의 유럽인을 보내기를 점점 더 꺼렸다. 이들은 또 다른 노동력을 찾아다닌 끝에 결국 그들을 찾아냈다." 또한 잉글랜드 내전으로 스코틀랜드와 잉글랜드 인구가 10퍼센트가량 줄어들면서 국내 노동자 수가 감소했으며, 일자리가 생기는 동시에 임금이 상승했다. 그 결과 연한 계약 노동자가 될 가능성이 있는 인원이 대폭 감소했다. 그렇게 대규모 노동의 한 형태였던 유럽인 연한 계약 노동자는 모기 덕분에 사라져갔으며, 그 자리를 아프리카 노예들이 대체했다. 이들 중 다수는 동일한 모기 매개 질병들에 면역이 되어 있었다. 아메리카 전역에서 노예를 재산으로 간주하려던 움직임은 이제

터보 부스터를 달고 고속도로를 달리기 시작했다.

잉글랜드령 아메리카 식민지들은 포기와 실패 그리고 스코틀랜드령 다리엔과 같은 재앙을 아슬아슬하게 피했다. 이들은 모기와 굶주림, 전쟁을 견뎌내느라 간신히 목숨을 부지했으며, 정착 또한 결코 쉽지 않았다. 단순히 담배와 아프리카 노예제(두 요소를 따로 떼어놓을 수는 없다) 덕분에 13개주 식민지가 한순간에 성장하고 번영했다는 식으로 설명하고 싶지는 않다. 정착민들은 위험천만한 미지의 길을 천천히 터벅터벅 걸었다. 메리 쿠퍼Mary Cooper가 쓴 어느 날의 일기에 초기 식민지 생활이 여실히 드러나 있다. "몸이 더럽고 괴로우며 죽을 만큼 피곤하다. 오늘은 아버지의 집을 떠나 이곳으로 온 지 40년이 되는 날인데, 이곳에서는 고된 노동과 슬픔 말고는 거의 아무것도 본 적이 없다." 열성적인 자본주의 정착민들은 고된 노동을 통해 담배 경작지를 개간하고 모기에게 새로운 거주지를 마련해주면서 말라리아와 황열병 그리고 고통의 확산을 초래했다.

식민지가 성장할 수 있었던 건 여성을 비롯한 정착민들이 식민지에 대규모로 꾸준히 유입되면서 말라리아와 황열병을 비롯한 질병들을 앓은 뒤 그중 소수가 살아남아 현지에서 질병에 길들여진 자녀들을 낳았기 때문이었다. 이로써 교착 상태가 깨졌으며, 제임스타운과 플리머스를 비롯한 여러 식민지가 로어노크처럼 사라지는 사태를 면할 수 있었다. 오늘날 '잃어버린 식민지'에 관한 허위 다큐멘터리가 그 정도에 그치는 것도 이 덕분이었다. 식민지 태생 세대는 주변 생태계에 적응하고 그 일부로 스며들면서 끝내 살아남았다. 끝나지 않을 것만 같던 죽음의 행진 끝에 마침내 아메리카 태생 세대와 토종 미생물들이 생물학적 균형을 이루었다. 그러나 이러한 길들임 과정에는 시간이 걸렸다. 영국인 정착민들은 토지를 개간하고 모기 개체 수를 늘렸던 것 이외에도 애초에 대부분 모기와 말라리아가 들끓는 펜랜드 습지 출신이었으므로 말라리아에 관해서라면 스스로가 최대 적이기도 했다.

식민지 개척자들의 문제는 이제 완전히 새로운 모기들과 말라리아 환경에 대처해야 한다는 점에 있었다. 이들 앞에는 여러 풍토성, 유행성 말라리아가 뒤섞인 혼합체가 놓여 있었다. 잉글랜드인은 고유의 삼일열말라리아와 약간의 사일열말라리아 기생충을 들여왔고, 이에 대한 다수의 끔찍한 길들임 증상도 동반되었다. 이 말라리아들은 식민지의 가마솥 안에서 새로운 종류의 이주민 한정 말라리아로 변모했고, 여기에 아프리카 노예들이 열대열말라리아를 더하면서 아메리카의 말라리아 풍경은 한층 더 다채로워졌다. 감염 고리가 끝없이 반복되면서 식민지 주민들이 국내종 말라리아를 육성하는 가운데, 펜랜드와 서부 및 중앙 아프리카에서 온 새로운 이민자와 노예들이 또 다른 외래 말라리아 변종들을 들여왔다. 모기와 다채로운 모기 매개 말라리아 자손들은 도무지 굶주릴 일이 없었다.

존스홉킨스 대학교 의학사연구소의 소장인 랜달 패커드Randall Packard는 저서『열대 질병의 탄생: 말라리아의 역사The Making of a Tropical Disease: A Short History of Malaria』에서 "말라리아는 17세기 중엽 잉글랜드에서 정점을 찍었다. (중략) 바깥으로 뻗어나가는 이 움직임에 따른 결과 중 하나로 잉글랜드령 아메리카 식민지에 말라리아 감염병이 이

식된 일을 꼽을 수 있다. 이곳에 남동부 카운티(즉, 펜랜드) 출신의 수많은 남녀가 새로운 삶을 찾아 이주해 있었다"고 밝혔다. 제임스 웹 또한 말라리아의 전 지구적 역사에 관한 저서를 통해 패커드와 맥락을 같이 했다. "17세기 말과 18세기 초에 밀집도가 높은 정착촌들이 건설되면서 감염병이 증가했으며, 말라리아가 북아메리카 식민지에서 가장 중대한 살인마로 떠올랐다."

버지니아 식민지에서는 그 수치가 충격적인 수준에 달했다. 이주를 시작한 이래 첫 20년인 1607년에서 1627년 사이 제임스타운과 버지니아에 새로 발을 들인 이들 중 무려 80퍼센트 이상이 채 1년도 되지 않아 세상을 떠났다. 대부분이 수주 혹은 수개월 만에 죽었다. 이 기간 동안 버지니아 식민지에 이주한 약 7,000명 중 단 1,200여 명이 첫 해를 살아 넘겼다. 담배 농장주이자 버지니아 총독이었던 조지 이어들리George Yeardley는 1620년 런던의 주주들에게 "새로운 이주자들이 길들여질 때까지 첫 해 동안 별다른 일을 하지 못해도 감내해야 한다"고 조언했다. 그러나 담배의 수익성이 너무나 좋았기 때문에 버지니아 회사는 식민지 지속과 부의 창출을 보장하기 위해 기꺼이 막대한 자금을 들여 정착민과 범죄자, 매춘부, 연한 계약 노동자 그리고 결국에는 아프리카 노예들을 식민지로 보냈다. 담배 농부들과 플랜테이션 농장주들은 초기 투자 대비 무려 1,000퍼센트에 이르는 황홀한 수익과 과세 소득을 창출했으며, 이에 따라 버지니아의 이익과 인구수는 계속 증가했다. 포카혼타스가 세상을 떠난 지 한 세기 이후에는 8만여 명의 유럽인들이 버지니아에 거주하면서 추가적으로 3만 명의 아프리카 노예를 부렸다. 식민지가 계속 번성했기 때문에 영국으로서는 싸워서라도 식민지를 지켜낼 이유가 있었다. 미국 독립 혁명 직전 버지니아 인구는 노예 20만여 명을 포함하여 70만 명에 이르렀다.

두 번째 식민지였던 매사추세츠 플리머스의 청교도 정착촌 또한 누나뻘인 버지니아보다 조금도 순탄하지 않은 출발을 겪었다. 그러나 나머지 12주 형제들과 마찬가지로 현지 태생 세대가 말라리아를 비롯한 질병에 길들여져 물마루를 타기 시작했다. 훗날 필그림 파더스Pilgrim Fathers로 불리는 한 무리의 잉글랜드 청교도인들은 잉글랜드는 물론 네덜란드에서도 박해를 받은 끝에 신세계에서 종교 공동체를 건설할 방도를 모색했다. 1517년 마틴 루터Martin Luther와 그의 95개 논제가 종교혁명에 불을 붙인 후였지만, 청교도들은 여전히 잉글랜드 국교회에 가톨릭적인 요소와 독단적 타협점이 너무 많다고 여겼다. 일반적으로 알려진 바와 달리, 1620년 메이플라워호를 타고 신세계로 건너간 102명의 필그림 파더스는 종교의 자유를 찾아 아메리카로 건너간 정착민들 중 예외적일 만큼 극소수에 불과했다. 그곳에 발을 들인 대부분은 유럽 대륙 출신이거나 연한 계약 노동자, 범죄자, 혹은 노예였다.

메이플라워호는 거칠었던 항해 끝에 본래의 목적지였던 허드슨강에서 북쪽으로 200마일 벗어난 곳에 당도했다. 마침 뉴잉글랜드에 혹독한 겨울이 찾아왔던 1620년 11월 11일, 파손된 메이플라워호는 플리머스 바위로 알려진 4톤짜리 화강암 바위로부터 북쪽으로 대략 2마일 떨어진 작은 만에 힘없이 떠밀려 들어갔다. 오늘날 신화적인 관광지로 거듭난 플리머스 바위에는 매년 100만 명 이상의 관광객이 방문한다.[55] 그러나 베스트셀러 저자 빌 브라이슨Bill Bryson은 플리머스 바위 신화가 말도 안 된다면서, "필그림 파더스가 확실하게 하지 않은 하나가 있다면 그것은 바로 해안에 내려 플리머스 바위를 밟은 일이었다"고 지적했다. 청교도들은 메이플라워호와 엉성하게 지은 오두막에서 그해 겨울을 났다. 1621년 메이플라워호가 잉글랜드로 향할 당시에는 본래의 102명 중 단 53명만이 생존해 있었다. 그중 다섯 달의 겨울을 이겨낸 성인 여성은 18명 중 단 3명에 불과했다.

말라리아는 오래지 않아 정착촌에 자리를 잡았다. 곤충학자 앤드루 스필먼은 이를 두고 "말라리아 지역(즉, 펜랜드) 출신의 수백, 수천여 명이 이 지역에 몰려들었으므로 놀라운 일도 아니다. 말라리아는 기회만 생긴다면 빠르게 자리를 잡는다"고 설명했다. 플리머스 식민지 총독 윌리엄 브래드퍼드William Bradford는 1623년 모기가 창궐하는 계절을 지난 후 다음과 같은 짧은 메모를 썼다. "식민지가 계속해서 부딪혀온 문제는 사람들이 모기에게 너무나 시달린다는 것이다." 길들임의 효과를 알아본 브래드퍼드는 신규 이민자들이 "모기들을 견뎌낼 수 없으므로 새로운 농장과 식민지를 개척하기에 너무 부적절하다"고 말하면서 "모기 방어가 가능해질 때까지만이라도 집에 머물기를 바란다"고 권했다. 대개는 말라리아가 매사추세츠 식민지에 유입되자마자 유행하기 시작했다고 알려졌지만, 유행성

---

55 아무 의미 없는 이 돌을 가리켜 메이플라워호 선원들이 처음으로 밟은 돌이라는 말은 청교도들이 상륙한 지 121년이 지난 1741년의 문헌에서 처음 등장했다. 플리머스 식민지 건설과 관련하여 가장 신빙성 있는 1차 자료인 에드워드 윈슬로우(Edward Winslow)와 윌리엄 브래드퍼드의 기록에는 그 어떤 돌에 관한 언급도 등장하지 않는다.

말라리아는 1634년부터 1670년까지 매 5년마다 발병하여 이 지역을 쑥대밭으로 만들었다. 신은 성경을 통해 청교도에게 "너희는 자녀를 많이 낳고 온 땅에 번성하여라"라는 말씀을 전했다. 책임을 회피하거나 하루치 일을 게을리할 리 없는 청교도들은 신의 명령을 성실하게 이행했다. 이들은 실로 많은 자녀를, 그것도 놀라운 속도로 낳았다. 오늘날 미국인의 10~12퍼센트가량이 소수 집단에 불과했던 이 청교도인 집단의 직계 후손인 것으로 추정된다. 제임스타운과 마찬가지로 청교도인 정착촌 또한 최초의 말라리아 길들임이 끝난 이후 안정을 찾았으며 머지않아 인구를 늘려갔다. 점차 성장하던 정착촌이 매사추세츠 식민지에 합병되었던 1690년에 청교도인 정착촌 인구수는 7,000명, 매사추세츠 식민지 총 인구수는 6만 명에 이르렀다. 역시 제임스타운과 마찬가지로, 이들 또한 매사추세츠 상륙 거점에 형성된 정착촌을 벗어나 서쪽 변방을 탐험하면서 토착 원주민들과 갈등을 빚었다. 그 결과 수많은 원주민이 질병과 전쟁, 굶주림으로 목숨을 잃었으며 살아남은 이들은 서부로 달아나거나 붙잡혀 노예로 팔렸다.

원주민과 이민자 간의 순환 고리가 13개 식민지 모두에서 유사하게 진행되면서 식민지 발전에 일조했다. 정착민이 말라리아와 황열병에 길들여진 뒤 현지 태생 인구가 증가했고, 여기에 더해 새로운 이민자가 지속적으로 유입되었다. 서쪽으로 영토 확장을 시도하면서 원주민들과 전쟁을 벌였으며, 결국 원주민들이 패배하면서 탈출하거나, 축출되거나, 붙잡히는 식이었다. 1700년 즈음부터 각 식민지에서 질병에 길들여진 현지 태생 세대가 증가하면서 인구가 두 배로 늘어났다. 1700년을 기준으로 노예와 원주민을 제외한 아메리카 식민지 총 인구수는 약 26만 명이었으며, 1720년에는 50만 명으로, 1750년에는 120만 명으로 증가했다. 이로부터 6년 후인 7년 전쟁 발발 직전에 이르러서는 잉글랜드령 식민지 인구가 30만 명 더 증가한 반면, 누벨프랑스에는 겨우 6만 5,000여 명이 살고 있었는데, 이들 또한 스스로를 '프랑스인'이라기보다는 그들과 구분된 민족으로 여겼다. 1775년 4월 렉싱턴에서 "총소리가 온 세상에 울렸다"는 구절과 함께 미국 독립 혁명이 촉발될 무렵, 식민지 인구는 도합 250만 명에 달했다. 이제 이들은 총 800만 명의 영국 본토 인구를 상대로 싸움을 시작할 터였다.

모기는 식민지 발전과 기틀에 있어서 빼놓을 수 없는 역할을 담당했다. 그러나 서반구 전체에서 모기 매개 질병의 환경이 동일한 것은 아니었다. 지역마다 달랐으며 저마다 고유한 조합의 모기종이 존재했다. 각지의 독특한 모기 매개 질병 여건은 기후와 지형, 농경 습관과 재배 작물, 아프리카 노예를 포함한 인구밀도 등 여러 요인에 의해 형성됐다. 이 차이들은 훗날 17세기와 18세기에 걸쳐 아메리카 대륙을 뒤흔들었던 제국주의 전투들과 독립전쟁에서 결정적인 역할을 한다. 이 전쟁들의 운명은 주로 모기가 이끄는 말라리아 및 황열병 부대가 결정했다.

이 책에서는 앞으로 모기의 영향을 받은 전투와 사건들을 설명할 때 구역을 명확히 하기 위해 아메리카 대륙을 크게 세 구역으로 나누어 칭하도록 하겠다. 지리적 구분이 될 수도 있고, 모기 매개 질병 혹은 감염병에 따른 구분이 될 수도 있겠다. 우선 첫 번째이자 최악의 남부 식민지들부터 시작하여 중부 식민지들을 거쳐 마지막이자 (상황이 훨씬 극심했던 남부에 비하자면) 가장 나았던 북부 식민지들을 살펴보자.

첫 번째 지리적 범위는 남아메리카 중부의 아마존 분지에서 미국 남부에 이르는 지역이다. J. R. 맥네일의 말을 빌려 다시 설명하자면, "남아메리카, 중앙아메리카, 북아메리카의 대서양 연안 지역에 더하여 17세기와 18세기 도중 플랜테이션 농장이 세워졌던 카리브 제도, 즉 수리남부터 체서피크까지"를 말한다. "플랜테이션 경제 확립이 두 종 모두(즉, 숲모기와 얼룩날개모기)의 번식 및 섭식 여건을 개선하면서 모기들이 근대 초기 대서양 세계의 정치지리학적 분쟁에서 주요 행위자로 등장하는 데 일조했다." 모기 보호구역이나 다름없었던 이 지역은 풍토성·유행성 삼일열말라리아와 열대열말라리아로 초토화되는 동시에 황열병과 뎅기열에도 시달렸다. 앞서 살펴본 사우스캐롤라이나와 노예 무역상들의 피난지 찰스턴이 그러했듯, 이 지역에서는 감염 및 길들임을 겪을 확률과 사망률이 극도로 높았기 때문에 생명보험사들이 모기에 시달리는 남부 고객들에게 더 높은 보험료를 청구할 정도였다. 북부의 담배 식민지들과는 달리 사우스캐롤라이나는 노예무역 규모가 컸던 데다가 쌀농사 중심이었기 때문에 모기 매개 질병으로 인한 피해가 특히 컸고, 다른 무엇보다도 열대열말라리아가 많은 사람을 죽였다. 조지아 또한 '쌀왕국' 사우스캐롤라이나와 규모만 달리해 같은 길을 걸었다. 사실상 쌀농사는 일본부터 캄보디아와 사우스캐롤라이나까지 전 지구를 통틀어 말라리아 매개 모기를 호위병처럼 데리고 다녔다.

안전망: 일본 여성이 모기장 속에서 하녀의 도움을 받아 옷을 갈아입는 전형적인 모습을 담은 1797년 작 목판화. © Library of Congress

북아메리카에는 이 첫 번째 치명적인 감염 지역의 북쪽 한계를 표시하는 유명한 문화적 상징이 존재한다. 1768년 찰스 메이슨Charles Mason과 제레마이어 딕슨Jeremiah Dixon이 측량한 펜실베이니아와 메릴랜드 간의 경계선, 이른바 메이슨-딕슨 선Mason-Dixon Line이 그 주인공이다. 두 주와 델라웨어 및 버지니아(오늘날의 웨스트버지니아) 간 영토 분쟁을 중재하기 위해 측량된 이 선은 모기가 만드는 치명적인 환경의 북쪽 경계선이나 다름없다. 삼일열말라리아가 메이슨-딕슨 선 양쪽으로 그림자를 드리우기는 했으나, 이 경계선은 흔히 알려진 대로 유행성 열대열말라리아와 황열병의 북쪽 한계선이었다. 이 선 북쪽에서도 열대열말라리아나 황열병이 산발적으로 유행하기는 했는데, 단기간에 사람들을 죽인 뒤 사라지는 식이었다. 1690년 말라리아가 유행할 당시 메릴랜드를 방문한 사람이 "핼쑥한 몰골의 사람들이 문가에 서 있는 게 (중략) 마치 유령 같았고 (중략) 집집마다 병동 같았다"는 기록을 남기기도 했다.

메이슨-딕슨 선은 노예주와 자유주의 경계선처럼 여겨지기는 하나 100퍼센트 정확한 것은 아니다. 이 선의 북동쪽에 위치한 메릴랜드는 남북전쟁 당시 남부맹방에는 가입하지 않았으나 수정헌법 제13조가 통과되기 이전까지 노예제를 폐지하지 않았다.[56] 남북전쟁에서 북부연방이 승리를 거둔 이후 비준된 수정헌법 제13조는 "어떠한 노예 제도나 강제 노역도 해당자가 정식으로 기소되어 판결로서 확정된 형벌이 아닌 이상 미합중국과 그 사법권이 관할하는 영역 내에서 존재할 수 없다"고 명시했다. 메이슨-딕슨 선은 미국의 문화적 풍경에 가로로 길게 난 상처와 같다. 딕시 남부와 양키 북부 간의 극명한 차이점과 오랜 분열에 직접적으로 닿아 있는 듯한 이 선은 미국 역사를 따라 뱀처럼 구불구불 기어왔다.

메이슨-딕슨 선과 노예제, 플랜테이션, 모기 매개 질병 간의 연관성은 우연히 발생한 것이 아니다. 북부 주에서는 담배와 목화가 자라지 않았기 때문에 노예 기반 플랜테이션 체제가 존재하지 않았다. 모기가 번성하는 따뜻한 기후의 남부에서는 이러한 작물들이 잘 자랐으며, 플랜테이션으로 이 작물들을 재배하여 수익을 창출하는 데에는 노예 노동이 필요했다. 이곳에 수입된 노예들은 번성하는 모기들에게 열대열말라리아와 황열병 그리고 아마도 삼일열말라리아를 선물했고, 이로써 메이슨-딕슨 선 이남에서 풍토성, 유행성 모기 매개 질병 환경이 번성했다. 플랜테이션 식민지와 아프리

---

56 메릴랜드는 노예주였지만 남부맹방에 가입하지 않는 편을 택했다. 미주리, 켄터키, 웨스트버지니아, 델라웨어와 메릴랜드까지 총 5개 주가 분리 독립을 거부했으며 남북전쟁 동안 대체로 북부연방 편에 서서 싸웠다.

카 노예제, 치명적인 모기 매개 질병들이 서로 얼기설기 엮여 있었으며, 언뜻 임의적인 듯했던 메이슨-딕슨 선 또한 여기에 엮였다.

남부 식민지에서 대서양 해안가를 따라 북쪽으로 올라가 메이슨-딕슨 선을 넘어가면 여러 모기 매개 질병에 혼합적으로 감염된 우리의 두 번째 지역, 중부 식민지가 등장한다. 델라웨어와 펜실베이니아부터 뉴저지와 뉴욕에 이르는 지역이다. 이곳에는 주로 삼일열말라리아가 창궐했으며, 때때로 열대열말라리아와 황열병이 아메리카 역사에서 손꼽힐 만큼 극렬하게 유행했다. 이 유행병들은 질병에 길들지 않은 주민들을 상대로 활개를 쳤다. 앞으로 살펴보겠지만, 1793년 당시 미국의 수도였던 필라델피아에서는 황열병으로 3개월 만에 5,000명의 사상자가 발생했다. 조지 워싱턴George Washington 대통령을 비롯하여 공포에 질린 2만여 명이 도시 밖으로 피신하면서 정부 기능이 마비되기도 했다. 이때부터 수도를 더 안전한 곳으로 옮겨야 한다는 속삭임이 정치적 담화와 일상적인 대화에 조용히 스며들기 시작했다.

세 번째이자 마지막 감염 지역은 북부 식민지들이다. 여기에는 7년 전쟁이 끝난 뒤 1763년 영국령 캐나다 식민지가 된 누벨프랑스의 캐나다 할양지도 포함된다. 이 지역은 너무 추워서 황열병이나 유행성 말라리아가 어떠한 형태로도 존재할 수 없다. 그러나 여름이 되어 적당한 날씨가 찾아오면 상인들과 해군 전함, 병사들과 단기 체류자들이 들여온 모기 매개 질병들이 산발적으로 유행했다. 코네티컷부터 메인까지 이어지는 아메리카 식민지들은 주기적으로 삼일열말라리아와 황열병에 시달렸다. 토론토와 온타리오 남부의 오대호 지역 그리고 퀘벡에서도 끔찍했던 1711년의 황열병을 비롯하여 모기 매개 질병이 때때로 등장했으며, 대서양 연안의 북적거리는 항구도시, 노바스코샤 핼리팩스에서는 그보다 조금 더 자주 나타났다.

이 책의 집필을 위해 자료를 조사하던 도중 알게 된 놀라운 사실이 있다면, 바로 캐나다 북쪽에 위치한 수도 오타와에서도 1826년부터 1832년까지 125마일(약 201킬로미터) 길이의 리우 운하를 건설하면서 말라리아가 창궐했다는 것이었다. 건설업자들이 '병든 계절'이라 부르던 매년 7월부터 9월까지의 기간 동안 노동자들 중 약 60퍼센트가 말라리아에 감염되었다. 1831년의 말라리아 유행기 이후, 책임 건설업자이자 건설엔지니어였던 존 레드패스John Redpath는 "이곳은 너무나도 유해하기 때문에 여기에서 일하는 모든 사람이 호수열lake fever과 열병과 학질에 시달리며, 일 또한 매해 대략 3개월씩 지연된다"고 적었다. 레드패스 본인 또한 "세 번째 해를 제외한 첫 해와 둘째 해에 병에 걸렸고, 올해는 호수열을 심하게 앓았던 탓에 두 달 동안 병상에 누워 있었다. 여기에 더해 두 달 가까이 더 지나서야 제대로 활동할 수 있었다." 레드패스는 말라리아 열병에서 살아남아 1854년 캐나다에서 가장 큰 설탕 회사를 설립했다. 오늘날에도 운영되고 있는 레드패스슈거Redpath Sugar 본사는 북적이는 토론토 항구의 랜드마크로 꼽힌다.

리우 운하를 건설하던 도중 약 1,000명의 노동자가 병사했다. 그중 말라리아로 죽은 사람은 500~600명이었다. 말라리아는 지역 사회에도 확산되었으며, 이로 인해 250명의 민간인이 사망한 것으로 추정된다. 온타리오 뉴보로의 장로교회 공동묘지에는 이들을 기리는 추도사가 적혀 있다. "이곳 공동묘지에는 1826~1832년 리도 지협의 운하 건설에 참여했던 공병들과 광부들의 시신이 묻혀 있다. 그들은 열악한 환경에서 일하다 말라리아로 사망했다. 이들의 무덤은 오늘날까지 아무런 표식 없이 남아 있다." 쿠바에서 근무한 미국인 의사 월터 리드Walter Reed와 파나마에서 근무한 의사 윌리엄 고거스William Gorgas가 등장하기 전에는 운하 건설 사업에 큰 위험이 따랐다. 많은 노동자가 비좁은 곳에 몰려 토지를 개간하고 도랑을 파며 물을 대는 일은 아무리 추운 캐나다라 하더라도 모기 매개 질병을 초대하는 짓이나 마찬가지였다.

계절성 말라리아가 처음으로 캐나다에 유입된 것은 미국 독립 혁명에 뒤이어 6만 명의 대영 제국 왕당파가 영국령 캐나다의 국경으로 몰려들어오면서 벌어진 일로 추정된다. 앞서도 살펴보았고 앞으로도 살펴보겠지만, 인간의 이주와 외국 군대의 침입, 여행과 교역은 역사적으로 감염병을 확산시켰던 주요 원인이다. 1790년대 최악의 범유행성 황열병과 말라리아가 아메리카 대서양 연안 주들을 초토화하자 3만여 명의 또 다른 '후기 왕당파'와 난민들이 질병을 피해 캐나다로 가면서 부지불식간에 말라리아 감염 지역을 온타리오와 퀘벡 그리고 대서양 연해주까지 확장시켰다.

일례로, 어퍼캐나다 총독이자 미국 독립 혁명 당시 영국 편에서 활약했던 존 그레이브스 심코John Graves Simcoe의 아내가 1793년 주도 킹스턴에서 말라리아에 감염되었다. 온타리오 호숫가에 위치한 킹스턴은 오타와에서 시작되는 리도 운하의 남쪽 종착지이기도 했다.

심코는 1791년 투생 루베르튀르가 주도하고 모기가 승패를 판가름한 아이티 혁명 때 영국군을 이끌고 잠시 아이티에 다녀왔었다. TV 드라마 〈턴: 워싱턴의 스파이들Turn: Washington's Spies〉에서 심코는 주요 악당으로 등장하는데, 역사적 사실과 맞지 않는 부분이 많아 매우 거슬린다. 여러 역사적 증거들이 정반대의 이야기를 들려주고 있지만 심코는 여전히 살인마 집단인 영국 비정규 레인저 부대를 이끄는 가학적인 사이코패스 사령관으로 그려진다.[57] 그러나 실제로 심코는 식민주의의 기로에 서 있었다.

심코는 모기가 일으킨 역사적 변화의 바람을 맞고 있었으며, 아메리카 대륙 내 유럽인들의 식민지 경쟁에서부터 황열병과 말라리아의 도가니 속에서 모기의 후원으로 일어난 독립 운동까지 거대한 흐름에 휘말렸다. 중상주의와 콜럼버스의 교환 덕분에 등장한 설탕, 담배, 커피 등의 플랜테이션 작물들 그리고 그 작물을 재배하여 축적하는 막대한 부는 싸움도 불사할 만큼 달콤한 포상이었다.

식민지화가 시작된 이래 첫 두 세기 동안 스페인과 프랑스, 잉글랜드 및 영국(그리고 네덜란드, 덴마크, 포르투갈)은 서로 다투었다. 여기에 천연자원이 풍부한 아메리카가 등장하면서 유럽 제국주의 열강들은 아메리카 대륙 해안가로 향했다. 식민지 개척자들과 노예들은 서반구의 야생 속으로 파견되어 경제 제국을 건설했다. 전 지구적

57 심코는 어퍼캐나다 초대 총독으로 1791년부터 1796년까지 재임했다. 그는 요크(토론토)시를 건립했으며, 상설 법원과 관습법, 배심원 재판과 자유토지보유권을 도입했고, 인종차별에 반대했으며, 노예제를 폐지했다. 수많은 캐나다인이 그를 건국의 아버지로 기리고 존경하며, 그의 이름은 캐나다 전역의 도로와 도시, 공원, 건물, 호수, 학교들을 장식하고 있다. 그가 미국 독립 혁명 당시 지휘했던 영국 비정규 레인저 부대는 오늘날에도 여왕의 요크 레인저 부대라는 이름과 함께 캐나다 육군의 무장 정찰부대로 운영되고 있다.

이동의 일부였던 초기 정착민들은 모기 매개 질병에 희생당했다. 이러한 희생은 그들과 그들의 현지 태생 후손들이 지역 환경과 질병에 적응되기 전까지 이어졌다.

길들임 과정은 막 자리를 잡은 스페인 제국을 수호하는 데 일조했다. 급성장한 경쟁자 프랑스와 영국이 두 세기에 걸친 무역 경쟁과 식민지 전쟁에서 스페인 요새를 공격할 때마다 모기의 방어에 가로막혔다. 17세기와 18세기 동안 황열과 뎅기열, 말라리아는 이 지역에 찾아온 이방인들을 공격하면서 이제는 성숙해진 스페인 제국을 유럽인 약탈자들의 도전으로부터 보호하는 데 일조했다. 이 질병들은 18세기 말과 19세기 초에 걸친 식민지 전쟁에서도 유럽인 통치에 대한 혁명이 성공하는 데 일조했다.

질병에 길들여진 현지 태생의 새로운 세대는 지도에도 없는 독립 해역으로의 항해를 꿈꾸며 마침내 모국의 배에서 뛰어내렸다. 식민지 개척자들이 상당한 피를 바치고 죽음으로 값을 치른 후에야 모기들은 식민지 지배자들이 이끄는 유럽인 군대로부터 그들을 보호해 주겠다고 권해왔다. 이들이 꾸린 민병대는 유럽인의 후손이기는 했어도 지역 질병들에 길들여져 있었다. 이들의 반란을 진압하고자 유럽 제국주의 열강에서 파견된 군사가 오히려 모기 매개 질병에 더 쉽게 걸렸다. 굶주린 모기들의 도움을 받아 혁명가들은 요크에서 유럽인의 굴레를 벗어 던졌다. 남아메리카와 중앙아메리카, 카리브 제도, 캐나다 그리고 미국은 모두 그들을 자치국으로 격상시키는 데 일조한 모기에게 빚을 지고 있다. 말하자면 잉글랜드계 선조들과 그 자손들이 마침내 말라리아와 함께 펜랜드를 벗어나 자유를 찾은 셈이었다.

아메리카 대륙에서 벌어진 해방 전쟁의 영웅들, 예컨대 시몬 볼리바르Simon Bolivar와 안토니오 로페스 데 산타 안나Antonio Lopez de Santa Anna 그리고 역사에 영원히 한 쌍으로 등장할 전설적인 적수들, 이를테면 제임스 울프James Wolfe와 루이스 조제프 드 몽칼름Louis-Joseph de Montcalm, 폰티악 추장Chief Pontiac과 제프리 애머스트Jeffery Amherst, 조지 워싱턴과 찰스 콘윌리스Charles Cornwallis, 나폴레옹과 투생 루베르튀르 등은 모두 심코 이후 끝없이 흐르는 세상의 물결 속에 태어난 인물들이었다. 체스판 같은 아메리카 대륙의 전장에서 이들의 운명은 모두 모기 용병이 결정지을 터였다.

CHAPTER

11

질병의 도가니

식민지 전쟁과 새로운 세계 질서

THE CRUCIBLE OF DISEASE:

COLONIAL WARS

AND A NEW WORLD ORDER

"악마 같은 자들이다." 제프리 애머스트 장군이 낮게 읊조렸다. "뇌물로 달랠 것이 아니라 반드시 엄벌해야 한다. (중략) 그 범죄자들을 완전히 파괴하여 벌해야 한다." 영국이 7년 전쟁에서 승리하면서 프랑스를 북아메리카에서 축출한 직후였지만, 영국군 사령관 애머스트는 전혀 축하할 기분이 아니었다. 눈앞에서 반란이 일어나고 있었으며, 이를 진압할 병력과 자금은 턱없이 부족했다. 애머스트는 분노했다. 오타와족 추장 폰티악과 10개도 넘는 부족의 범원주민 연합 전사 3,500여 명이 그의 명성을 무너트리고 있었다. 프랑스인들이 빠져나가고 곧 영국인 정착민들이 쇄도하리라 예상한 폰티악은 선수를 쳐서 원주민들의 통일 조국을 건설하고자 했다. "영국인들이여, 자네들은 프랑스를 물리쳤을지는 몰라도 우리를 점령하지는 못했다!" 폰티악이 선언했다. 그는 부족민들에게 이렇게도 말했다. "영국인들은 붉은 옷을 입은 개들이다. (중략) 이제 그들에게 맞서 도끼를 들 때다. 그들을 지상에서 쓸어내 버리자." 반란이 시작된 지 불과 한 달 만인 1763년 7월, 애머스트는 절망에 빠졌다. 이미 폰티악이 오하이오강 계곡과 오대호 지역의 영국령 요새 8개를 격파했기 때문이었다. 펜실베이니아 서부의 피트 요새 또한 포위된 상태였다. 요새 내부에서 들려오는 보고들은 절망적이었다. "요새 안이 너무나 비좁아 역병이 우려된다. (중략) 우리 중에 천연두가 있다." 인력과 자원이 부족했던 애머스트는 폰티악이 일으킨 반란의 판도를 영국에 유리하게 돌리기 위해 혁신적인 무기를 꺼내들었다.

애머스트는 피트 요새 지원군을 지휘하는 헨리 부케Henry Bouquet 대령에게 물었다. "그 부족민들에게 자연스럽게 천연두를 보낼 방법이 없겠는가? 이 상황에서라면 그들을 무너뜨리기 위해 쓸 수 있는 모든 술책을 써야 한다." 부케가 답신을 보내왔다. "감염시킨 담요 몇 장을 그들 수중에 떨어뜨리겠습니다. 그 과정에서 제가 병에 걸리는 일은 없도록 주의하겠습니다." 애머스트는 답신을 통해 이 술책을 공식적으로 지지했다. "담요를 수단으로 하여 그들을 감염시키는 일에 최선을 다하도록 하라. 또한 그 증오스러운 종족을 말살할 만한 다른 모든 수단도 이용하라." 그러나 이들이 모르는 사실이 있었다. 피트 요새에 몸을 숨긴 민병대 장교 시메온 에퀴에Simeon Ecuyer와 윌리엄 트렌트William Trent가 닷새 전 이미 같은 무기를 들어 올렸던 것이다. 두 사람의 일지에는 각각 같은 이야기가 적혀 있다. "그들에 대한 우리 입장을 고려하여 (중략) 우리는 천연두 병원에서 가져온 담요 두 장과 손수건 하나를 그들에게 주었다. 원하던 효과가 나타나기를 바란다." 천연두 담요라는 생물학 무기가 아무런 위력을 발휘하지 못했다는 게 정설이지만, 그럼에도 이러한 수단까지 동원했다는 사실은 7년 전쟁이 끝난 직후 애머스트가 동원할 만한 병력과 물자, 자금이 심각하게 부족했음을 보여준다.

아메리카 대륙에 전운이 감돌던 1756년, 영국의 국무장관 필립 스탠호프Philip Stanhope는 국왕에게 다음과 같이 충언을 올렸다. "저의 의견을 말씀드리자면, 저희의 가장 큰 위험은 저희의 지출에 있다고 생각됩니다. 현재 나라 빚이 막중한 상황입니다." 스탠호프의 예상대로 1763년 혼돈의 전쟁을 끝마친 영국은 경제력도 군사력도 바닥난 상태였다. 전쟁에서 승리를 거둔 북아메리카 국경 지역에서 오래전부터 원주민과의 무력 충돌이 발생하고 있었지만, 여기에 자금을 투자할 여력이 없었다. 부채가 하늘을 찌르고 있었으며, 폰티악이 이미 초장부터 승리를 거듭하고 있었으므로 영국으로서는 별다른 수가 없었다.

결국 영국은 1763년 선언the 1763 Royal Proclamation을 통해 애팔래치아 산맥 서쪽으로의 식민지 확장을 금지하고 원주민 영토를 보장했다. 이 선언은 폰티악을 회유하는 데는 도움이 되었으나, 식민지 정착민들에게 불만의 씨앗을 심어주었고 결국 혁명의 도화선에 불을 붙이는 꼴이 되었다. 영국의 경제적 파산과 군사 문제 그리고 이 혁명적인 역사적 사건은 모두 아메리카 대륙에서 한 세기 가까이 모기들에 시달리며 이어진 식민지 분쟁들과 그 화룡점정인 7년 전쟁의 산물이었다.

7년 전쟁 이전 아메리카 대륙에서 벌어진 무력 충돌은 대개 그곳에 새로 발을 들인 유럽인들 간의 대치와 중상주의 경쟁관계에서 비롯된 싸움들이었다. 지난 한 세기 동안 프랑스와 스페인은 급부상하던 영국 세력을 견제하기 위해 서로 협력해왔으며, 그 과정에서 카리브해의 작은 섬들의 주인이 여러 차례 바뀌는 한편 영국의 퀘벡 점령 계획이 저지당했다. 일례로 1693년 마르티니크와 캐나다를 점령하기 위해 4,500명의 영국군이 출정했으나 두 번 모두 황열병 때문에 실패했고, 3,200명이 사망한 끝에 해골만 남은 군대는 모기의 계절이 시작되는 6월 보스턴 부두에 입항했다. 어느 목격자는 이를 두고 "그곳에는 우리 친구 영국 함대와 거기에 승선한 끔찍한 역병이 있었다"고 기록했다. 이에 따라 아메리카 식민지 최초로 황열병이 대대적으로 유행하면서 보스턴, 찰스턴, 필라델피아 인구의 10퍼센트를 죽음으로 몰아갔다.

한편 아메리카 식민지 방위군 또한 화재와 카리브해의 모기들에 시달리고 있었다. 북아메리카 이외의 지역에 식민지 방위군(이하 식민군)을 배치하게 되자 곧 카리브 제도에 배치할 아메리카 식민군을 새로이 육성하자는 의견이 대두되었다. 가장 주목할 만한 영국군 원정은 1741년 4월 콜롬비아 카르타헤나 점령 작전이다. 스페인 무역의 중심지였던 이 항구도시는 스페인이 콜럼버스 교환을 통하여 남부 제국 전역에서 획득한 모든 것, 이를테면 귀금속과 보석, 담배, 설탕, 코코아, 이국적인 목재, 커피 그리고 퀴닌 등이 가장 먼저 드나드는 통로였다. 1727년에도 영국은 카르타헤나를 점령하려 시도했으나 침략군 4,750명 중 무려 84퍼센트에 이르는 4,000명이 모기가 지배하는 해안을 따라 항해하던 도중 황열병으로 세상을 떠나면서 총 한 발 쏴보지 못하고 물러나야 했다.

1741년 군사작전은 지난번 시도가 초라해 보일 만큼 규모가 컸다. '올드 그로그Old Grog'라고도 불리던 에드워드 버논Edward Vernon 제독이 이끄는 총 2만 9,000명의 병사가 카르타헤나 진격을 앞두고 있었다. 여기에는 '식민지들이 제공할 수 있는 모든 강도'라던 아메리카 식민지 정착민 3,500명도 포함되었다.[58] 그러나 질병에 길들지 않은 이 대규모 병력은 모기들 앞에서는 그저 황열병의 제물일 뿐이었다.

상륙 3일 만에 3,500명에 가까운 영국군이 모기에게 학살되었다. 작전은 가망이 없었으며, 버논은 한 달 만에 작전을 포기하기로 결정했다. "병사들의 병이 너무나 심각한 수준이었기에 그 유해한 환경에서 작전을 계속한다는 것은 완전한 붕괴를 초래하는 것이나 다름없는 일처럼 보였으므로 (중략) 전 함대가 자메이카를 향해 출항했다. (중략) 그렇게 작전의 고된 부분이 끝났다. 보편적 질병과 죽음이란 (중략) 분명 세상에 알려진 것들 중 가장 불쾌한 것들이었다. (중략) 모두가 엇비슷하게 죽어갔다. 병사들은 이 병을 쓸개즙 열병bilious fever이라고 불렀다. 이 병에 걸리면 5일 만에 세상을 떠났으며, 그보다 더 오래 산다고 해도 흑토병Black Vomit이라 불리는 한층 더한 고통에 시달리다 죽을 뿐이었다." 모기는 버논의 총 병력 2만 9,000명 중 무려 76퍼센트인 2만 2,000명의 목숨을 앗아갔다. 반면 스페인 방위군은 카르타헤나에서 5년간 주둔하면서 대부분 질병에 길들

---

58 술을 일컫는 은어 '그로그(grog)'는 버논 제독 덕분에 생겨난 말이다. 원래는 그 당시 괴혈병 예방을 위해 럼주를 물에 희석한 뒤 라임즙을 섞어 마시던 음료를 가리켜 그로그주라고 불렀다. 머지않아 버논 제독은 '올드 그로그'라는 애정 어린 별칭을 얻었다.

여진 상태였으므로 살아남을 수 있었다.

버논이 이끌었던 식민군 생존자 중에는 조지 워싱턴의 배다른 형, 로렌스 워싱턴Lawrence Washington이 있었다. 버지니아로 돌아온 로렌스는 가족 소유의 드넓은 토지 한편에 플랜테이션 농장을 세웠으며, 존경하는 사령관의 이름을 따 마운트 버논Mount Vernon이라고 부르기 시작했다. 이후 1752년 로렌스가 세상을 떠나면서 당시 20세였던 조지 워싱턴이 이 드넓은 토지를 물려받았다. 카르타헤나 원정은 영국인 병사들뿐만 아니라 로렌스를 비롯한 아메리카 식민지 정착민들에게도 막대한 피해를 입혔다. 아메리카 식민지 전역의 신문들이 재앙과도 같았던 원정을 대대적으로 보도하면서 식민지 정착민들의 집단적 의식에 쓰라린 상처를 남겼다. 7년 전쟁 도중 영국은 이번에는 아바나를 목표로 또 한 번의 카리브 제도 원정을 일으키고자 했으나, 식민지에서 자원하는 이는 별로 없었다. 카르타헤나의 표상이 식민지 의회 복도에 엄중하게 걸려 있었기 때문이다.

영국의 서큐버스 모기가 등장하는 카르타헤나 악몽이 그러했듯, 카리브 제도를 향한 제국주의들의 원정이 고립적이고 간헐적이지만 비교적 작은 규모로 계속되었으므로 결국 유럽 열강은 전 지구를 무대로 서로 충돌할 수밖에 없었다. 최초의 세계 전쟁은 유럽과 아메리카 대륙 전역, 인도, 필리핀 그리고 서아프리카를 전장으로 삼았던 7년 전쟁이다. 모기 매개 질병은 인도와 필리핀, 서아프리카의 식민지 지배권을 놓고 싸우는 영국군, 프랑스군, 스페인군 모두에게 영향을 미쳤다. 온화한 기후의 유럽 본국에서 곧장 출정한 유럽 병사들은 외국 전장에서 하나같이 길들지 않은 신참에 불과했으며, 모기 매개 질병은 모든 제국주의 열강의 군대를 어느 하나 빠짐없이 공평하게 방문했다. 대체로 모기는 북아메리카와 카리브 제도 식민지를 대상으로 한 다수의 군사작전과 그에 따른 인력 및 부대 배치에 한하여 영향을 미쳤다.

앞선 전쟁들로 아메리카 식민지에서 각 팀의 선수가 정해졌다. 영국 팀에는 아메리카 식민지 정착민들과 공격적인 이로쿼이 연맹이 속했고, 상대적으로 열세였던 프랑스 팀에는 무관심한 캐나다인들과 소수의 알곤킨 동맹 부족들이 속했다. 1761년 스페인이 참전을 결정하면서 프랑스 팀에 합류했지만 판세는 여전히 영국 팀에 기울어져 있었다. 동원 가능한 병력과 대체 인력이 영국 팀에 더 많았던 덕이었다.

유럽 열강의 정규군은 상대적으로 규모에서 크게 차이 나지 않았지만, 아메리카 식민지 정착민의 수는 프랑스령 정착민의 수보다 무려 스물세 배나 많았다. 영국은 또한 보다 강력한 원주민 동맹군들을 끌어들였다. 17세기 후반 비버 전쟁 당시, 이로쿼이 연맹은 오랜 적수들에게 복수할 목적으로 영국에 모피를 팔고 총기를 사들이는 한편, 사냥 영역을 확보하기 위해 수차례 군사 활동을 벌였다. 군사 활동으로 더 넓은 사냥 영역을 확보한 뒤 더 많은 모피를 얻고 총기로 교환해 보복을 계속해 나가는 식이었다. 당시 이들과 오래도록 전쟁을 벌이던 알곤킨족과 휴론족은 이미 한 세기 전부터 프랑스 화기에 접근했으므로 이로쿼이족의 화력을 능가한 터였다. 모피를 대가로 드디어 영국 무기를 손에 넣은 이로쿼이족은 북아메리카 동부 전역에 걸쳐 보복성 군사 활동을 전개했으며, 이후 드넓은 오대호 지역으로 그 분노를 돌렸다. 비버 전쟁은 모히칸족, 에리족, 뉴트럴족, 토바코족, 휴론족 혹은 연맹의 마지막을 장식했고, 쇼니족과 키카푸족, 오타와족 등 다른 부족들은 이로쿼이족의 맹렬한 학살을 피해 도망쳤다. 이로쿼이족은 단지 부족의 복수를 위해 싸웠을 뿐이었으나, 부지불식간에 영국인들과 아메리카인들이 정착할 자리를 만들어주었을 뿐만 아니라 프랑스의 원주민 동맹 대부분을 멸족에 가까운 수준으로 학살했다.

7년 전쟁은 실로 전 지구적 분쟁이었다. 전략과 인력 관리, 영토적 우선순위 등이 한데 얽혀 있었으며, 이에 따라 병력 배치의 우선순위와 규모가 정해졌다. 프랑스 입장에서는 퀘벡에서 얻을 수 있는 어획량과 목재, 모피를 사수하는 것보다는 유럽 대륙 내 전쟁을 수행하고 수익성 높은 카리브 제도 플랜테이션 식민지를 방어하는 것이 훨씬 더 중요했다. 그러나 카리브 제도의 설탕 및 담배 식민지를 지키는 데에는 큰 대가가 따랐다. 질병에 길들지 않은 프랑스 방위군은 카리브 제도에 새로 배치된 후 첫 6개월 동안에만 황열병과 말라리아로 절반이 세상을 떠났다. 모기 매개 질병은 아이티, 과들루프, 마르티니크와 여타 소규모 제도에 위치한 프랑스인 요새를 초토화시켰다. 프랑스군이 쓰러져나가자 퀘벡으로 갈 예정이던 증강 병력이 카리브 제도 요새들로 보내졌다. 결과적으로 카리브 제도의 모기들 때문에 캐나다에는 병력과 군수품이 부족해졌고, 캐나다에서 본국으로 보낸 청구서들은 모두 선반에 잠들어버렸다. 병사와 무기, 자금 등 전쟁에 반드시 필요한 요소들이 유럽에서 카리브 제도로 옮겨가고 있었다. 캐나다에 유의미한 방위군을 조금이라도 배치해보려던 프랑스 사령관 루이스 조제프 드 몽칼름의 노력은 카리브해 모기들 때문에 좌절되었다.

같은 시기 퀘벡에 천연두가 유행하면서 프랑스인과 캐나다인 그리고 퀘벡에 상주하던 원주민 동맹군을 자비 없이 죽였다. 1757년에 이르자 늘 병상에 누워 있는 이들이 3,000명에 이르렀으며, 매일 25명이 목숨을 잃었다. 불과 1년 만에 1,700여 명의 프랑스 병사가 세상을 떠났다. 이 유행병은 원래도 규모가 작았던 캐나다의 프랑스 다국적군으로부터 소중한 인력을 앗아갔다. 퀘벡의 천연두와 카리브 제도의 모기 매개 질병들이 프랑스의 모든 증강 병력을 좀먹고 있던 상황에서 캐나다는 취약한 채로 남겨졌다.

반면 귀중하고 수익성 높은 13개 식민지의 북쪽 지역을 확보하고자 했던 영국은 대규모 병사들과 자원을 캐나다 전장에 보냈다. 영국인과 식민지 정착민 사령관 및 병사들은 카리브 제도의 모기 매개 질병이 두려워 북아메리카로 보내달라며 탄원을 올렸다. 일반 사병들과 선원들이 카리브해로의 발령을 받아들이느니 아홉 가닥짜리 채찍으로 1,000대를 맞겠다는 이야기가 흔히 들려왔다. 반란을 일으키는 이도 있었으며, 장교들이 뇌물을 주고 빠져나가거나 사임하는 경우도 있었고, 수송선이 항해 도중 '사라지는' 일도 있었다. 모기 매개 질병으로 인한 사망률은 무시할 수 없는 수준이었으며, 영국군 상급 사령부에서도 엘리트 군인들을 열대 지방에 보내고 싶어 하지 않았다. 그 바람에 카리브 제도 배치는 형벌의 일환으로 활용되었다.

원정군에 병력을 보내라는 요구가 날아들자 각 아메리카 식민지

의회들은 당황한 기색을 감추지 못했다. 카리브 제도 원정이라는 말이 나돌기가 무섭게 자원병의 발길이 끊겼다. 캐나다 정복이 마무리되었던 1760년 전까지만 하더라도 당시 민병대 대령이었던 조지 워싱턴을 포함한 대부분의 식민군 부대는 북아메리카 전장에 배치되어 영국 팀에 힘을 실어주었다. "타 지역 복무를 위해 아메리카에서 군사를 모집하는 일은 흔치 않았다." 에리카 차터스Erica Charters가 7년 전쟁 동안의 질병을 상세히 연구한 저서에서 지적했다. "이러한 일이 있었던 가장 최근 사례는 재앙과도 같았던 1741년 카르타헤나 원정 때였다. (중략) 카르타헤나에서의 경험은 '자의식 강한 아메리카니즘Americanism'의 발달을 독려했다." 이 실패한 원정 동안 모기 매개 질병으로 인한 사망률이 어마어마한 상황에서, 영국 장교 윌리엄 블레이크니William Blakeney는 아메리카 식민지 정착민들이 "그들 자신에게 큰 가치를 두고 있는 듯하며, 생각이 그들 몫이라고 여기는 듯"하다고 불길하다는 듯 경고했다. "특히 유사시 그들이 모국에 제공할 수 있는 조력에 관해서라면 더더욱 그러하다. 또한 이들은 성장하는 세력이므로 약속된 것과 기대했던 바가 충족되지 않는다면 다음번 비슷한 상황이 생겼을 때 본능적으로 고민하게 될지도 모른다." 블레이크니는 점진적으로 자라나는 아메리카의 자신감과 지평선에서 깜빡이는 혁명의 불씨를 기민하게 알아차린 셈이었다.

영국은 아메리카 대륙에서 프랑스령 캐나다와 카리브 제도를 목표로 두 차례 원정에 나섰다. 두 원정은 목표가 지리적으로 떨어져 있었으나 전략적으로는 연관되어 있었다. 1758년 암허스트 장군이 이끄는 영국군은 아카디아라 불리던 프랑스령 대서양 연안 지역을 점령했으며, 약 1만 2,000명의 아카디아인을 추방했다. 이때 쫓겨난 아카디아인들이 전쟁의 막바지에 가이아나의 악마 섬으로 가 모기에게 사형 선고를 받은 후 겪었던 충격적이고 소름끼치는 이야기는 잠시 후 살펴보도록 하자. 1759년 1월, 영국은 프랑스령 카리브 제도의 마르티니크 요새를 공격했으나 실패한 뒤, 해당 군사를 1759년 5월 점령한 과들루프에 재배치했다. 그러나 모기는 승리에 대한 대가를 치르려는 듯 6,800명의 영국군 중 46퍼센트를 죽였다. 남겨진 1,000여 명 중 1759년 말까지 800여 명이 황열병과 말라리아로 세상을 떠났다.

수익성 좋은 프랑스령 설탕 섬들에 대한 영국의 위협 또한 경종을 울렸다. 이즈음 프랑스가 중립국 스페인으로부터 막대한 차관을 들여오면서 프랑스 대 영국 전쟁에 대한 관심이 고조되었다. 돈벌이가 되는 플랜테이션 식민지들을 잃는다면 아메리카 대륙뿐만 아니라 본무대인 유럽 대륙에서도 프랑스는 심각한 타격을 입을 터였다. 프랑스는 캐나다 방위군을 줄이는 한편 모기가 운영하는 열대지방의 용광로에 길들지 않은 보강 병력을 끊임없이 밀어 넣었고, 그 바람에 캐나다는 그대로 노출되었다.

캐나다에 대한 프랑스의 허술한 지배는 1759년 9월 막을 내렸다. 젊고 재능 있으며 거만했던 영국군 사령관 제임스 울프 소장은 모든 수단을 동원하여 퀘벡을 점령하겠다고 마음먹었다. 매우 열성적이었던 울프는 상관 제프리 애머스트 장군에게 다음과 같이 말했다. "해상 사고나 적군의 저항, 질병, 군대 내 살육, 혹은 다른 모종의 이유 때문에 마지막 순간까지 견뎌도 퀘벡이 우리 수중에 떨어지지 않을 것 같으면, 저는 마을에 불을 지르고 포탄을 퍼부어 농작물과 집, 가축을 위아래로 망가트려 가능한 한 많은 캐나다인을 유럽으로 돌려보내고 저희 등 뒤에 기근과 황량함만 남도록 할 것을 제안합니다. 훌륭하고 참으로 기독교적인 해결책이리니belle réesolution & trèes chréetienne! 그러나 우리는 그 악당들에게 보다 신사적인 태도로 전쟁을 치르는 방법을 가르쳐야 합니다." 그러나 이토록 공격적이고 타협 없는 전술을 펼칠 필요도 없었다. 울프가 이끄는 영국군은 수적으로나 위치 면에서나 열세였던 루이스 조제프 드 몽칼름 휘하의 프랑스군을 퀘벡 아브라함 평야에서 순식간에 무찌르면서 훗날 영국인 정착민들이 쏟아져 들어와 오늘날의 캐나다를 탄생시킬 길을 닦았다. 비록 울프는 몽칼름과 함께 아브라함 평야에서 전사했지만 애머스트 장군은 계속 싸움을 이어나간 끝에 이듬해 몬트리올의 항복을 이끌어냈다. 카리브 제도 모기들이 도운 가운데, 캐나다는 이제 공식적으로 영국령이 되었다.

영국은 캐나다를 정복한 데 이어 카리브해에 자원을 쏟아 붓기 시작했다. 1761년, 스페인이 귀중한 식민지를 지키는 한편 군사적으로나 경제적으로 지친 동맹국 프랑스를 원조하기 위해 정식으로 참전했다. 영국은 이제 새로운 목표물을 노렸는데, 제1 목표가 바로 아메리카 내 스페인 상업의 핵심, 아바나였다. 그러나 프랑스령 마르티니크에 대한 제2차 공격이 먼저 전개되었다. 1762년 2월 마르티니크가 항복을 선언하자 영국인들은 계속해서 프랑스령 제도인 세인트루시아와 그라나다, 세인트 빈센트를 점령해 나갔다. 영국 식민지 설계자들은 이와 같은 소규모 식민지들이 훗날 평화 협상에서 외교적 지렛대이자 쓸모 있는 패가 되리라 생각했다. 전략가들은 이제 '인도 제도의 열쇠' 아바나에 시선을 고정했다.

약 1만 1,000명에 달하는 대규모 영국군이 바르바도스에 결집했다. 애머스트는 여기에 다수의 식민지로부터 '지방 출신' 병사 4,000여 명을 추가로 증원할 예정이었다. 애머스트는 "올 여름은 유럽인들의 건강에 좋지 않으므로 일을 단축하고 완화하려면 그들(즉, 아메리카 태생)이 매우 적합하고 또 필요할 것"이라는 조언에 따라 아메리카 식민지인들만 모집하고자 했으나 결국 인원을 채우는 데에는 실패했다. 식민지인들은 카리브 제도의 모기 매개 질병이 그들을 기다리고 있다고 확신하거나 적어도 예상했으므로 자원을 꺼렸다. 뉴햄프셔 총독은 "사람들이 일반적으로 서인도 제도에서 복무할 것이라는 끔찍한 생각을 가지고 있다"면서 "할리팍스, 퀘벡, 혹은 몬트리올의 부대에서 복무할 것이라고 확언할 수 있지 않는 이상" 할당량을 채울 수 없을 것이라고 보고했다. 뉴욕 대표단 또한 자원병이 "북아메리카에서만 복무하기를 그리고 복무 기간이 끝나면 주로 귀환하기를" 요구한다고 강조했다. 결국 애머스트 장군이 각지를 위협한 끝에 주로 북부 출신의 길들지 않은 식민지인 1,900명과 영국 정규군 1,800명이 쿠바로 출항했다.

1762년 6월 아바나에 도착한 영국 함대는 총 인구 5만 5,000명의 아바나를 포위했다. 약 1만 1,000명에 달했던 방위군은 성공적인 방어의 열쇠가 모기 매개 질병임을 알고 있었으며 "열병과 학질은 유럽인 육군 부대를 파괴하기에 충분"하다고 말했다. 쿠바는 오랜 세월 모기 잔혹사를 이어왔다. 이 섬의 생태계는 아프리카 바깥에서 숲모기와 얼룩날개모기가 번성하기 가장 좋은 곳들 중 하나였다. 이곳에는 콜럼버스가 도착한 이래 말라리아가 만연해 있었다. 1648년 처음으로 등장한 황열병 또한 매해 찾아왔으며, 몇몇 해에는 다른 때보다 유독 심각한 피해를 입혔다. 열두 차례의 유행성 황열병이 평년보다 심각한 수준으로 섬을 초토화시켰고, 가장 심각했던 때에는 총 인구의 최대 35퍼센트가 목숨을 잃었다.

그러나 1762년 6월과 7월, 영국군이 첫 군사작전을 펼치는 동안 아바나의 모기 용병 방위군은 무단으로 전장을 이탈했다. 아예 찾아오지 않은 것이다. 보통이라면 우기가 5월 초에 시작되어 6월에 절정에 달하지만 그해에는 엘니뇨 때문에 지연되고 있었다. 이는 곧 모기들의 번식기도 미루어진다는 의미였으므로 유행병이 도는 계절 또한 뒤로 미루어졌다. 유달리 건조했던 봄 날씨 덕분에 영국군은 비교적 건강한 상태를 유지하며 해안 교두보를 확보하고 아바나 교외 지역을 장악할 수 있었다. 그러나 영국군은 승리하기에 앞서 우선 죽음과의 싸움을 이겨내야만 했다. 어느 참전 병사의 기록에 따르면 7월 말 즈음 "아메리카에서 증강 병력이 도착하면서 처진 사기를 크게 진작시켜주었다." 그런데 이들이 쿠바에 상륙하면서 모기들도 겨울잠에서 깨어났다. 굶주렸던 모기들은 곧바로 광란의 만찬을 벌이기 시작했다.

그러나 아바나 총독은 이미 도시 주민들을 대피시킨 뒤였다. 그는 모기 매개 질병이라는 방어 수단 없이는 승부가 되지 않는다는 것을 잘 알고 있었다. "비와 모기와 바이러스 또한 타이밍이 맞아야 한다. (중략) 8월 들어 드디어 뒤늦은 우기가 시작되면서 수많은 모기들이 왕성하게 활동하고 황열병이 유행하리라는 사실을 알았더라면 그 또한 좀 더 오래 버텼을 것이다." J. R. 맥네일이 저서에서 이 사건을 훌륭하게 묘사하며 주장했다. "그러나 그는 알지 못했으며 (중략) 1762년 8월 14일 항복하고 도시를 넘겨주었다." 아바나 항복으로부터 이틀 후를 기준으로 영국군 병사들 중 임무 수행이 가능한 병사는 39퍼센트에 불과했다. "우리의 병세는 줄어들기는커녕 날마다 거세지고 있다." 어느 선임 장교가 10월 초입에 남긴 기록이다. "항복 이후 묻은 시체가 3,000구에 달하며, 유감스럽지만 병상에 누운 이도 많다." 만족을 모르는 모기들이 계속 사망자를 늘려갔으며, 10월 중순이 되자 터무니없는 수준에 이르렀다. 총 병력 1만 5,000명 중 고작 6퍼센트에 불과한 880명만이 임무 수행이 가능한 상태였다. 모기는 전군의 3분의 2를 집어삼켰으며, 불과 3개월 만에 1만 명의 목숨을 앗아갔다. 전투로 사망한 전사자 수는 영국군과 식민지인을 합쳐 700명도 되지 않았다. 의사들이 최선을 다하여 감염병과 사투를 벌였으나, 당시 의학적 지식은 실제로 지식이라기보다는 추측과 미신에 가까웠다.

전체적으로 기이하고 때때로 야만적이기까지 했던 당시의 치료 요법은 당대 사람들이 모기 매개 질병을 비롯한 대부분의 질병에 대하여 원인을 전혀 파악하지 못했음을 보여준다. 환자들은 어떤 '요법'들이 기다리고 있는지 알고 있었으므로 대부분 조악한 병원과 그곳에 상주하는 의사를 찾아가지 않았다. 한 병사는 아바나에서 황열병에 걸린 뒤 병원에 가라는 상관의 명령에 이렇게 답했다. "저는 정말로 괜찮습니다. 만일 괜찮지 않다면 차라리 스스로 단칼에 찌른 뒤 병원에 가 수많은 이와 함께 죽음을 맞이하겠습니다." 그러나 그는 검을 꺼내들지도 못한 채 그날이 끝나기 전에 세상을 떠났다. 일반적으로 동물성 지방이나 뱀독, 수은, 곤충 가루 등을 섭취하는 요법이 성행했다. 인간의 신선한 소변으로 목욕하는 고대 이집트 요법 또한 여전히 사용되었으며, 본인의 소변을 마시는 요법도 널리 사용되었다. 피 뽑기, 물집 만들기, 거머리 붙이기, 부항 뜨기 또한 주로 사용되던 요법들이었으며, 갓 죽인 비둘기나 얼룩 다람쥐의 뇌를 습포제처럼 피부에 붙이는 민간요법도 쓰였다. 술과 커피, 아편, 대마초를 상당량 섭취하는 방식은 다른 요법들과 마찬가지로 효능은 없었으나 적어도 감각을 둔화하고 고통을 완화해 끔찍한 고통을 달래주기는 했다. 퀴닌 또한 사용되었지만 값이 비쌌다. 재고가 늘 부족했으므로 적은 양만 처방하여 효과를 보지 못하거나 장교들을 위해 아껴두는 경우가 허다했다. 또한 오늘날의 코카인과 길거리 마약류처럼 다른 물질을 퀴닌과 섞어 섭취하면서 유효성분과 효능이 저하되기도 했다.

질병이 아니라 요법이 환자를 죽이는 경우도 잦았다. 토머스 제퍼슨은 "최신식 이론에 따라 치료를 받은 환자들은 그 약물에도 불구하고 간혹 회복하는 경우가 있다"고 우스갯소리를 하기도 했다. 대부분의 환자는 요법을 받느니 차라리 병마에만 시달리는 편을 택했다. 이처럼 부정확했던 의술과 미아스마 이론으로 인해 모기 매개 질병의 원인을 잘못 파악했던 탓에, 7년 전쟁 동안 아메리카 대륙에서 유럽인들이 벌였던 군사작전은 모두 병마에 잡아먹혔다. 말라리아와 황열병, 뎅기열 발병률이 높았던 지역, 예컨대 카리브 제도와 미국 남부는 모기가 들끓는 블랙홀로 거듭났다.

영국은 쿠바를 점령하는 데 성공했지만 너무나 많은 인력과 자원을 소모한 탓에 또 다른 스페인령 영토나 프랑스령 루이지애나를 탈취하려던 계획은 폐기해야 했다. 벤저민 프랭클린은 "이제는 거의 몰락한 용감한 참전용사들의 군대 내에서 질병들이 일으켰던 끔찍한 대혼란을 생각한다면" 아바나가 "이번 전쟁에서 사들인 점령지 중 가장 값비싼 곳"이라고 평했다. 영국의 시인이자 작가, 어휘학자였던 새뮤얼 존슨Samuel Johnson 또한 개탄했다. "조국이 두 번 다시는 그 같은 점령의 저주를 받지 않기를!" 영국은 군사력 면에서든 재정 면에서든 상대편만큼이나 큰 타격을 입었다. 영국의 정치인 이삭 바레Isaac Barrée는 "전쟁은 승리의 행진이라기보다는 장례식처럼 길거리에 끌려 다닌다. 재정이 바닥났으며 자원도 대부분 끊겼다"며 의견을 개진했다. 길들지 않은 병사들과 대체 병력은 다양한 국적의 카리브 제도 식민지들을 계속해서 순환했으며, 이들 중 50퍼센트를 넘어 거의 60퍼센트에 육박하는 병사가 계속 모기 매개 질병으로 죽어나갔다. 모기는 서로 경쟁하는 유럽 열강들로부터 주도권을 빼앗아왔다. 역사에는 영국의 승리로 기록되었으나, 영국 또한 전쟁을 거치며 상대국만큼이나 많은 것을 소모했고 승전국의 지위를 활용하지도 못했다. 모기에 물어뜯긴 병사들과 바닥난 은행 잔고를 가지고 가식과 허세를 부려본들 아무런 위협이 되지 못할 터였다. 엉망진창이었던 이 상황을 타개할 유일한 방법은 협상과 타협뿐이었다.

결국 아바나와 마르티니크, 과들루프와 여타 제도에서 겪었던 무시무시한 고통과 수많은 인명피해는 모두 물거품이 되었다. 진정한 승자는 '유럽의 맛' 뷔페에서 한자리 차지하고 앉아 잔치를 벌였던 카리브 제도의 게걸스러운 모기들뿐이었다. 1763년 2월, 전리품을 정리하는 파리 조약이 체결되었으며, 유럽 국가들은 전쟁 이전의 국경을 유지하기로 합의했다. 식민 제국 전역에서도 대체로 전쟁 이전의 현상이 유지되었다. 주인이 바뀐 영토는 거의 없었다.

영국의 협상가들이 정말로 고민했던 문제는 프랑스를 어떻게 할 것이냐 하는 것이었다. 협상가들은 곧 영국이 기존의 캐나다 식민지와 프랑스로부터 새로이 획득한 카리브 제도를 모두 유지할 만한 여력이 남아 있지 않다는 것을 알아차렸다. 영국 스스로도 약한 패를 쥐고 있다는 점을 잘 알고 있었으며, 프랑스도 이를 알고 있었다. 결국 영국은 캐나다를 유지하는 대신 카리브 제도를 포기했다. 아메리카 식민지 북쪽 측면을 지키는 일이 카리브해와 해외 영토보다 더 우선이었다. 영국군이 모기에게 수많은 병사를 내어주면서 획득했던 마르티니크와 과들루프는 자그마한 세인트루시아와 함께 프랑스에 반환되었다. 영국은 카리브해 남부 소앤틸리스 제도의 작은 섬 세 개와 스페인령 플로리다를 얻었고, 아바나는 스페인에 반환했다. 루이지애나는 프랑스령에서 스페인령이 되었으나 이후, 나폴레옹 치하의 프랑스에 비밀리에 반환되었고, 얼마 후인 1803년 미국에 판매되었다. 프랑스는 인도에 대한 영국의 모든 식민지 권한을 박탈했고, 그 대가로 뉴펀들랜드에서 남쪽으로 16마일 떨어진 자그마한 섬 두 개와 그랜드 뱅크에서의 어획권을 넘겨주었다. 이로써 95제곱마일의 생피에르 미클롱이 북아메리카에 남은 마지막 프랑스 영토가 되었다. 영토나 경제 측면에서 캐나다에 속해야만 할 것 같은 생피에르 미클롱은 오늘날까지도 프랑스의 공식적 해외 자치 준주로 남아 있다.

그러나 캐나다는 명목상으로만 영국의 식민지였다. 무기를 들어 올릴 정도의 애국주의적 열성도, 프랑스와의 굳은 유대감도 딱히 없었던 얼마 되지 않는 캐나다 식민지인들은 7년 전쟁 이후에도 고유의 영주제와 관습법, 언어, 가톨릭 신앙, 문화를 그대로 유지했다. 영국 왕실에 충성을 맹세했다는 점만 제외한다면 이들 캐나다인과 '퀘벡인'의 삶은 대체로 별다른 영향을 받지 않았으며, 전쟁 이전의 현상을 이어갔다. 캐나다의 적은 인구 중 대부분이 프랑스인이었으며, 이 구성은 미국 독립 혁명 발발 이후 영국인 왕당파가 대거 쇄도하기 전까지 유지되었다.

그러나 프랑스령 해안의 아카디아인들은 캐나다와는 완전히 다른 전략적 상황에 직면해 있었다. 아카디아인들은 전쟁에 대규모로 참전한 바 있으며, 새로운 지배자에게도 충성을 맹세하지 않았다. 영국인들은 평화가 수립된 직후에도 이들이 반란을 일으킬 가능성이 높다고 보았다. 환대받지 못한 아카디아인은 불충한 위협 세력으로 낙인찍힌 끝에 '대추방Great Expulsion'이라 불리는 기간 동안 국외로 강제 추방되었다. 여기에 가이아나의 불지옥에 사는 모기들이 더해지면서 식민주의 일대기를 통틀어 가장 기이하고 불명예스러운 사건이 촉발된다.

규모가 상당했던 아카디아인 난민들은 찰스턴부터 남대서양의 포클랜드 제도까지 아메리카 대륙을 이리저리 오간 끝에 스페인의 허가를 받아 루이지애나에 정착했으며, 그곳에서 오늘날까지 맥을 이어오고 있다. 고립된 채 생활했던 세월 동안 아카디아인들은 오늘날의 케이준 문화를 발달시켰다. '케이준Cajun'이라는 말 자체도 '아카디안Acadian'에서 비롯된 단어이다. 그러나 아카디아인 중 일부는 새로운 프랑스인 정착촌 건설에 동원되어 1763년 남아메리카 북부 해안의 가이아나로 수송되었다. 이들이 발을 디딘 식민지는 흔히 악마섬Devil's Island이라 불리는 곳이었다.

프랑스는 7년 전쟁으로 인한 영토 변화에 크게 낙담했다. 영국은 전 지구적 지도 위에 더 많은 깃발을 꽂았고, 스페인은 기존 영토를 유지한 반면 프랑스는 빼앗겼으니 말이다. 전쟁이 끝나자 아메리카에서 프랑스가 밀린 이유가 프랑스에 충성을 바치는 식민지인이 거의 없다시피 했기 때문이라는 인식이 퍼졌다. 영국령 아메리카 식민지인들은 비교적 대규모로 참전했고, 스페인의 카리브해 방위군도 마찬가지였다. 캐나다를 상실한 터라 프랑스는 카리브 제도의 식민지인이 전부였다. 하지만 대부분 노예였기에 최선의 경우라도 정치적으로 도움이 되지 않을 터였고, 최악의 경우라면 프랑스에 악의를 품고 반란을 일으킬 수도 있었다. 게다가 식민지에 거주하는 프랑스 국민이 거의 없었으므로, 영국이 7년 전쟁에서 그러했듯 언제 또 식민지 전쟁을 벌이고 이 식민지들을 탈취해갈지 알 수 없었다. 이 식민지들을 방어하기 위해서는 지역 자원, 즉 질병에 제대로 길들여진 프랑스인 정착민이 필요하다고 판단했다. 이들은 가이아나에 바로 요새를 건설하는 한편 이곳을 기반으로 열대 버전의 퀘벡을, 운이 따라준다면 캐나다령 아카디아 자체를 재현하고자 했다.

프랑스는 1664년 가이아나에 소규모 전초기지를 세워두었으나 보고된 바에 따르자면 이 식민지는 "건설 이후 별다른 진전을 보지 못하였으며, 무기력한 부랑자 식민지인 집단으로 구성되어 있었으므로 대체적으로 국왕에게 저주나 다름없었다." 7년 전쟁이 끝날 무렵 가이아나에는 575명의 프랑스인들과 약 7,000명의 아프리카 자유민 및 노예들이 거주했는데 모두 카옌 정착촌에 거주했다. 염성 갯벌과 매너티(바다소)가 사는 맹그로브로 이뤄진 이 식민지는 모기들의 유토피아였다. 1763년 프랑스가 시행한 예비조사에서는 현재 이곳 주민들의 "주된 사업은 쾌락을 찾는 일이며, 이들에게 걱정거리가 있다면 쾌락이 모자라다는 걱정뿐"이라는 가감 없는 말이 기록되어 있다. 상황이 이러하였으므로 가이아나는 본국에 버림받은 외딴 식민지에 불과했다. 기묘하지만, 카옌 정착촌 이외의 지역에 사는 가이아나 식민지인들도 있기는 했다. 소수의 예수회 사제들과 몇몇 원주민 그리고 아프리카인 개종자들이 정착촌으로부터 35마일 떨어진 쿠루Kourou의 선교교회에서 수도원 생활을 하고 있었다.

1만 2,500명이 토지 소유와 노예들이 생산하는 풍부한 설탕 및 담배 농작물 그리고 엘도라도의 부를 꿈꾸며 쿠루로 출항했다. 이들은 대부분 전쟁으로 쑥대밭이 된 프랑스와 벨기에 출신이었으며, 소수의 아카디아인과 캐나다인, 아일랜드인도 있었다. 절반가량이 20세 이하였다. 미혼 남녀 정착민들에게는 지역 원주민과의 결혼을 권했는데, 이는 온전히 가동되는 식민지를 가능한 한 빨리 구축하기 위함이었다. 1763년 크리스마스 당일, 이 초기 정착민들은 유토피아의 꿈을 안은 채 쿠루에 발을 디뎠다. 이들의 계획은 질병에 길들여진 강력한 프랑스계 식민지인의 선봉장이 되어 영국을 무찌르고 7년 전쟁에서 프랑스가 당한 수모를 갚는 것이었다.

배 한 가득 탄 정착민들이 첫 번째 수송 물자들과 함께 쿠루에 쏟아져 내렸다. 활판 인쇄 기계는 없었지만, 이들이 가져간 물자는 스코틀랜드인들이 다리엔에 가져간 물품만큼이나 이상했다. 캐나다가 영국의 손아귀에 넘어간 상황에서 프랑스 당국은 아무것도 모르고 열대 쿠루로 향하는 정착민들에게 스케이트와 양모 털모자를 비롯해 캐나다인들의 옷장에 잠들어 있던 겨울 필수품 및 생활용품을 떠넘겼다. 식민지 시대의 전형적인 헛짓거리였다. 정착민들은 수많은 사람과 그들이 가지고 온 아이스하키 장비를 둘 자리를 마련하기 위해 당시에도 이미 악마 섬이라고 불리던 해안 부근의 한 섬에도 정착촌을 꾸렸다. 이때부터 쿠루는 빠르게 지옥 같은 실낙원으로 전락했다. 1764년, 악마 섬은 그 이름과 고대의 악마 신들에 걸맞은 모습을 보여주었다. 모기들이 역사에서 손꼽힐 만큼 치명적인 삼두 케르베로스 유행병, 즉 황열병과 뎅기열, 말라리아를 일으켜 1년 만에 정착민의 90퍼센트인 1만 1,000명을 죽인 것이었다.

악몽 같은 상황이었지만 다른 누구도 이 섬을 원하거나 감히 점령하려 들지 않았기 때문에 계속해서 프랑스 국왕에게 내려진 저주로 남겨졌다. 버려진 채 잊혀가던 이 섬은 훗날 프랑스 대혁명 도중 정치적 반대자들을 비롯한 극단적 문제자들을 유배하는 임시 죄수 유형지로 활용되었으며, 1852년에는 복합 유배시설이 들어서면서 본격적인 유형지가 되었다. 이제 악마 섬은 프랑스 버전의 잔혹한 앨커트래즈섬(미국 캘리포니아주의 감옥 섬)으로 변모했다. 야만적인 대우와 굶주림, 악랄한 모기 매개 질병 때문에 75퍼센트에 달하는 죄수가 사망했다. 악마 섬 유배시설은 1953년이 되어서야 문을 닫았다.[59] 쿠루와 기존의 유형지 대부분은 오늘날 유럽우주국ESA의 우주기지 및 발사장으로 이용된다. 7년 전쟁의 여파로 발생한 프랑스의 다리엔, 악마 섬 사태는 이미 파산 상태였던 프랑스 경제에 다시금 타격을 입혔다. 그나마 불행 중 다행으로, 영국 경제는 프랑스보다 더 깊은 수렁에 빠져 있었다.

7년 전쟁과 모기들은 영국의 재정을 바닥냈다. 유럽에 찾아온 평화의 이면에서 폰티악이 반란을 일으키기 직전, 제프리 애머스트 장군은 당시 영국군의 상태를 점검하면서 "연대 하나에 상당한 (전력) 감소"가 있다고 기술했는데, 왜냐하면 해당 부대가 "아바나에서 왔기 때문이었다. 일반 사병은 물론 장교들 중 일부도 여전히 질병의 잦은 재발을 겪고 있었다." 아바나의 모기 게릴라군은 열대지역뿐만 아니라 그 너머에서 일어난 사건들에도 영향을 미쳤다. 이들이 그린 충돌 노선은 영국과 아메리카 식민지 사이에서 시작해 혁명을 향해 곧장 뻗어나가면서 세계를 바꿔놓을 터였다. 프레드 앤더슨Fred Anderson은 당시의 분쟁을 상세하게 다룬 900페이지 분량의 역

---

59 이곳에 수감되었던 죄수들 중에는 악명 높은 드레퓌스 사건(Dreyfus Affair)에서 독일군에게 군사기밀을 넘겨준 혐의로 1895년 반역죄 유죄 판결을 받은 알프레드 드레퓌스(Alfred Dreyfus)가 있었다. 또 다른 유명인으로는 1930년대 살인죄로 악마 섬에서 복역한 앙리 샤리에르(Henri Charrière)가 있다. 1969년, 그는 이곳 유형지에서의 경험과 끔찍하고 비인간적인 대우를 상세히 담은 책 『빠삐용(Papillon)』을 펴냈다. 이 책은 1973년 스티브 맥퀸(Steve McQueen)과 더스틴 호프만(Dustin Hoffman) 주연의 동명 영화로 제작되었으며, 2017년 찰리 허냄(Charlie Hunnam)과 라미 말렉(Rami Malek) 주연의 동명 할리우드 영화로 리메이크되기도 했다. 역사적 분석을 통해 밝혀진 바에 따르자면, 샤리에르의 '회고록'이라는 이 소설은 거의 모든 내용이 사실과 다르다. 오늘날 『빠삐용』은 거의 허구에 가까운 소설로 여겨지거나, 마르코 폴로의 여행기와 마찬가지로 자신의 경험에 다른 이들의 이야기를 더하여 한껏 꾸민 이야기로 여겨진다.

작 『전쟁의 도가니Crucible of War』에서 다음과 같이 설명했다. "애머스트 본인 또한 잘 알고 있었듯, 그에게는 각 식민지에 민병대를 요청하거나, 아바나 연대에서 병약자들을 징집하여 수비군에 합류시키거나, 건강한 병사를 샅샅이 골라내 피트 요새와 디트로이트에 지원군으로 보내는 등의 선택지가 있기는 했으나 모두 임시방편에 불과했으며 기껏해야 시간벌이밖에 되지 못할 터였다." 영국은 더 이상 시간을 허비할 수 없었다.

카리브해 모기들은 영국의 자금과 인력을 바닥내는 데 일조했으며, 앤더슨의 말을 빌리자면 "전쟁 막바지 질병으로 인한 끔찍한 인명 피해"에도 한몫했다. 정부 기록에 따르면, 7년 전쟁 도중 카리브해에 배치한 병력 총 18만 5,000명 중 72퍼센트인 13만 4,000명을 "질병 및 탈영으로 상실"했다. 영국 부채도 전쟁을 거치면서 7천만 파운드에서 1억 4천만 파운드(오늘날의 가치로 환산하면 20조 달러)로 두 배가량 늘어났다. 그 이자만 해도 연간 정부 세입의 절반에 달했다. 폰티악 반란에 대한 영국의 대응은 한 푼이라도 아껴보려는 전략이었으며, 동시에 천연두 담요 술책이 실패로 돌아가자 폰티악과 원주민들을 회유하기 위해 꺼내든 해결책이기도 했다.

1763년 10월, 폰티악과 그 동맹 부족들이 전장을 점령한 가운데 1763년 선언이 발효되면서 애팔래치아 산맥 서쪽에 대한 식민지 정착촌 건설이 금지되었다. 선언선Proclamation Line 서쪽 땅부터 미시시피강과 스페인령 루이지애나 경계에 이르는 이 중간 지대는 법적으로 '원주민의 점유와 사용'만 허용되었다. 원주민에 대한 식민지인의 뿌리 깊은 혐오는 영국을 값비싸고 의미 없는 일련의 끝없는 접경 지역 분쟁으로 끌어들였다. 비용 절감 조치였다고밖에 할 수 없는 이 선언선은 본래 서부 접경 지역의 평화를 되찾기 위해 정착민과 원주민을 가른 구분선이었다. 오직 아메리카인(그리고 오늘날의 미국인)만이 7년 전쟁을 가리켜 '프렌치-인디언 전쟁'이라 칭했던 데서도 하나님이 명령한 '명백한 운명' 즉 서부로의 개척을 원주민들이 방해한다는 아메리카인의 인식을 엿볼 수 있다. 이와 같은 아메리카 식민지인들의 원한을 고려한다면, 영국은 재정난의 압박으로 1763년 선언을 비준하면서 폰티악을 회유했던 동시에 정착민들을 푸대접한 셈이었다.

수많은 아메리카 식민지인이 이 독단적인 배신에 격분했다. 아메리카에서는 현지 태생 인구가 급증하고 있었으며, 서부에 대한 관심도 커지고 있었고, 이민자들 또한 여전히 유입되고 있었다. 이러한 상황에서 영토를 확장할 유일한 방법이 법적으로 금지된 셈이었다. '지방군provincial'으로 불리던 식민지 민병대는 7년 전쟁에서 '붉은 외투Redcoats' 영국 육군과 함께 카리브 제도와 북아메리카를 무대로 싸웠으며, 그중 많은 이가 영국의 오만과 자만심 때문에 헛되이 목숨을 잃거나 모기에게 희생되었다. 또한 식민지인은 영국의 승리에 일조했음에도 기존의 프랑스 영토였던 서부 변방을 전리품으로 할양받지 못했다. 그것도 모자라 선언선을 순찰하고 수비하는 비용까지 내야 할 지경이었다. 식민지 방위비용은 연간 22만 파운드에 달했으며, 영국은 식민지인이 각 식민지의 방위비를 어느 정도 부담하기를 바랐다. 영국은 1764년의 '설탕법'부터 10년 후의 '참을 수 없는 법Intolerable Acts'까지 일련의 악명 높은 조세와 관세를 부과하여 방위비 지출을 회수했다. 그러나 가장 심각한 문제는 세금이 아니었다.

아메리카 식민지인은 대영 제국에 소속된 어느 누구보다도 가장 적은 세금을 납부했다. 영국인 평균 납세금액에 비하면 10분의 1 가량이었다.[60] 혁명 이전 10년 동안 식민지에 추가 통행료와 관세가 부과되었으나, 이로 인한 전체 조세 증가율은 약 2퍼센트에 불과했다. 진짜 문제는 식민지 대표가 없는 영국 의회에서 과세가 결정되었다는 사실이었다. 서민원(영국 의회 하원)의 영향력 있는 지도자 윌리엄 피트William Pitt는 눈덩이처럼 불어나는 부채가 위험하다는 사실을 간파하고 있었다. "과거의 모든 실험에 대한 비용은 제외하고서라도 부채가 8천만 파운드까지 축적된 가운데, 이 막대한 재정 문제를 새로운 차관으로 조달하겠다고 생각한다면 누가 그 결과를 책임질 것이며, 우리가 몰락한 고대 국가들의 운명을 따라가지 않을 거라 누가 보장해 주겠는가?" 머지않아 영국은 수익성 높은 아메리카 식민지를 상실한 책임을 스스로 짊어지게 될 터였다.

많은 식민지인에게 7년 전쟁 그리고 그 여파로 발생한 폰티악 전쟁 및 1763년 선언 등은 아메리카의 새 시대를 알리는 전환점이었다. 식민지인은 각 식민지 의회와 함께 대영 제국 내에서 아메리카가 점하는 위치 및 모국과의 관계를 재평가하기 시작했다. 의외로 이러한 과정을 통해 아메리카가 영국과 평등하고 균형 잡힌 관계를 조성할 수 있으리라는 기대감이 생겨났다. 그러나 실상은 정반대였다. 앤더슨의 훌륭한 설명을 빌리자면, 상황이 달랐더라면 "워싱턴

60 세율은 식민지마다 달랐다. 예를 들어 매사추세츠의 조세는 잉글랜드에 부과되는 조세보다 5.4배 가벼웠던 반면, 펜실베이니아에서는 모국에 산정되는 것보다 무려 35.8배나 적었다.

이나 프랭클린과 같이 대영 제국의 프레임워크 내에서 명예와 부와 권력을 추구하는 편을 선호했을 아메리카 지도자들 또한 아메리카가 물려받은 권리와 자유의 언어에 새롭고 보편적인 의미를 부여하는 방식으로 자주독립 문제를 대할 수밖에 없었다. (중략) 어떤 상황에서도 제국주의자로 살아왔던 아메리카인들이 혁명가들로 거듭난 것이다." 영국이 동의 없이 식민지 정치와 재정에 점차 간섭한다는 이야기가 1763년 선언 통과 이후 한 세기 동안 아메리카의 담론을 지배했다. 아메리카인은 자신들의 지위와 시민권에 관하여 환멸을 느낀 끝에, 마침내 권위주의적 영국 식민지 지배당국을 상대로 공공연히 반란을 일으켰다. 어느 쪽도 전쟁을 원치는 않았으나, 그럼에도 혁명은 발발했다.

리처드 미들턴Richard Middleton의 표현을 빌리자면, 뜻밖에도 아메리카에는 "모국과 연결된 탯줄이 곧 올가미가 될 수도 있었다." 아메리카뿐만 아니라 쿠바와 아이티를 비롯한 다수의 식민지에서 질병에 길들여진 현지 태생 인구가 수세대에 걸쳐 맥을 잇고 있었다. 그들의 생명선은 더는 모국에 이르지 않았고, 그 탯줄은 보스턴과 포르토프랭스(아이티의 수도), 필라델피아, 아바나를 비롯한 그들의 고향과 조국에 닿아 있었다. 많은 이가 스스로 알아차리지도 못한 채 아메리카인, 쿠바인 그리고 아이티인이 되었다. 길든 자들의 민족주의는 혁명의 강력한 무기가 될 수 있었다.

영국왕립해군의 수석군의관 제임스 린드James Lind는 1768년의 획기적인 보고서 「열대 기후에서 유럽인에 수반하는 질병에 관한 소고Essay on Diseases Incidental to Europeans in Hot Climates」에서 이렇게 조언했다. "최근 열대 기후에서 높은 사망률을 기록했던 사례들에 유럽의 모든 상업국가가 주목해야 한다. (중략) 건강하지 못한 정착촌에는 계속해서 인력을 공급해야 하기 때문에 모국에서 상당한 수의 인력이 빠져나간다." 그는 여기에 불길한 혁명의 단서를 덧붙였다. "그렇게 해당 국가에 체질적으로 동화된 상인, 농부 혹은 병사들은 점점 쓸모가 있다. 그곳에서는 길들지 않은 신참 유럽인 10명보다 길들여진 현지인 1명에게 더 의존하게 될 것이다."[61]

아메리카 식민지 내 혁명의 진화는 7년 전쟁 직후의 여파에서 태어났다. "일반적으로 질병은 영국이 북아메리카를 점령하고 확보하는 데 일조했다." 데이비드 페트리엘로의 설명이다. "그러나 동시에 영국은 재정과 인력 면에서 끔찍한 대가를 치르고서야 승리를 얻어냈으며 (중략) 적대감이 빈자리를 채우기 시작했다. 영국이 대륙을 얻은 것도 잃은 것도 질병 때문이었다. 7년 전쟁 도중 카리브해 모기들은 영국이 북아메리카에서 패권을 유지할 수 있도록 도왔다. 그러나 그들의 북부 사촌 격이자 캐롤라이나와 버지니아의 외진 곳에 살던 모기들은 곧 아메리카 혁명가들에게 승리를 보증해줄 터였다."

7년 전쟁이 종결되고 식민지 재배치가 마무리된 직후부터 아메리카 대륙 전역에서 혁명이 일어났으며, 그 시작을 알린 이들은 1775년 조지 워싱턴과 오합지졸 식민지 민병대 병사들이었다. J. R. 맥네일은 2010년의 역작 『모기 제국: 범카리브해 지역의 생태학

---

61 린드는 감귤류 과일이 괴혈병을 예방하고 치료할 수 있다는 사실을 의학적 실험을 통해 확실하게 증명한 최초의 의사였다. 또한 바닷물을 증류하여 음용수를 얻을 수 있음을 최초로 밝히기도 했다. 그의 연구는 영국 선원들의 전반적인 건강과 삶의 질을 극적으로 개선했다.

과 전쟁, 1620~1914년Mosquito Empires: Ecology and War in the Greater Caribbean, 1620-1914』에서 그 이후에 벌어진 일들을 유려하게 그려냈다. "모기들은 한때 아메리카 대륙의 지정학적 질서를 뒷받침했으나, 1770년대 이후 그 질서를 약화시키면서 독립국들의 새 시대를 열었다." 맥네일은 또한 다음의 사실을 강조하며 논리를 보강했다. "유럽인의 지배는 1776년부터 1825년에 걸쳐 아메리카 대륙 각지에서 몇몇 공동체가 궐기하면서 막을 내렸다. (중략) 영국령 북아메리카와 아이티, 스페인령 아메리카에서 일어난 혁명들은 각각 새로운 국가를 탄생시키면서 유럽 제국을 깎아먹었으며, 한데 모여 대서양-아메리카 지정학과 세계사의 새 시대를 열었다. 이 혁명들의 성공은 모두 황열병과 말라리아에 어느 정도 빚을 지고 있다." 길들여진 미국인들과 아이티인, 남아메리카 혁명가들은 독립을 위해 용맹하게 싸웠다. 그러나 그들에게 자유를 선사한 것은 다름 아닌 모기들이었다.

CHAPTER

12

양도 불가능한 모기들

미국 독립 혁명

1775년 4월 렉싱턴과 콩코드에서 미국 독립 혁명의 개시 사격이 울려 퍼진 지 한 달 뒤, 대륙육군의 신임 총사령관 조지 워싱턴은 대륙회의(아메리카 13식민지의 대표자회의)의 부름을 받았다. 그는 가능한 한 많은 키나나무 껍질과 퀴닌 분말을 매입해야 한다고 역설했다. 그러나 식민지 정부의 심각한 재정난과 전쟁 물자 부족으로 워싱턴에게는 고작 300파운드의 퀴닌이 배급되었다. 워싱턴 장군은 1749년 17세 당시 처음으로 말라리아에 감염된 이래 지속적으로 재감염과 발작을 일으켰으므로 퀴닌을 자주 복용해왔다.[62]

아메리카인들에게는 운 좋게도, 영국인들 역시 전쟁 내내 스페인령 페루산 퀴닌 부족에 시달렸다. 1778년, 스페인은 아메리카 편으로 참전하기 직전 영국에 대한 퀴닌 공급을 완전히 중단했다. 영

62 워싱턴, 먼로, 잭슨, 그랜트, 가필드, 루스벨트와 케네디를 비롯한 8명의 미국 대통령이 말라리아에 감염되었던 것으로 알려져 있다.

국에 남아 있는 퀴닌 재고는 모두 인도와 카리브해 군대로 수송되었다. 같은 시기, 질병에 길들지 않았으며 퀴닌도 부족했던 영국군은 1780년 전략적 항구도시이자 모기의 성역이었던 찰스턴을 점령하면서 남부전선을 공격하기 시작했는데, 바로 여기에서 아메리카 합중국의 운명이 결정되었다.

"이는 간단명료하게 설명할 수 있다." J. R. 맥네일의 말이다. "미국 독립 혁명 당시 영국은 남부전선을 공략한 끝에 결국 1781년 10월 요크타운에서 패배하였다. 여기에는 영국군이 아메리카인들보다 말라리아에 훨씬 더 쉽게 걸렸던 탓도 있었다. (중략) 세력균형이 기울었던 건 영국이 대전략에 따라 병력의 상당 부분을 말라리아 및 황열 발생 지역으로 보냈기 때문이다." 1780년 모기가 소용돌이치는 남부로 진격했던 영국 육군의 70퍼센트는 말라리아가 창궐하던 펜랜드 습지 바깥의 잉글랜드 북부 카운티와 스코틀랜드의 빈곤하고 굶주린 지역에서 징집한 병사들이었다. 이미 식민지에서 얼마간 복무했던 병사들은 북부 감염 지역에서도 얼마간 거주한 바 있었으나, 아메리카의 말라리아에는 아직 길들지 않은 상태였다.

반면 조지 워싱턴과 대륙회의는 말라리아에 길들여진 식민군을 지휘한다는 이점을 누리고 있었다. 아메리카 민병대는 7년 전쟁은 물론 영국 국왕을 향한 공공연한 적개심으로 뒤덮인 혼돈의 수십 년을 거치면서 주변 환경에 단련되어 왔다. 워싱턴은 과학적 확신이나 의학적 증거는 없을지언정 본인이 수차례 말라리아에 감염되고 길들여지면서 "인간의 모든 가능성이나 기대를 뛰어넘어 보호를 받아왔다"는 점을 알아차렸다. 당시에는 그들도 몰랐지만, 이는 1763

년 선언이 통과된 이후 12년간 분개와 불만으로 속을 끓여오다 예상 외로 전쟁이 갑작스레 발발했던 시점에서 아메리카인이 영국에 대하여 가지는 유일한 강점이었다. 전쟁의 시작을 알렸던 렉싱턴과 콩코드에서의 전투는 사실 대륙회의가 승인한 전투도 아니었고, 식민지 정치인들은 전쟁을 원하지도 준비하지도 않은 상태였다. 대륙회의와 식민지인 대표 및 산하 대륙육군은 가진 게 거의 아무것도 없었으며 스스로도 이를 잘 알고 있었다. 허름한 군복과 몇 없는 장비로 연명하는 워싱턴의 아마추어 민병대는 영국군의 상대라고 말하기에도 민망한 수준이었다.

대륙회의는 전쟁 발발 이전인 1774년 가을, 보스턴 차 사건과 '참을 수 없는 법'에 대처하기 위해 필라델피아에서 처음으로 열렸다. 13개 식민지 중 12개 주에서 56명의 대표단이 참가했으며, 모국과의 관계에 대한 입장을 하나로 모으고 연대하고자 협상을 했다.[63] 이들의 태도는 본질적으로 "모두를 위한 하나와 하나를 위한 모두, 뭉치면 살고 흩어지면 죽는다"는 '삼총사Three Musketeers'의 모토 혹은 "회원국 일방에 대한 무력공격을 전체 회원국에 대한 공격으로 간주한다"는 북대서양조약기구NATO 헌장 제5조와 같았다.[64] 갓 개회한 이 대표단 회의는 대결이냐 타협이냐를 두고 열띤 논의를 벌였다.

---

63 13개 식민지 중 마지막으로 건립된 조지아는 영국의 심기를 거스를까 두려워 대표단을 파견하지 않았다. 식민지 확장에 방해가 되는 체로키족과 크리크족의 맹렬한 저항을 진압하기 위해 영국의 병력이 필요했기 때문이다.

64 이는 기원전 600년경의 이솝우화에서 처음 등장한 개념이다. 마가복음에도 "만일 집이 스스로 분쟁하면 그 집이 설 수 없고"라는 구절에서 유사한 개념이 등장한다. 링컨 또한 1858년 링컨-더글러스 논쟁에서 같은 이야기를 꺼냈다. 이로쿼이 연맹부터 몽골족을 거쳐 러시아 전래동화 『붉은 암탉(Little Red Hen)』까지 전 세계 다수의 문화에서 같은 개념을 찾아볼 수 있다.

이 문제는 1774년에 새로이 등장한 주제가 아니었다. 새뮤얼 애덤스Samuel Adams와 존 핸콕John Hancock, 폴 리비어Paul Revere, 베네딕트 아널드Benedict Arnold, 패트릭 헨리Patrick Henry가 이끄는 느슨하게 조직된 급진파 단체, 자유의 아들들Sons of Liberty이 오래전부터 논하던 문제였다. 이들은 1765년 인지세법 제정 직후 보스턴에 위치한 그린 드래곤 태번 앤 커피하우스Green Dragon Tavern and Coffee House의 눅눅한 지하실에 모여 조직을 결성했다. 훗날 이들은 반란자가 되며, 이 지하실은 '혁명본부'로 불리게 된다. J. R. R. 톨킨J. R. R. Tolkien의 『반지의 제왕The Lord of the Rings』에 등장하는 프랜싱 포니 태번과 비슷한 이곳 그린 드래곤 태번에서 식민지인들이 망토와 모자를 뒤집어쓴 채 불안한 눈빛으로 차나 커피를 홀짝이며 혁명을 일으킬 방법을 궁리했을 모습이 눈에 선하다.

차는 17세기 말 영국과 식민지의 많은 이가 사랑하는 음료였다. 그러나 1767년 '타운센드 법Townshend Acts'으로 차를 비롯한 수많은 상품에 관세가 부과되는 한편, 이로부터 6년 뒤에는 '차조례Tea Act(미국 내 차의 판매 독점권을 동인도회사에 준 영국 법령)'까지 제정되면서 차를 마시지 않는 것이 아메리카인의 애국 행위로 자리 잡았다. 차조례가 승인된 직후인 1773년 12월, 앙심을 품은 자유의 아들들이 계획적으로 담요와 램프 그을음으로 위장한 채(보통 모호크족 의복으로 위장했다고 알려져 있으나 이는 사실이 아니다) 9만 파운드의 차가 담긴 342개 궤짝을 보스턴 앞바다에 밀어 넣어 보스턴 차 사건을 일으켰다. 대륙회의는 이듬해 이 행위를 정당화하면서 "우리의 생명과 재산으로 (중략) 수입된 차의 판매를 금지하는" 의결을 통과시켰다. "누구나 차를 포기해야 하오." 불만을 달고 살던 존 애덤스John Adams가 그의 현명한 아내 아비가일 애덤스Abigail Adams에게 윽박질렀다. "나도 가능한 한 빨리 차를 끊어야겠소." 앤서니 와일드의 말에 따르면, 아메리카인이 차를 끊고 커피를 마시기 시작한 것은 "이제 애국적 의무가 되었다." 아메리카인은 차를 단념하는 동시에 "그 빈자리를 서반구 노예 기반 식민지 체제의 주요 상품 중 하나인 커피로 채웠다."

커피는 플랜테이션 농장에 접근하기 쉬운 아메리카에서 그 값이 저렴했을 뿐만 아니라 말라리아의 치료제로 널리 알려져 있기도 했다. 앞서 살펴보았듯, 당시 말라리아는 남부 감염 지역을 비롯한 전 식민지에 배어 있었다. 정식 의사들부터 가짜 약을 파는 행상인들까지 모두가 '학질과 열병'을 치료하는 묘약이라며 커피를 판매했다. 오래지 않아 커피는 아메리카 식민지 문화의 일부가 되었으며, 그 소비량은 극적으로 증가했다. "의사들은 오랫동안 커피 음용에 항말라리아 효능이 있다고 생각했다." 말라리아 연구자 소니아 샤가 저서 『열병The Fever』에서 밝혔다. "커피를 마시는 프랑스인 식민지 개척자들이 차를 마시는 영국인 식민지 개척자들보다 말라리아에 덜 시달리는 현상이 이로써 설명되는 것처럼 보였다. 이는 또한 차를 마시던 수많은 아메리카인이 그 충성을 버리는 데에도 일조했을 것이다." 오늘날 미국인의 커피 소비량이 전 세계 소비량의 25퍼센트에 달한다는 점을 감안한다면, 스타벅스는 모기에게 감사 인사라도 드려야 할 듯하다. "말라리아는 1773년 보스턴 차 사건을 일으켰던 민족이 오늘날 라떼의 나라가 된 경위 또한 설명해준다." 알렉스 페리Alex Perry가 저서 『생명Lifeblood』에서 한 말이다.

대결 대 타협 논쟁은 그린 드래곤의 커피 향 나는 대화에서 필라델피아 카펜터스 홀까지 그대로 자리를 옮겨갔다. 타협에 찬성하는 의견이 더 많은 지지를 얻었다. 혁명을 외치는 무모한 의견은 많지도 않았으며 있다 하더라도 진지한 고려 없이 묵살되었다. 가장 주된 정치적 원칙은 협상을 통하여 대영 제국의 프레임워크 내에서 영국인들과 동등한 권리를 얻어내는 것이었으며, 여기에는 런던의 영국 의회에 식민지 선출 대표단을 보낼 권리도 포함되었다. 그러나 렉싱턴과 콩코드에서 총성이 울리며 대결 대 타협 간의 논의는 종결되었고, 이로부터 한 달 후인 1775년 5월 대륙회의가 다시 한 번 개회했다. 이제 회의는 근본적으로 무장 반란의 실제 목적과 전략적 목표들을 다루기 시작했다. 이때 밧줄 만들기부터 세금 징수와 가르치는 일까지 실패만 거듭하던 영국 태생의 겸손한 문제아 한 명이 이에 대한 답을 제시했다. 1774년 전쟁 개시 사격이 울리기 불과 몇 달 전에 벤저민 프랭클린의 후원으로 필라델피아에 이주한 토머스 페인Thomas Paine이었다.

토머스 페인이 1776년 펴낸 짧은 소책자『상식: 아메리카 주민에게 고함Common Sense; Addressed to the Inhabitants of America』은 발간 첫해 50만 부가 팔려나갔다. 인쇄본이 오늘날까지 남아 있는 이 책은 사상 가장 많은 사람이 읽은 아메리카 저자의 책 중 하나다. 페인은 "간명한 사실과 단순한 논의 그리고 상식만으로" 아메리카인의 독립과 "인류의 망명지"로서의 민주주의 공화국을 건설해야 한다는 논의를 설득력 있게 펼쳤다. 이 짧은 호소문은 프랑스의 관심을 끌었을 뿐만 아니라 전쟁에 대한 식민지인의 지원을 부채질했으며, 궁극적으로 제2차 대륙회의의 숙고에 종지부를 찍었다. 사자의 코털을 이 정도로 건드린 이상 더는 돌이킬 수 없었다.

제퍼슨과 프랭클린, 존 애덤스가 영국 국왕 조지 3세George III에게 보내는 편지이자 혁신적이고 가슴 뛰는 정치철학 선언, 「미국 독립선언the Declaration of Independence」의 초안을 작성했다. 1777년에는 13개 식민지를 통일하고 대륙회의를 정부로 규정하는 헌법, 「연합 규약the Articles of Confederation」이 비준되었다. 이제 남은 건 모기 부대와 협력하여 전쟁에서 승리하는 일뿐이었다.

남부 식민지 전역에서 길들지 않은 영국군 병사들을 겁주고 전복시켜 항복을 이끌어내고 미국을 승리로 이끌었던 전쟁 무기, 모기의 역할과 성과는 지금까지 대부분 천연덕스럽게 무시되거나 간과되어 왔다. 모기들은 늪지대와 계곡, 강 유역 그리고 자기 집 뒷마당에서 울려 퍼지는 혁명의 총성들을 가만히 듣고만 있지 않았다. 모기는 다른 그 무엇보다도 아메리카인에게 홈경기의 이점을 선사해 주었고, 이들이 전쟁의 판도를 바꾸고 국가를 건설하는 데 일조했다. 얼룩날개 장군은 미국의 역사책에 한자리를 차지해야 마땅하지만 지금까지 무시되어 왔다.

피터 맥캔들리스는 상세한 연구가 담긴 저서 『남부 저지대의 노예제와 질병과 고통Slavery, Disease, and Suffering in the Southern Lowcountry』에서 「혁명의 열병Revolutionary Fever」이라는 세심한 제목의 한 장을 할애하여 미국 독립을 이루는 데 모기가 맡았던 역할을 낱낱이 해부했다. "당대 기록 속 증거들을 살펴보다 보면 남부전선의 가장 큰 승리자는 수많은 이를 보내버린 미생물과 모기들이었다는 결론에서 벗어나기 어렵다. (중략) 전쟁의 결과 측면에서 말하자면 모기들은 미국의 승리를 보장하는 데 유격대의 총알보다도 더 많은 역할을 했다고 할 수 있다. 모기는 영국군을 섬멸하고 혁명의 운명을 결정지었으며, 나아가 오늘날의 세계를 만드는 데 일조했다."

전쟁이 시작될 무렵, 영국은 전쟁의 모든 측면에서 상대를 압도했다. 7년 전쟁의 여파로 재정난을 겪고 있긴 했지만, 그래도 불운한 식민지들에 비하면 경제적으로 훨씬 우월한 지위를 점하고 있었다. 영국왕립해군은 마음만 먹으면 동부 해안가 어디든 공격할 수 있었으며, 동시에 식민지의 보급로를 봉쇄하여 전쟁 물자와 투지를 말려버릴 수도 있었다. 영국은 1775년 벙커힐 전투로 주요 식민지 항구 중 하나였던 보스턴 항을 점령했으며, 1776년에는 뉴욕을 점령하면서 해상 봉쇄의 올가미를 점점 조였다. 잘 훈련받았고 경험도 많았으며 근대식 무기와 군사물자를 가졌던 영국군은 명실상부 지구상에서 가장 강력하고 입증된 군대였다. 이들은 가공할 만한 국군에 더하여 전설 속 슬리피 할로우의 목 없는 기병을 포함한 독일계 헤센 용병 3만 명을 고용하였다. 제퍼슨은 독립선언서 본문에서 이를 힐난했다. "그는(영국 국왕) 가장 야만적인 시대에도 견줄 데 없고 문명국의 원수에게는 전혀 어울리지 않을 잔학과 배신의 상황과 함께 시작된 죽음과 황폐와 압제의 과업을 완수하기 위해 대규모 외국 용병 부대를 보내고 있다." 아메리카인들에게는 이처럼 강점이라 할 만한 게 거의 없었다.

대강만 보아도 아메리카인들에게는 잘 훈련된 직업 군인, 근대식 무기, 포병대, 전쟁 무기나 관련 물자를 생산할 만한 산업, 장기적 자금 지원, 동맹군 그리고 무엇보다도 영국의 해상 봉쇄를 깨고 전쟁에 반드시 필요한 물자들을 수입해 올 대양 해군이 없었다. 전쟁을 시작할 때에는 아무도 몰랐으나, 이후 아메리카에는 얼룩날개 장군이 이끄는 승리의 용병 부대가 합류할 터였다. 그러나 모기가 처음부터 전장에 나타나거나 영향을 미쳤던 것은 아니었다. 아직 영국인의 피를 빨기도 전이었으므로 칭찬해줄 필요가 없었다. 모기가 중앙 무대에서 제대로 한자리를 차지하게 된 때는 영국이 전략을 수정하여 모기가 들끓는 남부 식민지에서 싸우기 시작한 1780년부터였다. 이렇게 5년을 꽉 채워 이어진 전쟁이 시작되었다.

전쟁이 시작될 무렵, 아메리카군은 심각한 군사력 부족과 장애에 시달리고 있었으므로 워싱턴으로서는 도망치는 게 최선의 방책이었다. 결정적인 전투를 피해가며 대륙육군을 무사히 살려두기만 한다면 훗날 더 많은 아메리카인의 참여와 프랑스의 지원을 받을 때까지 혁명의 불씨를 지킬 수 있을 터였다. 전쟁에 돌입한 지 2년 반 만인 1777년 10월, 아메리카인들은 프랑스가 공급한 무기를 들고 사라토가에서 첫 번째 결정적인 승리를 거두었다. 전투가 펼쳐진 사라토가는 뉴욕주 내부 허드슨강을 양쪽에 끼고 있어 아메리카인들이 영국 해군의 우위를 무력화하고, 상당한 전술적 이점을 누릴 수 있었다.

지원군도 없었으며 병력이 3분의 1에 불과했던 데다 포위당한 상태였기에 대영 제국의 존 버고인John Burgoyne 장군은 전세가 불리하다는 점을 인식하고 항복했다. 호레이쇼 게이츠Horatio Gates 장군과 격정적인 베네딕트 아널드가 이끄는 아메리카군은 7,500명의 영국군을 죽이거나 포로로 잡았으며, 아군 희생자는 100여 명에 불과했다. 이때 보여준 군사력은 아메리카에도 전승의 기회가 있음을 프랑스에 설득시키기에 충분했다.

1778년 프랑스가 공식적으로 아메리카의 편에 서서 참전했으며, 이듬해에는 스페인이, 그다음 해에는 네덜란드가 참전했다. 프랑스의 시기적절한 개입이 없었더라면 아메리카인이 전쟁에서 이겼을지 확신할 수 없다. 프랑스 해군은 해상 봉쇄를 격파해주었고, 마지막 군사작전에는 1만 2,000명의 직업 군인과 3만 2,000명의 해군을 참전시켰다. 놀라울 정도로 젊고 눈부시도록 훌륭한 프랑스 장군, 라파예트Lafayette 후작이 전우 로샹보Rochambeau 백작과 함께 프랑스-아메리카 동맹군을 조직했다. 이중 언어 구사자로서 워싱턴과 절친한 친구이기도 했던 라파예트 장군은 프랑스가 공식 참전하기 이전에도 독립적으로 대륙군에서 활동했으며, 1777년 19세의 나이에 대륙회의로부터 소장 임명장을 받았다. 1780년에 이르자 전장에는 모기들의 윙윙거리는 소리와 그 전우인 프랑스 병사들의 말소리가 울려 퍼졌다.

프랑스와 스페인, 네덜란드가 참전을 결정하면서 이제 미국 독립 혁명은 7년 전쟁에 이어 유럽과 카리브해, 인도 모두가 관련된 두 번째 국제전으로 거듭났다. 이는 프랑스-아메리카 동맹군에게 도움이 되었다. 보다 복잡한 전략적 제국주의 이익들이 걸려 있는 대규모 전쟁으로 영국을 끌어들인 셈이었기 때문이다. 영국은 이제 여러 전장에 부대를 배치할 생각을 해야 했는데, 병사들이 난 자리를 아메리카군만큼 빠르게 채울 수 없었다. 영국군의 병력은 잉글랜드 본머스와 인도 벵갈부터 바르바도스와 바하마를 거쳐 보스턴에 이르는 대영 제국 전체에 얇게 퍼져 있었다. 영국군은 독립 전쟁 전 기간을 통틀어 6만 명 이하의 병사들을 참전시켰는데, 사라토가에서 입은 병력 손실은 물론 이후 남부 식민지와 니카라과에서 입은 한층 더 큰 손실도 충원하지 못했다.

전쟁이 전 지구로 확산됨에 따라 카리브해에도 영국군이 배치되었는데, 이들은 이번에도 예외 없이 모기 매개 질병으로 무참히 깨졌다. 1741년 카르타헤나와 1762년 아바나에서 배웠던 냉담하고 끔찍했던 교훈은 까맣게 잊히거나 간단히 무시당한 게 틀림없었다. 1780년, 스페인령 모기 해안을 탈취하고 카리브해와 태평양 모두에 닿아 있는 니카라과에 해군 기지를 설립하기 위해 당시 22세의 호레이쇼 넬슨Horatio Nelson 대위가 이끄는 영국 함대가 출항했다. 그러나 넬슨 대위와 3,000명의 파견대는 황열병과 말라리아, 뎅기열로 이루어진 질병 3종 세트를 선물받았다. 6개월간 정글에서 비참하게 저항한 끝에 마침내 퇴각할 당시 살아남은 이들은 500여 명에 불과했다. 병력 면에서 독립 전쟁을 통틀어 가장 피해가 컸던 단일 군사작전이었다. J. R. 맥네일의 설명에 따르면, "니카라과에서 모기에게 목숨을 잃은 영국군의 수는 대륙육군이 벙커힐과 롱아일랜드, 화이트 플레인스, 트렌턴, 프린스턴, 브랜디와인, 저먼타운, 몬머스, 킹스마운틴, 카우펜스, 길포드 코트하우스 전투에서 모기로 인해 사망한 모든 영국군 수보다 더 많다. 그러나 정치적 측면에서 보자면 이로부터 15개월 후에 벌어진 요크타운 포위 작전이 더 큰 피해를 불러왔다."

호레이쇼 넬슨과 모기 매개 질병의 만남은 이번이 처음이 아니었다. 그는 1776년 인도에서 복무할 당시 처음으로 말라리아에 감염되었다. 이로부터 4년 후 니카라과에서도 넬슨은 모기가 꾸민 악몽을 헤치고 다시 한 번 죽음을 면했으나 말라리아에서 완전히 회복하지는 못했으며, 이때부터 평생 수없이 많은 심각한 발작과 재감염에 시달렸다. 그러나 그는 오래도록 살아남아 나폴레옹 전쟁 도중인 1805년 트라팔가르 해전에서 병력이 훨씬 우세했던 프랑스-스페인 함대를 섬멸하면서 전함 HMS 빅토리호의 이름을 역사에 아로새겼다. 넬슨은 이 전투에서 전사했으나, 그의 비범한 전술과 예상 밖의 승리는 영국의 해상 지배를 한층 공고히 했다.

1780년 영국군이 모기로 점철된 남부 식민지에서 최후의 남부전선 공격을 개시할 즈음, 넬슨과 그 선원들은 니카라과의 정글에서 모기가 쳐놓은 함정에 잡아먹히고 있었다. 문자 그대로 풍비박산이었다. 역사적 조명은 아메리카 식민지에서 일어난 사건들에 집중되었으나, 니카라과에서 영국군은 이제는 국제전이 된 미국 독립 전쟁을 통틀어 단일 사건으로 가장 큰 병력 손실을 입었다. 니카라과 작전에서만 넬슨이 이끌던 병력의 85퍼센트가 뎅기열과 황열병, 말라리아로 세상을 떠났다. 전쟁을 통틀어 다른 전투의 사망자 수를 초라해 보이게 만드는 피해였으며, 이로써 영국의 남은 병력에 족쇄가 채워졌다.

영국이 넬슨의 니카라과 작전을 비롯한 카리브해 전투들에 병사들을 보냈던 것은 아메리카 무대에서 병사들을 뽑아갔기에 가능한 일이었다. 수익성 좋은 식민지들을 사수하기 위해 영국 왕실이 카리브해 전투에 사활을 걸면서 1780년까지 이곳에서만 1만 2,000명 이상의 영국군이 모기 매개 질병으로 목숨을 잃었으나, 같은 해 영국은 모기가 1년에 열두 세대를 거쳐 증식하는 사우스캐롤라이나에 당시 최다였던 9,000여 명의 병력을 다시 파견했다. 서인도 제도로 향하는 함선들에서는 최종 목적지에 다다르기 전까지 최대 25퍼센트의 승객이 세상을 떠났다. 영국은 이러한 병력 손실을 제때 메울 수 있을 만큼 충분히 많은 병력을 징집하거나 훈련시킬 수 없었다. 카리브해와 아메리카 남부전선에서 모기 용병들은 길들지 않은 영국군 증강 병력에게 지옥행 티켓을 끊어주었다.

1779년까지 양측 모두 아메리카 식민지 내에서 각자의 승리를 거두었으며, 전쟁은 끝날 기미를 모르고 계속되었다. 영국은 주요 항구도시와 내륙도시를 점령했다. 신임 영국군 총사령관 헨리 클린턴Henry Clinton 장군의 도발에도 워싱턴 장군은 대규모 교전을 피해 아메리카 시골 지역을 배회했다. 북부전선에서 별다른 성과를 거두지 못한 데다 워싱턴 장군이 계속해서 최후의 결전을 거부하고 있었으므로 클린턴은 전쟁을 종식시키기 위해 새로운 남부 전략을 꺼내들었는데 재정 문제로 영국에서 점점 지지를 잃었다. 미국 독립 전쟁은 7년 전쟁 이전부터 계속해서 누적된 영국의 압도적인 부채를 점점 불리고 있었다.

전장을 북부에서 남부로 옮기고 단번의 일격으로 반란을 완전히 제압하여 영국 내 불신의 목소리를 해소하겠다는 것이 바로 클린턴의 구상이자 명령이었다. 또한 런던 내 아메리카인 망명자 혹은 스파이들은 조지아와 캐롤라이나의 노예제 쌀 플랜테이션 식민지들에 왕당파가 많다는 허위 보고를 올렸다. 가장 최근에 건설되었던 이 식민지들에는 갓 이주한 영국인들이 많았으므로, 이들이 유니언 잭 아래로 모여들어 모국을 위해 무기를 들어 올리리라 생각했다. 클린턴은 이를 이용하여 영국의 병력 부족 문제를 해결하고자 했다.

1778년, 영국이 사바나 항을 점령했다. 당시 사바나의 방어요새에서 모기 매개 질병으로 인한 사망률은 30퍼센트에 달했다. 이곳의 질병은 '상상 이상으로' 심각했으며, "이 불쾌한 기후에서 질병으로 인한 고통은 극렬할 정도로 끔찍하고 지속적"이라는 보고가 잇달았다.

사바나에서의 고통은 머지않아 남부 전략의 핵심 요충지인 찰스턴에서도 그대로 재현되었다. 영국은 앞서 1776년에도 '남부의 열쇠' 찰스턴을 점령하고자 했으나 실패했던 전적이 있었다. 클린턴은 이를 두고 "캐롤라이나에 대한 모든 군사작전 계획을 포기해야만 할 만큼 후덥지근하고 유해한 계절이 성급한 발걸음으로 우리에게 다가오는 꼴을 그대로 지켜만 보는 굴욕을 당했다"고 여겼다. 1780년 5월, 뎅기열이 아메리카 식민지 사상 최초로 필라델피아에서 유행했으나 영국군은 계속해서 버틴 끝에 오래지 않아 모기 요새 찰스턴을 점령했다.[65]

워싱턴 장군이 뉴욕을 공격하리라 예상했던 클린턴은 서둘러 소중한 항구도시 뉴욕으로 돌아가면서 부사령관 찰스 콘월리스에게

---

65 당시 필라델피아에 상주했던 의사 벤저민 러쉬(Benjamin Rush)는 뎅기열의 증상을 가리켜 "뼈가 부러지는 듯한 고통의 열병(break-bone fever)"이라고 기록했다. 오늘날에도 뎅기열을 가리켜 브레이크본 열병이라 칭하기도 한다.

9,000명의 남부전선 연대를 맡겼다. 혁명이 일어나기 전에도 남부 식민지의 치명적인 질병 환경은 공공연한 사실이었다. 즉각 위험성을 인지한 콘월리스는 8월경 클린턴에게 보고했다. "6월 말부터 10월 중순까지 해안가 100마일 내 기후가 너무 유해하기 때문에 이 기간 동안 군사를 이곳에 계속 주둔시킨다면 병사들이 한동안 복무할 수 없게 되거나 완전히 상실될 것이 분명합니다." 콘월리스는 기민하게도 군대를 내륙으로 이동시켰는데, 이는 영국군의 강력한 존재감을 과시하여 왕당파를 모으고 앞으로의 작전기지와 전초기지를 사수하는 것은 물론 모기가 극성을 부리는 계절 동안 죽음의 성물 찰스턴을 멀리하기 위함이었다. 극악무도한 모기들의 끔찍한 둥지라는 찰스턴의 명성을 콘월리스는 익히 알고 있던 터였다.

찰스턴에서 내륙으로 이동한 콘월리스의 영국군은 게이츠 장군과 너대니얼 그린Nathanael Greene이 이끄는 아메리카군과 일련의 전투를 벌였으며, 대부분의 경우 승리를 거두었다. 그린의 말을 빌리자면 아메리카군은 "싸우고, 얻어맞고, 다시 일어나 싸웠다." 그러나 그린이 받은 정보 보고에는 영국군이 "질병으로 덮인 수척한 모습"으로 그려져 있었다. 아메리카 반란군과의 전투와 모기 용병부대와의 전투는 완전히 별개였다. 좌절한 콘월리스는 남부전선 기간 내내 '미아스마 질병'을 피하기 위해 여러 차례 주둔지를 옮겼으나 소용없었다.

매번 얼룩날개 장군에게 처참히 패배한 콘월리스는 아메리카인이 아니라 모기 매개 질병을 피하여 계속 군대를 이동시켰다. 그는 왕당파 주민들이 건강하게 살고 있는 지역들을 찾아 캐롤라이나 전역을 지그재그 모양으로 헤매고 다녔다. "이마저도 우리가 병드는 것을 막아주지 못한다면 나는 절망할 것이다." 콘월리스의 말이다. 그는 이 야영지들이 "겉으로 보기에는 건강해 보이나 알고 보면 그와 정반대이며, 병마가 급속도로 찾아왔다"고 보고했다. 병든 군사들을 캠던에 주둔시킨 콘월리스는 전군의 40퍼센트가 "열병과 학질 때문에 복무가 불가능한 상태"라는 점을 파악했다. 8월 중순 캠던에서 게이츠의 아메리카군을 무찌른 콘월리스는 클린턴에게 "군사들의 질병이 매우 심각하며 진정으로 위중한 상태"라고 호소했다. 말라리아와 황열병, 뎅기열이 영국의 병력과 사기를 갉아먹었으며, 콘월리스가 싸움을 계속할 능력 또한 계속 약화되었다. 토머스 페인은 미국 독립 혁명이 "인간의 영혼을 시험하는 시대"라고 말했다. 여기서는 모기가 영국인들의 영혼을 먹어치우고 또 긁어모으고 있었다.

맥켄들리스의 철저한 연구가 밝힌 바에 따르면, "병사들의 질병에 관한 영국의 서신에서 가장 많이 사용된 용어들은 '간헐적', '학질과 열병', '악성 열병', '발진 티푸스' 그리고 '쓸개즙 열병'이었다. 모두 말라리아를 가리키는 말이며 황열병과 뎅기열을 지칭했을 가능성도 있다." 뎅기열의 별칭인 '브레이크본 열병'도 자주 언급되었으며, 황열병이 분명한 증상들도 언급되었다. 1778년 영국군의 보고서에는 "프랑스가 황열병을 데리고 왔다"는 기록이 남아 있다. 사망률이 너무도 높았으므로 삼일열말라리아나 열대열말라리아의 단독 범행이라고 보기에는 무리가 있다. 여기서 반드시 짚고 넘어가야 할 점이 있다. 아메리카 병사들 또한 남부전선에서 이들과 동일한 모기 매개 질병에 시달렸다. 아메리카군의 서신에도 같은 단어와 표현들이 메아리쳤다. 그러나 아메리카인들은 길이 들어 있었으며 어느 정도 방어가 가능했으므로 영국군과 같은 속도로 모기 매개 질병에 감염되거나 사망하지는 않았다. 그 결과 아메리카군은 공격력과 전투 효율성을 그대로 유지할 수 있었다.

1780년 가을, 본인 또한 '학질'과 지루하게 싸우던 콘윌리스는 병사들이 말라리아로 인해 "거의 망가졌으며" 수많은 부대가 "질병으로 완전히 무너져 사실상 수개월간 복무가 불가능할 것"이라고 보고했다. 1781년 봄, 엄청난 대가를 치른 끝에 길퍼드 코트하우스에서 그린이 이끄는 대규모 아메리카군을 무찌른 콘윌리스는 초기에 비해 상당히 줄어든 영국군을 이끌고 노스캐롤라이나 해안가의 윌밍턴으로 향했다. 질병에 길들여진 현지인의 조언과는 반대로, 콘윌리스는 곧 그 어느 곳도 모기 매개 질병의 손아귀로부터 자유롭지 않다는 사실을 깨달았다. "그들은 40~50마일만 더 가다 보면 건강한 곳이 나오리라고 말한다." 콘윌리스가 불평했다. "캠던에 가기 전에도 똑같은 말을 들었다. 그러한 말을 믿고 실험을 할 수는 없다." 이제 모기의 늪지대와 모기 매개 질병의 옥죄는 손아귀를 벗어나 북부로 피신할 때였다.

콘윌리스는 모기의 계절이 다가오는 와중에 내륙지방을 계속 점거하기에는 병력이 부족하다는 사실을 깨달았다. 왕당파 자원병 모집은 전혀 이루어지지 않아 실망을 더할 뿐이었다. 다수의 남부 주민은 마음속으로는 친영주의 노선을 견지했을지는 몰라도, 전세가 서로 균형을 이루고 있었기 때문에 어느 한편에 가담하기를 꺼렸다. 모든 식민지인 중 40퍼센트가량이 중립적인 태도를 취하면서 개입을 거부했다. 혁명을 지지하는 식민지인은 최대 40퍼센트가량이었으며, 나머지 20퍼센트만이 영국 국왕을 지지했다. 이 와중에 얼룩날개모기는 강경한 혁명파의 일원이었다.

캐롤라이나에서 결정적인 승리를 거두지 못한 콘윌리스는 말라리아의 계절이 다가옴에 따라 찰스턴을 비롯한 몇몇 핵심 요새에 최소 인원만을 배치한 뒤, 대다수의 군대를 이끌고 제임스타운을 향해 북진했다. "지난 가을, 군을 거의 초토화시켰던 치명적인 질병으로부터 군사들을 보호하기 위해서"였다. 콘윌리스는 만족스럽지는 않더라도 비교적 안전하다는 버지니아로 가 다른 영국군 대열에 합류한 뒤 늦가을부터 작전을 재개할 참이었다. 그러나 라파예트에게는 다른 계획이 있었다.

프랑스 장군 라파예트는 버지니아에서 콘윌리스를 능수능란하게 좇아다니며 영국군을 지속적으로 공격하되 총력전만큼은 피했다. 라파예트는 영국군을 꾀어 단기간 소규모 접전을 수차례 일으키면서 영국군이 그토록 갈망하던 휴식을 취하지 못하게 방해했다.

이처럼 술래잡기 놀이를 벌이는 동안 콘윌리스는 이전의 애머스트가 그랬던 것처럼 노예에게 병원균이 묻은 담요를 들려 보내 생물전을 벌이려 했다. 그는 몬티첼로의 토머스 제퍼슨 저택을 공격하여 30명의 노예를 가로챈 뒤 천연두를 감염시켜 생물학 무기로 사용하고자 했다. 제퍼슨은 그의 계획이 "성공할지는 몰라도 그들은 천연두와 발진 티푸스로 죽을 수밖에 없을 것"이라고 비난했다. 애머스트와 마찬가지로 콘윌리스 또한 병원균을 전달하고 역병을 일으키는 데에는 실패했다. 생물전을 일으키려는 영국군의 시도는 이제 2전 2패를 기록하였다.

병사들의 건강을 생각하던 콘월리스의 만류와 우려에도 클린턴은 체서피크만에서 뉴욕까지 곧장 군사를 보낼 수 있는 적당한 야영지를 찾으라고 명령했다. 클린턴은 여전히 프랑스-아메리카군이 전략적 항구도시 뉴욕을 맹공격하리라는 생각에 사로잡혀 있었기에 도시를 방어하기 위해서라면 콘월리스의 병사들을 기꺼이 위험에 빠뜨릴 생각이었다. 콘월리스는 상관의 판단에 여러 차례 의문을 제기했다. "이 만灣에 병약한 방어기지를 두는 일이 가치가 있는 일인지에 관하여 각하께서 숙고해주시길 청합니다." 그는 클린턴에게 현재 그가 있는 곳이 '몇 에이커의 유해한 늪지대'이며 이미 군사들 중 '다수의 병자'가 있다고 보고했다. 그러나 맥캔들리스의 말대로 콘월리스는 "클린턴의 전략이 군사들의 건강을 심각하게 약화시켰고 영국이 전쟁에서 패하는 이유가 될지도 모른다는" 것을 잘 알고 있었음에도 그의 명령을 따랐다.

1781년 8월 1일, 콘월리스는 제임스강과 요크강 사이의 논과 갯벌 어귀에 위치한 자그마한 마을 요크타운에 진을 쳤다. 주민이 고작 2,000여 명에 불과했던 요크타운은 모기가 날아다니는 제임스타운과 불과 15마일(약 24킬로미터) 거리에 있었다. 제임스타운에 정착한 모기들이 시작한 아메리카 건국을, 그들의 후손이자 한층 더 치명적인 현지 태생 모기들이 요크타운에서 끝맺으려는 참이었다. 영국군과 아메리카군, 프랑스군이 속속 모여드는 동안 모기 용병 부대도 군침을 흘리며 요크타운 주변의 푸르른 늪지대로 모여들었다. 워싱턴의 동맹, 얼룩날개 장군이 공세를 펼치기 딱 알맞은 최고의 지역이자 계절이었다. 공격을 시작한 모기들은 영국인 손님들에게 말라리아 폭풍을 선사하며 역사의 판도를 바꾸었다.

클린턴 장군은 프랑스 함대가 뉴욕을 공격하리라는 예상과 달리 9월 초 요크타운에 상륙하자 큰 충격을 받았다. 프랑스의 결정을 전해들은 워싱턴은 로샹보 장군과 논의한 끝에 "뉴욕 공격 계획을 전면 포기"하고선 서둘러 프랑스-아메리카 연합군을 데리고 요크타운으로 남진했다. 라파예트 장군이 1만 7,000명의 병사들을 데리고 요크타운을 둘러싼 고지대에 주둔한 가운데 워싱턴의 대열 또한 9월 말 합류했다. "콘월리스는 이제 두 세계(육지와 바다) 모두에서 최악의 상황에 직면했다." 맥네일의 설명이다. "육군은 해안가에 진을 치고 있었으므로 최악의 경우 말라리아를 무릅써야 했는데, 왕립해군 또한 그에게 도움이 되어주지 못하는 상황이었다." 모기의 계절이 가고 겨울이 시작되기 전에 아메리카 연합군은 영국군을 항복시켜야만 했다. 9월 28일, 워싱턴 장군과 로샹보 장군, 라파예트 장군 그리고 얼룩날개 장군은 육해공에서 노련하고 재빠르게 공격을 개시했다.

불리한 위치와 말라리아로 움츠러든 병사들 때문에 절박해진 콘월리스는 다시 한 번 생물전을 시도했다. 그는 천연두에 감염된 노예들을 프랑스-아메리카 전선에 보냈으나 이번에도 아무런 성과를 얻지 못했다. 에드워드 제너Edward Jenner가 천연두 우두접종법을 완성한 것은 1796년의 일이지만, 그와 비슷하면서도 위험천만한 접종기법이 1720년대부터 시행되고 있었던 것이다. 워싱턴은 1777년부터 병사들이 접종을 받아야 한다고 주장했다. 몇몇 병사들이 목숨을 잃었지만, 그럼에도 나머지 군사들은 단체로 천연두에 대한 면역력을 얻었다. 천연두 역병을 일으키려던 콘월리스의 두 번째 시도가 물거품으로 돌아가면서 영국군의 생물전은 이제 3전 3패를 기록했다.

절박해진 콘월리스는 클린턴에게 증강 병력과 구호물자 그리고 퀴닌을 보내달라고 호소했다. "이곳은 방어가 전혀 불가능한 상태입니다. (중략) 구호물자가 속히 도착하지 않는다면 최악의 소식을 들을 준비를 하셔야 할 겁니다. (중략) 의약품이 부족합니다." 프랑스-아메리카 연합군이 포위망을 좁혀오는 가운데, 모기들 또한 요크타운에 갇힌 영국인들을 가차 없이 공격했다. 데이비드 페트리엘로의 결정적인 평가대로, 모기로 둘러싸이고 말라리아로 썩어 들어가던 요크타운에 콘월리스가 주둔하며 막을 내린 클린턴의 남부 전략은 "영국인들이 독립파의 총이 아니라 얼룩날개모기의 병원체에 몰려 남부에서 쫓겨나도록" 만들었다.

아메리카 연합군이 요크타운 포위 작전을 시작하던 9월 28일, 콘월리스 휘하에는 8,700명의 병사가 있었다. 그러나 공식적으로 항복을 선언한 10월 19일에 이르러서는 그중 37퍼센트인 3,200명만이 정상적으로 복무했다. 전투로 사망한 영국군이 200명, 부상자도 400명이 채 되지 않았으므로 전군의 절반 이상이 병에 걸려 싸우지 못한 셈이었다. 요크타운의 영국군은 모기에게 산 채로 잡아먹혔다. 항복 다음날, 콘월리스는 클린턴에게 이를 보고하면서 패배와 항복의 원인을 적군이 아닌 말라리아에 돌렸다. "굴욕스럽게도 제가 기지를 포기할 수밖에 없었음을 각하께 알리게 되었습니다. (중략) 부대가 질병으로 너무도 약화되었으며 (중략) 적군의 포화, 특히 질병 앞에서 전군의 수가 줄어들었고 (중략) 질병 때문에 군사의 수가 매일같이 줄어들어 (중략) 복무가 가능한 일반 사병이 3,200명을 조금 넘는 수준입니다." 콘월리스와 함께 요크타운에 주둔했던 헤센 용병 사령관은 항복 이틀 전 보고에서 영국군이 "거의 모두 열병에 시달리고 있다. 군대가 녹아내렸으며 (중략) 그중 건강하다고 할 수 있는 자는 1,000명도 채 되지 않는다"고 했다. 모기는 독립 전쟁의 남부전선에서 영국군을 쫓아내면서 아메리카인의 자유를 위한 길고 잔혹했던 투쟁을 승리로 이끌었다.

J. R. 맥네일은 이를 다시 한 번 강조했다. "요크타운과 그곳 모기들은 영국의 희망을 앗아가면서 미국 독립 전쟁의 승패를 결정지었다." 그는 저서에서 「혁명의 모기Revolutionary Mosquitoes」라는 제목의 소단원을 마무리하면서 "미국 건국의 어머니들 사이에 우뚝 선" 작디작은 암컷 얼룩날개 장군에게 경의를 표했다. 그녀가 쓴 미국의 역사는 인류 역사의 비행경로를 재설정하고 서구 문명의 중심을 영국에서 미국으로 옮겨왔을 뿐만 아니라 나아가 전 세계에 즉각 충격적인 여파를 미쳤다.

예컨대 영국령 호주의 전초기지는 요크타운과 모기의 여파로 탄생했다. 아메리카 식민지에는 연간 2,000명의 영국인 범죄자들이 수송되었다. 식민지에 버려진 영국인 범죄자들은 도합 6만 명에 달했다. 미국이 독립하면서 영국 의회는 점점 더 늘어나는 국내 흉악범을 수용할 새로운 기지를 찾아야만 했다. 갓 건설된 잠비아 식민지가 우선 고려되었으나, 아프리카로의 추방은 곧 사형 선고나 다름없다고 간주되었다. 영국인 유배자 중 80퍼센트가 도착한 지 1년 이내에 모기 매개 질병으로 사망했기 때문이었다. 이는 모국의 범죄자들을 처벌하고 제거하는 동시에 추방된 영국 국민들을 식민화의 선봉장으로 내세운다는 유형지의 이중적 목적에 모두 어울리지 않았다. 범죄자가 살아남지 못한다면 식민지가 어떻게 번성할 수 있겠는가? 결국 1788년 1월, 대체 유형지였던 시드니 보터니만에 1,366명의 영국인 범죄자들이 수송되었으며, 이로써 영국령 호주가 탄생했다.

영연방 사촌지간인 호주와 마찬가지로, 영국령 캐나다 또한 모기가 영향을 미친 미국 독립 혁명의 산물이다. 캐나다는 혁명 이후에도 영국 식민지이기는 했으나, 실제 혁명 이후 아메리카의 왕당파들이 대거 쇄도하여 당시 프랑스계 중심이던 인구구성과 문화를 영국 중심으로 바꾸었다. 1800년까지 9만 명 이상의 왕당파가 미국을 떠나 캐나다에 상륙했다. 개인의 정치적 충성을 지키거나 박해를 피해서 온 이들도 있었으며, 1793년부터 1805년까지 미국 해안 지역을 휩쓸었던 유행성 황열병을 피해 떠나온 망명자들도 있었다. 모기의 도움으로 아메리카인들이 자치권을 획득한 지 25년이 지났을 무렵, 영국계 캐나다인의 수는 프랑스 캐나다인의 수를 10대 1로 압도했다.

그러나 1783년 9월 파리 조약 체결 당시, 영국은 캐나다 점유 외에는 그 어떤 위안도 찾을 수 없었다. 이 조약으로 한 국가의 독립 혁명일 뿐만 아니라 나아가 국제전으로 거듭났던 미국 독립 전쟁이 공식적으로 종결되었다. 영국령 플로리다는 이제 스페인에게 넘어갔으며, 프랑스는 세네갈과 토바고섬을 획득했다. 미시시피강 동쪽으로 플로리다에서 오대호와 세인트로렌스강에 이르렀던 영국의 모든 영토는 아메리카인에게 투항함에 따라 국제사회가 승인한 신생국, 미합중국의 국경이 되었다. 또한 선언선이 무효화되면서 아메리카는 두 배 이상 넓어졌다. 미국 독립 혁명의 여파로 유럽 지배에 대한 반란의 물결이 아메리카 전 대륙을 휩쓸었다. 모기가 황열병과 말라리아를 어떻게 다루느냐에 따라 승패를 달리했던 이 식민지 반란과 분쟁은 수많은 민족의 자유와 운명을 결정했던 한편, 그 과정에서 미국의 광활한 땅덩어리를 서쪽으로 넓혔다.

모기는 조지 워싱턴 장군과 라파예트 후작이 미국의 독립을 쟁취하는 데 일조했으나, 아직 그 걸작인 미국의 명백한 운명American Manifest Destiny과 영토 합병을 완성하는 일이 남아 있었다. 지금까지 살펴보았지만, 얼룩날개 장군과 그녀의 충직한 전우 숲모기 장군은 변덕스러운 아군이자 동맹이다. 영국이 모기에게 물어뜯긴 대가로 미국이 탄생했다면, 루이지애나 준주 매입에 연이은 루이스 클라크 탐험으로 대표되는 서부 개척은 프랑스 대혁명과 나폴레옹 전쟁을 배경으로 아이티에서의 반란을 진압하려 애쓰던 나폴레옹의 프랑스군을 모기가 자비 없이 공격한 데에서 비롯되었다. 아메리카의 모기들이 존경하는 워싱턴의 반란자들과 공동 전선을 펼쳤듯, 아이티의 자유를 위해 싸웠던 모기들은 프랑스의 가혹 통치에 맞서는 투생 루베르튀르의 노예 반란을 지원하는 한편 시간을 벌어주었다. 또한 눈부신 인물 시몬 볼리바르의 주도로 남아메리카와 중앙아메리카에서 스페인 당국에 대한 자유의 투쟁이 싹틀 때에도 모기는 혁명가들에게 힘을 실어주었다. 1819년 볼리바르는 "아메리카와 스페인 왕실의 분리는 고대 한가운데에서 거대한 로마 제국 체제가 산산조각났을 때의 상황과 비슷"하다고 선언했다. 모기는 로마 제국을 멸망시켰던 1,500년 전을 재현하듯 강력한 스페인-아메리카 제국을 갉아먹어 자주적이고 독립적인 조각들로 쪼갰다. "역사학자들이 수대에 걸쳐 이 혁명의 시대를 환하게 밝혀주었다. (중략) 정치사의 구성요소이자 영웅들과 드라마로 가득한 가슴 뛰는 사건들이 조지 워싱턴과 투생 루베르튀르, 시몬 볼리바르와 같은 인물들에게 무대를 펼쳐주었다." J. R. 맥네일의 말이다. "조명 받지 못한 게 하나 있다면 바로 혁명을 승리로 이끈 모기들의 공이다." 모기는 미국 혁명을 시작으로 무너져 내리는 유럽 식민 제국 전반에 걸쳐 자유와 죽음을 나누어 주었으며, 이를 통해 새로운 자유를 탄생시켰다.

CHAPTER

13

모기 용병

자유의 전쟁과 아메리카 대륙 편성

MERCENARY MOSQUITOES:

WARS OF LIBERATION

AND THE MAKING OF THE AMERICAS

1803년 봄, 미국 대통령 토머스 제퍼슨은 메리웨더 루이스Meriwether Lewis와 윌리엄 클라크William Clark에게 무장 탐험대를 지휘할 것을 명했다. 얼마 전 구입한 루이지애나 준주를 탐험하고 지도를 그리기 위해서였다. 대륙 횡단 탐험을 하려면 무엇보다 몸을 가볍게 해야 했다. 알려지지 않은 서부 아메리카의 이국적인 정글에서 살아남는 데 필수적인 도구와 장비만 있으면 충분했다. 신중하게 필수품을 고르던 34명의 탐험가들은 3,500회 분량의 퀴닌 나무껍질, 아편 0.5파운드(약 227그램), '천둥추Thunder Clappers'라 부르던 수은 알약 600개, 액체 수은과 음경 주사기를 비롯한 필수품들을 챙겼는지 다시 한 번 확인했다. 물론 수은을 삼키거나 요도에 주사한다고 해서 이질과 임질, 매독이 낫지는 않았지만, 이들이 흘린 수은 찌꺼기와 수은 방울 덕분에 근대 연구자들은 이 탐험대에 합류한 원주민 탐험가 새커거위아Sacagawea가 이끈 장소와 탐험 경로를 정확하게 추적할 수 있었다. "이질과 성매개 감염병 그리고 독사와 때때로 곰의 공격을 받았지만 탐험대는 2년이 넘는 탐험을 성공적으로 마치고 비교적 무사히 귀환했다." 페트리엘로의 설명이다. 이 탐험의 주된 목적은 '상업적으로 이용할 수 있는 가장 직접적이고 실용적인 대륙 횡단 수로'를 찾는 것이었다. 원주민들과 교역 관계를 수립하고 경제적 잠재력이 있는 동식물을 조사하는 것도 부차적 목적이었다. 즉, 끝나지 않은 유럽 원정을 위해 급하게 자본금이 필요했던 나폴레옹이 제퍼슨에게 과연 무엇을 팔았는지를 살펴보는 탐험인 셈이었다.

모기가 중개한 미국의 루이지애나 준주 매입은 혼돈의 프랑스 혁명과 뒤이은 나폴레옹의 정복전쟁을 둘러싼 거대한 국제 정세의 파생물이었다. 당시 나폴레옹은 7년 전쟁으로 무너진 과거의 영광을 되찾고 아메리카 대륙 내 프랑스 제국을 재건하고자 했다. 대격동이 벌어지는 가운데 신생국 미국인들은 역사상 손꼽힐 만큼 심각했던 유행병에 시달렸다. 프랑스 식민지 난민들은 프랑스 지배에 맞서는 아이티 노예 반란을 피해 필라델피아의 황열병 늪지대에 몸을 담갔다. 앞으로 살펴보겠지만, 미국 독립 혁명 이후 모기는 얼핏 관련 없어 보이는 14년간의 사건들을 한데 이어주었다. 그 사건들은 바로 1789년 프랑스 혁명, 투생 루베르튀르가 이끈 1791년 아이티 혁명, 1793년 필라델피아의 끔찍했던 유행성 황열병, 1803년 루이지애나 매입이다.

이 기간 동안 모기는 프랑스에서 아메리카 대륙에 걸쳐 유명하고 영향력 있는 역사적 사건들을 거미줄처럼 이었다. 모기는 혁명을 독려하고 식민 제국의 심장을 찢었으며, 미국의 운명을 서쪽으로 떠밀었고, 아메리카 대륙 내 세력균형을 뒤엎었다. 모기들은 아메리카 식민지에서 일어나는 노예 반란과 독립 운동을 진압하려던 길들지 않은 유럽 제국 병사들에게 황열병과 말라리아를 퍼부으면서 유럽인 설계자들과 관리자들을 상대로 콜럼버스 교환의 어둡고 사악한 면모를 드러냈다. 이들이야말로 식민 제국의 몰락을 의도치 않게 초래한 생물학적 설계자들이었다. 그 과정에서 모기들은 이제는 그다지 새롭지 않은 신세계의 지도를 다시 그렸다. 얼룩날개 장군의 지지에 힘입어 아메리카 식민지에서 다져진 혁명의 경제적, 정치적, 철학적 기반은 비참하고 누더기를 입은 프랑스 백성들이 오만한 군주가 씌운 억압적 예속의 굴레를 벗어던지게 그들을 일깨워주었다.

아메리카 독립파가 세워 올린 자유의 여신상에 자극을 받은 프랑스인들은 국왕 루이 16세Louis XVI와 마리 앙투아네트Marie Antoinette의 압제에 맞서 1789년 7월 14일 바스티유 감옥을 습격하며 혁명을 일으켰다. 프랑스 왕실 인사들은 1793년 단두대의 이슬로 사라졌지만, 혁명은 멈추지 않았고, 오히려 가속도가 붙어 프랑스령 식민지들로 번졌다. 1799년, 33세의 천재 나폴레옹 보나파르트 장군이 프랑스 제1공화국 혁명 정부를 상대로 무혈 쿠데타를 일으켰고, 전보다 더 권위주의적인 체제를 세우고 그 꼭대기에 앉으면서 사실상 프랑스 혁명을 종결시켰다. 절대 권력을 탐했던 나폴레옹은 1804년 국민투표 공모를 통해 로마 제국을 본뜬 프랑스 제국 체제의 황제로 즉위했다. 그의 권력욕과 전쟁에 대한 갈망은 곧 이때까지 사상 최대의 유럽전이자 국제전이었던 나폴레옹 전쟁을 불러일으켰다. 그러나 세계를 정복하고 미국 국경 지역을 포함한 아메리카 대륙에 프랑스 식민 제국을 재건하겠다던 그의 꿈은 아이티의 모기들에게 잡아먹힐 터였다.

7년 전쟁에 앞서 식민지 쟁탈전이 한창이던 1697년, 프랑스는 히스파니올라섬의 서부인 아이티를 획득했다. 프랑스 세력 축출 이전까지 산토도밍고라고 불렸던 아이티에는 1791년 노예 반란이 일어날 당시 8,000개의 플랜테이션 농장이 있었다. 전 세계 커피 생산량의 절반을 생산했고, 설탕과 목화, 담배, 코코아 그리고 푸른빛 염료의 재료인 쪽 수출 또한 주도했다. 이 자그마한 섬이 프랑스 중상주의 식민 제국에서 차지하는 비중은 무려 35퍼센트에 달했다. 아프리카 노예와 밀항 모기들의 주된 행선지이기도 했다. 연간 3만 명씩 수입된 아프리카 노예들은 1790년까지 총 50만 명까지 늘어나 아이티 전 인구의 90퍼센트를 차지했다. 이들 중 3분의 2가량은 아프리카에서 태어나 말라리아와 황열병에 길든 상태로 아이티에 건너왔다.

1791년 8월, 10만 명이 넘는 노예들이 잔인하고 억압적이며 가혹한 프랑스인 농장주들을 상대로 반란을 일으켰다. 노예 출신의 한 혁명가는 반란이 일어날 수밖에 없었던 당시의 상황을 다음과 같이 이야기했다.

> 그들이 사람들을 거꾸로 매달고, 물주머니에 넣어 익사시키고, 십자가에 매달고, 산 채로 불태우고, 회반죽 안에 묻지 않았는가? 분변을 강제로 먹이지 않았는가? 채찍으로 후려치고, 벌레나 개미 굴에 던져 산

채로 물어 뜯기게 하고, 늪지대의 말뚝에 묶어 모기에게 물어 뜯기도록 하지 않았는가? 사탕수수 시럽이 끓는 가마솥 안에 던져 넣지 않았던가? 못이 잔뜩 박힌 통에 남녀를 넣고 산에서 굴려 구렁으로 떨어뜨리지 않았던가? 이 비참한 흑인들을 식인 개들에게 던져주고선, 살이 뜯겨 짓이겨진 희생자를 총검과 단검으로 끝내버리지 않았는가?

"세상에는 웃긴 게 많은데, 그중 하나는 자신들이 다른 야만인들보다 덜 야만적이라는 백인들의 생각이다." 마크 트웨인의 냉소가 담긴 말이다. 생명권, 자유권, 행복추구권에 관한 커피 향 나는 계몽은 미국 독립 혁명과 프랑스 혁명과 더불어 프랑스를 상대로 하는 아이티 독립 전쟁을 촉발했다. 초기에는 무질서하고 혼란스러운 폭력 사태가 산발적으로 일어나는 데 그쳤다. 당파끼리 제대로 연합하지도 못했고, 전투마다 동맹 관계도 변했다. 그러나 광범위한 잔학 행위만큼은 모든 당파의 공통점이었다.

혼돈과 혼란의 아이티 반란이 추진력을 얻는 동안, 유럽에서는 나폴레옹의 프랑스를 상대로 러시아와 오스트리아, 프러시아, 포르투갈, 네덜란드 공화국, 영국과 소규모 국가 및 번왕국 등이 여러 시점에서 서로 연합해 유럽 대륙의 전쟁들을 한데 묶고 있었다. 프랑스 혁명이 전 세계로 뻗어나가 카리브해에 여파를 미쳤다. 영국은 아이티 반란이 영국령 카리브 제도 식민지 노예들에게 위험한 자극이 될 수 있다고 보았다. 도미노 효과로 노예 반란이 줄줄이 이어질 것을 우려한 영국은 1793년 아이티 전쟁에 참전했다. 이미 프랑스와 전쟁을 벌이고 있던 영국은 반란을 진압하는 동시에 작지만 수익성이 매우 뛰어난 프랑스령 식민지, 아이티를 점령하고자 했다.

J. R. 맥네일의 말에 따르면, 길들지 않은 영국군은 아이티에 파견되면서 "놀라울 정도로 빠른 속도로 죽어갔다. 배에서 내려 곧장 무덤으로 들어가는 수준이었다." 병마로 너덜너덜해진 영국군은 아이티에서 5년을 버텼으나 모기에게 물어 뜯겨 떼죽음을 당하는 것 이외에는 별다른 성과를 얻지 못했다. 1796년 어느 영국군 군의관은 병사들의 증상을 다음과 같이 기록했다. "기력 탈진, 둔탁하고 때로는 날카로운 두통, 허리와 관절, 손발에 극심한 고통, 핏줄이 터져 번들거리는 눈알, 메스꺼움 혹은 커피 찌꺼기와 비슷하고 악취 나는 흑색 쓸개즙 구토." 아이티에 배치된 약 2만 3,000명의 영국군 중 65퍼센트인 1만 5,000여 명이 황열병과 말라리아로 사망했다. 훗날 어느 영국인 생존자는 당시 "죽음이 상상할 수 있는 모든 형태로 모습을 드러냈다"고 회고했다. "몇몇은 발광하며 죽었다. 마지막에는 병세가 너무나도 끔찍한 수준까지 발달했기 때문에 수백 명이 온몸의 구멍에서 뿜어져 나오는 자기 피에 잠겨 죽었다." 1798년, 모기는 한때 강력했으나 이제는 병든 영국 육군을 아이티에서 쫓아냈다.

그러나 아이티 진압 작전은 영국의 거대한 카리브 제도 군사작전 중 하나에 불과했다. 영국은 프랑스와 스페인, 네덜란드의 식민지들을 점령하고자 했으나 성과를 얻지는 못했다. 원정을 벌일 때마다 충직한 모기 용병들에 가로막혀 영국군의 시체만 산처럼 쌓여갔다. 영국이 카리브해를 포기하고 유럽 대륙에서 나폴레옹에 맞서는 데 병력을 집중하기로 결정했던 1804년까지 모기는 카리브 제도에 배치되었던 영국군 중 약 72퍼센트인 6만~7만 명을 죽였다. 맥네일은 영국이 "공동묘지를 점령하려고 싸웠다"고 말했다. "산토도밍고는 영국군 공동묘지에서 가장 큰 부분을 차지했으나 그마저도 일부에 지나지 않았다." 식민사업과 경제적 수익을 창출할 가능성이 예전보다 줄어들기는 했지만, 길들지 않은 병사들을 공포의 밀실로 끝없이 밀어 넣기에는 충분한 이유인 듯 보였다. 영국왕립해군의 바살러뮤 제임스Bartholomew James 대위는 1794년 마르티니크에서 이 공포의 밀실을 다음과 같이 기록했다. "서인도 제도에 창궐한 무시무시한 질병은 말이나 글로 도무지 묘사할 수 없을 지경이다. 사람들이 줄줄이 갑작스레 죽어나가는 장면이 너무도 충격적이고 끔찍하여 지켜보기 힘들 정도이며, 사방에서 장례식 행렬 말고는 다른 무엇도 찾아볼 수가 없다."

카리브 제도에서 영국을 비롯한 유럽 제국주의 열강들은 "과거를 기억하지 못하는 자, 그 과거를 다시 살게 되리라"는 조지 산타야나George Santayana의 독창적이지만 자주 잘못 인용되는 격언에 딱 어울리는 모습을 보여주었다. 일례로 1793년, 영국이 카리브해에 가장 먼저 보냈던 부대들 중 과들루프 파견부대는 "우리가 처음 서인도 제도에 왔을 때만 하더라도 가라앉아 있던 끔찍한 질병, 황열병이 이제 잠에서 깨어나 새로운 희생자들을 맞이하고 있다"고 보고했다. 게걸스러운 열대지방 모기들은 전쟁으로 폐허가 된 아이티를 비롯하여 카리브 제도 전역에 걸친 모기 정글 속 질병의 용광로로 끊임없이 밀려들어오는 길들지 않은 유럽인 총알받이들을 해치웠다. 카리브해 한정이었던 지역적 역병은 오래지 않아 말 잘 듣는 국제적 숙주를 찾아내고선, 죽음의 그림자처럼 카리브해에서 퍼져 나와 아메리카 대륙과 그 너머에까지 숨어들었다.

아이티 혁명과 카리브 제도 전역에 걸친 제국주의 분쟁들로 인해 군대와 난민 그리고 황열병이 대서양 전역을 이동해 다녔다. 열대지방의 천둥을 피해 달아난 군대와 난민들은 모기 매개 질병을 데리고 유럽에 입성했다. 황열병은 남부 프랑스를 포함한 지중해 연안 지역을 휩쓴 뒤 네덜란드와 헝가리, 오스트리아, 독일계 작센 공국과 프러시아까지 북진했다. 스페인에서는 보미토 니그로vóomito negro, 즉 황열병이 1800년 이전까지 8만여 명의 목숨을 앗아간 데 더해 1801년부터 1804년까지 대대적으로 유행하면서 10만 명을 더 죽였다. 바르셀로나에서만 3개월 만에 도시 인구의 20퍼센트인 2만 명이 목숨을 잃었다.

아프리카 노예들을 희생시켜 막대한 부를 축적한 유럽 제국주의 열강들은 자신들이 건설한 아메리카 대륙 중상주의 식민 제국과 모기 생태계에서 질병과 죽음의 소용돌이를 직수입했고, 아이러니한 운명의 장난인지 혹은 카르마(업)인지는 몰라도 콜럼버스의 교환으로 전 지구의 생태계가 재편되어 이제 모기는 유럽 식민국들을 물어뜯었다.

물론 이들의 아메리카 식민지 또한 무시무시한 황열병의 공포를 피해가지 못했다. 1793년부터 1805년 사이 엘니뇨 남방진동 현상이 지난 천년을 통틀어 가장 심각하게 발생했으며, 여기에 탄력을 받아 황열병은 마치 독화살처럼 서반구 전체를 뚫고 지나갔다. 아이티 이외에도 아바나와 기아나, 베라크루스, 뉴올리언스, 뉴욕, 필라델피아가 12년간 매해 유행성 황열병을 맞이하며 큰 타격을 입었다.

보미토 니그로: '흑토병' 혹은 황열병 역병이 스페인 바르셀로나의 길거리에서 끔찍하리만치 기세를 떨치는 모습. 1819년. © Diomedia/Wellcome Library

당시 미국의 수도였던 필라델피아는 1793년 황열병이 크게 유행하기 이전까지 30여 년 동안 황열병 청정구역이었던 터라 주민들은 길이 덜 들어 감염되기 쉬운 상태였다. 그러던 1793년 7월, 아이티에서 도망쳐온 프랑스계 식민지인 난민 1,000여 명을 태운 '죽음의 배' 행키호가 필라델피아에 정박했다. 며칠 후, 헬타운이라 불리던 지저분한 부두 옆 동네의 한 사창가에서 황열병이 스멀스멀 피어올라 필라델피아의 순진한 주민 5만 5,000여 명을 덮쳤다. 목숨을 부지한 정치인과 공무원 들을 비롯해 도합 2만여 명은 도시 바깥으로 피신했다.

황열병은 필라델피아에 본거지를 두었던 펜실베이니아 주정부와 미국 연방 정부를 마비시켰다. 조지 워싱턴 대통령은 마운틴 버논에서 통치를 계속하고자 노력했으나 서둘러 필라델피아를 떠나는 바람에 "이럴 경우 어떻게 해야 하는지를 규정한 문서들을 비롯해 어떤 종류의 공문서도 가지고 오지 않았다. 따라서 지금 이곳에서 나는 내 수중에 없는 문서를 참조해야 하는 사안들을 결정할 준비가 되어 있지 않다"고 말했다. 자문에 따르면 워싱턴에게는 수도를 이전하고 다른 위치에서 대륙회의를 개회할 수 없었는데, 그러한 행위가 "명백히 헌법에 위배되기" 때문이었다. 모기들이 초겨울 추위에 무릎을 꿇은 뒤인 10월 말, 영부인 마사 워싱턴Martha Washington은 필라델피아가 "너무나 큰 고통에 시달렸고 거의 모든 사람이 친구들을 잃었으므로 도시 주민들의 힘만으로는 회복하기가 어려울 정도이며, 검은 상복이 도시의 일반적인 옷차림 같아 보였다"고 묘사했다. 1793년의 황열병은 약 세 달 만에 도시 인구의 약 10퍼센트인 5,000여 명을 죽였다. 마치 오늘날 뉴욕시에서 치명적인 웨스트나일 바이러스 변종이 유행하여 200만 명이 사망하는 것과 마찬가지일 만큼의 충격적인 사태였다. 이로써 지도자들은 앞날을 생각할 때 모기로 인한 죽음과 그로 인한 대격변을 고려하기 시작했다.

황열병이 도시를 계속 맴돌았다. 예컨대 1798년의 유행 시기 동안 황열 바이러스로 필라델피아에서 3,500명, 뉴욕에서 2,500명이 사망했다. 낙담한 토머스 제퍼슨이 중얼거렸다. "황열병은 우리나라의 (중략) 성장을 저해할 것이다. 유행성 황열병이 대도시에 저주를 내렸다." 1790년 수도입지법으로 국가의 새로운 중심지를 계획적으로 건립하자는 결정이 내려졌으나, 대표적 후보지였던 필라델피아를 지지하던 로비 또한 계속되고 있었다. 그러나 1793년 황열병이 유행하면서 최종 입지와 관련된 모든 논의는 종결되었고, 새로운 수도를 서둘러 건립한 끝에 1800년 워싱턴 DC가 문을 열었다. 그런데 역설적이게도 이곳은 아나코스티아강과 포토맥강이 합류하는 지점으로 모기가 들끓는 늪지대였으며 훗날 이른바 정치의 늪이라고도 불리게 된다. 워싱턴은 그의 이름을 딴 이 웅장한 수도를 보기도 전에 세상을 떠나고 말았다.

필라델피아에서 1,200명의 황열병 희생자들이 장례를 치르던 1799년 12월, 조지 워싱턴은 67세의 나이로 세상을 떠났다. 워싱턴을 계속해서 괴롭히던 말라리아가 그해 가을 또다시 재발하면서 여러 합병증으로 이어졌다.[66] 12월까지 계속 건강이 악화되던 그는 당시 만병에 사용되던 피 뽑는 치료를 받았는데, 단 세 시간 만에 총 혈액량 중 무려 절반 이상의 혈액을 뽑고, 그 다음날 결국 세상을 떠났다.

나폴레옹은 프랑스 전역에 걸쳐 열흘간의 애도기간을 명하는 한편, 바로 조지 워싱턴과 프랑스 국민들이 건국에 이바지했던 미국을

66 말라리아는 워싱턴 일가와 늘 함께했다. 미국 독립을 국제적으로 승인했던 파리 조약이 비준되기 직전인 1783년 7월, 마사 워싱턴 또한 심각한 말라리아로 앓아누웠다. 조지 워싱턴은 조카에게 보내는 서신에 이렇게 썼다. "워싱턴 부인이 세 차례 학질과 열병을 앓고 있는데 증세가 좋지 않구나. 다행히 어제는 나무껍질을 충분히 사용하여 발작을 막았다. 몸이 좋지 않아 너에게 직접 편지를 쓰지는 못했다."

위협하고 아이티 노예 반란을 진압하라는 진군 명령을 내렸다. 아이티의 노예들이 프랑스에 안겨주는 부를 사수하겠노라고 결심한 것이다. 그는 길들지 않은 병사들을 모기와 죽음이 소용돌이치는 곳으로 밀어 넣었다. 그곳에는 황열병과 말라리아 동맹군을 효과적으로 사용하던 훌륭한 전략가, 투생 루베르튀르가 버티고 있었다. 루베르튀르는 혁명 초기부터 다양한 당파와 싸워왔다. 1798년 영국이 퇴각하자 그는 기민한 외교술과 군사적 기량을 인정받아 명실상부 혁명의 지도자로 떠올랐다. 아군과 적군 모두 그를 '흑인 나폴레옹'이라 불렀던 데에서 그의 명성을 짐작할 수 있다. 그는 커피 플랜테이션 농장을 몰수한 뒤 커피 무역 암시장을 통해 혁명 자금을 마련했다.[67] 커피 밀매를 알게 된 나폴레옹은 격분하여 소리쳤다. "망할 커피! 망할 식민지 놈들!" 그러나 아이티 식민지가 프랑스 경제 구상에서 너무나 큰 가치를 지녔기에 쉽게 포기할 수 없었다.

나폴레옹에게는 아메리카 대륙에서 과거 프랑스가 누렸던 영광을 재현하겠다는 거대한 포부가 있었다. 아이티는 나폴레옹이 구상하는 북아메리카 제국을 건설할 자금의 출처였을 뿐만 아니라 유용한 집결 기지였기에 매우 중요했다. 나폴레옹이 전쟁과 권력에 대한 야욕을 드러내면서 곧 그가 아메리카 대륙을 노린다는 소문이 퍼졌다. 영국령 카리브 제도 식민지를 공격하고 캐나다로 진격한 뒤 심지어 얼마 전 획득한 루이지애나를 기반으로 미국을 침략하려 한

---

67 오늘날에도 혁명과 불법 마약을 비롯한 상품 밀매는 긴밀히 연결되어 있다. 아프가니스탄과 탈레반 및 알 카에다는 양귀비를 생산했고, 남아메리카 마오주의(maoism) 혁명가들은 코카인을 밀매했으며, ISIS와 나이지리아의 보코하람, 소말리아의 알 샤바브는 석유를 해적질하여 밀매했다.

다는 소문이었다.

미국 독립 혁명 기간 동안, 세금이나 관세가 붙지 않은 스페인의 식민지 상품들이 미시시피강을 따라 흘러들었다. 혁명에 자금을 지원하고자 했던 스페인이 대륙회의와 면세 계약을 맺어 뉴올리언스 항에서 세금 없이 상품을 비축하고 수출할 수 있었기 때문이다. 그러나 1800년, 재정난에 시달리던 스페인은 밀실 거래를 통해 루이지애나 준주를 나폴레옹에 이양했고, 이로써 뉴올리언스 항에서 미국의 물자와 수출에 부여되었던 특권은 즉시 유예되었다. 나아가 스페인은 플로리다까지 넘길 생각을 하고 있었는데, 제퍼슨 대통령은 플로리다가 넘어간다면 미국은 멕시코만에 접근할 수 없게 될 것이며, 미국 무역은 돈 없는 신생국이 감당할 수 없을 정도로 심각한 타격을 입게 되리라는 사실을 파악하였다. 당시 미국 무역의 약 35퍼센트 정도가 뉴올리언스 항을 거쳐 이뤄졌다. 이에 미국인들은 뉴올리언스에 5만 명의 병력이 주둔할 거라는 소문을 일부러 퍼트렸으나 당시 미국군 전 병력은 7,100명에 불과했다. 프랑스와의 전쟁에 휘말리지 않길 바랐던 미국인들은 유럽과 카리브 제도에서 펼쳐지는 사건들을 초조하게 지켜보았다.

1801년 12월 나폴레옹이 마침내 아메리카 대륙에 대한 야심찬 군사작전을 시작했다. 나폴레옹의 매부였던 샤를 르클레르Charles Leclerc 장군이 이끄는 4만 명의 프랑스 파견대가 아이티의 불복종 노예들을 진압하기 위해 출격했다. 하지만 투생 루베르튀르와 함께 초소를 지키던 모기들은 결코 만만치 않았다. 루베르튀르는 게릴라 전술과 초토화 전략(적군이 사용할 가능성이 있는 모든 것을 파괴하는 전략)

으로 프랑스군을 헤어 나올 수 없는 모기와 죽음의 수렁으로 유인했다. 모기가 기승을 부리는 계절 동안 언덕에서부터 빠르게 공격하고 빠지는 전략으로 프랑스군을 모기가 들끓는 해안과 공기가 나쁜 저지대 습지로 몰아넣은 것이다. 모기 동맹군의 맹렬한 공격을 등에 업은 루베르튀르의 병사들은 프랑스군의 병력을 갉아먹었다. 모기의 계절이 지나고 프랑스군이 황열병과 말라리아로 약화되자 루베르튀르는 맹공격을 퍼부었다. 그는 자신의 간단하고 훌륭한 전략을 추종자들에게 다음과 같이 설명했다. "적군을 제거해줄 우기를 기다리는 동안에는 파괴와 방화만이 우리의 무기임을 잊지 마십시오. 프랑스에서 온 백인들은 이곳 산토도밍고에서 우리만큼 버틸 수 없습니다. 그들은 초반에는 잘 싸울 것이나 곧 병에 걸려 파리처럼 죽어나갈 것입니다. 프랑스군이 크게 줄어들면 그때 공격을 퍼부어 쓰러뜨립시다." 루베르튀르는 길들임의 효과는 물론 자신들과 적군의 면역력에 차이가 있다는 사실을 알았을 뿐만 아니라 이를 결정적인 전략으로 활용하기까지 했다.

루베르튀르는 모기 용병들이 마음껏 활개를 쳐 전쟁을 승리로 이끌도록 해주었다. 1802년 가을, 르클레르는 나폴레옹에게 다음과 같이 보고했다. "제 위치가 아주 좋았다가 아주 나쁘게 변모한 데에 제 군대를 파괴한 질병 말고는 탓할 것이 없습니다. 산토도밍고의 주인이 되고자 하신다면 하루도 지체 없이 1만 2,000명의 병사를 보내주셔야 할 것입니다. 제가 요청한 병사를 제가 요청한 때까지 보내주지 못하신다면 프랑스는 영원히 산토도밍고를 잃게 될 것입니다. (중략) 제 영혼은 메말랐고, 평생 그 어떤 기쁜 생각으로도 이곳의 끔찍한 광경을 지울 수 없을 것입니다." 르클레르는 이 어두운 생각과 시무룩한 예감이 담긴 서신을 쓴 지 한 달 만에 황열병으로 세상을 떠났다. 아이티에 파견된 프랑스 장군 20명 이상이 그의 뒤를 따라 모기가 파놓은 무덤에 몸을 뉘였다. 프랑스 침략군은 웅장한 망상을 꿈꿨던 다른 야심찬 정복자들과 마찬가지로 카리브 제도의 여주인이자 서큐버스인 모기 앞에서 무너졌다.

나폴레옹은 역사상 가장 훌륭한 군인 중 하나였지만 그조차도 숲모기 장군과 얼룩날개 장군을 이길 수는 없었다. 나폴레옹의 프랑스군은 유럽의 전장을 점령하고 있었지만 카리브해에서는 1803년 11월 강력한 모기들 앞에 항복을 선언하고 말았다. "일찍 죽은 프랑스 병사들이 차라리 행복했다." 승리한 어느 혁명가의 말이다. "다른 이들은 경련과 머리가 터질 듯한 두통, 채울 수 없는 갈증에 시달렸다. 이들은 피는 물론 '검은 수프'라 불리던 물질을 토해냈으며, 이후 얼굴이 노랗게 변했고, 온몸에서 악취가 나는 점액질을 분비하다가 마침내 행복하게 죽음을 맞이했다." 나폴레옹의 아이티 원정은 프랑스 병사들이 황열병과 말라리아의 피바다에 잠겨 죽어가면서 2년도 채 되지 않아 막을 내렸다. 모기가 독립을 갈구하던 노예들과 아이티의 운명을 결정한 셈이었다.

아이티에 파견된 프랑스 병사 약 6만 5,000명 중 5만 5,000명이 모기 매개 질병으로 사망하면서 충격적인 85퍼센트의 사망률을 기록했다. 숲모기 장군과 얼룩날개모기 장군은 두 달 후 아이티의 공식적인 독립을 알렸다. "아이티의 노예 혁명은 그러한 반란들 중 자유 독립국의 탄생으로 이어진 유일한 사례다." 빌리 G. 스미스Billy G.

Smith가 저서 『죽음의 배Ship of Death』에서 밝혔다. "역사상 가장 잔혹했던 노예제 정권에서 황열병이라는 산모의 손을 빌려 태어난 아이티는 그야말로 극적인 성취였다. 산토도밍고의 노예들은 유럽 열강이 파견할 수 있는 최고의 군대들을 상대로 승리를 거두었다." 그러나 이는 큰 희생을 치르고서야 얻어낸 자유였다. 약 15만 명의 아이티인들이 영국군과 프랑스군에게 죽임을 당했는데, 상당수가 비전투 민간인이었다. 루베르튀르는 1802년 봄 의문스러운 정황 속에서 생포되어 1년 후 프랑스 감옥에서 결핵에 걸려 순교자와 같은 모습으로 생을 마감했다. 투생 루베르튀르와 그가 이끌었던 자유의 전사들은 조지 워싱턴과 아메리카 민병대 병사들처럼 크나큰 공로를 인정받아야 마땅하다. 그러나 스미스는 여기에 조심스럽게 단서를 달았다. "그들이 그렇게 할 수 있었던 이유는 열병 덕분이다." 무려 도합 18만 명의 영국군, 프랑스군 그리고 스페인군이 아이티의 모기들에게 목숨을 잃었다.

유럽 열강들은 300여 년에 걸쳐 모기 매개 질병에게 많은 목숨을 내어주고서야 카리브해의 모기들을 정복하겠다는 갈망을 놓았다. 자비 없고 살인적인 모기 매개 질병 앞에서 제국주의 야욕과 전략을 재고하고 개편할 수밖에 없었다. 모기들은 아메리카 대륙 내 유럽 식민주의 시대의 마지막 장도 여지없이 피 묻은 주둥이로 써 내려갔다. 그러나 패자들에게는 소매 안에 감추어둔 패가 몇 장 있었다. 그들은 한때 노예였던 아이티인들이 그들에게 불복종하고 제국주의의 부를 앗아간 데 복수하고자, 아이티 상업에 크나큰 타격을 입히리라 맹세했다.

노예를 보유하던 유럽 국가들과 미국은 다른 곳에서 이와 유사한 반란이 일어나지 못하게 아이티인들에게 악의적으로 응징을 가했다. 금지령이 수십 년 동안 그늘을 드리우면서 아이티 국가 경제가 무너졌고, 아이티인들은 최악의 빈곤에 빠지고 말았다. 한때 카리브 제도에서 가장 부유했던 아이티는 이제 서반구에서 가장 빈곤한 국가이자 전 세계에서 열일곱 번째로 가난한 나라가 되었다. 황열병은 자취를 감추었지만, 유행성 열대열말라리아, 사일열말라리아, 뎅기열, 지카바이러스, 치쿤구니아열 그리고 최근 탄생한 마야로 바이러스까지 온갖 모기 매개 질병이 오늘날 아이티에 주둔하고 있다.

영국은 아이티뿐만 아니라 카리브 제도 전역에서 두 세기 동안 모기에게 끔찍하게 시달린 뒤, 다시는 카리브 제도에 대한 대규모 군사 원정을 일으키지 않았다. 그 대신 동쪽으로 눈을 돌려 아프리카와 인도, 중앙아시아를 노렸다. 아이티 혁명의 성공으로 영국에서 노예제 폐지 운동이 격화되었고, 제국주의적 아프리카 노예제에 대한 국내 여론은 악화되었다. 대중들의 격렬한 반응에 영국 의회는 1807년 노예무역을 금지했고, 1833년에 이르러 대영 제국 전역에서 노예제가 폐지되었다.

프랑스 역시 아이티에서의 굴욕 이후, 카리브 제도의 모기들과 더는 헛되이 싸우지 않기로 했다. 신세계 제국을 향한 염원이 모기 매개 질병으로 산산조각남에 따라 나폴레옹은 1803년 그 피투성이 땅덩어리에서 완전히 등을 돌렸다. 아이티와 그곳의 막대한 자원에 손댈 수 없어져 뉴올리언스 또한 그 의미를 잃었고, 뉴올리언스는 막강한 영국왕립함대는 물론 그보다 훨씬 약하지만 공격적이었던 미국이 언제라도 공격할 수 있을 정도로 방치되었다. 나폴레옹은 루이지애나를 매매하지 않는다면 제퍼슨의 말대로 미국이 "영국 함대 및 국가와 결혼"할까 우려했다. 아이티의 모기들이 프랑스의 경제적 핏줄을 빨아 바닥내버린 상황이었고, 유럽 내 전쟁에 점점 더 많은 자금과 자원이 투입되는 마당에 나폴레옹은 더 이상 북아메리카 전략을 고수해봤자 소용없으리라는 점을 알았다. 아이티의 노예들이 모기의 도움으로 거둔 짜릿한 성공은 역사에 의도치 않은 파장을 미쳤으며, 결과적으로 미국의 루이지애나 매입을 중개하고, 루이스와 클라크 및 새커거위아의 대륙 횡단 탐험을 이끌었다.

아메리카 대륙에서 프랑스 식민 제국을 재건하겠다는 꿈을 접은 나폴레옹은 대륙봉쇄령the Continental System을 시행했다. "지난날 우리는 부유해지길 원했으므로 식민지를 가져야만 했으며, 인도와 소앤틸리스 제도, 중앙아메리카, 산토도밍고를 점령했다. 그러나 이 시대는 이제 막을 내렸다." 나폴레옹이 프랑스 상공회의소에 포고했다. "오늘날 우리는 제조자가 되어 모든 것을 우리 스스로 만들어야 한다." 모기 용병 때문에 카리브 제도에서 쫓겨난 프랑스는 산업과 농업에 있어서 근대적 혁신을 일으키기 시작했다. 예컨대 프랑스의 식물학자들은 카리브 제도의 설탕을 대체하기 위해 유럽산 사탕무에서 감미료를 추출하는 법을 개발했다.

아이티를 상실한 나폴레옹에게 뉴올리언스는 쓸모가 없었다. 비교적 황량한 루이지애나도 마찬가지였다. 스페인 및 영국과 전쟁을 치르던 프랑스로서는 뉴올리언스뿐만 아니라 82만 8,000제곱마일 넓이의 루이지애나 준주 전체를 미국에 매매하는 것만이 유일한 선택지였다. 제퍼슨은 협상단에게 뉴올리언스에만 최대 1천만 달러까지 써도 좋다는 허가를 내렸는데, 나폴레옹이 1,500만 달러(현재 가치로 약 3억 달러)에 뉴올리언스와 루이지애나 준주 전체를 제시하자 이를 즉각 수락했다. 남쪽으로 멕시코만부터 동쪽의 미시시피강, 서쪽의 로키산맥에 이르는 광활한 영토에는 오늘날 미국 15개 주와 캐나다 2개 주가 포함된다. 아이티의 모기들이 중개하고 압박하여 성사된 1803년의 루이지애나 매입으로 미국은 1에이커(약 1,224평)당 3센트도 채 들이지 않고 하룻밤 사이에 영토를 두 배로 넓혔다. 모기는 루이지애나 준주 매입을 포함하여 미국을 형성하는데 헤아릴 수 없는 영향을 미쳤으니, 러시모어 산(4명의 위대한 미 대통령 얼굴을 조각한 산)의 워싱턴과 제퍼슨 조각 사이에 모기 조각을 두어 두 대통령의 고마운 눈인사를 누리게 해야 마땅하겠다.

북아메리카 토지를 매매한 이후, 1805년 트라팔가르 해전에서 프랑스 해군이 넬슨 제독에게 완패를 당했으며 1812년에는 프랑스 육군이 러시아 원정에서 동장군과 티푸스 장군 그리고 러시아군의 체계적인 초토화 작전으로 산산이 조각나면서 나폴레옹의 유럽 대륙 제패 작전은 쓸쓸히 막을 내렸다. 그해 6월 프랑스 대육군 68만 5,000명이 전장으로 진격했는데, 12월 후퇴할 당시 정상 복무가 가능했던 병사들은 2만 7,000명에 불과했다. 38만 명이 죽었으며, 10만 명이 포로로 잡혀갔고, 8만 명이 탈영했다. 러시아 원정의 실패를 기점으로 전쟁의 판도가 완전히 바뀌었으며, 결국 나폴레옹은 1815년 워털루 전투에서 웰링턴 공작이 지휘하는 영국 주도 연합군에 대패하였다.

그러나 최후의 패배와 망명 직전, 나폴레옹은 19세기를 통틀어 유일하게 성공한 의도적인 생물전을 일으킨 것으로 인정받고 있다.[68] 거대한 영국군을 상대로 공중에서 말라리아 미사일을 포격하기 위해 그가 선택했던 운송 수단은 다름 아닌 모기였다. 포르투갈과 오스트리아에서 프랑스를 상대로 승리를 거두며 고무된 영국은 1809년 북유럽에서 제2전선을 무너뜨리고 포위된 동맹 오스트리아군을 구하기 위해 나폴레옹을 공습하기로 결정했다. 결전지로 선택된 곳은 네덜란드와 벨기에의 스켈트강 어귀 저지대 늪지인 발헤렌이었다. 프랑스 함대가 그곳 항만에 주둔했다는 소문이 있었기 때문이다. 7월, 4만 명의 병사와 700척의 군함으로 이루어진 강력한 영국 원정 함대가 꾸려졌다. 당시까지 영국 역사상 가장 큰 규모였다. 눈에 띄지 않을 수 없는 규모의 함대였으므로 나폴레옹도 침공이 임박했음을 알았고, 이를 의연하게 받아들였다. 게다가 그는 매년 여름과 가을 열병이 발헤렌 지역을 둘러싼다는 사실 또한 알고 있었다. "우리는 다른 무엇도 아닌 열병으로 영국군에 맞서야 한다. 열병이 곧 그들 모두를 집어삼킬 것이다." 그가 사령관에게 말했다. "한 달이면 영국군은 선박으로 피신할 수밖에 없을 것이다." 적수였던 투생 루베르튀르의 전술을 참고하려던 나폴레옹은 유럽 역사상 최악의 말라리아 유행병을 일으켰다.

나폴레옹은 수로를 열어 전 지역이 염분 섞인 물에 잠기도록 해

---

68 아이러니하게도 그가 세상을 떠났던 1821년 당시 영국 전함 HMS 모기호(HMS Mosquito)가 나폴레옹의 유배지였던 남대서양의 세인트헬레나섬을 순찰하고 있었다.

모기가 번식하고 말라리아가 확산되기에 완벽한 환경을 만들었다. 계획적인 생물전에 있어서 애머스트와 콘월리스의 실패를 따르지 않으려던 나폴레옹의 비뚤어진 노력은 곧 뜨거운 성공으로 이어졌다. 이때 이후로 '발헤렌Walcheren'이라는 단어는 군사적 실책의 대명사가 되었다. 영국군은 800만 파운드를 소모한 끝에 원정을 중지한 10월까지 40퍼센트에 이르는 병사를 말라리아로 잃었다. '발헤렌 열병'이라 불렸던 이 사태로 4,000명의 병사가 목숨을 잃었으며, 추가로 1만 3,000명의 병사가 임시 병동에 누워 땀을 흘려야 했다. 말라리아를 생물학 무기로 삼은 나폴레옹의 전술은 훗날 제2차 세계대전 도중 이탈리아 안치오에 상륙하려던 미국인들을 상대로 나치가 다시 한 번 재현한다.

한편 영국과 프랑스가 모기의 가혹한 응징을 받았던 곳에서 스페인은 연기처럼 사라지기 일보직전인 아메리카 대륙 식민지를 지키기 위해 완강하게 싸워나가면서 수천 명의 목숨을 모기 매개 질병에게 내어주었다. 영국과 프랑스가 워싱턴, 라파예트, 루베르튀르와 최후의 결전을 펼쳤던 것처럼, 스페인은 훌륭한 혁명군 지도자 시몬 볼리바르와 맞섰다. 그리고 스페인 또한 반란에 가담한 모기 용병들의 분노에 시달렸다. 1811년부터 1826년 사이 쿠바와 푸에르토리코를 제외한 아메리카 대륙의 모든 스페인령 식민지가 독립을 쟁취했다. J. R. 맥네일의 말대로, 모기는 "스페인령 아메리카가 스페인의 올가미를 벗어던지도록" 도와주었다.

나폴레옹 전쟁 초반만 하더라도 스페인은 프랑스의 동맹국이었다. 스페인 함대 또한 트라팔가르 해전에서 넬슨 제독에게 돌이킬 수 없을 정도의 타격을 입었으며, 스페인의 해상 지배력은 꾸준히 약화되었다. 1807년 프랑스와 스페인은 연합하여 포르투갈을 성공적으로 침공하였으나, 나폴레옹은 동맹 관계를 깨뜨리고 이듬해 스페인을 침공했다. 외해 지배권을 쥐게 된 영국은 스페인령 식민지들과 무역 관계를 맺기 시작했다. 스페인령 식민지로서는 이편이 이득이었는데, 무역에 가해지는 제한이 느슨해지는 데다 자유시장 경제에 상대적으로 가까워질 수 있기 때문이었다. 스페인인이나 카스타 혹은 메스티소(스페인인과 아메리카 원주민의 혼혈) 엘리트들로 구성된 지역적 혁명위원회, 훈타junta가 스페인령 아메리카 식민지 전역에서 생겨났다. 자유의 전사들을 이끌던 지도자들은 저마다 개인적 동기를 가지고 있었고, 스페인 중상주의 체제에서 벗어난다면 어떤 경제적 이득을 얻을 수 있는지를 잘 알고 있었다.

1814년, 스페인은 이때까지 자국의 아메리카 파견대 중 가장 큰 규모인 1만 4,000명 이상의 병력을 누에바그라나다에 보냈다. 베네수엘라와 콜롬비아, 에콰도르, 파나마 식민지를 포함하는 누에바그라나다의 질서를 바로잡고 무역을 재개하기 위해서였다. 이들을 맞은 건 모기 용병들이었다. 모기들은 "유럽인들과 신참들에 대해 극명한 선호"를 드러냈다. 콜롬비아가 독립을 향하여 레드카펫을 펼쳤던 1819년까지 살아남은 스페인 육군은 전체의 4분의 1도 되지 않았다. 전투가 벌어진 스페인 식민지 전역에서 "모기에 물리기만 해도 목숨을 잃는 일이 잦았고 (중략) 이것이 우리의 파멸과 군대의 전멸을 부르는 원인"이라는 놀라울 정도로 정확한 보고가 스페인 전쟁부 장관에게 전해졌다. 재정난과 약화된 해군 말고는 가진 게

없었으나 그럼에도 스페인은 볼리바르를 무찌르고 식민 제국을 사수하기 위해 러시아로부터 임대한 수송선에 2만 명의 병사를 태워 아메리카로 보냈다.

1815년과 1816년에 아이티를 방문하여 혁명전쟁 참전용사들과 전술을 논의한 바 있던 볼리바르는 선배 루베르튀르가 그랬던 것처럼 모기 매개 질병을 전략의 일부로 포함시켰다. 전쟁을 확실히 승리로 이끈 이 전략은 볼리바르에게도 제대로 작동했다. 과거 아메리카 대륙에 아프리카 노예와 모기, 유럽산 질병을 들여왔던 스페인인들은 지난날의 과오에 산 채로 잡아먹혀 완전히 파멸하면서 선조들의 죗값을 질병과 죽음으로 치렀다.

스페인에서 곧장 건너온 탓에 길들지 않은 병사들을 모기들은 조금의 자비도 없이 공격하고 감염시키고 죽였다. 나폴레옹의 프랑스군이 아이티에서 그러했던 것처럼 스페인 병사들 또한 콜럼버스의 교환을 거치며 형성된 생태 구조의 역풍을 맞았다. 식민 제국과 경제를 사수하기 위해 아메리카 식민지로 수송된 스페인 병사들 중 90~95퍼센트가 황열병과 말라리아로 목숨을 잃었다.

루베르튀르와 마찬가지로 볼리바르 또한 1830년 폐결핵으로 세상을 떠났다. 그러나 루베르튀르와 다르게 그는 자신의 염원이 실현되는 모습을 보고 떠날 수 있었다. 이 시기까지 볼리바르와 모기 용병들은 아메리카 대륙 내 스페인 제국을 갉아먹어 다수의 독립국을 세웠다. 한때 눈부시고 광활했던 스페인 식민 제국에는 이제 쿠바와 푸에르토리코, 필리핀만 남았으며, 이마저도 곧 날뛰는 모기들과 1898년 시작된 미국 제국주의에 잡아먹힐 터였다.

질병에 길든 노예들과 식민지인들이 아메리카 대륙 전역에서 제국주의 유럽인의 지배에 대해 일으킨 반란은 구시대를 끝내고 새로운 독립의 시대를 열었다. 자비 없는 모기들도 현지 태생 전우들의 편에 서서 한때 주인이었던 유럽인들에게 지옥불 같은 응징을 가했다. 그들의 거주지 한복판에서 자유를 위한 투쟁들이 벌어지자 모기들은 혁명가들에게 충성을 바쳤고, 길들지 않은 영국인과 프랑스인, 스페인인 병사들을 공격하고 살해해 유럽 제국주의를 아메리카 대륙에서 몰아냈다. 모기는 유럽과 식민 아메리카를 잇던 주요 경제적, 영토적 핏줄을 끊어버렸고, 콜럼버스의 교환이 초래한 생물학적 결과는 그 교환의 창시자인 유럽인들의 심장에 직격탄을 날렸다. 유럽인들은 한때 자신들이 뿌린 씨, 질병과 죽음을 거두어갔다.

아메리카에 수입된 모기들과 질병들은 한때 원주민들을 비할 데 없는 속도로 쓰러뜨리면서 유럽인에게 영토 확장의 길을 열어주었으며, 나아가 노예 기반의 수익성 높은 착취적 중상주의 식민지들을 건설하는 데 박차를 가해주었다. 반면 혁명의 시기에는 길들지 않은 유럽인 병사들을 황열병과 말라리아에 흠뻑 적셔 그들의 체제를 무너뜨렸다.

유럽의 아메리카 대륙 지배는 아프리카의 모기들과 노예들로 가능했으나, 수세기 이후 동일한 요소로 인해 결국 막을 내렸다. 모기 혁명가들이 낳은 첫 번째 국가는 미국이지만, 아이티의 노예 반란을 도울 당시 모기들이 보여준 군사적 기량은 나폴레옹이 미국에 북아메리카 영토를 매매하는 단초가 되었다.

제퍼슨이 모기의 중개로 루이지애나 준주를 매입하고, 루이스 클라크가 지도 제작과 태평양 진출을 위해 탐험에 나서면서, 신생 미국은 바다와 바다 그리고 그 사이의 모든 것을 잇겠다는 명백한 운명에 한 발짝씩 다가갔다. 미국은 서부로의 팽창주의를 계속 추구하면서 원주민과 그들의 생계수단이었던 들소 떼를 살육하고, 그들을 강제로 이주시켜 드넓은 대륙 영토를 사수하였으며, 영국령 캐나다와 멕시코 그리고 스페인에게 전쟁을 선포하여 전 지구적 지위를 다져나갔다. 기회주의자 모기들은 미국 건설 과정에서 벌어진 분쟁들 위를 맴돌면서 피 묻은 수확물을 거두어갔다.

CHAPTER

14

명백한 운명의 모기

목화와 노예, 멕시코 그리고 미국 남부

MOSQUITOES OF MANIFEST DESTINY:
COTTON, SLAVERY, MEXICO, AND
THE AMERICAN SOUTH

신출내기 미국의 가슴속에는 끓어오르는 걱정거리가 몇 가지 있었다. 미국의 정착민들이 애팔래치아산맥을 감싸고 이어지던 과거의 선언선을 넘어 공격적으로 영토를 확장하자 그곳 원주민들이 거세게 저항하기 시작한 것이다. 당시 원주민 구역의 지사였던 윌리엄 헨리 해리슨William Henry Harrison은 1811년 10월 제임스 매디슨James Madison 대통령에게 상황을 보고하면서 쇼니족 추장 테쿰세Tecumseh가 주도하고 영국이 후원하는 범인디언 연합이 중대한 위협을 미치고 있다고 말했다. "테쿰세는 실로 놀라울 정도로 추종자들의 절대 복종과 존경을 받고 있습니다. 역사에 간혹 나타나 혁명을 낳고 기존의 질서를 무너뜨리는 흔치 않은 천재들 중 하나라는 말이 다른 무엇보다도 그를 잘 설명합니다. 미국 부근만 아니었더라도 아마 그는 멕시코 혹은 페루(즉, 마야와 아스테카, 잉카 문명)의 영광에 견줄 만한 제국을 건설했을 것입니다. 그 어떤 곤경도 그를 막지 못하며 (중략) 가는 곳마다 모든 것이 그의 뜻대로 된다는 인상을 풍깁니다. 이제 그는 마지막 단계에 착수하여 과업을 완수하려는 모습입니다."[69] 대륙회의에서 주전론자 '워 호크 War Hawks'들이 소리 높여 행동을 촉구하자 매디슨 대통령이 이에 화답하여 1812년 영국에 대한 전쟁을 선포했다. 1783년 파리조약에 서술된 주권의 개념을 확인하는 한편, 캐나다의 오대호 수송로를 장악하여 무역을 활성화하기 위해서였다.

수많은 이민자와 정착민의 경제적 팽창주의 신념이 미국 정치와 군사정책에 배어들었다. 그 기저에는 문화적 사상이자 언론이 부추긴 전략, '명백한 운명Manifest Destiny'이 있었다. 미국의 교양과 민주주의 정체를 대서양부터 태평양까지 전파하는 일은 전지전능한 하나님이 정한 운명이자 권리라는 개념이었다. 이를 상징적으로 그린 존 가스트John Gast의 작품 「미국의 전진American Progress」에는 미국과 '개척자 정신'을 의인화한 여신 컬럼비아Columbia가 나부끼는 하얀 드레스를 입고 문명과 근대적 문물을 전파하기 위해 동부에서 야생 그 자체인 서부로 고고하게 날아가는 모습이 그려진다.

그러나 1812년 전쟁으로 시작된 미국의 명백한 운명 성취 일대기는 자애롭거나 박애주의적이지 않다. 미국이 공격적이고 호전적으로 영토를 확장하는 모습은 천진스레 이동하는 컬럼비아의 어질고 평화로운 이미지와는 극명한 대조를 이루었다. 명백한 운명과 그 원동력인 목화 플랜테이션 때문에 미국은 북쪽의 이웃나라 영국령 캐나다와 그 내부의 아메리카 원주민들 그리고 마침내는 탐스러

69 해리슨은 1840년 대통령에 당선되었으나 취임 32일 만에 세상을 떠났다. 사인은 장티푸스로 추정된다.

운 태평양 항구 캘리포니아를 가진 남서쪽의 멕시코를 상대로 전쟁을 벌였고, 모기는 미국의 정복 전쟁에 적극적으로 참여해 미국이 드넓은 아메리카 대륙을 사수할 수 있도록 도와주었다.

하지만 멕시코-미국 전쟁에서 모기는 이전처럼 외국의 침략자들을 먹어치우고 전쟁의 결과를 결정하는 역사적인 역할을 수행하지 못했다. 이 제국주의 전쟁에서 미국의 군사 설계자들과 사령관들은 의도적으로 멕시코의 모기를 회피했다. 유해한 공기와 늪지대를 비롯한 모기의 덫을 계획적으로 둘러간 미국군은 모기가 전파하는 치명적인 질병들을 면하고 나머지 서부 영토를 장악했다. 캘리포니아가 정식 주로 승인된 1850년, 캘리포니아 태평양 해안에서 반대편 해안까지 이어지는 광대한 대륙과 드넓은 미국 영토 전역에 70년 전 혁명의 피로 태어난 미국 국기가 나부꼈다.

미국이 독립하며 완패를 당한 영국은 오래지 않아 급성장하는 미국 경제가 자국에 위협이 된다는 사실을 알아차렸다. 영국은 나폴레옹의 프랑스와 벌이던 전쟁을 이용해 미국 무역을 방해했다. 1806년 영국은 나폴레옹의 전쟁물자 보급로를 차단한다는 명목으로 미국 각지의 항구에 통상금지령을 내렸으며, 나아가 대서양 중간 항로를 봉쇄하고, 영국군 탈영병을 색출한다는 명목으로 미국 국적 상선들에 승선했다. 1807년까지 영국은 약 6,000명의 미국인 선원들을 납치하여 왕립 함대에 '징모'했으며, 캐나다의 무기와 물자를 빼돌려 테쿰세가 이끄는 원주민 연합에게 제공하여, 미국이 국내 문제에 정신을 빼앗기도록 했다. 과거 폰티악과 마찬가지로 테쿰세 또한 범인디언의 드넓은 조국 건설을 꿈꾸고 있었다.

영국 본토는 1066년 노르망디의 정복자 윌리엄 1세William I 이후로 단 한 번도 직접 공격받은 일이 없었다. 당시 미국 또한 군사적으로나 재정적으로 영국 본토를 공격하기는 무리라고 판단했으며, 그 대신 가깝고 가치 있는 임기 표적, 캐나다를 노렸다. 종종 제2차 미국 혁명the Second American Revolution이라고도 불리는 1812년 전쟁 동안 미국은 수차례 캐나다를 공격했는데, 모두 원주민 연합과 영국 정규군, 캐나다 민병대에게 저지당했다. 테쿰세와 영국군 사령관 아이작 브록Isaac Brock이 모두 전사했음에도 전세는 기울지 않았다.

1813년, 미국군은 어퍼캐나다의 수도 요크(오늘날의 토론토)를 약탈하고 불 질렀으며, 요크 주민들은 검게 그을린 도시 바깥으로 피신했다. 이에 대한 보복으로 영국 정규군이 스페인에서 나폴레옹을 무찌르고 곧장 아메리카로 건너와 1814년 8월 워싱턴 DC에 상륙했다. 이들은 백악관과 국회의사당을 비롯한 수많은 행정청사에 불을 질렀다. 당시 영부인이자 1793년 필라델피아의 황열병 유행으로 전 남편과 어린 아들을 잃었던 돌리 매디슨이 이때 불타는 백악관에서 가치를 가늠할 수 없는 수많은 유물을 안전하게 옮긴 영웅으로 알려져 있다.

워싱턴을 공격한 이후, 영국군 사령관 알렉산더 코크레인Alexander Cochrane 제독은 상부에 워싱턴에서의 철수를 명할 것을 요청했다. 미국의 수도를 얼기설기 뒤덮은 강들과 늪지대에 사는 모기들이 말라리아와 황열병의 계절을 불러올 것을 우려했기 때문이었다. “코크레인은 8월 말, 전 함대를 체서피크에서 철수시켜 황열병과 말라리아를 피하고자 했으며, 역병이 돌지 않는 로드아일랜드 항만으로 가기를 원했다." 데이비드 페트리엘로의 말이다. 코크레인 제독은 모기의 계절이 닥치면 더는 공세를 펼칠 수 없을 것이라며 퇴각을 간청했으나, 상부는 그의 의견을 묵살했다. 모기가 있든 없든, 코크레인은 명령에 따라 볼티모어를 공격했다.

코크레인이 볼티모어 항만의 맥헨리 요새를 공격하기 시작했을 때, 미국의 정체성을 규정짓는 문화적 순간 또한 찾아왔다. 영국 함대가 스물일곱 시간에 걸쳐 맥헨리 요새에 포격을 퍼부은 뒤인 9월 14일 새벽, 폐허가 된 요새 꼭대기에 대형 미국 국기가 여전히 용맹하게 나부끼는 모습이 프랜시스 스콧 키Francis Scott Key의 시야에 들어왔다. 이 장면을 본 그는 곧장 「맥헨리 요새의 방어Defence of Fort M'Henry」라는 시를 써내려갔는데, 이는 오늘날 미국의 국가國歌 「성조기The Star-Spangled Banner」의 가사로 더 잘 알려졌다.

1814년 말에 이르자 전쟁은 교착상태에 빠졌으며, 어느 편도 더는 값비싼 전쟁을 이어나가길 원치 않았다. 나폴레옹이 전쟁에서 패하여 엘바섬에 유배되면서 전쟁을 이어나갈 명분도 와해되었다. 미국은 이제 영국을 비롯한 외국 시장에 자유로이 접근할 수 있었으며, 더는 선원들이 납치되는 일도 없었다. 매디슨 대통령이 말라리아로 병상에 누워 있던 1814년 크리스마스이브에 겐트 조약이 체결되었다. 이로써 전쟁은 뚜렷한 승자 없이 종결되었다. 군사와 원주민 동맹국, 민간인을 모두 포함해 약 3만 5,000명이 사망했는데, 이 중 80퍼센트가 말라리아와 장티푸스, 이질로 사망했다. 어느 영토도 다른 국가에 이양되지 않았으며, 그 결과 캐나다와 미국은 모든 면에서 평생의 우방으로 거듭났다.

1817년 러시-바고 조약과 뒤이은 1818년 조약으로 국경지역과 수로의 무장을 해제하는 등 여러 우호적인 계약이 체결되었으며, 이후 캐나다는 미국의 국가 안보에 다시는 위협을 가하지 않았다. 지금도 두 국가는 긴밀한 군사동맹을 맺고 있으며, 공정하고 자유로운 무역 파트너 관계를 유지하고 있다. 양국의 상호 호혜적인 관계가 수립된 가운데, 오늘날 캐나다 전체 수출량의 70퍼센트와 수입량의 65퍼센트가 매일 35만 명의 사람들과 함께 세계에서 가장 긴 5,525마일 길이의 국경을 넘어 남쪽 이웃나라를 오간다. 2017년 기준, 양국의 무역액은 약 6,750억 달러에 달했으며, 미국에 80억 달러의 흑자를 안겨주었다.

아이러니하게도 1812년 전쟁 최대의 전투는 평화협정 체결 이후 벌어졌다. 민병대와 해적, 범법자, 노예, 스페인인, 갓 해방된 아이티인 등 잡다한 패거리를 갖은 협박과 회유로 긁어모아 싸운 앤드루 잭슨Andrew Jackson 장군은 뉴올리언스 전투를 통해 유명인사로 거듭났다. 1815년 1월 평화협정 체결 소식이 대서양을 건너고 있을 당시, 잭슨과 오합지졸의 병사 4,500명이 세 배 규모의 영국군을 상대로 대승을 거둔 것이다. 가난한 산간벽지에서 태어나 미국 독립 혁명 도중 13세의 나이에 포로로 붙잡혔던 잭슨은 이 전투를 계기로 명성을 닦아 훗날 대통령이 되기에 이른다.

지지자들에게 잭슨은 '일반 시민common man'의 수호자였으며, 전쟁 영웅이자, 자수성가한 사람이었고, 열세의 군사를 이끌고 대승을 거둔 챔피언이었다. 그러나 상대편에게 잭슨은 툭하면 불처럼 화를 내던 못 배워먹은 술집 주정뱅이였다.[70] 그는 종종 길거리에서 자기 자신이나 아내에게 무례하게 굴었다는 이유로 사람을 지팡이로 때렸고, 결투가 구시대의 유물이 된 때였음에도 툭하면 결투를 신청해 댔다. 그 결과 그는 평생 몸 안에 두 발의 총알이 박힌 채로 살았으며, 여기에 더해 여러 차례 말라리아에 감염되기도 했다. 반대자들은 그를 멍청이라는 뜻의 '수탕나귀Jackass' 혹은 '수탕나귀 잭슨Jackass Jackson'이라고 불렀다. 잭슨 민주주의의 창시자답게, 그는 기꺼이 그 별명들을 받아들였으며 이후 당나귀를 민주당의 상징으로 삼았다. 제퍼슨이 '위험한 남자'라 묘사했던 잭슨은 1828년 대통령에 당선되었다. 대통령보다 장군으로 불리길 원했던 잭슨이 취임 이후 내린 첫 명령은 미시시피강 동쪽의 모든 원주민을 인디언 구역(오늘날의 오클라호마)으로 강제 이주시키는 일이었다. 원주민들의 고향땅에 노예 기반의 목화 농장을 세워 미국 경제를 활성화시켜야 했기 때문이었다.

서부 영토를 탐하던 확장주의 미국 경제는 1820년대 들어서면서 재점검이 필요해 보였다. 제임스타운의 존 롤프 이후 미국 상업의 대들보 역할을 해왔던 담배 산업이 더는 예전만큼 수익을 내지 못했기 때문이다. 담배 시장은 레드오션이었고, 수요는 줄어들었으며, 유럽은 아메리카보다 가까운 터키 등에서 더 저렴하고 질 좋은 담배를 수입하고 있었다. 이에 플랜테이션 농업을 담배에서 목화로 전면 개편한다면 경제를 활성화할 수 있으리라 생각했던 미국은 한

---

70 잭슨의 애완 앵무새 폴(Poll)은 잭슨의 장례식에서 주인에게 배웠을 게 분명한 음담패설을 끝없이 늘어놓다가 식장에서 쫓겨났다.

층 더 남서부를 탐내기 시작했다. 당시 목화는 양모의 대체제로 수요가 상당했는데, 오직 미국 남부에서만 재배할 수 있었다.

플로리다 북부, 조지아, 캐롤라이나에서 멕시코만과 미시시피강 삼각주를 거쳐 텍사스 동부까지 이어지는 목화 재배 지역에는 문명화된 다섯 부족the Five Civilized Tribes이라 불리던 체로키족, 크리크족, 치카소족, 촉토족, 세미놀족을 비롯하여 수많은 부족이 살고 있었다. 목화를 기반으로 자본주의를 확장하려던 미국 입장에서 이 토착 원주민들은 장애물에 불과했다. 스스로를 열정적인 '인디언 파이터Indian fighter'라고 자랑스럽게 일컫던 잭슨 대통령은 1830년 본인의 의견과도 딱 부합하는 연방정책, '인디언 이주법Indian Removal Act'을 통과시켰다.

원주민들에게 주어진 선택지는 간단했다. 그들이 정해놓은 인디언 거주구역으로 스스로 짐을 챙겨 걸어 들어가거나 잔인하게 강제 이주되거나, 둘 중 하나였다. "네 힘이 닿는 해결책은 단 한 가지, 서부로 이주하는 일뿐이다." 선동가 잭슨이 1835년 체로키족에게 고한 말이다. "너희 여자와 어린아이들의 운명, 너희 백성의 운명이 가장 먼 세대까지 모두 이 문제에 달려 있다. 더는 모르는 척하지 말라." 잭슨이 플로리다와 조지아, 앨라배마에서 크리크족, 체로키족, 세미놀족을 상대로 악랄하지만 성공적인 인종 청소를 자행하는 동안, 약 15퍼센트의 미국군 병사들이 모기 매개 질병으로 사망했다.

악어와 모기떼가 살고 억새가 우거져 인간이 생활하기 까다로운 플로리다의 늪지대에서 1816년부터 1858년까지 간헐적으로 이어진 세미놀 전쟁 동안 약 4만 8,000명의 미국 병사들은 1,600명도 채 되지 않는 세미놀족 및 크리크족 전사들을 상대로 공세를 펼쳤다. 이 전쟁은 미국 역사상 가장 많은 시간과 자금, 인명이 투입된 '인디언 전쟁'이었다.[71] 미국 남북전쟁의 그림자 아래에서 제로니모Geronimo가 이끄는 아파치족과 붉은 구름Red Cloud(마흐피야 루타Mahpíya Lúta), 앉은 소Sitting Bull(타탕카 이오타케Tatanka Iyotake), 미친 말Crazy Horse(타슈카 위트코Tȟašúŋke Witkó)이 이끄는 부족을 상대로 미국 기병대가 벌였던 악명 높은 징벌적 원정조차 세미놀 전쟁 앞에서는 무색해질 정도였다.

성과도 인기도 없었던 세미놀 원정은 미국군 일반 사병들에게 비참하고 형편없는 모기 지옥이나 선사했을 뿐이었다. "거의 모든 곳에 수풀이 너무나 빽빽하게 우거진 탓에 햇빛이 지상에 닿기조차 어려웠다." 말라리아에 시달리던 한 병사의 말이다. "물이 연중 내내 흐르지 않고 고여 있으며, 초록색 점액질이 대부분의 지역을 두껍게 덮고 있다. 표면을 건드리기라도 하면 악취 나는 유독한 수증기가 올라와 모두 구역질을 해댔다." 풍토성 말라리아와 황열병은 이미 초조하고 신경이 곤두서 있던 미국군 병사들에게 심리적 트라우마와 전쟁에 대한 피로감을 한층 더했다. "세미놀족을 상대로 하는 이 전쟁은 가장 완전한 궁핍이자 고통 중 하나이며 개개인에게 명성이나 영광이 돌아갈 가능성도 거의 없다." 원정 사령관 윈필드 스콧Winfield Scott의 말이다. 세미놀족은 혁신적인 게릴라 전술과 산발적 매복 공격을 체계적이고 성공적으로 펼쳤으며, 모기와 악어들은

---

71 제2차 세미놀 전쟁(1835-1842년)만 하더라도 미국 납세자들에게 4천만 달러의 부담을 지워주었다. 당시로서는 실로 막대한 규모의 지출이었다.

자비 없이 병사들을 뒤쫓았고, 말라리아와 황열병, 이질까지 한데 섞여 끝없는 두려움을 자아냈다.

퀴닌 비축분이 거의 바닥을 드러내면서 의료 기록에 병사들이 '뇌열brain fever로 인한 미친 듯한 발작', '엄청난 두통', '발광 발작', '조광증', '미쳐 날뛰는 광기' 속에서 죽어간다는 말이 잔뜩 적혔다. 의무관 제이콥 모트Jacob Motte는 융통성 없고 오만한 정치인들이 쓸모없고 지저분한 인디언 늪지대를 얻기 위해 미국 병사들을 희생시키고 있다는 데 당혹과 경악을 감추지 못했다. 그의 말을 빌리자면 이곳은 "세상에서 가장 형편없는 곳이라고 논해도 좋을 지경이다. 사람이 살기에 어느 곳보다도 끔찍하며, 인디언과 악어, 뱀, 개구리 그리고 온갖 종류의 혐오스러운 파충류들이 살기에 완벽한 곳이다." 물론 이곳은 모기들에게도 낙원이었다. 병사들의 일기와 서신 및 군사 의료 기록에는 열병과 피해망상으로 가득하고 소름끼치도록 끔찍한 전쟁의 모습이 그려져 있다. 낙오된 세미놀족 생존자들은 미국 당국이 가치 없다고 판단했던 플로리다 늪지대 정착촌에 틀어박혔고, 오세올라Osceola 추장이 이주 행렬에서 이탈하여 말라리아로 죽어가고 있었는데, 이를 제외한다면 잭슨은 모든 인디언을 미시시피강 동쪽으로 이주시키겠다는 전략적 목적을 마침내 달성한 셈이었다.

미국 역사에서 가장 어두운 시기들 중 하나인 이 기간 동안 최대 10만 명의 원주민들이 별칭 '눈물의 길'을 따라 강제로 인디언 구역에 들어갔다. 축출 전쟁과 강제 이주를 겪는 동안 약 2만 5,000명의 원주민들이 굶주림과 질병, 저체온증, 살인 그리고 여타 홀대로 인하여 사망한 것으로 추정된다. 반면 그들이 살았던 땅은 목화와 노예제 그리고 모기 매개 질병의 터전이 되었다.

목화 생산과 노예제는 미국 남부에서 떼려야 뗄 수 없는 존재였다. 아메리카산 목화에 대한 전 세계의 수요가 말 그대로 무한정 늘고 있었다. 노예들이 목화를 생산하는 족족 북미와 영국의 방직공장 및 수많은 해외 시장에서 모조리 사들였으며, 이에 따라 노예에 대한 수요도 천정부지로 치솟았다. 1793년 미국의 목화 생산량은 500만 파운드 정도였으나, 일라이 휘트니Eli Whitney가 조면기를 발명하고 노예 노동력이 급증함에 따라 30년 후 생산량은 1억 8천만 파운드로 증가했다. 남북전쟁이 발발하기 직전 미국 남부의 목화 생산량은 전 세계 생산량의 85퍼센트를 차지했다. 어떤 면에서 보자면 '목화왕King Cotton'(남부 분리독립주의자들이 남부의 경제력을 과시하기 위해 내걸었던 슬로건)이 미국 경제 전체의 50퍼센트를 차지한 것이다. 남부 경제의 80퍼센트가 목화 관련이었던 반면, 북부는 모든 미국산 상품 중 90퍼센트를 제조했다. 메이슨-딕슨 선을 가운데 둔 미국 남부와 북부는 서로 너무나 달랐던 탓에 이름만 한 나라라 해도 과언이 아니었다.

마찬가지로 1793년부터 1823년까지 30년 동안 노예 인구수 또한 70만 명에서 170만 명으로 증가했으며, 이후 40년 동안 또 다른 250만 명의 노예가 남부에 팔렸다. 이중 다수가 가동을 멈춘 동부의 담배 플랜테이션 농장에서 재배치된 노예들이었다. 배신당하고 혹사당한다는 뜻의 '강 하류로 팔려간다be sold down the river'는 표현 또한 노예들이 문자 그대로 미시시피강을 따라 디프사우스Deep South지역으로 팔려간 데서 비롯되었다. 1808년 대륙회의가 노예무역을 금지한 이래, 인종 간 생식 혹은 '혼혈 생식'이 흔해졌으며, 이에 따라 아메리카 태생의 노예들은 아프리카인 대대로 전수되던 말라리아와 황열병에 길든 체질과 유전적 방어체계, 이를테면 겸상적혈구체질 등을 제대로 물려받지 못했다. 남부 목화 농장으로 가면 모기 매개 질병에 걸릴 위험이 더 크다는 사실을 잘 알았지만 어찌할 도리가 없었던 노예들은 노예제 폐지론자인 존 그린리프 휘티어John Greenleaf Whittier의 1838년작 시 「작별The Farewell」을 노동요로 만들어 불렀다. "간다네, 간다네, 팔려 간다네 (중략) 채찍질이 끊이지 않는 곳으로 / 성가신 벌레들이 무는 곳으로 / 열병 악마가 깔린 곳으로 / 이슬과 함께 독이 맺히고 / 뜨겁고 축축한 공기를 가르며 / 병든 햇볕이 내리쬐는 곳으로."

19세기 전반기 동안 영토가 재배열되고 남부 경제 중심이 담배에서 목화로 옮겨감에 따라 노예제 또한 새 생명을 얻었다. 남부의 목화는 북부의 산업 기반 경제에 활력을 불어넣었다. 이제 남부의 목화와 북부의 제품을 수출할 새로운 무역항이 필요해졌다. 미국은 아메리카 대륙 서부, 특히 캘리포니아를 장악하기 위해 1846년 멕시코에 전쟁을 선포하면서 태평양을 향해 전진했다. 지난날 모기의 도움으로 수많은 혁명이 스페인령 아메리카 식민 제국을 수개의 자치주로 조각내는 동안, 멕시코 또한 1821년 독립을 쟁취했다. 미국은 아시아 시장에 접근할 항구로 오랫동안 캘리포니아를 탐냈으며, 멕시코에게 영토를 구매하겠다고 수차례 제안했으나 매번 거절당했다. 1846년 5월, 포함 외교gunboat diplomacy(무력 외교)를 통해 캘리포니아와 나머지 서부를 장악하고자 했던 제임스 K. 포크James K. Polk 대통령은 거센 반전 여론을 무릅쓰고 멕시코에 전쟁을 선포했다. 미국군이 강력한 원정군을 꾸리자 멕시코의 모기들 또한 미국인의 신선한 피를 기다리며 떼 지어 모여들었다.

7만 5,000명의 미국군이 멕시코시티 몬테수마 궁전으로 진격했다. 멕시코 독립 전쟁의 영웅 안토니오 로페스 데 산타 안나 장군이 지휘하는 거의 대등한 수의 멕시코군이 그들을 맞이했다. 훗날 미 대통령이 되는 재커리 테일러Zachary Taylor 장군이 병력 일부를 이끌고 북쪽에서 진격했으며, 미 해군이 샌프란시스코와 샌디에이고, 로스앤젤레스를 포함한 캘리포니아의 주요 항구도시를 점령했고, 세미놀 원정을 이끈 미 육군 사령관 윈필드 스콧 장군이 주요 병력을 이끌고 멕시코시티로 향하는 최단 경로를 통해 베라크루스 항에 상륙했다.

복무 경력이 40년에 달했던 스콧 장군은 철저한 계획을 세우는 사람이자 전쟁사 또한 열정적으로 공부한 인물이었다. 그는 멕시코를 포함한 중앙아메리카와 남아메리카, 카리브 제도 전역에서 길들지 않은 영국군, 프랑스군, 스페인군을 상대로 모기 매개 질병이 죽음과 패배를 퍼부었다는 사실을 잘 알고 있었다. 그의 적수였던 산타 안나 장군 또한 모기 동맹군이 미국인 침략자들에게 어떤 피해를 입힐 수 있는지 알고 있었다. 산타 안나 장군은 멕시코 독립 전쟁 당시 스페인을 상대로 펼쳤던 작전대로, 이번에도 해안에 상륙하는 미국군의 발목을 잡아 모기가 핏빛 레드카펫을 깔고 그들을 감염병으로 맞이해 줄 때까지 시간을 벌 계획이었다. "여름이 생각지도 못했던 수많은 질병과 역병으로 그들을 공격할 것이다. 그 병들은 길들지 않은 이들에게 매우 치명적이다." 그가 선임 장교에게 한 말이다. "그러므로 멕시코 병사가 총 한 번 쏘지 않더라도 그들은 매일 수백 명씩 죽어나갈 것이며 (중략) 짧은 시일 내에 연대가 초토화될 것이다."

열렬하고 목마른 모기들이 일으키는 끔찍한 재앙과 피해를 면하고자 했던 스콧은 베라크루스를 빠르게 점령해야 한다고 단호히 명령했다. 황열병과 말라리아를 피하여 건조한 고지대 내륙으로 가능한 한 빨리 진입하기 위해서였다. 상륙 지점에는 적이 기다리고 있었다. 스콧의 말을 빌리자면, 이곳의 방위군은 "다른 나라들의 방위군보다 더 강력했다. 보미토(즉, 황열병) 말이다." 1847년 3월 불타오르는 베라크루스에 상륙한 젊은 부관, 율리시스 S. 그랜트Ulysses S. Grant 중위 또한 지휘관과 같은 우려를 품었다. "우리 모두 이 지역을 빨리 벗어나야 하며, 그렇지 않으면 황열병에 사로잡힐 것이다. 나로서는 십중팔구 멕시코인보다 황열병이 더 두렵다." 모기 매개 질병의 본질이 아직 제대로 밝혀지기 전이었으나, 스콧은 당시 지배적이던 미아스마 질병 이론을 완전히 이해하고 있었으며 질병과 병력 손실을 피할 군사 전술을 짰다. 그는 의도적으로 해안가의 저지대 습지를 피해 둘러갔으며, 이로써 모기와 치명적인 황열병 및 말라리아 또한 피할 수 있었다.

스콧은 빠르게 항구를 점령한 뒤, 4월 초에 이르러 산타 안나와 모기의 의표를 찌르고 수도로 향했다. 모기는 스페인으로부터 멕시코를 구해냈지만 미국인들로부터는 구해내지 못했다. 스콧이 모기의 해안가 사냥터를 벗어나 그 마수가 닿지 않는 내륙을 사수해야 한다는 입장을 확고히 고수하며 철저히 준비했던 덕에 모기는 사상 처음으로 자기 영역에서 실력을 발휘하지 못했다. 그해 9월 멕시코시티가 점령되었고, 1848년 공식적인 항복 조약이 체결되었다. 이 전쟁은 미국 안팎에서 상당한 반대에 부딪혔으나, 결과적으로 미국은 멕시코의 영토 55퍼센트를 이양받았다. 명백한 운명의 실현을 위한 전쟁이 원대한 컬럼비아의 문명을 골든게이트와 태평양 해안까지 밀어준 것이다.

모기 매개 질병을 의도적으로 피하고자 했던 스콧 장군의 철저한 계획은 미국에 캘리포니아와 네바다, 유타, 애리조나, 뉴멕시코, 콜로라도 대부분, 와이오밍 일부, 캔자스, 오클라호마, 텍사스에 이르는 영토를 안겨주었다. J. R. 맥네일은 이 영토를 획득한 데 있어서 미국이 "저지대에서의 여름을 피하기로 결정하면서 황열병 지역을 벗어난 스콧에게 모든 것을 빚지고 있다"고 보았다. 맥네일의 말에 따르면, 스콧의 승리 덕분에 "미국은 1848년 아메리카 반구에서 가장 강력한 세력으로서의 입지를 공고히 할 수 있었다." 그러나 당시 수많은 미국인은 자국이 멕시코를 순전히 괴롭혔다고 생각했으며, 미국-멕시코 전쟁이 미국의 비겁한 제국주의적 공격이었다고 보았다. 그랜트 또한 훗날 같은 생각을 밝혔다. "미국이 멕시코에 대해 벌였던 전쟁보다 더 사악한 전쟁은 또 없었다고 생각한다. 당시에도 그렇게 생각했으나, 젊었을 적의 나에게는 직책을 내려놓을 도덕적 용기가 부족했다."

훗날 남북전쟁에서 활약하는 수많은 장군이 멕시코-미국 전쟁을 훈련장 삼아 경험을 쌓았다. 율리시스 그랜트와 로버트 리를 비롯한 대부분이 친한 사이였으며 적어도 서로를 알고 있었다. 이중 북부연방 편이 되는 장군들로는 조지 매클렐런George McClellan, 윌리엄 테쿰세 셔먼William Tecumseh Sherman, 조지 미드George Meade, 앰브로스 번사이드Ambrose Burnside, 율리시스 S. 그랜트가 있으며, 남부맹방 편에는 스톤월 잭슨Stonewall Jackson, 제임스 롱스트리트James Longstreet, 조지프 E. 존스턴Joseph E. Johnston, 브락스톤 브라지Braxton Bragg, 로버트 E. 리 그리고 훗날 남부맹방의 초대 대통령이 되는 제퍼슨 데이비스Jefferson Davis가 있었다.[72] 그랜트는 멕시코-미국 전쟁부터 미국 남북전쟁까지를 하나로 매끄럽게 연결했다. "나는 그 조치를 격렬히 반대했으며, 오늘날까지도 그 결과로 벌어진 전쟁이 강국이 약소국을 상대로 벌인 역사상 가장 부당한 전쟁 중 하나였다고 생각한다. 공화국이 유럽 군주국의 나쁜 선례를 따라 정의를 고려하지 않고 영토 획득에의 열망만 좇은 사건이었다. 텍사스는 본래 멕시코 공화국에 소속된 주였다. (중략) 그 점령과 분리, 합병은 이동의 시작부터 완성까지 모두 영토를 획득하려는 음모, 즉 아메리카 연합국(남부맹방)을 형성할 노예주들을 획득하려는 음모에 불과했다." 여기서 그랜트는 이 광활한 점령지에 대한 노예제 확산 논쟁에 발을 들였다.

멕시코의 영토를 점령한 가운데, 이곳의 주와 영토를 자유주free state로 할지 노예주slave state로 할지를 두고 논쟁이 벌어졌다. 2년간

---

72 제퍼슨 데이비스 중위는 1835년 사령관 재커리 테일러의 딸 사라(Sarah)와 결혼했다. 그러나 두 사람 모두 결혼한 지 3개월 만에 루이지애나의 친척집을 방문했다가 말라리아와 황열에 걸렸다. 결국 사라는 살아남지 못했다.

이어진 논쟁은 '1850년 타협1850 Compromise'으로 종지부를 찍었다. 캘리포니아를 자유주로 하여 북부와 노예제 폐지론자들을 달래는 한편, 탈주한 노예들을 다시 노예로 잡아들이는 '도망노예법Fugitive Slave Act'이 통과된 것이다. 도망노예를 돕거나 피신시키는 이에게 3만 달러의 벌금을 물었으며, 포상금 사냥꾼이 자유주에서 도망노예를 추적하고 체포하는 일도 가능해졌다. 한 번 노예는 영원한 노예란 말이었다. '블러드하운드 갱blood-hound gangs'이 사방을 돌아다니며 아프리카계 미국인들을 자유민이든 아니든 상관없이 납치하여 노예로 '되돌려놓는' 일이 빈번하게 벌어졌다. 아카데미 작품상을 받은 2013년작 훌륭한 영화 〈노예 12년12 Years a Slave〉이 바로 이 사태를 배경으로 한다. 북부의 도망노예와 아프리카계 자유민에게 남겨진 선택지는 단 하나, 캐나다로 도망치는 일뿐이었다.

해리엇 터브먼Harriet Tubman의 지하철도Underground Railroad 네트워크 등을 통해 도망노예와 북부 아프리카계 미국인들이 캐나다로 도망쳤으며, 온타리오 남부의 농장주 조시아 헨슨Josiah Henson 등이 이들을 맞이해주었다. 도망노예법이 통과된 이후 1861년 남북전쟁이 시작될 때까지, 6만 명 이상의 아프리카계 미국인이 캐나다로 건너가 안식처와 자유를 찾았다. 헨슨의 이야기는 해리엇 비처 스토Harriet Beecher Stowe가 1852년 출간한 영향력 있는 베스트셀러 소설, 『톰 아저씨의 오두막Uncle Tom's Cabin』의 배경이 되었다.

스토는 도망노예법에 반발하여 집필한 이 완전하고 생생한 소설에서 노예제의 악하고 잔인한 면모를 강조했다. 노예제 폐지론자 운동이 지지를 얻었던 데에 스토의 소설이 미친 영향은 아무리 강조해도 지나치지 않는다. 『톰 아저씨의 오두막』은 노예제의 미래를 두고 벌어진 북부와 남부 간의 깊은 상처를 헤집었다. 에이브러햄 링컨Abraham Lincoln 대통령은 1862년 스토를 백악관에 초청하여 이런 인사를 건넸다고 알려져 있다. "그러니까 당신이 바로 그 거대한 전쟁을 일으킨 책을 쓴 여인이시군요?"

남북전쟁 이전 수십 년 동안, 미국 남부와 서부에서 목화를 비롯한 농작물 재배를 위해 토지를 개간하면서 모기 개체군 또한 크게 늘어났으며, 말라리아와 황열병의 확산 범위 또한 넓어졌다. 말라리아는 변경 지역에서는 삶의 일부나 다름없었다. "1850년대에 이르자 말라리아가 미국 전역에 걸쳐 광범위하게 유행했다." 전염병학자 마크 보이드Mark Boyd가 1,700쪽 분량의 연구서 『말라리아학Malariology』에서 밝혔다. "고도로 유행했던 지역으로는 다수의 남동부주, 오하이오강 계곡, 일리노이강 계곡 그리고 사실상 세인트루이스부터 멕시코만까지 이어지는 미시시피강 계곡 전역이었다." 인구밀도가 높아지고 멕시코만 연안과 미시시피강을 따라 늘어선 항구도시들이 세계 무역의 중심지로 거듭나면서 말라리아와 황열병 또한 창궐하였다.

으스스한 이야기꾼 에드거 앨런 포Edgar Allan Poe의 1842년작 『적사병의 가면극The Masque of Death』에도 황열병의 무시무시한 전염성이 잘 드러난다. "이제 적사병赤死病의 존재가 확인되었다. 그는 마치 밤중의 도둑처럼 찾아왔다. 그리고 피에 젖은 무도회장에서 사람들을 한 명씩 한 명씩 쓰러뜨렸다. (중략) 어둠과 쇠락과 적사병이 모두를 영원히 앗아갔다." 남북전쟁 이전 30년 동안 뉴올리언스, 빅스버그,

멤피스, 갤버스턴, 펜서콜라, 모빌에서 매해 황열병이 돌았다. 1853년에는 특히 치명적인 역병이 돌아 뉴올리언스에서만 9,000명, 멕시코만 연안 전체에서 1만 3,000명의 목숨을 앗아갔다. "떼죽음과 매장지 그리고 난민들이 만들어내는 광경은 남북전쟁 당시의 전장을 연상시킬 정도였다." 역사가 마크 샨츠Mark Schantz의 말이다. "예컨대 1853년 여름 뉴올리언스의 사망자 수는 (중략) 1863년 게티즈버그에서 쓰러진 남부맹방 전사자 수보다 훨씬 많았다." 일찍이 황열병의 곤충 매개설을 지지했던 의사들 중 하나인 조사이어 노트Josiah Nott는 모빌에서 "확실한 것은 이 무시무시한 역병이 멕시코만 연안 주의 마을 다수에서 10분의 1형(군단의 10분의 9가 나머지 선택된 10분의 1을 때려죽이는 로마시대 형벌)보다 더 심각한 유린을 저질렀다는 점"이라고 보고했다.

황열병이 남부를 지배하던 30년 동안에도 뉴올리언스는 여느 때와 다름없이 특히 큰 피해를 입었으며, 이곳에서만 5만 명이 황열병으로 사망했다. 1693년 대서양 연안에 처음으로 등장하여 1905년 낙담과 죽음의 지하실이라 불리던 뉴올리언스에서 마지막 인사를 건네고 사라질 때까지, 황열병은 미국 전역에 걸쳐 15만 명의 목숨을 앗아갔다.[73] 모기가 나누어주던 이 역병과 죽음은 곧 이 불안정한 국가를 뒤덮을 황량한 전운을 알리는 전조였다.

점점 성숙해가지만 여전히 불안정했던 미국은 명백한 운명을 실현시키고자 영국령 캐나다와 원주민, 멕시코를 상대로 전쟁을 벌이

73 같은 시기 황열병 감염자 수는 50만~60만 명, 치사율은 25~30퍼센트였던 것으로 추정된다.

며 새로운 영토를 정복하고 국경을 확정짓는 과정에서 문화적, 정치적, 경제적 한계점에 이르렀다. 모기에게 물어뜯기고 전쟁에 시달렸던 이 나라는 북부 자유주와 남부 노예주 사이의 형제간 경쟁을 판가름하기 위해 참혹하고 기념비적인 남북전쟁을 벌이면서 그 동안의 괴로움을 내부 문제로 돌렸다. 남북전쟁 동안 모기는 그야말로 광란의 폭식을 즐기며 북부연방의 승리를 뒷받침하고 '집안 문제'를 해결하기에 이른다. 모기는 가장 숙련된 전장의 사냥꾼이었으며, '나라를 살리고자 한' 이들의 넋을 해방하고 링컨 대통령이 "자유의 새 탄생과 국민의, 국민에 의한, 국민을 위한 정부"를 확립하게 도왔다. 물론 링컨이 말하는 '국민'에 아프리카계 미국인 또한 포함되었다. 남북전쟁 동안 모기는 제3의 군대처럼 굴었으며, 대개 북부가 연방을 지킬 수 있도록 도왔고, 한때 자신들이 도와 형성한 노예제를 폐지하는 데 힘을 보탰다.

CHAPTER

15

우리 본성의 악한 천사

미국 남북전쟁

SINISTER ANGELS OF OUR NATURE:

THE AMERICAN CIVIL WAR

1864년 11월 21일, 초췌하고 쓸쓸한 모습의 에이브러햄 링컨 대통령이 집무실 책상에 구부정하게 앉아 침울한 눈으로 백지 한 장을 내려다보았다. 54세의 그는 지난 3년 반을 피투성이의 내전으로 보냈다. 죽은 이들을 곱씹으며 수많은 밤을 지새우느라 안색이 수척하고 핼쑥했다. 상대편인 남부맹방이 무너지고 있었으나, 전쟁이 막바지에 다다랐다는 것조차 링컨에게는 위로가 되지 못했다. 북부연방을 보호하기 위해 1861년 4월 15일 군대를 동원했을 때까지만 해도 상상하지 못한 끔찍한 수의 사망자가 발생했기 때문이다.

'마지막으로 목숨까지 바쳐 헌신했던' 수많은 이의 희생을 어떻게 말로 다 표현할 수 있겠는가? 그는 눈을 뜨고 펜을 들어 종이에 숨결을 불어넣었다. "1864년 11월 21일, 워싱턴 대통령 관저에서." 운을 띄운 링컨은 보스턴의 미망인 리디아 빅스비Lydia Bixby 여사에게 편지를 써내려갔다.

존경하는 부인,

저는 매사추세츠 부관참모가 전쟁부에 보고한 문서에서 부인이 전장에서 영광스럽게 숨을 거둔 다섯 아들의 어머니라는 사실을 알게 되었습니다.

제 어떤 말로도 부인의 크나큰 슬픔과 상심을 달랠 수 없다는 것을 알고 있습니다. 그럼에도 그들이 목숨을 바쳐 구해낸 국가가 그들에게 감사하고 있다는 위로의 말씀을 드리지 않을 수 없습니다.

하늘에 계신 아버지께서 부인의 상심과 고통을 달래어주시고 오직 사랑하는 아들들의 소중한 기억을 심어주시기를 그리고 자유의 제단에 너무나 큰 희생을 바친 당신이 마땅히 장엄한 긍지를 가지시기를 기도드립니다.

당신을 존경하는 신실한 벗,

A. 링컨[74]

1809년 노예주 켄터키의 소박한 싱킹 스프링 팜Sinking Spring Farm에서 태어난 링컨은 늘 전쟁을 치르고 있는 것만 같은 나라에서 자랐다. 그는 1812년 전쟁부터 멕시코-미국 전쟁까지 명백한 운명의 실현을 위한 전쟁들과 함께했다. 심지어 1830년대 앤드루 잭슨 대통령이 냉담한 인디언 이주 정책의 일환으로 벌였던 수많은 인종 청소 전쟁 중 하나인 1832년 일리노이의 블랙호크 전쟁에 민병대 대위로

74 훗날 밝혀진 바에 따르면 빅스비 여사의 다섯 아들 중 둘이 전쟁에서 살아남았으며, 둘은 전사했다. 나머지 하나는 포로로 붙잡혔을 것으로 추정된다.

잠시 복무하기도 했다. 링컨은 3주간 이어졌던 짤막한 복무 기간 동안의 기억을 한 마디로 축약했다. "나는 싸웠고, 피 흘렸고, 떠나왔다. 나는 모기들과 피투성이 싸움을 수차례 치렀다. 출혈로 의식을 잃었던 적은 없으나, 자주 굶주렸다고는 말할 수 있다."

병사들이 '갈리니퍼gallinippers'라 부르던 모기들과의 피비린내 나는 격렬한 싸움은 남북전쟁 동안 매일같이 벌어지는 평범한 일상일 뿐이었다. 피 하나만을 노리는 굶주린 모기들과 접전을 벌이는 일은 행군이나 무기 수송만큼이나 흔하고 일상적인 일이었으며, 병사들의 훈련과 임무에 포함된 비공식 일과였다. "빌리 양키Billy Yank(북부연방 의인화)와 조니 레브Johnny Reb(남부맹방 의인화)에게 그 전쟁은 오랜 행군과 정면 공격뿐만 아니라 고약한 감염병과 끓는 듯한 열병의 이야기이기도 했다. (중략) 간단히 말해, 모기 매개 질병이 1860년대 남부 풍광의 일부가 아니었더라면 전쟁의 판도는 달라졌을 것이다." 앤드루 맥웨인 벨이 철저하고 인상적인 연구서 『모기 병사: 말라리아와 황열병 그리고 미국 남북전쟁의 전개Mosquito Soldiers: Malaria, Yellow Fever, and the Course of the American Civil War』에서 지적했다. "피를 빨아먹고, 귓가에서 윙윙대고, 막사에 침입하는 등 군대 생활에서 여러 고난의 원인이 되는 이 짜증나는 곤충들에 대해 양측 병사 모두 자주 불평했다. 그러나 병사들은 이 해충들이 당대의 거대한 정치적·군사적 사건들을 일으키는 데 영향을 미치고 있다는 사실을 알지 못했다." 모기는 전쟁의 결과를 이끌어내는 데 중추적인 역할을 담당했을 뿐만 아니라, 피로 얼룩진 동족상잔의 전쟁이 2년쯤 이어질 무렵 링컨이 이 전쟁 자체에 대한 전략적 목표를 크게 바꾸는 데도 일조했다. 이를 통해 모기는 미국의 문화적 · 정치적 면모를 영구적으로 재편하고 개혁했다.

전쟁 초기, 모기는 소모전과 '전면전'의 분위기를 이끌어내면서 유능한 북부연방 사령관들과 같은 대열에 서서 남부맹방의 서투르고 머뭇거리는 장군들과 그 군대를 격파했다. 링컨은 본래 북부연방과 북부의 경제적 자산을 온전히 지켜내는 것을 목표로 삼았으나 시간이 지날수록 점차 또 다른 목표 하나를 가지게 되었다. 기존의 목표와 상호보완적이면서 나라의 정체성을 결정할 그 목표는 바로 '노예제 폐지'였다. 만일 모기가 시간을 끌어주지 않았거나 북부연방이 예상대로 빠르게 승리를 거두었더라면 노예 해방 선언이 역사의 한 페이지를 장식하는 일은 없었을지도 모른다.

아이러니하게도 한때 아프리카 노예무역을 일으켰던 모기는 노예제 그 자체를 관에 넣고 마지막 못을 박는 데 일조했으며, 그 과정에서 약 420만 명의 아프리카계 미국인을 해방시켜주었다. 벨은 "자신도 모르게 군인으로 활약했던 모기들은 우리 역사에 대부분이 생각하는 것보다 더 큰 영향을 미쳤다"고 주장하면서 다음과 같은 설명을 덧붙였다. "경이롭고 아찔할 정도로 복잡한 남북전쟁을 온전히 이해하고자 하는 학자라면 이 곤충들이 행했던 중대한 역할을 결코 무시할 수 없다."

남북전쟁을 일으킨 원인은 매우 복잡다단했다. 노예제에 대한 남북 간 의견 차이 정도로 단순하게 치부할 수 없었다. 노예제가 확실히 원인들 중 하나이기는 했으나 다른 원인을 모두 배제할 만큼 중대한 원인은 아니었다. 무수히 많은 경제적 · 정치적 · 문화적 요소 또한 한몫씩 했다. 분리 독립 논의가 추진력을 얻던 와중에 1860년 선거에서 에이브러햄 링컨이 당선되자 남부 사람들은 확실히 마음을 굳혔다. 링컨은 노예제가 이미 존재하는 곳에서 그 제도를 폐지하지는 않을 것이라고 확언했으나, 동시에 서부의 새로운 주들과 영토에 더 이상 노예제를 전파해서는 안 된다고 못 박았다. 노예제 기반의 목화 산업이 막대한 이윤을 창출하며 북부 산업에도 연료를 공급하고 있었으므로 노예제를 폐지하지는 않겠지만, 더는 여타 농작물 시장과 노예제를 결합할 수는 없을 터였다. 링컨의 아버지를 비롯한 가난한 백인 농사꾼도 무임금 노예들과의 이길 수 없는 임금 경쟁에서 벗어나 '자유의 땅'에서 식량 작물을 재배하며 괜찮은 수준의 돈을 벌 기회를 얻어야 했다. 노예제의 단순한 경제학은 노예와 자유민을 가리지 않고 미국 사회 모든 층위를 빈곤하게 만들고 있었다. 그러나 남부 주들은 서부로 노예제를 확장하고자 했기에 종국에는 대통령 당선자를 불신하기에 이르렀고, 1860년 11월 링컨이 당선되어 1861년 3월 공식 취임할 때까지, 누더기처럼 기워 놓은 '합중국'의 34개 주는 와해되기 시작했다. 링컨이 취임하기에 앞서 7개 주가 각각 '분리 독립의 직접적인 원인 선언서Declarations of the Immediate Causes of Secession'를 발표하며 전투 없이 미합중국에서 분리 독립했다. 이들은 한데 모여 정부를 수립하고 헌법을 비준하여 아메리카 연합국을 건국해 제퍼슨 데이비스를 초대 대통령으로 선출했으며, 수도를 앨라배마 몽고메리에 두었다가 1861년 5월 버지니아 리치먼드로 옮겼다.

3월 4일, 링컨은 취임 선서와 함께 내전을 목전에 둔 국가를 이어받았다. "불만을 품은 동료 국민들이여, 내전이라는 중대한 문제는 제 손이 아니라 여러분 손에 달려 있습니다." 그가 취임 연설에서 한 말이다. 이로부터 한 달 후, 남군이 찰스턴 항만의 섬터 요새를 함락하면서 전쟁이 시작되었다. 6월까지 4개 주가 더 분리 독립에 표를 던졌으며, 이로써 남부맹방에 총 11개 주가 함께하게 되었다. "양쪽 모두 전쟁을 비난했지만, 그중 한편은 이 나라를 살리느니 차라리 전쟁을 일으키고자 했으며, 나머지 한편은 나라를 죽이느니 차라리 전쟁을 받아들이고자 했습니다." 링컨의 말이다. "전쟁은 그렇게 일어났습니다." 1861년 4월 12일, 반란의 첫 총격이 섬터 요새의 벽을 스쳤다. 이때까지만 하더라도 링컨의 전쟁 목적은 남부의 노예제와 국가의 영토적, 경제적 완전성을 보존하는 것이었다.

독립 혁명 당시 아메리카 식민지가 그러했듯, 남부맹방 또한 전쟁에서 승리를 거두기만 하면 되었다. 그러나 식민지 때와는 달리 이번에는 외부에서 찾아오는 도움의 손길이 없었다. 라파예트 후작처럼 천재적인 외국인 장군도, 북부연방의 숨 막히는 해상봉쇄를 격파할 만한 프랑스 함대도 없었다. 남부맹방은 두 가지 희망사항을 가지고 주사위를 굴렸다. 하나는 링컨의 퇴각이었으나, 그는 퇴각하지 않았다. 다른 하나는 당시 영국이 남부의 목화를 기반으로 방직 사업을 일으켜 큰 수익을 벌어들이고 있었으므로, 이들이 남부맹방을 지원해 북부연방의 해상봉쇄를 격파하거나 최소한 군사물자와 자원을 보내리라는 것이었다. 그러나 영국은 그렇게 하지 않았다.

영국은 1807년 노예무역을 금지했으며, 1833년 노예제를 완전히 폐지했다. 영국 국민들은 노예제를 완강히 반대했으며, 1852년

『톰 아저씨의 오두막』이 출간 즉시 전국적인 베스트셀러가 되면서 반대 여론은 한층 더 강화됐다. 영국은 황열병 또한 완강히 거부했다. 영국 본토에서 카리브 제도, 남부맹방을 거쳐 본토로 돌아오는 배들이 죽음의 수송선이 되리라는 걸 정치인과 민간인 모두 알고 있었다. "논의의 세부 사항까지 일반 대중에게 알려지지는 않았겠지만, 당시 유럽 땅에서 황열병이 두 차례 크게 유행하면서 대중들 사이에 상당한 경각심을 불러일으켰다." 옥스퍼드 대학교 의학사학과 마크 해리슨Mark Harrison 교수의 설명이다. 영국 언론들은 "기후와 끔찍한 황열병" 덕분에 "북부가 무엇을 부과하든 남부맹방은 견뎌낼 것"이라고 이야기했다. 영국은 남부맹방의 황열병에 관여할 마음이 조금도 없었다. 그러나 역설적이게도 황열병조차 남부맹방을 찾아오지 않았다.

남부 주들은 남북전쟁 이전에도 수십 년 동안 모기 매개 질병에 시달려왔다. 여기서 살아남은 이들은 이미 면역이 되어 있었으므로, 황열병은 과거의 전쟁들과는 달리 이 전쟁의 승패를 좌지우지하지 못했다. 게다가 전쟁의 초입에서 북부연방 해군이 사령관 윈필드 스콧 장군의 지시로 남부맹방의 항구를 봉쇄하고 남부의 무역을 차단하는 '아나콘다 작전'을 펼쳤는데, 이로 인해 카리브 제도를 비롯한 외국 상선들이 항구에 들어와 화물과 함께 끔찍한 바이러스나 질병을 옮기는 선원 혹은 모기들을 하선하는 일은 일어나지 않았다.

전쟁에 돌입한 지 1년 만인 1862년 4월, 북부연방이 딕시Dixie(미국 남부의 별칭) 무역의 중심지 뉴올리언스를 점령했으며, 한 달 후 멤피스 또한 점령했다. 북부연방은 이 도시를 공략할 당시 미시시피강에 댐을 쌓아 선박과 물자들이 남부맹방을 오가지 못하도록 만들었으며, 그 과정에서 의도치 않게 황열병까지 막아냈다. 이로써 북부연방 점령군은 역사적으로 뉴올리언스와 미시시피강 삼각주를 집어삼켰던 질병과 죽음의 악몽을 피해갈 수 있었다. 남부맹방 지도자들은 뉴올리언스가 북부연방에게 골칫거리가 되리라고 확신하고 있었다. 버지니아의 한 신문은 뉴올리언스 항구에 "샤프론 폐하(즉, 황열병)가 매년 행차하신다면 그 짐승의 값어치보다 유지하는 데 드는 희생이 훨씬 더 클 것"이라고 예상했다. 북부연방의 한 의사 또한 전쟁이 시작될 무렵 같은 점을 우려하면서 "열대지방의 거대한 재앙, 황열병이 '황열병 구역' 내의 '목화 주'에 뚫고 들어가려는 북군을 모조리 섬멸할 거라는 예언이 북부와 남부 전역에 퍼졌다"고 이야기했다.

그러나 실제로 황열병은 전쟁 내내 별달리 기승을 부리지 않았고, 특히 뉴올리언스에서는 11명의 목숨을 앗아가는 데 그쳤다. 북부연방 점령군은 철저한 위생관리와 격리조치를 시행했다. 남북전쟁 동안 북부연방군에서 단 1,355건의 발병 사례와 436명의 사망자만이 보고되었다. 아나콘다 작전으로 남부의 숨통을 한층 더 옥죌수록, 황열병이 유행할 가능성도 점점 줄어들었다. 그러나 황열병의 형제 말라리아는 경우가 달랐다. 황열병이 효과적으로 억제되었던 한편, 말라리아는 한껏 활개를 쳤다.

말라리아 또한 황열병과 마찬가지로 남북전쟁 이전부터 만성적으로 유행했는데, 이번에도 전장을 쫓아다니면서 1861년부터 1865년까지 수백만 명을 죽였다. 말라리아에 시달리던 코네티컷의 한 병사는 그가 지금까지 만나본 적들 중 "모기가 가장 끔찍한 적이었다"고 말하기도 했다. 전쟁 동안 총 320만 명의 군사가 동원된 것도 말라리아가 창궐하는 배경이 되었다. 길들지 않은 양키Yankee(북부) 병사들은 대규모 단위로 메이슨-딕슨 선을 넘어 남쪽으로 진격하면서 전염병의 둑을 터트렸다. "연방주의와 노예제에 관한 문제를 전장에서 해결하기 위해 전국에서 사람들이 모여들자, 남부의 모기들이 갑작스레 눈앞에 나타난 수많은 새로운 먹잇감으로 활력을 되찾았다." 벨이 강조했다. "총성이 잦아들기도 전에 이 작은 곤충들은 남북전쟁의 여러 사건들에서 상당한 역할을 했는데 지금까지 제대로 평가받지 못했다." 대규모 병사와 민간인이 북아메리카와 중앙아메리카, 남아메리카를 오감에 따라, 모기들 또한 힘차게 날아오르면서 말라리아의 행군을 재촉했다.

영국의 도움을 받지 못한 남부맹방은 부족한 병력과 물자로 모기와 북부연방에 맞서 홀로 싸워야만 했다. 반면 링컨이 이끄는 북군은 병력과 자원, 기반시설, 산업, 식량부터 모든 종류의 무기는 물론, 총알과 총검만큼 승리에 반드시 필요한 퀴닌까지 그야말로 전쟁을 이기기 위해 필요한 모든 요소를 잘 갖추고 있었다. 남부맹방에게 더 많은 것이라곤 목화와 노예뿐이었는데, 그럼에도 최전선에서 남부맹방이 첫 2년 동안 전장을 지배했다.

1863년 7월 게티스버그와 빅스버그에서 북부연방이 승리를 거두기 전까지만 하더라도 남부맹방이 열세에도 불구하고 승리의 기세를 타고 있었으며, 조니 레브와 모기들이 링컨의 오만한 양키들과 갈팡질팡하는 장군들을 능가했다. 모든 면에서 군사적 우위를 점하고 있던 북부로서는 전쟁이 이렇게 길어지리라고 생각지도 못했으며, 소모전으로 이어지리라고도 생각지 못했다. 맨 처음 승세가 북군에 완전히 기운 상태에서 남부맹방이 섬터 요새에 힘없이 총격을 날릴 때만 하더라도 금세 끝날 것으로 예상되었던 이 반란은 제1차 불 런 전투에서 맹렬한 불길을 일으켰다.

1861년 7월의 아름다운 여름날, 윌머 맥린Wilmer McLean은 버지니아 머내서스에 위치한 집 현관에 앉아 포병대의 소란과 행군하는 병사들의 발걸음 소리를 듣고 있었다. 그의 집은 남부맹방군 사령관 피에르 보우리가드P. G. T Beauregard의 작전본부로 징발된 상태였다. 저 멀리 주변 언덕 꼭대기에는 옷을 말쑥하게 빼입은 구경꾼들 수백여 명이 양산을 들고 의자에 앉아 피크닉 바구니에서 간식을 꺼내 먹고 있었다. 북부연방이 남부 반란군을 일격에 쓰러뜨리는 장면을 보기 위해 수많은 상·하원 의원과 그들의 가족을 비롯해 자만심에 도취된 워싱턴 DC의 엘리트와 부자들이 25마일 거리를 찾아온 것이었다. 소란이 점점 커지던 와중, 북부연방군의 대포알이 부엌 굴뚝으로 날아든 탓에 맥린은 머리를 감싸고 몸을 떨었다. 보우리가드는 이를 두고 "우스꽝스럽게도 그 포병전의 여파로 나와 내 부관들의 저녁식사가 파괴되었다"고 기록했다. 부엌을 부순 것은 북군의 포탄이었지만, 불 런 강 부근에 위치한 맥린의 앞마당을 남북전쟁 최초의 주요 전장으로 정한 것은 다름 아닌 모기들이었다.

미국군 사령관 윈필드 스콧 장군은 1812년 전쟁과 세미놀 전쟁, 멕시코-미국 전쟁에도 참전한 베테랑이었다. 이때까지 복무 기간이 무려 55년에 달했던 그는 길들지 않은 병사들에게 모기 매개 질병이 어떤 위협을 가하는지를 체험으로 알고 있었다. 앞서 멕시코에서 산타 안나와 모기들의 허를 찌른 경험이 있었던 그는 남부맹방의 본거지로 들어가 모기에게 병사들을 희생시킬 생각이 없었다. 남북전쟁이 시작될 무렵, 스콧은 링컨 대통령과 그의 직속 부하였던 조지 맥클레인 소장에게 북부연방이 즉시 남부를 공격하지 않는다면 대중의 참을성이 바닥날 것이라고 경고한 바 있었다. 그러나 그의 아나콘다 작전이 제대로 성공하려면 설계상 남부맹방이 굶주릴 때까지 기다려야 했다. 스콧은 모기 매개 질병의 역병이 돌지 않는 북부 지역에 사는 사람들이 모기가 들끓는 남부 지역에서 싸운다는 게 얼마나 위험한 일인지 이해하지는 못한다는 것도 잘 알고 있었다. "그들은 즉각적이고 적극적인 행동을 촉구한다. (중략) 서리의 계절이 돌아와 멤피스의 바이러스와 악성 열병을 죽여줄 때까지 기다릴 생각이 없다"고 말하며 그 결과를 우려했다.

불 런 전투가 벌어지기 한 달 전인 1861년 6월 전쟁내각이 소집되었을 때, 내각 구성원들은 주요 전장으로 버지니아와 미시시피강 계곡을 놓고 고민했다. 여기서 버지니아가 선택되었는데, "그들과 싸우기 위해 유해한 지역으로 들어간다는 것"은 군사적 자살 행위가 될 것이라는 합의에 이르렀기 때문이었다. 북부연방의 군의관들도 링컨에게 "말하자면 체서피크만보다도 남쪽으로 가본 적이 없는 북부 군사들이 늪지대 미아스마로 가는 건 완전히 낯선 기후에 들어서는 것"이라고 경고했다. 이렇게 모기가 정해준 버지니아 만사스의 불 런 강둑에서 1861년 7월 21일 두 군대가 마침내 맞붙었다.

너무도 강건해서 암벽이라는 뜻의 '스톤월Stonewall'이라고 불리던 토머스 J. 잭슨 장군이 남부맹방을 이끌고 굳건히 버티는 가운데, 하루 종일 격렬한 전투가 이어졌다. 혼돈에 빠진 북부연방 병사들과 충격에 빠져 질서를 잃어버린 구경꾼 무리는 넋 빠진 얼굴로 비바람을 맞으며 워싱턴으로 후퇴했고, 이로써 나라 전체가 완전히 전면전에 들어서게 되었다. 자만하던 북군은 이때까지 미국 역사상 가장 규모와 피해가 컸던 이 전투에서 처참하게 패했다. 그러나 불 런 전투의 기록적인 충격과 군사적 업적은, 앤티텀 전투와 샤일로 전투, 챈슬러즈빌 전투, 스포칠베이니아 전투, 치카마우가 전투, 게티즈버그 전투 등 오늘날까지 미국의 집단적 의식 속에 살아 숨 쉬는 잔혹한 전투들을 거치는 동안 몇 번이고 순위를 내주게 될 터였다. 형체를 알아볼 수 없이 짓밟히고 부어터진 미국인 수천 명의 시체가 굴러다니는 불 런의 피투성이 전장에서 이 전쟁을 짧게 끝내겠다는 계획과 망상 혹은 몽상은 연기가 되어 사라졌다. 이제 지루하고 소름끼치는 전쟁이 펼쳐질 터였으며, 모기 또한 힘닿는 데까지 전쟁을 늘어뜨릴 터였다.

제1차 불 런 전투 이후 매클렐런은 1년 가까이 결정적 행동에 나서지 않았고, 그사이 남부맹방은 최적의 전시 경제를 조직하고 군사물자를 동원하며 굳건히 자리를 잡았다. 남부맹방을 이끈 데이비스와 리는 수도 리치먼드에서 전투가 임박했음을 알았다. 그들은 북부연방이 모기의 계절에는 질병을 우려해 남부로 들어와 작전을 펼치는 일이 없으리라 판단하고는 디프사우스의 부대를 리치먼드로 이동시켰다. "이 계절에는 적군이 내륙으로 원정을 펼칠 리 없다. 그렇게 한다면 질병 때문에 고통을 겪을 테니 말이다." 리의 말이다. 데이비스도 "이 지역에서는 결정적인 군사작전이 아직까지 없었으며, 기후가 이미 해안 작전을 저지하고 있다"고 덧붙였으며, "이 계절이 적극적인 군사작전을 저지해줄 위치에서만" 이와 같은 군사적 도움을 받을 수 있다고 강조했다. 리치먼드 주변에 참호를 판 약 10만 명의 남군과 리 장군은 이제 매클렐런과 반도 전역Union Peninsula Campaign을 치를 준비가 되었다. 80여 년 전 영국군의 피를 빨고 역사를 새로 썼던 요크타운 모기들의 후손들은 리치먼드를 비행하며 매클렐런의 병사들을 기다렸다.

매클렐런은 과도하게 계획에 집착했고, 공격적인 군인다움이 부족했으며, 습관적으로 적군의 병력을 과대평가했다. 게다가 그는 자기 지휘하에 군대가 패배하거나 상당한 피해를 입을 경우 대통령이 되려는 그의 계획 또한 손상될 것을 우려했다. 링컨 대통령과 언론이 통렬한 어조로 조속한 행동을 촉구하자, 매클렐런은 여론의 요구를 받아들여 1862년 3월 드디어 리치먼드 공격에 나섰다. '리틀 맥Little Mac'(매클렐런의 별명)은 12만 명의 병사들을 이끌고 요크강과 제임스강 사이의 반도로 향했다. 개울과 늪지대로 뒤덮인 이곳은 모기가 축제를 벌이기 딱 좋은 곳이었다. 수적으로 우세했던 북군이 반도에 하선한 가운데, 매클렐런은 늘 그래왔듯 이번에도 주도권을 쥐지 못하고 때를 기다리느라 시간을 놓치는 실책을 저질렀다.

4월 중순 요크타운을 점령한 북군은 이후 매클렐런의 신경질적인 초조함과 남부맹방의 거센 지연 전술에 발목이 잡혀 눈이 녹고 봄비가 내려 강의 수위가 높아지고 늪지대가 생겨나는 가운데 느린 속도로 행군해 나아갔다. 북군 병사 한 명의 증언에 따르면 이들은

'버지니아 모기 군대'에게 공격당했으며, 그 모기들은 그가 "이제껏 본 모기들 중 가장 컸고 가장 피에 굶주려 있었다." 또 다른 병사 한 명도 "완전히 자란 모기 부대에게 탐색을 당했다"고 불평했다. 북군 군의관 알프레드 캐슬맨Alfred Castleman도 "모든 게 비에 젖었고, 쌀쌀했으며, 기운도 없었다. 그러나 우리는 점점 더 물과 뭍을 가리지 않게 되었다"고 말했다. 이후 두 달 동안 북군은 모기의 식민지인 제임스타운과 요크타운을 가로지르며 고작 30마일(약 48킬로미터)밖에 진군하지 못했다. 캐슬맨은 그곳의 질병 환경을 이렇게 요약했다. "군대 내 질병이 크게 증가했다. 이장성 열병(고열과 해열을 반복하는 열), 설사와 이질이 만연했다." 말라리아 이질은 단연 가장 심각한 전쟁 질병이었다.

북군이 리치먼드를 향해 기어가는 동안, 말라리아에 걸리는 병사들이 증가하면서 전사자가 한층 더 늘어났다. 5월 말 북군이 리치먼드 입구에 다다랐을 무렵에는 매클렐런이 말라리아에 걸려 열병으로 앓아누웠다. 북군 전군의 26퍼센트가 병에 걸려 싸울 수 없는 상태가 되었다. 사령관이 말라리아로 자리를 비운 동안, 여러 부대로 나뉜 북군은 남부맹방이 '반도의 치명적 습지'라 부르던 지역을 우왕좌왕 헤매고 다녔다. 북군의 지휘체계가 망가졌고, 퀴닌 비축분은 탄약과 대포 등 다른 물자에 밀려 뒤편에 처박혔다. 말라리아와 이질은 7월까지 기세를 더해갔다.

남군의 병사 존 빌John Beall은 북군에 도사린 위험을 잘 알고 있었다. "매클렐런이 말라리아가 실린 바람에 노출된 곳에 (중략) 진을 쳤다. 피로와 굶주림, 격양으로 기력이 떨어진 데다 패배로 사기가 떨어진 그의 군대는 열병과 질병으로 수천 명이 목숨을 잃을 것이다." 매클렐런의 쇠약해진 군대는 리치먼드의 방어선을 뚫을 수 없었다. 6월 말이 되자 리가 맹렬한 반격을 퍼부어 북군은 황급히 해안가로 퇴각할 수밖에 없었다. 질병 때문에 복무가 불가능한 병사가 북군 전체의 40퍼센트에 달했다. "반역자들의 땅에 깔린 교묘한 말라리아가 반역자들의 무기로 입은 상처보다 더 많은 북군 병사를 쓰러뜨리고 불구로 만들었다." 북군 군의관 에드윈 비드웰Edwin Bidwell이 고했다. 남군은 습지 및 모기떼와 멀리 떨어진 고지대에 진을 치고 있었다. 남부 병력 또한 말라리아로 타격을 입긴 했으나, 이 군사작전 동안 말라리아에 걸린 남군의 비율은 10~15퍼센트로 북군보다 훨씬 낮았다.

매클렐런의 부하 에라스무스 케예스Erasmus Keyes 준장은 링컨 대통령에게 서신을 보내 증강 부대를 보류하고 전군을 철수시켜 달라고 청했다. "북부에서 새로 모집한 군사를 7~9월에 이 지역에 보내는 건 저희의 자원을 바다에 던져넣는 것과 같습니다. 날것의 부대가 그대로 녹아버릴 것이고 영원히 파괴될 것입니다." 매클렐런은 리치먼드를 또다시 공략하기 위해 증강 병력을 요청했으나, 모기가 들끓는 반도에서 철수하라는 답변만이 돌아왔다. "8월과 9월은 제임스강의 저편에 살았던 백인들에게 치명적인 달"이므로 "증강 병력이 도착할 때까지 귀관의 부대를 현재 위치에 둔다면 그곳의 기후 때문에 부대가 완전히 망가질 것"이기 때문이었다. 한때 요크타운에서 콘월리스의 항복을 이끌어냈던 것처럼, 버지니아의 말라리아 매개 모기들은 매클렐런의 리치먼드 점령이 실패로 돌아가는 데 한몫함으로써 남북전쟁을 연장시켰다. "반도 전역의 높은 말라리아 감염률로 포토맥 군이 워싱턴으로 황급히 돌아갔다." 벨이 거듭 강조했다. "매클렐런이 질병 등의 이유로 패배한 후, 전쟁에 대한 북부의 시각은 전면 변화했다. 오직 기존의 공화국을 보존하기 위해서만 싸우는 것이 아니라, 나아가 노예제를 타파하고 자유를 새로이 탄생시키기 위해 싸우기 시작한 것이다." 모기들에게 괴롭힘 당한 매클렐런은 동부에서 승리를 얻지 못했다. 서부에서 모기에 둘러싸여 있던 그의 사령관의 상황도 별반 다르지 않았다.

말라리아 매개 모기는 버지니아에서 매클렐런의 군대를 무너뜨리는 한편, 서부에서도 1862년 5월부터 7월까지 남부맹방의 근거지인 미시시피 빅스버그를 점령하려던 북부연방의 최초 시도를 저지하면서 전쟁을 연장시켰다. 1862년 5월 북부연방이 미시시피 북부의 코린트에서 승리를 거둔 뒤 빅스버그로 진격하지 않기로 결정한 것 또한 모기 때문이었다. 멤피스로부터 동쪽으로 약 90마일 떨어진 코린트에서 보우리가드가 이끄는 남군을 격퇴한 북군 헨리 할렉Henry Halleck 장군은 황열병과 말라리아 계절의 초입에서 스콧의 '멤피스 선'을 넘어 남진하기를 꺼렸다. 빅스버그를 향해 남진하는 건 모기에게 목숨을 바치는 꼴이라는 옳은 판단을 내렸다. "적군을 쫓아 미시시피강 늪지대에 진입한다면 우리 군은 여지없이 질병 때문에 불능 상태에 빠질 것입니다." 그는 워싱턴의 전략가들에게 이렇게 보고했다. 그가 이끄는 군대는 이미 말라리아와 이질의 합동공격을 받아 그 수가 줄어들고 있었다. 당시까지만 하더라도 유명인사가 아니었던 윌리엄 테쿰세 셔먼 소장은 본인 또한 말라리아로 앓아누운 채 상관들에게 약 1만여 명의 군사 중 절반 정도만이 복무가 가능한 상태라고 보고했다. 남부에서 또 다른 전투를 벌이기에 앞서 보우리가드 또한 병사들 중 약 15퍼센트가 말라리아에 걸렸다고 보고했다. 할렉 장군은 모기 매개 질병에 쫓길 것을 우려해 진격하지 않고 멈추어 섰다.

반면 북부의 데이비드 패러것David Farragut 제독은 빅스버그의 모기들이 마련해둔 말라리아 함정으로 행군해 들어갔다. 1862년 4월 뉴올리언스를 점령한 패러것은 미시시피강을 따라 북쪽으로 진격하라는 명령을 받았다. 연락과 물자 그리고 교통의 중심지였던 빅스버그는 북부연방이 포기하기에는 너무나 중요한 거점이었다. 제퍼슨 데이비스가 선언했다. "빅스버그는 남부 양쪽 절반을 하나로 엮어줄 못대가리이다."

패러것은 마지못해 5월경 '서부의 지브롤터' 빅스버그를 공격했으나 점령하는 데는 실패했다. 빅스버그가 남부맹방 최후의 미시시피강 유역 근거지였기에, 링컨 대통령과 전략가들은 패러것의 열의 없는 공격에 실망을 표하며, 남부맹방의 생명선을 완전히 끊기 위해서라도 미시시피강을 수원부터 하구까지 점령할 것을 촉구했다. 빅스버그 재공략을 명령받은 패러것은 6월 말 3,000명의 함대를 이끌고 진격했다. "그곳에서 1만 명의 남군과 엄청난 수의 얼룩날개 모기들이 기다리고 있었다." 벨의 설명이다. "둘 다 치명적인 상대였다." 빅스버그 요새는 말발굽 모양으로 휘어진 강의 동부 연안 반도의 드높은 절벽 위에 위치해 있었으며, 주변에는 자연 그대로의 늪지대와 고인 수로들이 이리저리 얽혀 있었다. 강과 맞서지 않고서는 그 우뚝 선 도시에 접근할 수 없었다. 하지만 지형 때문에 우세한 해군력을 뽐내거나 병사들을 상륙시킬 수도 없었다. 이를 해결하기 위해 패러것은 반도의 목 부분에 운하를 파 요새 절벽을 우회하고자 했으나 결국 모든 시도는 모기 때문에 수포로 돌아갔다.

토머스 윌리엄스Thomas Williams 준장이 빅스버그에서 보고한 바에 따르자면 북군은 "말라리아에 너무나 큰 타격을 입어 어떤 작전도 수행할 수 없는 상태"였다. 패러것 장군이 결국 작전을 포기했던 7월 말, 그가 지휘하던 병사들 중 75퍼센트가 모기 매개 질병으로 이미 세상을 떠났거나 병상에 누워 있었다. "이제 유일한 선택지는 기후에 순응하고 빅스버그에 대한 모든 군사작전을 열병 계절 이후로 연기하는 것"이라는 말이 나왔다. 남부맹방의 사령관 에드먼드 커비 스미스Edmund Kirby Smith 또한 같은 생각이었다. "이번 여름에는 적군이 미시시피나 앨라배마를 공략하지 않을 것입니다." 스미스가 상관 브락스톤 브라지 장군에게 말했다. "그 지역의 특성과 기후는 (중략) 극복할 수 없는 장애물입니다."

매클렐런이 모기에게 쫓겨 리치먼드에서 후퇴하면서 남부맹방은 그들의 독립 전쟁에서 승기를 잡아갔다. 일찍이 아프리카계 미국인들의 입대를 지지했던 재무장관 살몬 P. 체이스Salmon P. Chase는 1862년 버지니아와 빅스버그에서 당한 굴욕을 두고 당시 대부분의 북부연방 정치인과 군 관계자 또한 생각하고 있던 말을 입 밖으로 꺼내었다. "적군은 인구의 절반을 전투에, 나머지 절반을 노동에 동원하여 무장한 절반을 위해 아무런 대가 없이 근근이 연명하는 상황이다. 반면 우리는 길들지 않은 병사들과 멀리 동떨어져 있는 물자들뿐이니 이대로는 싸움을 계속할 수 없다." 체이스는 1864년 미국 화폐에 "우리는 신을 믿는다In God We Trust"는 문구를 삽입하는 데 결정적인 역할을 한 인물이었는데, 사실 남북전쟁 동안 신은 그 누구도 아닌 퀴닌을 가장 잘 공급받는 부대 편에 섰다. 죽음과 손을 맞잡은 모기들이 노예 해방 선언이 탄생하는 배경을 다짐으로써 이때까지 확립된 미국의 문화적, 인종적, 법적 관습은 폐기됐고, 아프리카계 미국인에게 새로운 자유의 탄생을 약속한 그 선언은 율리시스 S. 그랜트 장군에 의해 지켜졌다.

1862년 봄과 여름에 걸쳐 수차례 패배를 거듭한 북부연방은 대대적인 전략 수정에 나섰다. 링컨과 참모들이 내놓은 새로운 정책은 남군을 완전히 섬멸하는 한편, 노예제를 근절하여 남부의 모든 전력과 경제를 굶겨 항복을 받아내는 것이었다. "타인의 자유를 부정하는 이는 자신 또한 자유를 누릴 자격이 없다." 링컨의 말이다. 벨은 1862년 모기가 초래한 군사적 실패와 그 피해 때문에 "링컨 행정부는 노예제를 해체하고 남부를 완전히 예속시켜야지만 연방을 회복하고 평화를 되찾을 수 있으리라는 결론에 이르렀다"고 논했다. 찰스 만 또한 이에 동의했다. "(말라리아가) 북부연방의 승리를 수개월 혹은 수년씩 지연시켰다. 장기적으로 보자면 이는 축하할 만한 일이었다. 본래 북부는 노예 해방이 아니라 국가의 보존만을 목표로 삼았다. (중략) 전쟁이 길어질수록 연방정부는 점점 더 인종적 조치를 고려하게 되었다." 찰스 만은 이 고된 전쟁을 연장시키는 데 있어서 모기가 담당한 역할을 생각한다면 "노예 해방 선언 또한 어느 정도 말라리아에게 그 공이 있다"고 말했다. 1862년 9월 앤티텀 전투에서 북부연방이 첫 승리(보다 정확히 말하자면 무승부)를 거둔 이후, 링컨은 그의 임기 사상 가장 유명하고 영향력 있었던 행정명령을 발행하여 전쟁의 방향과 국가 자체를 영구적으로 바꾸어놓았다.[75]

1863년 1월 1일, 여전히 반란 상태였던 주를 비롯해 남부맹방 몇몇 지역에서 노예 생활을 하던 약 350만 명의 아프리카계 미국인이 노예 해방 선언으로 인해 법적으로(그리고 적어도 서류상으로) 해방되었다.[76] 이와 더불어 아프리카계 미국인의 참전이 공식 허용되었다. 링컨은 이를 두고 "어느 면에서 보자면 거의 노예제"라고 조용히 읊조리기도 했다. 링컨이 남부맹방의 노예들을 구제한 데에는 도덕적 동기도 있었지만, 한편으로는 군사적 실용주의와도 직결되었다. 체이스가 논했듯, 길이 든 해방 노예들은 북군의 병력에 보탬이 되는 동시에 남부맹방의 노동력에는 손실이 될 터였다.

노예 해방 선언의 이러한 측면은 일반적으로 별다른 주목을 받지 못하지만, 사실 이 선언은 남부맹방의 노동력을 감소시켜 남부맹방이 최전방 전투부대를 논밭과 공장으로 재배치하도록 만들기 위한 군사 조치였다. "대통령이 노예를 해방시킨 뒤 전 주인을 살해하는 데 출전시키기로 결정했다는 것은 그가 초기의 정책들과 극단적으로 다른 노선을 택했음을 보여준다." 벨의 설명이다. "1862년의

---

75 제2차 불 런 전투에서 승리한 리 장군은 북부로 진격하여 1862년 9월 17일 샤프스버그 부근의 앤티텀강에서 북군과 충돌했다. 전투 결과 자체는 무승부에 가까웠으나, 리 장군이 군대를 이끌고 북부에서 버지니아로 다시 후퇴했으므로 북부연방이 승리를 거둔 것으로 여겨진다. 단 하루에 걸쳐 벌어진 이 전투의 사상자 수는 도합 2만 3,000명이었다. 그중 3,700명이 현장에서 전사했고, 4,000명이 전투에서 입은 부상으로 세상을 떠났다. 앤티텀 전투는 미국 역사상 가장 참혹했던 1일 전투로 기록되었다.

76 노예 해방 선언은 남부맹방이 점령한 영토에 한하여 적용되었으며, 델라웨어와 메릴랜드, 켄터키, 미주리, 테네시 등 앞서 북군이 점령했던 남부맹방 비소속 노예주는 예외였다.

군사적 좌절은 링컨에게 노예 해방과 흑인들의 입대가 군사적으로 필수불가결한 일이라는 확신을 심어주었다. 두 정책 모두 북부의 병력을 강화하는 동시에 남부맹방으로부터 주요 노동력을 앗아갔다." 또한 링컨은 아프리카계 미국인 병사들이 모기 매개 질병에 대해 불가해한 유전적 방어체계를 가지고 있는 만큼 펄펄 끓는 디프사우스 전장에서 "질병의 계절 동안 미시시피 유역의 거점을 확보"하는 데 매우 유용할 거라 생각했다. 윌리엄 알렉산더 하몬드William A. Hammond 의무감의 말에 따르면 아프리카인들이 "유럽인들에 비해 말라리아류 감염병에 쉽게 걸리지 않는다"는 것은 이미 "충분히 확인된 사실"이었다. 북부연방군에서 복무한 총 20만 명의 아프리카계 미국인 중 3분의 2가량이 남부 노예 출신이었다. 새로이 자유를 얻은 이들은 여전히 속박되어 있는 형제들을 해방시키고자 연방군에 입대하여 최전방에서 싸웠다. 전쟁은 노예제 그 자체의 운명을 결정짓는 방향으로 흘러가고 있었다.

북부연방은 경제적 완전성을 보존한다는 초기 목적과 더불어 노예제를 제거하고 몰아내기 위한 목적까지 겸비했으며, 그 과정에서 군사적 실리 또한 챙겼다. "노예 해방 선언은 전쟁의 도덕적 분위기를 바꾸었다." 저명한 군사사학자 존 키건의 말이다. "그때부터 남북전쟁은 노예제에 관한 전쟁이 되었다." 그러나 북부연방이 승리를 거두지 못하는 한, 노예 해방 선언은 종이호랑이에 불과했다. 400만 명이 넘는 이들의 자유가 이 전쟁에 달려 있었으며, 이들은 북부연방의 승리와 남부맹방의 무조건 항복에 희망을 걸었다. 그리고 드디어 율리시스 S. 그랜트가 퀴닌과 동맹군 얼룩날개 장군의 도움을 받아 링컨의 가슴 뛰는 노예 해방 선언에 생명을 불어넣고, 노예 해방을 합법적 현실로 만들었다.

1864년 대통령 선거에 출마했다가 링컨에게 패했던 매클렐런과는 달리, 그랜트는 정치적 권모술수나 가식이 없었고, 전장에서도 서슴지 않고 대담한 수를 두었다. 그는 내향적이고 조용하며 낯을 가리고 별난 사람이었지만, 동시에 물불을 가리지 않는 사람이었으며 승리를 위해서라면 병사들도 기꺼이 희생시켰던 탓에 '도살자the Butcher'라는 별명까지 얻었다. 1863년 5월부터 7월까지 이어진 빅스버그 원정에서 그는 대담하고 훌륭하며 성공적으로 전투를 지휘했다. 훗날 그는 모종의 조사를 받으면서 지난날 본인의 행동과 전투 기록에 대해 스스로 평을 남겼는데, 늘 자조적이었던 그는 남북전쟁 당시 그가 이끌었던 모든 전투에 개선의 여지가 있었으나 단 하나, 빅스버그 전투만큼은 예외였다고 주장했다. 모기의 계절 동안 북부연방군 함대를 이동시켰던 그랜트는 빅스버그 방위군의 총부리를 지나쳐 도시 남쪽에 병사들을 상륙시켰다. 언론은 이 결정을 비난했다. 신문기자들은 모기 매개 질병 때문에 "7만 5,000명의 군대가 지금부터 10월 1일 사이에 적과 마주쳐보지도 못하고 무덤에 들어갈 것"이라며 아는 체했다. 리 장군 또한 북부연방군이 모기가 들끓는 무더운 여름 동안 빅스버그로 진격할 가능성은 극히 낮다고 생각했다.

그러나 그랜트는 뒤에서 떠들어대는 이들은 물론이거니와 리의 예상도 신경 쓰지 않았다. 앞서 줄줄이 헛발질만 계속했던 북부연방군의 다른 장군들과 달리, 율리시스 S. 그랜트는 진정한 승리자였다. 그는 참모들에게 "반란군을 속인 뒤 예상치 못했던 곳에 상륙하고자 한다"고 하달했다. 실제로 그는 직접 보급로를 확보하고 빅스버그를 둘러싼 뒤편 늪지대를 가로질러 군대를 진격시켰다. 강에서 빅스버그 방위군이 총구를 겨누고 있어 북부연방의 군수물자 수송선이 지날 수 없었기에 그랜트의 병사들은 자급자족해야만 했다. 결과적으로 이는 매우 훌륭한 군사적 술책이었다. 그랜트는 도시를 둥글게 포위하면서 몇몇 작은 항구와 주도州都 잭슨을 점령했다.

그랜트의 주요 부대를 지원하기 위해 3만~4만여 명의 북부연방군 파견대가 배턴루지로부터 북쪽으로 20마일 그리고 포위된 강가 요새 빅스버그로부터 남쪽으로 150마일 떨어진 허드슨 항에 저지선을 쳤다. 이중에는 동원된 지 얼마 되지 않았으며 주로 해방 노예로 구성된 미국유색인종부대 9개 연대가 포함되어 있었다. 아프리카계 미국인들의 입대를 지지해왔던 그랜트는 링컨에게 이렇게 말했다. "흑인을 무장시키는 문제에 있어 열렬한 지지를 보냅니다. 이는 지금까지 남부맹방에게 가해진 일격 중 흑인의 해방과 더불어 가장 묵직한 일격이 될 것입니다." 15마일을 늘어선 북부연방군과 함께 남부맹방의 빅스버그 요새를 압박했던 그랜트는 요새에 진을 친 방위군과 두 차례 정면으로 충돌했다. 하지만 큰 희생만 치렀을 뿐 별다른 성과를 얻지 못했다. 이에 초조해진 그는 말라리아 계절의 초입인 3월 15일 빅스버그 포위공격을 시작했다.

그랜트는 포위당한 채 쇠약해지던 빅스버그 방위군에게는 없는 이점 하나가 자신에게 있다는 점을 알았다. 그건 바로 북부연방군 무기고에 있는 가장 중요한 군수품 중 하나인 풍족한 양의 항말라리아 의약품, 퀴닌이었다. "이 약이 북부연방군에게 준 이득은 아무리 강조해도 지나치지 않는다." 벨의 설명이다. "사실 이 책(『모기 병사』, 벨)에도 '퀴닌은 어떻게 북부를 구했는가'라는 소제목을 붙이는 편이 더 적절하다. (중략) 남부맹방은 전쟁 대부분의 기간 동안 퀴닌 부족에 시달렸다. 이는 반란군 사이에서 말라리아 열병이 억제되는 경우가 그렇지 못한 경우보다 적었다는 의미였다. 남부의 민간인 또한 고통받았다."

전쟁 기간을 통틀어 북부연방은 말라리아의 치료와 예방을 위해 병사들에게 19톤의 정제된 퀴닌과 10톤의 비정제 키나나무 껍질을 배급했다. 반면 남부맹방은 상황이 달랐다. "북부연방의 해상봉쇄가 효과적이었다는 의미는 곧 남부의 군의관들이 (중략) 대부분의 기간 동안 퀴닌 부족에 시달렸다는 뜻이었다." 벨이 설명했다. "남부에 말라리아가 크게 유행했는데 리치먼드에 퀴닌이 거의 공급되지 않았던 전쟁 막바지까지 전투가 가능한 부대가 남아 있었다는 게 놀랍다." 퀴닌은 남부 전쟁터에까지 이르지 못했다. 제퍼슨 데이비스를 비롯한 남부맹방 정치인들이 본인과 본인의 가족들을 위해 상당한 양의 퀴닌을 쌓아놓았기 때문이었다. 아이러니하게도 북부연방의 해상봉쇄는 황열병을 억지하는 동시에 말라리아가 창궐하게 했다.

전쟁 내내 남부맹방에서 퀴닌의 가격이 충격적으로 급상승했다는 사실은 북부연방의 해상봉쇄가 어떤 영향을 미쳤는지를 잘 보여준다. 또한 끊임없는 풍토성 말라리아에 시달렸던 남부 사람들에게 얼마 남지 않은 퀴닌이 얼마나 중요하고 간절한 상품이었는지도 보여준다. 전쟁이 시작되던 해에 퀴닌 가격은 1온스(약 28그램)당 평균

4달러였으나, 1863년에는 23달러로 뛰었다. 1864년 말에는 밀수꾼들이 해상봉쇄를 뚫고 암시장에 퀴닌을 공급했는데, 가격이 1온스당 400달러에서 600달러를 호가했다. 전쟁이 막바지에 다다랐을 때에는 카리브 제도를 오갔던 퀴닌 밀수꾼들이 초기 투자 대비 2,500퍼센트의 수익률을 올렸다.

퀴닌 밀거래의 수익성이 점점 높아지면서 밀매업자들이 가능한 모든 방법을 동원하여 퀴닌을 남부맹방에 들여오기 시작했다. 여기

ADVANTAGE OF "FAMINE PRICES."
SICK BOY. "I know one thing—I wish I was in Dixie."
NURSE. "And why do you wish you was in Dixie, you wicked boy?"
SICK BOY. "Because I read that quinine is worth one hundred and fifty dollars an ounce there; and if it was that here you wouldn't pitch it into me so!"

기근 시세의 이점: 1863년 「하퍼스 위클리(Harper's Weekly)」에 실린 만화. 남부맹방 내 퀴닌 공급량이 부족하여 가격이 천정부지로 치솟는 현상을 풍자했다. 병든 소년이 "이거 하나는 알겠어요. 제가 남부 사람이었다면 좋았을 거예요."라고 말하자, 간호사가 "왜 그렇게 생각하니, 이 장난꾸러기야?"라고 묻는다. 병든 소년이 대답한다. "그곳에서는 퀴닌이 1온스에 100에서 150달러 정도 된다는 글을 읽었거든요. 여기서 그게 그렇게 비쌌더라면 그걸 그만큼 저에게 먹이는 일도 없었겠죠!"
© Library of Congress

에는 오늘날 마약 밀매업자들이 사용하는 독창적인 방식들도 사용되었다. 수녀 혹은 구호원으로 가장한 여성들의 치마나 버슬(치마 뒷자락을 부풀리는 보형물)에 바느질해 넣거나, 아이들의 인형과 가구, 덮개천 안쪽에 숨겨 넣었다. 북부연방의 세관과 검문소를 통과하기 위해 키나 분말을 조심스럽게 포장해 가축의 항문관과 창자에 넣기도 했다. 빅스버그 성문에서 짐 가방 밑바닥에 퀴닌 밀수품을 숨겨 들어오려던 여성 세 명이 그랜트의 보초병에게 체포된 일도 있었다. 말라리아에 시달리던 남부 사람들과 달리 북부에는 이미 다량의 퀴닌이 유통되고 있었지만, 밀반입하다 발각된 퀴닌은 북부연방군이 몰수하여 나누어 가졌다.

빅스버그의 북부연방군 군의관들은 상당한 양의 퀴닌을 보유하고 있었다. 말라리아 환자를 치료할 뿐만 아니라 건강한 병사들에게 예방용으로 매일 나누어줄 정도였다. "병동 체계와 의료가 완벽하여 사망자 수가 예상했던 바보다 훨씬 적다." 그랜트가 칭찬했다. "감히 말하건대 그 어떤 야전군도 이보다 더 잘 대비하지는 못했을 것이다." 퀴닌 비축량이 매우 많았기 때문에 심지어는 열이 있는 '누런 뺨과 움푹한 눈'의 남부 포로들과 '초췌하고 찌든' 지역 민간인들을 치료하는 데에도 사용되었다. 그러나 퀴닌 복용량과 품질, 유효성분 함유량에 따라 모기 매개 질병을 완전히 방어하지 못하는 경우도 있었으며, 쓰디쓴 약을 거부하는 병사들도 있었던 탓에 여전히 원정군의 15퍼센트 정도는 말라리아로 정상 복무가 불가능했다.

물자와 퀴닌이 바닥을 드러내면서 사면초가에 몰렸던 빅스버그 요새 내의 남부맹방군과 민간인들은 운 나쁘게도 모기가 들끓는 음울한 현실과도 마주해야 했다. 어느 영국인 종군기자는 이곳의 "질척한 늪지대와 소택지에서 나오는 음울한 오물이 검과 총보다" 더 치명적이었다고 썼다. 그의 말에 따르면 퀴닌 없이는 "살아 있는 그 누구도 그 기후의 영향에 맞설 수 없었다." 그랜트의 눈부신 전략적 구상과 피에 굶주린 모기들 때문에 독 안에 갇힌 반란군 병사들과 불운한 주민들 앞에는 "말라리아, 소금에 절인 돼지고기, 내리쬐는 태양, 독에 가까운 물"밖에 없었다. 북부연방군의 포탄이 폭우처럼 쏟아지는 이곳에서 빅스버그 요새에 몸을 숨긴 이들은 말라리아 매개 모기들에게 시달렸다. 남부맹방의 한 의사는 아내에게 보내는 서신에서 그 모기들을 이렇게 묘사했다. "내가 본 모기들 중 가장 크고 굶주렸으며 담대하오. 당신이 아는 모기는 모기가 아닐지도 모르오!" 1년 전 빅스버그에서 북부연방군을 격퇴했던 수호천사 모기들이 이제 죽음의 도깨비가 되어 빅스버그를 덮치고 있었다. "적군의 포탄이 성가시기는 하지만, 이곳에서 우리는 또 다른 적과 싸워야만 했다." 남부맹방의 의사 W. J. 워스햄W. J. Worsham이 빅스버그 성안에서 쓴 서신이다. "적군의 포탄보다 더 성가신 것은 바로 모기, 소년들의 말을 빌리자면 갈리니퍼gallinippers"였다.

포위작전에 돌입한 지 6주가 지나자 빅스버그 요새 안 상황은 흡사 제임스타운의 기근 시기와 비슷할 지경이었다. 남부맹방군의 젊은 병사 한 명은 고향에 있는 부모에게 보내는 편지에서 비정상적으로 큰 '갈리니퍼'들이 그의 '목덜미를' 옥죄면서 "부츠와 모자, 그린백(미국 정부가 찍어낸 달러)에서 5,000달러"를 훔쳐갔다면서 도움을 요청했다. 굶주린 민간인과 병사 들은 개와 쥐를 잡아먹는 것도 모자라

가죽 신발과 벨트까지 먹었으며, 전쟁이 끝났을 당시 기준으로 고작 3,000명에 불과했던 민간인 사이에서 식인 사건이 수차례 보고되기까지 했다. 쉴 새 없는 포격을 피하기 위해 병사와 민간인 들은 황토 언덕에 500개가 넘는 굴을 파고 그 안에 몸을 숨겼는데, 북부연방군 병사들은 이를 두고 조롱조로 '프레리 독 마을'이라 불렀다. 처음에 3만 3,000명에 달하던 남부맹방군은 병사 50퍼센트가 말라리아로 세상을 떠나거나 앓아눕는 바람에 '허수아비 군대'가 되었다. 북부연방군 병사들은 "두들겨 맞고 사기가 땅에 떨어진 군대의 처참한 광경"에 동정심을 느꼈다. "인내의 마지막 단계에 이른 인간의 모습이었다. 파리한 안색과 텅 빈 눈빛, 누더기 같은 행색과 퉁퉁 부은 발, 피 칠갑을 한 이들이 절름거리며 걸어 다녔다."

게티즈버그 전투에서 리의 남부맹방군이 처참하게 패배한 다음날인 7월 4일, 미국의 독립기념일을 조용히 축하하는 가운데 그랜트는 빅스버그의 무조건적인 항복을 받아들였다. 그랜트의 승전보를 들은 링컨은 "물의 아버지The Father of the Waters(미시시피강)가 다시금 유유히 바다로 나아가노라"고 선언했다. 그랜트가 예상했던 대로 "빅스버그가 함락되는 순간 남부맹방의 몰락 또한 확정되었다." 주요 항구도시를 북부연방군이 모조리 점령하면서 남부맹방은 반으로 쪼개졌다. 북부연방군은 미시시피강 서안에서 생산된 소와 말 그리고 옥수수 등의 농작물이 버지니아 북부에 주둔하던 리의 군대에까지 전달되지 못하게 방해했으며, 해상봉쇄를 한층 더 강화하여 이미 황폐화되고 자원이 바닥난 남부의 숨통을 더욱 조였다. 먼지를 뒤집어쓴 남부 병사들의 정맥을 말라리아가 물어뜯은 뒤였으므로, 해상봉쇄는 곧 무엇보다도 간절한 퀴닌의 공급을 막는다는 의미이기도 했다. 노예들이 "영원히 자유로워지는" 일은 이제 시간문제였다. 한편 '빅스버그의 승리자' 그랜트의 이름이 권력의 회랑에 울려 퍼졌다. 그랜트는 링컨을 포함한 대부분의 정치인들과 직접 만나본 적이 없었지만, 워싱턴의 사회 고위층 인사들과 아첨꾼들이 나누는 대화를 타고 급속도로 유명인사가 되었다.

그랜트는 비할 데 없는 군사적 기량을 보여주었으며, 정치적 야망이나 관료주의적 책략을 부리지 않았고, 개인적으로도 노예 해방과 아프리카계 미국인들의 입대에 찬성했다. 그는 금세 차기 대통령감이 되었다. 그동안 서투르고 무능한 데다 중상모략과 정치적 음모만 벌여대는 장군들을 수도 없이 인내해왔던 링컨 대통령은 제1차 불 런 전투에서 어이없이 패한 이후 그만의 로버트 E. 리(남군 총사령관이자 남부의 영웅)를 찾아 군 장성들을 샅샅이 훑어보고 있었다. "그랜트가 해방 선언이 없었더라면 빅스버그를 점령하지 못했으리라고 주장했다는 소식이 링컨의 귀에 닿았다." 저명한 저자 론 처노Ron Chernow가 최고의 평전인 『그랜트Grant』(2017)에서 말했다. "전쟁의 광범위한 정치적 목표들에 대한 그랜트의 동조는 워싱턴 정계가 그를 마음에 들어 하는 데 적지 않은 이유를 차지했다." 처노의 말에 따르면 가식 없고 겸손했던 41세의 군인 그랜트는 빅스버그 전장에서 한껏 기량을 뽐낸 이후 "링컨의 하늘에 떠오르는 샛별이 되었는데, 링컨 대통령이 그리던 이상적인 장군의 조건을 갖추었기 때문이었다. 링컨 대통령은 정기적으로 적군을 무찌르는 한편, 광범위한 전쟁 목표" 즉 남부 노예의 해방과 동원에 지지를 보내는 장군을 찾고 있었다.

그랜트는 개인적으로 노예제를 반대했을 뿐만 아니라 노예 해방 선언의 도덕적·군사적 교리를 모두 지지했다. "흑인들을 무장시킴으로써 저희는 강력한 동맹군을 얻었습니다." 빅스버그 함락 직후 그랜트가 링컨에게 보낸 서신이다. "그들은 좋은 군인이 될 것이며, 적군으로부터 그들을 데려오는 것이므로 우리에게 득이 되는 만큼 적에게 실이 될 것입니다. 그러므로 저는 이 정책에 무엇보다도 강력한 지지 의사를 표합니다." 그랜트와 링컨의 전략적 군사 평가 및 개인적 가치관은 서로 조화를 이루었다. 두 지도자들은 즉각 변함없는 유대와 신뢰 관계를 형성했고, 그렇게 앞으로의 운명과 전쟁과 나라 그 자체를 바꾸어나갔다.

1864년 3월, 링컨은 그랜트를 중장으로 진급시켰다. 육군 중장은 이전까지 조지 워싱턴만이 가졌던 계급이었다. 그랜트의 부관 호레이스 포터Horace Porter의 기록에 따르면, "대통령께서 (중략) 키가 8인치 더 컸으며, 밝은 안색으로 손님을 내려다보았다." 그랜트는 이제 북부연방군 사령관으로서 대통령 바로 다음의 지휘권을 가졌다. 링컨 대통령은 이 새로운 선봉장에게 마음을 빼앗겼다. "그랜트라는 사람은 내 군대의 다른 어떤 사람보다도 내게 위안이 된다." 링컨의 말이다. "그랜트는 나의 사람이며, 나는 그가 치를 나머지 전쟁과 함께한다." 그랜트는 애연가에 알코올중독이었고, 과묵하고 말솜씨도 없었으며, 땅딸막하며 촌스러웠던 반면, 링컨은 담배를 멀리했고, 술은 입에도 대지 않았으며, 논리정연하고 유창한 데다 말수가 많았고, 키가 크고 말쑥했으므로 두 사람은 극명한 대조를 이루었다. 그랜트는 총사령관 링컨을 이렇게 표현했다. "위대한 인물, 매우 위대한 인물이다. 그를 보면 볼수록 더욱더 깊은 감명을 받는다. 그는 반박의 여지없이 내가 아는 이들 중 가장 위대한 사람이다."[77] 마음 맞는 군사적 동반자이자 사적으로도 진정한 친구였던 두 사람, 그랜트와 링컨은 일부 비난론자들에게 나란히 서부 초원 출신의 시골뜨기라고 조롱받으면서도 서로를 향한 존경과 충성, 경애 속에서 전쟁을 승리로 이끌고 국가의 미래를 그려나갔다.

그랜트의 빅스버그 원정은 남북전쟁 마지막 두 해의 축소판 같았다. 대규모의 건강한 북부연방군이 규모가 작고 병든 남부맹방군을 상대로 전투를 벌였다. 또한 퀴닌이 역사상 처음으로 전쟁의 결과를 정하는 데 일조했다. 압도적인 수적 우위와 병사들의 양호한 건강상태가 북부연방을 승리로 이끌었다. 존 키건의 말에 따르면, "북부연방이 마침내 승리를 거두었던 이유는 더 많은 병력과 더 풍족한 자원 덕분이었다." 남부맹방은 전쟁의 마지막 2년 동안 인력 문제에 시달렸다. 말라리아와 퀴닌이 남부맹방의 해체에 미친 영향을 완전히 이해하려면 우선 수치들을 살펴보는 게 좋겠다.

총 인구 2,200만 명의 북부에서 약 220만 명이 북부연방군에 복무했다. 남부는 노예 420만 명을 제외하고 인구가 450만 명이었는데, 그중 약 100만 명이 남부맹방군에서 복무했다. 1864년 말에 이르자 18세부터 60세 사이의 남자 중 90퍼센트가 남부맹방에 복무했었거나 복무하고 있었다. 북부는 44퍼센트 정도였다. 그러나 1865

77 그랜트는 5피트 8인치(약 172.7센티미터)가 조금 안 되는 키에 몸무게가 135파운드(약 61킬로그램)였으며, 링컨은 6피트 4인치(약 194센티미터)에 180파운드(약 81.6킬로그램)였다.

년에 이르자 남부맹방 사령관들은 탈영 때문에 골머리를 앓았다. 최대 10만 명에 달하는 병사들이 때를 가리지 않고 무단으로 휴식을 취했다. 전쟁이 막바지에 이를수록 탈영 또한 늘어나 남부맹방군은 14세부터 60세로 징집 연령을 확대했다. 그러나 이 전면적인 조치로도 남군의 결핍과 결함을 메울 수 없었고, 학살의 시간을 되돌릴 수도, 총알받이 병사들의 빈자리를 상쇄할 수도, 혹은 흐르는 핏물과 탈영병들을 막을 수도 없었다. 1865년 2월, 전군의 16퍼센트가 탈영하여 행방불명인 가운데, 낙심한 리 장군은 제퍼슨 데이비스에게 "밤마다 수백 명의 병사들이 탈영"한다고 고했다. 말라리아 감염병이 창궐하고 퀴닌 부족이 심각해지면서 탈영병 수는 더 늘어났다. 물자가 충분했던 북부연방군과 그 동맹군 말라리아 매개 모기들은 남부맹방군의 투지와 사기를 남김없이 빨아먹었다.

여기서 짚고 넘어가야 할 점이 있다. 훗날 미국군 또한 태평양 전쟁과 베트남 전쟁을 거치며 몸소 깨닫겠지만, 병든 병사는 부상을 입은 병사만큼이나 병력에 아무런 쓸모가 없으며 죽은 이보다 오히려 두 배나 짐이 된다. 병든 병사의 난 자리를 누군가가 메워야 하는 동시에 병든 병사는 계속해서 자원을 소모하기 때문이다. 의료 치료와 간호가 필요하지 않은 죽음은 적어도 자원이나 인력을 소모하지는 않는다. 또한 모기 매개 질병에 걸린 경우, 동료 병사를 감염시키기도 해 전염의 생활사를 지속시킨다. 잔인한 말일 수도 있겠지만, 실질적으로 병든 병사는 군대에 부담스러운 짐이자 장애가 된다. 외과의사이자 듀크 대학교 의과대학 교수인 마거릿 험프리스 Margaret Humphreys의 말에 따르면, "남부맹방은 전쟁 당시 퀴닌 부족에

피터스버그 앞, 위스키와 퀴닌 배급. 1965년 3월: 「하퍼스 위클리」에 실린 이 판화는 북부연방군의 '퀴닌 퍼레이드' 장면을 묘사한 삽화이다. 퀴닌 비축량이 많았던 북부연방은 이를 무기 삼아 전쟁을 승리로 이끌었다. 반면 남부맹방에서는 퀴닌이 부족해 끊임없이 유행하는 말라리아 앞에서 인력 부족에 시달렸다. © U.S. National Library of Medicine

시달려 복무가 가능한 인원수가 상당히 줄어들었다. (중략) 북부연방의 해상봉쇄가 남부에 심각한 퀴닌 부족 현상을 초래하면서 판세는 기울었다." 북부연방과 달리 남부맹방은 전투원 사상자를 대체할 수 없었던 데다 말라리아가 끊임없이 재발하면서 야전부대 병력은 급속히 감소했다. "말라리아를 치료할 만큼 충분한 퀴닌이 남부맹방에 없었다는 데에는 의심의 여지가 없다."

1864년에 이르자 남부를 오가는 무역선의 95퍼센트가 아나콘다 작전으로 저지당했다. 그해 봄에는 그랜트의 충성스럽고 믿음직스러운 친구이자 부하였던 윌리엄 테쿰세 셔먼 장군이 '바다로의 행군March to the Sea'으로 불린 초토화 작전을 펼치면서 테네시부터 조지아를 거쳐 캘리포니아에 이르기까지 200마일에 달하는 지역을 완전히 파괴했다. 북부연방군 병사들은 농작물과 농장을 불태웠고, 가축을 몰수했으며, 철도와 관개시설, 댐, 교량을 파괴했다. 셔먼의 전술로 남부 내 모기 서식지와 말라리아 감염 지역은 한층 확대되었다. 기근과 질병, 자원 부족이 남부맹방군 병사와 민간인을 모두 괴롭혔다. 셔먼 장군과 모기들 그리고 해상봉쇄 전함들 앞에서 남부는 굶어 병들어가고 있었다.

한편 남부맹방군에게 수송되던 도중 몰수된 퀴닌과 식량, 무기, 여타 필수 물자들은 결국 적군인 북부연방군의 핏줄과 뱃속과 손에 들어갔다. "전쟁 도중 북부연방군 병사들의 배급은 점점 늘어난 한편, 남부맹방군의 배급은 줄어들었다." 키건의 설명이다. 그는 "북부연방군은 기록적으로 좋은 배급을 받았다"고 보았다. 링컨 대통령은 "군대는 밥심으로 행군한다an Army marches on its stomach"는 나폴레옹의 말을 새겨들었다. 또한 앞서 살펴본 대로 북군에게는 충분한 양의 퀴닌이 있었다. 그러나 키나 분말이 수많은 생명을 구했던 것을 제외한다면, 남북전쟁 당시 의학적 지식은 여전히 걸음마 수준이었다.

클로로포름 같은 마취제를 이용한 실험이 남북전쟁 동안 이뤄진 의학적 혁신으로 손꼽히기는 하지만, 당시 여전히 절단 수술을 선호했기 때문에 야전병원마다 잘려나간 사지가 산처럼 쌓였다. 질병 치료도 구식 요법에서 발전하지 못해, 수은과 피 뽑기, 부황을 비롯한 미신적 혁명 시대의 요법들이 여전히 사용되었다. 과거와 마찬가지로 병사들은 병원을 꺼렸으며, 그곳을 치료의 전당이라기보다는 시체 안치소라 여겼다. 병원은 감염병이 쌍방으로 오가는 주요 터미널이나 다름없었으며, 이곳에서 병사들은 서로의 질병을 주고 받았다. 병사들은 대개 병마로 인한 고통을 내색하지 않고 삼켰고, 치료를 받지 않고 계속해서 싸웠다. 일례로 북부연방군의 기병이었던 존 키스John Kies는 제2차 불 런 전투에서 팔에 반란군의 총을 맞고 병원으로 옮겨졌는데, 치료를 받던 도중 자신이 지난 두 달 동안 말라리아에 시달려왔다고 의사에게 고했다. 키스는 전장에서 입은 부상에서 살아남았고, 심지어 그 요법이었던 팔 절단술에서도 살아남았으나, 말라리아와의 싸움에서는 살아남지 못했다.

전쟁이 장기화되는 한편 퀴닌이 완전히 바닥나거나 일반인이 감히 엄두도 못 낼 정도로 비싸지자 남부 주민들은 온갖 쓸모없는 나무껍질을 비롯한 퀴닌 대용품을 찾아 투약했다. 남군 의무감은 의사들에게 "모든 병원과 주둔지 부근에서 생식이 확인되는" 모든 토착 민간요법을 이용하라고 지시했다. 1863년 남부맹방의 의사들과 야전 사령관에게 발행된 빽빽한 지침서 『남부 들판과 숲의 자원Resources of the Southern Fields and Forests』에는 퀴닌을 비롯한 의약품 대신 사용할 수 있다는 온갖 효과 없는 유사 요법들이 정리되어 있다. 남부 전역에서 커피를 비롯한 거의 모든 음식과 의약품의 대용품이 소비되었다.

북부연방군의 한 포병장교가 훗날 쓴 글에 따르면, "커피는 배급품 중 가장 소중한 품목으로 손꼽혔다. 빌리 양키가 이기는 데 커피가 도움을 주었다고도 할 수 있다. 그게 아니더라도 최소한 병사들이 전쟁을 보다 잘 버틸 수 있도록 도와준 것은 사실이다." 종이봉투는 1862년 북부 병사들이 보다 간편하게 커피를 가지고 다니기 위

"버지니아 친구들의 불행은 아직 끝나지 않았다!" 웨스트버지니아의 반란군 초소병, 「하퍼스 위클리」, 1862년 1월: 남부 병사 두 명이 불평을 늘어놓고 있다. "또 학질(즉, 말라리아) 때문에 몸이 떨리는데 맹방에는 퀴닌이 없지! 더 최악인 게 뭔 줄 아는가! 푸른 악마(즉, 북군)들이 내 뒤를 쫓지만 나에겐 위스키 한 방울도 없다네!" 북부연방 해상봉쇄로 풍토성 말라리아와 심각한 퀴닌 부족 사태가 전쟁 내내 남부맹방군 병사들과 민간인들의 발목을 잡았다. © Library of Congress

해 발명된 것이다. 반란군과 양키 병사들이 서로 어울릴 일이 있을 때면 남부맹방군 병사들은 물물교환으로 커피를 얻고자 했다. 셔먼 장군의 '바다로의 행진'이 시작될 무렵인 1864년 7월, 애틀랜타의 북군 병장 데이 엘모어Day Elmore는 "병사들이 수차례 모여 (중략) 커피와 담배를 교환했다"고 기록했다. 남부맹방에서 만든 커피 대용품으로는 도토리와 치커리, 목화씨, 민들레 뿌리 등이 있었다. 커피든 아니든, 1865년에 이르자 독창적인 대용품은 병사들은 물론 민간인들도 만족시키거나 치료할 수 없었다. 이즈음 리의 군대는 버지니아 전역에서 그랜트의 막강한 북군 대열에 밀리고 있었다. 리치먼드 부근에서 9개월간 완강하게 대치한 끝에 4월 2일 리 장군은 리치먼드를 포기했다.

1865년 4월 9일, 1만여 번의 크고 작은 전투를 치른 끝에 남북전쟁은 끝을 맺었다. 전쟁의 종결은 지난 제1차 불 런 전투에서 저택을 작전본부로 내어주었던 윌머 맥린으로서는 상상하지도 못했던 곳에서 이루어졌다. 맥린은 불 런 전투 이후 가족들을 데리고 피난을 떠나 평화롭고 조용한 작은 마을 아포마톡스 코트 하우스에 정착했는데, 전쟁은 그곳까지 그를 쫓아왔다. 있을 법한 이야기 같지 않지만, 그랜트 장군과 리 장군은 북부연방 양식으로 꾸며놓은 맥린의 널찍한 저택 응접실에서 남북전쟁의 항복 문서를 작성했다. 그렇게 남북전쟁이 종결되었다.

링컨은 연방을 수호하고 노예제의 악습을 끝내겠다는 두 가지 전쟁 목적을 모두 달성했으나, 그 대가로 민간인(주로 남부 주민) 사망자 5만여 명을 포함해 미국인 75만 명의 목숨을 내주었다. 오늘날에 비교하자면 약 700만 명의 사망자가 발생한 것과 같을 정도로 야만적인 일이었다. 미국이 치른 다른 모든 전쟁의 사망자를 합쳐도 남북전쟁으로 인한 사망자가 더 많다. 북부연방의 사망자 36만 명 중 약 65퍼센트가 병사했다. 북부연방 병원에 130만 건 이상의 말라리아 발병이 보고되었고, 기록된 사망자는 1만 명이었으나 실제로는 그보다 훨씬 많았을 것으로 추정된다. 캐롤라이나를 포함한 몇몇 남부 전쟁 지역에서는 재감염 혹은 재발까지 고려한 연간 말라리아 발병률이 무려 235퍼센트에 달했다.

리치먼드가 함락되면서 남부맹방의 기록은 잿더미가 되었지만, 남부맹방군 수석 군의관이 추정에 따르면 약 29만 명의 군인 사망자 중 75퍼센트가 질병에 의한 것이었다. 말라리아가 남부맹방에 끼친 충격은 오직 추측으로만 가늠할 수 있으며, 남북전쟁 역사가 대부분은 말라리아로 인한 사망률이 북군보다 남군에서 약 10~15퍼센트 높았을 것이라는 데 동의한다. 말라리아 매개 모기는 남부의 병력을 약화시켰고, 북부의 승리와 연방의 보존, 노예제의 해체를 이끌어냈다. 모기가 후원한 노예 해방 선언으로 자유를 얻은 남부 노예들은 북군 군인으로 거듭나 자유를 향한 북군의 약속을 지켜내는 데 한몫했다.

남북전쟁 동안 북군에서 복무한 20만 명 이상의 아프리카계 미국인 중 15만 2,000명이 말라리아를 앓았다. 북부연방군 군의관 존 피시John Fish는 미국유색인종부대 하나와 함께 미시시피강을 따라 배턴루지부터 빅스버그까지 여행하던 도중 이런 말을 남겼다. "이전에는 말라리아의 영향 때문에 흑인들이 이상하게 여러 질병들에 걸리지 않을 것이라고 생각했지만, 이토록 많은 간헐적 발병 사례와 마주하게 될 줄은 몰랐다."

약 4만 명의 아프리카계 미국인이 자유를 위해 싸우다 죽었는데, 그중 약 75퍼센트는 질병에 걸려 죽었다. 아프리카인이 모기 매개 질병에 면역되어 있다는 과학적 고정관념은 신빙성을 잃었다. "흑인들이 남부의 기후성 질병에 걸리지 않는다는 가정과 달리, 그들 또한 같은 열병과 설사병에 걸리는 경우가 꾸준히 보이며, 그 강도와 빈도수도 백인과 비슷하다." 멤피스의 북부연방군 군의관의 말이다. "흑인에 대한 통설에는 분명 타당한 점도 있지만, 남부 기후성 영향에 대한 그들의 저항력은 매우 과대평가되었다는 생각이 든다." 더피 항원 음성자나 겸상적혈구체질을 비롯한 유전적 면역체계를 바탕으로 생겨난 통설은 아프리카계 미국인이 남북전쟁에 참전하면서 그 오류를 드러내 보였다.

미국에서 태어나 더는 유전적 방어체계를 가지지 못한 아프리카계 미국인들의 높은 말라리아 발병률로 인해, 지난 수세대 동안 노예제를 간단히 정당화시켰던 '인종과학'의 기둥과 이를 뒷받침하는 유사 과학적 주장은 박살났다. 북부연방의 한 의사는 모기 매개 질병에 대한 아프리카인의 저항력에 관해서라면 "교과서에 너무나 자주 등장하는" 학계의 원칙들조차 사실무근일 때가 많다고 툴툴댔다. 모기 매개 질병과 인종에 관한 고정관념은 해체되기 시작했다.

남북전쟁 도중 전투부대에서 활약했던 아프리카계 군인들은 당시 일반적이던 전투민족이론martial race theory 또한 약화시켰다. 1862년 9월 앤티텀 전투에서 전례 없이 많은 사망자가 발생한 이후, 링컨은 노예 해방 선언을 위한 계획 초안 혹은 준비명령을 하달했다. 같은 달, 엄밀히 따지자면 비공식이기는 했으나, 최초의 아프리카계 미국인 부대인 제1 루이지애나 향토방위군1st Louisiana Native Guard이 미국 육군에 편성되었다. 뒤이어 노예 해방 선언으로 풀려난 해방노예를 동원하여 아프리카계 연대를 꾸려도 된다는 허가가 떨어진 이후, 총 175개의 미국유색인종부대가 남북전쟁 동안 활약했다. 그러나 모든 부대를 통틀어 아프리카계 미국인 장교는 100명도 채 되지 않았으며, 그마저도 대위 이상은 아예 없었다. 1864년 이전까지 유색인종 병사들은 백인 동료들보다 봉급을 적게 받았다. 군대가 아프리카계 미국인들을 법적으로 받아들인 것은 남북전쟁 때의 일이지만, 미국 육군 내 인종차별이 정식으로 철폐된 건 제2차 세계 대전 이후인 1948년 해리 트루먼Harry Truman 대통령의 행정명령에 의해서였다.

북부연방이 공식적으로 아프리카계 미국인들의 복무를 허용하고 관리했던 것과는 달리, 남부맹방은 결코 노예들을 무장시켜줄 생각이 없었다. 1861년 2월 제퍼슨 데이비스가 선출되기 이전까지 남부맹방 임시의회의 의장직을 맡았던 하웰 콥Howell Cobb은 노예에서 군인으로의 전환을 둘러싼 남부맹방의 입장과 인종적 위계질서에 대한 의문을 간단명료하게 밝혔다. "군인을 노예로 만들 수도 없고, 노예를 군인으로 만들 수도 없다." 그가 주장했다. "그들을 병사로 만드는 날이 곧 혁명이 몰락하는 날이다. 노예제에 관한 우리의 이론이 모두 틀린 것이 아니고서야 노예들은 좋은 군인이 될 수 없다." 3월 말, 전쟁의 패색이 짙어지고 인력이 임계점에 다다르자 남부맹방 의회는 고집을 꺾고 노예주들이 25퍼센트의 사유 노예를 복무시킬 수 있도록 허가했다. 노예 병사로 이루어진 2개 중대가 급하게 꾸려져 리치먼드 주변을 행군했으나 곧 리 장군이 항복했으며, 이로써 남부맹방과 노예제 문화가 무너졌다.

한편 반대편 참호에서는 아프리카계 미국인 병사들이 북부연방을 위해 싸우며 탁월한 기량과 용맹을 보여주고 있었다. 이들은 빅스버그 부근의 허드슨 항에서 남군과 접전을 벌였으며, 이를 본 그랜트 장군은 "뛰어든 모든 이가 용감하게 싸웠다"고 극찬했다. 유색인종부대들은 내슈빌 부근에서도 남군과 교전을 벌였으며, 피터스버그 포위 작전 도중 분화구 전투Battle of the Crater에서도 맞붙었다. 이들은 1865년 4월 3일 남부맹방의 수도 리치먼드가 함락된 이후, 가장 먼저 도시에 입성한 부대들 중 하나이기도 했다. 제54 매사추세츠 유색인종부대가 1863년 7월 찰스턴 항의 와그너 요새를 공격했다가 패배한 사건은 1989년 〈영광의 깃발Glory〉로 영화화되었고, 주연을 맡은 덴절 워싱턴Denzel Washington은 아카데미상을 수상하기도 했다.

존경받는 폐지론자이자 작가였던 프레더릭 더글러스Frederick Douglass는 본인 또한 노예 출신이었으며 그 아들들도 유색인종부대에서 복무했다. 노예 해방 선언 직후, 그는 "유색인종을 영원히 노예로 삼기 위해 시작되고 계속된 전쟁은 마땅히 유색인종의 도움으로 진압되어야" 한다고 선언했다. "지구상의 그 어떤 권력도 우리가 미국 시민권을 얻어냈음을 부정할 수 없도록" 싸워야 한다는 더글라스의 말에 수많은 아프리카계 미국인이 모여들어 삶과 자유를 꿈꾸며 영웅답고 용맹하게 싸워나갔다. 남북전쟁 동안 총 23명의 아프리카계 미국인 병사가 명예 훈장을 받았다. 그렇다 해도 이 전쟁은 이들에게 여타 북군과 남군의 미국인 부대와는 사뭇 다른 전쟁이었다.

아프리카계 미국인들은 인종차별적이고 회의적인 군대 내에서 자유를 위해 싸웠으며, 국가는 호기심과 의심 어린 눈으로 그들을 샅샅이 뜯어보고 평가했다. 아프리카계 미국인들의 선택지에 항복은 없었다. 남부맹방 병사들은 백인의 전쟁이어야 할 이 전쟁에서 한때 노예였던 이들과 싸운다는 사실을 역겨워했으며, 부상을 입은 아프리카계 포로들에게 가혹한 응징을 가했다. 아프리카계 병사들은 남부맹방 병사들의 가학적인 폭력에 시달렸으며 수없이 많은 경우에 고문과 처형을 당했다.

가장 잔혹한 대학살은 1864년 4월 테네시주 미시시피강변의 필로우 요새에서 벌어졌다. "끔찍한 살육이 벌어졌다. 말로는 설명할 수 없는 장면이었다. 속임수에 넘어간 가련한 흑인들은 우리 측 병사에게 달려와 무릎을 꿇으며 손을 쳐들고 자비를 구했으나, 우리 측은 그들에게 일어나라고 명령한 뒤 쏴 죽였다. 백인(유색인종부대 백인 장교)들도 마찬가지 취급을 받았다." 남부맹방군 병장 아킬레스 V. 클라크Achilles V. Clark가 현장을 직접 목격한 뒤 남긴 기록이다. "그들의 요새는 어마어마한 살육의 장으로 변했다. 피, 사람의 피가 곳곳에 웅덩이를 만들었으며 머리통을 모으려면 몇 개라도 모을 수 있을 것 같았다. 나는 다른 몇몇 이와 학살을 막아보고자 했다. 한 번은 어느 정도 성공하기도 했으나 포레스트 장군이 그들을 개처럼 쏴 죽이라고 명령하여 대학살은 계속되었다. 결국 우리 측 병사들이 피에 질리고 나서야 포격은 끝났다." 남부맹방군은 이후 1867년에 쿠 클럭스 클랜(KKK단)의 초대 대마법사Grand Wizard로 선출되기도 하는 네이선 베드포드 포레스트Nathan Bedford Forrest 장군 휘하에서 '필로우 요새 주둔군 대량 학살'을 벌였으며, 포로로 잡히거나 항복한 아프리카계 미국인 병사들과 백인 장교들을 잔인하게 고문하고 죽였다. "학살당한 자들의 피가 200야드 거리까지 강을 물들였다." 학살

3일 후 포레스트 장군이 말했다. "이를 통해 흑인 병사들이 남부 사람들을 견딜 수 없음을 북부 사람들이 똑똑히 보았기를 바란다." 약 80퍼센트에 이르는 아프리카계 미국인 병사와 40퍼센트의 백인 장교들이 처형당했다. 단 58명의 아프리카계 미국인 부대원이 포로로 잡혀갔는데, 억류 기간이 계속 연장되었으며 그 자체로 고통스러운 사형 선고나 다름없었기에 차라리 처형당하여 죽는 게 나을 지경이었다.

남부맹방의 포로수용소는 악몽 그 자체였다. 포로들은 오물이 가득한 불결하고 쓸쓸한 수용소에서 굶주린 채 병들어갔다. 뼈밖에 남지 않은 수척한 북군 포로 수천여 명의 뒤를 죽음이 쫓아다녔다. 조지아의 악명 높았던 앤더슨빌 전쟁포로 수용소에서는 1865년 5월 해방되기 직전, 채 1년도 되지 않는 기간 동안 1만 3,000명의 북군 병사들이 괴혈병과 말라리아, 이질, 장티푸스, 인플루엔자, 십이지장충을 비롯한 온갖 질병으로 죽었다. 앤더스빌 수용소의 끔찍한 환경과 그곳에서의 고통은 말로 다 할 수 없을 만큼 처참했다.[78] 그러나 이 전쟁포로 수용소는 대학살과 모기, 질병, 유혈 사태 그리고 죽음이라는 남북전쟁의 톱니바퀴를 그대로 축소해 놓았을 뿐이다.

남북전쟁 또한 그 이전과 이후에 일어났던 수많은 전쟁과 마찬가지로 모기 매개 질병과 치명적인 역병에 시달렸다. 그러나 전례 없던 이 학살전은 대부분의 전쟁과 달리 긍정적이고 인도적이며 국가를 계몽시키는 결과 하나를 낳았다. 모기와 함께 작성된 링컨의

---

78 앤더슨빌 수용소 소장 헨리 위르츠(Henry Wirz)는 1865년 11월 전쟁범죄 유죄 판결을 받고 사형에 처해졌다.

노예 해방 선언이 "만인은 평등하다는 명제"와 "노예였던 모든 이를 영원히 자유롭게 한다는" 과업에 바쳐졌다. 1865년 12월 6일, 수정헌법 13개 조가 비준됨에 따라 마침내 미국 내 노예제는 영구히 금지되었다.

자유의 대가는 혹독했다. 무려 75만 명이 남북전쟁으로 목숨을 잃었다. 유려한 말솜씨와 가슴 뛰는 명언들을 남겼던 링컨 대통령이 보스턴 빅스비 여사의 아들들을 비롯한 남북전쟁의 희생자들에게 위로를 건넸다. "결국 중요한 것은 당신이 살아온 나날이 아니라, 그 나날 속에 당신이 살아온 삶입니다." 남북전쟁의 희생자들은 결코 헛되이 죽지 않았다. 그랜트 장군은 전쟁의 숨 막히는 공포와 대학살을 겪었음에도 "지금 우리는 (전쟁이) 없었더라면 살았을 삶보다 더 나은 삶을 살고 있다"고 결론지었다. 링컨과 마찬가지로 그는 이 전쟁이 "국가적 죄(즉, 노예제)에 대한 처벌이며, 언젠가는 어떤 형태로든 그리고 아마도 핏 속에서 치러질 처벌"이었다고 생각했다.

남북전쟁이라는 끔찍한 대학살을 겪고 난 이후, 미국은 이제 당분간 죽음을 멀리하고 오랜 평화를 누리려는 듯했다. 그러나 전쟁으로 초토화된 이 나라에 상처를 핥을 시간은 주어지지 않았다. 사소한 싸움이든 총력전이든 상관없이 애도 기간 따위는 가볍게 무시해버리는 모기들 때문이었다. 유감스럽게도 모기들은 전장에서의 살생은 그만두었을지언정 리와 그랜트가 윌머 맥린의 뒤뜰에서 평화의 인사를 나누었다는 사실을 알아주지는 않았다. 수백만 명의 병사가 머릿속에는 끔찍한 전쟁의 광경을, 핏속에는 모기 매개 질병을 담고 고향으로 돌아갔다. 오명과 스캔들로 더럽혀진 그랜트 대통령과 함께 정치적으로도 인종적으로도 격변이 일어났던 재건 시대Reconstruction 동안 모기들은 이미 전쟁으로 지쳐 신음하던 미국인들에게 미국 역사상 최악의 역병을 퍼부었다.

CHAPTER

16

모기 정체 밝히기

질병과 제국주의

켄터키의 의사이자 저명한 황열병 전문가였던 루크 블랙번Luke Blackburn은 나이가 많아 입대하지는 못했으나 열성적인 맹방 지지자로서 남부맹방의 승리에 한몫하리라 결심했다. 북부연방을 무찌르고자 했던 그는 컬럼비아 특별구(워싱턴 DC)에 대대적인 황열병 역병을 일으키는 한편, 그 과정에서 링컨을 죽이겠다는 미친 계획을 꺼내들었다. 해상봉쇄를 탈출한 남부 사람들의 피난처이기도 했던 버뮤다에서 끔찍한 흑토병이 돌고 있다는 소식을 들은 블랙번은 1864년 4월 버뮤다 제도로 건너갔다. 그곳에 도착한 그는 곧장 황열병 피해자들이 사용한 의류와 침구류를 챙겼다. 이 옷가지들을 증기기관 위에 올려두어 끔찍한 바이러스와 열 끓는 죽음을 퍼트릴 계획이었다. 같은 해 8월, 고드프리 하이암스Godfrey Hyams는 블랙번에게 6만 달러라는 상당한 돈을 받기로 약속하고 그의 지시를 따라 그 옷가방들을 백악관에서 몇 블록 떨어진 가게에 팔았다. 블랙번은 하이암스에게 그 '감염된' 옷가지들이 "60

야드 이내의 사람들을 죽일 것"이라고 이야기했다. "진실은 허구보다 낯설다"는 마크 트웨인의 말대로, 여기까지만 해도 기묘하고 충격적인 이 모기 생물전 이야기는 예상치 못한 전환을 거쳐 한층 더 기괴한 이야기로 이어진다.

1865년 4월, 리 장군과 그랜트 장군이 아포마톡스 코트 하우스에 위치한 월머 맥린의 응접실에서 항복 조건을 논하고 있을 때, 블랙번은 이전과 똑같은 방식으로 황열병 확산을 일으키고자 다시 한 번 버뮤다에 갔다. 이번에는 에드워드 스완Edward Swan이라는 이름의 사람을 고용하여 오염된 옷가지와 천이 들어 있는 가방을 뉴욕시에 보내어 '그곳의 대중을 파괴'할 계획이었다. 블랙번이 뉴욕시를 위해 준비한 것은 이뿐만이 아니었다. 우선 황열병으로 주민들을 충격과 병마의 도가니로 몰아넣은 뒤, 뉴욕 수로에 독을 풀어 또 다른 공포를 한 차례 더 선사할 예정이었다. 혼돈과 죽음이 그 '망할 양키'들을 집어삼킬 터였다.

링컨 대통령이 암살되기 이틀 전인 4월 12일, 아직까지 약속된 돈을 받지 못해 분개해 있던 고드프리 하이암스가 담담하게 주 토론토 미국영사관으로 걸어 들어갔다. 그리고 그곳 관계자들에게 블랙번의 섬뜩한 음모에 자신이 개입한 바를 상세하고 체계적으로 고했다. 당국은 곧바로 스완이 머물던 호텔을 급습했고, 흑토병으로 더러워진 짐 가방과 내용물을 발견했다. 체포된 스완은 지역 보건법 위반으로 유죄 판결을 받았으며, 음모가 들통 난 블랙번 또한 체포되었지만 무죄를 선고받았다.

폰티악의 반란 당시 영국군이 원주민에게 천연두 담요를 선물했던 때나 미국 독립 혁명 도중 콘월리스가 노예를 감염시켜 천연두를 퍼트리려 했던 때와 마찬가지로, 블랙번의 악랄하지만 기발한 계획 또한 그 성실한 노력에도 결국 실패로 끝났다. 블랙번은 미국에서 가장 유명한 황열병 권위자 중 하나였지만 그가 꾸민 음모에서는 모기 매개 질병에 대한 의학적 지식의 한계가 드러났다. 우리의 최상위 암살자가 여전히 정체를 숨기고 있었기 때문이다.

치명적인 황열 바이러스를 옮길 수 있는 것은 오염된 옷이나 천이 아닌 숲모기뿐이다. 실제로 숲모기들은 전쟁이 끝난 이후 수십 년 동안 황열병을 퍼트리고 다녔다. 남북전쟁 이후의 재건 시대 동안, 모기는 미국 역사상 최악의 역병을 일으켰다. 멤피스에서 병들고 죽어가던 수많은 이가 그 누구도 아닌 '닥터 블랙 보밋Dr. Black Vomit', 루크 블랙번의 보살핌을 받았다. 유유히 흐르는 미시시피강 절벽 위에 위치한 멤피스는 기운 없는 회색빛 도시였다. 한때는 북적이는 목화 무역항이자 4개 주요 노선이 지나는 철도 교통의 요지였지만, 남북전쟁이 활기를 앗아간 지 오래였다. 1878년 봄, 이곳에는 갓 해방된 노예 출신, 소작농, 독일계 이민자, 남부맹방 지지자와 목화 플랜테이션 농장주 그리고 북부의 수송 및 사업 거물을 비롯해 4만 5,000명의 주민들이 살고 있었다. 애틀랜타나 내슈빌보다 두 배 가까이 많고, 메이슨-딕슨 선 남쪽에서 뉴올리언스 다음으로 두 번째로 많은 인구였다. 북부와 남부의 문화 교차로였던 도시 멤피스는 새로운 서부 변경의 문지기 역할을 하는 동안 낙담과 오물, 질병의 소굴이라는 악명을 얻었다. 남북전쟁 직후부터 피에 굶주린 살인마 모기가 멤피스를 집어삼켰기 때문이었다.

모기들이 음울한 델타 블루스를 연주하던 남부 도시는 멤피스뿐이 아니었다. 교활하고 탐욕스러운 모기들이 한때 남부맹방이었던 영토들을 산산조각냈다. 1870년대 황열병 역병이 남부를 휩쓰는 동안 루크 블랙번은 마치 바이러스라도 된 양 멤피스를 비롯해 수많은 곳을 돌아다니며 모든 보상을 거부한 채 환자들을 보살폈다. 전쟁 이후 첫 번째 주요 역병은 1867년을 기점으로 급속도로 확산되었다. 모기가 멕시코만 연안 주들을 먹어치우면서 6,000명에 가까운 사람들을 죽였다. 생물전 음모에 대하여 무죄 판결을 받았던 블랙번은 당시 역병의 중심지인 뉴올리언스에서 환자들을 돌보고 있었다. 그는 최선을 다했으나 의학적으로나 과학적으로 근거 있는 요법을 쓰지는 못했고, 그렇게 황열병은 빅이지Big Easy(뉴올리언스의 별칭)에서 3,200명의 목숨을 앗아갔다. 6년 후 또 한 번 나타난 황열병은 블랙번이 의사로 개업했던 멤피스에서만 3,500명, 도합 5,000여 명을 쓰러뜨렸다. 이후 동쪽으로 눈을 돌린 블랙번은 1877년 또 다른 황열병 역병이 돌아 2,200명이 사망했던 플로리다로 가서 사람들을 진료했다. 1년 후, 모기가 미시시피강 계곡을 산산조각내며 목숨들을 거두어들이자 블랙번은 멤피스로 돌아왔다.

1878년 여름이 끝날 무렵에는 루크 블랙번도 지칠 수밖에 없었다. 그는 멤피스의 무더위 속에서 수천 명의 허둥대는 황열병 환자들을 보살폈을 뿐만 아니라, 켄터키 주지사 선거의 민주당 후보로도 출마한 상태였다. 강경한 남부맹방 지지자 블랙번이 잠시 산책을 하며 코트 거리의 제퍼슨 데이비스 저택을 비롯한 멤피스의 역사적 장소들을 둘러볼 때마다 으스스한 적막에 뒤덮인 도시만이 보일 뿐이었다. 고상한 유니온 거리에는 귀신을 제외한다면 지나다니는 행인조차 없었고, 빌 거리는 고요하고 생기 없었으며, 메인 거리에는 바람에 굴러다니는 쓰레기와 겁먹은 시민 몇 명만이 돌아다녔다. 도시 인구의 절반 이상인 2만 5,000명 가까이가 이미 충격에 빠져 도시를 버리고 피신했으며, 남아 있는 2만여 명 가운데 1만 7,000여 명이 황열병에 감염될 터였다. 모기가 멤피스를 포위하고 있었다.

황열병 감염이 처음으로 보고된 것은 1878년 7월 말이었다. 역병의 시발점은 쿠바에서 뉴올리언스를 거쳐 멤피스에 들어온 한 선원이었다. "1878년에는 수많은 선박이 쿠바에서 왔다. 독립을 위한 10년 전쟁이 막바지에 다다라 있던 쿠바에서는 지난 3월부터 황열병이 기승을 부리고 있었다." 몰리 콜드웰 크로스비Molly Caldwell Crosby가 1878년 미국 남부 전역의 황열병 역병을 다룬 긴박감 넘치고 훌륭한 저서 『미국의 역병: 우리의 역사를 만든 역병, 황열병에 관한 알려지지 않은 이야기The American Plague: The Untold Story of Yellow Fever, the Epidemic That Shaped Our History』에서 말했다. "피난민들이 수백 명씩 뉴올리언스에 상륙했다. (중략) 항구에는 물 위에서 꺼떡거리는 선박들이 가득했고, 그 갑판 위에는 옐로우 잭이 날아다니고 있었다." 트라우마에 시달리던 멤피스의 얼빠진 주민들은 한 달도 채 되지 않아 황열병의 열과 땀에 잠겨 죽어갔다. 도시가 죽음과 사별, 두려움의 무덤 속에 마비되었다. 9월 한 달 동안 하루 평균 200명의 사람들이 죽어나갔다. 모기가 말 그대로 멤피스에서 생명을 빨아가면서 도시 전체를 공동묘지로 만들었다. 스페인 지배에 대항한 쿠바의 반란을 미국이 탐욕스러운 상인의 눈길로 예의주시하던 이때, 멤피스에서 시작된 황열병 역병은 거침없이 확산되어 미시시피, 미주리, 오하이오 강 유역에까지 이르렀다.

이즈음 블랙번은 '옐로우 잭'으로 병들어 죽어가는 피해자들을 돌보기 위해 루이스빌에 가 있었다. 1878년 남부에 휘몰아쳤던 소름끼치는 역병은 10월의 쌀쌀한 바람과 첫 서리가 모기들을 죽이고 나서야 비로소 물러갔고, 5개월간의 고통은 드디어 종지부를 찍었다. 블랙번은 정치활동을 재개했으며, 선거에서 공화당 상대 후보를 20퍼센트 차이로 따돌리고 결정적인 승리를 거두었다. 1879년부터 1883년까지 켄터키 주지사를 지낸 그는 이후 1887년 세상을 떠날 때까지 계속 의술을 펼쳤다. 묘비에는 '착한 사마리아인the good samaritan'이라는 글귀가 적혔으며, '닥터 블랙 보밋'을 기리기 위해 그의 이름을 딴 개방 교도소 블랙번교정시설Blackburn Correctional Complex이 1972년 켄터키 렉싱턴 부근에 문을 열었다. 그가 생물전을 계획하고 링컨의 목숨을 간접적으로 노렸음에도 정의의 심판을 받지 않았던 점으로 미루어보면 최후의 승리는 아이러니에게 돌아간 듯하다.

1878년 역병이 전국적으로 유행할 당시, 황열병은 12만 명의 감염자 중 2만 명 이상의 목숨을 앗아갔다. 빅스버그에서 1,100명, 뉴올리언스에서 4,100명이 사망했으며, 멤피스에서는 도시 인구의 12퍼센트이자 당시까지 피난하지 않고 남아 있던 주민들의 28퍼센트에 해당하는 5,500명이 사망했다. 만일 오늘날 멤피스와 같은 대도시에서 16만 5,000명이 황열병이나 여타 전염병으로 수개월 만에 죽는다면 어떤 대혼란에 빠질지 상상해보라. 황열병이 빚은 미국 역사상 최악의 비극인 1878년 역병 이후로 황열병이 크게 유행하는 일은 다행히도 다시는 없었다. 이후 산발적으로 등장했고, 1905년 뉴올리언스에서 500여 명의 주민을 죽인 것이 마지막 유행이었다.

1870년대에 전쟁과 모기에 시달린 미국을 뒤덮은 역병은 미국뿐만 아니라 남아메리카와 중앙아메리카, 카리브 제도 전역에 걸쳐 급성장한 무역과 시장 확대에서 비롯되었다. 예컨대 악랄했던 1878년 역병은 스페인의 위성국 쿠바와의 교역을 통해 뉴올리언스부터 멤피스에까지 들어온 것이었다. 미국은 한때 전 세계를 재패했던 스페인 제국의 식민지들 중 아직까지 그 지배하에 남아 있는 몇몇 지역을 탐욕스러운 제국주의의 시선으로 바라보고 있었으며, 급성장하는 자국의 산업과 중상주의 경제 체제를 전 세계의 바다에서 펼치고자 했다. 또다시 "침략하면 되니 교역할 이유가 없다"는 전략을 품은 미국은 1898년 4월 스페인에게 전쟁을 선포했다. 미국은 전 지구적 식민 제국을 건설하겠다는 원대한 계획을 펼치기 시작했으며, 그 첫 번째 목표가 바로 쿠바였다.

미국이 쿠바를 식민지로 만들고자 첫 수를 두는 동안, 모기는 미국과 산처럼 쌓인 돈의 곁에 있었다. 부는 치명적인 쿠바 모기들과의 싸움도 감내하게 할 정도의 강력한 원동력이었다. 미국-스페인 전쟁 동안 몇몇 결단력 있는 모기 사냥꾼들이 의사 월터 리드의 지휘하에 미국의 첫 번째 제국주의적 시도를 호위했다. 미 육군 제5군단의 병사들이 길들지 않은 스페인 병사들을 향해 총구를 겨눌 때, 선봉에 선 미국 육군 황열병 위원회US Army Yellow Fever Commission는 그들의 현미경 같은 초점을 정확히 쿠바 모기들에게 조준했다.

남북전쟁 이후 미국의 기반시설이 건설되고 무역이 꽃을 피울수

상자 안의 옐로우 잭: 1873년 『레슬리스 위클리(Leslie's Weekly)』에 실린 삽화. '무역(TRADE)'이라고 쓰인 상자에서 골룸 같은 황열병 악마가 튀어나와 플로리다주의 목을 조르고 있으며, 미국을 의인화한 여신 컬럼비아가 도움을 요청하고 있다. 세 인물 뒤로 혼비백산한 미국인들이 목숨을 구하기 위해 달아나고 있다. 남북전쟁 이후 주로 카리브 제도를 상대로 한 무역이 재개되고 활기를 얻자, 황열병은 1870년대 미국 전역에서 마구잡이로 살인을 저지르고 다녔다. © Library of Congress

록 모기 매개 질병 또한 한층 활개를 쳤다. 1878년 쿠바에서 들어온 역병을 비롯해, 모기들은 점점 더 넓은 범위에 더 심각한 역병을 일으켰으며 그 과정에서 미국인 무역상들과 투자자들의 은행 잔고까지 빨아먹었다. 미국-스페인 전쟁 이전부터 모기는 이미 인명과 재산을 앗아갔다.

일례로, 1878년 모기가 대학살을 벌이는 동안 미국 경제는 2억 달러 규모의 상당한 피해를 입었다. 미 의회는 "황열병은 지구상의 다른 그 어떤 위대한 국가들보다도 미합중국에 가장 재앙을 초래한다"고 시인했다. 모기는 마치 철거용 쇠공처럼 남부를 훑고 지나가면서 무역 선착장들을 초토화시켰으며, 미국의 재정과 상업의 활기를 빨아갔다. 의회는 이 심각한 보건 리스크이자 경제 문제를 완화하고자 이듬해 보건부the National Board of Health를 설치했다. 그러나 황열병을 비롯한 모기 매개 질병의 실제 범인은 아직도 정체를 숨기고 있었으므로 보건부도 별 수를 쓸 수 없었다. 사실은 눈앞에 뻔히 날아다니고 있었지만, 그걸 모르던 과학자들과 연구자들은 세상에서 가장 흉악한 연쇄살인마를 검거하기 위해 계속 등잔 밑만 헤맸다. 모기 매개 질병의 본질을 파헤치지 못했던 신설 보건부는 값지고 탐스러운 미국의 상업이 전쟁 이후 모기의 광란을 불러일으켰다는 사실을 알 길이 없었다. 남부의 재앙, 황열병은 미국과 전 세계의 급성장하는 무역, 격자처럼 미국을 수놓은 철도와 여타 교통 기반 시설 그리고 미국으로 들어오는 마지막 대규모 이주민들에게 몸을 맡겼다.

남북전쟁 이후, 전쟁 동안 침체되었던 목화 농장이 다시금 활기를 되찾고 성장하기 시작했다. 한때 노예였던 이들이 이제는 소작인이 되어 목화 경작에 나섰다. 남북전쟁 동안 북부연방의 연료가 되어주었던 방위산업체계는 수출 중심의 제조업 산업으로 재편되었고, 세계 무역량이 늘면서 남부의 항구들은 다시 북적이기 시작했다. 모기와 그 질병들인 황열병, 말라리아, 뎅기열에게도 남부가 다시 문을 열어준 셈이었다. 전후 미국에 쏟아진 수많은 이민자 또한 각지의 질병들을 들여오면서 비극을 부채질했다. 일례로 지난 수십 년간 자취를 감추었던 풍토성 말라리아가 뉴잉글랜드에 등장하기도 했다.

남북전쟁은 모기에게 다시 한 번 활력을 불어넣었다. 말라리아의 잔재는 종전 직후에도 계속되었으며, 황열병 또한 기세를 되찾았다. "미국의 발전은 바이러스의 또 다른 동맹군이었다." 몰리 콜드웰 크로스비의 말이다. "남북전쟁 이후 아일랜드인, 독일인, 동유럽인을 비롯한 이주민들이 대규모로 미국 남부로 왔다. 이들은 열병의 불길에 들어가는 땔감 같았으며, 면역되지 않은 신선한 피의 원천이었다. 교통체계가 이민자들이 들어오는 길을 닦아주었다. 철도가 사상 최초로 아메리카 대륙을 동쪽에서 서쪽까지, 북쪽에서 남쪽까지 구석구석 연결했다." 남부가 황열병으로 뒤집어졌던 1878년 당시, 미국에는 8만 마일 이상의 철로가 운영되고 있었다. 1800년대 말에는 미국 전역에 도합 26만 마일 길이의 철로가 놓였으며, 15년 이후 41만 마일로 늘어났다. 철도를 비롯한 기반시설이 빠르게 확충되면서 미국의 다양한 경제적 생산물은 세계 시장에 진출했다.

철로는 또한 토지를 갈구하던 정착민들에게 서부 변경으로 가는 통로를 열어주었다. 미국은 자국의 뒷마당에서 명백한 운명이라는 서부로의 경제적 추진과 원주민 정복을 이어갔다. '철마Iron Horse'가 점점 많은 수의 '땅을 일구는' 개척자와 부를 갈구하는 광부, 그들을 호위하는 미국 기병대를 그레이트플레인스와 로키산맥으로 실어 날랐으며, 그들은 그곳에서 원주민들과 정면으로 대치했다. 자부심 넘치고 쉽게 굴복하지 않았던 원주민들은 싸움도 마다하지 않았다. 미국 기병대와 '버펄로 빌Buffalo Bill' 윌리엄 코디William Cody를 비롯한 용병들은 원주민들의 생계 수단인 들소를 학살하는 한편, 원주민들을 상대로 전투와 살육을 벌인 뒤 굶주리고 절뚝이는 생존자들을 황량한 보호구역으로 강제 이주시켰다.

말라리아 또한 철도를 따라 홈스테더(서부의 미개발 토지를 무상으로 제공한다는 '홈스테드 법Homestead Act'에 따라 서부로 이주한 미국인들)와 함께 서부 변경으로 가 그곳에서 활개를 쳤다. 1870년대 캔자스 인디펜던스에서의 어린 시절을 그린 로라 잉걸스 와일더Laura Ingalls Wilder의 자전적 소설 『초원의 집Little House on the Prairie』에도 말라리아가 여러 번 찬조 출연한다. 조지 암스트롱 커스터George Armstrong Custer 중령이 이끄는 제7 기병대가 1876년 리틀빅혼 전투에서 앉은 소 추장과 미친 말 추장이 이끄는 수족, 샤이엔족, 아라파호족에게 완패를 당할 당시, 기병대 병사의 약 10퍼센트가 말라리아를 앓고 있었다. 리틀빅혼 전투는 '커스터의 마지막 저항'으로 불리기도 하는데, 어느 면에서 보자면 미국 원주민 자치권의 마지막 저항이기도 했다. 수족은 이 전투에서 승리하였으나 1890년 운디드 니에서 대학살을 당한 뒤 전쟁에서 패했고, 이로써 미국 전역의 원주민들의 운명이 결정되었다. 원주민들을 희생시켜 내부로의 경제적 팽창을 이루어낸 미국은 이제 급성장하는 국내 산업과 해외 수출을 뒷받침해줄 해외 항구와 자원을 갈구했다.

상업과 무역이 급성장하면서 미국의 식민지 개척도 마구잡이로 진행되었다. 팽창의 시대를 맞이한 미국은 1823년 제임스 먼로 James Monroe 대통령의 고립주의 독트린과는 완전히 결별을 선언했다.[79] 미국 제국주의는 제 1 · 2차 세계 대전을 비롯한 일련의 광범위한 사건들을 낳았다. 1812년 종전 당시부터 1914년 제1차 세계 대전 발발 당시까지 한 세기 동안, 미국은 과감한 영토 확장을 시도하여 플로리다, 로키산맥 서부의 나머지 영토, 알래스카, 쿠바, 푸에르토리코, 하와이, 괌, 사모아 동부, 필리핀 그리고 파나마 운하를 장악했다.

미국이 카리브 제도와 환태평양 지역 그리고 그 너머에까지 제국주의의 경제적 촉수를 뻗자 유럽 또한 마지막으로 아프리카와 동인도 제도에 어설픈 제국주의의 발자국을 남겼다. 1815년 나폴레옹이 패배했을 때부터 1914년 제1차 세계 대전이 발발할 때까지 유럽 국가 대부분은 각기 자국의 상처를 핥고 서로 우호적으로 지내면서 나머지 주인 없는 세계를 평화롭게 나누어 쓰고 있었다. 서반구가 미국의 영향력 안에 들어서자 유럽 제국주의는 퀴닌의 도움을 받아 아메리카에서 아프리카로 눈길을 돌린 것이다. 이들은 '검은 대륙 dark continent' 전역을 두고 중상주의적, 군사적 땅따먹기를 벌였고, 때때로 인도와 중앙아시아, 캅카스, 극동에도 손을 뻗었다.

모기의 정체가 밝혀진 것은 마지막 제국주의 경쟁에서 열강들이 최후의 수를 두는 가운데 일어난 일이었다. 사상충증과 말라리아, 황열병을 비롯한 수많은 암살 수단을 동원했던 은밀한 살인마의 정

79 먼로 독트린은 아메리카 대륙 내 더 이상의 유럽 식민주의에 반대한다는 내용으로, 서반구 무역을 미국이 독점하기 위한 독트린이었으며 실제로는 먼로 대통령의 국무장관 존 퀸시 애덤스(John Quincy Adams)가 작성했다.

체가 마침내 드러났다. 대부분의 과학적 발명과 기술적 진보가 그러하듯, 모기가 전염의 원인이라는 발견 또한 영국령 인도 및 홍콩과 프랑스령 알제리 전초기지에 대한 자본주의, 미국의 쿠바 침공 및 그 분쟁들과 직접 연관되어 있다. 1870년대를 시작으로 미국의 사업가들과 자본이 쿠바로 몰려들었으며, 미국 기업들이 쿠바 섬을 조금씩 사들이기 시작하면서 쿠바와 스페인의 경제적 연결고리가 약해졌다. 이보다 한참 앞선 1820년대부터 토머스 제퍼슨은 쿠바가 "우리 합중국 체제에 더할 수 있는 가장 흥미로운 지역"일 것이며 미국이 "기회가 찾아오는 즉시 쿠바를 점령해야 한다"고 주장했다. 실제로 5명의 미국 대통령(포크, 피어스, 뷰캐넌, 그랜트, 매킨리)이 쿠바 구매를 제안했으나 스페인은 이를 모두 거절했다. 마찬가지로 독립 하와이 제도에서도 상업적 측면에서 미국화가 실현되고 있었다. 쿠바와 하와이는 미합중국의 영토가 아니라고 간주되었으므로 그곳에서 플랜테이션 농장을 차린 미국인 농장주들은 미국의 항구에 생산물을 수출할 때 '해외 상품'에 대한 관세를 내야만 했다. 1877년 즈음, 미국은 수입세를 무릅쓰고 쿠바 수출품의 무려 83퍼센트를 사들이고 있었다. 그중 황열병이 유일한 쿠바산 무관세 수입품이었다.

남북전쟁 이후 수십 년간 미국의 산업 경제는 크게 성장했다. 1900년에 이르자 미국은 전 세계 제조업을 주도하는 국가로 거듭났으며, 제조품은 미국 수출의 절반 가까이를 차지했다. 미국은 천연자원도 풍부했고 부족한 부분은 대부분 북쪽 이웃나라인 캐나다를 통해 채울 수 있었지만, 두 나라 모두 고무와 실크, 대규모 설탕 산업, 여타 열대 상품들은 부족했다. 미국 무역이 상대적으로 빠르게 팽창하고 이를 실어 나르는 수송 함대 또한 늘면서 석탄 공급 항구와 해상 군사력을 확보하는 일 또한 시급해졌다. 중상주의 식민지들이 필요해진 것이다. 이제 엉클 샘(미국 의인화)의 탐욕스러운 눈길은 1868년 이래 제국주의 열강의 지배에 대한 반란으로 들끓던 불안정한 스페인령 식민지, 쿠바로 향했다.

쿠바는 모기가 후원했던 투생 루베르튀르의 아이티 노예 혁명의 성공으로 직접 이득을 얻은 국가 중 하나였다. 1804년 아이티는 해방으로 인해 농장이 파괴되고 국제 경제에서 따돌림 당하는 재정적 대가 혹은 처벌을 치렀다. 그렇게 생겨난 상업적 공백을 메운 것이 쿠바였다. 쿠바는 전 세계 공급량의 절반을 생산하는 최대 설탕 생산국이자 담배와 커피의 주요 수출국으로도 거듭나면서 빠르게 아이티의 자리를 꿰찼다. 투자와 부가 쿠바 섬으로 밀려들어감에 따라, 웅장한 바닷가 산책로를 자랑하는 아바나는 머지않아 인종의 용광로이자 다국적 엘리트들의 놀이터, 뉴욕과 그 화려함을 견줄 수 있을 정도의 세계적인 메카로 거듭났다. 이곳에서 19세기 내내 스페인 지배 세력에 대한 수많은 반란이 일어났지만 결집력이 부족했고 해외의 도움도 받지 못했던 탓에 모두 실패했으며, 스페인 지배 세력과 쿠바 태생의 꼭두각시 정치인들에게 잔인하게 진압되었다.

그러나 1868년부터 장기간의 반란이 쿠바 제도를 휘감았는데, 그 기간 동안 인구의 약 40퍼센트이던 노예 대부분이 자유를 손에 쥐었다. 이에 스페인은 길들지 않은 병사들로 구성된 장대한 파견 부대를 급파했다. 다른 많은 카리브 제도와 달리 쿠바에는 스페인 식민지인들과 그 후손들이 건강하게 자리를 잡고 살고 있었다. 총 170만 명의 인구 중 가장 큰 부분을 차지했다. 1865년부터 1895년까지 50만 명이 넘는 스페인인 이민자들이 쿠바에 정착했다. 새로운 이주민들과 돈을 벌 목적으로 온 단기 체류자들, 스페인인 병사들은 치명적이기로 악명 높았던 쿠바 모기들에게 순결한 피를 계속 가져다 바쳤다. 19세기 말의 수십 년 동안 매해 악성 황열병 역병이 섬 전체를 집어삼켰고, 사망자 수는 총 6만 명에 달했다.

1886년 노예제가 금지됨에 따라 쿠바의 부유한 스페인계 엘리트들은 수익이 땅에 곤두박질치는 모습을 지켜보아야만 했다. 또한 나폴레옹 휘하의 프랑스가 아이티를 상실한 이후, 사탕무 산업을 세계적으로 발달시키면서 스페인의 설탕 수익은 한층 더 줄어들었다. 경제적으로 곤경에 처한 스페인은 영국이 미국 독립 혁명 이전 아메리카 식민지에 시행했던 것과 비슷한 조세 정책을 쿠바에 적용했다. 식민지 상업의 마지막 보루였던 쿠바에 막중한 세금을 부과하여 재정을 짜내는 한편, 스페인-쿠바 주민들로부터 투표권과 법적 특권을 박탈한 것이다. 식민지인들의 동의 없이 막중한 세금을 부과하는 것으로 화룡점정을 찍은 이 독단적인 스페인 당국에 대해 쿠바가 왜 반란을 일으켰는지는 미국인이라면 확실히 이해할 수 있을 터였다. 미국으로서는 쿠바의 곤경을 도와주는 동시에 자국의 제국주의적 의제 또한 추구할 수 있는 절호의 기회였다. 쿠바 국내외에서 지원이 빗발치는 가운데, 시몬 볼리바르의 자유를 향한 투쟁의 이야기를 듣고 자란 쿠바의 '자유의 아들들'은 조금씩 그 수를 늘리며 세력을 키웠다. 1895년, 마침내 쿠바에서 대대적인 반란이 일어났다.

교전이 벌어지는 과정에서, '도살자' 발레리아노 웨일러Valeriano Weyler가 이끄는 약 23만 명의 스페인 병사들이 반란을 진압하기 위해 무자비하게 싸웠다. 이들은 서둘러 지은 '재집중reconcentration' 강제수용소에 시골 소작농들을 꾸역꾸역 몰아넣었다. 농작물과 가축은 몰수하거나 말살했으며, 교외 지역과 마을에 불을 질렀다. 1896년까지 쿠바 전체 인구의 3분의 1 이상이 이와 같은 강제수용소에 억류되었으며, 인구의 10퍼센트에 가까운 15만 명이 질병으로 세상을 떠났다. 사망한 4만 5,000명의 스페인 군인 가운데 90퍼센트 이상이 황열병과 말라리아를 비롯한 질병으로 죽었다. 1898년 1월까지 남아 있던 11만 명의 스페인 병사들 중 60퍼센트가 모기 매개 질병에 걸려 정상적인 복무가 불가능했다. 스페인군이 반란자 쿠바 모기들에게 끝없이 물어뜯기면서 별다른 성과를 내지 못하는 동안, 스페인 본국에서는 전쟁 반대 여론이 거세졌다. "20만 명을 파병하고 그토록 많은 피를 흘린 뒤에도 우리는 고작 우리 병사들이 발 딛고 선 그 영토만 가지고 있을 뿐이다." 스페인의 야당 지도자가 비난했다. 스페인에서 곧장 파견되어 길들여지지 않은 증강 병력은 결국 상륙한 지 수주 만에 모기들에게 갈가리 찢겼다. 스페인인이 모기 매개 질병으로 병원을 방문한 횟수는 한 사람이 여러 차례 진료를 받은 것까지 포함해 도합 90만 회에 달했다.

혁명의 설계자들은 황열병과 말라리아, 뎅기열이 자신들의 가장 강력한 동맹군이라는 사실을 잘 알고 있었으며, '6월, 7월, 8월'을 가장 탁월한 혁명군 장군들이라고 치하하는 한편, 9월과 10월 장군에게도 찬사를 보냈다. 쿠바인들은 길이 들어 있었기 때문에 4,000명의 군 사망자 중 같은 질병으로 목숨을 잃은 이들은 30퍼센트에 불과했다. J. R. 맥네일의 말에 따르면, 혁명군 지도자들은 "스페인군을 너무나도 괴롭힌 탓에 결국 스페인들은 마지못해 해외, 특히 미국의 원조를 구할 수밖에 없었다. 무엇보다도 쿠바 혁명군은 탁월한 기동력을 이용해 정찰대가 취약한 상황에 놓인 경우를 제외하고는 스페인군과의 교전을 회피했다. 그렇게 그들은 앞서 워싱턴과 투생 그리고 볼리바르가 그러했던 것처럼 혁명의 불씨를 살려놓았으며 결국 승리를 이끌어냈다. 시간과 '기후'가 그들의 편이었기 때문이다."

뉴욕의 언론 거물 조지프 퓰리처Joseph Pulitzer와 윌리엄 랜돌프 허스트William Randolph Hearst를 비롯한 미국 언론은 웨일러의 잔혹 행위를 이용해 스페인에 대한 전쟁을 정당화하고 신문을 팔아먹었으며, 분쟁 개입에 찬성하도록 여론을 유도했다. 윌리엄 매킨리 대통령 또한 스페인이 '박멸 전쟁'을 펼치고 있다고 비난했다. 누구보다 미국인 사업가들이 분쟁 개입을 요구하고 나섰다. 전쟁이 점점 그들의 사유재산과 이익을 깎아먹고 있었으며, 플랜테이션 생산을 방해하고 수송선을 공격하는 한편, 지역 노동자들을 위협하며 미국 전체 경제에도 악영향을 미치고 있었기 때문이다.

스페인이 미국의 중재 노력을 비웃자, 미국은 결국 자국의 상품 수송과 재산, 이익, 여타 경제적 자산을 보호하기 위해 군함, USS 메인함을 아바나 항구로 출격시켰다. 1898년 2월, 메인함에서 원인 불명의 폭발이 일어나 선원 266명이 사망했는데, 폭발 원인으로 스페인 기리가 지목되었다.[80] 선정적인 보도에 광적으로 격분한 미국 대중은 "메인함을 기억하라! 스페인을 타도하라!Remember the Maine! To Hell with Spain!"라는 슬로건과 함께 행동을 촉구했다. 1898년 4월, 미 해군은 쿠바에 대한 해상 봉쇄를 개시했고, 미 의회는 스페인과 그 식민지에 대한 전쟁을 선포했다. 모기의 계절이 시작되던 6월 말, 가장 먼저 파견된 미국 병사들이 쿠바 해변을 헤치며 걸어 들어갔다. 당시 스페인군 20만 명 중 전투가 가능할 정도로 건강한 병사들은 25퍼센트뿐이었다. "보기에 끔찍할 정도이다." 쿠바에서 스페인군 수석 군의관이 보고했다. "스페인의 국기를 수호하기 위해 스페인에서 이곳으로 파견된 무지하고 병든 소작농들이 매일 수백 명씩 죽어가고 있다." 그러나 미국인들 또한 쿠바의 전설적인 모기들에게 물어뜯기기는 마찬가지였다.

상관들이 황열병에 걸려 줄줄이 사망하거나 복무가 불가능해지면서 새로운 인물 시어도어 루스벨트Theodore Roosevelt가 예기치 않게 연대 지휘권을 이어받았다. 모기의 영향으로 진급한 루스벨트는 이후 전국적으로 주목을 받게 된다. "산 후안 언덕에서 벌어진 전투는 당시 젊은 해군 차관보를 훗날 대통령의 자리에 올려주었다." 데이비드 페트리엘로의 말이다. "지휘체계를 뒤집어 놓은 질병이 없었더라면 불가능했을 일이다." 사실 루스벨트 대령이 소규모의 러프라이더스Rough Riders(미국 제1 의용기병대) 파견대를 이끌고 언덕을 걸어 올라갔을 때 이미 '블랙 잭' 존 퍼싱John Pershing 소령과 그가 이끄는

80 실제로는 보일러실 화재 사고가 폭발 원인이었으나 이는 오랫동안 대중에 공개되지 않았다.

아프리카계 미국인 '버펄로 솔저Buffalo Soldiers'들이 언덕 정상에 올라 방위군을 소탕하고 있었다. 그러나 루스벨트는 이후 기자들에게 자신의 활약상을 과장하면서 전국 신문의 헤드라인을 거머쥐었다.

쿠바에서의 전쟁은 불과 몇 달 만에 종결되어 '눈부신 작은 전쟁Splendid Little War'이라는 평을 얻었다. 2만 3,000명의 미국군이 빠르게 미국의 승리를 확정지었으며, 전사자는 379명에 불과했다. 그러나 이와는 별개로 모기 매개 질병에 목숨을 잃은 병사들은 4,700여 명에 달했다. 충격적인 사망자 수가 알려지자 정치인들과 투자자들은 쿠바의 경제적 잠재력을 깨우고 그 자원을 미국의 중상주의 시장에 활용하는 데 있어 모기가 결정적인 장애물이라는 사실을 깨달았다. 쿠바 내 미국군 전략가들과 전투병들 모두 모기 매개 질병이 심각한 상황을 초래하고 있음을 모르지 않았다. 쿠바에 대한 군사 개입이 길어질수록 모기에게 목숨을 내주는 꼴이나 마찬가지가 될 터였다. 스페인 축출과 모기와의 싸움은 완전히 별개의 일이었다.

도움의 손길은 생각보다 빠르게 찾아왔다. 미국-스페인 전쟁 당시 미국이 벌인 초기 제국주의 탐험은 전염병학과 연결되어 있었으며, 이로써 성공적으로 세계의 질서를 바꿀 수 있었다. 과학과 기술적 혁신이 모기와의 전쟁에서 우리가 쓸 수 있는 새로운 무기를 선사했다. 모기는 더 이상 우리의 레이더를 피해 날 수 없었다. 지난 3,000여 년간 질병의 원인에 대한 정설로 여겨졌던 고대의 미아스마 이론은 이제 폐기되어 더 이상 아무도 거들떠보지 않았다. 1880년대에 이르자 미아스마 이론과 히포크라테스 학파의 체액설 대신 근대적인 배종설이 주류로 떠올랐다. 모기 매개 질병을 연구한 초기 학자들은 1850년대부터 프랑스의 루이 파스퇴르와 독일의 로베르트 코흐Robert Koch, 영국의 조지프 리스터Joseph Lister가 상정하고 증명한 배종설의 과학적 우산 아래에서 연구를 이어갔다.[81] 또한 현미경을 비롯한 의학적 도구와 과학의 발달로 보다 완전하고 수준 높은 질병 연구가 가능해졌다. 모기와 그 병원균들은 더는 과학적 · 의학적 무지의 그림자 속에 몸을 숨길 수 없었다. 물론 110조 마리라는 지구라도 집어삼킬 듯한 개체 수를 가진 모기는 단 한 번도 은밀하게 행동하거나 몸을 숨기려 애쓴 적이 없지만 말이다. 세균을 발견하면서 질병의 미생물 이론이 탄생한 기념비적 사건이 있은 지 수십 년 후, 몇몇 모기 사냥꾼들이 마침내 모기를 구석에 몰아넣었다. 이들은 그때까지 결코 이길 수 없었던 최후의 적이 붙잡혀 인류에 대해 수만 년 전부터 저질러온 범죄를 죄목으로 기소되었음을 전 세계에 알렸다. 다수의 의료 현상금 사냥꾼이 전 세계에서 모기의 뒤를 쫓았으며, 국제적 공조와 함께 모기의 검거가 이루어졌다.

수백만 년 동안 은밀하게 비극과 죽음을 가져다주었던 모기들은 연이은 일련의 과학적 발견들을 통해 그 정체를 드러냈다. 가장 먼저 1877년 영국 의사 패트릭 맨슨이 홍콩의 영국군 전초기지에서 근무하던 도중 처음으로 사상충증의 매개로 모기를 지목하였다. 사상 처음으로 곤충과 질병의 확산을 명확하게 연결한 것이다. 과학적 증거는 부족했으나, 맨슨은 모기가 말라리아 또한 옮길 것이라는 가설을 세웠다.

---

81 액체와 음식에서 병원균을 제거하는 소독법(pasteurization)과 구강청결제 리스테린(Listerine)은 각각 파스퇴르와 리스터의 이름에서 비롯되었다.

3년 후인 1880년, 알제리 식민지에 배치된 프랑스 군의관 알퐁스 라브랑Alphonse Laveran은 조잡한 현미경을 들여다보다가 무언가 이상한 점을 발견했다. '습지 열병'에 걸린 환자의 혈액 샘플에서 자그마한 구형의 낯선 생물체가 헤엄치고 있었던 것이다. 후속 연구를 벌인 끝에 그는 이 생물체들이 말라리아 기생충의 생활사에 따른 네 가지 형태임을 정확하게 밝혀냈다. 1884년, 그는 모기가 이 살인마 생물체의 전달 수단이라는 가설을 세웠다. 마찬가지로, 남북전쟁에 참전하여 양측 모두에서 군의관으로 근무했던 알버트 프리먼 아프리카누스 킹Albert Freeman Africanus King이라는 화려한 이름의 미국인 의사 또한 1882년 "모기에 물려도 말라리아에 걸리지 않을 수 있지만 (중략) 모기에 물리지 않고 말라리아에 걸릴 수는 없다"는 대담한 말을 남겼다. 그는 워싱턴 DC에 600피트 높이의 모기장을 쳐 도시를 보호해야 한다는 흠 잡을 데 없는 계획을 제시했는데, 조롱과 함께 거절당했다.[82] 맨슨과 킹 그리고 킹의 발견은 역사가 제임스 웹이 '1897년 발견 트리오'라 부르는 로널드 로스Ronald Ross, 조반니 그라시Giovanni Grassi, 배종설 주창자 로베르트 코흐의 발견으로 이어졌다.

로널드 로스는 평범하다면 평범한 영국 의사로, 인도에서 태어나 영국군 장군을 지냈다. 인류 최대의 살인마를 밝혀낸 사람이라고 하기에는 다소 믿기지 않는 인물이다. 그는 아버지의 성화에 못 이겨 마지못해 의대를 가기는 했으나 매일 희극이나 소설을 쓰거나

82 킹은 1865년 4월 14일 포드 극장에서 링컨 대통령이 존 윌크스 부스(John Wilkes Booth)에게 저격당했을 때 관중석에 앉아 있었다. 죽어가는 대통령에게 가장 먼저 응급처치를 하고 길 건너 피터슨 하우스로 그를 옮긴 의사들 중 하나이다. 링컨 대통령은 다음날 아침 피터슨 하우스에서 세상을 떠났다.

공상에 빠진 채 차일피일 시간만 보냈다. 시험 성적이 너무나 나빴던 탓에 1881년 의대를 졸업할 때는 영국령 인도에서만 의료 행위를 하는 조건으로 의사 자격증이 발급되었다. 이후 그는 13년 동안 영국령 인도 곳곳에 배치되어 군의관 생활을 했다. 1894년 그는 잠시 런던에 들렀다가 맨슨을 만났는데, 이때 맨슨은 이 생기 없는 젊은 의사를 제자로 들이고 말라리아 연구를 전수해주었다. 인도에는 풍토성 말라리아가 존재했으므로, 맨슨은 로스가 주둔지로 돌아가 자신의 모기 매개 말라리아 가설에 대한 확고한 증거를 찾아주길 바랐다. "만일 자네가 성공한다면 자네의 명성이 하늘 높이 치솟을 걸세. 원하는 모든 설비를 다 가져다줄 게야." 맨슨이 젊은 제자이자 친구에게 말했다. "성배를 찾는 갈라하드Galahad 경처럼 찾아보게나." 인도로 돌아간 로스는 즉시 병원을 돌며 말라리아 환자들을 추적했다.

그는 이후 3년 동안 현미경에 얼굴을 묻고 해부한 모기 표본을 들여다보며 살았다. 그의 연구 기록이나 렌즈를 통해 들여다본 것들을 묘사한 글을 보면 그가 대부분 무엇을 보고 있는지, 혹은 무엇을 찾고 있는지 본인조차 몰랐다는 점을 알 수 있다. 자연과학을 싫어했던 그는 모기의 실제 생명 활동에 관하여 거의 아무것도 몰랐다. 예컨대 그는 모기로 실험을 할 때 말라리아 매개가 되지도 않고 될 수도 없는 종의 모기를 이용하곤 했다. 그는 이 모기 실험체들이 "노새처럼 고집을 부리며" 피를 빨지 않는다고 불평했는데, 이는 마치 밤나무에 달린 밤에게 왜 빨리 떨어지지 않고 꾸물거리느냐고 불평하는 것과 같았다. 그동안 이탈리아의 동물학자 조반니 그라시 또한 이탈라이 전역에 역병과 비극을 일으켰던 말라리아 기생충의 정체를 밝혀내기 위해 계속해서 모기들을 찔러보고 있었다.

1897년, 로스와 그라시에게 마침내 깨달음의 순간이 찾아왔다. 로스는 모기가 조류말라리아의 매개라는 사실을 발견했으며, 당시까지의 실험으로는 충분한 증거를 찾지 못했지만 인간 대상 말라리아에게도 같은 사실이 적용되리라는 가설을 세웠다. 그라시는 로스를 제치고 얼룩날개모기가 인간 말라리아를 퍼트린다는 점을 결정적으로 증명해냈다. 동시대에 같은 발견을 한 두 사람 사이에서 20세기 초 토머스 에디슨Thomas Edison과 니콜라 테슬라Nikola Tesla에 비견할 정도의 중상모략이 오갔다.[83] 그라시로서는 화나고 억울한 일이었지만, 로스의 대외홍보 전략이 성공을 거두면서 1902년 로스가 노벨상을 받았다. 라브랑 또한 1907년 노벨상을 수상하였다.

'1897년 발견 트리오' 중 마지막 발견의 주인공은 1905년 노벨상 수상자 로베르트 코흐다. 말라리아가 뒤덮은 아프리카 동부의 독일령 식민지에서 근무하던 이 저명한 박테리아 학자는 퀴닌이 페루 친촌의 아름다운 백작부인을 처음으로 치료했다고 알려진 때부터 250여 년 후, 퀴닌이 인간의 혈액에서 말라리아 기생충을 제거한다는 점을 과학적으로 증명했다. "이 세 가지 획기적인 발견이 미아스마 이론을 뒤흔드는 돌풍을 일으켰다." 웹의 설명이다. "1897년 한해를 기점으로 미아스마 이론은 완전히 수장되었다."

---

83 1915년, 1915년, 테슬라와 에디슨이 노벨상을 공동으로 수상한다는 보고서가 공개됐다. 두 사람 모두 다른 누구와도 그 상을 나누어 받지 않겠다고 완강히 거부했다. 두 사람이 함께 받지 않는다면 방사선학을 연구한 아버지 윌리엄 브래그(William Bragg)와 아들 로런스 브래그(Lawrence Bragg)에게 상을 주겠다는 제안도 나왔다. 방사선학 또한 테슬라가 개척한 분야였다.

인류의 기원 이래 수억 명을 죽이고 비견할 데 없이 무한한 고통을 초래했던 모기 매개 질병이 드디어 정체를 드러냈다. 우리가 생겨날 때부터 우리를 쫓아다녔던 이름 없는 최대 적수가 가면을 벗은 것이다. 모기와 말라리아 사이의 치명적인 연결고리는 집단적 과학의 무게를 견디지 못하고 베일을 벗었다. 인류가 굴욕을 맞이했던 원인이 밝혀졌으니 바보라도 따라할 수 있는 치료법이나 백신이 개발됐거나, 세계를 파괴해온 그 가증스러운 기생충 모기를 몰살했을 거라 생각할 수도 있겠다. 어쨌든 말라리아를 옮긴 것은 작고 하찮은 모기일 뿐이지 않은가?

이러한 생각을 기반으로, 모기를 대상으로 강도 높은 연구와 조사가 벌어졌다. 모기가 사상충증과 말라리아를 옮기는 유일한 전달수단이라면, 모기가 주둥이를 통해 옮기는 다른 치명적인 독소들에는 어떤 것이 있는가? 모기가 치명적인 황열 바이러스 무기를 가지고 있다는 사실은 아직 밝혀지기 전이었지만, 모기를 대상으로 너무나 많은 과학적 연구가 이루어지고 있었기 때문에 이 또한 영원히 숨어 있을 수는 없었다. 1898년 4월 이래, 쿠바에서 스페인인은 물론 황열병과도 싸우고 있던 미국으로서는 쿠바에서 소용돌이치는 자본주의적 기회를 거두기 위해 끔찍한 흑토병을 영원히 근절해야 할 필요가 있었다.

쿠바에서 황열병이 부대원들에게 얼마나 파괴적인 영향을 미치는지를 목격한 미국인 사령관 윌리엄 섀프터William Shafter 장군은 모기가 "적군의 미사일보다 버티기 천배는 힘들다"고 말했다. 4개월간의 짧은 전투 끝에 1898년 8월 스페인이 항복하자, 군 사령관들은 쿠바에 주둔군을 유지하는 것이 본질적으로 위험하다는 점을 깨달았다. 황열병과 말라리아가 미국군 병사들 사이에 확산되기 시작했다. 섀프터는 맥킨리 대통령에게 보낸 서한에서 이곳 병력이 75퍼센트가 정상적인 복무가 불가능한 '요양 군대'라고 보고했다.

다수의 장군과 루스벨트 대령이 서명한 두 번째 직설적인 서신, 이른바 '라운드 로빈Round Robin'이 의회에 이 상황을 가감 없이 경고했다. "만일 저희를 여기에 계속 두신다면 어떤 가능성을 고려하더라도 결국 끔찍한 재앙이 될 것입니다. 이곳 의무관들은 병든 계절에도 계속 주둔할 경우 군대의 절반 이상이 사망할 것이라 예상합니다." 이 서신은 직설적인 통고로 끝을 맺었다. "우리 군은 반드시 철수해야 하며 그렇지 않으면 사멸할 것입니다. 현 시점에서 군대는 안전하게 이동할 수 있습니다. 책임을 지고 이러한 움직임을 막으려는 분께서는 수천 명의 불필요한 희생에도 책임을 지셔야 할 것입니다." 미국군은 쿠바의 스페인 방위군을 단기간에 무찌른 후, 모기의 공격적인 말라리아 및 황열병 일제 사격 앞에서 황급히 후퇴했다. 8월 중순 미군의 철수가 이뤄졌다. "쿠바는 1902년까지 미국의 보호령이었고, 그 이후에는 명목상 자유국이었는데 (중략) 황열병과 말라리아 덕분이었다." J. R. 맥네일의 설명이다. "쿠바인들은 그들의 혁명가들을 영웅으로 추대했다. 미국인들 또한 미국의 영웅들을 기렸으며, 그중 하나인 시어도어 루스벨트를 대통령으로 선출했고, 훗날에는 러시모어 산에 그의 얼굴을 조각했다. 쿠바의 스페인군에게 단연코 가장 치명적이었던 적군, 모기를 위한 기념물은 없다." 모기는 또한 쿠바와 미국의 즉각 합병 또한 저지하면서 거의 한 세기에 가까운 적대 관계와 참혹한 사건들을 야기했다.

모기 매개 질병이 미국의 군사점령을 방해한 끝에, 쿠바는 1902년 미 연방정부의 명령을 따르는 괴뢰 정부하에서 공식 독립을 승인받았다. 꿍꿍이를 품은 세부 항목들이 쿠바의 이름뿐인 독립을 규정했다. 쿠바는 타국과 동맹을 맺을 수 없었고, 미국은 모든 무역과 경제적 생산물, 기반시설 건설 계약에 최우선 거부권을 보유하는 한편, 필요한 경우 군사적으로 개입할 권리를 가졌다. 또한 관타나모만Guantanamo Bay을 영구적으로 획득했다. 미국이 지원하는 신정권하에서 쿠바는 독재적인 바나나 공화국(타국의 원조로 살아가는 국가에 대한 멸칭)이 되었으며, 미국의 방종한 경제적 쾌락주의자들은 빈곤한 쿠바 국민들을 희생시켜가며 이곳을 놀이터로 삼았다.

1959년, 피델 카스트로Fidel Castro와 에르네스토 체 게바라Ernesto 'Che' Guevara가 사회주의 혁명을 일으켜 미국이 지원하던 풀헨시오 바티스타Fulgencio Batista의 부패한 독재정권을 무너뜨렸고, 이후 쿠바는 소련의 공산주의 위성국이 되었다. 존 F. 케네디John F. Kennedy 대통령이 CIA에서 훈련받은 반혁명가들을 동원해 벌인 1961년 피그스만 침공은 재앙을 초래했다. "승리에는 수천 명의 아버지가 있지만 패배는 고아이다." 케네디 대통령이 그 재앙에 대한 완전한 책임을 시인하며 남긴 말이다. 쿠바는 한층 더 소련과의 결속력을 키웠고, 1962년 10월 거의 종말 직전까지 갔던 쿠바 미사일 위기가 이어졌으나, 다행히 냉철한 판단이 우위를 점해 합리적인 대화로 핵전쟁의 가능성을 완화할 수 있었다. 이로부터 50년이 지나 버락 오바마Barack Obama 대통령이 집권하고 나서야 미국과 쿠바의 관계는 정상화되었다.

미국-스페인 전쟁은 쿠바에만 한정되지 않았다. 스페인령 식민지 필리핀에서도 벌어졌는데, 1898년 5월 1일 마닐라만에서 미국 해군이 스페인 해군을 무찌르는 것으로 마무리되었다. 미국군은 동시에 푸에르토리코와 괌, 하와이에도 상륙했다. 당시 산업과 군사

세게 쳐라!: 맥킨리 대통령: "필리핀 모기들은 쿠바 모기들보다 더 악랄해 보인다." 미국-스페인 전쟁 도중 미국이 벌였던 쿠바 및 필리핀 침공은 열대지역에서의 제국주의적 군사 활동이 어떤 위험을 품고 있는지를 잘 보여준다. 1899년 잡지 「저지(Judge)」에 실린 이 삽화는 쿠바와 필리핀의 반란자들을 치명적이고 완고한 모기들로 묘사하면서 맥킨리 대통령을 풍자하고 있다. 그러나 1898년 미국의 쿠바 침공은 월터 리드가 이끄는 미국 육군 황열병 위원회가 황열병의 원인으로 숲모기를 지목하는 계기가 되기도 했다. © Library of Congress

력을 급격히 키워나가던 일본은 미국이 환태평양 지역에 영향력을 확대하는 모습을 초조하게 지켜보았다. 맥킨리 대통령은 미국이 제국주의적 겉모습에 굴하지 않고 "영토 획득이 아니라 인류의 이익을 위해 외국 땅에 미국 깃발을 꽂는 것"임을 전 세계에 알렸다. 전 지구에 걸친 미국-스페인 전쟁은 1898년 8월 13일 미국이 필리핀의 수도 마닐라를 점령하면서 공식적으로 종결되었다.

스페인이 필리핀을 포기한 이후, 맥킨리 대통령은 "모든 것을 받아들이고 필리핀인들을 교육하는 일, 그들을 고양시키고 문명과 기독교를 심어주는 일, 하나님의 이름으로 최선을 다하는 일밖에는 할 일이 없다"고 선언했다. 그러나 미국 점령군은 웨일러 장군이 쿠바에서 반란을 진압하는 데 사용했던 정책을 모방하듯, 필리핀 민간인을 상대로 잔인하고 야만적인 인종 청소를 벌였고, '재집중' 정책을 펼쳤다. 훗날 군법회의에 회부되기도 했던 한 미국인 장군은 병사들에게 10세 이상의 모든 필리핀 남성을 처형하라는 명령을 내리기도 했다. 그러나 언론은 "미국의 공식적인 임무는 자애로운 동화benevolent assimilation의 일환"이라는 맥킨리 대통령의 말만 되풀이하여 보도했다.

1896년부터 스페인 제국주의 점령군과 맞서 싸워온 필리핀 혁명가들은 1902년까지 미국을 상대로 게릴라전을 벌였다. 이들은 모든 외세로부터의 독립을 원했다. 필리핀 총독이자 훗날 미국 대통령이 되는 윌리엄 태프트William Taft는 필리핀인이 '앵글로색슨식 자유'를 감사하게 여기도록 가르치려면 한 세기는 더 피를 흘려야 할 것이라고 주장했다. 그러나 미국의 잔혹행위에 대한 보도를 언제까지 저지하거나 검열할 수는 없었다. 수많은 사람이 읽던 주간지 「네이션Nation」이 이 전쟁이 결코 '눈부시거나' '작은' 전쟁이 아니었으며 "약탈과 야만이라고 해도 좋을 정도의 잔혹성으로 대표되는 정복 전쟁"으로 퇴보했다고 보도했다.

미국은 서반구 이외의 지역으로는 최초였던 이 병력 배치 작전 동안 필리핀에 12만 6,000명이 넘는 병력을 쏟아 부었다.[84] 약 4,500명의 미국인 사망자 중 75퍼센트가 말라리아와 뎅기열을 포함한 질병으로 사망했다. 필리핀인의 경우, 3년간의 잔혹했던 전쟁 동안 전투와 살인, 굶주림, 질병 그리고 강제수용소에서의 불결한 생활로 약 30만 명이 사망한 것으로 추정된다. 필리핀은 계속해서 모종의 형태로 미국(혹은 일본)의 관할권하에 있다가 1946년에서야 완전한 독립을 승인받았다.[85]

미국-스페인 전쟁은 전 지구적 미국 제국을 탄생시켰을 뿐만 아니라 모기가 황열병의 매개라는 점을 밝히는 데 일조했다. 1898년 미국군이 쿠바를 침공할 당시, 군 관계자와 군의관 그리고 전쟁을 지휘하는 정치인들은 황열병이 가하는 위협을 제대로 이해하고 있었다. 쿠바는 모기 매개 질병의 지하묘지로 악명이 높았다. 이로부터 한해 전 모기와 말라리아 간의 미스터리가 풀렸던 바, 수많은 주요 연구자가 황열병의 매개로도 모기를 지목했다. 앞서 1881년에는 프랑스와 미국에서 공부했던 쿠바인 의사 카를로스 핀라이Carlos

84 간헐적으로 이어진 바르바리 전쟁 도중 북아프리카의 오스만 계열 해적들을 상대로 제퍼슨 대통령(1801년)과 매디슨 대통령(1805년)이 선원을 파견했던 선례는 여기에서 제외했다.

85 필리핀은 제2차 세계 대전 당시 1942년 일본의 침공과 미국의 퇴각, 일본의 가혹한 점령기 그리고 1944년 미국의 재침공 및 재점령을 거친 후에야 비로소 자주권을 획득했다.

Finlay가 황열병의 매개로 숲모기를 지목했으나 결정적인 실험 결과가 도출되지 않았음을 인정한 바 있었다. 모기는 과학적으로 유죄가 증명될 때까지 계속 무죄 추정을 받았다. 미국의 전쟁 설계자들은 쿠바에서 쏟아져 들어오는 의학 보고서들을 매우 주의 깊게 살피고 샅샅이 파헤쳤다. 이들은 쿠바에 대한 여러 계획의 성패가 쿠바 모기에 좌지우지될 수 있음을 잘 알고 있었다.

스페인군보다 훨씬 더 치명적이었던 적군, 황열병과 싸우는 일은 월터 리드에게 주어졌다. 리드는 1869년 17세의 나이로 의학 학위를 받았다. 이후 1875년 미국 육군 의무대US Army Medical Corps에 입대해 주로 서부 변경 전역의 부대에서 원주민들을 회유하고 학살하고 강제 이주시키는 일에 참여했는데, 리드는 아파치족의 제로니모 추장을 비롯해 미국인 병사들과 원주민들을 모두 돌보았다. 1893년에는 신설 미 육군 의과대학에 세균학 및 임상 현미경학 교수로 부임하였다. 그곳에서라면 원하는 모든 연구를 방해받지 않고 진행할 수 있었다. 미국-스페인 전쟁이 발발하자 그는 장티푸스 역병을 조사하는 임무를 맡아 쿠바로 갔고, 파리에 의해 오염된 식음료 혹은 분변 접촉이 장티푸스의 원인이라는 결론을 내렸다. 그는 쿠바에 머무르는 동안 미국군을 위협적인 기세로 공격하던 황열병에 관심을 가지게 되었다. 1900년 6월, 미국 육군 황열병 위원회의 창립과 지휘를 임명받았으며, 카를로스 핀라이의 연구를 바탕으로 자신의 연구를 진행했다.

그를 포함해 미국인 둘, 캐나다인 하나, 쿠바인 하나, 총 4명으로 구성된 위원회가 쿠바에 파견되었다. 군 사령부는 이들에게 전폭적인 지지를 보냈으나, 언론은 모기가 질병을 옮긴다는 그의 이론을 비방했다. 「워싱턴 포스트The Washington Post」는 "황열병에 관해 지금까지 출판된 우스꽝스럽고 터무니없는 그 모든 장광설, 함대라도 편성할 수 있을 정도로 많은 장광설 중에서도 가장 멍청한 얘기는 모기 가설이 낳은 주장과 이론에서 찾아볼 수 있다"고 평했다.

1900년 10월, 인체실험으로 연구자 한 명을 포함해 많은 이가 목숨을 잃은 끝에 마침내 리드는 암컷 숲모기가 황열병의 원인임을 과학적으로 입증했다고 발표했다. 더불어 인간과 모기 간의 감염이 이루어지는 시간 주기도 밝혀냈다.[86] 미국인 의사이자 미군정 시대 쿠바의 총독이었던 레너드 우드Leonard Wood 장군은 "핀라이 이론의 증명은 제너의 (천연두) 우두법 발견 이래 가장 위대한 의학적 진보의 발걸음"이라고 극찬했다. 월터 리드는 살인마 숲모기를 체포한 공로를 인정받아 명성을 얻었으며, 수많은 기관이 그의 이름을 따 건립되었다. 그는 1902년 맹장 파열에 따른 합병증으로 갑작스럽게 죽음을 맞이할 때까지, 평생 자신의 공을 위원회의 다른 연구자와 그의 영웅이자 스승이었던 카를로스 핀라이와 나누었다.[87]

리드의 발표 이후, 아바나의 군 위생 책임자이자 의사였던 윌리엄 고거스가 쿠바 제도 내 황열병 근절 프로그램을 출범했다. 모기를 체계적이고 의도적으로 박멸해 황열병을 근절하겠다는 계획이었다. 어린 시절 텍사스에서 황열병에 걸렸다가 살아남았던 고거스

86 리드가 고용한 피실험자들은 실험의 위험성을 인지하고 있었으며, 의학 역사상 처음으로 실험 동의서에 서명했다. 이는 이후 의학 관련 동의서의 일반적이고 법적인 사용에 대한 선례가 되었다.
87 핀라이는 노벨상 후보에 일곱 번이나 이름을 올렸으나 정작 수상하지는 못했다.

는 '리드 위원회'와 연줄도 없었고, 연구 과학자도 아니었다. 아바나의 황열병을 박멸하겠다는 명령을 내리고 이를 광적으로 수행하던 군의관이었다. 고거스는 우선 도시와 그 주변 지역을 측량하여 꼼꼼하게 지도를 제작한 뒤, 300명의 사람을 6개 팀으로 나누어 서로 교대하며 온종일 아바나의 모기들과 전쟁을 치르도록 했다. 이 '위생 분대sanitation squads'는 연못과 늪지대의 물을 배수하고, 고인 물과 열린 물통을 제거하고, 모기장을 설치하고, 특정 초목을 베고, 유황과 살충 효과가 있는 피레트룸속 국화 분말로 소독하고, 손닿지 않는 곳이나 의심스러운 지역에 피레트룸속 국화를 우린 등유를 분사하는 등 도시 전역에 온갖 위생 조치를 취해 숲모기의 까다로운 생식 패턴을 방해하고 비행 범위를 제한했다. 고거스의 열정적인 결단력 덕분에, 1902년 아바나에서 황열병이 완전히 박멸되었다. 1905년 뉴올리언스에서 황열병이 아메리카 대륙 최후의 족적을 남긴 뒤, 1908년 '청소대'가 다시 한 번 쿠바에서 활동한 끝에 쿠바 전국은 황열병의 손아귀에서 완전히 벗어나게 되었다. 하지만 말라리아와 뎅기열은 여전히 쿠바를 배회하고 있었다.

황열 바이러스가 밝혀진 것은 이보다 뒤인 1927년의 일이다. 10년 후인 1937년에는 자선단체 록펠러 재단의 후원과 남아프리카계 미국인 막스 타일러Max Theiler의 주도로 예방접종이 시행되었다. 이 공로로 1951년 노벨상을 받은 타일러는 상금으로 무엇을 할 예정이냐는 질문에 "스카치 위스키 한 상자를 사 다저스 팀의 야구 경기를 보고 싶다"고 대답했다. 황열병은 이제 격퇴되었으며 지정학적 사건들에 미치던 중대한 영향력도 잃었다. 무시무시하고 솜씨 좋은 살인마로서 인류 역사에 크나큰 입김을 미치던 경력 또한 막을 내렸다. 그러나 말라리아는 여전히 포기를 모르고 살아남아 완강하게 버티고 있었다.

미국군이 쿠바에서 축출되고 쿠바의 모기 소탕 작전이 성공적으로 마무리된 후, 고거스는 카를로스 핀라이에게 쿠바 최고 보건 책임자의 자리를 넘겨주었다. 다른 지역에서도 모기 박멸에 대한 고거스의 재능과 전문 지식을 원했다. 그는 모기를 잠재우는 아브라카다브라 주술을 부려 달라는 소환을 받고, 역사적으로 손꼽힐 만큼 치명적인 모기가 사는 파나마로 향했다. 루스벨트 대통령이 이끄는 자신만만한 미국인들이 파나마 운하 지대의 지배권을 놓고 스페인인, 영국인, 스코틀랜드인, 프랑스인을 제압하고 보내버렸던 무적의 파나마 모기들에게 결투를 신청했기 때문이다. "해상 패권과 상업 패권을 위한 경쟁을 견뎌내려면 경계 없는 국력을 길러야 한다." 역동적이고 젊은 대통령 루스벨트가 선언했다. "우리는 파나마 운하를 건설하고 요지를 점하여 동쪽과 서쪽 두 대양의 운명을 결정하는 데 대한 발언권을 획득해야 한다." 미국은 최근 획득한 필리핀과 괌, 사모아, 하와이 그리고 일련의 소규모 산호섬 및 군도들을 비롯한 태평양 식민지를 경제적으로 성공시키고 이를 전 지구적 식민 제국에 녹여내기 위해 파나마를 가로지르는 48마일 길이의 운하를 건설하고자 했다. 남아메리카 끝자락의 케이프 혼을 돌아가는 위험하고도 시간과 비용이 크게 소요되는 항로 대신 대서양과 태평양을 잇는 이 지름길이 반드시 필요했다. 스페인인과 영국인, 스코틀랜드인, 프랑스인이 이미 실패했던 이 자리에서 루스벨트는 파나마 지협을 가로지르는 경제적 초고속도로를 반드시 건설하겠다고 결심했다. 그는 토목공학자들에게 단 한 마디로 엄청난 명령을 내렸다. "흙을 날려라Make the dirt fly!"

파나마에 운하를 건설한다는 생각 자체는 예전에도 있었지만, 미국이 사용한 공학기술과 모기 관리 방법은 혁신적이었다. 지난 1534년에 스페인이 최초로 파나마 다리엔에 길을 내려고 했다가 모기에게 저지당했고, 뒤이어 식민지를 건설하고자 했으나 마찬가지로 질병 앞에 무릎을 꿇었다. 스페인은 4만 명이 넘는 이들을 모기에게 희생시키면서 노새 한 마리나 다닐 법한 좁다랗고 지저분한 길과 그 옆에 붙은 기운 없고 열병에 젖은 마을 두 곳을 건설했을 뿐이다. 모기는 1668년 도전장을 던진 잉글랜드 또한 저지했고, 1689년 윌리엄 패터슨 주연의 다리엔 호러 쇼를 연출했으며, 이후 스코틀랜드의 독립성을 앗아가는 것으로 정점을 찍었다.

1882년이 되자 지난 1869년 수에즈 운하를 성공적으로 건설했던 프랑스의 촉망받는 공학자 페르디낭 드 레셉스Ferdinand de Lesseps가 그 성공을 이어가기 위해 1882년 파나마에 찾아왔다. 그는 정부 관계자들을 매수하고 투자자들을 꾀어 건설 자금을 마련했다. 그러나 프랑스인들의 노력은 진흙과 모기 속에 묻혔다. 1887년 파나마를 방문했을 때 말라리아에 감염되기도 했던 프랑스의 후기 인상파 화가 폴 고갱Paul Gauguin은 이곳에서 뼈만 남은 노동자들이 "모기들에게 잡아먹히고 있었다"고 회고했다. 유명 주간지 「하퍼스 위클리」 또한 "M. 드 라페즈는 운하 건설자인가 무덤 건설자인가?"라는 제목의 기사를 실었다. 85퍼센트에 가까운 노동자가 모기 매개 질병에 시달렸다. 결국 프랑스의 파나마 운하 건설 프로젝트는 1889년 파산과 스캔들로 인하여 약 40퍼센트가량 완성된 채 건설 자체가 무산되었고, 이때까지 전체 노동자의 25퍼센트인 2만 3,000명 이상이 사망했다. 파나마 모기들이 80만 명의 투자자로부터 모은 3억 달러의 자금을 먹어치운 것이었다. 수많은 정치인과 도급업자가 공모 혹은 부패로 처벌받았는데, 1889년 파리 만국 박람회에서 바스티유 습격 100주년을 기념하기 위해 에펠탑을 공개한 귀스타브 에펠Gustave Eiffel도 이에 포함되었다.

미국은 파나마 운하 지대를 확보하기 위해 포함외교(강대국이 함대의 무력을 배경으로 전개하는 외교 정책)를 동원하는 한편, 콜롬비아에서 파나마를 독립시킬 생각으로 지역 혁명가들에게 군사적 지원을 보탰다. 1903년 미국은 파나마 공화국을 정식 국가로 승인했으며, 이로부터 2주 후 폭 10마일의 지협, 파나마 운하 지대에 대한 영구적인 권리를 승인받았다. 질병의 매개가 모기라는 새로운 지식으로 무장한 미국은 1904년 파나마 운하 건설에 도전장을 던졌다. 프랑스가 건설하다 말고 떠나간 운하를 물려받는 과정에서 한 주민은 고거스를 두고 "그곳에 가는 백인은 멍청이며 그곳에 머무는 백인은 더 멍청하다"고 비난했다. 쿠바에서 모기 박멸 캠페인을 성공적으로 마쳤던 고거스와 4,100명의 노동자들은 파나마 운하 지대에서 체계적으로 황열병을 근절해나갔다.

고거스와 그가 이끈 위생 분대는 쿠바의 숲모기를 박멸했던 것과 같은 방식을 이용했고, 이에 더해 새로운 박멸 기술도 시도했다. 소니아 샤의 말에 따르면 이 위생 '전격전'에 "미국에 공급되는 모든 유황과 피레트룸속 국화 분말, 등유가 사용되었다." 운하를 따라 늘어선 스물한 곳의 퀴닌 진료소에서 대부분의 노동자에게 매일 예방용 퀴닌을 지급했다. 건설이 시작된 지 2년 후인 1906년에 이르자 황열병은 완전히 자취를 감추었으며, 말라리아 감염률도 90퍼센트나 감소하였다. 고거스는 "쿠바에서와는 달리 파나마 지협에서는 말라리아를 완전히 없애지 못했다"고 슬퍼했지만, 그 또한 자신의 공적이 막중한 의의를 지니고 있음을 잘 알고 있었다. 1905년 당시 파나마 운하의 사망률은 미국 본토 사망률보다 세 배나 높았으나, 운하가 완공된 1914년에는 본토 사망률의 절반으로 낮아졌다. 1904년부터 1914년까지 근무한 노동자 총 6만여 명 중 공식적으로 5,609명이 질병과 부상으로 사망했다. 운하는 제1차 세계 대전이 발발한 지 불과 며칠 후인 1914년 8월 4일 개통되었다.

맨슨, 로스, 그라시, 리드 그리고 고거스를 비롯한 많은 이가 발견의 빛을 드리운 곳에서 전 세계 국가는 국가보건부, 열대의학 학교, 록펠러 재단과 같은 과학연구 후원 단체, 군사위생부서, 육군 간호부대, 위생 위원회, 공공 폐기물 처리 기반시설 그리고 성문화된 보건법을 만들었다. 폴 서터Paul Sutter는 모기 관리 방법이 파나마 운하 건설에 미친 영향을 다음과 같이 평했다. "이는 라틴아메리카 열대 지역과 아시아 태평양 지역에 대한 미국의 상업적, 군사적 팽창인 동시에 연방정부의 곤충학 전문지식을 공중보건 캠페인에 가장 효과적으로 연결시킨 경우였다. 실제로 이 제국주의 캠페인은 20세기 초 연방 공중보건 역량을 개발하고 질병관리를 연방 의제로 (중략) 재편하는 데 일조했다." 수많은 국가가 미국을 따라 국가 보건

"흙을 날려라!": 파나마에서 윌리엄 고거스의 지휘하에 혁신적이고 효과적인 모기 관리 캠페인을 벌인 결과 미국은 스페인, 영국, 스코틀랜드, 프랑스가 모기에 의해 쫓겨난 자리에 성공적으로 운하를 건설할 수 있었다. 1904년 루스벨트 대통령의 지휘로 파나마 운하 건설이 시작되었으며, 1914년 파나마 운하가 개통됐다. 사진은 위생 분대 일원이 모기 생식지에 기름을 뿌리는 모습이다. 파나마, 1906년. © Library of Congress

을 민간인에 대한 최우선 의제(혹은 법적 권리)로 삼았으며, 나아가 군사적 필수요건으로도 정했다. 모기는 모든 국가에서 최우선 표적이 되었다.

파나마 운하의 건설로 미국은 경제적 지배력과 해상 패권을 얻었다.[88] "말라리아와 황열병을 효과적으로 통제함으로써 아메리카 대륙과 전 세계 세력균형에 변화가 일어났다." J. R. 맥네일의 말이다. 전 지구적 세력균형이 산업, 경제, 군사 면에서 초강대국으로 떠오른 미국에 기울었다. 시어도어 루스벨트의 정책으로 미국은 새로운 경제적 지평을 연 한편, 거대한 세계정치의 판에 저돌적으로 뛰어들었다. 루스벨트 대통령은 이 판에서 개인적으로도 적극적으로 활동을 펼친 끝에 1906년 러일전쟁을 중재한 공로로 노벨 평화상을 받았다.

1905년 일본이 러시아를 상대로 결정적인 승리를 거두면서 전 세계가 충격에 빠졌으며, 이를 계기로 세계 역사의 흐름이 달라지기 시작했다. 이는 700년 전 칭기즈 칸의 몽골군 이래 아시아 세력이 유럽 세력을 상대로 거둔 최초의 주요한 군사적 승리였다. 일본은 마치 하늘에서 뚝 떨어진 것처럼 세계무대에 등장했다. 본래 내향적이고 과묵했던 국가, 일본은 근대화와 산업화를 추구하며 국제 상업의 물결에 동참하고자 했다. 미국 또한 미국-스페인 전쟁과 파나마 운하 건설 이후 더 이상 활동 범위를 대서양에 국한하지 않았으며 나아가 태평양 세력으로 자리매김했다. 일본은 미국이 환태평양 지역의 경제권을 쥐고 있음에 분개했다. 석유, 고무, 주석을 비롯한 여러 천연자원이 필요했던 이 섬나라는 아메리카의 세기 전환기에 미국이 그러했던 것처럼 제국주의적 '대동아공영권'을 건설하기로 결심하기에 이르렀다. 그러나 떠오르는 양대 태평양 세력 간의

---

88 파나마 운하는 미국의 통제를 받다가 1977년부터 파나마 정부와 미국이 공동 운영했고, 1999년 완전히 파나마 정부의 소유로 인계되었다.

갈등이 곧바로 분쟁으로 이어진 건 아니었다.

미국은 미국-스페인 전쟁의 전리품들을 얻은 데 더해 이 전쟁을 구실로 하와이까지 합병했다. 1893년, 미국의 플랜테이션 농장주들과 사업가, 투자자들이 미 해병대의 호위를 받으며 하와이로 가 기존의 하와이 정부를 무너뜨리고 릴리우오칼라니Lili'uokalani 여왕을 가택 연금했으며, 2년 후 결국 폐위시켰다. 이 미국인 공모자들의 목적은 간단했다. 쿠바와 마찬가지로 하와이가 미국의 관할권에 포함된다면 하와이에서 미국 항구로 들어오는 상당한 양의 설탕에 해외 관세를 매기지 않아도 될 터였다. 합병 지지자들은 하와이가 중요한 경제적·군사적 보루이며 아시아에 대한 미국의 이익을 증진하고 보호하는 데 필수적인 전제 조건이라고 역설했다. 하와이 원주민 대부분이 반발했음에도 미 의회는 1898년 미국-스페인 전쟁이 발발한 직후 하와이 영토 합병을 공식 의결했다. 이듬해 미국은 하와이 진주만에 영구적인 해군 기지를 건설했다.

CHAPTER

17

내 이름은 앤, 당신을 만나고 싶어 죽겠어요

제2차 세계 대전과 닥터 수스 그리고 DDT

THIS IS ANN: SHE'S DYING TO MEET YOU:

THE SECOND WORLD WAR,

DR. SEUSS, AND DDT

1941년 12월 일본이 진주만 공습을 개시하자, 1,600만 명이 넘는 미국인들은 추축국(일본, 독일, 이탈리아의 삼국 동맹을 지지한 나라들)과 치명적인 모기들을 상대로 전투에 뛰어들며 전쟁이라는 짐을 짊어질 수밖에 없었다. 악명 높은 이날을 계기로 미국은 총력전의 소용돌이에 휘말렸으며, 전 지구적 세력 회로를 재편하고 고정시킨 일련의 격동적인 사건 또한 잇따라 일어났다. 새로이 구성된 세계 질서 내에서 모기의 위치도 변화하였다. 모기는 역사적인 국제 사건들과 떼려야 뗄 수 없을 만큼 깊이 엮여 있었는데, 이는 모기에게도 위협이 되었다. 인류가 목격한 최대의 전쟁에서 핏빛 전쟁터 위를 날아다니는 총알들이 우리의 생사를 좌지우지했듯, 모기들도 곤혹스럽고 위태로웠다.

현 미국 질병통제예방센터CDC의 전신인 전쟁지역말라리아통제사무국Office of Malaria Control in War Areas에 따르면, 제2차 세계 대전이 발발할 무렵 "미국 내 말라리아 발생 정도는 역사상 가장 낮은 수준이었다." 그러나 전쟁이 진행되면서 상황은 다르게 전개되었다. 모든 전선에서 모기와의 싸움은 적군과의 싸움만큼이나 중요했다. 제2차 세계 대전은 과학, 의학, 기술 그리고 군사장비 발전의 분수령이었으며, 모기에 대항하는 우리의 무기와 군수품 또한 이 전쟁을 계기로 근대화되고 발전했다. 제2차 세계 대전과 뒤이은 냉전의 '평화' 동안 아타브린과 클로로퀸 같은 효과적인 항말라리아 합성약품과 저렴한 대량생산 화학 살충제 DDT가 모기와 모기 매개 질병을 무덤으로 몰아넣었고, 전 세계에 걸쳐 모기의 위세를 크게 떨어뜨렸다.[89] 사상 처음으로 인류가 모기와의 전쟁에서 우위를 점한 것이다.

로스, 그라시, 핀라이, 리드를 비롯한 많은 이가 모기 매개 질병에 관한 새로운 사실을 발견하면서 각국 정부와 군대는 두 차례의 세계 대전, 특히 제2차 세계 대전 동안 모기 관리와 감염병 그리고 그 치료에 효과적으로 대처할 수 있었다. 말라리아와 황열병을 비롯한 치명적인 질병들의 매개가 모기임이 밝혀지면서, 마침내 인간은 모기와 과학적으로 싸우는 방법을 찾아나갈 수 있게 되었다. 그러나 모기를 사살할 혁신적인 탄약을 만들어내는 데에는 시간이 걸렸다.

모기 연구가 초고속도로를 달리기 시작한 건 일본이 진주만에서 잠자는 거인 미국을 깨우면서부터다. 미국의 비대한 군수산업은 모기 연구를 최우선 과제로 삼았고, 당국은 모기 퇴치가 연합군의 총

---

89 DDT: 다이클로로-다이페닐-트라이클로로에테인(dichloro-diphenyl-trichloroethane).

력에 핵심적인 톱니바퀴가 될 것이라 여겼다. 퀴닌은 뒷전으로 밀려났고, 그 자리를 아타브린이나 클로로퀸 같은 보다 효과 좋은 항말라리아 합성 의약품이 대체했다. 1939년에 발견된 저렴한 기적의 화학물질 DDT의 살균 살충성은 수많은 이의 목숨을 살렸다. 과학적 진보는 사악하게 응용되기도 했다. 모기를 생물전 무기로 삼아 무기고에 넣어둔 것이다. 추축국과 연합국 양 진영에서 모두 냉엄한 실험과 의학연구 및 병기연구에 모기를 이용했다. 인간이 모기의 파괴력과 죽음에 대한 지배력을 조종하여 상대편 인간을 죽이는 데 사용하는 일이 가능해진 것이다. 나치는 안치오와 그 주변의 폰티노 습지에서 로마로 진격하는 연합국 세력에 대항해 말라리아 매개 모기를 생물학 무기로 적극 활용했다. 비록 과학과 합성의약품 그리고 만병통치 살충제 DDT에게 발목이 붙잡히기는 했으나, 모기들의 섭식과 대학살이 끝난 건 결코 아니었다. 정체가 탄로 났음에도 모기는 1914년 제1차 세계 대전이 발발했을 때부터 1945년 제2차 세계 대전이 무조건 항복으로 막을 내릴 때까지 전 세계 군인 및 민간인 수백만 명을 쓰러뜨리고 죽였다.

제2차 세계 대전 동안 1급 기밀로 분류된 '말라리아 프로젝트Malaria Project' 소속 미국인 연구자 및 모기잡이 군인들이 마침내 DDT의 화학식을 이용해 모기의 암호를 풀었다. 바야흐로 희망의 동이 트고 있었다. 모기는 늘 의지와 열정으로 전투에 참여하기는 했으나, 제1차 세계 대전에서는 제2차 세계 대전과는 달리 주요 핵심 전장에 출전하지 않았다. 서부 전선에서는 모기가 완전히 자취를 감추었는데, 유럽의 전장 무대가 차디찬 북쪽에 위치해 모기가 나서서 학살을 벌이기 어려웠기 때문이었다. 그러나 모기는 다른 전투에 비하여 훨씬 적은 병력이 집중된 소규모 '지방방송' 전투, 이를테면 아프리카와 발칸 반도, 중동에서의 전투에는 자주 찬조 출연했다. 하지만 대부분 개인의 생사에 영향을 미치는 정도에 그쳤으며, 더는 전쟁의 거대한 맥락이나 결과를 물어뜯지는 못했다.[90]

1914년부터 1919년 사이 벌어진 제1차 세계 대전에 6,500만 명 이상이 참전했다. 이중 사망자는 1천만 명, 부상자는 2,500만 명이었다.[91] 약 150만 명의 병사가 모기 매개 질병에 감염되었으며, 나의 증조부이자 당시 10대였던 윌리엄 와인가드William Winegard도 그중 하나였다. 다행히 증조부는 세상을 떠난 9만 5,000명과 달리 살아남았다. 그러나 이 수치마저도 너무나 많은 참전자와 전사자 수 앞에서는 적어 보인다. 모기 매개 질병으로 인한 사망자는 전쟁과 관련한 모든 사망자의 채 1퍼센트도 되지 않았다. 과거와 비교하면 상당한 격차가 생긴 셈이다. 무인도에 격리된 외로운 모기들은 문명에

---

90 일례로 마케도니아/테살로니키 전선에서 불가리아인들과 대치했던 영국군과 프랑스군은 말라리아에 유린당했다. "병사들이 말라리아에 걸려 병원에 있는 게 통탄스럽습니다." 1915년 10월 공격 명령을 받은 프랑스인 사령관이 보낸 답신이다. "아무것도 없으니 아무것도 할 수 없습니다." 총 12만 명의 프랑스군 중 약 50퍼센트가 말라리아에 감염되었다. 16만 명의 영국군이 말라리아로 진찰을 받은 횟수는 중복을 포함하여 16만 3,000회에 달했다. 어느 종군기자는 영국군 병사들을 가리켜 "목숨이 본인에게 육체적 부담이 되고 군대에 물질적 부담이 되는 무기력하고 슬픈 빈혈과 황달의 남자들"이라고 묘사했다. 연합군은 1918년 9월 불가리아가 마침내 항복할 때까지 테살로니키 전선에서 말라리아로 인해 총 200만 일을 허비했다. 앞서 살펴보았듯, 에드문드 알렌비 장군의 영국군이 이집트 북부부터 팔레스타인을 거쳐 시리아까지 지중해 동부 레반트에 침입했을 때도 말라리아가 그들을 공격했으나 그 정도가 예상만큼 심각하지는 않았는데, 이는 퀴닌과 모기장 그리고 고지대를 이용해야 한다고 강경하게 주장한 알렌비 장군 덕분이었다. 북아메리카와 중동, 갈리폴리 그리고 러시아 남캅카스에서 복무한 250만 명의 영국 제국군 중 단 11만 건 정도의 말라리아 감염 사례만 보고되었다. 역으로 말라리아는 물자 부족과 굶주림에 시달리던 오스만투르크군을 보다 열성적으로 집어삼키면서 46만 명가량을 감염시켰다.

91 민간인 사망자 수는 논의의 여지가 있으나 대개 7백만 명에서 1천만 명 사이로 추정된다.

서 벌어진 전 지구적 대전의 결과를 바꾸지 못했다. 교착된 스위스 알프스부터 벨기에의 북해 연안까지 450마일을 지그재그 모양으로 나아가며 벌어졌던 서부 전선 소모전들과 그보다는 훨씬 덜 중요하지만 1917년 러시아 혁명과 내전이 일어나기 전의 동부 전선 소모전들이 전쟁의 승패를 결정지었는데, 모두 모기의 손길이 닿지 않는 곳이었다.

그러나 인간이 베르사유 조약 이후 가짜 평화를 누리는 동안, 질병은 전쟁 때보다 훨씬 더 기승을 부렸다. 전 세계 사방에서 돌아온 병사들이 비좁고 지저분한 참호와 송환시설에 머물면서 1918년부터 1919년까지 인플루엔자 역병이 각지를 돌아다녔고, 총 5억 명 이상이 감염되고 7,500만 명에서 1억 명이 목숨을 잃었다.

질병 확산에 일조했던 세계 대전 그 자체보다 다섯 배는 더 많은 수였다.[92] 고향으로 돌아온 참전 용사들이 퍼트린 질병들은 인플루엔자 이외에도 더 있었다. 호주와 영국, 캐나다, 중국, 프랑스, 독일, 이탈리아, 러시아 그리고 미국을 비롯한 수많은 국가에서 말라리아 감염률이 크게 증가했다. 1차 대전 종결에서 2차 대전 발발까지의 전간기戰間期 동안, 모기는 잃어버린 시간을 보상받으려는 듯 온갖 질병을 쏟아냈다. 모기가 말라리아와 황열병, 사상충증, 뎅기열을 유발한다는 사실을 이제 알게 되었지만 죽음의 판매상 모기를 저지하는 건 부유한 서구 국가에서도 어려운 일이었다.

92 '스페인 독감' 최초 감염자의 행방은 학계의 뜨거운 논쟁거리다. 이름과 달리 스페인은 확실히 아니며, 보스턴이나 캔자스, 프랑스, 오스트리아, 중국으로 보는 이가 많다. 보스턴일 가능성이 가장 높다.

예컨대 1920년대 10년 동안 전 세계에서 말라리아에 감염된 이는 매해 무려 8억 명, 연간 사망자 수는 350만 명에서 400만 명으로 추산된다. 미국에서는 1920년대 동안 120만 명이 말라리아에 감염되었으며, 그다음 10년 동안에는 기세가 누그러져 60만 명이 감염되고 5만 명이 죽었다. 뎅기열 또한 미국 남부에서 기승을 부리면서 1922년 갤버스턴에서만 3만 명을 포함하여 텍사스에서 60만 명을 감염시켰다. 이를 지켜본 누군가는 모기 매개 질병을 이기려 드는 일은 "팔이 하나밖에 없는 남자가 오대호의 물을 숟가락으로 모두 퍼내려 드는 것"만큼 무의미하다는 말을 남기기도 했다. 모기 매개 질병으로 인한 미국의 한해 평균 경제적 손실은 세기말 1억 달러에서 1930년대 5억 달러까지 늘어났다. 1932년 중국에서는 양쯔강 범람 이후 해당 지역의 말라리아 감염률이 60퍼센트까지 높아졌으며 30만 명 이상의 사망자가 발생했다.

이후 5년 동안 말라리아는 대략 4천만 명에서 5천만 명의 중국인을 유린했다. 혁명과 내전을 통해 막 탄생한 소련 또한 모기에게 잡아먹혔다. 1917년에 일어난 볼셰비키 혁명은 러시아를 전쟁에서 퇴장시키고 동부 전선을 무너뜨렸다. 로마노프 왕가의 차르가 다스렸던 러시아 제국에서 혁명과 내전이 일어나면서 러시아 전역에서 보건 시설이 망가지고 파괴되었다. 홍수와 기근, 역병을 비롯해 맬서스식 생태계 균형을 위한 재앙이 뒤따르면서 1923년 내전이 종결되기 전까지 최대 1,200만 명의 러시아인이 죽었다. 승리의 붉은 군대를 이끌었던 레닌Lenin과 트로츠키Trotsky, 스탈린Stalin이 전 지구적 정치, 군사, 경제 측면에서 서구 민주주의 국가들에 대항해 소련과 공산주의를 선보였지만, 이 역사적 사건에도 질병과 궁핍은 함께 했다. 레닌이 무자비하게 권력을 키워나가던 때, 삼일열말라리아와 열대열말라리아는 대기근 시기와 끔찍했던 티푸스 역병 시기에도 끼어들었으며, 그 이후에도 소련 전역에서 맹위를 떨치면서 북쪽으로 멀리는 얼음이 얼어붙는 아르한겔스크 항까지 진출했다. 북극권으로부터 약 125마일(약 201킬로미터) 아래에 위치한 아르한겔스크는 알래스카 페어뱅크스와 위도가 같다. 1922년부터 1923년까지 이어진 북극 열병은 기온과 무역, 사회 갈등, 적절한 모기 그리고 따뜻한 피를 가진 인간 매개자만 있다면 말라리아가 어디서든 재앙을 일으킬 수 있다는 사실을 보여주었다. 기이하고 당혹스러운 극지방 말라리아는 3만 명을 감염시키고 9,000명의 목숨을 앗아간 것으로 추정된다. 역사가 제임스 웹은 이를 두고 "1922년부터 1923년까지 근대 유럽 최대의 말라리아 역병이 닥쳤다"고 평했다. 가장 피해가 컸던 볼가강 분지, 러시아 남부, 스탄 국가들 그리고 캅카스에서는 감염률이 50퍼센트에서 100퍼센트까지 치솟았다. 1923년 한해만 하더라도 소련 전역에서 1,800만 건의 말라리아 감염 사례가 발견되었고, 60만 명이 사망했다. 벼룩이 옮기는 티푸스 역병 또한 1920년부터 1922년까지 정점을 찍어 러시아인 3천만 명을 감염시키고 300만 명을 죽였다. 티푸스 역병은 독일에서 시안화물 기반의 농약 치클론 B가 개발되었던 1923년에 이르러서야 잦아들었다.[93] 소련 전역에서 말라리아는 1934년 1천만 건의 감염을 기록하며 정점을 찍

93 본래 살충제로 개발되고 사용되었던 치클론 B는 이후 나치가 홀로코스트 당시 유대인 및 여타 포로를 잔혹하게 학살하는 데 사용한 화학물질로 악명을 떨친다.

모기 유충 죽이기: 1942년 소련의 모기 퇴치 포스터다. 좌측 하단 글귀는 모기 및 늪지대와의 전쟁을 논하고 있다. 소련/러시아는 말라리아와 오랜 역사를 함께했다. 러시아 혁명과 내전 이후, 기록된 역병 중 유럽 최악의 말라리아 역병이 돌았던 1922~1923년 동안 말라리아가 북쪽으로 멀게는 북극해의 아르한겔스크 항까지 덮쳤다. 1923년 한해에 소련에서 1,800만 건의 감염이 발생했으며 그중 60만 명이 사망한 것으로 추정된다. © U.S. National Library of Medicine

었다. 전간기 동안 모기 매개 질병이 빠르게 확산되자 그 진상을 밝히기 위한 의학 조사와 모기 퇴치 프로그램도 속도를 내기 시작했다. 살육 전쟁이었던 제1차 세계 대전과 그 여파가 신음 속에서 서서히 잦아들 때도, 숙적 모기를 상대로 하는 참호 안 전투는 계속되었다.

모기와 모기 매개 질병을 상대로 과학적 분투가 계속되던 와중에 1917년 기묘하고 획기적인 사건이 하나 발생했다. 신경매독의 치료제를 연구하던 오스트리아의 정신과 의사 율리우스 바그너 폰 야우레크Julius Wagner von Jauregg가 설익은 아이디어를 내놓았다. 정신착란을 보이는 말기 매독 환자에게 치명적이지는 않지만 그래도 여전히 고통스러운 특정 종류의 말라리아를 주입하여 치료하겠다는 것이었다. 이 방법은 효과가 있었다. 섭씨 42도까지 치솟은 말라리아열이 열에 민감한 박테리아를 죽인 것이다. 환자들은 매독으로 고통스러워하다 죽느니 차라리 말라리아를 지고 사는 편을 택했다. 추측컨대 둘 중 후자가 그나마 덜 고통스러웠을 게 분명했다. 모기는 이제 살인마이자 구원자로 거듭났다. 폰야우레크가 "말라리아 요법은 결국 말라리아 질병"이라고 조언했음에도 말라리아 요법은 명성을 얻었고, 1922년에 이르자 미국을 비롯한 다수의 국가에서 매독 환자들에게 이 요법을 처방했다. 1927년, 폰야우레크는 미친 짓 같지만 그럼에도 혁신적이었던 이 요법으로 노벨 의학상을 수상했고, 이즈음에 이르자 미국의 병원들에는 말라리아를 효과 좋은 치료제처럼 '복용'하려는 이들의 대기 명단까지 생겨났다. 이듬해 다행히도 알렉산더 플레밍이 세계를 바꿔놓은 항생제, 페니실린을 발견하면서 말라리아 요법 수요는 줄어들었다. 이제 환자들은 말라리아를 주입하지 않고도 매독을 비롯한 박테리아 감염병을 치료할 수 있게 되었다. 페니실린은 1940년부터 전 세계에서 대량 생산되기 시작했다.

이외에도 인류 최강의 적수와 싸우기 위한 여러 발전이 이어졌다. 남아메리카, 멕시코, 네덜란드령 인도네시아에 한정되었던 키나나무 플랜테이션이 세계 각지로 확산되었다. 영국령 인도와 스리랑카 그리고 미국령 필리핀과 푸에르토리코, 버진아일랜드, 하와이에도 키나나무 덤불이 군데군데 소규모로 재배되었다. 또한 미국을 비롯하여 모기가 들끓는 국가와 식민지들에서 모기 관리 위원회가 창립되었다. 1924년에는 국제연합UN의 전신인 국제연맹LN이 보건 기구 산하 말라리아 위원회Malaria Commission를 설치했다. 1913년에는 미국의 스탠더드오일 창립자인 존 D. 록펠러John D. Rockefeller가 록펠러 재단을 건립해 훗날 게이츠 재단을 비롯한 수많은 자선단체가 본보기로 삼을 만한 혁신적 형태의 자선사업을 펼쳤다. '전 세계 인류의 행복 증진'이라는 모토로 활동하는 록펠러 재단은 1950년까지 모기 퇴치, 말라리아 및 황열병 연구를 비롯한 수많은 보건 관련 의제에 1억 달러 이상을 기부했다.

전간기 동안 가장 대담하고 성공적이었던 모기 퇴치 사업은 바로 유명한 폰티노 습지에서 베니토 무솔리니가 벌인 개간 사업이다. 이탈리아의 독재자 무솔리니는 폰티노 습지를 개간하여 말라리아를 퇴치하겠다는 과업을 최우선 과제로 삼았다. 그가 이끄는 파시스트당은 이 사업을 통해 민심을 얻고 비거주지를 농경지로 개발하는 한편, '위대한 시골 전사great rural warriors'를 양성하고 무솔리니의 '두 번째 이탈리아 르네상스'를 전 세계에 쏘아 올릴 계획이었다. 1929년, 무솔리니에게 반드시 필요했던 개간 사업이 본격적으로 시작되었다. 당시 이탈리아의 말라리아 감염 지역에서는 농부의 평균 수명이 불과 22.5세에 불과했다. 폰티노 습지에 대한 예비 인구 조사 결과, 영구적인 정착촌은 하나도 없으며, 단 1,637명의 '열병에 시달리는 합지증의 코르크 커터corkcutters'가 허물어져가는 억새 초가집에 살고 있는 것으로 파악되었다. 한편 이 결과 보고서는 또한 폰티노 습지에서 하루를 보낸 이들 중 80퍼센트가 말라리아에 감염될 것으로 보인다는 경고를 덧붙였다.

이 사업은 크게 세 단계로 이루어졌다. 첫 번째 단계에서 이들은 늪지대를 개간하고 밀물이 들어오지 못하도록 댐을 건설했다. 파시스트당이 '늪지대와의 전쟁'이라 불렀던 이 사업을 위해 노동자를 강제로 동원하는 수밖에 없었는데, 그 수는 점점 늘어나 1933년 12만 5,000명으로 정점을 찍었다. 동원된 노동자 대부분이 소위 '인종적으로 열등한' 이탈리아인이었다. 이외에도 2,000명 이상이 말라리아 관련 의학 실험의 대상이 되었다. 두 번째 단계에서는 석조 농가와 공공시설을 건설해 정착민들을 강제로 이주시키고 농지를 할당했다. 세 번째 단계에서는 창문에 모기장을 설치하고 위생을 개선하며 의료 서비스를 제공하는 한편, 퀴닌 배급소를 전략적으로 곳곳에 설치하고 상당한 비축량을 배급하는 등 모기와 말라리아에 대한 조치가 취해졌다.

1930년부터 노동자들은 말라리아에 시달려가며 덤불숲을 제거하고 100만 그루 이상의 소나무를 심는 한편, 무려 1만 300마일 길이의 운하와 제방을 건설하고 그 길을 따라 유압 펌프장을 곳곳에 설치했다. 바둑판처럼 늘어선 운하와 제방 중에는 안치오 부근의 티레니아해로 무해하게 흘러가는 무솔리니 운하도 포함되었다. 무솔리니는 10년 이상 진행된 이 공사를 선전에 이용했다. 그는 병들었지만 미소를 띤 노동자들 혹은 나들이 나온 사람들 사이에서 셔츠를 벗은 채 삽이나 도리깨를 손에 든 모습, 혹은 붉은 모터사이클에 올라탄 모습으로 사진이나 뉴스릴(당대 사건들을 담은 기록영화)을 찍었다. 1932년부터 1939년까지 라티나와 아프릴리아, 포메치아를 비롯해 각기 독특한 건축 형태를 지닌 소도시 다섯 곳이 건설되었고, 그 주변으로 마을 열여덟 곳도 형성됐다. 무솔리니의 선전은 차치하고서라도, 그가 벌였던 혁신적인 개간 및 퇴치 사업은 큰 성공을 거두었다. 1932년부터 1939년 사이 개간 지역은 물론 이탈리아 전역에서 말라리아 발병률이 무려 99.8퍼센트나 감소했다. 그러나 1944년, 인면수심의 나치가 수주에 걸쳐 생물전을 벌이며 이탈리아가 말라리아 퇴치로 일궈낸 모든 성과를 뭉개버렸다.

전간기 동안 모기 연구에 박차가 가해지기는 했으나, 실질적으로 모기에게 반격을 가할 수 있게 된 건 제2차 세계 대전 당시 미국이 맨해튼 계획과 마찬가지로 비밀리에 진행한 사업을 통해서였다. 이들은 최신식 합성 항말라리아 의약품이자 모기 또한 죽일 수 있는 DDT를 이용했다. DDT는 1874년 독일과 오스트리아의 화학자들이 처음 합성한 물질인데, 그 살충 효과를 처음으로 알아본 것은 1939년의 독일계 스위스인 과학자 파울 헤르만 뮐러Paul Hermann Müller였다. 뮐러는 1948년 "DDT가 다수의 절지동물에 대한 고효율 접촉독임을 발견한" 공로로 노벨상을 수상했다.

뮐러는 본래 유기농 식물에서 추출한 염색용제와 가죽 태닝용제를 연구하고 있었는데, 동식물(그리고 과일들)에 대한 애정이 소독약을 비롯한 식물 보호 용제를 개발하도록 그를 부추겼다. 1935년 그는 곤충을 관찰하던 도중, 이들이 인간이나 여타 동물과는 다른 방식으로 화학물질을 흡수한다는 사실을 발견하게 된다. 마침 스위스에서 농작물 병충해가 돌아 식량이 심각하게 부족했고, 앞서 언급했다시피 러시아에서도 치명적인 티푸스 역병이 도는 데다 동유럽 전역으로 광범위하게 확산되던 터라, 뮐러는 연구에 박차를 가했다. 생명과 농장들을 보호하고 그의 소중한 과일나무들도 지키겠다고 결심한 그는 '최대한 많은 종의 곤충에 대하여 신속하고 강력한 독작용을 일으키는 한편 식물과 온혈동물에는 거의 아무런 해를 끼치지 않는 이상적인 접촉성 살충제'의 개발을 목표로 연구에 몰두했다. 4년 동안 수없이 실패하고 349종의 부적합한 화학 물질을 만들어낸 끝에, 350번째 시도에서 드디어 마법의 총알 DDT를 만들 수 있었다.

흔한 집파리와 파괴적인 콜로라도감자잎벌레를 대상으로 한 실험이 성공을 거둔 이후, 여타 해충에 대해서도 일련의 실험이 속사포처럼 진행되었다. 그 결과 DDT가 벼룩과 이, 진드기, 모래파리, 모기를 비롯한 수많은 곤충 떼를 놀라울 정도로 효과적이고 효율적으로 제거하는 것은 물론, 그 과정에서 티푸스와 트리파노소마증, 리슈마니아증, 말라리아, 황열병을 비롯한 수많은 곤충 매개 질병도 없앨 수 있음이 드러났다. DDT의 살충 메커니즘은 나트륨이온 통로와 신경전달물질의 단백질과 혈장을 교란시켜 신경계를 파괴함으로써 발작과 경련을 일으킨 뒤 죽음에 이르게 하는 것이다. 1939년 9월, 나치 독일과 소련이 몰로토프-리벤트로프 조약(독일-소련 불가침 조약)을 맺고 폴란드를 분할 점령하다가 제2차 세계 대전을 촉발시키던 한편에서, 뮐러는 스위스 바젤의 가이기 AG Geigy AG(오늘날 다국적 제약회사 노바티스의 전신) 실험실에서 DDT와 함께 하는 화학의 시대를 열었다.

DDT는 독일계 과학자의 발명품이었지만, 히틀러는 이것이 무용하며 나치 독일의 건강에 위협이 될 것이라는 주치의의 조언에 따라 독일군의 DDT 사용을 금지했다. DDT는 이후 1944년에 이르러서야 독일에서 사용되기 시작했다. 반면 미국은 1942년 이미 DDT를 대량생산하여 전력을 보강했으며, 여기에 더해 막대한 말라리아 프로젝트도 추진하였다. 말라리아 프로젝트에는 핵무기 개발 프로젝트인 맨해튼 계획과 같은 수준의 기밀과 보안이 유지되었으며 프로젝트 범위도 비슷한 수준이었다. 그렇게 연합국의 무기고에는 핵무기와 DDT 산탄통이 추가되었다.

미국 전쟁부는 군대 내에 열대의학부서를 신설하고, 1942년 5월 말라리아학 군사학교the Army School of Malariology를 건립하여 말라리아 조사단Malaria Survey Units, 별칭 '모기 여단Mosquito Brigades' 혹은 '딥스틱 병사Dipstick Soldiers'를 양성했다. 마법봉 같은 DDT 분사기를 든 유례없고 선구적인 모기 병사들은 모기 박멸을 목표로 1943년 초 연합국 작전 지역에 투입되었다. 하지만 DDT는 모기에게 직접 영향을 미치는 반면, 말라리아 질병 자체에는 영향을 미치지 못했다.

전쟁이 시작될 무렵 말라리아 예방에 대해서는 여전히 퀴닌에 의존할 수밖에 없었다. 그런데 전 세계 키나나무 플랜테이션과 퀴닌 공급을 꽉 쥐고 있던 건 다름 아닌 일본이었다. 일본은 1942년 초 태평양 일대에서 빠르게 세력을 확장하면서 당시 전 세계 퀴닌의 90퍼센트를 생산하던 네덜란드령 동인도(지금의 인도네시아)를 점령했다. 퀴닌은 석유, 고무, 주철과 더불어 일본의 군사 계획에 반드시 필요한 요소였으며, 일본이 이를 확보함으로써 독일 또한 상당한 도움을 받았다. 연합국으로서는 퀴닌 부족 때문에 군사적 차질이 빚어졌다. 인도와 남아메리카 그리고 미국의 해외 영토에서 들여오는 키나나무는 양이 한정적인 데다 질도 부적합했다. 전쟁을 치르려면 퀴닌의 인공 대체제가 반드시 필요한 상황이었다. 미국이 말라리아 프로젝트를 진행한 이유가 여기에 있었다.

말라리아 프로젝트의 호위와 후원하에 미국인 화학자들은 연구에 돌입했고, 합성 키나-퀴닌 대체제를 향한 수색이 본격적으로 이뤄졌다. 1만 4,000여 개 이상의 혼합물질이 실험되었다. 여기에는 1957년 클로로퀸 내성이 나타난 이후 다시 주목받는 메플로퀸과 말라론 유도체도 포함되었다. 레오 슬레이터Leo Slater가 말라리아에 대한 생체의학 연구서 「전쟁과 질병War and Disease」에서 설명한 바에 따르면, "1942년과 1943년 당시 항말라리아 사업에는 세 가지 주요 과학적, 임상적 우선과제가 있었다. 새로운 화합물을 합성하고, 아타브린을 이해하고, 클로로퀸을 개발하는 것이었다. (중략) 아타브린이 퀴닌을 대체하고 매일같이 사용하는 의약품이 된 지 얼마 되지 않아 희망의 신약 클로로퀸 또한 등장하였으나 (중략) 전쟁이 끝나기 전까지는 임상시험이 진행되지 않았다." 아타브린 생산량은 1943년 18억 정에 달했으며 1944년이 되자 25억 정으로 늘어났다.[94] 모든 연합국 군인이 황열병 예방접종을 받았던 반면, 효과가 완전치 않던 아타브린 알약을 모든 병사가 제대로 복용했는지는 야전 사령관들도 장담할 수 없었다.

부작용에 관한 소문과 실제 부작용 때문에 많은 병사가 아타브

94 아타브린은 메파크린(mepacrine) 혹은 키나크린(quinacrine)으로도 알려져 있다.

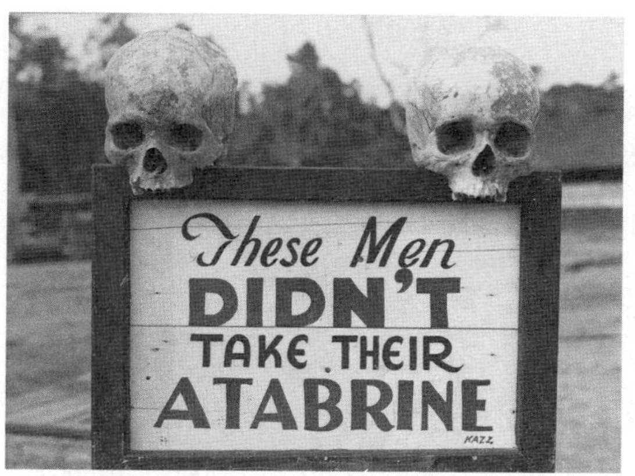

아타브린을 복용하지 않은 자들: 제2차 세계 대전 당시 파푸아뉴기니 포트모르즈비에 위치한 미국군 제363 위수병원 바깥에 세워진 푯말이다. 연합군 병사들에게 항말라리아제 아타브린을 복용할 것을 역설하고 있다. 많은 병사가 일일 복용량을 제대로 지키지 않았는데, 아타브린이 안면 및 안구 황달과 기이한 색의 소변, 두통과 근육통, 구토와 설사를 유발했기 때문이다. 드물게 일시적 혹은 영구적 정신질환 또한 유발했는데, 이는 오늘날의 메플로퀸과 유사하다. © National Museum of Health and Medicine

린을 제대로 복용하지 않았다. 복용 후에는 쓴맛이 남았으며, 안면과 안구에 황달이 생겼고, 소변 색도 이상해졌으며, 두통과 근육통도 생겼다. 드물게는 구토와 설사, 정신착란도 유발됐다.[95] 그러나 독일과 일본이 연합국의 사기와 전투력 그리고 병력을 떨어뜨리고자 선전에 이용했던 루머와 달리, 아타브린은 발기부전이나 불임을 유발하지는 않았다. 추축국은 연합국 병사들이 담배, 풍선껌, 허쉬 'D 레이션' 초콜릿바 그리고 리타 헤이워드Rita Hayworth, 베티 그레이블Betty Grable, 제인 러셀Jane Russell 등의 '핀 업 걸' 사진을 서로 주고받

95 최근 군인을 중심으로 메플로퀸으로 인한 영구적 정신질환 발병이 다수 보고되면서 이목이 집중되었다. 나 또한 지난 2004년 항말라리아제 메플로퀸을 복용한 후 환각에 빠진 경험이 있다.

듯 말라리아도 주고받기를 바라며 아타브린을 비방했다.[96]

모기장 또한 의무적으로 사용해야 했으나 한 병사의 말에 따르면 이 또한 제대로 이행되지는 않았다. 병사들은 "모기장과 방충모자와 장갑에 신경 쓸 여력도 시간도 없었다." 몇몇 병사들은 전선에서 빠지고자 일부러 모든 말라리아 예방 조치를 회피했다. 사령관들은 이를 두고 '말라리아 탈영'이라 불렀으나 그 위법성을 증명하거나 처벌하기는 어려웠다. 신중하고 파격적인 장교들은 심지어 점호 때 아타브린 알약을 나누어주었고, 병사들에게 공개적으로 소변을 보게 하여 명령을 이행했는지를 육안으로 확인했다. 그러나 일반적으로 태평양 전역에서 싸우는 온갖 국적의 전투원들에게 있어 말라리아는, 한 병사의 말을 빌리자면, "피할 수 없었으며 늘 그랬듯 일과의 일부분"이었다. DDT와 아타브린에도 모기 매개 질병 관련 수치는 충격적으로 높았다. 그러니 이 두 과학적 혁신이 없었더라면 말라리아 관련 수치가 어땠을지 짐작할 수 있다.

전쟁 동안 미국군 사이에서 보고된 모기 매개 질병 건수는 약 72만 5,000건이며, 그중 대략 57만 5,000건이 말라리아, 12만 2,000건이 뎅기열, 1만 4,000건이 사상충증이었다. 모기 매개 질병 때문에 병사들이 복무하지 못한 총 기간은 330만 일에 달했다. 태평양 지역에서 복무한 모든 미국인 중 약 60퍼센트가 한 번 이상 말라리아에 감염된 것으로 추정된다. 전시 감염자 중 유명한 이들로는 당시 해군 중위였던 존 F. 케네디, 종군기자 어니 파일Ernie Pyle 그리고 이

96 전쟁 당시 허쉬 초콜릿 컴퍼니는 'D 레이션' 혹은 '트로피컬' 초콜릿바 30억 개를 생산했다. 1945년 허쉬 생산 공장에서는 일주일마다 2,400만 개의 초콜릿바를 생산했다.

등병 찰스 컬Charles Kuhl이 있다. 1943년 8월 연합군이 시칠리아를 침공했을 당시, 조지 S. 패튼George S. Patton 장군은 병사들이 비겁하게도 '전투피로증' 혹은 '셸 쇼크shell shock(전시 신경증)'라는 꾀병을 부린다고 분노하면서 병동에 누워 있던 컬을 포함한 두 명의 병사를 구타했다가 스캔들에 휘말렸다. 사실 컬은 당시 섭씨 39도의 고열이 있었으며 곧이어 말라리아 진단을 받았다(이후 패튼 장군이 공식 사과했다). 모기 매개 질병에 관한 추축국의 군사 기록은 드문드문 확인할 수 있을 뿐이지만, 연합국과 비슷하거나 약간 높은 수준의 감염률을 보였을 것으로 추정된다.

연합군, 특히 태평양 지역의 연합군은 모기 매개 질병에 잠겨 있었다. 이 때문에 극동지역 미 육군 사령관이었던 더글러스 맥아더Douglas MacArthur 장군은 "적과 맞서는 데 있어 나에게 주어진 모든 사단이 두 번째 사단은 말라리아에 걸려 병원에 있고 세 번째 사단은 그 처참한 질병에서 회복 중에 있다면 이 전쟁은 기나긴 전쟁이 될 것"이라는 불길한 말을 남겼다. 미군이 태평양 전역에서 섬 건너뛰기island-hopping 전술을 펼치며 소규모 화산 환초(고리모양으로 배열된 산호초)에 융단폭격을 가하는 바람에 모기의 번식 지역이 늘어났고, 이에 따라 모기 개체 수도 폭발적으로 증가했다. 1942년 과달카날 전역에서는 말라리아가 제1 해군 사단을 집어삼킨 탓에 '역병 작전Operation Pestilence'이라는 별명이 붙기도 했다. 이 작전 동안 미군에서 6만 건의 말라리아 감염이 보고되었다. 1943년 2월 과달카날 전역에서 철수한 일본군 또한 그동안 말라리아 열병에 시달려온 것이 분명했다. 파푸아뉴기니에 주둔했던 호주군과 뉴질랜드군 중 80퍼센트 가까이가 말라리아에 감염되었던 한편, 사이판에 주둔한 일본군 또한 1944년 여름 미국군의 공습을 받는 동안 말라리아에 갈기갈기 찢겼다. 필리핀 바탄에서 모기는 일본군 편에 서서 미국인 방위군과 필리핀 동맹군을 뼈만 남기고 말려버렸다. 수천 명이 포로수용소로 행군하던 도중 사망했고, 금방이라도 무너질 듯한 포로수용소에 도착해서는 더 많은 이가 같은 운명을 맞이했다.

맥아더 장군의 지지와 신뢰를 받던 말라리아 학자 폴 러셀Paul Russell의 지휘로 1943년부터 태평양 지역과 이탈리아에 DDT 살포 작업이 이뤄졌다. 맥아더 장군은 러셀을 처음 만나는 자리에서 선

역병 작전: 1942년 9월 과달카날 전역 당시, 미국 제1 해군 사단의 일원이 이송되는 모습이다. 1942년 8월부터 1943년 2월까지 미국군에서 6만 건이 넘는 말라리아 감염이 보고되었다. © Library of Congress

채로 퉁명스럽게 이야기했다. "박사, 말라리아 때문에 문제가 심각합니다." 사실 맥아더 장군은 참모총장 조지 마셜George Marshall 장군에게 직접 서신을 보내 러셀을 이곳에 오게 했다. 그가 총사령관에게 보낸 서신은 간단명료했다. "러셀 박사를 찾아 제게 보내주십시오." 러셀이 뉴기니에 온 지 얼마 되지 않았을 무렵, 기병대 사령관이 다가와 말했다. "모기나 데리고 놀 거면 여기서 귀찮게 굴지 말고 썩 워싱턴으로 돌아가시오. 난 왜놈이랑 싸울 준비를 하느라 바쁘오." 또 다른 이도 지나가면서 말을 얹었다. "우린 여기 왜놈들을 죽이러 온 것이지 모기 따위 알 바 아닙니다." 러셀이 맥아더 장군에게 이 대화를 보고했을 때, 쫓겨난 건 러셀이 아니라 그 사령관이었다.

미국 말라리아 조사단은 1943년 3월부터 맥아더의 작전 지역에서 DDT를 살포하고 모기가 번식할 만한 장소를 위생 처리하는 한편, 미국군 병사들에게 아타브린과 홍보를 퍼부었다. 병사들은 땅에 물 한 방울이라도 떨어뜨리거나 침이라도 뱉었다가는 수초 내로 '딥스틱 병사'가 나타나 물을 빨아들이고 스프레이를 뿌릴 것이라고 농담했다. 또한 이 '모기 추격자'들은 태평양 전역에서 모기가 번식할 만한 곳에 등유를 1,200만 갤런 가까이 뿌렸는데, 이는 1989년 악명 높은 엑슨발데즈 알래스카 원유 유출 사건 때의 유출량과 맞먹는다. 1944년 말까지 전쟁 지역 900여 곳 2,070개 주둔지에서 4,000명의 '모기 킬러'들이 활동했다. 그 무엇도 DDT를 막을 수 없는 것처럼 보였다. 미국의 DDT 생산량은 1943년 15만 3,000파운드에서 1945년 3,600만 파운드로 증가했다. 미국은 적어도 모기와의 전쟁을 승리로 이끌 탄약을 손에 넣은 셈이었다. DDT가 모기들을 표적

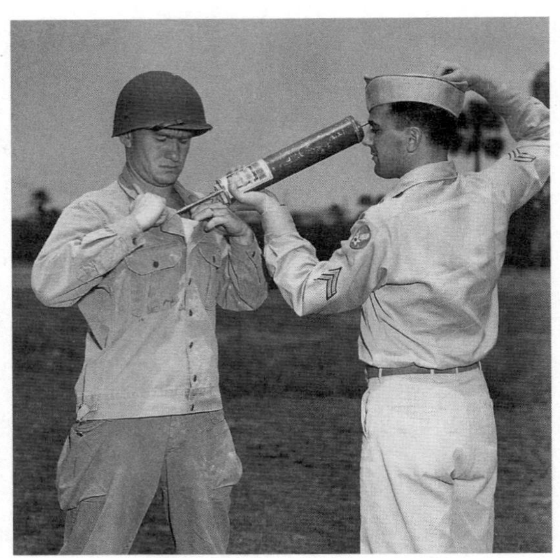

말라리아 프로젝트: 1945년 미국군 병사가 DDT를 몸에 끼얹는 모습이다. 제2차 세계 대전 당시 DDT는 모기와의 전쟁에서 빼놓을 수 없는 무기가 되었다. 미국군 열대의학부서와 부서 산하 말라리아 조사단, 일명 '모기 여단' 혹은 '딥스틱 병사'들이 DDT를 주무기로 삼았다. DDT는 화학 모기 살충제로 수많은 생명을 구했다. © Public Health Image Library-CDC

으로 삼았던 한편, 말라리아 프로젝트는 병사들을 교육했다. 태평양 지역 전역과 여타 말라리아 감염 전선에서 모기 중심 선전이 물밀듯 들이닥쳐 퇴치 팀에게 힘을 실어주었다.

백설 공주의 일곱 난장이가 등장하는 월트 디즈니의 1943년작 말라리아 예방 만화영화, 〈날개 달린 골칫거리The Winged Scourge〉가 병사들 사이에서 공전의 히트를 기록했다. 모기가 주인공으로 등장하며 성적 묘사로 가득한 소책자 『내 이름은 앤, 당신을 만나고 싶어 죽겠어요This is Ann: She's Dying to Meet You』 또한 1943년 성황리에 발매되어 많은 병사가 자기 전 침대에서 읽는 이야기가 되었다. 엄청나

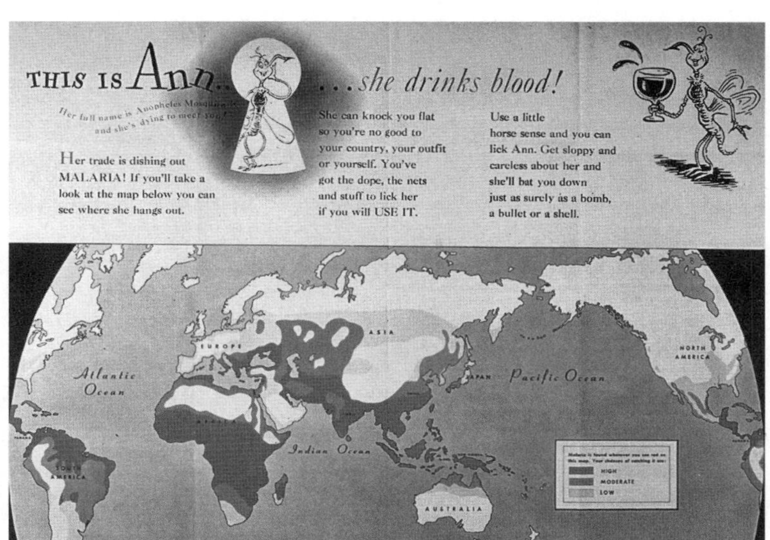

"내 이름은 앤, (중략) 앤은 피를 마셔요! 풀 네임은 아노펠레스 모스키토, 당신을 만나고 싶어 죽겠어요!": 1943년에 만들어진 이 전단지는 당시 특별 업무 사단의 전쟁 애니메이션 부서에서 닥터 수스, 시어도어 수스 가이젤 대위가 만든 수많은 말라리아·모기 관련 포스터 및 소책자 중 하나이다. 병사들에게 모기의 위험을 경고하는 한편, 예방 및 보호 조치를 홍보하고 있다. 지도는 말라리아의 지리적 범위를 나타낸 것이다. 매우 야한 모습의 위험한 모기, 앤은 그가 만든 전시 인쇄 및 영상 애니메이션에 자주 등장한다. © U.S. National Library of Medicine

게 야한 이 소책자는 다름 아닌 동화 작가 닥터 수스Dr. Seuss가 쓰고 그렸다. 이야기 속에서 모기는 손에 잡히긴 하지만 감질 나는 서큐버스, 매력적인 여자 그리고 동네 매춘부로 등장하여 무방비 상태의 열정적인 병사들을 유혹하고 빨아먹는다. "앤은 남자가 정말 많아요. 풀 네임은 아노펠레스 모스키토(얼룩날개모기), 말라리아를 나누어주는 일을 하죠. (중략) 앤은 열심히 일해요. 자기의 본분도 잘 알고 있어요. (중략) 앤은 땅거미가 질 때부터 동이 틀 때까지 밤에 돌아다니죠. 정말 파티걸이라니까요. 앤은 늘 갈증을 느껴요. 하지만 위스키, 진, 맥주, 럼콕 따위는 마시지 않죠. (중략) 앤은 피를 마셔요. (중략) 한 잔 더 마시고 싶을 때마다 앤은 아직까지도 무방비 상태일 만큼 멍청한 얼간이를 찾아다닌답니다."

우리가 사랑하는 닥터 수스, 시어도어 수스 가이젤Theodor Seuss Geisel 대위는 전쟁 애니메이션 부서에서 '앤'의 위험성에 관한 수많은 포스터와 소책자, 훈련용 영화 등을 만들었다.[97] 앤은 리타나 베티, 제인 같은 진짜 핀 업 걸들과는 경쟁이 되지 않았지만, 그래도 핀 업 걸 모델이자 여배우로서 전쟁 중 가이젤이 만든 작품에 자주 등장했다. 가이젤의 코믹 만화 『스나푸 이등병Private Snafu』 중 세 마리 모기가 등장하는 성적인 에피소드들에도 앤이 등장한다. 이등병의 이름 '스나푸'는 '정상 상태: 완전 망함Situation Normal: All Fucked Up'의 약자로 미군 병사들이 쓰던 은어였다. 워너브라더스에서 제작한 이 애니메이션 시리즈에는 루니툰Looney Tunes 음악과 벅스버니, 대피 덕, 포키 피그(모두 루니툰에 등장하는 캐릭터)를 연기한 성우 멜 블랭크Mel Blanc의 목소리가 더해졌다.

전쟁 기간 중 특별 업무 사단Special Services에서 말라리아와 모기의 위험성을 홍보하는 만화와 소책자, 포스터 수백 가지를 제작했다. 여자에 굶주렸던 미군 병사들의 주의를 끌기 위해 닥터 수스를 비롯한 많은 이가 외설적인 작품을 만들었다. 뉴기니의 한 옥외 광고판에는 반나체의 풍만한 여성이 "기억하세요, 아타브린 먹기!"라는 문구와 함께 그려져 있었다. 비슷한 메시지와 함께 나신의 여성이 그

---

97 가이젤은 또한 DDT 기반의 살충제 플리트(FLIT)를 홍보하는 캐릭터와 작품들을 만들었으며, 유명 슬로건 "서둘러, 헨리! 플리트야" 또한 만들었다. 에소(Esso, 미국 엑손사의 휘발유) 및 스탠다드 오일 홍보 포스터도 그렸다.

려진 광고판들이 태평양 지역과 이탈리아, 중동 전역에서 병사들에게 인사를 건넸다. 뻐드렁니에 눈이 째진 일본인 모기가 안경 너머로 실눈을 뜨는 모습을 담은 그림도 있었다. 맥아더 장군은 말라리아 선전 운동과 러셀이 이끄는 DDT 모기 부대원들의 노고가 질병을 퇴치하고 작전 인력에 미치는 피해를 축소시켰다고 치하했다. 러셀은 맥아더가 "일본인들을 무찌르는 일에 관해서는 아무 걱정도 하지 않았지만, 그때까지 얼룩날개모기를 무찌르는 데에는 실패할까 크게 걱정했다"고 회고했다.

미국의 더글라스 맥아더와 마찬가지로, 영국의 육군 원수 윌리엄 슬림William Slim 또한 미얀마에서 일본군에 맞서 영국군을 지휘하던 당시, "부상으로 이송되는 병사보다 질병으로 이송되는 병사가

"당신의 조직은 두 적 모두와 싸울 준비가 되어 있습니까?": 제2차 세계 대전 당시 태평양 지역에 배포된 미국의 인종차별적인 반말라리아 포스터다. 치명적인 모기가 전투 능률과 전투력에 미치는 영향을 경고하고 있다. 전쟁 동안 미국군에서 보고된 모기 매개 질병 감염 사례는 대략 72만 5,000건이다. © U.S. National Archives

120배나 많다"며 고뇌했다. 슬림은 미처 몰랐지만, 사실 영국군은 잔혹했던 버마 전역에서 말라리아 덕분에 상대적으로 도움을 받고 있었다. 쏟아지는 장맛비와 우거진 정글 숲 그리고 끈질긴 질병 때문에 버마 주둔 일본군의 감염률은 무려 90퍼센트에 달했던 반면, 영국군은 80퍼센트에 그쳤다. 전쟁으로 초토화된 중국과 그곳의 일본 점령군 또한 계속해서 질병에 시달렸으며, 전쟁 기간 중 매해 평균 3천만 건의 말라리아 감염을 기록했다.

북아프리카와 이탈리아 전역에서 모기는 양편을 박쥐처럼 오갔다. 모로코부터 튀니지와 리비아를 거쳐 이집트까지 이어지는 사막 지대에서는 독일군과 이탈리아군의 말라리아 감염률은 연합군의 두 배였으며, 시칠리아에서는 양측이 대등했다. 이탈리아 본토에서

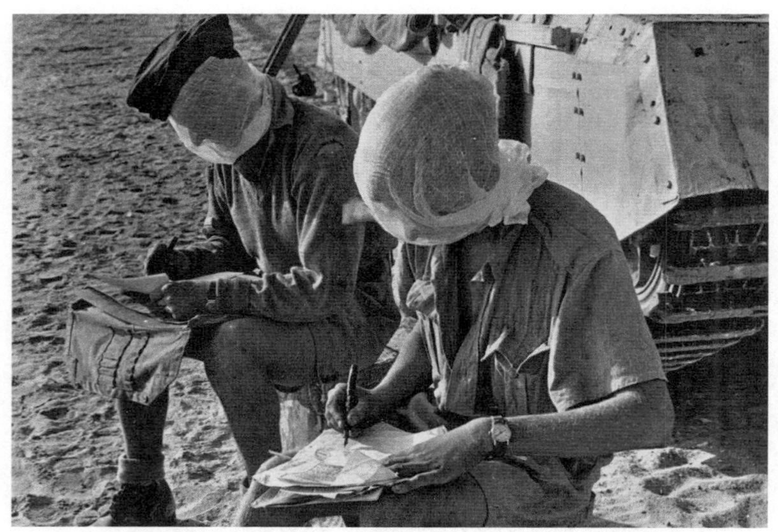

어느 멋진 날: 사방이 사막으로 둘러싸인 곳에서 영국군 병사 두 명이 모기장 모자를 뒤집어쓴 채 고향에 보내는 편지를 쓰고 있다. 이집트, 1941년. © Library of Congres

는 독일군이 고지대의 방어적인 위치를 선점하면서, 말라리아와 이 매개 티푸스가 연합군에게 훨씬 더 큰 영향을 미쳤고, 살레르노와 나폴리, 안치오, 아르노 북부와 포강 유역에서는 이 현상이 보다 극심하게 나타났다. 그러나 전체적으로 보자면 연합군은 DDT 살포 부대원들과 동행한 덕에 이탈리아 반도 전역에서 전투원과 민간인 모두에 대한 말라리아와 티푸스 감염률이 지속적으로 감소했다. 찰스 휠러Charles Wheeler 대령은 "티푸스 통제 프로그램의 성공적인 실행은 DDT와 같은 박멸 분말 사용이 핵심적"이라고 말했다. 모기 매개 말라리아에 대해서도 마찬가지로 DDT 살포가 핵심적이었다.

태평양 전역과 이탈리아에서 교전했던 모든 국가에 말라리아는 '거대한 가해자'였다. 전략적인 차원에서 모기 매개 질병은 기회주의적인 적군이었고, 모든 교전국에 비교적 동등한 피해를 입혔으며, 유럽에서나 태평양 전쟁에서나 연합국에 유리하게 판을 만들어 주지는 않았다. 연합국의 승리는 소련의 2,500만 사망자, 추축국의 석유와 철강을 비롯한 희소자원 부족 그리고 미국의 석유와 DDT를 비롯한 비할 데 없는 군수산업 생산량과 핵무기를 비롯한 미래 지향적인 기술 덕분이었다.

연합국이 러셀의 DDT 전투부대와 닥터 수스의 외설적인 만화 선전으로 얼룩날개모기에 대처하는 동안, 추축국의 나치 또한 사악한 음모 작전에 고용할 요량으로 모기를 주시했다. 이들은 1944년 안치오에서 연합국 침략군 및 얼마전 나치와의 동맹을 철회한 이탈리아 국민들을 상대로 모기 매개 생물전을 개시했다. 이탈리아가 추축국에서 연합국으로 돌아선 것은 1943년 9월의 일이었는데, 히틀러는 이에 격분했다. 전쟁 전부터 이탈리아인들이 인종적으로 열등한 혈통이라는 망상을 품고 있던 히틀러는 이 반역을 계기로 그 의심을 한층 더 굳혔다. 그는 반역자 이탈리아인들이 벌을 받아야 한다고 생각했다. 이탈리아의 국방과 반란자 이탈리아 국민들을 진압하는 일은 '민간인에 대한 전쟁'이라는 점령 정책과 함께 독일 국방군의 임무가 되었다.

독일이 1943년 시칠리아를 상실한 이후 폰티노 습지 남쪽의 구스타프 방어선을 성공적으로 지켜내고 있었기 때문에 연합군은 독일을 측면에서 공격하기 위해 안치오에 상륙할 수밖에 없었다. 그런데 이 시점에서 한때 개간 사업으로 자취를 감추었던 모기와 말라리아가 폰티노 습지와 이탈리아 반도 전역에 체계적으로 다시 자리를 잡는 일이 벌어졌다. 1943년 10월, 독일 육군 지휘관 알베르트 케셀링Albert Kesselring이 아마도 히틀러에게 직접 지시를 받고 폰티노 습지에 모기와 질병을 의도적으로 재확산하라는 명령을 내린 것이다. 생물전의 교과서적인 예시였다. 케셀링은 부대원들에게 "수중에 있는 모든 수단을 동원하여 가장 혹독한 수준으로" 작전을 수행하라고 명령하면서 "수단의 선택과 가혹한 정도에 있어서 우리 군의 통상적인 한계를 넘어서는 모든 장교를 지지하겠다"고 선언했다. 히틀러 또한 "하늘같은 증오로 이 전투를 수행해야 한다"며 동의를 표했다.

독일군은 우선 민간인들에게 모든 퀴닌 물량과 모기장을 몰수하여 창고에 처박아두었으며, 가정집 창문과 방충망을 망가뜨렸다. 게다가 발칸 전역에서 복무했던 이탈리아 병사들이 퀴닌에 내성이 있는 종의 열대열말라리아를 가져온 터였다. 독일은 배수펌프를 반대로 돌려놓고 제방을 열어 군데군데 지뢰와 방어물들이 심어진 습지의 90퍼센트에 염분 섞인 물을 흘려보내고, 지난 개간 사업 동안 공들여 심은 소나무들을 쓰러뜨렸다. 독일의 말라리아 학자들은 나치 고위 관계자들에게 (열대열말라리아를 매개하는) 치명적인 얼룩날개모기종이 염성 환경에서 번성하므로 습지에 해수가 다시금 들어차면 모기의 확산이 가속화될 것이라고 조언했다.

이는 연합군 병사들을 상대로 하는 생물전 행위였을 뿐만 아니라 나아가 변절자 이탈리아 민간인들에 대한 복수이기도 했다. 이탈리아인들은 전쟁이 끝난 뒤에도 오래도록 그 후유증을 앓게 될 터였다. 예일 대학교의 역사학자 프랭크 스노든Frank Snowden이 이탈리아의 말라리아에 관한 연구서에서 말한 바에 따르면, "이렇게 두 가지 야심을 추구했던 독일군은 20세기 유럽에서 유일무이한 생물전을 수행했다. (중략) 독일군의 계획이 불러온 의학적 응급사태는 세 차례 역병으로 이어졌으며 수많은 사람이 고통 속에서 죽었다." 내 아내의 할아버지이자 제2차 세계 대전에 참전한 평범하고 전형적인 미국인 병사였던 월터 '렉스' 레이니Walter 'Rex' Raney 병장이 말라리아에 길들여진 것도 1944년 이곳 안치오의 무솔리니 운하에서였다. 그는 이로부터 73년 후인 2017년 봄 내가 말씀드리기 전까지 본인이 나치가 계획적으로 일으킨 생물전의 피해자라는 사실을 모르고 있었다.

콜로라도 서부의 작은 농경마을에서 태어난 렉스는 1940년 미국군 제45 보병사단 '선더버드'에 입대했다. 1943년 봄에는 북아프리카에서 복무했으며, 같은 해 7월에는 시칠리아 침공에 참전했다. 시칠리아에서 전투가 이어졌던 5주 동안 미국군, 캐나다군, 영국군을 통틀어 2만 2,000건의 말라리아 감염이 있었으며, 상대측 이탈리아군과 독일군에서도 비슷한 수준의 말라리아 감염이 있었다. 그해 9월, 렉스는 이탈리아 본토의 살레노에 상륙하여 몬테카지노에서 싸웠고, 1944년 1월까지 독일군의 구스타프 방어선에서 싸웠다. 같은 달, 그는 구스타프 방어선 너머 안치오를 향한 육해군 합동 상륙작전에 참여했다.

렉스와 제45 보병사단은 그해 1월부터 6월까지 무솔리니 운하의 늪지대에 발이 묶여 있었다. "우리는 물에 잠긴 운하를 파헤쳐봤지만 조금도 나아갈 수가 없었다네. 그러다 6월에 철수해서 1944년 8월 프랑스 남부를 침공할 채비를 했지." 렉스가 회고했다. 그의 말에 따르면 안치오 상륙작전 당시 그곳을 죽음의 들판Field of Death, 죽은 여인Dead Woman, 죽은 말Dead Horse, 고기 들판Field of Meat, 죽은 이들을 스틱스강 건너편으로 데려다주는 뱃사공의 이름을 딴 카론Charon 등으로 불렀다고 하니, 당시 모기와의 싸움이 얼마나 길고 끔찍했는지 짐작할 수 있겠다. "냉혈한 모기들은 안치오 어디에나 있었지. 전쟁 전 우리가 훈련과 기동연습을 했던 루이지애나 피트킨에서보다 안치오의 모기가 더 기승을 부렸던 것 같구나. 그 빌어먹을 모기들은 독일군의 폭격보다 더 끈질겼어." 렉스는 안락의자에 앉아 여느 때처럼 식후 스카치위스키 한 잔을 홀짝이며 나에게 당시의 이야기를 들려주었다. "곧 모기 스프레이를 뿌리고 다니는 사람들이 와서 우리 몸이랑 자기들 손닿는 모든 곳에 DDT를 흠뻑 뿌렸지만, 자네한테 독일군의 늪지대 모기 얘기를 듣고 생각해보니까 나한테는 이미 늦었던 것 같구나." 렉스는 무솔리니 운하를 따라 미국군 병사들이 써 붙였던 농담들을 기억했다. "거기에 '폰티노 습지 열병 회사: 말라리아 팝니다' 같은 말을 썼었지." 그는 특유의 비꼬는 듯한 웃음을 지은 채 나에게 말했다. "듣고 보니 그때 내가 말라리아 몇 탕을 샀던 게 분명하구먼." 4개월에 걸친 안치오 상륙작전 동

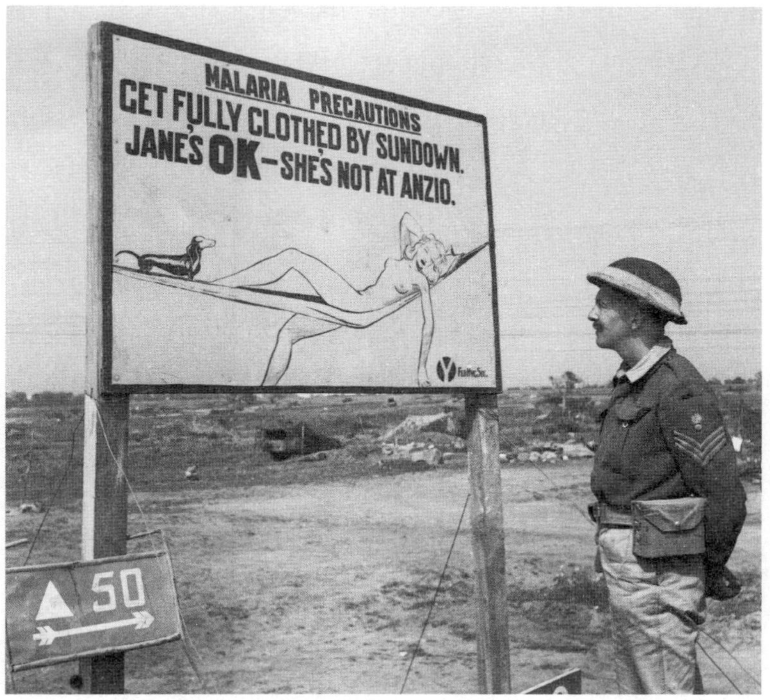

"제인은 괜찮아요. 안치오에 없으니까요": 영국군 병사 한 명이 1944년 5월 이탈리아 안치오 전역에 세워진 말라리아 경고 광고판을 보고 있다. 여자에 굶주렸던 미군 병사들의 주의를 끌기 위해 이와 같은 표지판 다수가 외설적인 묘사를 담았다. 마찬가지로 비슷한 메시지와 함께 나신의 여성이 그려진 광고판들이 태평양 지역과 이탈리아, 중동에서 병사들에게 인사를 건넸다. © Imperial War Museum

안 DDT 500갤런을 사용했음에도 렉스 레이니 병장을 비롯한 4만 5,000명의 미국군 병사가 말라리아 및 여타 질병으로 치료를 받았다. 마크 해리슨이 저서 『의학과 승리Medicine and Victory』에서 지적한 바에 따르면, 쉽게 예상할 수 있듯, "이 결정은 독일군 스스로 발등을 찧은 격이었다. 그들 또한 높은 말라리아 발병률에 시달렸다."

안치오에서 말라리아에 길들여진 렉스는 원사로 진급한 뒤, 병마를 헤치고 나아가 1944년 8월 연합군의 프랑스 남부 상륙작전에 참여했으며, 1944년에서 1945년 사이의 혹독한 겨울 동안 벌지 전투에 참여했다. 이후 그와 제45 보병사단은 1945년 3월 중순 지크프리트선을 넘고 라인강을 건너 독일로 진격했다. 4월 28일, 렉스는 "전투부대로서는 혼란스럽고 기이한 명령"을 받았다. "내일 다하우 강제수용소가 우리 군의 작전구역에 들어올 것으로 예상됨. 점거 시 시설 파괴 금지. 전투 종료 후 국제 조사단의 환경 조사가 있을 예정이니 대기 요망. 다하우 수용소를 점거한 대대는 그 즉시 기밀 경비대를 배치하고 출입 전면 통제 요망." 히틀러가 자살하기 하루 전인 4월 29일, 렉스와 전우들은 뮌헨 교외의 다하우 강제수용소를 점거하고 해방시켰으며, 무너져 내리는 제3 제국의 원수가 그동안 얼마나 끔찍한 짓을 저질러왔는지를 정면으로 마주했다. 렉스에게 더 자세히 설명해줄 것을 부탁하자 그는 눈물 고인 눈으로 시선을 떨어뜨리며 떨리는 손으로 위스키를 테이블에 내려놓았다. "참 어두운 날이었지." 그가 생각에 잠긴 채 속삭였다. "차라리 잊을 수 있다면 좋겠어." 나는 더 이상 물어보지 않았다.

다하우는 나치 열대의학 프로그램의 본거지였다. 독일군은 그곳에서 유대인 포로들을 실험체 삼아 말라리아 연구를 진행했다. 렉스가 소속되었던 제157 연대의 군사 기록에 따르면, 당시 그곳에는 "이루 말할 수 없을 정도로 비인간적인 성질의 실험을 받는 '환자들'이 있었다. 다른 이들도 다양한 치료법의 효과를 실험할 수 있도록 질병에 감염된 상태였다. (중략) 실링 교수의 주도로 포로들이 말라리아 등 다양한 질병에 감염되었다." 다하우에서 렉스는 나치 실험에 동원되었던 모기들 때문에 전쟁 도중 두 번째로 말라리아에 감염

렉스 레이니 병장, 1944년 5월 이탈리아 안치오에서: 나치가 연합군의 진격을 지연시키기 위해 폰티노 습지에서 벌였던 계획적인 생물전 때문에 말라리아에 감염되기 직전의 모습이다. 1945년 4월 다하우 강제수용소를 해방시킨 이후, 렉스는 나치 열대의학 프로그램의 실험에 동원되었던 말라리아 매개 모기들 때문에 또 말라리아에 감염되었다. © 레이니 가족 제공

되었다. "두 번째 말라리아가 훨씬 더 심했지. 나는 부대에 남아 있고 싶었지만, 군의관이 나를 집에 보내려고 했어." 렉스가 기억에 잠긴 채 아쉬워했다. "독일군은 나를 쓰러뜨리지 못했지만, 말라리아가 날 때려눕힌 게야. 더는 가망이 없다고 생각했지." 렉스는 말라리아 속에서 의식과 섬망을 오가며 꼬박 11일을 병원에서 보낸 뒤, 의병전역하여 고향으로 돌아왔다. 렉스 레이니 원사는 지난 2018년 콜로라도 서부 자택에서 아흔일곱 번째 생일을 앞두고 평화롭게 눈을 감았으며, 참전용사에 대한 예우를 갖춘 장례식이 치러졌다.

나치 독일의 의사이자 다하우 강제수용소 열대의학 프로그램의 의국장이었던 클라우스 실링Claus Schilling이 비자발적 실험대상자들을 상대로 섬뜩한 말라리아 연구를 진행할 때, 미국의 말라리아 프로젝트 소속 의사들 또한 나름의 임상시험을 진행했다.[98] 미국 군사 전략가들과 작전 설계자들에게 말라리아는 너무나 성가신 문제였기에 이 총력전의 시대에서 보통의 윤리 규범이나 과학적 프로토콜은 잠시 무시되었다. 미국 열대의학부서는 1943년 말부터 말라리아 프로젝트의 일환으로, 미국인 수감자와 매독 환자들 중 감형이나 매독 치료를 대가로 자원한 이들을 생체실험 대상자로 사용하도록 허가했다. 미국의 실험은 '클라우스 실링이 매일 출근하던' 다하우 수용소에서 나치가 유대인 포로들을 대상으로 행했던 실험과 유사했

---

98 1897년 로스와 그라시, 코흐의 '발견 트리오'에 이어 생겨난 전 세계 말라리아학 학계는 아직 걸음마 단계였다. 예컨대 실링은 우리의 세균 이론학자 로베르트 코흐가 설립한 로베르트 코흐 연구소(Robert Koch Institute) 산하 열대의학부서의 초대 부서장으로 1905년부터 1936년까지 근무했다. 1936년 은퇴한 실링은 무솔리니 치하의 이탈리아에서 정신병원 피수용자에 대한 말라리아 실험을 진행했다.

다. 카렌 마스터슨Karen Masterson이 절묘하고 상세한 저서 『말라리아 프로젝트The Malaria Project』에서 말을 이었다. "실링은 1942년 초 미국 말라리아 프로젝트와 같은 임무, 즉 말라리아의 치료법을 찾는 임무에 착수했다." 차이점이 있다면 실링은 가학적인 실험들을 비자발적인 실험대상자들에게 강제했다는 점 그리고 체포된 이후 미국 법원에서 전쟁범죄로 재판을 받았다는 점뿐이었다.[99]

실링은 형언할 수 없이 악독한 범죄를 저질렀던 것치고 미미한 변명만을 내놓았다. SS국가지도자 하인리히 힘러Heinrich Himmler에게서 실험적 말라리아 연구를 시행하라는 명령을 받았을 뿐이라고 주장했다. 그러나 이 변명은 통하지 않았다. 이후 실링의 변호인은 법원에 미국의 전시 연구자들이 애틀랜타 연방교도소와 시카고 부근의 악명 높은 스테이트빌 교도소 그리고 수많은 정신병원의 수감자 및 수용자를 상대로 벌였던 실험들과 실링의 실험에 어떤 차이점이 있는지를 밝히라고 요구했다. 변호인단은 또한 호주에서 부상병과 유대인 난민들 중 자원자를 상대로 행한 말라리아 실험도 언급했다. 이 일련의 왜곡된 논법 또한 기각되었다. 실링이 인도에 반한 죄를 선고받고 1946년 교수형에 처해졌던 반면, 미국의 수감자 대상 말라리아 실험은 1960년대까지 계속되었다.

이 다국적 연구에도 생물학 무기를 개발하려는 어두운 목적은 숨어 있었다. 1941년 미국-영국-캐나다 회의America-Britain-Canada Conference, ABC-1에서 '폭넓은 방위 협조'를 위한 전시 자원 및 전략 합

99 실링의 실험에 동원되었던 약 1,000명의 실험대상자 중 400명 이상이 모기 매개 질병이나 실험 단계의 합성 항말라리아제를 치사량 이상으로 투약한 탓에 목숨을 잃었다.

동협조가 이뤄졌고, 1943년에 이르자 ABC 3국의 생물학 무기 연구자들이 미국 육군 생물전 연구소US Army Biological Warfare Laboratories의 본거지인 메릴랜드 포트 디트릭에서 합동으로 일하기 시작했다. 다국적 연구진은 페스트, 천연두, 탄저병, 보툴리눔독소증, 황열병 등 기존의 의심 요인은 물론 새로이 등장한 모기 매개 질병, 베네수엘라 이콰인 뇌염 및 일본 뇌염을 포함한 수많은 독소를 실험했다. 다수의 프로젝트 중에는 간혹 안식일 재림교도 등 양심적 병역 거부자를 대상으로 하는 생체실험도 있었다. 도널드 에이버리Donald Avery가 ABC 3국의 생물학 무기를 파헤친 저서 『전쟁의 병원균Pathogens for War』에서 한 말에 따르면, 이곳에서는 "다수의 바이러스를 무기화하려는 혁신적인 노력이 있었다. 황열병이 가장 유망한 선택지였다." 연구자들은 황열병을 운반할 여러 수단을 고안했는데, 그중 하나는 수백만 마리의 숲모기를 황열병에 감염시킨 뒤 모기떼를 일본에 방사하는 것이었고, 또 다른 하나는 독일군 전쟁포로를 질병, 가능하다면 황열병에 감염시킨 뒤 다시 독일 제국에 낙하산으로 떨어뜨려 역병의 시발점이 되게 하는 것이었다.

생물학 무기 연구의 세계를 날아다니던 것은 ABC 3국의 연구진들만이 아니었다. 중국에 위치한 일본 생물전 연구소 731부대는 수천 명의 중국인과 한국인 그리고 연합군 전쟁포로들을 실험체로 이용했다. 731부대는 황열병, 페스트, 콜레라, 천연두, 보툴리눔독소증, 탄저병, 다양한 성병 등 다수의 요인을 실험했다. 주로 콜레라 파리와 페스트를 이용한 수많은 인간 생체실험과 여러 지역에 대한 공중 실험이 자행되면서 최대 58만 명의 중국 민간인이 사망했다.

일본은 2002년이 되어서야 이러한 고의적 생물 감염을 인정했다. 이들의 최종 목적은 페스트 폭탄을 캘리포니아에 떨어뜨려 생물학 공격을 가하는 것이었으며, 그 운송 수단으로 편도 전투기나 풍류를 이용한 시한폭발 풍선이 검토되었다. 일본은 이 '밤벚꽃 작전'으로 생물전을 일으키기에 앞서, 원자 폭탄 투하로 항복했다.

나치 독일이 마우트하우젠, 작센하우젠, 아우슈비츠, 부헨발트, 다하우 강제 및 절멸 수용소를 중심으로 진행한 생물학 무기 프로그램 피뢰침Blitzableiter에서도 유대인과 소련 포로들을 대상으로 생체실험이 자행되었다. 독일 연구원들은 일본의 731부대와 정보 및 실험 결과를 공유했으며, ABC 연합국에 황열병을 운반하는 수단에 관해서도 비슷한 아이디어를 내놓았다. 중국 민간 지역에 대한 일본의 생물학 실험을 제외한다면, 1944년 폰티노 습지에 대한 나치의 계획적인 말라리아 매개 모기 확산 작전은 제2차 세계 대전 동안 생물학 무기를 의도적으로 사용한 유일한 경우였다.

안치오 전투는 이 지역을 진창에 빠뜨렸다. 무솔리니가 건설한 거의 모든 것이 파괴되었다. 도시가 쑥대밭이 되었고, 스텝 지대의 인구가 감소했으며, 습지대에는 모기가 들끓었고, 말라리아가 이탈리아 인구를 좀먹었다. 말라리아로 인한 사망자는 1939년 33명에서 1944년 5만 5,000명까지 기하급수적으로 증가했다. 전쟁 말에는 전국에서 네 배로 늘어났으며, 1945년이 되자 50만 명에 이르렀다. 그러나 폰티노 습지의 운명은 다시 한 번 뒤집혔다. 1948년까지 DDT 사용과 더불어 무솔리니가 건설했던 개간 기반시설의 복구로 피해가 줄어들었다. 이러한 측면에서 안치오와 폰티노 습지 그리고 이탈리아 전역은 DDT의 마법 같은 모기 퇴치 효과가 수치로 가장 잘 드러난 지역이기도 하다. DDT의 매우 뛰어난 살충 효과에 신이 난 이탈리아인들이 결혼을 축하할 때 "신부에게 쌀 대신 DDT를" 뿌린다는 이야기도 보고되었다. 이탈리아에서 말라리아는 1948년을 마지막으로 진압되었으며, 여기에는 DDT와 새로운 항말리아제 클로로퀸의 공이 컸다. 한편 이곳의 말라리아가 퀴닌에 대한 내성이 생겨 퀴닌은 별 효과가 없었다.

제2차 세계 대전과 그 전쟁이 낳은 기술적 공포 및 과학적 진보는 멋진 신세계, 혹은 무서운 신세계를 활짝 열었다. "DDT는 근대 시대를 대표하는 전후 기술들 중 하나일 뿐이었다." 데이비드 킨켈라David Kinkela가 살충제의 진화를 추적한 저서 『DDT와 미국의 세기: 세계 건강 및 환경 정책과 세계를 바꾼 살충제DDT and the American Century: Global Health, Environmental Politics, and the Pesticide That Changed the World』에서 한 말이다. 근대 시대 들어 인간은 처음으로 모기 매개 질병을 스스로 벗어던지기 시작했다. 원자력과 DDT를 비롯한 이 혁신들로 지구에 힘을 실어주고 모기를 역사의 잿더미에 묻어버릴 수 있었다.

1945년에 이르자 미국의 농부들도 DDT를 구매해 사용할 수 있게 되었다. 국제 구호 기구와 개별 국가에서도 모기 매개 질병 퇴치를 위해 저렴하고 효과적인 클로로퀸과 함께 DDT를 사용했다. 전시 미국의 말라리아학 군사학교와 전쟁 지역 말라리아 통제사무국은 1946년 확대 개편을 거쳐 전염병센터Communicable Disease Center로 거듭나 모기에 대한 공습을 계속했다. 이 전염병센터가 오늘날의 질병통제예방센터Centers for Disease Control and Prevention, CDC이다. 미국 공공

보건국 산하 신설 부서인 전염병센터의 본부는 남부 풍토성 말라리아 감염병의 중심지였던 애틀랜타에 전략적으로 배치되었다. 초기 연간 예산이 100만 달러를 웃돌았던 가운데, 초창기 CDC 직원 370명 중 60퍼센트가 (모기 모양으로 도식화된 인사 흐름도와 함께) 모기 및 말라리아 퇴치 업무에 배속되었다. CDC는 1949년 생물전에 대처하기 위한 프로그램을 시작했고, 1951년 이를 한데 모아 공식적으로 CDC 역학전문부서Epidemic Intelligence Service, EIS를 창설했다. 치명적인 말라리아 매개를 말살하겠다고 굳게 결심한 CDC의 모기 관리 담당 직원들은 건립 초기 수년 동안 미국의 650만 가정에 DDT를 살포했다.

CDC 창립 2년 뒤인 1948년, 국제연합UN이 세계보건기구WHO를 창설했다. WHO의 최우선 과제는 전시 성공을 거두었던 모기 퇴치를 이어나가는 것이었다. 1955년, WHO는 미국의 재정 원조와 함께 전 지구적 말라리아 퇴치 프로그램을 발족했다. DDT와 클로로퀸으로 무장한 인류는 이제 또 다른 세계 대전인 모기와의 전쟁에 뛰어들었다. 개발도상국 상당 부분에 이 프로그램이 성공적으로 도입된 덕분에 라틴아메리카와 아시아 지역 다수 국가에서 말라리아 감염률은 90퍼센트 이상 감소했다. 심지어는 아프리카에서도 말라리아로 인한 재앙이 막을 내리는 듯 보였다. 1970년까지 인간이 드디어 끔찍한 적, 모기를 상대로 전쟁의 판도를 유리하게 뒤집고 전 지구적 승리를 쟁취하는 듯했다.

DDT 매출이 20억 달러로 정점을 찍었던 1970년에 이르러서는 미국을 중심으로 한 DDT 생산량이 900퍼센트 이상 증가하였다. 일례로 1963년에는 다우 케미칼, 듀폰, 머크, 몬산토(현재 바이엘에 인수됨), 치바가이기(현재 노바르티스로 합병), 펜월트/펜솔트, 몬트로즈 그리고 벨시콜을 비롯한 15개 미국 기업(주로 화학 및 농생물학 기업)이 10억 4천만 달러 어치의 DDT 8만 2,000톤을 사들였다. 전 세계에 약 180만 톤의 DDT가 살포되었으며, 그중 60만 톤이 미국을 뒤덮었다.

1945년 병충해로 피해를 입은 농작물은 미국만 하더라도 3억 6천만 달러(오늘날 가치로 40억 달러) 어치에 달했다. 1945년부터 1980년까지 전 세계 농업계는 생산량을 늘리는 한편 해충의 포식을 피하고 풍성한 수확을 거두어들이고자 섭취 가능한 농작물에 매년 4만 톤의 DDT를 살포했다. 인도에서는 DDT의 사용이 널리 확산되면서 모기를 궁지에 몰아넣고 풍토병 말라리아를 근절하는 데 성공했을 뿐만 아니라, 나아가 1950년대 동안 매해 평균 10억 달러 이상의 농업 및 산업 생산성 향상까지 이루어냈다. 전 세계에서 농작물 수확량이 늘면서 밀, 쌀, 감자, 양배추, 옥수수 등 주요 작물의 소비자 가격이 하락했는데, 아프리카와 인도, 아시아의 특정 지역에서는 최대 60퍼센트까지 하락했다. DDT는 전 세계적으로 생명을 살리는 화학물질이라 칭송받았다. DDT는 모기의 '크립토 나이트(<슈퍼맨>에 나오는 화학원소로, 슈퍼맨의 약점이다)'였으며, 전 세계 수백만 명에게는 미래를 선사해주었다.

상당량의 DDT가 사용된 전 지역에서 말라리아 발생률이 눈에 띄게 줄어들었다. 남아메리카에서는 1942년부터 1946년까지 말라리아 발생 건이 35퍼센트 줄었다. 1948년에 이르자 이탈리아 전역에서 말라리아 관련 사망 사례가 한 건도 보고되지 않았다. 미국은

"DDT는 좋은 것!":1947년 「타임」에 실린 팬솔트 DDT 제품 광고다. 1945년에 이르자 미국 농부들도 DDT를 구매해 사용할 수 있게 되었으며, 국제 구호 기구와 개별 국가에서도 모기 매개 질병 퇴치를 위해 저렴하고 효과적인 클로로퀸과 함께 DDT를 사용했다. 전후 시대 동안 DDT는 인류의 가장 치명적인 포식자에 대한 승리의 무기로 떠올랐다. © Science History Institute

1951년 말라리아 청정 국가가 되었고, 인도에서는 같은 해 말라리아 발병 건수가 7,500만 건에서 10년 후 5만 건으로 감소했다. 매년 말라리아 발병 건수가 평균 300만 건을 웃돌았던 스리랑카에서는 1946년부터 DDT 살포가 시작되었는데, 1964년에 이르자 말라리아 감염 환자수가 단 29명으로 줄어들었다. 1975년에 이르러 말라리아는 유럽에서 완전히 자취를 감추었다. 1930년부터 1970년까지 전 세계 인구수가 두 배 증가한 가운데, 모기 매개 질병은 놀랍게도 90퍼센트가량 감소하였다.

전체주의 정권의 몰락과 더불어 우리는 인류의 가장 치명적인 적, 모기를 마침내 압도할 수 있었다. "이것이 바로 말라리아학의 DDT 시대이다." 전시 모기 퇴치를 주도했던 폴 러셀이 저서 『인간이 말라리아를 지배하다Man's Mastery of Malaria』에서 이같이 선언했다. 1955년 출판된 이 책에서 그는 "최초로 말라리아를 근절"할 수 있음을 알렸다. 화학 모기 살충제 DDT, 합성 항말라리아제 그리고 황열병 예방 접종의 기세는 등등했다. 우리는 전쟁의 판도를 바꾸는 데 성공했고, 모기와 질병 군단은 퇴각했다. 가장 끈질긴 포식자와의 기나긴 피투성이 전쟁에서 우리는 처음으로 모든 전선에서 승리를 거두고 있었다. 그러나 이 전쟁도 끝나기에는 멀었다는 사실이 곧 밝혀졌다. 모기와 말라리아 기생충은 DDT와 클로로퀸 그리고 여타 퇴치용 무기들에 맞서 살아남고자 애를 썼으며, 그 저항은 곧 결실을 맺게 된다.

CHAPTER

18

침묵의 봄과 슈퍼버그

모기 르네상스

SILENT SPRINGS AND SUPERBUGS:

THE MOSQUITO RENAISSANCE

2012년, 전 세계 환경주의자들이 레이철 카슨Rachel Carson의 중대한 논문 <침묵의 봄Silent Spring> 출간 15주년을 기념했다. 카슨의 이야기에서 등장하는 악당은 '죽음의 묘약' DDT였다. "미국에서 출간된 책들 중 『침묵의 봄』 만큼 영향력을 행사한 책은 거의 없다." 제임스 맥윌리엄스가 『미국의 해충: 곤충과의 전쟁과 패배, 식민지 시대부터 DDT까지American Pests: The Losing War on Insects from Colonial Times to DDT』에서 말했다. "DDT 및 관련 살충제에 대한 레이철 카슨의 공격은 토머스 페인의 『상식』이나 해리엇 비처 스토의 『톰 아저씨의 오두막』에 비견할 정도의 영향을 미쳤으며 (중략) 근대 환경운동을 촉발했다." 맥윌리엄스는 "『상식』이나 『톰 아저씨의 오두막』과 마찬가지로 『침묵의 봄』 또한 미국인의 정신에 깊이 스며들어 있는 감정, 뿌리 뽑을 수 없는 진정한 믿음을 건드렸다"고 주장했다. 미국 모기 관리 협회의 전 회장 주디 한센Judy Hansen은 『침묵의 봄』 출간 이후 "갑자기 환경주의자가 되는 게 유행처럼 번졌다"고 회고했다. 이 책은 「뉴욕 타임스」 베스트셀러 정상에 무려 31주간 이름을 올렸다. 책을 출간한 지 고작 18개월 후인 1964년 봄, 카슨은 안타깝게도 암으로 세상을 떠났다. 그러나 그녀 또한 자신이 변화를 몰고 온 영웅이라는 것만큼은 알았다.

수많은 시위가 이어졌던 혼란의 1960년대, 1962년 카슨의 친환경 세계관이 환경 혁명의 씨앗을 심었고, 베트남과 고엽제인 오렌지 작용제Agent Orange가 비료를 주었으며, 조니 미첼Joni Mitchell의 1970년 히트송 '빅 옐로우 택시Big Yellow Taxi'가 물을 주었다. 학계와 현장 연구자들이 카슨의 운명론적 이념을 입증하는 동안 캐나다의 포크싱어 미첼은 농부들에게 새와 벌 그리고 DDT의 선구적인 화학자 파울 뮐러가 사랑했던 사과나무와 과일나무 들을 위해 DDT를 쓰지 말아달라고 애원했다. 지난날 자욱했던 DDT의 장단을 모두 살필 수 있게 된 미첼은 농부들이 낙원에 살충제를 도포했다고 탓했는데, 이는 옳은 말이었다. 모기 퇴치를 위해 DDT를 사용할 때에는 필요한 부분에만 비교적 한정적으로 사용했지만, 이를 농약으로 넓은 범위에 융단 살포하면서 환경이 저해되고 모기 내성이 생겨났다.

농업 목적의 DDT 융단 살포에 따른 유해성과 환경파괴는 널리 알려져 있으며 대체로 논박의 여지가 없지만, 도시들이 DDT를 멀리하면 야생 장미 덤불이 반겨주는 황금빛 낙원이 되리라는 카슨의 예언에는 오늘날 모든 해설자가 동의하지 않는다. 미국 의학한림원American Institute of Medicine이 2004년에 보고한 바에 따르면 "실내에서 한정된 양만큼만 사용된다면, DDT가 전 지구적 먹이 사슬에 끼치는 영향은 극히 적다." 카슨의 주장에 과학적 근거가 있는지, 방법론은 적절했는지 그리고 DDT가 모기 매개 질병 퇴치제로 다시 사용되어야 하는지에 관한 논쟁은 오늘날까지도 이어지고 있는데, 사실 현재 지구상에서 모기가 들끓는 지역들의 실태를 보면 DDT가 더 이상 쓸모없다는 사실을 알 수 있다. DDT의 위상이 추락한 뒤 모기 매개 질병이 재발했다며 레이철을 비난하는 이들과 환경주의자들 사이에 오가는 악의에 찬 독설만 헛되이 되풀이되고 있을 뿐이다.

레이철은 잘못이 없다. 만일 누군가 혹은 무언가를 비난해야만 사태를 진정시킬 수 있다면 모기의 진화론적 생존 본능을 탓하는 편이 좋겠다. 인간과의 소모전에서 모기는 최후의 변경에서 버티던 마지막 순간에도 인간이 벌이는 곤충 대학살의 충격과 공포를 견뎌냈다. 시간과 동맹을 맺은 모기들은 점차 생물학적 힘을 키우고 DDT에 유전적 반격을 가함으로써 인간의 과학을 능가하고 거슬렀다. 혼란의 1960년대를 뒤덮은 반체제 행진들과 사회혁명들이 요란스레 이어지는 가운데, 모기와 말라리아는 DDT와 항말라리아 약물이 정립한 기존의 질서를 거부하며 그들 나름의 반체제 운동을 주도했다.

『침묵의 봄』이 출간된 지 10년 후인 1972년, 미국이 국내 농업에 대한 DDT 사용을 전면 금지했다. 그러나 금지 조치로 크게 달라지는 건 없었다. 모기와의 전쟁에서 최전방 방어를 담당했던 DDT의 종말은 이미 확정된 지 오래였다. DDT가 환영받던 시기는 지나갔으며, 이미 그 효과와 효용을 능가해버린 모기는 더 이상 DDT를 두려워하지 않았다. 모기가 지배하는 질병 제국은 1960년대 침묵의 봄을 지나는 동안 반격하고 적응하며 진화했다. 이제 말라리아 기생충은 클로로퀸을 여러 항말라리아제와 함께 간식처럼 즐겼으며, 모기는 DDT로 샤워하며 내성이라는 호화로운 비누거품으로 몸을 닦았다.

사실 1972년 미국의 DDT 금지 조치는 환경주의자들의 정치적 영향력이나 카슨의 글 때문이라기보다는 이르게는 1947년부터 이론적으로 제기된 DDT 내성 모기가 1956년 실제로 확인되면서 DDT가 무용해진 데서 비롯됐다. 카슨이 『침묵의 봄』에서 말했듯, "진실은 거의 언급되지 않지만 누구든 진실을 알려는 이가 있다면 말하건대, 자연은 쉽게 틀에 가둘 수 없으며 지금도 곤충들은 우리의 화학 공격을 피할 방법을 찾고 있다." 모기들은 종에 따라 2년에서 20년, 평균 7년 만에 DDT 내성을 얻었다. 1960년대에 이르자 전 세계에 DDT 내성 모기들이 가득했으며, 그 모기들이 품은 말라리아 기생충 또한 더는 우리가 가진 최고의 약물로 막을 수 없었다.

DDT가 처음부터 대성공을 거두면서 의도치 않은 결과도 뒤따랐다. DDT가 모기들을 장악하는 바람에, 여타 살충제나 항말라리아 약물에 대한 연구가 부진해진 것이다. "고장 나지 않았다면 고치지 말라"는 식이었다. 대안 연구와 개발은 1950년대부터 1970년까지 정체되었다. DDT 모기 내성이 널리 확산되자 이제 우리 수중에는 적군과의 싸움을 이어나갈 아무런 도구도 남아 있지 않았다. "1950년부터 1972년 사이 다양한 미국 기관이 말라리아 관리 활동에 약 12억 달러를 들였는데, 거의 모든 활동에서 DDT를 이용했다." 랜달 패커드가 역작 『열대 질병 탄생기The Making of a Tropical Disease』에서 지적했다. "1969년 세계보건총회World Health Assembly의 선언으로 말라리아 퇴치 프로그램이 종결되면서 말라리아 관리 활동에 대한 관심이 줄어들었다." 패커드의 말에 따르면, "말라리아 관리에 대한 관심이 줄어든 데 더하여 그 경제적 이익을 입증하기 어렵다는 일반적 인식이 생기면서 1970년대와 1980년대에 이 문제를 겨냥한 연구들이 줄어드는 결과를 낳았다." 이 기간 동안 새와 벌이 우리 곁에 돌아왔지만 전 세계적으로 모기의 공격 또한 재개되었으며 모기 매개 질병 또한 다시 한 번 충격적으로 밀려들었다. 프리드리히 니체Friedrich Nietzsche가 1888년 권력의지를 논한 격언 "나를 죽이지 못한 것들이 나를 더 강하게 한다"는 말처럼, 모기는 DDT에 비교적 빠르게 내성을 얻었다. 내성이라는 투명망토를 뒤집어쓴 모기들이 그 어느 때보다 굶주리고 강력해진 채 잠에서 깨어났다.

일례로 스리랑카는 1968년 DDT 살포를 중지했는데, 곧 시기상조였음이 드러났다. 즉각 섬 전체에 말라리아가 창궐하여 10만 명을 감염시켰으며, 이듬해 감염자 수는 50만 명으로 늘어났다. 세계보건기구가 14년간 16억 달러(2018년 가치로 약 110억 달러)를 들인 말라리아 퇴치 프로그램을 종료한 1969년 당시, 인도에서는 150만 건의 말라리아 감염 사례가 보고되었고, 1975년에 이르자 650만 건으로 늘어났다. 남아메리카와 중앙아메리카, 중동 그리고 중앙아시아에서도 1970년대 초에 이르자 모기 매개 질병 발생률이 DDT 사용 이전 수준을 회복했다. 아프리카 또한 늘 그랬듯 모기 매개 질병으로 뒤덮였으며, 심지어는 유럽에서도 1995년 말라리아가 유행하여 9만 건의 감염이 보고되었다. 오늘날 유럽의 클리닉과 병원에서 치료받는 말라리아 환자 수는 1970년대보다 여덟 배 많으며, 중앙아메리카와 중동의 말라리아 발병률은 10배 증가하였다.

DDT 내성 모기들이 증식하며 활동 범위를 늘려가는 동안, DDT는 독성과 발암성 때문에 언론과 학계 그리고 정부의 고강도 조사 폭격에 갇혀 있었다. 우리가 가진 최강의 무기를 생물학적으로 측방 공격하는 데 성공한 모기와 질병들은 다시 한 번 기세를 되찾고, 세계의 지배자로 복귀했다. 물론 모기와 질병은 그전에도 늘 자연의 진화 경쟁이나 다윈의 영원한 적자생존을 계속해왔다. "1969년, WHO가 대부분의 국가에 대하여 말라리아 퇴치라는 목표를 공식적으로 철회했다." 컬럼비아 대학교 역사학과 낸시 레이스 스테판Nancy Leys Stepan 교수가 포괄적인 내용의 저서 『퇴치Eradication』에서 설명했다. "그 대신 말라리아 관리를 권고했는데, 이들이 제시한 정책 권고안은 말라리아 근절 노력을 완전히 무너뜨리는 방안이었음이 드러났다. 말라리아가 곧 각지에서 다시 유행하기 시작했다." 제2차 세계 대전 당시 맥아더 장군 휘하에서 모기 퇴치에 앞장섰던 폴 러셀은 '내성이 생긴 호모 사피엔스'가 프로그램을 망가뜨렸다고 말하면서, 부패한 관료제, 유언비어나 퍼뜨리는 무지한 환경주의자 그리고 돈과 자원을 허비했던 자본주의 사업가 등을 노골적으로 비난했다.

실패 사례들이 상당수 보고되었으며 1972년 국내 사용을 금지했음에도 미국은 DDT 최대 생산국으로 1981년 1월까지 DDT를 계속 수출했다. 지미 카터Jimmy Carter 대통령은 퇴임 닷새 전 국내 사용 금지 물질의 해외 수출을 금지하는 행정명령을 내렸으며, 그 관리감독은 레이철 카슨의 영향으로 1970년 설립된 환경보호국Environmental Protection Agency이 맡았다. 카터는 이 조치가 "타국에 '메이드 인 USA'

라벨을 단 상품을 믿을 수 있다는 확신을 심어줄 것"이라고 선언했다. 미국의 주도에 다수의 국가들이 도미노처럼 DDT 사용을 금지하기 시작하면서 짧았던 DDT의 지배 기간이 막을 내렸다. 2007년 중국마저 생산을 중단하면서 한때 말라리아 치료제로 각광받았으나 버려진 유물이 된 DDT의 생산국은 이제 인도와 북한만 남은 상황이다(두 국가에서는 연간 약 3,000톤을 생산한다). 한때 비할 데 없는 모기 퇴치제이자 위엄 있는 구세주였던 DDT는 수면 아래로 가라앉았다.

불행하게도 말라리아에 대항하는 약물 전선에서도 이와 같은 일이 벌어지고 있었다. 모기가 DDT에 대항하는 갑옷을 단단히 벼르고 있을 때, 말라리아 원충도 연이어 출시되는 신약에 발맞추어 진화했다. 소니아 샤의 말대로, "인간은 고대 시대부터 말라리아를 알아왔지만, 어째서인지 말라리아는 여전히 우리의 무기를 무력화한다." 충실하고 완고한 말라리아 기생충의 원시적인 생존본능이 항말라리아제를 앞지르면서, 퀴닌과 클로로퀸, 메플로퀸을 비롯한 약물들이 모두 무용지물이 되었다. 퀴닌 내성이 확실히 발견된 것은 1910년이지만, 그보다 훨씬 이전부터 존재했을 게 거의 확실하다. 클로로퀸이 도입된 지 12년 후인 1957년, 미국 의사들은 콜롬비아와 태국, 캄보디아에서 돌아오는 국제 구호원, 지질학자, 배낭 여행자 그리고 석유 굴착업자들의 혈액에서 클로로퀸 내성 말라리아 기생충을 발견하였다. 뒤이어 지역 주민들을 대상으로 시행된 실험에서도 말라리아 학자들이 가장 두려워했던 바가 입증되었다.

용맹한 말라리아 기생충은 최고의 항말라리아제 클로로퀸에 대항하기 위해 고작 10여 년 만에 스스로를 새단장했다. 레오 슬레이터의 말에 따르면 1960년대 즈음 "클로로퀸은 전 세계에서 대규모로 소비되었으며, 기생충은 여기에 적응하고 있었다." 이 시점에서 이미 클로로퀸은 대부분의 동남아시아와 남아메리카에서 위력을 발휘하지 못했고, 투약량이 많았던 인도와 아프리카 지역에서도 클로로퀸 내성 모기들이 번성했다. 1980년대에 이르자 전 지역에서 클로로퀸이 효력을 잃었다. 그러나 적절한 대안이나 새로운 치료법이 없던 상황에서 저렴한 클로로퀸은 2000년대 중반까지도 아프리카 구호단체가 처방하는 항말라리아제의 95퍼센트를 차지했다.

말라리아 기생충은 우리가 최전방 방어 약물을 만들어내는 족족 모두 뱉어냈다. 메플로퀸 내성은 판매가 개시된 지 고작 1년 만인 1975년에 확인되었으며, 10년이 지나자 메플로퀸 내성 말라리아 사례가 전 세계에서 보고되었다. 최근 소말리아와 르완다, 아이티, 수단, 라이베리아, 아프가니스탄과 이라크를 비롯한 말라리아 감염 지역에 연합군 전투부대를 배치했을 때에도 메플로퀸의 부작용이 제2차 세계 대전 당시 아타브린의 망령처럼 수면 위로 떠올랐다. 2012년 미국 상원 위원회 청문회에서 연구자들은 라벨에 '심각한 중독 증후군'으로 적힌 부작용이 일시적 혹은 영구적인 '선명한 악몽, 심각한 불안, 공격성, 망상과 편집증, 해리성 정신질환, 심각한 기억력 손실' 등을 의미한다고 보고했다. 전투에 투입된 병사들에게 도움이 될 리 만무한 증상들이다. 전문가들은 이 증후군이 외상 후 스트레스 장애PTSD 및 외상성 뇌손상과 함께 '세 번째로 정평 있는 현대전 특유의 부상'이라고 증언했다. 메플로퀸 중독은 병사들과 제대자들이 그 증상과 괴로움을 이야기하면서 점점 더 주목을 받고 있다. 그

수가 비교적 적긴 하지만, 같은 작전 동안 미국군은 물론 다른 연합국의 병사들 중에는 말라리아와 뎅기열에 감염된 이들도 있었다.

현재로서는, 특히 치명적인 열대열말라리아종에 대해서는 아르테미시닌 기반 복합 요법ACTs이 최선이다. 이 약제는 기본적으로 아르테미시닌 중심에 여타 다양한 항말리아제를 섞은 것으로, 풍선껌을 다양한 맛의 사탕으로 겹겹이 감싼 알사탕을 생각하면 되겠다. 그러나 아르테미시닌 기반 복합 요법은 상대적으로 비싼데, 프리마퀸을 비롯하여 효과가 다소 떨어지는 여타 항말라리아제보다 무려 약 스무 배나 비싸다. 아르테미시닌 기반 복합 요법은 말라리아 원충의 다양한 감염 경로와 단백질들을 목표로 하는 다수의 약물을 폭격하여 기생충의 대항 능력을 동시다발적으로 압도하는 방식이다. 말라리아의 생식 주기를 방해하고, 기생충이 숙주의 간에 숨어들어 회복하지도 못하게 한다. 중심부의 아르테미시닌은 단일 단백질이나 경로보다는 다수의 지점 및 과정을 목표로 공격을 퍼부으면서 여타 약물들을 뒷받침하고 결정타를 날린다.

아르테미시닌은 아시아 전역에서 흔하게 자생하는 개똥쑥 추출물로, 수천 년 전 중국에서 그 효능을 처음으로 발견했으나 오래도록 잊혔다. 앞서 2장에서도 살펴보았듯, 2,200년 된 중국의 의약서 『오십이병방』에 아르테미시아 아누아 덤불 잎으로 차를 달여 먹으면 해열 효과가 있다는 내용이 무심하게 들어 있다. 역설적이게도 우리는 원점으로 돌아와, 진화하는 약상자 안에서 가장 오래된, 동시에 가장 새로운 아르테미시닌을 사용하게 되었다.

아르테미시닌의 항말라리아 효능은 1972년에 들어서야 마오쩌둥의 프로젝트523을 통해 재발견되었다. 프로젝트523은 미국과의 전쟁과 질병의 수렁에 빠져 있던 북베트남의 요청으로 중국 인민해방군에서 진행한 일급기밀 말라리아 연구 사업이다. 말라리아는 이 기나긴 전쟁에 참전한 모든 전투원에게 지속적으로 부담이 되었다. 해외 파병 부대원들에게 효과 없는 클로로퀸 알약을 먹였던 한편, 베트남과 라오스, 캄보디아 그리고 중국 남부에 길들지 않은 수많은 사람이 대거 이주하면서 이곳 '극동의 진주'에서 말라리아가 크게 번성하였다. "베트남 정글은 곧 전 세계에서 손꼽히는 약물 내성 말라리아 인큐베이터가 되었다." 소니아 샤가 프로젝트523을 분석한 연구서에서 말했다.

중국의 의사이자 프로젝트523 소속 연구원이었던 조우 이칭Zhou Yiqing이 다음과 같이 당시를 회고했다. "베트남에서 열대 질병에 대한 현장 연구를 진행하라는 명령이 있었다. 중국은 북베트남을 지원하면서 의료 지원을 보내고 있었다. 명령을 따라 나와 내 동료들은 베이부만(통킹만)에서 호치민 트레일을 따라 정글 속으로 들어갔다. 미국이 강도 높은 폭격을 가했기 때문에 북베트남에 물자를 전달할 수 있는 길은 이 길이 유일했다. 여행 내내 우리는 소나기 같은 폭격들과 함께 했다. 그곳에서 나는 말라리아가 창궐하여 전투력이 절반가량으로 줄어든 모습을 목격했다. 때때로 병사들의 병세가 깊어질 때에는 전투력의 최대 90퍼센트가 상실되었다. '미국인 제국주의자들은 두렵지 않지만, 말라리아는 두렵다'는 말이 돌았다. 그러나 사실은 양측 모두에서 말라리아로 인한 사망자가 상당수 발생했다."

모기의 계절이 절정에 달했을 때, 호치민 트레일을 따라 남하하

남베트남 호아 롱에서 모기 적군과 싸우는 모습, 1968년: 호주군 제1 민사작전부대 소속 레넌(Les Nunn) 상등병이 휴대용 연막 소독기를 이용해 베트남 민가에 살충제를 살포하고 있다. 호주군 병사들과 베트남 민간인의 높은 말라리아 감염률을 떨어뜨리기 위함이었다. 살포 대원들의 선두에서 스피커를 탑재한 차량이 주민들에게 상황을 알렸다. © Australian War Memorial

여 라오스와 캄보디아에 침투했던 북베트남군은 조우 이칭의 목격담대로 90퍼센트의 말라리아 발병률을 기록했다. 미국인들은 이들과 비교했을 때 약간 나은 수준이었다. 1965년부터 1973년까지 현지에서 말라리아 치료를 받은 건수는 대략 6만 8,000건, 병가로 환산하면 무려 120만 일이었다. 치료를 받지 않은 병사들까지 합하면 실제 감염률은 이보다 훨씬 더 높았을 것으로 추정된다.[100] 앞서 살펴보았듯, 인간 간의 분쟁은 모기에 대한 전쟁에서 혁신과 발명을 낳는 기폭제가 되었다. 고대의 책장에 숨겨져 있던 아르테미시닌이

100 비교하자면 1950년부터 1953년까지 한국전쟁에서 미국군이 말라리아에 감염된 사례는 약 3만 5,000건이다.

다시 한 번 말라리아 사냥꾼으로 부활한 것처럼 말이다.

1967년, 북베트남의 아버지 호치민Ho Chi Minh이 중국의 저우언라이周恩來에게 도움을 요청했다. 중국의 원로 정치인 저우언라이는 마오쩌둥이 문화대혁명과 함께 벌인 광범위한 숙청에서 살아남은 이였다. 중국이 이미 동맹국 베트남에게 군사장비와 자금을 지원하고 있는 상황에서 호치민이 요청한 바는 남베트남이나 미국인보다 더 치명적이고 강력한 적군을 무력화하고 약화시키는 데 도움을 달라는 것이었다. 말라리아가 전투력을 앗아가고, 북베트남 정규군과 베트콩 공산주의 게릴라의 작전을 방해했던 것이다. 저우언라이의 보고에 마오쩌둥은 "동맹군(즉, 북베트남)을 항시 전투 가능 상태로 두기 위해" 말라리아 프로그램을 발족했다. 마오쩌둥을 오래 설득할 필요도 없었다. 중국에서도 1960년대 동안 2천만 명이 말라리아에 감염되었기 때문이다. 마오가 호치민의 요청에 순순히 동의하며 답했다. "북베트남의 문제를 해결하는 것이 곧 우리의 문제를 해결하는 것이다."

1967년 5월 23일, 500여 명의 과학자들이 모여 말라리아 타깃의 군사 프로그램, 프로젝트523을 발족했다. 프로젝트523이란 이름은 공식 개시일에서 따온 것이다. 투유유屠呦呦는 2015년 노벨상 수상 연설에서 이렇게 말했다. "오늘 제가 말씀드릴 이야기는 40여 년 전 중국의 전통 의술에서 항말라리아제를 찾아내기 위해 열악한 연구 환경에서도 무던히 노력하고 헌신했던 중국인 과학자들에 관한 것입니다." 아이러니하게도 투유유와 동료들이 진행했던 혁신적인 말라리아 연구는 마오쩌둥의 문화대혁명과 같은 시기에 이루어졌다.

앞선 대약진정책(1958~1961년)과 마찬가지로 체계적인 탄압과 광범위한 기근 및 굶주림 그리고 대규모 처형이 이루어지던 때였다. 마오쩌둥이 왜곡된 사회주의적 산업과 공산주의 농업을 공고히 하기 위해 벌였던 이 사회문화적 운동으로 고등교육의 터전인 대학과 학교들이 폐교되었고, 학자들과 과학자들을 비롯한 지식인들이 처형되거나 '재교육'되었다. 아마도 프로젝트523 덕분에 간신히 목숨을 부지한 말라리아 학자들도 많았을 것이다. 삼엄한 경비 속에서 과학자들은 두 팀으로 나뉘어 연구를 진행했다. 한 팀은 합성 약물을 연구했으며, 나머지 한 팀은 전통 의술서를 연구하는 한편 식물 기반의 유기 요법들을 검토했다.

4년간 식물 200여 종, '레시피' 2,000건 이상을 실험한 끝에 1971년 투유유와 동료들은 마침내 아르테미시닌 개똥쑥에 해열 효능이 있다는 고대의 문건을 찾아냈다. 개똥쑥을 적절하게 처리한 뒤 열에 민감한 약효 성분 아르테미시닌(칭하오수)를 추출한 투유유는 1972년 3월 이 고대 요법이 실제로 지금까지 발견 혹은 재발견된 모든 항말라리아제 중 가장 유망한 요법이라는 사실을 보고했다. "1970년대 말, 중국은 말라리아에 대항하여 상당한 진보를 이루어냈으며 감염률이 거의 97퍼센트 감소하였다고 보고했다." 역사가 제임스 웹의 말이다. 말라리아가 적어도 중국에서는 마침내 최강의 적수를 만난 것이다. 1980년 즈음 200만 건에 이르렀던 중국의 말라리아 감염 건수는 이로부터 10년 후인 1990년 단 9만 건으로 줄어들었다.

중국은 이 강력한 항말라리아 무기를 외부에 공개하지 않았으며, 프로젝트523 연구진은 기밀유지를 맹세했다. 미국군이 황급히 사이공에서 철수함에 따라 베트남에 대한 미국의 직접 개입이 막을 내린 이후, 1979년 중국 의학 저널에 아르테미시닌의 효능을 검증한 영문 논문이 '칭하오수 항말라리아 총괄 연구단'의 이름으로 게재되면서 아르테미시닌이 처음으로 외부에 공개되었다. 발견된 지 7년 만에 아르테미시닌이 마침내 세상과 대중 앞에 모습을 드러낸 것이다. 그러나 중국과 동북아를 제외한 세계의 과학자들은 고대 중국의 민간요법이나 동종요법 진통제에 관심을 보이지 않았다. 프로젝트523이 공식 종결된 1981년, 아르테미시닌과 투유유의 발견들은 세계에 별다른 충격을 주지 못했으며 제약회사 투자자들의 눈길을 사로잡거나 투자를 받는 데도 실패했다. 중국 바깥에서 유일하게 아르테미시닌 연구 및 생산이 이루어진 곳은 1953년 미국 메릴랜드 포트 데트릭 부근에 개원한 월터리드 미 육군병원의 생명의학 연구시설이었다.

투유유는 앞서 1977년 중국 저널에 익명으로 연구를 발표하기는 했으나, 1981년 세계보건기구 말라리아 전문가 패널에게 아르테미시닌을 소개하며 대약진했다. 하지만 세계보건기구가 아르테미시닌이 미국 시설 중심으로 생산되어야 한다며 승인을 거부하였다. 국제기구에 운영예산과 자금을 상당 부분 지원하는 국가가 미국이었기 때문이다. 냉전이 극에 달해 있던 시기에 아르테미시닌처럼 가치 있는 상품을 '우방국'이 아닌 국가에 맡길 수도 없었다. 중국은 세계보건기구의 조건을 단번에 거절했다. 이즈음 항말라리아제의 인기와 수익성 또한 떨어지고 있었다. 말라리아 치료제 연구에 몰

"필히 말라리아를 근절하자": DDT와 프로젝트523이 재발견한 비밀의 항말라리아제 아르테미시닌 덕분에 중국은 1950년대부터 1970년대까지 역동적이고 활발한 모기 및 말라리아 퇴치 프로그램을 매우 성공적으로 이끌 수 있었다. 1970년의 이 여섯 칸짜리 항말라리아 포스터에는 말라리아 예방과 선전이 담겼다. © U.S. National Library of Medicine

렸던 수요와 투자가 새로이 나타난 전 지구적 위협이자 보다 수익성 좋은 아이템, 에이즈 치료제 연구로 미친 듯이 몰려들어 치열한 경쟁을 벌이기 시작했다.

대중문화와 유행에 민감하던 MTV 시대 부유한 서양인들에게는 에이즈라는 섬뜩한 위협이 모기 매개 질병보다 훨씬 더 가깝게 느껴졌다. 1991년 11월 7일 미국프로농구NBA의 슈퍼스타 매직 존슨Magic Johnson이 HIV 양성 판정을 받았다는 소식이 텔레비전을 타고 보도되었으며, 이로부터 17일 후 전설적인 록 밴드 퀸의 프레디 머큐리Freddie Mercury가 에이즈의 합병증인 폐렴으로 사망했다. 이러한 상황에서 항말라리아제 연구에 돌아가는 돈은 사실상 남아 있지 않았다. 정체를 알 수 없는 인간면역결핍 바이러스HIV와 그 증상인 후천면역결핍 증후군AIDS이 대중의 관심을 쓸어갔으며 문화적 두려움을 자아내는 한편 의학 연구 예산들을 독식했다. 치료해주겠다는 약속은 곧 처방전을 얻기 위해 수많은 돈이 모일 것이란 의미였다.

1994년, 마침내 거대 제약기업들이 아르테미시닌에 대한 권리를 획득했다. 이후 서구 정부들은 1999년부터 아르테미시닌 기반 복합 요법ACTs을 시험하기 시작했으며, 오랜 과정을 거친 끝에 10년 후 미국 식품의약국FDA의 승인을 받았다. ACTs는 곧 주된 항말라리아제로 자리를 잡았으며, 2015년 프로젝트523의 선구자 투유유는 '새로운 말라리아 치료법에 관련된 발견들'로 뒤늦게나마 노벨상을 수여했다. 투유유는 모기 매개 사상충과 개 심장사상충을 비롯한 기생충 감염을 퇴치하는 약물 아이버멕틴을 개발한 윌리엄 캠벨William Campbell 및 사토시 오무라Satoshi Omura와 수상의 영광을 함께 했다.

현재 ACTs는 가격이 비싸며, 주로 부유한 여행자들을 대상으로 마케팅이 이루어지고 있다. 이는 연구개발 비용을 회수하려는 목적이기도 하지만, ACTs 내성이 생기기까지 시간이 쏜살같이 흘러가고 있기 때문이기도 하다. 아르테미시닌이 거의 모든 항말라리아제에 사용되고 있으므로, 제약회사들로서는 기생충이 진화하고 적응하여 아르테미시닌의 시대를 끝내버리기 전에 돈을 벌어야 하니 말이다. 미국 의학원은 2004년 "오늘날 아르테미시닌 약물들이 효과적이고 활발하게 사용되는 만큼, 유전적 내성을 가진 종이 출현하고 확산되는 것도 시간문제"라고 경고했다. 이 경고는 불과 4년 후 현실이 되었다.

아르테미시닌이 가장 먼저 사용되었던 지역이 동남아시아인 만큼, 이 신약에 대한 내성은 2008년 캄보디아에서 처음으로 확인되었다. 이후 2014년까지 아르테미시닌에 타격을 받지 않는 종류의 말라리아가 이웃 국가인 베트남, 라오스, 태국, 미얀마에까지 확산되었다. 소니아 샤의 말대로 말라리아는 큰돈이 오가는 판이었으며, 전 세계 수많은 제약회사는 "병용약물이 섞이지 않은 아르테미시닌을 팔아 짭짤한 수익을 올렸다. (중략) 다른 약물로 보강하지 않은 아르테미시닌을 말라리아 기생충에게 그대로 노출시키면서 내성을 기르도록 했다." 즉 아르테미시닌을 앞서 설명했듯 다른 항말라리아제로 겹겹이 감싸지 않고 단독으로 사용해 기생충이 이에 저항하고 적응할 수 있었다는 말이다. 저렴한 약물이 아프리카와 아시아 전역에 공급되는 동안 말라리아 기생충은 내성을 길렀다. 앞서 폴 러셀이 '내성이 생긴 호모 사피엔스' 때문에 DDT 내성 모기가 출현했다고 질책했던 말을 빌려와 보자면, 아르테미시닌의 몰락은 '욕심을 가진 호모 사피엔스' 때문이라고 할 수 있겠다. 러셀이 지적했듯, 모기와의 영원한 전쟁에서 우리의 가장 큰 적은 우리 자신이다.

이런 측면에서 본다면 우리는 우리에게 '건강염려증이 있는 호모 사피엔스'로서 재앙과도 같은 집단적 행동 양식을 통해 또 다른 내성을 만들어낸 죄도 물어야 한다. 일반적인 감기나 24시간 독감 같은 바이러스는 공격하지 않고, 오직 박테리아만 공격하는 항생제를 마구잡이로 과용하거나 특허권을 오용해 결과적으로 무적의 '슈퍼버그superbugs(슈퍼박테리아라고도 한다)'를 만들어냈으니 말이다. 끔찍한 습관, 혹은 진정한 무지에서 비롯된 항생제 남용으로 수백만 명의 목숨이 위태롭다는 사실은 어떻게 해도 좋게 돌려 말할 수 없다. 세계보건기구가 앞서 수차례 경고했듯, "이 중대한 위협은 더 이상 미래에 대한 예측이 아니라 지금 전 세계 각지에서 일어나고 있는 일이며, 모든 국가 전 연령의 사람에게 영향을 미칠 가능성이 있다. 항생제 내성, 즉 박테리아 변화로 인해 감염 치료가 필요한 환자에게 더는 항생제가 듣지 않는 현상은 이제 공중 보건에 대한 주요 위협으로 떠올랐다."

그러나 사람들은 여전히 박테리아성이 아닌 일상적인 질병이라 할지라도 콧물이 조금이라도 난다 싶으면 곧바로 의사에게 달려가 항생제를 요구한다. 안타까운 점은 일반인보다 더 많은 것을 알고 있을 의사들이 터무니없는 처방 요구를 그대로 들어준다는 것이다. 질병관리본부의 보고에 따르면 "미국에서 매년 200만 명이 항생제 내성 박테리아에 감염되며, 그 감염의 직접적인 결과로 한해 최소 2만 3,000명이 사망하며" 그 비용은 연간 16억 달러에 달한다. 염치없는 항생제 남용과 슈퍼버그의 출현 그리고 그에 따른 사망률 증가는 미국에만 한정된 이야기가 아니다. 이 추세는 우리 공동의 면역력에 대한 전 지구적 우려다. 세계보건기구는 이와 같은 급격한 증가 추세가 계속된다면 2050년에는 슈퍼버그로 목숨을 잃는 이가 전 세계 연간 1천만 명에 이를 것으로 추정했다.

슈퍼버그 박테리아와 마찬가지로, 모기 또한 20세기 말 수십 년 동안 그들 나름의 르네상스를 거쳤다. 모기가 다시 활개를 치기 시작했으며, 모기 매개 기생충과 바이러스는 창의적으로 진화했고, 그 과정에서 웨스트나일 바이러스와 지카 바이러스를 비롯한 새로운 치명적인 동물원성 히치하이커들을 데려오면서 인간에게 한층 더 심각한 고통과 죽음을 선사했다. 지난 10년간 동물원성감염병의 비율이 세 배 증가해 모든 인간 질병의 75퍼센트를 차지하게 되었다. 보건 연구자들은 동물에서 인간으로 '흘러넘칠' 가능성이 있는 세균을 식별하여 동물원성감염병이 되기 전에 막는 것을 목표로 한다. 최근 가장 우려되는 바이러스 중에는 모기 매개 조류 질병인 우수투 바이러스의 변종이 있다. 아프리카에서 1981년과 2004년에 각각 한 건 그리고 이탈리아에서 2009년에 한 건, 총 세 건의 인간 감염 사례만 보고되었지만, 이 바이러스는 언제든 모기 매개 허들을 뛰어넘어 조류에서 인간으로 건너올 수 있다. 에볼라 바이러스 또한 우려되는 바이러스인데, 이 경우에는 모기가 아니라 과일박쥐나 여타 영장류를 통해 전염된다. 1976년 수단과 콩고에서 감염 사례가 최초로 보고되었다. 1995년작 할리우드 블록버스터 영화 <아웃브레이크 Outbreak>를 연상시키듯, 최근 유행했던 에볼라 바이러스의 최초 감염자는 2013년 12월 과일박쥐 한 마리를 데리고 놀다가 감염된 기니의 두 살배기 남자아이였다.

1969년 세계보건기구가 말라리아 퇴치 프로그램을 종결한 이후, 패배주의적 태도에 빠진 세계는 다시 일어나지 않을 수도 있는 일을 연구하고 퇴치하기 위해 수십억 달러를 지불하는 것보다는 그저 모기의 부활과 르네상스를 잊거나 무시하는 쉬운 길을 택했다. 항말라리아제를 살 여유가 없는 아프리카에 전 세계 말라리아 감염 사례

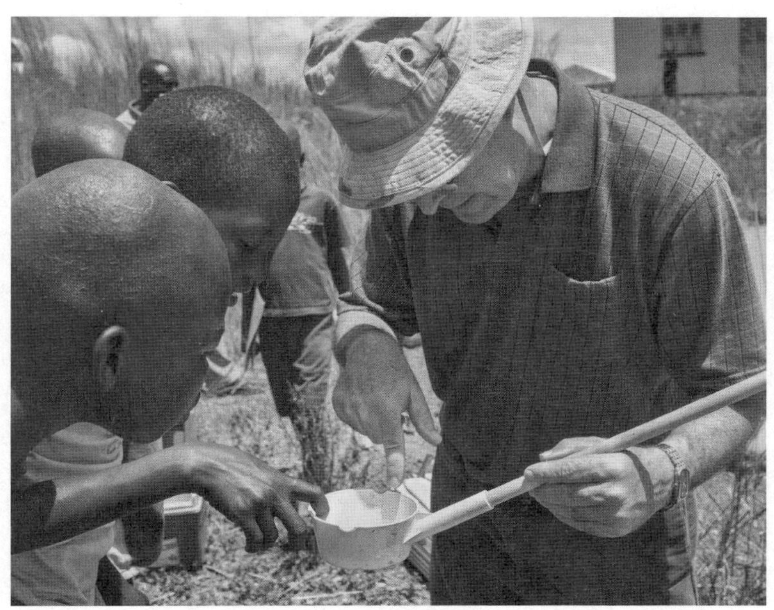

우간다의 살충제 내성 실험: 곤충학자 데이비드 호엘(David Hoel) 박사가 아이들에게 모기 유충을 구별하는 방법을 알려주는 모습. 우간다 북부, 2013년. © Dr. BK Kapella, M.D., [CDR, USPHS]/Public Health Image Library-CDC

의 90퍼센트가 몰려 있다. "새로운 세대의 항말라리아제가 등장할 때마다 비용이 늘어나는데, 이로 인하여 말라리아를 관리하는 비용 또한 증가할 수 있으며 각국이 관리 프로그램을 유지하는 데 더 많은 능력이 요구될 수 있다." 랜달 패커드가 말라리아의 역사를 철두철미하게 추적한 저서에서 말했다. "아르테미시닌 기반 복합 요법의 개발과 채택은 이미 약물치료 비용을 크게 증가시켰다." 물질 중심의 현대 사회에서 의료연구의 비용-편익 이윤을 따지는 자본주의자들은 자칫 너무나도 잔인한 일들을 벌일 수 있다.

메릴랜드 대학교 미디어학 및 국제관계학 교수 수잔 모엘러Susan Moeller 박사는 미디어 때문에 이른바 '동정 피로compassion fatigue'로 인한 무관심한 분위기가 조성되었다고 지적한다. 중증 급성 호흡기증후군SARS과 조류독감H5N1, 돼지독감H1N1 그리고 에볼라 바이러스 등 새로이 등장한 유행성 질병들은 지난 수십 년간 모기 매개 질병이 비교적 잠잠했던 서구 선진국에도 큰 영향을 미칠 가능성이 있음을 일깨워주었다. 에이즈 또한 유행성 질병이 역사 속이나 머나먼 대륙에서만 일어나는 일이 아님을 선진국에 다시금 일깨웠다. 그러나 미국과 캐나다, 유럽 등 서구 선진국의 젊은 세대는 앞선 세대들과 달리 말라리아 세계에 살아본 적이 없어 모기 매개 질병을 두려워하지 않는다.

선정적인 미디어와 할리우드의 정형화된 '바이러스 매개 좀비' 및 '공포 문화' 영화 및 드라마, 이를테면 〈아웃브레이크〉, 〈12 몽키즈12 Monkeys〉, 〈나는 전설이다I Am Legend〉, 〈컨테이젼Contagion〉, 〈28일 후28 Days Later〉, 〈월드워 ZWorld War Z〉, 〈워킹 데드The Walking

Dead>, <안드로메다 바이러스The Andromeda Strain>, <페세이지The Passage> 등의 역겨운 트렌드 덕분에, 스크린 타임 세대는 에볼라와 사스, 조류독감과 돼지독감, 혹은 아직 알려지지 않은 초현대적 식인 바이러스를 두려워한다. “에볼라 또한 메타포의 스타덤에 오르면서 현재 인기를 누리게 되었다.” 모엘러의 말이다. “에볼라가 미디어와 할리우드에서 그토록 선정적으로 다루어지는 반면, 평범한 다른 질병들은 상대적으로 거의 다루지 않으며, 무시하고, 과소하게 보고된다. 뉴스 가치가 달라진 것이다.” 「뉴욕 타임스」의 리포터 하워드 프렌치Howard French 또한 같은 맥락의 말을 남겼다. “매년 홍역 유행으로 수천 명이 사망하거나 말라리아로 수백만 명이 사망하는 사건은 외부 세계가 기다리던 소식이 아니니다. 이미 아프리카와 풍토성 HIV를 한데 묶어 생각하고, 또 에볼라가 덮친 음산하고 병든 대륙을 상상하기에 이르렀기 때문이다.” 누군가 휴가나 여행 도중, 혹은 1장에서처럼 캠핑을 하다가 모기 매개 질병에 감염되었다 하더라도 그저 개인의 잘못이나 불행으로 치부해버린다. 그럼에도 말라리아는, 카렌 마스터슨의 말대로 “모든 시대를 통틀어 가장 많이 연구된 질병일 테지만, 아직까지 발생하고 있다.”

DDT가 신임을 잃은 이후부터 모기가 다시금 공공의 적 제1호이자 전 세계 수배 대상 1순위에 등극한 때까지 40여 년이 흘렀다. 모기 매개 질병의 속박에서 비교적 자유로웠던 대부분의 서구 사회는 “눈에서 멀어지면 마음에서도 멀어진다”는 태도를 고수했다. 그러나 지난 20여 년 동안 재기에 성공한 모기들이 경험 많은 베테랑 말라리아와 뎅기열 그리고 신참병사 웨스트나일과 지카 바이러스를 태우고 인간을 공격하자 모든 것이 바뀌었다. 1999년, 모기는 불시에 뉴욕시를 공격하면서 초강대국의 심장부를 두려움에 빠뜨렸다. 이에 미국은 즉시 지속적이고 활발한 대응을 펼쳤다. 그 선두에는 빌&멀린다 게이츠 재단이 있었다.

CHAPTER

19

현대의 모기와 모기 매개 질병

과연 모기는 멸종의 문턱에 서 있는가?

THE MODERN MOSQUITO AND HER DISEASES: AT THE GATES OF EXTINCTION?

1999년 8월 23일, 뉴욕시 보건부 산하 질병통제예방 사무소가 데보라 아스니스Deborah Asnis 박사로부터 전화 한 통을 받았다. 퀸즈 플러싱 메디컬 센터의 전염병 전문가였던 아스니스 박사는 크게 당황한 듯 긴급하게 대응을 요청했다. 고열과 혼란, 방향 감각 상실, 근무력증 그리고 사지마비까지 미스터리하고 독특한 증상을 보이는 4명의 환자가 입원했기 때문이었다. 환자들이 빠른 속도로 죽어가고 있었다. 시간에 쫓긴 아스니스 박사는 도대체 무엇이 이토록 위급한 질병을 유발한 것인지 밝혀내야만 했다.

9월 3일 초기 실험결과는 일종의 뇌염 혹은 뇌부종을 가리키고 있었다. 뇌염에는 바이러스, 박테리아, 곰팡이, 기생충, 저나트륨혈증(뇌 속 수분과 용질 또는 전해질의 불균형) 등 수많은 원인이 있다. 아스니스 박사는 환자들의 혈액 및 조직 샘플을 검사하고, 뇌부종 및 유사 증상들을 일으키는 것으로 알려진 바이러스들과 교차 검사했다.

결과는 흔한 집모기가 조류로부터 인간에게 옮기는 세인트루이스 뇌염 양성 반응이었다.

다음날 도시와 주변 지역에 모기 및 유충 집중 방역 작업이 진행되었지만, 임상적으로 어딘가 아귀가 맞지 않았다. 이 시점에서 애틀랜타의 질병통제예방센터CDC가 개입했다. 데이터베이스를 검토하자 한층 더 혼란스러운 상황과 맥락이 드러났다. 제2차 세계 대전 종전과 1946년 질병통제예방센터 설립 이래, 미국 내 세인트루이스 뇌염은 단 5,000건만 보고되었으며, 뉴욕시에서는 한 건도 없었다. 질병통제예방센터는 세인트루이스 뇌염이 범인일 것이라 단정하지 않았다. 무언가 간과하고 있는 게 분명 있을 터였다.

CIA의 생물학 무기 전문가들과 포트 데트릭 생물학 무기 연구소에서도 뉴욕에서 펼쳐진 사건들을 예의주시했다. 이들 뿐만이 아니었다. 기자들이 속보와 단독보도를 따내기 위해 벌떼처럼 몰려들었다. 가십의 냄새를 맡았지만, 아직 확정적 정보가 없는 상황에서 언론은 여러 가설들을 팔았다. 세계적으로 유명한 신문부터 쓰레기 타블로이드, 폭로 전문지 「뉴요커The New Yorker」까지 모두 사담 후세인Saddam Hussein이 모기 매개 바이러스를 이용해 생물 테러를 저지른 것이라고 비난했다. 이들의 보도에 따르면 지난 1985년 질병통제예방센터는 이라크 연구자 한 명에게 비교적 새롭고 드문 모기 매개 바이러스 표본을 전달한 적이 있었다. 1980년부터 1988년까지 이라크는 이웃나라 이란과 잔혹한 전쟁을 벌이면서 미국에게 경제 원조는 물론, 기술, 군사훈련, 화학무기를 비롯한 군사 무기 지원도 받았다. 증거를 찾으려 혈안이 된 기자들은 치명적인 모기 매개 바이러스도 그중 하나였을 가능성이 아주 없지는 않다고 보았다.

이야기가 스스로 몸집을 불려나가던 도중, 사담 후세인의 대역 배우이자 정치적 허수아비였던 미카엘 라마단Mikhael Ramadan이 이라크를 등지고 미국에 여러 사실을 밀고했다. 그는 사담 후세인이 이례적인 바이러스를 무기화하여 미국에 보낸 것이라고 주장했다. "1997년 나와 후세인이 거의 마지막으로 만났을 당시, 사담은 나를 서재로 불렀다. 그가 그토록 격양된 모습은 거의 본 적이 없었다. 책상의 오른쪽 맨 위 서랍의 잠금장치를 연 사담은 가죽 표지로 감싼 두꺼운 서류를 꺼내더니 그중 일부를 소리 내어 읽기 시작했다." 라마단은 이같이 고백하며, 사담이 "도시 환경에서 전체 생명체의 97퍼센트를 죽일 수 있는 웨스트나일 바이러스 SV1417종"을 만들어냈다고 자랑했다고 밝혔다.

사담 후세인이 새로이 탄생시킨 웨스트나일 슈퍼바이러스에 대한 원색적인 비난이 전 세계 언론을 뒤덮고 있을 때, 뉴욕시 각지의 경찰서와 보건소 및 질병통제예방센터의 전화통엔 불이 났다. 브롱크스 동물원에서는 플라밍고가 원인을 알 수 없는 떼죽음을 당했으며, 다른 조류들도 이상할 정도로 죽어나가고 있었다. 다수의 행인들이 도시의 공원과 길거리와 놀이터에 까마귀를 비롯한 조류들의 시체를 보고 신고했다. 말라리아나 황열병을 비롯한 대부분의 모기매개 질병은 사람에서 모기에게 전염된 뒤 다시 사람으로 전염되지만, 이와 달리 세인트루이스 뇌염 바이러스는 조류에서 모기를 거쳐 곧장 인간에게 전염되는 한편 조류 자체에는 영향을 미치지 않는다. 깃털 달린 친구들에게는 면역력이 있기 때문이다. 교외의 말들이 기이하고 별난 행동을 보이더니 비정상적으로 병들고 있다는 보고 또한 잇따라 들어왔다. 이 범유행병은 세인트루이스 뇌염이 아니었으며, 모기 매개 말 뇌염 바이러스들 중 하나도 아니었고, 정립된 조류 병원체들 중 하나도 아니었다. 이들과는 아주 다른 질병이었으며, 적어도 미국으로서는 완전히 새로운 질병이었다. 새와 말 그리고 인간을 감염시켰던 이 역병은 사실 모기 매개 웨스트나일 바이러스였다. 그러나 언론이 만들어낸 이야기들과는 달리 사담 후세인이 뉴욕에 키메라 슈퍼바이러스를 푼 것은 아니었다. 어떻게 보아도 그는 관련이 없었다.

1999년 유행 당시 웨스트나일 바이러스에 감염된 것으로 추정되는 1만 명 중 62명이 병원에 입원했으며 7명이 사망했다. 말에서 웨스트나일 바이러스가 검출된 경우도 20건이었다. 무엇보다도 압도적으로 많은 수의 조류가 죽었다. 뉴욕시와 교외에 살던 까마귀 개체군의 최대 3분의 2가 폐사한 것으로 추정되었다. 또한 파랑어치, 독수리, 매, 비둘기, 미국 지빠귀를 비롯한 스무 종 이상의 새들이 웨스트나일 바이러스로 죽었다.

만일 이것이 생물 테러 공격이었다면 완전한 실패를 거둔 셈이나 마찬가지였다. 감염된 생명체 대부분이 우리 동물 친구들이었으니 말이다. 테러리즘과 대량 살상 무기 그리고 실재하는 위험과 상상 속 위험으로 인한 편집증의 시대에 모기를 잠재적 생물학 무기로 간주하고 적군 리스트에 올리지 못할 이유가 없었다. FBI 소속 익명의 한 선임 과학고문은 "만일 내가 생물 테러를 계획했다면 아마 자연적 발병으로 보이도록 하기 위해 매우 정교하고 미묘하게 작업했을 것"이라고 말했다. 해군부 장관 리처드 댄지그Richard Danzig 또한 어떠한 사건이 생물 테러리즘임을 "증명하기는 어렵지만, 마찬가지로 반증하기도 어렵다"고 말했다.

웨스트나일 바이러스가 뉴욕시에 파고든 지 2년 후, 알 카에다가 미국에 9.11 테러를 자행하면서 미국 국민을 적색경보에 빠뜨렸다. 세계무역센터와 펜타곤 공격을 조직하고 자금을 모을 수 있는 테러리스트들이라면 또 다른 일도 벌일 수 있을 터였다. 여기에 더해 9.11 테러 이후 수주에 걸쳐 주요 언론사 사무실과 2명의 미국 상원의원실에 탄저균이 든 편지가 배달되는 '유나바머Unabomber(연쇄 소포 폭탄테러범)' 스타일의 생물 테러가 일어나 5명이 죽고 17명이 감염되면서 테러에 대한 공포는 더욱 고조되었다. 이제 미국이 그림자 아래에 숨겨두었던 기관, 예컨대 포트 데트릭의 다양한 생물 무기 연구소 등이 생물 테러 공격을 비롯한 모든 시나리오에 대해 리스크를 검토하기 시작했다. 천연두, 페스트, 에볼라 바이러스, 탄저균, 보툴리눔독소증 등이 후보 명단을 채웠다. 황열병 및 유전공학을 거친 종류의 말라리아 또한 진지하게 검토되었다.

2001년에 출간된 V. A. 맥칼리스터V. A. MacAlister의 바이오테크 스릴러 소설 『모기 전쟁The Mosquito War』 속 테러리스트들이 독립기념일 워싱턴 DC의 쇼핑몰에 유전자 조작을 거친 치명적인 모기들을 풀어놓았을 때도 이와 똑같은 일이 벌어졌다. 확실히 새로운 아이디어는 아니었다. 이와 같은 악랄한 방식과 전략적 설계는 나폴레옹의 발헤렌 열병, 루크 블랙번의 소름끼치는 황열병 임무 그리고 안치오에서 나치가 의도적으로 폰티노 습지의 말라리아 매개 모기를 회생시켰던 사건 등 생물학적 속임수를 사용한 수많은 역사적 사례에서 찾아볼 수 있다. 최초의 병법가 중 하나인 14세기 그리스의 아에네아스 탁티쿠스Aeneas Tacticus도 저서 『포위공격에서 살아남는 법How to Survive Under Siege』에서 적군의 공병이 파놓은 굴에 '쏘아대는 벌레들을 방사'하는 방법을 지지했다. 2010년, 저명한 모기 전문가 70명이 플로리다에 모여 '모기 관리를 통한 생물 테러리스트의 원충 감염 모기 도입에의 대항'을 논의했다. 이들은 간단한 문제 하나를 놓고 논의를 이어나갔다. "황열병에 감염된 생물 테러리스트가 500마리의 숲모기에게 자신의 피를 먹여 감염시킨 후, 일주일 뒤 뉴올리언스의 프렌치 쿼터나 마이애미 사우스 비치(둘 모두 유동인구가 많은 관광지이다)에 이 모기들을 방사한다면 과연 어떤 일이 일어날 것인가?" 과거 황열병이 남겼던 잔해를 좇아 생각해본다면, 예방접종도 맞지 않고 길들지도 않았으며 집단적 면역력도 없는 대부분의 현대 인구에게 매우 처참한 결과를 불러올 게 뻔했다.

1999년 미국에 풍토성 웨스트나일 바이러스가 아무런 예고도 없이 갑작스레 들이닥치면서 우리 또한 무관심의 잠에서 깨어났다. 우리는 우리에게 가장 위험한 불멸의 적이 무엇이었는지 잠시 잊고 살아왔다. 부시-케니 행정부는 이라크가 이동 가능한 생물 무기 실험실을 은폐하고 있다고 공언했으나, 실제로 그렇지는 않았다. 반면 진정으로 공인된 대량살상무기는 수백만 년 전부터 전 지구를 날아다니며 번식하고 있었다. 사담 후세인의 무기고에 있는 그 어떤 것보다도 훨씬 더 치명적이고 눈에 띌 정도로 친숙한 그것, 바로 우리의 오랜 모기 적군과 질병 무기들이었다. 뎅기열과도 밀접한 관련이 있는 웨스트나일 바이러스는 1937년 우간다에서 최초 출현한 뒤 아프리카와 인도에서 이따금 등장했다. 1960년대를 시작으로 북아프리카와 유럽, 캅카스, 동남아시아 및 호주에서 소규모 발병이 보고되었고, 웨스트나일 바이러스의 지리적 범위와 감염 정도는 점점 넓어지고 강해졌다. 그러나 웨스트나일 바이러스는 드물게 발병하는 데다가 소수의 연구자만 보는 보고서에나 이름을 올렸기 때문에 1999년 이전까지 주류 언론의 레이더망을 피해갔다. 무엇보다 웨스트나일 바이러스는 미국 내에 존재하지 않았다. 외국의 질병이었던 것이다.

그러나 1999년 여름 웨스트나일 바이러스가 뉴욕시를 마비시키고 두려움에 빠뜨리면서 모든 것이 변했다. 이라크의 이동 가능한 모기 공장이 아니라 이스라엘에서 기원했을 가능성이 큰 이 바이러스종은 철새들과 이주 모기들, 혹은 인간 여행자들을 타고 미국으로 들어온 것으로 여겨진다. 뉴욕시에서의 발병은 서반구 최초의 발병 사례였다. 질병통제예방센터의 과학자들은 곧 웨스트나일 바이러스가 이곳에 머물 것임을 깨달았다. 이듬해 여름, 같은 질병이 재발하자 질병통제예방센터도 인정할 수밖에 없었다. "이제 억제의 단계를 넘어섰다. 우리는 그저 그 질병을 감내하며 할 수 있는 최선을 다해야 한다." 1999년 이래 미국에서 약 5만 1,000건의 웨스트나일열이 진단되었으며 그중 2,300명이 사망했다. 이 바이러스로 미국에 가장 많은 사망자가 발생한 해는 2012년이다. 질병통제예방센터에 따르자면 "총 5,674건의 웨스트나일 바이러스 인간 감염 사례와 286명의 사망자가 48개주(알래스카와 하와이 제외)에서 보고되었다."

이보다 이전에 가장 피해가 극심했던 해는 2003년으로, 감염 9,862건 중 264명이 사망했다. 이에 비하여 2018년에는 뉴햄프셔와 하와이를 제외한 모든 주에서 웨스트나일열 확진 사례 2,544건과 사망자 137명이 보고되었다.

웨스트나일 바이러스는 1999년 여름 뉴욕을 공포로 물들인 데 이어, 미국 전역과 캐나다 남부, 남아메리카와 중앙아메리카로 확산되는 한편, 유럽과 아프리카, 아시아, 태평양 지역에서 강도를 더해갔다. 빅애플(뉴욕시)에 데뷔한 지 10년 만에 웨스트나일은 전 지구적 질병으로 떠올랐다. 세인트루이스 뇌염과 마찬가지로 웨스트나일 바이러스는 새에게서 모기를 거쳐 인간으로 옮겨가는 복잡한 전파 단계를 거친다. 약 80~90퍼센트의 사람들(즉, 수천만 명의 사람들)은 감염된 사실도 모를 정도로 아무런 증상이 나타나지 않는다. 나머지에게는 대부분 수일에 걸쳐 가벼운 감기와 비슷한 증상이 나타난다. 불운한 0.5퍼센트의 경우만, 뇌부종과 마비, 혼수상태 등 모든 증상이 나타나며 결국에는 죽음에까지 이를 수 있다.

미국을 중심으로 웨스트나일 위협이 대두되자 언론의 관심이 집중되었다. 이제 어디서나 이 모기를 다루었다. 물론 그 누구도 이 악마에게 동정심을 표하지 않았다. 마이크로소프트 클라우드가 선보인 새로운 광고 프로모션(마이크로소프트사의 프리모니션 프로젝트Project Premonition 광고영상을 말한다)은 TV 채널을 지배하던 모기들을 이용해 빌 게이츠Bill Gates의 소프트웨어 제품을 홍보하는 동시에, 우리의 가장 치명적인 '적군을 동맹으로' 삼고 세상의 모기 매개 질병을 퇴치하겠다는 게이츠의 열망을 담았다. 2017년 디스커버리 채널Discovery

Channel은 모기가 "현생 인류 역사상 단일로는 가장 중대한 사망 원인"임을 강조하는 영화 〈모기Mosquito〉 제작에 착수했다. 이처럼 미국과 여타 감염 지역에서 웨스트나일과의 타협이 이루어지던 한편, 보다 트렌디한 이름을 가진 또 다른 모기 매개 질병이 등장해 전 세계 이목을 모기에게 더욱 집중시켰다.

2016년 한창 리우데자네이루 하계올림픽을 홍보하고 추켜세우던 도중 지카 바이러스가 등장해 세계를 놀라게 했다. 웨스트나일 바이러스 및 뎅기열 바이러스와 비슷한 이 바이러스는 1947년 우간다의 원숭이에게서 처음 발견되었으며, 그로부터 5년 뒤 최초의 인간 감염 사례가 알려졌다. 2007년 태평양의 외딴 야프섬(미크로네시아 연방의 섬)에서 지카 바이러스가 나타나기 이전까지 확진 사례는 1964년부터 2007년까지 통틀어 단 14건에 불과했으며, 그마저도 아프리카와 동남아시아에 한정되었다. 그러나 2007년부터 2013년까지 야프섬에서 동쪽으로 확산되어 다수의 태평양 제도에서 등장한 지카 바이러스는 결국 2015년 브라질에 출현하면서 전 세계의 이목을 집중시켰다. 2015년부터 2016년까지 유행한 지카 바이러스 역병은 서반구 전역의 국가들로 확산되었다.

브라질의 심장부에서 약 150만 명의 사람들이 감염되었으며, 그중 산모에서 태아로 '수직감염'되어 소두증 아이를 출산하는 경우도 3,500건 이상 보고되었다. 소두증을 가지고 태어난 아이는 작은 머리와 더불어 선천성 뇌 기형 및 장애를 가진다. 감염 경로에 관한 발표가 나오자 사람들은 더욱 고통스러워했다. 언제나와 같이 숲모기가 매개자로 등장했으나, 지카 바이러스는 다른 모기 매개 질병과는 달리 모든 성별의 파트너 간 성적 접촉을 통해 전염될 수 있다. 총 9개 국가에서 성매개 감염 사례가 보고되었다. 또한 다수의 신경학적·신체적 합병증을 낳는 소두증 사례에서도 입증되었듯, 가슴 아프게도 지카 바이러스는 산모에서 태아로 전염될 수 있다. 증상은 웨스트나일 바이러스와 거의 동일하며, 감염자의 80~90퍼센트에게 아무런 증상이 나타나지 않는다. 증상을 보이는 이들은 대부분 웨스트나일 바이러스와 뎅기열, 혹은 치쿤구니야열과 비슷한 낮은 강도의 증상을 보인다. 웨스트나일과 마찬가지로 지카 바이러스 감염자 또한 1퍼센트 미만에게만 심각한 병증이 나타난다. 지카 바이러스는 마비와 죽음에 이를 수 있는 신경증 길랭-바레 증후군 또한 유발한다.

지카 바이러스는 웨스트나일 바이러스와 마찬가지로 전 세계에 확산되었던 한편, 그 사촌 격인 뎅기열과 치쿤구니야열의 감염률 또한 1960년 이래 서른 배 증가하였다. 이 질병들이 전 세계 경제에 미친 손실은 연간 100억 달러이다. 2002년 리우데자네이루에 뎅기열 역병이 돌아 거의 30만 건의 감염 사례가 보고되었으며, 이후 사라지지 않고 브라질에 남아 있다가 2008년 다시 10만 건으로 치솟았다. 오늘날 전 세계 뎅기열 감염자 수는 매해 4억 명 즈음으로 추정된다. 소니아 샤의 말에 따르면 "뎅기열은 플로리다의 풍토병으로 자리 잡은 듯하며, 텍사스에서도 출현했고, 계속해서 북쪽으로 전파되어 수백만 명을 감염시킬 가능성이 크다." 텍사스에서는 다수의 뎅기열과 웨스트나일 바이러스 감염자가 발생한 데 더해 2016년 미국 내 최초로 치쿤구니야열 감염자가 발생했다.

제2차 세계 대전 이후 거의 멸절될 뻔했던 모기들은 DDT로 만든 잿더미에서 불사조처럼 날아올라 전 지구적 세력으로 자리매김했다. 1960년대 침묵의 봄을 지나며 수그러들었던 퇴치와 멸절의 횃불은 이제 게이츠 부부가 이끄는 강력한 의지의 다국적 연대의 손에서 다시 불타오르기 시작했다.

1990년대 들어 일련의 국제회의가 이어진 끝에, 1998년 말라리아 퇴치 파트너십Roll Back Malaria Partnership, RMB이 창설되었다. 이 단체는 설립 10년 만에 국제말라리아행동계획Global Malaria Action Plan을 선보였다. 모기 매개 질병이 유발하는 경제적 불평등과 부담을 밝히는 경제 정보 캠페인이 컬럼비아 대학교 교수이자 경제학자인 제프리 삭스Jeffrey Sachs의 주도로 시작되면서 국제적 퇴치 운동에 박차를 가했다. 삭스는 2001년 말라리아만 하더라도 아프리카에 연간 120억 달러의 손실을 입힌 것으로 추정했다. 2000년에는 게이츠 부부가 정식으로 재단을 설립하고 말라리아를 국제적 퇴치 레이더망에 올렸으며, UN과 WHO의 '새천년 개발 목표'에 동일한 목표를 명시했다.

2002년에는 모기 관련 새천년 목표에 대규모의 자금 조달을 용이하게 하고자 에이즈, 결핵, 말라리아 퇴치를 위한 세계기금The Global Fund to Fight AIDS, Tuberculosis and Malaria이 설치되었는데, 상당 부분 게이츠 재단의 지원으로 이뤄졌다. 1998년 기준 전 세계 모든 모기 관리 활동에 소요된 비용은 약 1억 달러였는데, 세계기금은 2002년부터 2014년까지 약 100억 달러를 말라리아 관련 활동에 기부했다. 그러나 게이츠 재단은 지금부터 말라리아 퇴치 목표 연도인 2040년까지 900~1,200억 달러가 추가로 필요하며, 특히 2025년 한해에만

60억 달러가 필요할 것이라고 추정한다. 같은 기간 퇴치의 직접적인 영향으로 증가하는 경제적 생산성은 어림잡아 2조 달러로 추정된다.

100억 달러라니 엄청난 금액처럼 보이지만, 사실 전체 기금의 21퍼센트 정도에 지나지 않는다. 총 할당 자금 중 HIV/AIDS에 59퍼센트, 결핵에 19퍼센트가 투자된다. 지난 10년 동안 에이즈 관련 연간 사망자 수는 말라리아 관련 사망자의 절반 이하였다. 하지만 이 '3대' 질병들은 서로를 동반하는 경우가 많으며 다소 시너지 효과도 일으킨다. 예컨대 결핵은 에이즈 환자의 주요 사망 원인으로 전체의 35퍼센트를 차지한다. 불행하게도 이 질병들은 아프리카에 공격을 가하고 있다. 전체 말라리아 신규 감염자의 85퍼센트와 HIV 신규 감염자의 50퍼센트가 아프리카에서 발생한다. 말라리아는 HIV 바이러스 복제를 증가시키는 한편, HIV는 면역계를 약화시켜 말라리아에 대한 취약성을 높인다. 설상가상인 셈이다. 연구자들은 1980년 이래 아프리카 내 1백만 건 이상의 말라리아 감염이 HIV 때문이라고 추정하며, 말라리아가 HIV 생식을 촉진한 탓에 HIV에 감염된 건수도 1만 건에 달한다고 추정했다. 앞서 살펴보았듯 더피 항원 음성자 또한 삼일열말라리아에 대한 면역을 제공하는 동시에 HIV 감염 리스크를 40퍼센트나 증가시킨다. 괴로움과 고통을 당하는 이들에게 말라리아와 이에 대한 유전적 방어 장치, HIV 그리고 결핵은 한 팀을 이루어 상호 협조하는 악당들이다.

지난 수십 년간 게이츠 재단을 비롯한 자선단체와 기업들이 모기에 대한 전 지구적 전쟁을 이끌었다. "박애 자본주의philanthrocapitalism의 힘과 영향력이 가장 두드러졌던 예시는 빌&멀린다 게이츠 재단GF이다." 낸시 레이스 스테판의 말이다. "1999년 빌 게이츠가 마이크로소프트사의 주식으로 설립한 이 재단은 오늘날 게이츠 본인의 돈 310억 달러와 2006년 증여받은 버크셔 해서웨이(워런 버핏Warren Buffett이 운영하는 헤지펀드)의 주식 370억 달러를 운용한다. 재단의 보건 관련 연간 지출은 2001년 15억 달러에서 2009년 77억 달러로 증가했다. 말하자면 게이츠 재단은 글로벌 시대의 록펠러 재단이다." 게이츠 부부와 버핏의 영향력은 여기서 그치지 않는다. 알렉스 페리가 최근 퇴치 노력을 자세히 설명한 저서 『생명』에서 말했듯, "2010년 8월 4일, 게이츠 부부와 버핏의 설득으로 세계 대부호 40명이 전 재산의 절반 이상을 증여하겠다고 선서했다. 이중에는 오라클 창립자인 래리 엘리슨Larry Ellison, 시티그룹 창립자 샌디 웨일Sandy Weill, <스타 워즈> 감독 조지 루카스George Lucas, 언론 거물 배리 딜러Barry Diller, 이베이 창립자 피에르 오미디야르Pierre Omidyar가 있다." 게이츠 부부와 지지자들은 뜨거운 박수를 받아 마땅하다.

게이츠 재단은 세계 보건 연구에 미국 정부와 영국 정부에 뒤이어 세 번째로 많은 공여를 한다. 또한 세계보건기구와 에이즈, 결핵, 말라리아 퇴치를 위한 세계기금에도 전 세계 단일 민간 기부자 중 가장 크게 공여한다. 몇몇 정부나 기업들과는 달리 게이츠 재단은 다른 보건 관련 프로그램의 증진과 더불어 말라리아와 모기 매개 질병을 근절하는 것 이외에는 부패하거나 음흉한 여타 목적을 품지 않았다. 게이츠 재단은 그 무엇과도 유착되지 않은 채 자선 사업을 투명하게 집행하고 처리한다.

2007년 영부인 로라 부시Laura Bush가 백악관에서 '말라리아 인식의 날' 회담을 개최한 직후에는 리얼리티 TV프로그램까지 말라리아와의 난투에 뛰어들었다. 2007년 4월, <아메리칸 아이돌American Idol>이 최정상 영화배우와 가수들이 대거 출연한 화려한 콘서트 '아이돌 기브스 백Idol Gives Back'을 두 시간 분량으로 방영했다. 이 기금 모금 콘서트는 캐나다 가수 셀린 디온Celine Dion이 젊은 시절 엘비스 프레슬리Elvis Presley의 홀로그램과 함께 듀엣으로 노래를 부르는 무대로 정점을 찍었다. 2,640만 명의 미국인이 시청한 이 TV쇼는 소셜 미디어를 타고 한층 더 퍼졌고, 그 덕분에 말라리아 연구 기금 7,500만 달러가 모금되었다. 2008년 4월에는 할리우드 스타들이 대거 출연한 두 번째 '아이돌 기브스 백' 콘서트가 열려 6,400만 달러를 추가로 모금하는 데 성공했다. 말라리아와 모기에 대한 전쟁이 실로 전

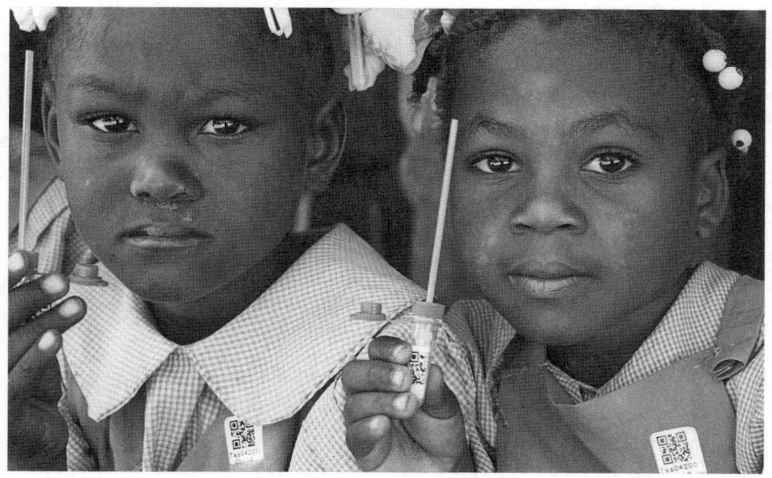

새로운 희망: 두 명의 소녀들이 사상충증과 말라리아 검사를 받기 위해 기다리고 있다. 아이티 북동부주, 2015년. © Dr. Alaine Kathryn Knipes/ Public Health Image Library-CDC

세계에서 일어나고 있다.

게이츠 부부와 삭스 그리고 〈아메리칸 아이돌〉 제작자 사이먼 풀러Simon Fuller(그의 아버지는 제2차 세계 대전 당시 미얀마에서 말라리아에 감염되기도 했다)가 칭찬받아 마땅한 박애주의적 행보를 펼치고 있는 한편, 전 세계 모기에 대한 전쟁은 여전히 자본주의와 대기업의 이익에 좌지우지되고 있다. 말라리아와 모기 퇴치에 대한 지원과 언론 노출 빈도수는 지난 10년간 극적으로 증가했지만, 퇴치 프로그램이 행정상의 문제나 부패 등 여러 장애에 부딪히는 경우도 잦았다. 제약회사들은 항말라리아제와 백신을 연구·개발하는 데 수십억 달러를 들이며 자연스레 그 비용을 회수하고자 하고, 그 결과 가장 도움이 필요한 이들은 결국 돈이 없어 치료를 받지 못하는 일이 벌어진다. 랜달 패커드가 말했듯, "말라리아와 빈곤은 서로를 심화시킨다." 예컨대 오늘날 말라리아 감염 사례의 85퍼센트가 발생하는 사하라 이남 아프리카는 전 국민의 55퍼센트가 하루에 1달러 이하로 생활하는 극빈곤층이다. 말라리아 발병 건수의 8퍼센트가 동남아시아에서, 5퍼센트가 지중해 동부 연안 지역에서, 1퍼센트가 서태평양에서 그리고 약 0.5퍼센트만 아메리카 대륙에서 발생한다. 모기 매개 질병에 영향을 받는 집단은 주로 빈곤국 국민들이다.

가장 크게 영향을 받는 아프리카와 아시아 국가들의 불우한 주민들은 치료제를 살 수 없어 최근까지도 '그들의' 질병에 대한 상업성 의료 연구개발을 이끌어내지 못했다. 전 세계 의약 기금의 상당 부분을 받아가는 에이즈와는 달리, 말라리아를 비롯한 '소외된 질병'들은 선진국에서 드물게 발병하기 때문에 연구 개발의 레이더망에서 벗어나 있다. 전 세계 문제의 90퍼센트가 말라리아를 비롯한 질병과 관련이 있으나, 민간 부문 연구 개발 자원의 불과 10퍼센트만 질병을 타깃으로 한다. 1975년부터 1999년까지 전 세계에서 개발되고 시험된 의약품 수천 가지 중 단 네 가지만 항말라리아제였다. 그러나 희망은 있다. 최근 멀티미디어의 지속적인 질병 퇴치 캠페인과 게이츠 재단을 비롯한 후원자들의 금전적 지원을 통해 거대 제약기업들이 하나둘 모기와의 전쟁에 참전하고 있다.

게이츠 재단을 비롯한 자선단체들은 세계 최초의 말라리아 백신을 개발하려는 수많은 연구 사업에 자금을 지원했다. 지금까지 게이츠 재단은 말라리아 퇴치 사업에만 20억 달러를 지원했으며, 이와는 별개로 에이즈, 결핵, 말라리아 퇴치를 위한 세계기금에도 총 20억 달러를 증여했다. 세계기금은 2002년부터 2013년까지 말라리아와의 근접전에만 총 80억 달러를 사용했다. 게이츠 재단은 PATH 말라리아 백신기구와 존스홉킨스 대학교 말라리아연구소를 비롯한 다수의 말라리아 백신 개발 프로젝트에 자금을 지원했다. 2004년에 이르자 다양한 국적의 대학 및 연구기관 소속 개별 연구팀들이 게이츠 재단의 후원을 받아 마법의 말라리아 혈청을 완성하기 위한 경주에 진지하게 뛰어들었다.

말라리아 백신 개발의 결승선에 가장 먼저 도착한 것은 런던 기반의 거대 제약회사 글락소스미스클라인이다. 게이츠 재단을 비롯한 후원자들에게서 5억 6,500만 달러를 받아 28년간 개발에 몰두한 끝에 RTS,S 또는 모스퀴릭스를 개발했으며, 2018년 여름 마침내 가나와 케냐, 말라위를 대상으로 3차이자 마지막 인체 대상 임상시험에 돌입했다. 최초 시험결과를 보면 RTS,S 또한 확실하다고 말할 수 없었지만, RTS,S 최초 접종 이후 4년간 일련의 촉진제를 접종한 결과 7년 전에 비해 4.4퍼센트 하락한 39퍼센트의 성공률이 도출되었다. "대부분의 백신은 그 효과가 단기간으로 막을 내린다는 것이 문제다." RTS,S 개발자 클라우스 프뤼Klaus Früh의 말이다. "후속 연구개발이 계속해서 이루어진다면 말라리아에 대한 평생 면역력을 만들어낼 수도 있을 것이다." 익스프레션바이오테크놀로지스ExpreS2ion Biotechnologies와 코펜하겐 대학교가 공동으로 개발한 임신과 연관된 말라리아 백신PAMVAC, 생명공학 기업 사나리아가 설계한 열대열 원충 포자소체 백신PfSPZ 등 여타 실험적인 백신 또한 인간 대상 임상실험의 문턱에 다다라 있다. 2018년 여름, 글락소스미스클라인은 극단적인 단회 복용 신약 타페노퀸 혹은 크린타펠을 선보였다. 인간의 간에 둥지를 틀고 동면하는 기생충을 공격하여 삼일열말라리아의 재발을 막는 약이다. 이와 같은 실험들은 고무적이지만, 끝없이 변태하는 말라리아 원충들과의 싸움은 끝나려면 아직 먼 것처럼 보인다. 백신의 경우라면 이제 막 싸움을 시작했다고 해도 좋겠다.

모기 연구와 의학이 발전하고 있으며 말라리아 백신도 언젠가 개발될 거라고 생각한다면 인류가 이제 새로운 시대에 돌입했다는 인상을 받기 쉽다. 전 세계의 문제와 결함들이 마치 최첨단 과학과 신기술로 해결될 것처럼 보인다. 드넓은 학계의 훌륭한 인재들이 매일같이 기적적이고 획기적인 돌파구들을 마련한다. 모든 것이 우리 손에 달려 있으며, 모든 일이 가능한 것처럼 보인다. 새로운 발견을 추구하는 많은 기업과 함께 우리는 이제 지구와 그 너머에서 새로운 생명체를 찾고 저 먼 우주 미지의 변경을 몸소 개척해가며, 기이한 신세계를 탐험하고 있다. 다른 행성에서 사는 것도 시간문제라는 듯 이야기한다.

알렉산드로스 대제, 레이프 에리크손Leif Erikson(1000년경 북아메리카를 최초로 발견한 유럽인), 칭기즈 칸, 콜럼버스, 마젤란, 롤리, 드레이크를 비롯한 역사 속 영웅이나 전설적인 인물 혹은 호기심 많은 식민지 개척자들이 품었던 혈기왕성한 비전과 그들이 바라보았던 지평 또한 이와 다르지 않았다. 이들 또한 알렉산드로스 대왕이 꿈꿨던 끝없는 '세상의 끝'이라는 낯선 경계와 마주했다. 호기심 넘쳤던 고대 시대에는 오늘날의 시대와 마찬가지로 진보의 궤적이 무한대로 뻗어나가는 듯 보였다. 심지어 위대하고 자아도취적인 천재 아이작 뉴턴Isaac Newton조차 "더 멀리까지 보았다면 그건 거인들의 어깨 위에서 있었던 덕분"이라고 생각했다. 프리드리히 니체는 이 말에 본인의 견해를 덧붙여 "각 거인들이 황망한 시간 간격을 거쳐 하나씩 형제들을 불러 모을 때에만" 진보가 이루어진다고 말했다. 지금까지 우리는 세상의 지평을 넓히고 경계를 더 멀리 밀어붙여왔으며, 이제 세상은 아예 한계가 없어진 듯 보인다. 불사신의 꿈도 더는 비이성적인 목표라든가 램프의 요정 지니에게나 빌 소원으로 치부되지 않는다. 현대인의 사고와 세계관에서 '만약'의 자리에 이제 '언제'가 자리를 잡았다.

그러나 기술과 함께 아찔하고 현란하게 소용돌이치는 세상 속에서, 모기들은 우리가 많은 면에서 루시와 호미니드 선조들 혹은 아프리카의 호모 사피엔스 선조들과 크게 다르지 않다는 사실을 일러준다. 그들 또한 모기와의 생존경쟁에 휘말렸으며, 이를 헤쳐 나가는 과정에서 역사상 가장 치명적인 포식자 모기와 우리의 충돌 경로를 설정했다. 실제로 현대 세계의 발전이 가속화될수록 오히려 먼 옛날의 반투족 얌 농부들처럼 치명적인 모기들과 우연히 맞부딪히는 일이 늘고 있다. 인간이 아프리카에서 자의 혹은 타의로 이주해 나올 때 모기 매개 질병을 포함한 치명적인 병원체들 또한 따라 나왔다. 시간이 지날수록 우리의 교통수단과 질병 전이수단은 도보에서부터 짐 나르는 짐승, 배, 마차 나아가 기차와 자동차, 비행기로 발전하였다. 기술 진보와 함께 우리가 발을 헛디딜 공산도 커졌으며 질병이 광범위하게 확산되는 속도도 빨라졌다. 미생물 전달 매개체가 달라졌을 수는 있지만, 오늘날 이동시간이 단축되면서 질병 또한 수개월이나 수년 또는 초기 인류와 질병의 이주 및 정착 패턴의 경우처럼 수천 년이 아니라 불과 몇 시간 만에 한곳에서 다른 한곳까지 전달된다는 사실만 제외한다면 감염병은 비교적 예전과 비슷한 양상으로 확산되고 있다.

고생물학자 에트네 반스Ethne Barnes의 말대로, "외딴 곳에서 잠자던 치명적인 바이러스는 전쟁과 기근 그리고 욕심에 이끌린 수많은 사람의 성화로 잠에서 깨어났다. 이주와 항공 여행 때문에 사람들은 지금껏 한 번도 마주친 적 없는 미생물들과 접촉한다." 일례로 2005년 21억 명의 승객이 우방국의 하늘을 가르며 날았다. 5년 후 27억 명으로 늘어났으며, 2015년에 이르자 36억 명이 되었다. 2018년 한해 동안 전 세계 공항을 오간 승객은 총 43억 명이며, 2019년에는 46억 명에 달할 것으로 예상된다. 무료 제공되는 사스, 돼지독감과 조류독감, 에볼라 바이러스 그리고 웨스트나일 바이러스와 지카 바이러스를 비롯한 모기 매개 질병이 점점 더 많아지는 승객과 함께 공항 보안을 통과하고 더 다양한 목적지를 거치며 끝나지 않는 세계 임상 여행에 몸을 싣는다. 아프리카를 떠나는 초기 인류 이주민들의 몸에 숨었든, 콜럼버스의 교환 당시 아메리카 대륙으로 향하는 노예선에 몰래 올라탔든, 혹은 보잉747이나 에어버스 A380에 올라탔든, 그다지 달라진 것은 없다. 질병은 언제건 인간의 짐이다.

토머스 맬서스가 인구수가 과도하게 늘어날 경우 생태계가 제재를 가한다는 이론을 내놓은 1789년 이후, 혹은 파트모스의 세례자 요한이 종말론적 계시록에서 아마겟돈의 창백한 말을 이야기했던 기원후 81년부터 96년 사이 이후, 최후의 심판을 편집증적으로 믿는 이들과 신탁을 자칭하는 낭설들이 곧 맬서스식 역병과 기근이 돌 것임을 주장해왔지만, 기술과 함께하는 인구의 증가세는 저지하기 어려운 듯 보였다. 이번만큼은 무언가 달랐다. 맬서스가 이론을 내놓을 때에는 지구상에 대략 10억 명의 인구가 있었으며, 이는 앞서 2,000여 년 동안 꾸준히 유지되었던 인구수보다 두 배 이상 늘어난 수준이었다. 그러나 급증과 증식을 거듭한 전 세계의 호모 사피엔스는 1970년 이후 두 배 이상 증가하여 오늘날 77억 명에 이르렀다. 만일 2055년까지도 살아 있을 수 있다면 여러분의 전 세계 이웃들 중 대략 1천만 명에서 1,100만 명이 슈퍼버그에 시달리게 될 것이다. 인구수가 늘어날수록, 우리의 자원은 그에 비례해 고갈된다.

인간을 가장 많이 죽이는 것이 단연코 모기라는 점에서 맬서스식 논리를 따라 모기 매개 질병 퇴치를 반대하는 이도 다수 존재한다. 인간과 모기 모두 전 지구적 생태계와 생물권의 일부이며, 그 생태계와 생물권은 자연적이고 살아 숨 쉬는 견제와 균형의 체계 속에 존재한다. 최고 포식자를 퇴치해 힘의 흐름을 방해한다면 목숨을 건 러시안 룰렛에 뛰어드는 것이나 마찬가지다. 맬서스식 세계관에서 보자면, 인구 증가가 이대로 억제되지 않는다면 한정적인 자원과 지속 가능성 문제 때문에 결국 그 자체로 맬서스식 견제인 상상할 수 없는 고통과 굶주림, 질병 그리고 재앙 같은 죽음을 맞이할지도 모른다.

그러나 평등과 정의를 추구하는 사람이라면 모기와 모기 매개 질병을 지구상에서 무조건적이고 절대적으로 박멸해야 한다는 반론에 고개를 끄덕이지 않기도 힘들다. 오늘날 108개국 40억 명의 사람이 모기 매개 질병에 걸릴 위험에 놓여 있다.[101] 우리 선조들이 잘 보여주었듯, 모기와의 싸움은 언제나 생사가 달린 문제다. 질병 매개들이 전 지구를 기록적인 속도로 이리저리 오가고 있으며 심지어 인간이 지구의 수용능력을 상회하는 지금 이 순간, 지금껏 역사에 지대한 영향을 미쳐왔던 모기와의 대립이 다시 시작되려는 듯 보인다.

레이철 카슨은 우리가 동식물에 대하여 기묘하리만치 속 좁은 태도를 보인다면서 "그 존재가 바람직하지 않거나 주목할 이유가 없다면 곧바로 폐기해버린다"고 말했다. 그러나 카슨도 아마 유전자가위CRISPR 기술의 도래를 예측하지는 못했을 것이다. 이 유전자 편집 기술은 '곧바로'가 의미하는 시점을 극적으로 앞당겼으며, '폐

101 지구온난화의 현재 추세와 예상이 2050년까지 실제로 이어진다면 여기에 총 6억 명을 더해야 한다.

기해버린다'는 표현의 한도와 정의까지 바꾸어버렸다. 이제 우리는 실험실에 앉아 유전자를 손보는 것만으로도 바람직하지 않거나 주목할 이유가 없는 생물종을 멸절시켜 자연선택과 생물학적 설계를 침해할 수 있다.

2012년 캘리포니아 버클리 대학교의 생화학자 제니퍼 다우드나Jennifer Doudna 박사가 이끄는 연구팀이 발견한 이래 유전자가위CRISPR(크리스퍼)라는 이름으로 알려진 이 혁신적인 유전자 변형 기술은 전 세계에 충격을 안겨주었으며, 지구와 지구상 인간의 존재에 관한 전제를 뒤집어놓았다.[102] 오늘날 저명한 잡지의 표지는 유전자가위와 모기가 장식하고 있다. 2013년 최초 성공한 이 기술은 유전자 DNA 서열의 일부를 잘라내고 원하는 다른 일부로 대체하여 게놈을 빠르고 저렴하며 정확하게 영구적으로 변형시키는 것이다. 유전자를 마음대로 '잘라 붙이는' 방식이라 생각하면 되겠다.

2016년, 게이츠 재단이 유전자가위 모기 연구에 투자한 자금은 총 7,500만 달러에 달했다. 단일 유전자 드라이브 기술에 대한 지원금 중 가장 큰 규모였다. "우리가 새로운 화학적 개입방식은 물론 비전통적인 생물학·유전학적 방식까지 비롯해서 모기 관리에 투자하는 이유는 질병을 전파하는 모기 개체군을 격감시키고 무력화하기 위해서다." 여기서 말하는 유전학적 방식에 모기 매개 질병, 특히 말라리아를 퇴치하기 위해 유전자가위를 무기로 삼는 방식이 포함된다. 2018년 봄 「포린 어페어스Foreign Affairs」에 개재된 논문 '영구적 유

102 크리스퍼(CRISPR): 규칙적인 간격을 갖는 짧은 회문 구조 반복 단위의 배열(clustered regularly interspaced short palindromic repeats).

전자 편집: 유전자가위 기술은 국제 개발을 어떻게 바꿀 수 있는가 Gene Editing for Good: How CRISPR Could Transform Global Development'에서 빌 게이츠는 유전자가위 기술을 사용할 경우의 실질적인 이점과 게이츠 재단이 목표로 삼고 후원하는 연구 분야를 다음과 같이 설명했다.

> 결국 가장 끈질긴 질병들과 빈곤의 원인을 제거하려면 과학적 발견과 기술 혁신이 필요하다. 여기에는 유전자가위를 비롯한 표적 유전자 편집 기술이 포함된다. 유전자 편집 기술은 앞으로 10년 동안 국제 보건과 개발이 직면한 가장 중대하고 끈질긴 문제들을 해결하는 데 큰 도움이 될 것이다. 이 기술은 빈곤층을 중심으로 매년 수백만 명을 죽이고 무력화하는 질병들과 맞서 싸우는 데 필요한 진단법과 치료법 등 여러 도구를 과학자들이 더 쉽게 발견할 수 있도록 한다. 개발도상국의 농부 수백만 명이 보다 생산성 있고 영양가 높으며 더 강인한 작물과 가축을 기를 수 있도록 해 극심한 빈곤을 끝내는 데 일조할 연구들도 이 기술로 박차가 가해질 것이다. 신기술은 대개 회의론에 부딪힌다. 그러나 지난 수십 년간의 놀라운 발전을 계속하고자 한다면 과학자들이 안전수칙과 윤리강령을 따르는 한에서 유전자가위 기술과 같은 유망한 도구를 활용하도록 장려해야 한다.

그 이유는 어렵지 않게 알 수 있다. 버클리대학교의 생물학 연구팀은 유전자가위 기술이 지카 바이러스와 HIV를 비롯한 질병들을 '마치 팩맨처럼' 씹어 먹는다고 보고했다.

게이츠 재단의 전략적 목표와 목적은 언제나 그러했듯, 말라리아와 여타 모기 매개 질병의 근절이지, 모기를 멸종 위기에 밀어 넣는 것이 아니다. 모기는 무임승차한 미생물 없이 단독으로 비행할 때 무해하기 때문이다. 모기 총 3,500여 종 중 질병을 매개할 수 있는 종은 고작 수백 종에 불과하다. 모기가 대대손손 물려받은 유전적 형질인 기생충 매개 능력을 유전자 편집으로 제거한다면 말라리아의 영원한 재앙을 끝낼 수 있을지도 모른다. 그러나 다우드나 박사와 게이츠 재단 또한 정확하게 알고 있듯, 유전자가위 기술을 통해 유전자를 바꿔 넣다가 자칫 훨씬 위험하고 치명적인 유전정보를 만들어낼 가능성도 있다. 유전자가위 기술 연구는 전 세계에서 진행되고 있다. 다우드나 박사와 게이츠 재단은 무한히 많은 설계도와 이행에 필요한 장비, 혹은 운영 실행을 독점하지 않는다.

유전자가위 기술은 멸절 드라이브, 멸절 기계 혹은 멸절 유전자로도 불린다. 유전적 불임화를 통해 모기를 멸절시킬 수 있기 때문이다. 유전적 불임화 이론은 1960년대부터 과학 학계를 떠돌았는데, 유전자가위 기술로 실현에 옮길 수 있게 된 것이다. 모기들은 우리에게 겸상적혈구체질을 비롯한 유전적 말라리아 대응책을 선사해 우리의 DNA를 바꾸어 놓았으므로, 말하자면 이제는 우리가 보답할 차례라고도 할 수 있겠다. 유전자가위를 이용해 수컷 모기의 유전자를 편집해 오만한 '이기적 유전자'를 심은 뒤 모기 번식 구역에 방생하여 암컷 모기들로 하여금 유충을 사산하거나, 생식능력을 잃거나, 오직 수컷 유충만 낳도록 만드는 것이다. 한두 세대만 지나면 모기는 멸종할 것이다. 전쟁을 승리로 이끌 이 무기만 있다면 인류는 다시는 모기를 두려워하지 않아도 된다. 어쩌면 모기 매개 질병 없는 멋진 신세계를 열 수 있을지도 모른다.

모기 표본을 박물관 멸종동물관에 전시하는 대신 선택할 수 있는 또 다른 대안으로 모기를 무해하게 만드는 방법이 있다. 게이츠 재단이 지지하고 후원하는 전략이다. 게이츠가 2018년 10월 설명한 바에 따르면, "유전자 드라이브가 있다면 기본적으로 과학자들은 모기 개체 수를 억제하거나 말라리아의 확산을 방지하는 유전자를 모기에 도입할 수 있다. 수십 년 동안 이 아이디어를 시험하기는 어려웠다. 그러나 유전자가위 기술이 발견되면서 연구가 훨씬 더 용이해졌다. 바로 지난 달, 연구 컨소시엄 타깃 말라리아Target Malaria의 한 연구팀이 실험상 모기 개체 수를 완전히 억제하는 데 성공했다고 선언했다. 분명히 말하자면 해당 실험은 각 600마리의 모기로 가득 찬 다수의 실험실 케이지에서만 이루어졌다. 그러나 확실히 앞으로가 기대되는 첫 발이다." 스스로 "30년 동안 모기에 집착해 왔다"고 자부하는 캘리포니아 어바인 대학교의 분자유전학자 앤서니 제임스Anthony James 박사는 유전자가위를 이용해 얼룩날개모기속 중 한 종의 침샘에서 기생충을 제거해 말라리아를 퍼뜨릴 수 없도록 만들었다. "우리는 작은 유전자 꾸러미를 더해 넣었다." 제임스의 설명이다. "모기의 다른 기능은 그대로 두되, 한 가지에만 변화를 주었다." 더는 말라리아 기생충을 품을 수 없도록 말이다. 숲모기를 공략하는 일은 보다 까다로운데, 숲모기가 황열과 지카, 웨스트나일, 치쿤구니야, 마야로, 뎅기 그리고 여타 뇌염 바이러스들을 비롯한 여러 질병을 전파하기 때문이다. "곤충을 불임화하는 유전자 드라이브를 만들어내는 것이 필요하다." 제임스가 숲모기에 관하여 한 말이다. "지카 바이러스를 옮기지 못하게 만들었지만 여전히 뎅기 바이러스나 여타 질병을 옮긴다면 아무 의미가 없다." 이제 메뉴에서 음식을 고르거나, 넷플릭스에서 하루 종일 볼 드라마를 선택하거나, 아마존에서 구매할 물건을 클릭하는 것처럼 멸절할 생명체를 고르는 시대가 도래했다.

그러나 우리는 목표를 신중하게 설정해야 한다. 만일 얼룩날개모기와 숲모기, 집모기를 비롯한 질병 매개 모기들을 멸절한다면, 다른 종의 모기나 여타 곤충이 생태계의 틈새를 채우고 동물원성감염의 간극을 메워 계속 질병을 전파하지는 않을까? 모기 혹은 여타 동물의 멸절 또는 오래전 멸종된 동물의 부활은 힘의 균형과 대자연의 생물학적 평형에 어떤 영향을 미칠 것인가? 어느 종이 전 지구적 생태계에서 필수적인 역할을 담당하지만 그 사실을 모르는 탓에 그대로 멸종시켜버린다면 어떤 일이 일어날까? 그 사태는 어디서 끝을 맺을 것인가? 도덕적으로 혼란스럽고 생물학적으로 모호한 질문에 그 누구도 아직 해답을 내놓지 못한다.

완전히 퇴치된 유일한 인간 질병은 바리올라 바이러스, 즉 천연두이다. 멸절형을 받고 역사의 뒤안길로 사라지기 이전인 20세기만 하더라도 천연두는 약 3억 명의 목숨을 앗아갔다. 세계보건기구가 천연두 퇴치를 목표로 삼은 이유는 천연두가 치명적인 질병이기도 했지만, 천연두가 숨을 곳이 없어서였다. 천연두 바이러스는 인간이 유일한 숙주였는데, 신체 외부에서 단독으로 존재할 경우 채 몇 시간도 살아남지 못한다. 전설적인 살인마 천연두는 1977년 소말리아에서 마지막으로 보고된 이래 한 건도 발병하지 않았다. 이로써 3천 년을 이어온 천연두 감염 고리는 영구적으로 근절되었다. 그러나 같은 시기 또 다른 한편에서는 정체를 알 수 없는 HIV가 아프리카에서 천천히 전 세계로 확산되고 있었다. 치명적인 질병이 사라진 자리를 또 다른 치명적인 질병이 채운 것이다. 소아마비 그리고 사상충을 비롯한 다수의 기생충 또한 근절까지 그리 머지않았다. 그러나 이 또한 에볼라 바이러스나 지카 바이러스, 웨스트나일 바이러스를 비롯한 새로운 질병들에게 자리를 넘겨줄 뿐이다. 예컨대 웨스트나일 바이러스의 가벼운 버전이자 1961년 콜로라도 제임스타운에서 최초로 확인된 새로운 모기 매개 질병, 제임스타운캐니언 바이러스는 2000년부터 북아메리카 전역에 확산되어 멀리는 뉴펀들랜드에까지 이르렀다.

유전자가위와 함께라면 우리 인간은 이제 어느 생명체든 골라 계획적으로 멸종시킬 수 있다. 또한 고대의 DNA만 유효하다면 어느 멸종 생물이든 부활시킬 수도 있다. 2017년 2월, 하버드 대학교의 과학자 한 팀이 "멸종된 털매머드를 앞으로 2년 내에 부활시킬 것"이라고 선언했다. 어릴 적 이미 영화로 본 상황 아닌가? 그때 우리는 그 공상과학 이야기를 〈쥬라기 공원〉이라고 불렀다. 할리우드는 어긋난 과학적 불가사의와 오만이 낳은 기술적 착오를 극적으로 풀어내는 데 재능이 있다. 유전자가위 기술을 남용하거나 오용한다면, 타임스퀘어와 피카디리 서커스를 공격하는 벨로키랍토르나 미국의 메인스트리트 혹은 프랑스의 샹젤리제 거리를 거니는 티라노사우루스가 현실이 될 수도 있다. "털매머드부터 사람을 물지 않는 모기까지, 우리는 생물권을 원하는 대로 재편할 수 있다."

스탠퍼드 대학교 법학과 교수이자 생명과학법센터Center for Law and the Biosciences 소장 헨리 그릴리Henry Greely의 말이다. "과연 이를 어떻게 받아들여야 하는가? 과연 우리는 자연에서 살고 싶은 것일까, 아니면 디즈니랜드에서 살고 싶은 걸까?" 우리 인간은 전례 없던 도덕적 딜레마에 직면해 있으며, 거기에는 헤아릴 수 없이 중대하고 본래 의도와는 다른 영향이 뒤따를 것이다. 격변의 해일이 문명의 모든 분야에서 일어날 것이다. 공상과학소설이 곧 현실이 된다. 혹은 이미 그렇게 되었다.

콜로라도 메사 대학교의 열대생태학 교수이자 나의 동료인 토머스 왈라Thomas Walla 박사의 말에 따르면, 유전자가위 기술은 "너무나 쉽고 저렴하며 널리 퍼져 있어서 대학원생도 실험실에서 비교적 쉽게 새로운 유전자가위 적용 실험을 할 수 있다. 유전자가위를 개시하면 판도라의 상자가 열릴지도 모른다." 유전자가위 기술만 있다면 인간을 비롯한 모든 생명체의 DNA 구성요소를 끝없이 재배열할 수 있다. "게놈 편집에 따르는 의도치 않은 결과로는 무엇이 있을까?" 다우드나 박사가 자문했다. "우리가 충분히 알고 있는지는 아직 잘 모르겠다. 그러나 사람들은 충분히 알든 모르든 개의치 않고 기술을 사용할 것이다. 그러한 짓을 해온 학생들이 내가 가르치는 이들 중에도 있을 수 있다는 것은 생각보다 훨씬 더 무서운 일처럼 보였다. 이 기술로 어떤 일을 할 수 있는지 사람들이 제대로 이해하는 게 중요하다." 혁명과도 같지만 한편으로는 무시무시하기도 한 기술이다. 맨해튼 계획의 수장 J. 로버트 오펜하이머J. Robert Oppenheimer는 1945년 7월 최초로 원자폭탄 실험을 성공시킨 뒤 한탄하듯 이렇게 말했다. "힌두교 경전 『바가바드기타Bhagavad-Gita』의 대사 한 줄이 머릿속에 떠올랐다. 비슈누(사바신과 더불어 힌두교 최고신)가 군주에게 의무를 다하라고 설득하면서 그에게 깊은 인상을 남기기 위해 팔이 여러 개 달린 모습으로 나타나 한 말이다. '나는 이제 세계의 파괴자, 죽음이 되었다.'"

이러한 종류의 유전자 조작이 인간에게 적용된다면 질병과 생물학적 장애, 혹은 근본적으로 '바람직하지 않다'고 간주되는 모든 형질을 근절할 수 있지만, 한편으로는 우생학과 생물 대량파괴무기를 비롯한 다른 사악한 의도로도 사용될 수 있으며, 1997년 영화 『가타카Gattaca』에서처럼 '바람직하지 않은' 이들을 멸절할 수도 있다. 2016년 2월, 미국 국가정보장실 제임스 클래퍼James Clapper 국장은 의회와 버락 오바마 대통령에게 올리는 연간보고서에서 유전자가위를 잠재적 대량파괴무기로 간주해야 한다고 경고했다. "유전자드라이브를 통해 말라리아 기생충을 전파하지 못하는 모기를 만들 수 있는 것처럼, 인간에게 치명적인 박테리아성 독소를 실어 나를 수 있는 모기 또한 만들어낼 수 있을 것이다." 텔아비브 대학교의 인간분자유전학 및 생화학과 교수 데이비드 구르위츠David Gurwitz의 말이다. 유전자 드라이브를 거쳐 모기를 포함한 동물원성 매개체가 더는 병원체를 퍼트리지 못하도록 만들 수도 있지만, 한편으로 동일한 질병을 가득 실어 나르도록 만들 수도 있다. 우리는 이 기술의 비밀을 풀기는 했으나, 아직 그 잠재력에 대해서는 수박 겉핥기 수준으로밖에 알지 못한다. 유전자가위가 잘못 활용된다면 디스토피아 그 자체를 탄생시킬 수도 있다.

2016년 중국에서 최초로 인간 대상 유전자가위 시험이 진행되었고, 2017년 초 미국과 영국이 빠르게 그 뒤를 이었다. "유전자가위와 함께라면 모든 것이 가능하다." 베일러 의과대학의 유전학자 휴고 벨렌Hugo Bellen의 말이다. "농담으로 하는 말이 아니다." 유전자가위의 재배열 소용돌이 속에서, 오늘날 3,500건 이상의 유전자가위를 이용한 인간 게놈 드라이브 실험이 전 세계 곳곳의 실험실에서 진행되고 있다. 모기를 제거할 수 있는 한편 인류를 개조할 수도 있다. 다른 생물종과 마찬가지로 우리 또한 수백만 년에 걸친 정교한 진화의 산물이다. 그러나 유전자가위를 손에 넣은 이상, 이제 주도권은 우리 손 안에 들어왔다.

2018년 11월 26일, 제2차 인간 게놈 편집에 관한 국제회의the Second International Summit on Human Genome Editing에서 중국의 유전학자 허 지안쿠이He Jiankui가 정부의 규제와 지침을 무시하고 쌍둥이 소녀의 배아에 유전자가위 기술을 적용하는 데 성공했음을 발표했다. 그 결과 쌍둥이 중 한 명인 나나Nana는 HIV에 완전한 면역력을, 나머지 한 명인 루루Lulu는 부분적 면역력을 획득했다는 보고였다.[103] 그의 발표는 벌집 같은 논란과 비난, 비판 그리고 무엇보다도 유전자가위 기술의 미래에 관한 의구심과 국제적 논의를 불러일으켰다. 제니퍼 다우드나를 비롯한 저명한 유전학자들과 생물학자들이 이 소식에 경악을 금치 못했으며 "무책임하다", "사실이라면 실로 괴물 같은 실험이다", "우리는 인간의 작동 지침을 다루고 있다. 가벼운 문제가

103 후속 연구에 따르면 이 '유전자가위 쌍둥이'의 뇌가 유전자 조작 과정에서 의도치 않게(혹은 의도적으로) 향상되었을 수 있다.

아니다", "해당 실험을 절대적으로 규탄한다" 등의 격렬한 혹평을 쏟아냈다. 「네이처Nature」 지의 한 기사에 따르면 이 실험에 대해 "바이오메디컬 연구의 와일드 웨스트(즉, 황량한 미개척지)라는 자국의 평판에 민감한" 중국 과학자들이 특히 큰 환멸을 느끼며 신랄한 비난을 쏟아냈다.

빌 게이츠는 2018년 한해를 마무리하며 쓴 연례보고서에 허 지안쿠이가 통제를 벗어나 '유전자가위 아기'를 만들어낸 이야기를 썼다. 게이츠는 "나는 그 과학자가 너무 나갔다는 데 다른 사람들과 뜻을 같이 한다"고 단언했지만, 미래에 대한 희망차고 고무적인 비전에서 본다면 다를 수 있다고 덧붙였다. "그러나 만일 더 많은 사람이 유전자 편집에 대해 알게 되고 이를 논하도록 고무한다면 그 실험도 무언가 좋은 결과를 남긴다고 할 수 있다. 이 문제는 우리가 지금까지 충분한 공개 토론을 거치지 않은 가장 중대한 문제일지도 모른다. 우선 도덕적 문제가 막대하다. 유전자 편집은 우리 재단에서 진행하는 프로젝트들을 비롯해 질병을 치료하는 데 상당한 낙관을 더해준다. (단 우리는 인간 대상 시험이 아니라 작물과 곤충에 변화를 주려는 실험에만 자금을 제공한다.) (중략) 이러한 문제가 대중의 관심을 더 많이 끌지 못했다는 사실이 놀랍다. 오늘날 인공지능AI이 뜨거운 논의의 주제인데, 유전자 편집은 적어도 AI보다는 더한 스포트라이트를 받아야 마땅하다." 좋은 쪽으로든 나쁜 쪽으로든, 유전자가위 기술이 중앙 무대를 차지하고 스포트라이트를 독점할 시기가 머지않았다. 혹은 어쩌면 벌써 시작되었을 수도 있다.

이 책이 출간될 즈음이면 아마 유전자가위를 이용하여 유전자 조작된 '디자이너 베이비designer babies'가 큰 논란과 논쟁을 일으키며 전 세계를 도덕적, 법적 자기탐구의 홍수에 빠뜨렸을 것이라 확신한다. 하버드 대학교의 유전학자 조지 처치George Church가 선언했듯, 유전자가위에 관해서라면 "지니는 이미 램프 밖으로 나왔다(물은 이미 엎질러졌다는 뜻)." 관련 연구와 논의에 가담한 수많은 이가 가능한 한 빨리 지니를 램프 안으로 돌려보내고 싶어 한다. 허 지안쿠이의 발표와 실험결과가 사실로 입증된다면 이미 기회의 창이 닫힌 것일지도 모르기 때문이다.

상상할 수 없을 정도로 복잡한 유전자 부호와 생태계를 우리가 통제할 수 있다는 생각은 우리가 날씨를 통제할 수 있다는 생각과도 같다. 물론 영향이야 미칠 수는 있겠지만, 반대로 그저 악화시키기만 할 수도 있다. 인간이 완벽하게 계획에 들어맞는 결과만을 얻을 것이라든가 100퍼센트 흠 없이 설계된 제품만을 생산하리라 믿을 만한 근거는 그 어디에서도 찾을 수 없다. 단 한 번의 실수, 간과, 부주의로 인한 실책으로도 우리는 재앙의 궤도에 오를 수 있다. 최근 새로이 혹은 다시금 창궐하는 질병들이나 파괴적인 허리케인, 지진해일, 산불, 가뭄, 지진 같은 자연재해 혹은 맬서스식 견제가 급증한 것 또한 우리가 비교적 무력한 존재이며 우리의 생각만큼 똑똑하거나 전지전능하지 않다는 사실을 일깨워준다. 우리는 이 지구를 공유하는 약 800만~1,100만 종의 생물 중 하나에 지나지 않는다.[104]

---

104 이를 추정하기란 매우 까다로우며, 그에 따라 넓은 범위의 추정치가 도출된다. 870만 종, 혹은 1,100만 종이라는 수치가 자주 거론되며, 20억이나 1조 혹은 그 사이의 어느 수치를 거론하는 학술연구서도 있다. 곤충만 4천만 종이 넘는다는 설도 있다. 생물 분류법 또한 유기체처럼 지속적으로 발전과 진화를 이어가고 있다.

다른 모든 유기체는 물론 우리 또한 다윈의 진화론대로 지속적인 적자생존 경쟁을 거치며 설계된 존재다. 자연은 우리 호모 사피엔스를 그리고 자칭 '현명한 사람'이라는 우리의 자만심을 다시 바닥으로 끌어내리는 법을 잘 알고 있다.

찰스 다윈은 1859년 획기적인 저서 『종의 기원On the Origin of Species』에서 "자연선택은 늘 행동에 나설 준비가 되어 있는 힘이다. 자연의 작품은 예술 작품에 비해 그러하듯, 인간의 미약한 노력에 비하면 가늠할 수 없을 정도로 우월하다"고 말했다. 다윈 씨가 동의할지는 모르겠지만, 나는 유전자가위 또한 일종의 자연선택이라 생각한다. 뱀파이어 같은 우리의 포식자 앞에서 수많은 약물과 살충제가 실패를 거듭하자 우리는 말라리아 백신과 유전자가위라는 은제 총알을 만들고 있으며, 이를 들고 결정적인 아마겟돈 전투를 벌여 모기와의 영원한 전쟁을 끝내려 한다.

이제 우리가 모기의 게놈을 조작할 수 있는 만큼 마침내 모기에게 반격할 기회를 얻은 셈이지만, 역사를 돌아본다면 우리는 반드시 주의를 기울이고 또 기울여야 한다. 앞서 DDT와 관련해서도 그랬듯, 반격은 결코 간단한 일이 아니다. 아프리카에서 서투른 농부들이 모기와 처음으로 마주쳤을 때부터 라이언 클라크의 겸상적혈구와 NFL 슈퍼볼에 이르기까지, 우리 인간의 운명은 모기의 운명과 한데 엮인 채 험난한 공진화의 길을 내달려왔다. 물론 우리가 스스로 선택한 모험은 아니다. 그러나 어떤 일이 있었건 우리의 운명과 우리가 겪어온 쌍방향의 역사는 경쟁과 생존이라는 단 하나의 이야기에 영원토록 엮이고 갇힌 채 이어져 궁극적으로 지금과 같은 결론에 이르렀다. 아무런 노력이나 행동 없이 그 굴레를 당장 벗어날 수 있다고 생각하는 건 허무맹랑한 꿈일 뿐이다. 어쨌든 우리 모두 여전히 여기에 있으니 말이다.

CONCLUSION

결론

우리는 여전히 모기와 전쟁을 벌이고 있다. 1909년, 리버풀 열대의학대학 설립자 루버트 보이스 Rubert Boyce 박사는 인간 문명의 운명이 "모기냐 인간이냐" 하는 간단한 문제에 의해 결정될 거라 단언했다. 이 문제는 현생 인류와 호미니드 선조의 생존이 달린 가장 중요한 질문이었다. 사실 이 문제는 초기 호모 사피엔스의 번식에 매우 중요했기에 모기에 의하여 우리의 DNA 염기서열이 수정될 정도였다. 인간은 자연선택을 통해 유전적 말라리아 방어체계를 얻었고, 치명적인 모기에 대항할 수 있도록 진화했다. 유전자가위를 통한 유전자 편집 기술이 등장하면서 이제 우리가 모기에게 보답할 차례가 왔다.

모기는 지난 1억 9천만 년 동안 지구를 지배했고, 비할 데 없는 공포정치를 펼치던 대부분의 기간 동안 수많은 이를 살해했다. 작지만 끈질긴 이 곤충은 누그러뜨릴 수 없는 분노와 맹렬함으로 체급이 훨씬 높은 상대방도 거뜬히 때려눕혔다. 여러 시대에 걸쳐 모기는 인류에게 자신의 뜻을 강요했으며, 역사의 항로를 좌지우지해왔다. 또한 수많은 사건을 선동했고 오늘날의 전 지구적 질서를 창조하고 육성했다. 모기는 사실상 지구 구석구석을 먹어치웠으며, 공룡을 포함한 수많은 동물을 집어삼키는 한편, 대략 520억 명의 시체를 치웠다.

모기는 고대 제국의 부상과 몰락을 뒷받침했고, 독립 국가를 탄생시키는 한편 나머지 이들을 냉담하게 정복하고 예속했다. 경제를 침체에 빠뜨리거나 망가뜨리기도 했다. 가장 기념비적이고 중추적인 전투가 벌어질 때 그 곁을 배회했고, 각 시대의 가장 위대한 군대를 위협하고 학살했으며, 군대 역사상 가장 유명한 장군들과 군 관계자들을 압도하면서 수많은 이를 죽이고 대학살을 일으켰다. 얼룩날개 장군과 숲모기 장군은 폭력의 역사를 통틀어 강력한 전쟁 무기였으며, 때로는 가공할 만한 적이 되고 때로는 탐욕스러운 동맹군이 되었다.

최근 수년 동안 우리는 모기의 대학살을 다소 저지하는 데 성공했지만, 모기는 계속해서 인류에게 중대한 영향력을 미쳤다. 자연적 지구온난화가 온실가스 배출로 가속화되면서 지구를 뒤덮을 때, 모기는 새로운 전선을 개척하고 본래 모기 매개 질병 청정구역이던 곳까지 침투하면서 전장을 확대했다. 모기의 영향권이 북쪽으로 또 남쪽으로 넓어졌으며, 수직으로 더 높은 고도에도 이르러 이전에는 손 타지 않던 곳까지 모기의 존재를 받아들이게 되었다. 강건한 모기 매개 질병들은 생존을 위해 꾸준히 진화를 거듭했으며, 점차 이리저리 이동하며 뒤섞이던 인간 집단들을 점점 더 심각하게 위협했다. 현대 과학과 의학 앞에서도 모기는 여전히 인류에게 가장 치명적인 동물이다.

지난해 모기는 단 83만 명만 살해했지만, 인간이 인간을 죽인 것보다는 여전히 훨씬 더 많은 수다. 최근 우리의 전투 경험 많은 모기 전사들, 과학적 무기 판매상들 그리고 의료 전쟁의 제왕들은 우리의 무기고에 유전자가위 및 유전자 멸절 드라이브 그리고 말라리아 백신이라는 정교한 신식 대량살상무기를 추가했다. 우리는 이 병기를 전투가 가장 활발하게 일어나고 있는 전선에 배치하여 모기의 위협에 대처하도록 했다. 지카 바이러스와 웨스트나일 바이러스를 비롯한 새로운 군수품은 물론 말라리아와 뎅기열을 비롯한 길들여진 병사들로 인해 모기의 위협이 날로 증대되고 있기 때문이다. 우리의 가장 치명적인 포식자를 상대로 하는 이 총력전에서 우리에게는 모기와 모기 매개 질병의 무조건 항복을 받아내는 것 말고는 다른 선택지가 없다. 이 최종 목적을 달성하기 위해서는 모기와 모기 매개 질병을 완전히 멸절하고 퇴치하는 수밖에 없다.

110조 마리의 적군 모기와 그 병원균을 지구상에서 쓸어내는 일은 곧 모기가 지금까지 공들여 일조해온 인류 역사의 연속체를 없애고, 그 자리에 정체를 알 수 없는 또 다른 현실을 들여놓는 일이 될 것이다. 그때에도 모기는 여전히 역사를 만들어 나가겠지만, 인류 역사의 기록에 족적을 남기는 건 그때가 마지막이 될 것이다. 유전자가위가 그 비범한 일대기의 에필로그를 써줄 터이다.

그러나 지금까지 역사를 지나오며 보았듯, 모기는 자연과 인류가 선사한 최고와 최악의 상황들을 모두 이겨내고 시대를 초월하며 비할 데 없는 강도로 살해를 이어왔다. 모기는 공룡도 멸종할 정도의 상황에서 살아남았고, 몇 번이고 모습을 바꾸면서 우리가 모기 멸절을 위해 쓴 온갖 방법을 좌절시켰다. 인류가 존재한 이래 모기는 여러 민족의 운명을 결정했고, 중대한 전쟁의 승패를 갈랐으며, 오늘날 전 지구적 질서를 설계하는 데 일조했고, 그 과정에서 거의 절반 가까이의 인류를 살해했다. 우리에게 유전자가위가 있긴 하지만, 과거 DDT를 비롯한 멸절 수단들이 그러했듯 유전자가위 또한 진화하는 모기에게 잡아먹힐 수도 있다. 역사는 모기가 끈질기게 살아남는다는 사실을 보여준다. 불멸의 모기는 여전히 우리의 가장 치명적인 포식자로 군림하고 있다.

물론 대부분 이 책에서 밝힌 믿을 수 없을 정도의 통계와 사망자 수가 감정적으로 와 닿지도 않을 테고, 실제 사람들에게 있었던 일임을 실감하기도 쉽지 않을 것이다. 나 또한 이에 공감한다. 지금까지 우리는 인류의 출현 이래 모기가 인류에게 막대한 피해를 입혀왔으며 그 피투성이 여정 동안 광범위한 지역에서 사람들을 죽이거나 병들게 했음을 살펴보았다. 이 과정에서 우리는 고대 시대를 가로질러 여행했으며, 고대 제국과 위대한 민족들이 살았던 명소와 영웅적인 전장들을 방문했고, 역사의 중요한 페이지들과 두드러지는 이야기들을 앞뒤로 오가며 살펴보았다. 그러나 모기와 모기 매개 질병은 지금도 여전히 열정적으로 일하면서 우리 인간의 오디세이에 새로운 장을 써넣고 있다.

이 책을 읽는 여러분 중 대부분이 아마 현재 모기 매개 질병 청정지역에 살고 있겠지만, 이 책을 다 읽었다면 모기들이 여전히 수억 명의 사람들의 삶을 좌지우지한다는 사실에 더는 놀라지 않을 것이다. 모기는 그들에게 소름끼치는 윙윙거림이나 짜증나는 가려움만을 선사하는 데 그치지 않는다. 이건 나의 직감이자 추측일 뿐이지만, 주변 사람 중에 뎅기열이나 말라리아, 웨스트나일 바이러스, 혹은 지카 바이러스에 걸렸던 사람이 있을 수도 있고, 그게 아니라면 겸상적혈구와 같은 유전적 방어체계를 가진 사람이 있을 수도 있다.

내가 제2의 고향으로 삼은 이곳 콜로라도 그랜드 정션은 웨스트나일 바이러스가 기승을 부리는 곳이다. 내가 강의하는 콜로라도 메사 대학교의 수많은 학생과 동료 임직원이 웨스트나일 바이러스에 감염되었으며, 그중에는 평생 마비나 장애를 얻은 이들도 있다. 이들은 자기 집 뒷마당에 나갔다가, 근방에 등산이나 자전거 여행을 갔다가, 혹은 '거대한 합류점grand junction'이라는 이름답게 도시의 중심부를 가르며 흐르는 콜로라도강과 군니슨강에서 래프팅이나 낚시를 즐기다가 감염되었다. 나는 또한 해외여행이나 봉사활동 도중 말라리아와 뎅기열로 인한 끔찍한 열병에 시달렸던 학생들과 친구들 그리고 지인들을 알고 있다. 한 학생은 캄보디아에 배낭여행을 갔다가 뎅기열에 걸려 2주 동안 지옥여행을 다녀온 이야기를 나에게 들려주었다. 그는 당시 구토와 발진 그리고 환각이 일 정도의 열병 이외에도 "마치 누군가 내 뼈에 천천히 손톱을 박아 넣고선 조금씩 관절과 근육을 악랄하게 쥐어짜는 듯한" 고통이 있었다고 했다. 나와 이야기를 나누었던 다수의 군인 및 제대군인 또한 열대지방에 파병을 나갔다가, 혹은 민간 군사기업을 통해 아프리카에서 일하다가 말라리아나 뎅기열에 감염되었다. 현재 민간 군사기업에서 일하는 내 친구 한 명도 얼마 전 말리에서 말라리아에 걸려 앓아누웠다며 연락을 해왔다. 겸상적혈구체질인 사람도 주변에 두 명이나 있다. 과거 나 또한 메플로퀸을 복용한 뒤 만화경을 들여다보는 듯한 몽환에 빠졌던 적이 있는데, 다행히 내가 아는 모기 매개 질병에 감염된 적은 없다.

그러나 나는 제1차 세계 대전에 참전했던 아프리카계 얼룩날개모기들 덕분에 지금 이렇게 존재하고 있다. 1915년 당시 15세였던 나의 조부 윌리엄 와인가드는 캐나다의 느릿한 고향 마을을 뒤로 한 채 생애 처음으로 입대했다. 1914년 8월 제1차 세계 대전이 발발하자 조국과 국왕을 위해 영광스럽게 싸우겠다는 그의 꿈이 눈을 뜬 것이다. 하지만 기사도적인 환상은 서부 전선의 도살장 같은 참호에서 무참히 깨졌다. 그는 1916년 3월, 벨기에 이페르 부근에서 총상을 입고 가스를 들이마셨다. 병원에서 회복 기간을 거친 후, 나이 미달로 제대하여 캐나다로 돌아왔다. 그러나 윌리엄은 그림엽서 같은 이상적인 어린 시절의 고향 풍경으로 돌아가지 않았다. 몬트리올에 상륙해 곧장 다시 나이를 속이고 캐나다 해군에 입대했다.

윌리엄은 남은 전쟁 기간 동안 모기 매개 질병의 태곳적 기원인 서아프리카 해안가에서 지뢰 탐지병으로 복무했다. 1918년 여름, 그는 '스페인 독감'과 장티푸스, 삼일열말라리아에 동시다발적으로 감염되었다. 한때 몸무게가 175파운드(약 79킬로그램)에 달했던 건장한 10대 소년은 97파운드(약 44킬로그램)까지 빠졌으며, 군함 군의관들은 그에게 사망 선고를 내리고 그를 갑판 밖으로 내던질 준비를 했다. 그러나 운명이었는지 동료 선원 한 명이 그가 눈을 깜빡

이는 모습을 발견한 덕분에, 해저 무덤을 면할 수 있었다. 나의 처조부 렉스 레이니 병장이 그러했듯, 나의 조부 윌리엄 또한 말라리아를 이겨내고 전쟁에서 살아남았다. 시에라리온 프리타운의 병실에서 1년을 보낸 그는 이후 잉글랜드에서 1년간 또 입원했다가 마침내 1920년 캐나다로 돌아왔다. 윌리엄이 참전을 위해 고향을 떠난 지 6년이 지나 있었다. 그는 이후 제2차 세계 대전 당시에도 캐나다 해군에서 복무했으며, 오늘날 87세의 노령에도 정정하다.

어렸을 적 나는 조부가 태연한 어조로 전쟁 당시 말라리아와의 전투를 비롯한 여러 이야기들을 들려줄 때마다 존경과 경탄의 마음으로 경청했다. 그는 재발하는 말라리아가 표준적인 길들임 과정이라는 사실은 받아들였지만, 모기가 아니라 독일 제국의 카이저 빌헬름 2세Wilhelm II 탓이라고 고집을 부리셨다. 조부는 독일 군주와 이름이 같았지만(빌헬름을 영어로 쓰면 윌리엄William이다), "카이저 빌에게 저주를!"이라는 구호를 가장 좋아했다. 지금의 나는 전쟁으로 초토화된 1918년 여름의 어느 날, 그를 물었던 굶주린 아프리카계 얼룩날개모기 한 마리 덕분

말라리아의 수많은 얼굴들: 이등병/병장 윌리엄 와인가드는 제1차 세계 대전 당시 말라리아에 감염되었던 150만 명의 병사 중 하나였다. 다행히 그는 9만 5,000여 명의 사망자와 달리 살아남았다. 사진은 서부 전선에서 전역한 이후 1916년 8월 캐나다 해군에 지원하던 17세의 윌리엄. © 와인가드 가족

에 존재할 수 있었다. 그 말라리아 매개 모기와 사방에서 울려대는 고통의 사이렌 때문에 그는 예상보다 2년 늦게 캐나다로 돌아왔다. 1920년 집으로 가던 길, 그는 뱃멀미로 난간을 잡고 구역질을 하던 10대 소녀를 보고 그녀에게 다가가 추파 섞인 농담들을 건넸다. 조모 힐다Hilda가 내게 해준 이야기를 빌리자면, 그녀는 고개를 들고선 그에게 "욕을 퍼부었다." 옥신각신하던 두 사람은 이후 결혼하여 67년을 행복하게 살았다. 그러나 모기 매개 질병은 과거의 이야기 속에만 존재하는 것도 아니고, 우리 선조들에게만 영향을 미쳤던 퇴물도 아니다. 그 질병들은 여전히 우리 곁에 살아 숨 쉬고 있다.

이 장대하고 거칠었던 여정을 마무리하는 지금, 모기에 대한 나의 생각과 의견은 예전과 판이하게 달라졌다. 모기에 대한 당신의 태도 또한 이 책의 서론에서 언급했던 일반적인 혐오에서 어떤 식으로든 적응하고 진화하며 바뀌었을 것이다. 이제 나는 모기를 진정으로 혐오하고 끔찍하게 여겨야 할지, 아니면 진심으로 존경하고 우러러보아야 할지 판단할 수 없다. 어쩌면 둘 다 하는 편이 좋을지도 모르겠다. 결국 세계에서 벌어지는 전쟁과 정글의 자연법하에서 모기는 우리와 크게 다르지 않다. 모기 또한 우리처럼, 그저 살아남으려 애쓸 뿐이다.

감사의 말

네 번째 책의 집필을 마무리한 뒤, 언제나와 같이 나는 아버지와 함께 앉아 다음 책을 구상하기 시작했다. 아버지는 응급의지만 정말이지 역사가가 되셨어야 하는 분이다. 나의 말을 부드럽게 끊은 아버지가 한 마디 내뱉었다. "질병!" 그 한 단어짜리 답변에 내가 완전히 마음을 굳히지 못하는 동안, 아버지는 늘 그랬듯 내가 갈 길을 솎아주셨고, 그때부터 나는 보다 작은 지도를 손에 넣을 수 있었다. 아버지의 그 한 마디에서 이 책이 탄생했다. 그때부터 나는 우리의 가장 치명적인 포식자를 끈질기게 쫓기 시작했다.

나 같은 역사광에게 이 여정은 그야말로 보물찾기나 다름없었다. 나는 스페인 약탈자 콩키스타도르나 니콜라스 케이지처럼 엘도라도나 시볼라를 찾아 미지의 정글을 탐험할 수도 없고, 잃어버린 도시 Z를 찾아 탐험할 수도 없다. 그렇다고 로버트 랭던처럼 '다 빈치 코드'의 성배를 찾아 나서거나, 성전 기사수도회의 보물을 추적하거나, 인디애나 존스의 엄청난 탐험을 따라하거나, 하이퍼스페이스 케셀 런을 12파섹 이내로 통과할 수도 없다. 그러나 어쩌면 나는 이 미스터리만큼은 풀 수 있을지도 몰랐다.

나는 책장을 뒤져 내가 대학교 수업 교재로 배정한 필수 교과서들을 꺼내들었다. 나는 광범위한 주제에 걸쳐 수업을 진행하는데, 여기에는 미국사, 원주민 연구, 비교정치학, 전쟁과 석유 정치 그리고 이집트와 그리스·로마를 비롯한 포괄적인 고대 문명이 포함된다. 이 분야의 서적들은 하나같이 기독교와 이슬람교의 기원 및 사회문화적 확산을 다루며, 알렉산드로스 대제, 한니발과 스키피오, 칭기즈 칸, 조지 워싱턴, 나폴레옹, 테쿰세, 율리시스 S. 그랜트 장군과 로버트 E. 리 장군 등 큰 영향력을 행사했던 수많은 군사 지도자의 천재성을 칭송한다. 또한 콜럼버스와 코르테스, 롤리, 롤프 그리고 우리의 할리우드 공주 포카혼타스를 비롯한 탐험가 및 해적의 이동 경로를 그린다. 교과서들은 모두 문명의 진화와 세계 질서의 형성 과정을 설명하고자 한다.

어제의 세계가 어떻게 오늘날과 내일의 세계를 만들어내는가? 이 간단한 개념에서 많은 생각이 솟아나왔다. 현재와 미래를 형성하는 우리의 과거를 가장 크게 바꿔놓았던 주요 촉매제는 무엇이며 누구인가? 나는 우선 평소처럼 무역과 정치, 종교, 제국주의 유럽 열강의 침략, 노예제 그리고 전쟁 등의 용의자들을 검토했다. 머릿속 카드를 다 헤집어보며 검토한 결과, 나는 여전히 무언가 빠져 있다는 결론에 이르렀다. 마지막 책을 덮었을 때까지도 해답을 찾지 못했는데, 내 생각이나 학문적 관심을 점령한 "질병"이라는 단어와 나의 호기심이 결국 나를 또 다른 복잡다단한 세계로 이끌어주었다.

14세기 중반에는 악명 높은 흑사병이 있었다. 벼룩과 쥐가 치명적인 예르시니아페스티스 박테리아를 옮겨서 일으키는 이 질병은 유럽 인구의 50퍼센트를 휩쓸었으며, 전 세계에서 도합 2억 명을 죽였다. 또한 나는 1492년 콜럼버스가 촉발한 유럽 열강의 식민지배와 '콜럼버스의 교환' 동안 전 지구적 생태계가 전파되면서 약 1억 명의 서반구 원주민 중 95퍼센트가 다양한 질병으로 멸족했다는 것을 알고 있었다. 유럽과 아메리카 식민지에서 단발성 콜레라와 티푸스가 유행했다는 것도 알고 있었으며, 1918년부터 1919년까지 '스페인 독감'이 그 확산을 도왔던 전쟁 그 자체보다 다섯 배나 더 많은 7,500만~1억 명의 사망자를 발생시켰다는 것도 알고 있었다. 역병들과 그 역사적 영향은 이미 너무나 잘 알려져 있었기에 나의 목적과는 맞지 않았다. 마침내 나는 가장 이례적인 곳에서 나의 트로피를 찾아냈다.

나는 장보기를 좋아한다. 이상하게 들리겠지만, 장을 볼 때면 마음이 편안해진다. 다른 이들이 명상이나 요가를 할 때 나는 장을 본다. 아버지와 질병에 관한 농담을 주고받고 그 모든 교과서들을 뒤적인 지 얼마 되지 않은 어느 날, 나는 장을 보러 가 온갖 상품이 구색을 갖추고 있는 매장 안을 돌아다녔고, 상품의 라벨들을 읽고선 26가지 종류의 토마토 통조림, 19가지 인스턴트커피, 57가지 케첩 그리고 우리 집 스티븐Steven이 좋아할 31가지 개 사료가 있다는 데에 놀랐다. 나는 지구촌 같은 식료품점에서 카트를 밀면서 전 세계 구석구석에서 생산되고 햇볕에 말린 상품들을 구매했다. 세상이 정말 작아졌고 우리 인류가 확실히 우월한 종이구나 하는 생각을 하던 찰나였다. 나는 커다란 봉지과자를 카트에 집어넣다가 문득 위를 올려다보았다. 제2의 고향 콜로라도 그랜드 정션의 어느 식료품점, 거대한 비상구 표지판 위에서 드디어 나의 보물을 찾아냈다.

나는 다시 한 번 광고 문구를 읽어보았다. "딥 우즈 오프Deep Woods OFF(유명 벌레 퇴치제)!: 지카바이러스, 뎅기열, 웨스트나일 바이러스를 옮기는 모기들을 쫓아냅니다." 나는 고개를 내저었다. 진작 이를 연결하지 못한 내 자신이 싫어질 지경이었다. 내 다음 책, 즉 여러분이 지금 손에 들고 있는 이 책의 주제가 두말할 것 없이 모기로 정해졌다. 그 어떤 교과서도 모기가 우리 인간의 역사에 미친 지대한 영향력이나 무시할 수 없는 충격들에 집중하지 않았다. 마침내 나만의 엘도라도가 보였다. 나는 기록을 바로잡겠다고 결심했다. 이 책은 내 보물찾기의 극치이다.

마트에서 모기와의 운명적인 만남이 있은 지 약 1년 후, 나는 캐나다 전쟁박물관에서 역사가 팀 쿡Tim Cook 박사를 만나 이 책에 대한 아이디어와 당시 진행하던 광범위한 연구를 이야기했다. 팀은 곧장 나에게 에이전시의 릭 브로드헤드Rick Broadhead를 소개해주었다. 곧바로 전화를 해주었던 데 대하여 그리고 무엇보다도 지금까지 오랜 세월 지지를 보내준 데 대해 나의 친구 팀에게 감사 인사를 드린다. 모험의 가장 첫 발자국부터 함께해준 릭에게도 늘 함께해 주어서 고맙다는 인사를 건네고 싶다. 릭이라는 놀라운 사람에게는 아무리 고맙다고 인사를 해도 모자라다. 콜로라도 메사 대학교에서 학생들을 가르치고 하키팀을 코치하면서(나도 어쩔 수 없는 캐나다인이므로)

마침내 원고를 완성한 나는 초고를 펭귄랜덤하우스 출판사의 편집자 존 파슬리John Parsley, 니콜라스 개리슨Nicholas Garrison, 카시디 색스Cassidy Sachs에게 보냈다. 교정 및 편집 단계에서 보여준 날카로운 눈썰미와 에너지 그리고 조언에 감사드린다. 이분들의 피드백과 검토가 큰 도움이 되었다.

여느 때와 마찬가지로 수많은 친구, 동료 그리고 새로운 지인들이 조언과 협조를 아끼지 않았다. 특히 책 속의 말들 너머를 볼 수 있도록 해주고 살아 있는 한 생명체로서 역사와 상호작용하라고 가르쳐주신 박사과정 지도교수 옥스퍼드 대학교의 휴 스트라칸Hew Strachan 경께 감사드린다. 스트라칸 교수님의 가르침을 받을 수 있음은 엄청난 특권이었다고 생각한다. 또한 특별한 순서 없이 브루노 라마르Bruno Lamarre, 케이티 라마르Katie Lamarre, 알렌 앤더슨Alan Anderson 박사, 호코 쇼디Hoko-Shodee 박사, 제프 오베르메이어Jeff Obermeyer, 팀 케이시Tim Casey 박사, 더글러스 오로어크Douglas O'Roark 박사, 저스틴 골롭Justin Gollob 박사, 수잔 베커Susan Becker 박사, 애덤 로젠바움Adam Rosenbaum 박사, 존 세바흐John Seebach 박사에게도 감사 인사를 드린다. 애덤과 존과 모기로 점철된 즐거운 대화(호미니드인가 호미닌인가?)를 나눈 데 감사드린다. 록 밴드 건즈 앤 로지스와 더 트래지컬리 힙에 관하여 즐거운 이야기를 나누다 말고 초기 인류의 진화와 이주 패턴에 관한 내 질문에 매우 박식하게 대답해준 존께도 고맙다는 말을 전한다. 모기와 관련된 개인적인 경험담이나 지식들을 기꺼이 공유해준 모든 이가 고맙다. 절판된 책이나 잘 알려지지 않은 책들을 비롯하여 끝없이 수많은 책을 찾아달라던 나의 요구를 들어준 콜로라도 메사 대학교 도서관 직원에게 감사 인사를 드리지 않을 수 없다. 이분이야말로 진정한 보물 사냥꾼이었다. 사진 입수 비용을 충당할 수 있도록 재정적으로 지원해준 콜로라도 메사 대학교에도 감사드린다.

수천 명의 사람이 광범위한 모기의 세계에 학문적, 의학적 커리어를 모두 바쳐왔다. 모기에 맞서는 이들과 그 끊임없는 노력 그리고 이 글을 쓰는 데 많은 도움을 준 학자 여러분께 감사드린다. 그중 J. R. 맥네일, 제임스 L. A. 웹 주니어, 찰스 C. 만, 랜달 M. 패커드, 마크 해리슨, 재레드 다이아몬드, 피터 맥캔들리스, 앤드루 맥웨인 벨, 소니아 샤, 마가렛 험프리스, 앤드루 스필먼, 게이츠 재단의 제프 세르택 그리고 빌 게이츠와 멀린다 게이츠에게 특별히 감사드린다.

마지막으로 부모님께, 포스를 다루는 법을 알려주셔서 감사드린다. 두 분 모두 진정한 제다이 마스터이다. 알렉산드로스 대제와 아이작 뉴턴 경 그리고 요다Yoda 또한 나에게 최고의 영웅이다. 캐나다 잭슨의 호숫가 집에 있는 나의 가족들에게 사랑하고 보고 싶다는 말을 전한다. 사랑하는 아들에게, 내가 왜 이토록 오랜 기간 동안 멀리 나와 있어야 하는지를 이해하기에는 아직 너무 이른 나이지만 곧 아빠와 아들만의 날들도 보낼 것임을 약속한다. 내가 아니라면 아들의 웨인 그레츠키Wayne Gretzky 선수 같은 슬랩 샷과 매튜 스태포드Matthew Stafford 선수 뺨치는 패스를 누가 받아주겠는가? 또 누가 아들의 다리우스 3세나 알렉산드로스 대제가 될 수 있겠는가? 아들에게 우주 저 멀리에 이르기까지 사랑한다는 말을 전한다. 그리고 나의 아내, 베키Backy, 내가 일 때문에 집을 비우는 동안 그리고 집에 있지만 글을 쓰느라 없는 것이나 다름없는 시간 동안 자리를 지켜주어서 고맙고, 저명한 철학자 건즈 앤 로지스 소속 액슬 로즈Axl Rose가 말한 '인내'의 달인이 되어주어 고맙다.

도와주신 모든 분께 감사드린다.

참 고 문 헌

Aberth, John. The First Horseman: Disease in History. New Jersey: Pearson-Prentice Hall, 2006.

— . Plagues in World History. New York: Rowman & Littlefield, 2011.

Adelman, Zach N., ed. Genetic Control of Malaria and Dengue. New York: Elsevier, 2016.

Adler, Jerry. “A World Without Mosquitoes.” Smithsonian magazine (June 2016): 36–43, 84.

Akyeampong, Emmanuel, Robert H. Bates, Nathan Nunn, and James A. Robinson, eds. Africa’s Development in Historical Perspective. Cambridge: Cambridge University Press, 2014.

Allen, Robert S. His Majesty’s Indian Allies: British Indian Policy in the Defence of Canada, 1774–1815. Toronto: Dundurn, 1992.

Altman, Linda Jacobs. Plague and Pestilence: A History of Infectious Disease. Springfield, NJ: Enslow, 1998.

Amalakanti, Sridhar, et al. “Influence of Skin Color in Dengue and Malaria: A Case Control Study.” International Journal of Mosquito Research 3:4 (2016): 50–52.

Anderson, Fred. Crucible of War: The Seven Years’ War and the Fate of Empire in British North America, 1754–1766. New York: Alfred A. Knopf, 2000.

Anderson, Virginia DeJohn. Creatures of Empire: How Domestic Animals Transformed Early America. Oxford: Oxford University Press, 2004.

Anderson, Warwick. Colonial Pathologies: American Tropical Medicine, Race, and Hygiene in the Philippines. Durham, NC: Duke University Press, 2006.

Applebaum, Anne. Red Famine: Stalin's War on Ukraine. New York: Doubleday, 2017.

Arrow, Kenneth J., Claire B. Panosian, and Hellen Gelband, eds. Saving Lives, Buying Time: Economics of Malaria Drugs in an Age of Resistance. Washington, DC: National Academies Press, 2004.

Atkinson, John, Elsie Truter, and Etienne Truter. "Alexander's Last Days: Malaria and Mind Games?" Acta Classica LII (2009): 23–46.

Avery, Donald. Pathogens for War: Biological Weapons, Canadian Life Scientists, and North American Biodefence. Toronto: University of Toronto Press, 2013.

Bakker, Robert T. The Dinosaur Heresies: New Theories Unlocking the Mystery of the Dinosaurs and Their Extinction. New York: William Morrow, 1986.

Barnes, Ethne. Diseases and Human Evolution. Albuquerque: University of New Mexico Press, 2005.

Behe, Michael J. The Edge of Evolution: The Search for the Limits of Darwinism. New York: Free Press, 2007.

Bell, Andrew McIlwaine. Mosquito Soldiers: Malaria, Yellow Fever, and the Course of the American Civil War. Baton Rouge: Louisiana State University Press, 2010.

Bill and Melinda Gates Foundation. Press Releases; Fact Sheets; Grants; Strategic Investments; Reports. https://www.gatesfoundation.org/.

Bloom, Khaled J. The Mississippi Valley's Great Yellow Fever Epidemic of 1878. Baton Rouge: Louisiana State University Press, 1993.

Boorstin, Daniel J. The Discoverers: A History of Man's Search to Know His World and Himself. New York: Vintage, 1985.

Borneman, Walter R. 1812: The War That Forged a Nation. New York: HarperCollins, 2004.

Bose, Partha. Alexander the Great's Art of Strategy: The Timeless Leadership Lessons of History's Greatest Empire Builder. New York: Gotham Books, 2003.

Boyd, Mark F., ed. Malariology: A Comprehensive Survey of All Aspects of This Group of Diseases from a Global Standpoint. 2 vols. Philadelphia: W. B. Saunders, 1949.

Brabin, Bernard J. "Malaria's Contribution to World War One—the Unexpected Adversary." Malaria Journal 13:1 (2014): 1–22.

Bray, R. S. Armies of Pestilence: The Impact of Disease on History. New York: Barnes and Noble, 1996.

Buechner, Howard A. Dachau: The Hour of the Avenger (An Eyewitness Account). Metairie, LA: Thunderbird Press, 1986.

Busvine, James R. Disease Transmission by Insects: Its Discovery and 90 Years of Effort to Prevent It. New York: Springer-Verlag, 1993.

— . Insects, Hygiene and History. London: Athlone Press, 1976.

Campbell, Brian, and Lawrence A. Tritle, eds. The Oxford Handbook of Warfare in the Classical World. Oxford: Oxford University Press, 2013.

Cantor, Norman F. Alexander the Great: Journey to the End of the Earth. New York: HarperCollins, 2005.

Capinera, John L., ed. Encyclopedia of Entomology. 4 vols. Dordrecht: Springer Netherlands, 2008.

Carrigan, Jo Ann. The Saffron Scourge: A History of Yellow Fever in Louisiana, 1796–1905. Lafayette: University of Louisiana Press, 1994.

Carson, Rachel. Silent Spring. New York: Mariner Reprint, 2002.

Cartledge, Paul. Alexander the Great: The Hunt for a New Past. New York: Overlook Press, 2004.

Cartwright, Frederick F., and Michael Biddis. Disease and History. New York: Sutton, 2004.

Centers for Disease Control and Prevention (CDC). Fact Sheets; Diseases and Conditions; Annual Reports. https://www.cdc.gov.

Chambers, James. The Devil's Horsemen: The Mongol Invasion of Europe. New York: Atheneum, 1979.

Chang, Iris. The Rape of Nanking: The Forgotten Holocaust of World War II. New York: Penguin, 1998.

Charters, Erica. Disease, War, and the Imperial State: The Welfare of the British Armed Services During the Seven Years' War. Chicago: University of Chicago Press, 2014.

Chernow, Ron. Grant. New York: Penguin, 2017.

Churchill, Winston S. The New World. Vol. 2 of A History of the English-Speaking Peoples. New York: Bantam Reprint, 1978.

Cirillo, Vincent J. Bullets and Bacilli: The Spanish-American War and Military Medicine. New Brunswick, NJ: Rutgers University Press, 1999.

Clark, Andrew G., and Philipp W. Messer. "An Evolving Threat: How Gene Flow Sped the Evolution of the Malarial Mosquito." Science (January 2015): 27–28, 42–43.

Clark, David P. Germs, Genes, and Civilization: How Epidemics Shaped Who We Are Today. Upper Saddle River, NJ: FT Press, 2010.

Cliff, A. D., M. R. Smallman-Raynor, P. Haggett, D. F. Stroup, and S. B. Thacker. Emergence and Re-Emergence: Infectious Diseases; A Geographical Analysis. Oxford: Oxford University Press, 2009.

Cline, Eric H. 1177 B.C.: The Year Civilization Collapsed. Princeton: Princeton University Press, 2014.

Cloudsley-Thompson, J. L. Insects and History. New York: St. Martin's Press, 1976.

Clunan, Anne L., Peter R. Lavoy, and Susan B. Martin. Terrorism, War, or Disease?: Unraveling the Use of Biological Weapons. Stanford, CA: Stanford University Press, 2008.

Coleman, Terry. The Nelson Touch: The Life and Legend of Horatio Nelson. Oxford: Oxford University Press, 2004.

Cook, Noble David. Born to Die: Disease and New World Conquest, 1492–1650. Cambridge: Cambridge University Press, 1998.

Crawford, Dorothy H. Deadly Companions: How Microbes Shaped Our History. Oxford: Oxford University Press, 2007.

Crook, Paul. Darwinism, War and History: The Debate over the Biology of

War from the "Origin of Species" to the First World War. Cambridge: Cambridge University Press, 1994.

Crosby, Alfred W. The Columbian Exchange: Biological and Cultural Consequences of 1492. New York: Praeger, 2003.

— . Ecological Imperialism: The Biological Expansion of Europe, 900–1900. Cambridge: Cambridge University Press, 1986.

Crosby, Molly Caldwell. The American Plague: The Untold Story of Yellow Fever, the Epidemic That Shaped Our History. New York: Berkley, 2006.

Cueto, Marcos. Cold War, Deadly Fevers: Malaria Eradication in Mexico, 1955–1975. Washington, DC: Woodrow Wilson Center Press, 2007.

Cushing, Emory C. History of Entomology in World War II. Washington, DC: Smithsonian Institution, 1957.

Dabashi, Hamid. Persophilia: Persian Culture on the Global Scene. Cambridge, MA: Harvard University Press, 2015.

Delaporte, François. Chagas Disease: History of a Continent's Scourge. Translated by Arthur Goldhammer. New York: Fordham University Press, 2012.

Desowitz, Robert S. The Malaria Capers: More Tales of Parasites and People, Research and Reality. New York: W. W. Norton, 1991.

— . Tropical Diseases: From 50,000 BC to 2500 AD. London: Harper Collins, 1997.

— . Who Gave Pinta to the Santa Maria?: Torrid Diseases in the Temperate World. New York: Harcourt Brace, 1997.

De Bevoise, Ken. Agents of Apocalypse: Epidemic Disease in the Colonial Philippines. Princeton: Princeton University Press, 1995.

D'Este, Carlo. Bitter Victory: The Battle for Sicily, 1943. New York: Harper Perennial, 2008.

Deichmann, Ute. Biologists Under Hitler. Translated by Thomas Dunlap. Cambridge, MA: Harvard University Press, 1996.

Diamond, Jared. Guns, Germs, and Steel: The Fates of Human Societies. New York: W. W. Norton, 1997.

Dick, Olivia Brathwaite, et al. "The History of Dengue Outbreaks in the

Americas." American Journal of Tropical Medicine and Hygiene 87:4 (2012): 584–593.

Diniz, Debora. Zika: From the Brazilian Backlands to Global Threat. Translated by Diane Grosklaus Whitty. London: Zed Books, 2017.

Doherty, Paul. The Death of Alexander the Great: What—or Who—Really Killed the Young Conqueror of the Known World? New York: Carroll & Graf, 2004.

Doudna, Jennifer, and Samuel Sternberg. A Crack in Creation: The New Power to Control Evolution. New York: Vintage, 2018.

Downs, Jim. Sick from Freedom: African-American Illness and Suffering during the Civil War and Reconstruction. Oxford: Oxford University Press, 2012.

Drexler, Madeline. Secret Agents: The Menace of Emerging Infections. New York: Penguin Books, 2003.

Dubois, Laurent, and John D. Garrigus, eds. Slave Revolution in the Caribbean, 1789–1804: A Brief History with Documents. 2nd ed. New York: Bedford-St. Martin's, 2017.

Dumett, Raymond E. Imperialism, Economic Development and Social Change in West Africa. Durham, NC: Carolina Academic Press, 2013.

Earle, Rebecca. " 'A Grave for Europeans'?: Disease, Death, and the Spanish-American Revolutions." War in History 3:4 (1996): 371–383.

Engel, Cindy. Wild Health: Lessons in Natural Wellness from the Animal Kingdom. New York: HoughtonMifflin, 2003.

Enserink, Martin, and Leslie Roberts. "Biting Back." Science (October 2016): 162–163.

Faerstein, Eduardo, and Warren Winkelstein Jr. "Carlos Juan Finlay: Rejected, Respected, and Right." Epidemiology 21:1 (January 2010): 158.

Fenn, Elizabeth A. Pox Americana: The Great Smallpox Epidemic of 1775–82. New York: Hill and Wang, 2001.

Ferngren, Gary B. Medicine and Health Care in Early Christianity. Baltimore: Johns Hopkins University Press, 2009.

— . Medicine & Religion: A Historical Introduction. Baltimore: Johns

Hopkins University Press, 2014.

Fowler, William M., Jr. Empires at War: The Seven Years' War and the Struggle for North America, 1754–1763. Vancouver: Douglas & McIntyre, 2005.

Frankopan, Peter. The Silk Roads: A New History of the World. New York: Vintage, 2017.

Fredericks, Anthony C., and Ana Fernandez-Sesma. "The Burden of Dengue and Chikungunya Worldwide: Implications for the Southern United States and California." Annals of Global Heath 80 (2014): 466–475.

Freeman, Philip. Alexander the Great. New York: Simon & Schuster Paperbacks, 2011.

Freemon, Frank R. Gangrene and Glory: Medical Care During the American Civil War. Chicago: University of Illinois Press, 2001.

Gabriel, Richard A. Hannibal: The Military Biography of Rome's Greatest Enemy. Washington, DC: Potomac Books, 2011.

Gachelin, Gabriel, and Annick Opinel. "Malaria Epidemics in Europe After the First World War: The Early Stages of an International Approach to the Control of the Disease." Historia, Ciencias, Saude-Manguinhos 18:2 (April–June 2011): 431–469.

Gates, Bill. "Gene Editing for Good: How CRISPR Could Transform Global Development." Foreign Affairs 97:3 (May/June 2018): 166–170.

Gehlbach, Stephen H. American Plagues: Lessons from Our Battles with Disease. Lanham, MD: Rowman & Littlefield, 2016.

Geissler, Erhard, and Jeanne Guillemin. "German Flooding of the Pontine Marshes in World War II: Biological Warfare or Total War Tactic?" Politics and Life Sciences 29:1 (March 2010): 2–23.

Gernet, Jacques. Daily Life in China on the Eve of the Mongol Invasion, 1250–1276. Translated by H. M. Wright. Stanford, CA: Stanford University Press, 1962.

Gessner, Ingrid. Yellow Fever Years: An Epidemiology of Nineteenth-Century American Literature and Culture. New York: Peter Lang, 2016.

Gillett, J. D. The Mosquito: Its Life, Activities, and Impact on Human Affairs.

New York: Doubleday, 1971.

Goldsmith, Connie. Battling Malaria: On the Front Lines Against a Global Killer. Minneapolis: Twenty-First Century Books, 2011.

Goldsworthy, Adrian. Pax Romana: War, Peace and Conquest in the Roman World. New Haven, CT: Yale University Press, 2016.

— . The Punic Wars. London: Cassell, 2001.

Gorney, Cynthia. "Science vs. Mosquitoes." National Geographic (August 2016): 56–59.

Green, Peter. Alexander of Macedon, 356–323 B.C.: A Historical Biography. Berkeley: University of California Press, 1991.

Greenberg, Amy S. A Wicked War: Polk, Clay, Lincoln, and the 1846 U.S. Invasion of Mexico. New York: Vintage, 2013.

Grundlingh, Albert. Fighting Their Own War: South African Blacks and the First World War. Johannesburg: Ravan Press, 1987.

Hammond, N. G. L. The Genius of Alexander the Great. Chapel Hill: University of North Carolina Press, 1997.

Harari, Yuval Noah. Sapiens: A Brief History of Humankind. New York: HarperCollins, 2015.

Hardyman, Robyn. Fighting Malaria. New York: Gareth Stevens, 2015.

Harper, Kyle. The Fate of Rome: Climate, Disease, and the End of an Empire. Princeton: Princeton University Press, 2017.

Harrison, Gordon. Mosquitoes, Malaria and Man: A History of the Hostilities Since 1880. New York: E. P. Dutton, 1978.

Harrison, Mark. Contagion: How Commerce Has Spread Disease. New Haven, CT: Yale University Press, 2012.

— . Disease and the Modern World: 1500 to the Present Day. Cambridge: Polity Press, 2004.

— . Medicine and Victory: British Military Medicine in the Second World War. Oxford: Oxford University Press, 2004.

— . Medicine in an Age of Commerce and Empire: Britain and Its Tropical Colonies 1660–1830. Oxford: Oxford University Press, 2010.

— . The Medical War: British Military Medicine in the First World War.

Oxford: Oxford University Press, 2010.

Hawass, Zahi. Discovering Tutankhamun: From Howard Carter to DNA. Cairo: American University in Cairo Press, 2013.

Hawass, Zahi, and Sahar N. Saleem. Scanning the Pharaohs: CT Imaging of the New Kingdom Royal Mummies. Cairo: American University in Cairo Press, 2018.

Hawass, Zahi, et al. "Ancestry and Pathology in King Tutankhamun's Family." Journal of the American Medical Association 303:7 (2010): 638–647.

Hawkins, Mike. Social Darwinism in European and American Thought, 1860–1945: Nature as Model and Nature as Threat. New York: Cambridge University Press, 1997.

Hayes, J. N. The Burdens of Disease: Epidemics and Human Response in Western History. New Brunswick, NJ: Rutgers University Press, 1998.

Hickey, Donald R. The War of 1812: A Forgotten Conflict. Champaign, IL: University of Illinois Press, 2012.

Hindley, Geoffrey. The Crusades: Islam and Christianity in the Struggle for World Supremacy. London: Constable & Robinson, 2003.

Holck, Alan R. "Current Status of the Use of Predators, Pathogens and Parasites for Control of Mosquitoes." Florida Entomologist 71:4 (1988): 537–546.

Holt, Frank L. Into the Land of Bones: Alexander the Great in Afghanistan. Berkeley: University of California Press, 2012.

Hong, Sok Chul. "Malaria and Economic Productivity: A Longitudinal Analysis of the American Case." Journal of Economic History 71:3 (2011): 654–671.

Honigsbaum, Mark. The Fever Trail: In Search of the Cure for Malaria. London: Pan MacMillan, 2002.

Horwitz, Tony. A Voyage Long and Strange: On the Trail of Vikings, Conquistadors, Lost Colonists, and Other Adventurers in Early America. New York: Picador, 2008.

Hosler, John D. The Siege of Acre, 1189–1191: Saladin, Richard the Lionheart, and the Battle That Decided the Third Crusade. New Haven,

CT: Yale University Press, 2018.

Hoyos, Dexter. Hannibal: Rome's Greatest Enemy. Exeter: Bristol Phoenix Press, 2008.

Hughes, J. Donald. Environmental Problems of the Greeks and Romans: Ecology in the Ancient Mediterranean. 2nd ed. Baltimore: Johns Hopkins University Press, 2014.

Hume, Jennifer C. C., Emily J. Lyons, and Karen P. Day. "Malaria in Antiquity: A Genetics Perspective." World Archaeology 35:2 (October 2003): 180–192.

Humphreys, Margaret. Intensely Human: The Health of the Black Soldier in the American Civil War. Baltimore: Johns Hopkins University Press, 2008.

— . Malaria: Poverty, Race, and Public Health in the United States. Baltimore: Johns Hopkins University Press, 2001.

— . Marrow of Tragedy: The Health Crisis of the American Civil War. Baltimore: Johns Hopkins University Press, 2013.

— . Yellow Fever and the South. New Brunswick, NJ: Rutgers University Press, 1992.

Hunt, Patrick N. Hannibal. New York: Simon & Schuster, 2017.

Iowa State University Bioethics Program. "Engineering Extinction: CRISPR, Gene Drives and Genetically-Modified Mosquitoes." Bioethics in Brief, September 2016. https://bioethics.las.iastate.edu/2016/09/20/engineering-extinction-crispr-gene-drives-and-genetically-modified-mosquitoes/.

Jackson, Peter. The Mongols and the West, 1221–1410. New York: Routledge, 2005.

Jones, Richard. Mosquito. London: Reaktion Books, 2012.

Jones, W. H. S. Malaria: A Neglected Factor in the History of Greece and Rome. Cambridge: Macmillan & Bowes, 1907.

Jordan, Don, and Michael Walsh. White Cargo: The Forgotten History of Britain's White Slaves in America. New York: New York University Press, 2008.

Jukes, Thomas H. "DDT: The Chemical of Social Change." Toxicology 2:4 (December 1969): 359–370.

Karlen, Arno. Man and Microbes: Disease and Plagues in History and Modern Times. New York: Simon & Schuster, 1996.

Keegan, John. The American Civil War. New York: Vintage, 2009.

— . The Mask of Command: Alexander the Great, Wellington, Ulysses S. Grant, Hitler, and the Nature of Leadership. New York: Penguin Books, 1988.

Keeley, Lawrence H. War Before Civilization: The Myth of the Peaceful Savage. Oxford: Oxford University Press, 1996.

Keith, Jeanette. Fever Season: The Story of a Terrifying Epidemic and the People Who Saved a City. New York: Bloomsbury Press, 2012.

"Kill Seven Diseases, Save 1.2m Lives a Year." Economist, October 10–16, 2015.

Kinkela, David. DDT and the American Century: Global Health, Environmental Politics, and the Pesticide That Changed the World. Chapel Hill: University of North Carolina Press, 2011.

Kiple, Kenneth F., and Stephen V. Beck, eds. Biological Consequences of the European Expansion, 1450–1800. Aldershot, UK: Ashgate, 1997.

Kotar, S. L., and J. E. Gessler. Yellow Fever: A Worldwide History. Jefferson, NC: McFarland, 2017.

Kozubek, James. Modern Prometheus: Editing the Human Genome with CRISPR-CAS9. Cambridge: Cambridge University Press, 2016.

Lancel, Serge. Hannibal. Oxford, UK: Blackwell Publishers, 1999.

Larson, Greger, et al. "Current Perspectives and the Future of Domestication Studies." Proceedings of the National Academy of Sciences of the United States of America 111:17 (April 2014): 6139–6146.

Ledford, Heidi. "CRISPR, the Disruptor." Nature 522 (June 2015): 20–24.

Leone, Bruno. Disease in History. San Diego: ReferencePoint Press, 2016.

Levine, Myron M., and Patricia M. Graves, eds. Battling Malaria: Strengthening the U.S. Military Malaria Vaccine Program. Washington, DC: National Academies Press, 2006.

Levy, Elinor, and Mark Fischetti. The New Killer Diseases: How the Alarming Evolution of Germs Threatens Us All. New York: Crown, 2003.

Litsios, Socrates. The Tomorrow of Malaria. Wellington, NZ: Pacific Press, 1996.

Liu, Weimin, et al. "African Origin of the Malaria Parasite Plasmodium vivax." Nature Communications 5 (2014).

Lockwood, Jeffrey A. Six-Legged Soldiers: Using Insects as Weapons of War. Oxford: Oxford University Press, 2010.

Lovett, Richard A. "Did the Rise of Germs Wipe Out the Dinosaurs?" National Geographic News (January 2008). https://news.nationalgeographic.com/news/2008/01/080115-dino-diseases.html.

MacAlister, V. A. The Mosquito War. New York: Forge, 2001.

Mack, Arien, ed. In Time of Plague: The History and Social Consequences of Lethal Epidemic Disease. New York: New York University Press, 1991.

MacNeal, David. Bugged: The Insects Who Rule the World and the People Obsessed with Them. New York: St. Martin's Press, 2017.

Macpherson, W. G. History of the Great War Based on Official Documents: Medical Services. Diseases of the War, vol. 2. London: HMSO, 1923.

Macpherson, W. G., et al, eds. The British Official Medical History of the Great War. 2 vols. London: HMSO, 1922.

Madden, Thomas F. The Concise History of the Crusades. Lanham, MD: Rowman & Littlefield, 2013.

Major, Ralph H. Fatal Partners, War and Disease. New York: Scholar's Bookshelf, 1941.

Mancall, Peter C., ed. Envisioning America: English Plans for the Colonization of North America, 1580–1640; A Brief History with Documents. New York: Bedford-St. Martin's Press, 2017.

Manguin, Sylvie, Pierre Carnevale, and Jean Mouchet. Biodiversity of Malaria in the World. London: John Libbey Eurotext, 2008.

Mann, Charles C. 1491: New Revelations of the Americas Before Columbus. New York: Vintage, 2006.

— . 1493: Uncovering the New World Columbus Created. New York: Alfred A. Knopf, 2011.

Markel, Howard. When Germs Travel: Six Major Epidemics That Have

Invaded America and the Fears They Unleashed. New York: Pantheon, 2004.

Marks, Robert B. Tigers, Rice, Silk, and Silt: Environment and Economy in Late Imperial South China. Cambridge: Cambridge University Press, 1998.

Martin, Sean. A Short History of Disease: Plagues, Poxes and Civilisations. Harpenden, UK: Oldcastle Books, 2015.

Martin, Thomas, and Christopher W. Blackwell. Alexander the Great: The Story of an Ancient Life. Cambridge: Cambridge University Press, 2012.

Masterson, Karen M. The Malaria Project: The U.S. Government's Secret Mission to Find a Miracle Cure. New York: New American Library, 2014.

Max, D. T. "Beyond Human: How Humans Are Shaping Our Own Evolution." National Geographic (April 2017): 40–63.

Mayor, Adrienne. Greek Fire, Poison Arrows, and Scorpion Bombs: Biological and Chemical Warfare in the Ancient World. New York: Overlook Duckworth, 2009.

McCandless, Peter. "Revolutionary Fever: Disease and War in the Lower South, 1776–1783." Transactions of the American Clinical and Climatological Association 118 (2007): 225–249.

— . Slavery, Disease, and Suffering in the Southern Lowcountry. Cambridge: Cambridge University Press, 2011.

McGuire, Robert A., and Philip R. P. Coelho. Parasites, Pathogens, and Progress: Diseases and Economic Development. Cambridge, MA: MIT Press, 2011.

McLynn, Frank. Genghis Khan: His Conquests, His Empire, His Legacy. Cambridge, MA: Da Capo Press, 2016.

McNeill, J. R. Mosquito Empires: Ecology and War in the Greater Caribbean, 1620–1914. Cambridge: Cambridge University Press, 2010.

McNeill, William H. Plagues and Peoples. New York: Anchor, 1998.

McPherson, James M. Battle Cry of Freedom: The Civil War Era. Oxford: Oxford University Press, 1988.

McWilliams, James E. American Pests: The Losing War on Insects from

Colonial Times to DDT. New York: Columbia University Press, 2008.

Meier, Kathryn Shively. Nature's Civil War: Common Soldiers and the Environment in 1862 Virginia. Chapel Hill: University of North Carolina Press, 2013.

Meiners, Roger, Pierre Desrochers, and Andrew Morriss, eds. Silent Spring at 50: The False Crises of Rachel Carson. Washington, DC: Cato Institute, 2012.

Middleton, Richard. Pontiac's War: Its Causes, Course and Consequences. New York: Routledge, 2007.

Mitchell, Piers D. Medicine in the Crusades: Warfare, Wounds and the Medieval Surgeon. Cambridge: Cambridge University Press, 2004.

Moberly, F. J. The Campaign in Mesopotamia, 1914–1918. Vol. 4. London: HMSO, 1927.

Moeller, Susan D. Compassion Fatigue: How the Media Sell Disease, Famine, War and Death. New York: Routledge, 1999.

Monaco, C. S. The Second Seminole War and the Limits of American Aggression. Baltimore: Johns Hopkins University Press, 2018.

Murphy, Jim. An American Plague: The True and Terrifying Story of the Yellow Fever Epidemic of 1793. New York: Clarion Books, 2003.

Nabhan, Gary Paul. Why Some Like It Hot: Food, Genes, and Cultural Diversity. Washington, DC: Island Press, 2004.

Nicholson, Helen J., ed. The Chronicle of the Third Crusade: The Itinerarium Peregrinorum et Gesta Regis Ricardi. London: Routledge, 2017.

Nikiforuk, Andrew. The Fourth Horseman: A Short History of Epidemics, Plagues, Famine and Other Scourges. New York: M. Evans, 1993.

Norrie, Philip. A History of Disease in Ancient Times: More Lethal Than War. New York: Palgrave Macmillan, 2016.

O'Brien, John Maxwell. Alexander the Great: The Invisible Enemy; A Biography. New York: Routledge, 1992.

O'Connell, Robert L. The Ghosts of Cannae: Hannibal and the Darkest Hour of the Roman Republic. New York: Random House, 2011.

Officer, Charles, and Jake Page. The Great Dinosaur Extinction Controversy.

Boston: Addison-Wesley, 1996.

Overy, Richard. Why the Allies Won. London: Pimlico, 1996.

Packard, Randall M. The Making of a Tropical Disease: A Short History of Malaria. Baltimore: Johns Hopkins University Press, 2007.

— . " 'Roll Back Malaria, Roll in Development'?: Reassessing the Economic Burden of Malaria." Population and Development Review 35:1 (2009): 53–87.

Paice, Edward. Tip and Run: The Untold Tragedy of the Great War in Africa. London: Weidenfeld & Nicolson, 2007.

Patterson, David K. "Typhus and Its Control in Russia, 1870–1940." Medical History 37 (1993): 361–381.

— . "Yellow Fever Epidemics and Mortality in the United States, 1693–1905." Social Science & Medicine 34:8 (1992): 855–865.

Patterson, Gordon. The Mosquito Crusades: A History of the American Anti-Mosquito Movement from the Reed Commission to the First Earth Day. New Brunswick, NJ: Rutgers University Press, 2009.

Pendergrast, Mark. Uncommon Grounds: The History of Coffee and How It Transformed Our World. New York: Basic Books, 1999.

Perry, Alex. Lifeblood: How to Change the World One Dead Mosquito at a Time. New York: PublicAffairs, 2011.

Petriello, David R. Bacteria and Bayonets: The Impact of Disease in American Military History. Oxford, UK: Casemate, 2016.

Poinar, George, Jr., and Roberta Poinar. What Bugged the Dinosaurs: Insects, Disease, and Death in the Cretaceous. Princeton: Princeton University Press, 2008.

Powell, J. H. Bring Out Your Dead: The Great Plague of Yellow Fever in Philadelphia in 1793. Philadelphia: University of Pennsylvania Press, 1993.

Quammen, David. Spillover: Animal Infections and the Next Human Pandemic. New York: W. W. Norton, 2012.

Rabushka, Alvin. Taxation in Colonial America. Princeton: Princeton University Press, 2008.

Reff, Daniel T. Plagues, Priests, and Demons: Sacred Narratives and the Rise of Christianity in the Old World and the New. Cambridge: Cambridge University Press, 2005.

Regalado, Antonio. "The Extinction Invention." MIT Technology Review (April 13, 2016). https://www.technologyreview.com/s/601213/the-extinction-invention/.

— . "Bill Gates Doubles His Bet on Wiping Out Mosquitoes with Gene Editing." MIT Technology Review (September 6, 2016). https://www.technologyreview.com/s/602304/bill-gates-doubles-his-bet-on-wiping-out-mosquitoes-with-gene-editing/.

— . "US Military Wants to Know What Synthetic-Biology Weapons Could Look Like." MIT Technology Review (June 19, 2018). https://www.technologyreview.com/s/611508/us-military-wants-to-know-what-synthetic-biology-weapons-could-look-like/.

Reich, David. Who We Are and How We Got Here: Ancient DNA and the New Science of the Human Past. New York: Pantheon, 2018.

Reilly, Benjamin. Slavery, Agriculture, and Malaria in the Arabian Peninsula. Athens: Ohio University Press, 2015.

Riley-Smith, Jonathan. The Crusades: A History. London: Bloomsbury Press, 2014.

Roberts, Jonathan. "Korle and the Mosquito: Histories and Memories of the Anti-Malaria Campaign in Accra, 1942–5." Journal of African History 51:3 (2010): 343–365.

Rocco, Fiammetta. The Miraculous Fever-Tree: Malaria, Medicine and the Cure That Changed the World. New York: HarperCollins, 2003.

Rockoff, Hugh. America's Economic Way of War: War and the US Economy from the Spanish-American War to the Persian Gulf War. Cambridge: Cambridge University Press, 2012.

Rogers, Guy MacLean. Alexander: The Ambiguity of Greatness. New York: Random House, 2005.

Romm, James. Ghost on the Throne: The Death of Alexander the Great and the Bloody Fight for His Empire. New York: Vintage, 2012.

Rosen, Meghan. “With Dinosaurs Out of the Way, Mammals Had a Chance to Thrive.” Science News 191:2 (2017): 22–33.

Rosenwein, Barbara. A Short History of the Middle Ages. Toronto: University of Toronto Press, 2014.

Roy, Rohan Deb. Malarial Subjects: Empire, Medicine and Nonhumans in British India, 1820–1909. Cambridge: Cambridge University Press, 2017.

Russell, Paul F. Man’s Mastery of Malaria. London: Oxford University Press, 1955.

Saey, Tina Hesman. “Gene Drives Unleashed.” Science News (December 2015): 16–22.

Sallares, Robert. Malaria and Rome: A History of Malaria in Ancient Italy. Oxford: Oxford University Press, 2002.

Satho, Tomomitsu, et al. “Coffee and Its Waste Repel Gravid Aedes albopictus Females and Inhibit the Development of Their Embryos.” Parasites & Vectors 8:272 (2015).

Schantz, Mark S. Awaiting the Heavenly Country: The Civil War and America’s Culture of Death. Ithaca, NY: Cornell University Press, 2008.

Scott, Susan, and Christopher J. Duncan. Biology of Plagues: Evidence from Historical Populations. Cambridge: Cambridge University Press, 2001.

Servick, Kelly. “Winged Warriors.” Science (October 2016): 164–167.

Shah, Sonia. The Fever: How Malaria Has Ruled Humankind for 500,000 Years. New York: Farrar, Straus and Giroux, 2010.

— . Pandemic: Tracking Contagions, from Cholera to Ebola and Beyond. New York: Farrar, Straus and Giroux, 2016.

Shannon, Timothy, ed. The Seven Years’ War in North America: A Brief History with Documents. New York: Bedford-St. Martin’s Press, 2014.

Shaw, Scott Richard. Planet of the Bugs: Evolution and the Rise of Insects. Chicago: University of Chicago Press, 2015.

Sherman, Irwin W. The Power of Plagues. Washington, DC: ASM Press, 2006.

— . Twelve Diseases That Changed Our World. Washington, DC: ASM Press, 2007.

Shore, Bill. The Imaginations of Unreasonable Men: Inspiration, Vision, and

Purpose in the Quest to End Malaria. New York: PublicAffairs, 2010.

Singer, Merrill, and G. Derrick Hodge, eds. The War Machine and Global Health. New York: AltaMira Press, 2010.

Slater, Leo B. War and Disease: Biomedical Research on Malaria in the Twentieth Century. New Brunswick, NJ: Rutgers University Press, 2014.

Smallman-Raynor, M. R., and A. D. Cliff. War Epidemics: An Historical Geography of Infectious Diseases in Military Conflict and Civil Strife, 1850–2000. Oxford: Oxford University Press, 2004.

Smith, Billy G. Ship of Death: A Voyage That Changed the Atlantic World. New Haven, CT: Yale University Press, 2013.

Smith, Joseph. The Spanish-American War: Conflict in the Caribbean and the Pacific, 1895–1902. New York: Taylor & Francis, 1994.

Snow, Robert W., Punam Amratia, Caroline W. Kabaria, Abdisaian M. Noor, and Kevin Marsh. “The Changing Limits and Incidence of Malaria in Africa: 1939–2009.” Advances in Parasitology 78 (2012): 169–262.

Snowden, Frank M. The Conquest of Malaria: Italy, 1900–1962. New Haven, CT: Yale University Press, 2006.

Soren, David. “Can Archaeologists Excavate Evidence of Malaria?” World Archaeology 35:2 (2003): 193–205.

Specter, Michael. “The DNA Revolution: With New Gene-Editing Techniques, We Can Transform Life—But Should We?” National Geographic (August 2016): 36–55.

Spencer, Diana. Roman Landscape: Culture and Identity. Cambridge: Cambridge University Press, 2010.

Spielman, Andrew, and Michael D’Antonio. Mosquito: A Natural History of Our Most Persistent and Deadly Foe. New York: Hyperion, 2001.

Srikanth, B. Akshaya, Nesrin Mohamed Abd alsabor Ali, and S. Chandra Babu. “Chloroquine-Resistance Malaria.” Journal of Advanced Scientific Research 3:3 (2012): 11–14.

Standage, Tom. A History of the World in 6 Glasses. New York: Walker, 2005.

Steiner, Paul E. Disease in the Civil War: Natural Biological Warfare in 1861–1865. Springfield, IL: Charles C. Thomas, 1968.

Stepan, Nancy Leys. Eradication: Ridding the World of Diseases Forever? Ithaca, NY: Cornell University Press, 2011.

Strachan, Hew. The First World War in Africa. Oxford: Oxford University Press, 2004.

Stratton, Kimberly B., and Dayna S. Kalleres, eds. Daughters of Hecate: Women and Magic in the Ancient World. Oxford: Oxford University Press, 2014.

Stromberg, Joseph. "Why Do Mosquitoes Bite Some People More Than Others?" Smithsonian magazine (July 2013). https://www.smithsonianmag.com/science-nature/why-do-mosquitoes-bite-some-people-more-than-others-10255934/.

Sugden, John. Nelson: A Dream of Glory, 1758–1797. New York: Henry Holt, 2004.

Sutter, Paul S. "Nature's Agents or Agents of Empire?: Entomological Workers and Environmental Change During the Construction of the Panama Canal." Isis 98:4 (2007): 724–754.

Sverdrup, Carl Fredrik. The Mongol Conquests: The Military Operations of Genghis Khan and Sübe'etei. Warwick, UK: Helion, 2017.

Tabachnick, Walter J., et al. "Countering a Bioterrorist Introduction of Pathogen-Infected Mosquitoes Through Mosquito Control." Journal of the American Mosquito Control Association 27:2 (2011): 165–167.

Taylor, Alan. The Civil War of 1812: American Citizens, British Subjects, Irish Rebels, and Indian Allies. New York: Alfred A. Knopf, 2010.

Than, Ker. "King Tut Mysteries Solved: Was Disabled, Malarial, and Inbred." National Geographic (February 2010). https://news.nationalgeographic.com/news/2010/02/100217-health-king-tut-bone-malaria-dna-tutankhamun/.

Thurow, Roger, and Scott Kilman. Enough: Why the World's Poorest Starve in an Age of Plenty. New York: PublicAffairs, 2009.

Townsend, John. Pox, Pus & Plague: A History of Disease and Infection. Chicago: Raintree, 2006.

Tyagi, B. K. The Invincible Deadly Mosquitoes: India's Health and Economy Enemy #1. New Delhi: Scientific Publishers India, 2004.

Uekotter, Frank, ed. Comparing Apples, Oranges, and Cotton: Environmental Histories of Global Plantations. Frankfurt: Campus Verlag, 2014.

US Army 45th Division. The Fighting Forty-Fifth: The Combat Report of an Infantry Division. Edited by Leo V. Bishop, Frank J. Glasgow, and George A. Fisher. Baton Rouge: Army & Navy Publishing Company, 1946.

US Army Infantry Regiment 157th. History of the 157th Infantry Regiment: 4 June '43 to 8 May '45. Baton Rouge: Army & Navy Publishing Company, 1946.

Van Creveld, Martin. The Transformation of War. New York: Free Press, 1991.

Van den Berg, Henk. "Global Status of DDT and Its Alternatives for Use in Vector Control to Prevent Disease." United Nations Environment Programme: Stockholm Convention on Persistent Organic Pollutants UNEP/POPS/DDTBP.1/2 (October 2008): 1–31.

Vandervort, Bruce. Indian Wars of Mexico, Canada, and the United States, 1812–1900. New York: Routledge, 2006.

Vosoughi, Reza, Andrew Walkty, Michael A. Drebot, and Kamran Kadkhoda. "Jamestown Canyon Virus Meningoencephalitis Mimicking Migraine with Aura in a Resident of Manitoba." Canadian Medical Association Journal 190:9 (March 2018): 40–42.

Watson, Ken W. "Malaria: A Rideau Mythconception." Rideau Reflections (Winter/Spring 2007): 1–4.

Watts, Sheldon. Epidemics and History: Disease, Power and Imperialism. New Haven, CT: Yale University Press, 1997.

Weatherford, Jack. Genghis Khan and the Making of the Modern World. New York: Broadway Books, 2005.

Webb, James L. A., Jr. Humanity's Burden: A Global History of Malaria. Cambridge: Cambridge University Press, 2009.

Weil, David N. "The Impact of Malaria on African Development over the Longue Durée." In Africa's Development in Historical Perspective, edited by Emmanuel Akyeampong, Robert H. Bates, Nathan Nunn, and James Robinson, 89–111. Cambridge: Cambridge University Press, 2014.

Weisz, George. Chronic Disease in the Twentieth Century: A History.

Baltimore: Johns Hopkins University Press, 2014.

Weiyuan, Cui. "Ancient Chinese Anti-Fever Cure Becomes Panacea for Malaria." Bulletin of the World Health Organization 87 (2009): 743–744.

Welsh, Craig. "Why the Arctic's Mosquito Problem Is Getting Bigger, Badder." National Geographic, September 15, 2015. https://news.nationalgeographic.com/2015/09/150915-Arctic-mosquito-warming-caribou-Greenland-climate-CO2/.

Wernsdorfer, Walther H., and Ian McGregor, eds. Malaria: Principles and Practice of Malariology. London: Churchill Livingstone, 1989.

Wheeler, Charles M. "Control of Typhus in Italy 1943–1944 by Use of DDT." American Journal of Public Health 36:2 (February 1946): 119–129.

White, Richard. The Middle Ground: Indians, Empires, and Republics in the Great Lakes Region, 1650–1815. Cambridge: Cambridge University Press, 1991.

Whitlock, Flint. The Rock of Anzio: From Sicily to Dachau; A History of the U.S. 45th Infantry Division. New York: Perseus, 1998.

Wild, Antony. Coffee: A Dark History. New York: W. W. Norton, 2005.

Willey, P., and Douglas D. Scott, eds. Health of the Seventh Cavalry: A Medical History. Norman: University of Oklahoma Press, 2015.

Williams, Greer. The Plague Killers. New York: Scribner, 1969.

Winegard, Timothy C. Indigenous Peoples of the British Dominions and the First World War. Cambridge: Cambridge University Press, 2011.

— . The First World Oil War. Toronto: University of Toronto Press, 2016.

Winther, Paul C. Anglo-European Science and the Rhetoric of Empire: Malaria, Opium, and British Rule in India, 1756–1895. New York: Lexington Books, 2003.

World Health Organization. Annual Reports; Data and Fact Sheets; Mosquito Borne Diseases. http://www.who.int/news-room/fact-sheets.

World Health Organization. Guidelines for the Treatment of Malaria. 3rd ed. Rome: WHO, 2015.

Zimmer, Carl. A Planet of Viruses. 2nd ed. Chicago: University of Chicago Press, 2015.

Zimmerman, Barry E., and David J. Zimmerman. Killer Germs: Microbes and Diseases That Threaten Humanity. New York: McGraw-Hill, 2003.

Zinsser, Hans. Rats, Lice and History. New York: Bantam Books, 1967.

Zysk, Kenneth G. Religious Medicine: The History and Evolution of Indian Medicine. London: Routledge, 1993.

NOTE

이 책은 다양한 학문분야의 서적, 저널, 출판물이 다져둔 드넓은 기반 위에 지어졌다. 주요 뼈대를 만들고 살을 붙인 저자들은 대부분 '감사의 말'에서 언급하였으며 본문에서도 그 중요성과 의의를 강조하기 위해 직접 인용하였다. 이 책의 주제도 주제이거니와 때때로 모기의 역사적 영향력을 사상자 수로 가늠하게 되는데, 그 통계가 까다로울 뿐만 아니라 다수가 추정치임을 인정하지 않을 수 없다. 그러나 이 문제는 역사적 통계 분석 고유의 본질이므로 완전히 피할 수는 없다. 이 책에 사용된 통계치는 가장 최신 인구조사 혹은 전문 연구에 따른 수치 혹은 추정치이며, 여러 값의 중간치를 제시한 경우도 있다.

참고한 자료 모두를 여기서 언급하지는 않았으나 대부분은 '참고문헌'에 수록했다. 다수의 자료는 직접 인용되기보다는 나의 사고를 키워주는 역할이었다. 보다 상세한 설명을 원하는 독자에게 읽을거리를 소개하고, 나아가 이 책의 각 장에 살을 덧붙여준 저자들에게 감사를 표하는 한편, 그들의 철저하고 훌륭한 연구서와 출판물을 강조하고자 아래의 글을 쓴다.

| CHAPTER 01 |

공룡 시대를 위협했던 모기와 여타 곤충들의 역할은 다음의 저서에서 잘 밝히고 있다. George and Roberta Poinar, What Bugged the Dinosaurs: Insects, Disease, and Death in the Cretaceous. 다음의 저서들에서도 이 이론과 관련된 설명을 볼 수 있다. Charles Officer and Jake Page, The Great Dinosaur Extinction Controversy; Scott Richard Shaw, Planet of the Bugs: Evolution and the Rise of Insects; Robert T. Bakker, The Dinosaur Heresies: New Theories Unlocking the Mystery of the Dinosaurs and Their Extinction. 모기의 생활사 및 내부기관과 거기에 올라탄 미생물에 관한 설명은 수많은 과학책과 생물학 저서에서 찾아볼 수 있으며, 추천할 만한 책은 다음과 같다. Andrew Spielman and Michael D'Antonio, Mosquito: A Natural History of Our Most Persistent and Deadly Foe; J. D. Gillett, The Mosquito: Its Life, Activities, and Impact on Human Affairs. 말라리아와 호미니드 선조 그리고 호모 사피엔스의 공진화에 관해서는 다음의 철저하고 훌륭한 연구서 두 권이 상당한 양의 정보를 담고 있다. James L. A. Webb Jr., Humanity's Burden: A Global History of Malaria; Randall M. Packard, The Making of a Tropical Disease: A Short History of Malaria. 이 위대한 책 두 권은 말라리아의 역사와 전 지구적 확산 또한 훌륭하게 추적해 냈으며 이 책의 여러 장에서

도 다수 인용하였다. 내가 모기 매개 질병을 간결하게 요약 설명하기 위해 참고한 자료들은 너무 많아 여기에서 모두 거론할 수 없다. 내가 글을 쓰는 동안 다음의 4권, 도합 4,350쪽짜리 백과사전이 훌륭한 참고자료이자 지침서가 되어주었다. John L. Capinera edited, Encyclopedia of Entomology. 치명적인 바이러스에 관해서는 다음의 훌륭하고 상세한 연구서 및 논문을 참조하였다. S. L. Kotar and J. E. Gessler, Yellow Fever: A Worldwide History; David K. Patterson, "Yellow Fever Epidemics and Mortality in the United States, 1693–1905"

| CHAPTER 02 |

웹과 패커드의 훌륭한 저서 이외에도 다음의 책들에서 말라리아가 인간사에 미친 영향과 인간의 유전적 방어체계 발달 과정을 연대기로 찾아볼 수 있다. Sonia Shah, The Fever: How Malaria Has Ruled Humankind for 500,000 Years; Sylvie Manguin, Biodiversity of Malaria in the World. 두 책 중에서는 후자가 훨씬 더 과학적인 관점을 견지한다. 고대의 DNA에 관해서는 다음의 책이 훌륭한 개론을 제공한다. David Reich, Who We Are and How We Got Here: Ancient DNA and the New Science of the Human Past. 말라리아에 대한 인간의 유전적 면역력에 관한 설명은 다음의 책들에서도 볼 수 있다. Barry and David Zimmerman, Killer Germs: Microbes and Diseases That Threaten Humanity; Ethne Barnes, Diseases and Human Evolution; Gary Paul Nabhan, Why Some Like It Hot: Food, Genes, and Cultural Diversity, Michael J. Behe, The Edge of Evolution: The Search for the Limits of Darwinism; Jared Diamond, Guns, Germs, and Steel: The Fates of Human Societies. 커피와 차, 모기와 아프리카 노예 및 혁명들의 연결고리는 다음의 책에 잘 드러나 있다. Antony Wild, Coffee: A Dark History; Mark Pendergrast, Uncommon Grounds: The History of Coffee and How It Transformed Our World; Tom Standage, A History of the World in 6 Glasses. 반투족의 이동과 남아프리카 점령은 다이아몬드와 샤, 패커드, 웹의 저서에서 다루고 있다. 라이언 클락은 병마로 고생하던 때부터 그 이후까지 언론의 상당한 관심을 받았다. 그의 인터뷰와 관련 기사 및 이야기들은 다양한 곳에서 찾아볼 수 있다.

| CHAPTER 03 & 04 |

이 장의 대부분은 히포크라테스, 갈레노스, 플라톤, 투키디데스를 비롯한 고대의 저자와 의사들이 쓴 1차 자료를 참고하여 저술했다. 그 외에 고대 그리스와 로마에 관한 귀중한 자료들에는 다음의 책들이 있다. J. N. Hays, The Burdens of Disease: Epidemics and Human Response in Western History; R. S. Bray, Armies of Pestilence: The Impact of Disease on History; Hans Zinsser, Rats, Lice and History; J. L. Cloudsley-Thompson, Insects and History; W. H. S. Jones, Malaria: A Neglected Factor in the History of Greece and Rome; Donald J. Hughes, Environmental Problems of the Greeks and Romans: Ecology in the Ancient Mediterranean; Eric

H. Cline, 1177 B.C.: The Year Civilization Collapsed; Philip Norrie, A History of Disease in Ancient Times: More Lethal Than War; William H. McNeill, Plagues and Peoples; Adrian Goldsworthy, The Punic Wars and Pax Romana: War, Peace and Conquest in the Roman World; Brian Campbell and Lawrence A. Tritle, edited, The Oxford Handbook of Warfare in the Classical World; Adrienne Mayor, Greek Fire, Poison Arrows, and Scorpion Bombs: Biological and Chemical Warfare in the Ancient World; Robert L. O'Connell, The Ghosts of Cannae: Hannibal and the Darkest Hour of the Roman Republic; Patrick N. Hunt, Hannibal Serge; Lancel, Hannibal; Richard A. Gabriel, Hannibal: The Military Biography of Rome's Greatest Enemy; A. D. Cliff and M. R. Smallman-Raynor, War Epidemics: An Historical Geography of Infectious Diseases in Military Conflict and Civil Strife, 1850–2000 and Emergence; A. D. Cliff and M. R. Smallman-Raynor, Re-Emergence of Infectious Diseases: A Geographical Analysis. 마지막 두 논문은 포괄적이고 상당한 분량을 자랑한다. 이집트와 투탕카멘의 생과 사는 자히 하와스를 비롯한 상기 저서들에 잘 드러나 있다. 알렉산드로스 대제의 말라리아로 점철된 제국주의 후퇴와 생과 사에 관해서는 참고문헌을 참조하길 바란다. 로마를 둘러싼 폰티노 습지는 역사를 통틀어 계속해서 말라리아의 온상으로 손꼽혔으며 초기 서구 문명을 형성하는 데 아프리카 이외의 다른 그 어떤 지역보다도 많은 영향을 끼쳤을 것이다. 로마 제국 시대부터 제2차 세계 대전까지의 기간 동안 로마의 말라리아를 다룬 1·2차 사

료들은 상기한 휴스, 브레이, 존스의 저서 이외에도 다음이 있다. Kyle Harper's The Fate of Rome: Climate, Disease, and the End of an Empire; Robert Sallares, Malaria and Rome: A History of Malaria in Ancient Italy; Frank M. Snowden, The Conquest of Malaria: Italy, 1900–1962. 데이비드 소렌과 제니퍼 C. 흄의 기고논문은 고대 말라리아의 지배 범위에 대한 고고학적 증거들을 제시한다. 웹과 샤의 연구 또한 유물을 통해 모기의 파편들을 밝혀냈다.

| CHAPTER 05 |

풍토성 말라리아를 비롯한 질병들과 기독교의 부흥 및 확산 간의 상관관계는 다음의 책에서 자세히 설명한다. Hays, The Burdens of Disease David Clark, Germs, Genes, and Civilization: How Epidemics Shaped Who We Are Today; Gary B. Ferngren, Medicine and Health Care in Early Christianity and Medicine & Religion; Daniel T. Reef, Plagues, Priests, and Demons: Sacred Narratives and the Rise of Christianity in the Old World and the New; Kenneth G. Zysk, Religious Medicine: The History and Evolution of Indian Medicine; Daughters of Hecate: Women and Magic in the Ancient World, edited by Kimberly B. Stratton and Danya S. Kalleres; Cloudsley-Thompson, Zinsser, Irwin W. Sherman, Alfred W. Crosby. Webb. 패커드는 암흑시대와 십자군 전쟁 시대 동안 유럽에서의 말라리아 확산을 개괄한다. 알프레드 크로스비의 『생태학 제국주의Ecological Imperialism: The Biological Expansion of Europe, 900–1900』는 십자군 전쟁 시기 동안 모기 매

개 질병의 역할을 매우 명확하게 밝히고 있으며, 나 또한 여기서 상당한 분량을(책 전체에 비하면 얼마 되지 않지만) 인용하여 본 저서에 실었다. 크로스비의 저서가 뼈대를 세웠다면 살을 붙인 것은 다음의 저서들이다. Piers D. Mitchell, Medicine in the Crusades: Warfare, Wounds and the Medieval Surgeon; Helen J. Nicholson, edited, The Chronicle of the Third Crusade: The Itinerarium Peregrinorum et Gesta Regis Ricardi; John D. Hosler, The Siege of Acre, 1189–1191: Saladin, Richard the Lionheart, and the Battle That Decided the Third Crusade; Geoffrey Hindley, The Crusades: Islam and Christianity in the Struggle for World Supremacy; Thomas F. Madden, The Concise History of the Crusades; Jonathan Riley-Smith, The Crusades: A History.

| CHAPTER 06 |

칭기즈 칸과 몽골 시대에 관한 최고의 묘사는 다음에서 찾아볼 수 있다. Peter Frankopan, The Silk Roads: A New History of the World; Frank McLynn, Genghis Khan: His Conquests, His Empire, His Legacy; Jack Weatherford, Genghis Khan and the Making of the Modern World; James Chambers, The Devil's Horsemen: The Mongol Invasion of Europe; John Keegan, The Mask of Command: Alexander the Great, Wellington, Ulysses S. Grant, Hitler, and the Nature of Leadership; Robert B. Marks, Tigers, Rice, Silk, and Silt: Environment and Economy in Late Imperial South China; Jacques

Gernet, Daily Life in China on the Eve of the Mongol Invasion, 1250–1276; Peter Jackson, The Mongols and the West, 1221–1410; Carl Fredrik Sverdrup, The Mongol Conquests: The Military Operations of Genghis Khan and Süe'etei. 브레이, 크로스비, 카피네라, 윌리엄 H. 맥네일의 저서 또한 몽골 제국에 대한 통찰을 제공한다.

| CHAPTER 07 & 08 |

콜럼버스의 교환에 관한 문헌들은 매우 많다. 이 책에서는 바르톨로메 데 라스 카사스의 글처럼 1차 자료 및 인용을 가능한 한 많이 싣고자 했다. 이전의 저서 『영국 자치령의 원주민들과 제1차 세계 대전Indigenous Peoples of the British Dominions and the First World War』을 집필하면서 연구한 영국, 캐나다, 호주, 뉴질랜드, 남아프리카에 관한 기록이 이번 장에서도 사용되었다. 이 두 장과 가장 관련 있는 2차 자료는 다음과 같다. Alfred W. Crosby, The Columbian Exchange: Biological and Cultural Consequences of 1492; Crosby, Ecological Imperialism: The Biological Expansion of Europe, 900–1900; Charles C. Mann, 1493: Uncovering the New World Columbus Created; William H. McNeill, Plagues and Peoples; Mark Harrison, Disease and the Modern World: 1500 to the Present Day; Harrison, Biological Consequences of the European Expansion, 1450–1800, edited by Kenneth F. Kiple and Stephen V. Beck; Robert S. Desowitz, Who Gave Pinta to the Santa Maria?: Torrid Diseases in the Temperate World; Tony Horwitz, A Voyage Long and Strange: On the Trail of

Vikings, Conquistadors, Lost Colonists, and Other Adventurers in Early America Noble; David Cook, Born to Die: Disease and New World Conquest, 1492–1650; Daniel J. Boorstin, The Discoverers; Dorothy H. Crawford, Deadly Companions: How Microbes Shaped Our History; Jared Diamond, Guns, Germs, and Steel(이 책에서 '우연한 정복자'라는 말을 빌려왔다); Lawrence H. Keeley, War Before Civilization: The Myth of the Peaceful Savage; Africa's Development in Historical Perspective, edited by Emmanuel Akyeampong, Robert H. Bates, Nathan Nunn, and James A. Robinson; Robert A. McGuire and Philip R. P. Coelho, Parasites, Pathogens, and Progress: Diseases and Economic Development; Peter McCandless, Slavery, Disease, and Suffering in the Southern Lowcountry; Margaret Humphreys, Yellow Fever and the South; Sheldon Watts, Epidemics and History: Disease, Power and Imperialism. 키나나무와 퀴닌의 발견 및 영향력에 관해서는 다음을 참조했다. Fiammetta Rocco, The Miraculous Fever-Tree: Malaria, Medicine and the Cure That Changed the World; Mark Honigsbaum, The Fever Trail: In Search of the Cure for Malaria; Rohan Deb Roy, Malarial Subjects: Empire, Medicine and Nonhumans in British India, 1820–1909. 말라리아와 아편 무역에 관해서는 다음을 참조했다. Paul C. Winther, Anglo-European Science and the Rhetoric of Empire: Malaria, Opium, and British Rule in India, 1756–1895.

| CHAPTER 09 & 10 |

가능한 한 1차 사료를 참고했으며, 만의 저서 『1493년』 또한 간결하고 풍부하며 서사적인 정보를 제공해 주었다. 웹, 패커드, 키플과 백, 스필먼, 페트리엘로의 저서에서 말라리아의 유럽 및 잉글랜드 내 확산과 아메리카 상륙 및 전파에 관한 풍부한 설명들을 찾아볼 수 있으며, 다음의 저서 또한 풍부한 참고자료가 되었다. Virginia DeJohn Anderson, Creatures of Empire: How Domestic Animals Transformed Early America. 스코틀랜드의 다리엔 계획은 다른 자료들과 더불어 다음의 저서에 잘 설명되어 있다. Shah, Mann, and J. R. McNeill, Mosquito Empires: Ecology and War in the Greater Caribbean, 1620-1914. 아메리카 대륙의 감염지역을 세 부분으로 나누는 개념과 메이슨 딕슨-선에 관한 이야기는 웹과 J. R. 맥네일 그리고 만의 저서에서 차용하고 수정했다.

| CHAPTER 11 |

이 시기에 관한 역작으로는 다음의 연구서들이 있다. Fred Anderson, Crucible of War: The Seven Years' War and the Fate of Empire in British North America, 1754-1766; Alvin Rabushka, Taxation in Colonial America; Erica Charters, Disease, War, and the Imperial State: The Welfare of the British Armed Services during the Seven Years' War; Robert S. Allen, His Majesty's Indian Allies: British Indian Policy in the Defence of Canada, 1774-1815; William M. Fowler, Empires at War: The Seven Years' War and the Struggle for North America, 1754–1763; Richard Middleton, Pontiac's War: Its Causes, Course and Consequences. 데이비드 R. 페트리엘로의 다음의 저서는 제목대로 콜럼버스부터 최근 미국의 군사 활동까지를 다루며 이 책의 여러 장에 걸쳐 참고자료로 활용되었다. David R. Petriello's Bacteria and Bayonets: The Impact of Disease in American Military History. J. R. 맥네일은 프랑스인들이 쿠루섬과 악마섬에서 겪은 재앙부터 미국 독립 혁명을 포함한 아메리카 전역의 혁명까지 식민지 전쟁에서 모기가 담당한 역할을 상세히 밝혔다.

| CHAPTER 12 & 13 |

미국 독립 혁명과 아메리카 대륙의 식민지배에 대한 반란들에 대한 모기의 결정적인 역할을 다룬 필수적이고 비범하며 철저한 연구서 두 권은 다음과 같다. J. R. McNeill, Mosquito Empires; Peter McCandless, Slavery, Disease, and Suffering in the Southern Lowcountry. 맥캔들리스가 저술한 다음의 논문은 책의 내용을 보충한다. McCandless, "Revolutionary Fever: Disease and War in the Lower South, 1776–1783." 어윈 W. 셔먼과 찰스 만, 소니아 샤, 데이비드 페트리엘로 또한 미국 건국을 가능케 한 모기의 역할을 다룬다. 뒤이어 아이티의 투생 루베르튀르와 스페인령 식민지의 시몬 볼리바르가 이끈 혁명들을 비롯하여 아메리카 전역의 혁명들과 황열병의 폭발적인 확산에 대해서는 J. R. 맥네일과 만, 셔먼, 클리프, 스몰먼-레이너, 와츠의 저서들과 다음의 연구서들이 정교하고 상세하게 다루고 있다. Billy G. Smith, Ship of Death: A Voyage That

Changed the Atlantic World; Jim Murphy, An American Plague: The True and Terrifying Story of the Yellow Fever Epidemic of 1793; J. H. Powell, Bring Out Your Dead: The Great Plague of Yellow Fever in Philadelphia in 1793; Rebecca Earle, "'A Grave for Europeans'?: Disease, Death, and the Spanish-American Revolutions."

| CHAPTER 14 & 15 |

1812년 전쟁에 관해서는 다음을 참조했다. Alan Taylor, The Civil War of 1812: American Citizens, British Subjects, Irish Rebels, and Indian Allies; Walter R. Borneman, 1812: The War That Forged a Nation; Donald R. Hickey, The War of 1812: A Forgotten Conflict. 다음의 저서에서는 멕시코-미국 전쟁과 새로이 획득한 서부 땅에 대한 모기의 역할이 잘 드러나 있다. J. R. McNeill, Petriello, and Amy S. Greenberg, A Wicked War: Polk, Clay, Lincoln, and the 1846 U.S. Invasion of Mexico. 모기와 말라리아, 퀴닌 공급 그리고 전쟁 대전략이 한데 얽혀 노예 해방 선언과 북부연방의 승리를 이끌어냈던 이야기는 다음의 훌륭한 저서에서 잘 설명하고 있다. Andrew McIlwaine Bell, Mosquito Soldiers: Malaria, Yellow Fever, and the Course of the American Civil War. 남북전쟁에 관한 다른 귀중한 참고자료로는 다음이 있다. Margaret Humphreys, Marrow of Tragedy: The Health Crisis of the American Civil War and Intensely Human: The Health of the Black Soldier in the American Civil War; Kathryn Shively Meier, Nature's Civil War: Common Soldiers and the Environment in 1862 Virginia; Jim Downs, Sick from Freedom: African-American Illness and Suffering during the Civil War and Reconstruction; Mark S. Schantz, Awaiting the Heavenly Country: The Civil War and America's Culture of Death; Frank R. Freemon, Gangrene and Glory: Medical Care During the American Civil War; Paul E. Steiner, Disease in the Civil War: Natural Biological Warfare in 1861–1865; John Keegan, The American Civil War. 그랜트 장군과 링컨 대통령을 보다 거대한 문제들과 변화하는 전쟁목적 그리고 노예 해방 선언이라는 큰 그림 속에서 보고자 한다면 다음의 훌륭한 평전을 추천한다. Ron Chernow, Grant. 이외의 참고자료로는 만, 맥과이어와 코엘료, 페트리엘로, 마크 해리슨, 클리프와 스몰먼-레이너의 저서가 있다.

| CHAPTER 16 |

1807년대 황열병 역병을 포함하여 남북전쟁 이후 재건시대 동안 미국 내 모기 매개 질병의 확산은 웹과 패커드의 저서 그리고 다음의 저서에서 잘 설명하고 있다. Molly Caldwell Crosby, The American Plague: The Untold Story of Yellow Fever, the Epidemic That Shaped Our History; Jeanette Keith, Fever Season: The Story of a Terrifying Epidemic and the People Who Saved a City; Khaled J. Bloom, The Mississippi Valley's Great Yellow Fever Epidemic of 1878; Stephen H. Gehlbach, American Plagues: Lessons from Our Battles with Disease. 맨슨, 라브랑, 로스, 그라시, 핀라이, 리드, 고거스를 비롯

한 이들의 발견과 퇴치 프로그램은 이들의 저서를 비롯한 수많은 곳에서 찾아볼 수 있으며, 대표적으로 다음과 같은 책이 있다. Gordon Harrison, Mosquitoes, Malaria and Man: A History of the Hostilities Since 1880; Greer Williams, The Plague Killers James R. Busvine, Disease Transmission by Insects: Its Discovery and 90 Years of Effort to Prevent It; Gordon Patterson, The Mosquito Crusades: A History of the American Anti-Mosquito Movement from the Reed Commission to the First Earth Day; James E. McWilliams, American Pests: The Losing War on Insects from Colonial Times to DDT; Nancy Leys Stepan, Eradication: Ridding the World of Diseases Forever? 미국-스페인 전쟁 동안의 쿠바와 필리핀 그리고 파나마 운하 건설에 모기 매개 질병이 미친 영향은 잘 알려져 있으며 다음 저서에서도 찾아볼 수 있다. Ken de Bevoise, Agents of Apocalypse: Epidemic Disease in the Colonial Philippines; Warwick Anderson, Colonial Pathologies: American Tropical Medicine, Race, and Hygiene in the Philippines; Joseph Smith, The Spanish-American War: Conflict in the Caribbean and the Pacific, 1895–1902; Vincent J. Cirillo, Bullets and Bacilli: The Spanish-American War and Military Medicine; Paul S. Sutter, "Nature's Agents or Agents of Empire?: Entomological Workers and Environmental Change during the Construction of the Panama Canal." 이 외에 J. R. 맥네일, 페트리엘로, 와츠, 샤, 클리프와 스몰먼-레이너, 로코, 호닉바움의 저서도 참고자료가 된다.

| CHAPTER 17 |

제 1·2차 세계 대전에 관해서는 다음을 참조하면 좋다. Karen M. Masterson, The Malaria Project: The U.S. Government's Secret Mission to Find a Miracle Cure; Leo B. Slater, War and Disease: Biomedical Research on Malaria in the Twentieth Century; Paul F. Russell, Man's Mastery of Malaria Snowden, The Conquest of Malaria; Emory C. Cushing, History of Entomology in World War II; David Kinkela, DDT and the American Century: Global Health, Environmental Politics, and the Pesticide That Changed the World; Mark Harrison, Medicine and Victory: British Military Medicine in the Second World War and The Medical War: British Military Medicine in the First World War; Donald Avery, Pathogens for War: Biological Weapons, Canadian Life Scientists, and North American Biodefence Terrorism, War, or Disease?: Unraveling the Use of Biological Weapons, edited by Anne L. Clunan, Peter R. Lavoy, and Susan Martin; Ute Deichmann, Biologists Under Hitler; Bernard J. Brabin, "Malaria's Contribution to World War One—the Unexpected Adversary." 고든 해리슨, 스테판, 웹, 맥윌리엄스, 페트리엘로, 클리프, 스몰먼-레이너의 글들도 이 챕터의 뼈대를 이루는 데 일조했다. 앞서 내가 『최초의 세계 석유전쟁』을 집필할 때 모아둔 기록물 및 2차 연구 또한 중동과 살로니카, 아프리카, 러시아 캅카스를 비롯한 제1차 세계 대전의 변방 무대와 러시아 내전에 연합군이 개입할 당시의 모기 매개 질병 발병률을 살펴보는 데 도움이 되었다.

| CHAPTER 18 & 19 |

전후 수십 년간 이어진 퇴치 운동과 DDT의 급부상, 레이철 카슨의 침묵의 봄과 근대 환경주의운동 그리고 모기 매개 질병의 최근 유행 사례는 다양한 학문분야와 언론에서 다루고 있다. 이번 장은 주로 스레이터, 마스터슨, 스테판, 맥윌리엄스, 스필먼과 단토니오, 패커드, 클리프와 스몰먼-레이너, 웹, 패터슨, 킨켈라, 러셀 그리고 샤의 글을 참고했으며 다음의 저서들도 참조했다. Alex Perry, Lifeblood: How to Change the World One Dead Mosquito at a Time; Saving Lives, Buying Time: Economics of Malaria Drugs in an Age of Resistance, edited by Kenneth J. Arrow, Claire B. Panosian, and Hellen Gelband; Susan D. Moeller, Compassion Fatigue: How the Media Sell Disease, Famine, War and Death; Mark Harrison, Contagion: How Commerce Has Spread Disease. WHO, CDC, 게이츠 재단의 보고서와 발행물 또한 다수 참조하였다. 1999년 뉴욕에서의 웨스트나일 바이러스 발병 사례에 관해서는 CDC의 보고서와 언론보도 및 다음을 참조했다. Zimmerman and Zimmerman, Killer Germs Shah, Pandemic: Tracking Contagions, from Cholera to Ebola and Beyond; Madeline Drexler, Secret Agents: The Menace of Emerging Infections. 유전자가위 및 유전자 편집 기술이 최근에 출현했으므로, 현재진행형인 모기와의 전쟁과 특정 모기종 및 모기 매개 질병을 퇴치하려는 시도들을 가장 최근 시점에서 분석하는 데 주요 언론과 잡지, 신문이 필수적이었다. 「이코노미스트」, 「사이언스」, 「내셔널지오그래픽」, 「네이처」, 「디스커버」를 비롯한 학술저널 및 잡

지와 WHO, CDC, 게이츠 재단의 발행물 및 언론보도 또한 현재의 말라리아 백신 개발과 유전자가위 기술의 사용에 관한 핵심적인 정보와 개요를 제공해 주었다. 이외 최근의 저서들로는 다음을 참조했다. Jennifer Doudna, the creator of CRISPR; Samuel Sternberg, A Crack in Creation: The New Power to Control Evolution; James Kozubek, Modern Prometheus: Editing the Human Genome with CRISPR-CAS9. 유전자가위 기술은 실로 세상을 뒤집을 만한 기술이므로 근시일 내에 이와 관련된 논픽션 및 종말론적 디스토피아 픽션이 서점을 가득 채울 것으로 예상한다.